D1869821

Führer für Sammler von Porzellan und Fayence

J. G. Th. Graesse und E. Jaennicke

Führer für Sammler
von

Porzellan und Fayence

Umfassendes Verzeichnis der auf älterem
und neuerem Porzellan, Fayence, Steinzeug, Steingut usw.
befindlichen Marken

29. Auflage

Klinkhardt & Biermann

Die Deutsche Bibliothek – CIP-Einheitsaufnahme

Graesse, Johann G. Th.: Führer für Sammler von Porzellan und Fayence:
umfassendes Verzeichnis der auf älterem und neuerem Porzellan,
Fayence, Steinzeug, Steingut usw. befindlichen Marken /
J. G. Th. Graesse und E. Jaennicke.
[Umarb. von E. Zimmermann. Letzte Neubearb. von Luise Behse]. – 29. Aufl. –
München: Klinkhardt & Biermann, 1999
Einheitssacht.: Guide de l'amateur de porcelaines et de poteries ou collection
complète de marques de fabriques de porcelaines et de poteries
de l'Europe et de l'Asie <dt.>

ISBN 3-7814-0266-5

Ne: Jaennicke, Friedrich: Behse, Luise [Bearb.]; EST

Umbearbeitung von E. Zimmermann
Letzte Neubearbeitung von Luise Behse
in der 26., erweiterten Auflage 1986.

29. Auflage
© 1999 Klinkhardt & Biermann Verlagsbuchhandlung GmbH, München
Alle Rechte, auch diejenigen der Übersetzung,
der photomechanischen Wiedergabe
und des auszugsweisen Abdrucks, vorbehalten

Einbandgestaltung: Atelier Langenfass, Ismaning

Druck: Jütte Druck GmbH, Leipzig
Bindung: Kunst- und Verlagsbuchbinderei GmbH, Leipzig

Inhaltsverzeichnis

I. Europäische Keramik

II. Ostasiatische Keramik

EUROPÄISCHE KERAMIK

I.

MAJOLIKA, FAYENCE, STEINGUT usw.

MAJOLICA, FAIENCE, STONE-WARE, POTTERY a. s. o.

MAJOLIQUE, FAÏENCE, GRÈS, POTERIE etc.

Andenne (1783 bis Ende des 18. Jahrhunderts)			
Fabrikmarke			
	1 	2 	
	1783 bis Ende des 18. Jahrhunderts		

Brüssel

Mombaers & Witsenburg (1705 bis 2. Hälfte des 18. Jh.)

Fabrikmarken

1

2

1705 bis 2. Hälfte des 18. Jahrhunderts

3

4

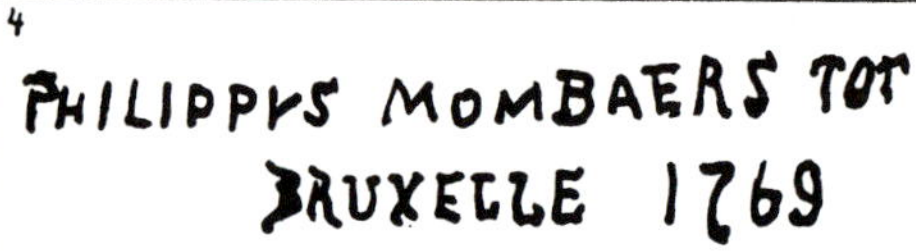

5

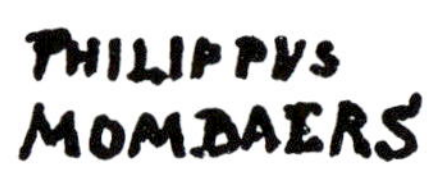

6

7

1705 bis 2. Hälfte des 18. Jahrhunderts

Malermarken

8

9

10

11

12

Die Manufaktur von Mombaers & Witsenburg wurde in der 2. Hälfte des 18. Jahrhunderts von der 1751 gegründeten Manufaktur von Jacques Artoisenet übernommen. Die Fabrikmarken dieses Unternehmens sind nicht sicher bekannt.

Lüttich (1752–1811)

Fabrikmarken

1

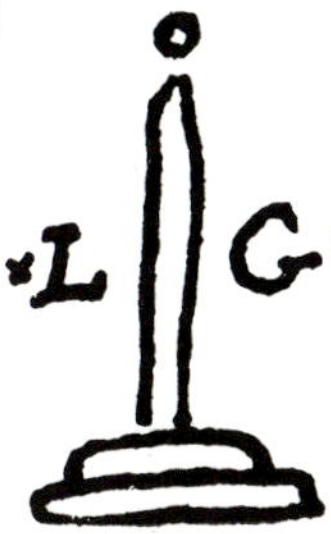

2

1752 – Ende des 18. Jahrhunderts

Tervueren (1767–1781)

Fabrikmarke

1767–1781

Gudumlund in Jütland (1804–1820)

Fabrikmarken

1	2

Die Marken der Fabrik Gudumlund wurden ohne Farbe gestempelt angebracht. Es wurden Fayencen und Steingut hergestellt. Malermarken wurden nicht verwendet.

Hesbjerg in Fünen (1811 bis ca. 1820)

Fabrikmarken

1	2	3

Die Marken der Fabrik Hesbjerg wurden in Manganviolett oder Blau angebracht. Malermarken kommen nicht vor.

Kastrup (1755–1762)

Fabrikmarken

1 	2 	3 	4 
	5 	6 	

Die Marken der Fabrik Kastrup wurden in Manganviolett angebracht.
Die Marken Nr. 5 und 6 wurden von 1772 bis 92 in Steingut gestempelt, CW bedeutet Castrup-Werk, M ist die Meistermarke.

Kopenhagen

Fabrik Østerbro (1763–1769)

Fabrikmarken mit Malermarken

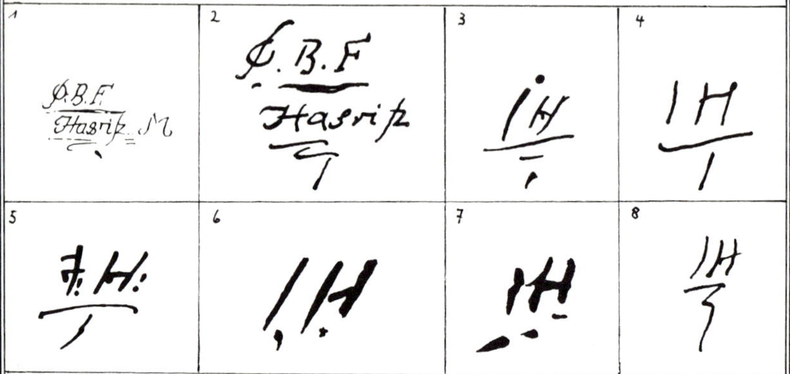

1763–1769

Die Marken der Fabrik Østerbro wurden in Blau und Mangan-violett angebracht.

Die Marke Nr. 2 ist wahrscheinlich ein Probestück des Malers und keine Fabrikmarke.

Kopenhagen

Fabrik Store Kongensgade (1722–1769)

Fabrikmarken, Meister- und Malermarken, vereinzelt mit Preisangabe

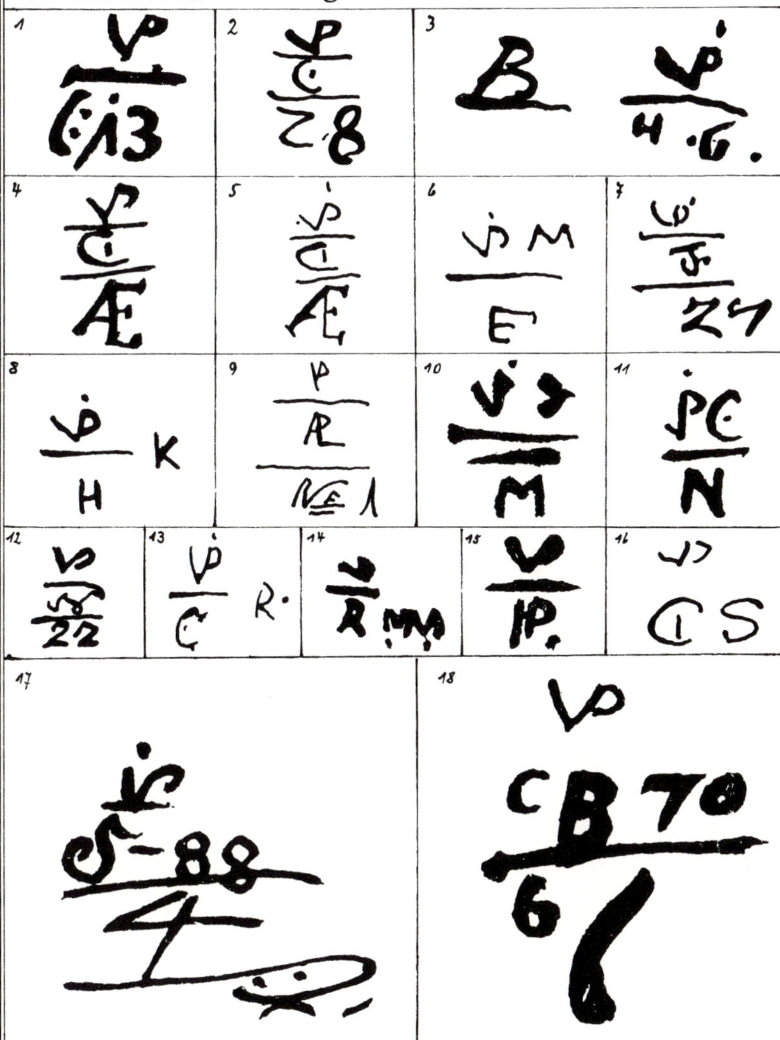

1727–1749

Kopenhagen

Fabrik Store Kongensgade (1722–1769)

Fabrikmarken, Meister- und Malermarken, vereinzelt mit Preisangabe

19 20 21

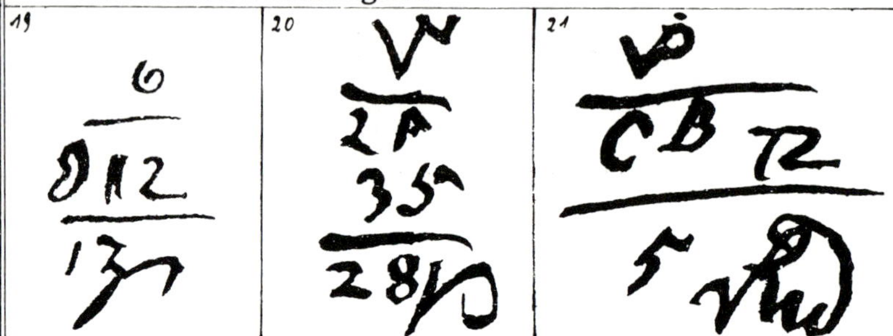

1727–1749

22 23 24 25 26

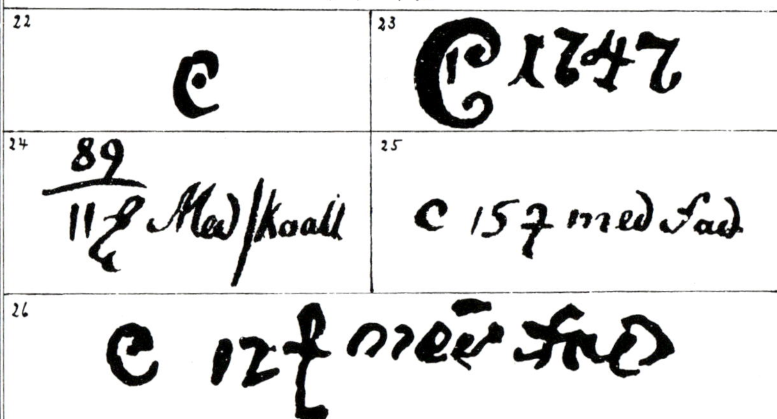

1747–1769

Malermarken

27 28 29 30

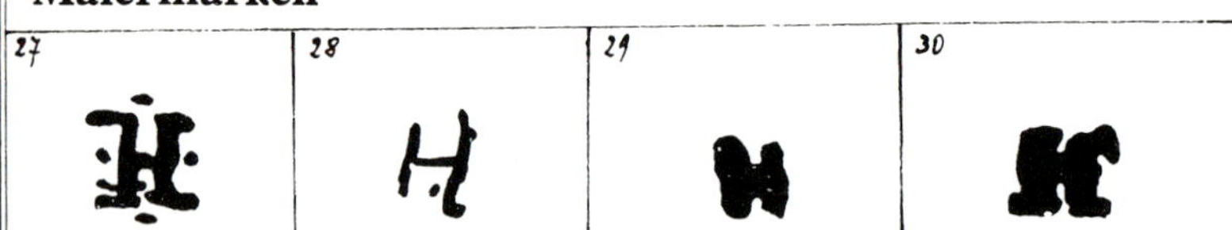

1724–1749

Kopenhagen			
Fabrik Store Kongensgade (1722–1769)			
Malermarken			
31 	32 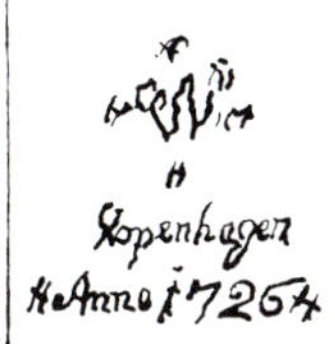	33 	34 
Um 1724	1726	1726	1737
	35 		
	Um 1750		

Die Marken der Fabrik Store Kongensgade wurden in Blau angebracht.

 (Johann Pfau) ist die Meistermarke und gilt als Fabrikmarke.

 bedeutet Copenhagen.

Die Zahlen (außer der Preisangabe) bedeuten wahrscheinlich jede Brennung.

Die Marke Nr. 32 ist wahrscheinlich das Probestück eines Meisters W. Sie ist keine Fabrikmarke.

Mors-Fabrik in Jütland (1774–1784)		
Fabrikmarken mit Besitzer- und Malermarken		
1 	2 	3 
1774–1777	1777–1784	

Die Marken der Fabrik Mors wurden in Blau angebracht.

Die Marke Nr. 1 ist die Fabrik- und Malermarke, Nr. 2 und 3 sind Fabrik-, Besitzer- und Malermarke.

Kopenhagen—Copenhagen—Copenhague 19.—20. Jahrh.

Kopenhagen Steingut—Pottery—Faience fine 19.—20. Jahrh.

1. 

2. 

3. 
ENM
COPENHAGEN DENMARK

4. EREMITAGE KÖBENHAVN

Aluminia (Steingut)

ALUMINIA

ALUMINIA

Söholm Wolfsen

Söholm

Utterslev

H. Tauber Jensen 1876

Gudumlund

Wolfsen & Sonne 1805

Nestved

H. Kähler

Abtsbessingen (1. Hälfte des 18. Jh. bis gegen 1800)

Fabrikmarken

1	2

1. Hälfte des 18. Jahrhunderts bis gegen 1800

Fabrikmarken mit Malermarken

3	4	5
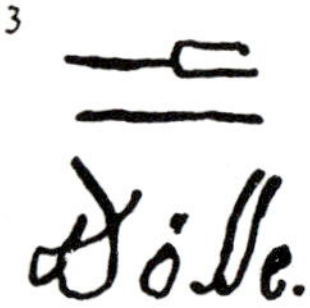		

1. Hälfte des 18. Jahrhunderts bis gegen 1800

6	7	8
		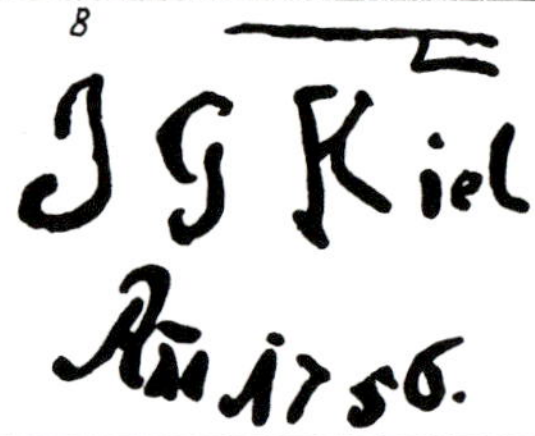

1. Hälfte des 18. Jahrhunderts bis gegen 1800

9	10	11

1. Hälfte des 18. Jahrhunderts bis gegen 1800

12	13	14
	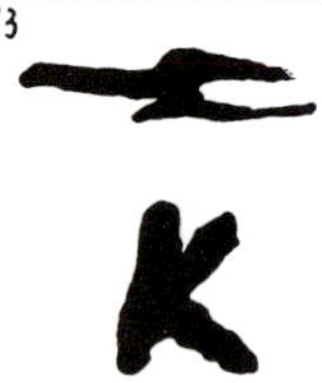	

1. Hälfte des 18. Jahrhunderts bis gegen 1800

Abtsbessingen (1. Hälfte des 18. Jh. bis gegen 1800)			
Fabrikmarken mit Malermarken			
15 	16 	17 	18 
1. Hälfte des 18. Jahrhunderts bis gegen 1800			

Die Marken der Manufaktur Abtsbessingen erscheinen in Blau, Manganviolett, Purpur, Eisenrot und Schwarz.

Altona

Fayencefabrik Jürgen Mewe (Mitte des 18. Jh. bis 1804)

Fabrikmarken

1

2

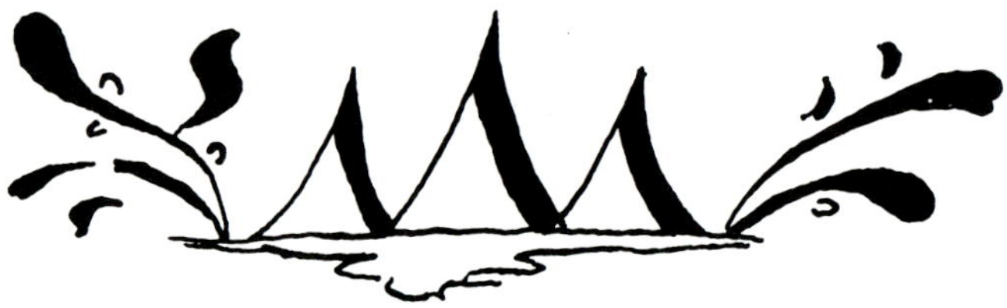

3

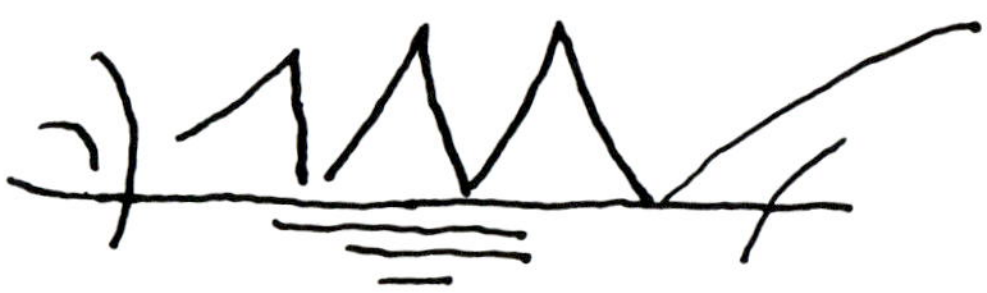

Nach 1773

Im 18. Jahrhundert gehörte Altona zu Dänemark.
Das Besondere der Signierung liegt darin, daß alle Fayencen – sowohl die bei den 1962 gefundenen Ausgrabungen als auch die inzwischen in Museen festgestellten – die Fabrikmarke nicht wie üblich auf der Unterseite tragen, sondern auf der Ansichtsseite inmitten der Dekoration.

Im Reichsarchiv von Kopenhagen befindet sich ein Brief aus dem Jahre 1773 von Jürgen Mewe an den dänischen König. Er bittet darin um ein Privileg zur zollfreien Einfuhr seiner Produkte in das dänische Königreich. Er erhielt dieses Privileg auch, das mit der Forderung nach Anbringung der Marke verbunden war.

In diesem Brief behauptet Jürgen Mewe, daß die Fayencefabrik am gleichen Ort schon über 50 Jahre Fayencen herstellte.

Altstädten (Allgäu)

Keramische Werkstätte Hans Rebstock (Gegr. 1936)

1

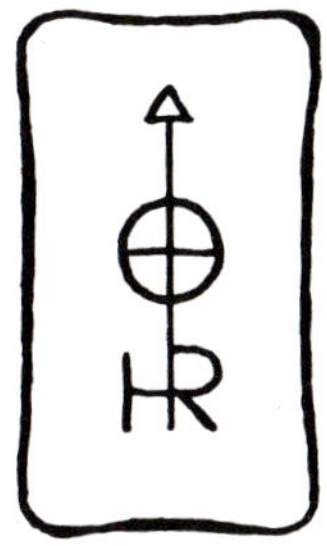

Amberg (1759 bis gegen 1800)

Fabrikmarken

1

2

3

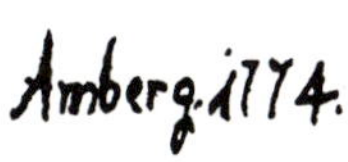

1759 bis gegen 1800

Die Marken der Manufaktur Amberg erscheinen in Blau und Manganviolett.

Ansbach (1710–1806)

Fabrikmarken

1710–1806

Ansbach (1710–1806)

Malermarken

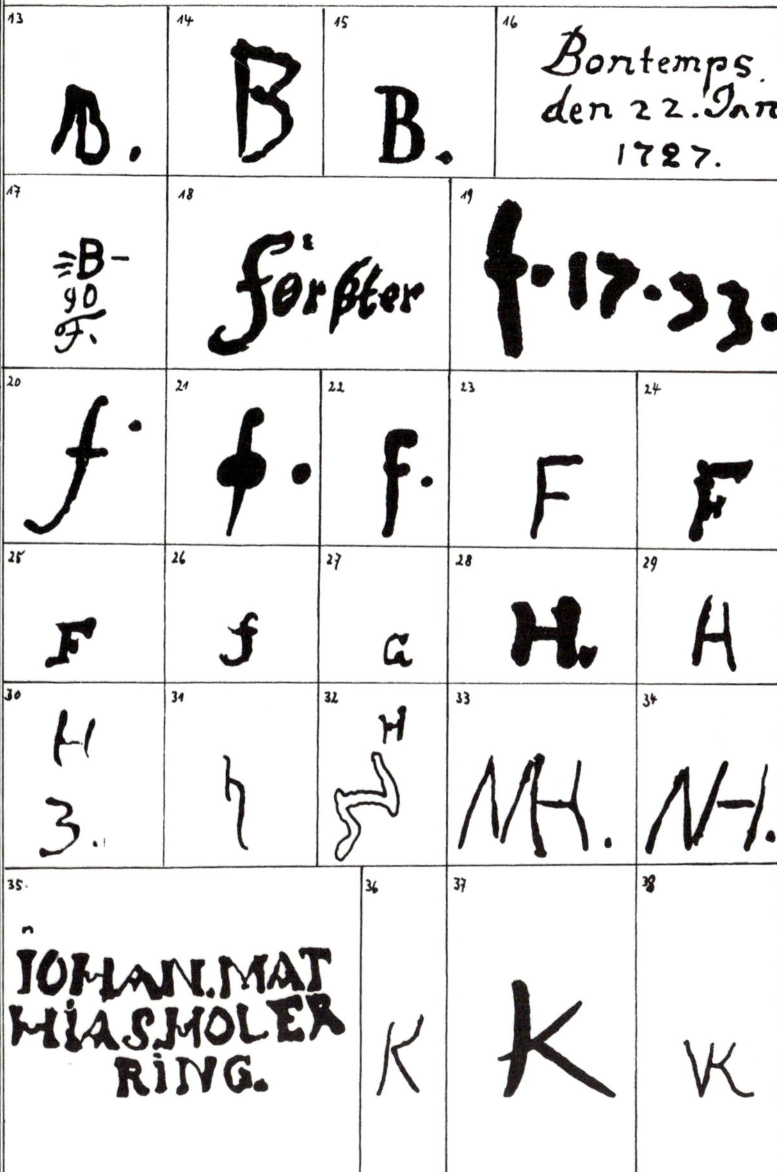

Ansbach (1710–1806)

Malermarken

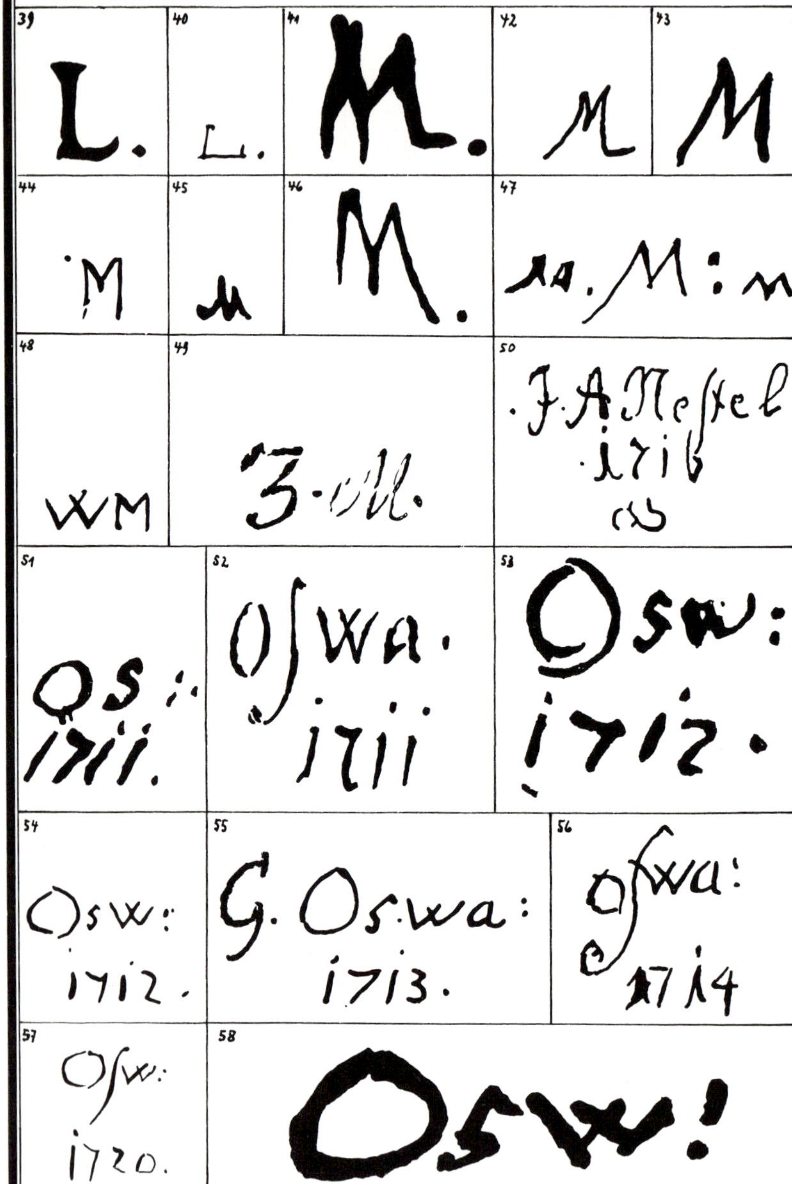

Ansbach (1710–1806)

Malermarken

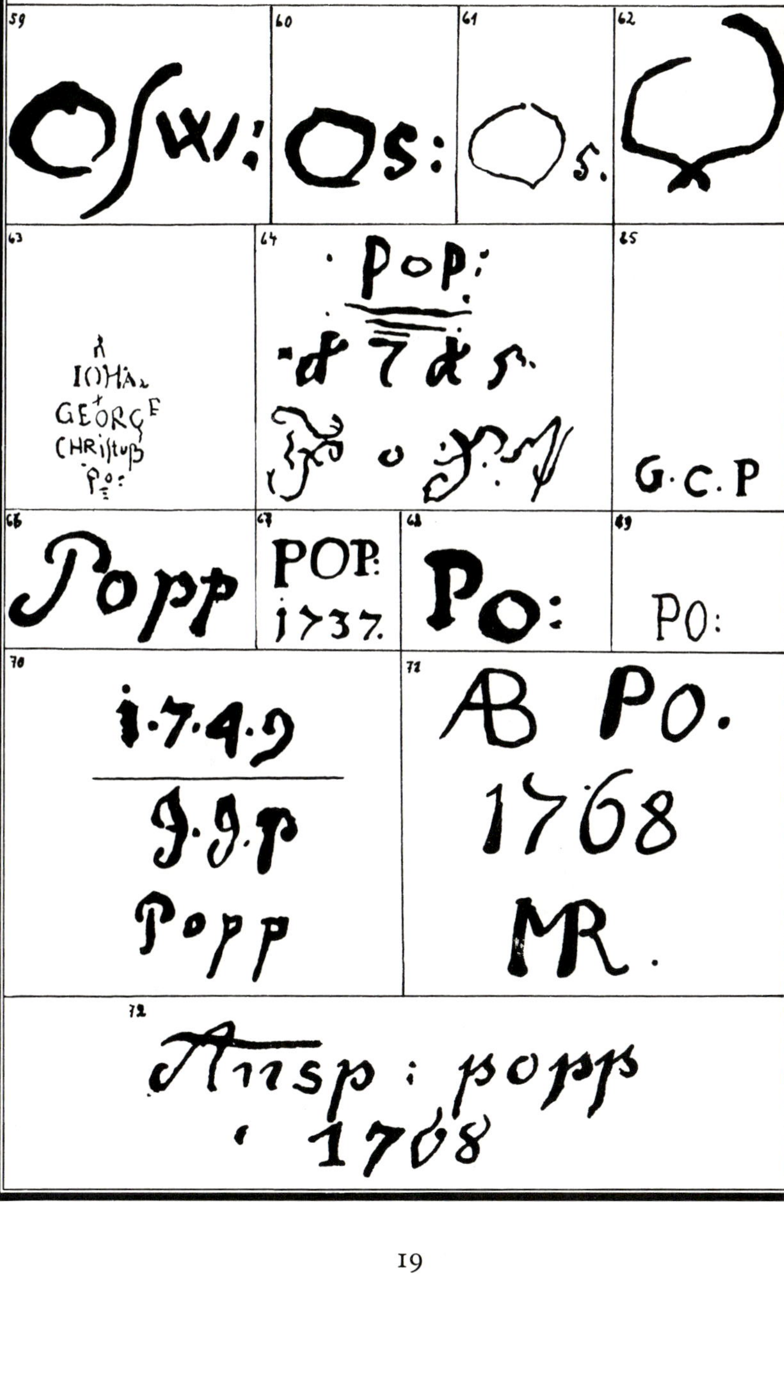

Ansbach (1710–1806)

Malermarken

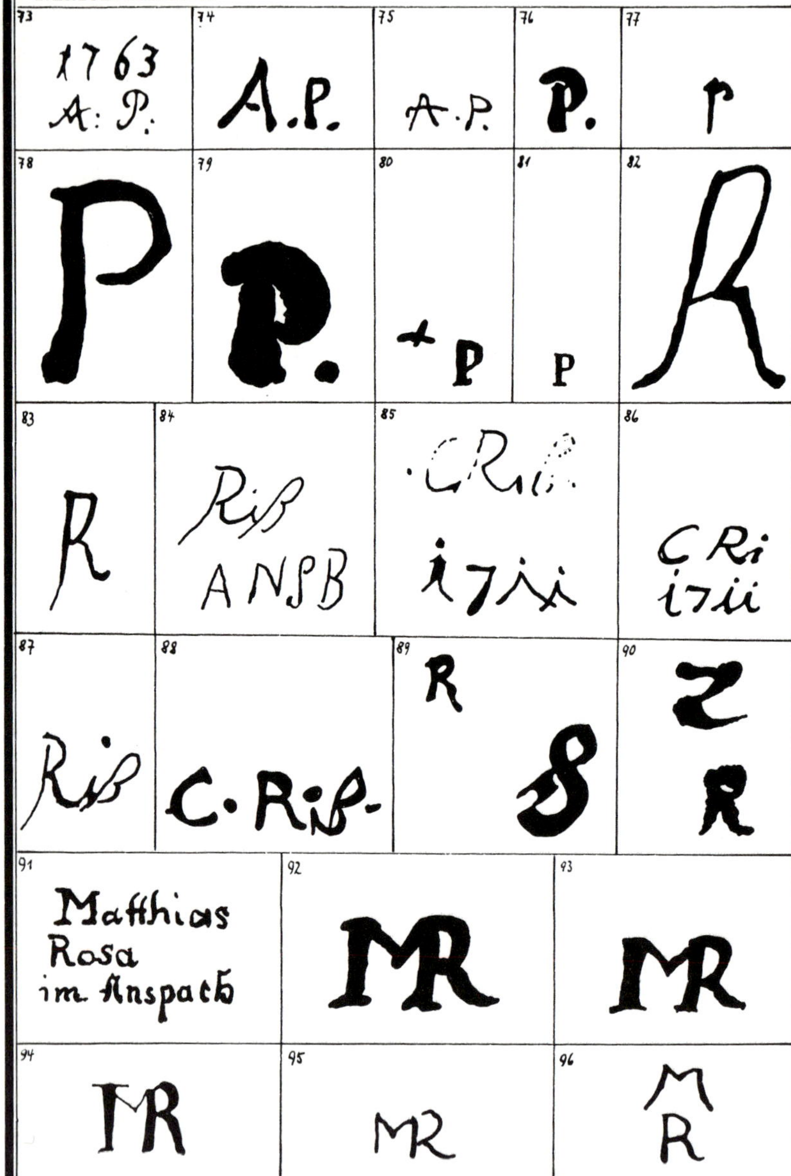

Ansbach (1710–1806)

Malermarken

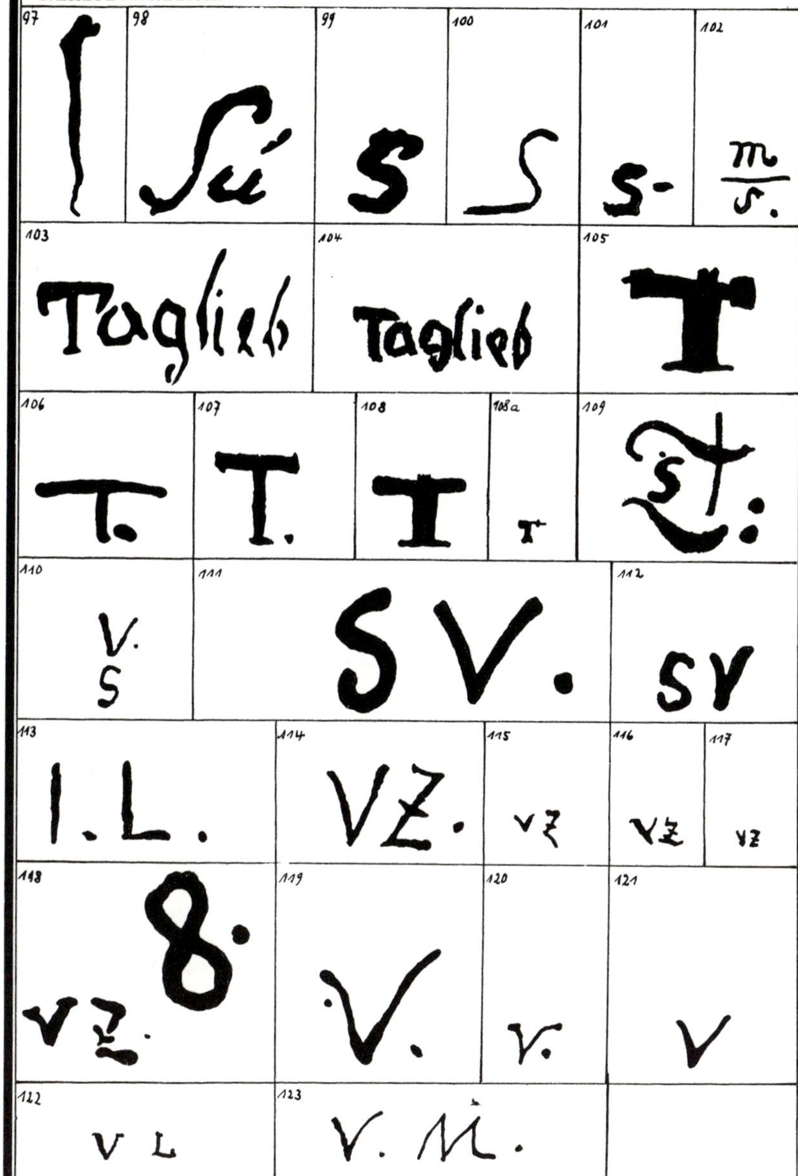

Ansbach (1710–1806)

Malermarken

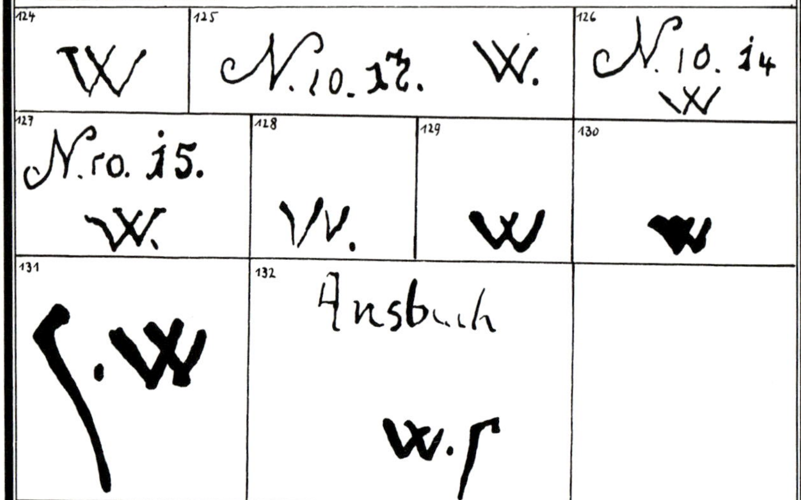

Bossierermarken

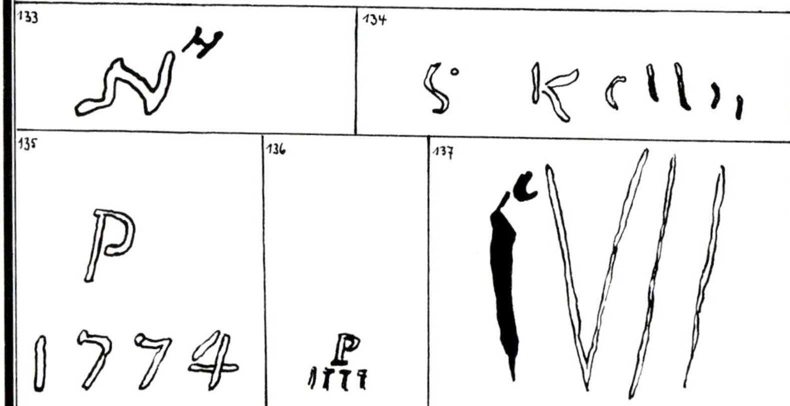

Die Marken der Manufaktur Ansbach erscheinen in Blau, Manganviolett, Rot, Braun und Schwarz, die Bossierermarken sind eingeritzt. Die Zahlen bedeuten Größen-Nummern.

Augsburg

Keramische Werkstätte Matthäus Pittroff (Gegr. 1898)

1

Aumund-Vegesack (1750–1761)

Fabrikmarken

1

2
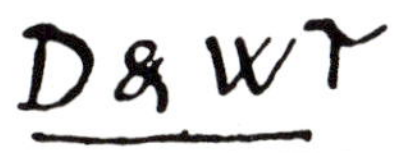

3
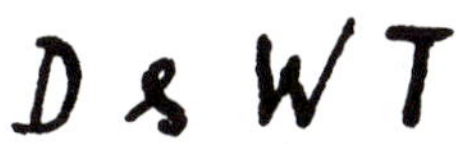

4
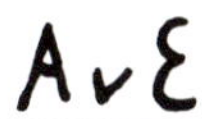

1750–1761

Fabrikmarken mit **Malermarken**

5
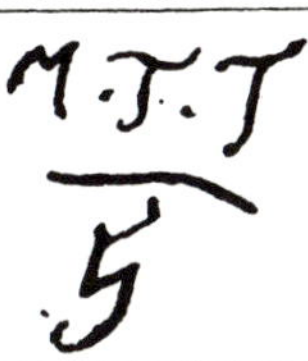

6
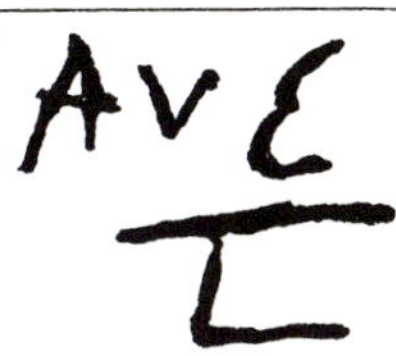

7

1750–1761

Die Marken der Manufaktur Aumund-Vegesack sind in Blau und Manganviolett angebracht.

Baden-Baden (1771–1778)

Fabrikmarken

1

2

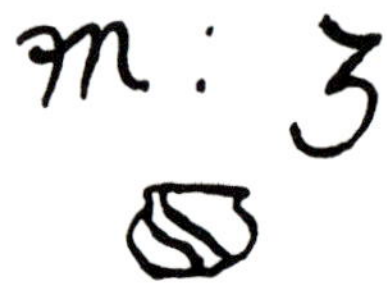

3

1771–1778

4

5

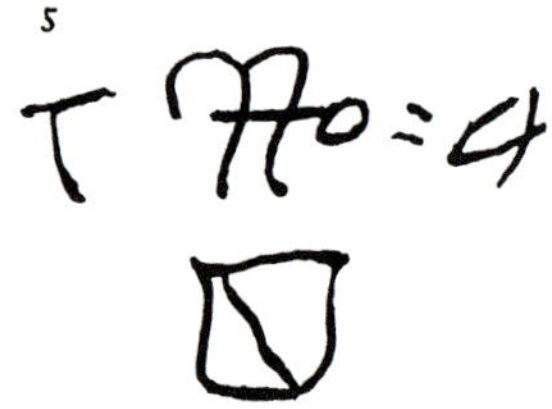

1771–1778

Die Marken der Manufaktur Baden-Baden erscheinen in Blau, Manganviolett, Braunschwarz und Schwarz.

Bayreuth (1719–1788)

Fabrikmarken

1

2

3

1719–1728

4

5

6

1728–1744

7

8

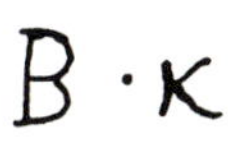

9

1728–1744

10

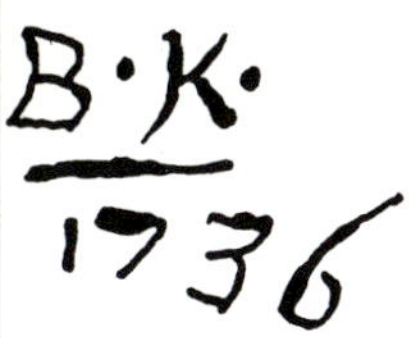

10a

11

12

1728–1744

Bayreuth (1719–1788)

Fabrikmarken

13

14
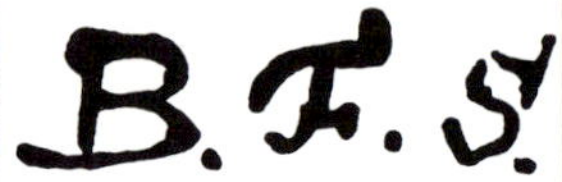

1745–1747

15

16

17

1745–1747

18
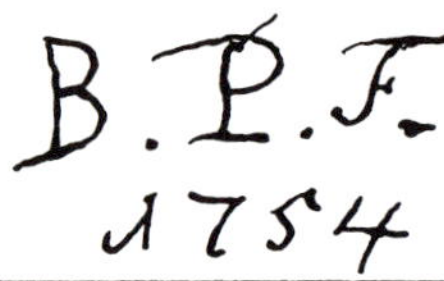

19
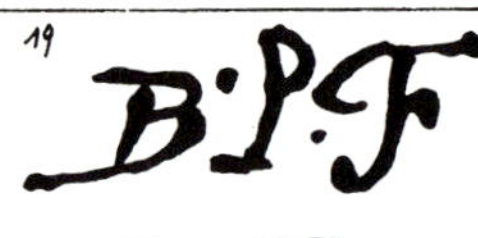

20

21
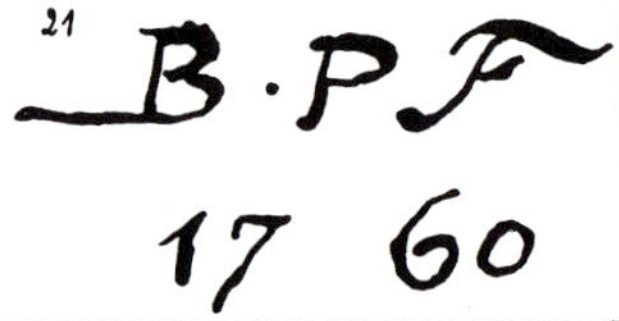

1747–1760

22
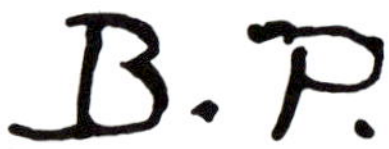

23

24

25

1760–1788

Bayreuth (1719–1788)

Fabrikmarken mit Malermarken

26

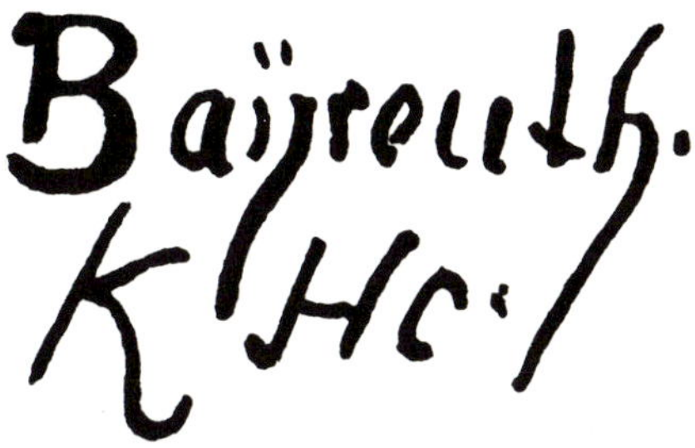

27

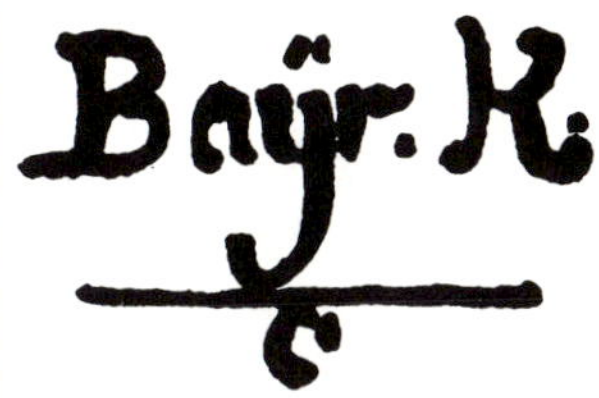

1728–1744

28

29

1728–1744

30

31

31 a

1728–1744

Bayreuth (1719–1788)

Fabrikmarken mit Malermarken

32

33

34

1728–1744

35

36

37

1728–1744

38

39

40

1728–1744

Bayreuth (1719–1788)

Fabrikmarken mit Malermarken

41 	42 	43 
1728–1744		
44 	45 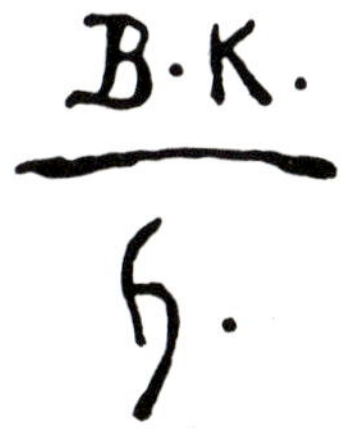	46 
1728–1744		
47 	48 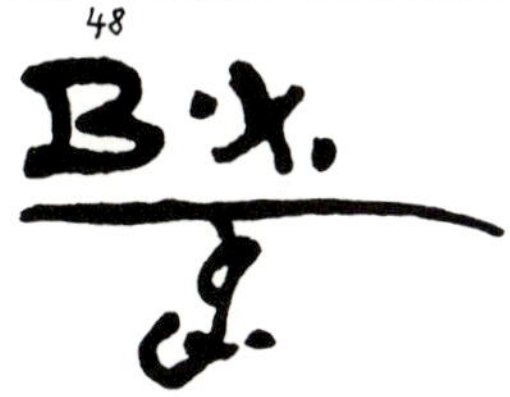	49 
1728–1744		
50 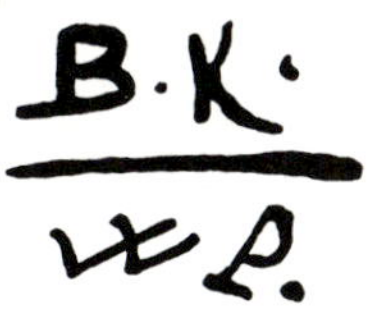	51 	52 
1728–1744		

Bayreuth (1719–1788)

Fabrikmarken mit Malermarken

53

54

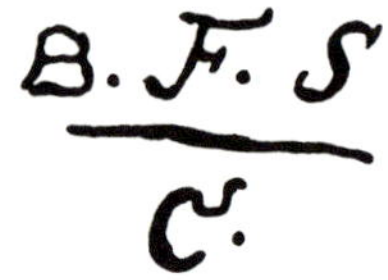

1745–1747

55

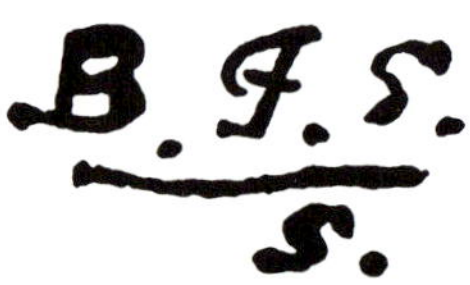

56

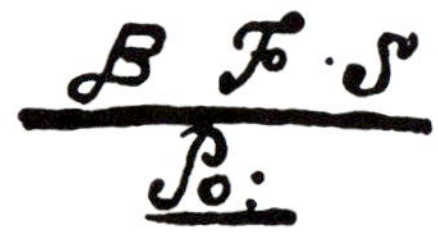

1745–1747

57

58

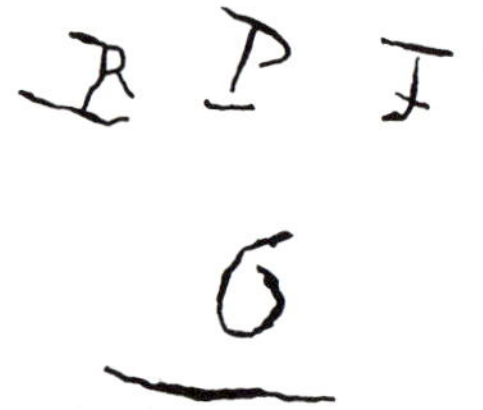

1747–1760

59

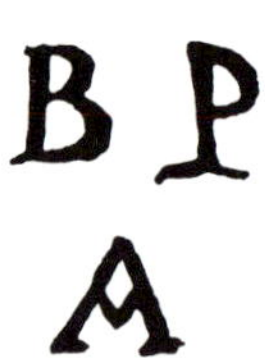

60

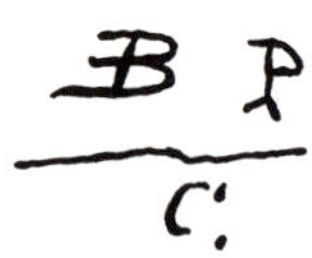

61

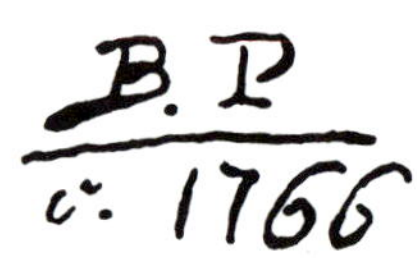

1760–1788

Bayreuth (1719–1788)

Fabrikmarken mit Malermarken

62

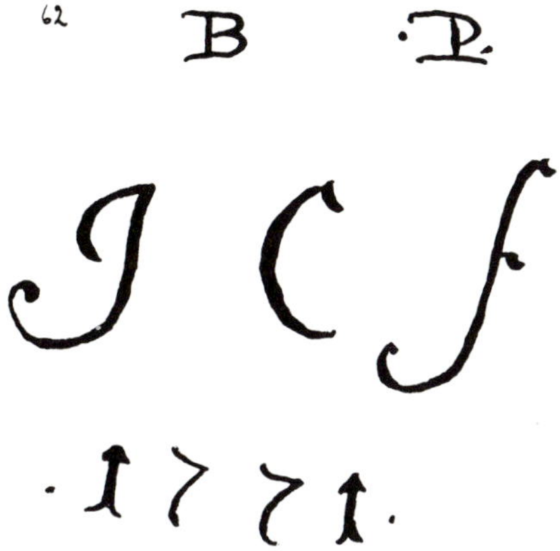

1760–1788

63

64

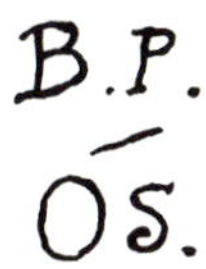

65

66

1760–1788

67

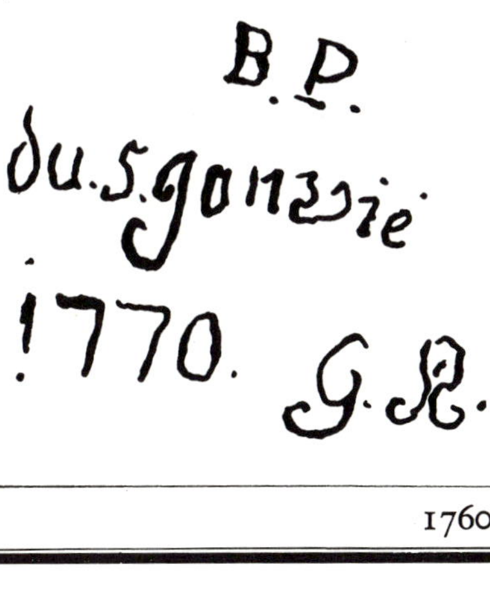

68

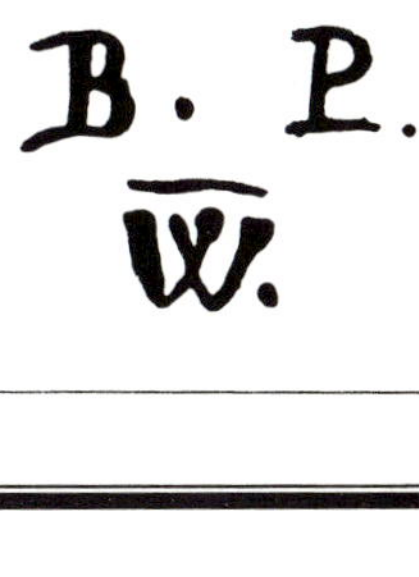

1760–1788

Bayreuth (1719–1788)

Ausgeschriebene Malersignaturen mit und ohne Fabrikmarken

69

70

71

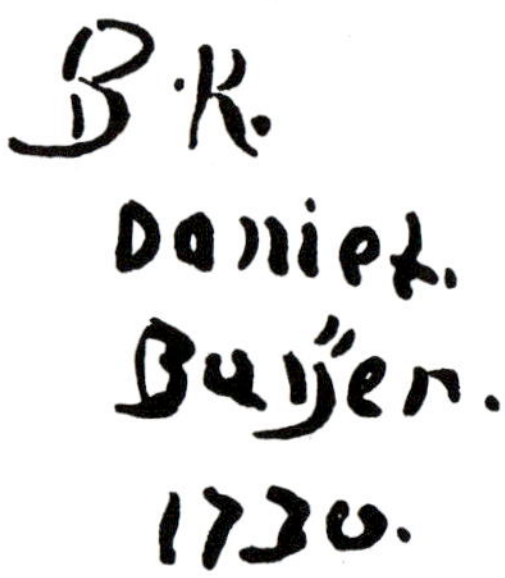

72

73

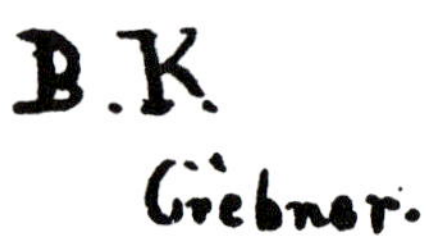

74

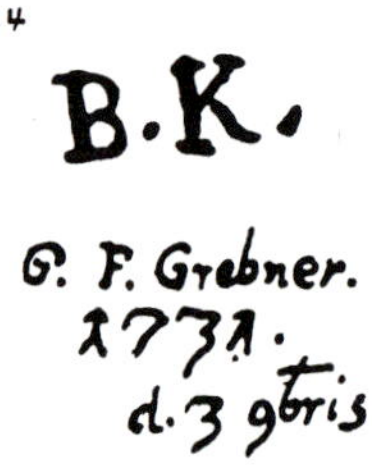

75

Bayreuth (1719–1788)

Ausgeschriebene Malersignaturen mit und ohne Fabrikmarken

76
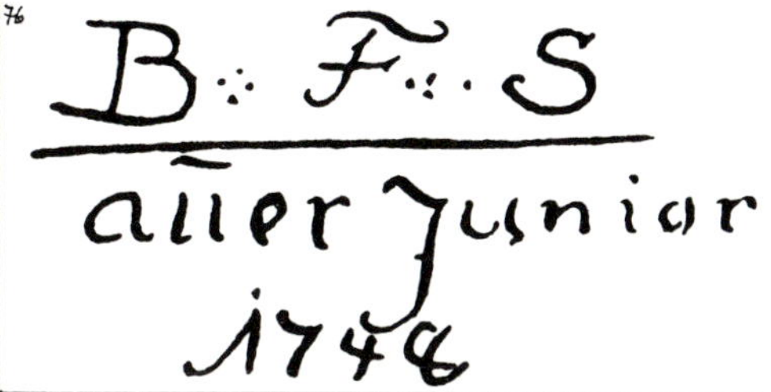

77

78
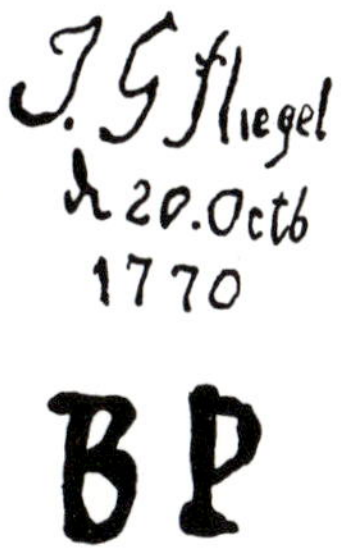

79

80

81

82

Bayreuth (1719–1788)

Ausgeschriebene Malersignaturen

83

84

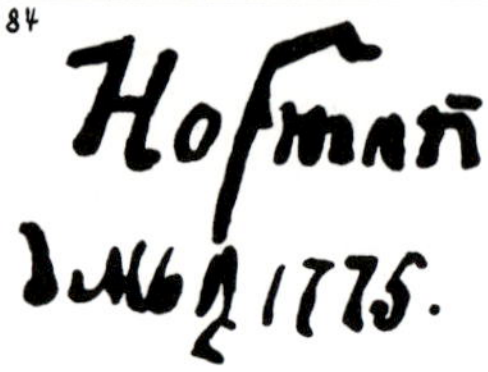

85

Malersignaturen

86

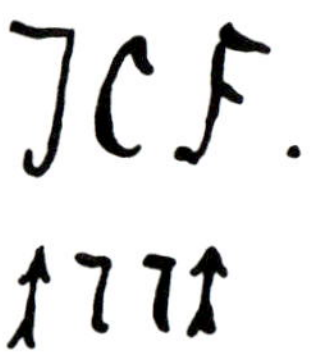

87

88

89

90

Bossierermarken

91

92

Die Marken der Manufaktur Bayreuth erscheinen in Blau, Manganviolett, Schwarz und vereinzelt in Purpur. Die Bossierermarken sind eingeritzt.

Berlin

Fabrik von Wolbeer (1678–1770)

Fabrikmarke

1

Ende des 17. Jahrhunderts

Malermarke

2

1698–1747

Die Marken der Manufaktur sind in Blau ausgeführt.

Die Marke Nr. 2 ist die einzige bekannte Malermarke von Johann Ludwig Ruppert. Der Fayencemaler Christoph Reichert (1697 bis 1727) bezeichnete seine Stücke mit den Buchstaben CSR (Christ. Reichert und Frau Sybilla)

Berlin

Fabrik Cornelius Funcke (1699–1733)

Fabrikmarken

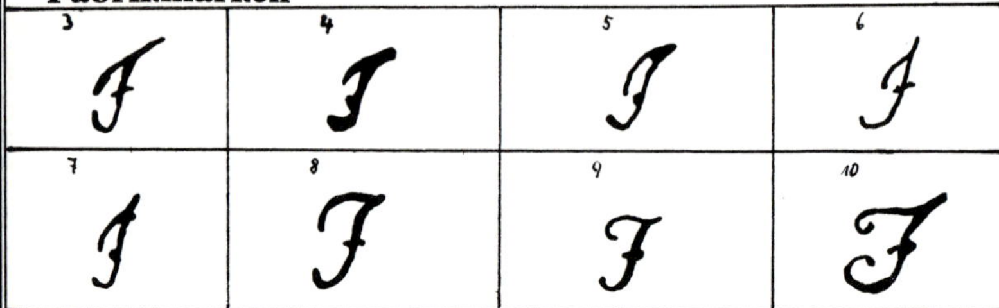

1699–1733

Zusätzliche Zeichen

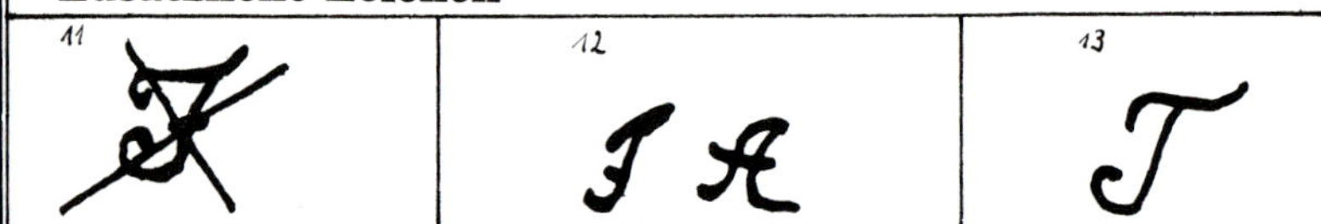

Malermarken

Die Marken der Manufaktur erscheinen in Blau und Manganviolett

Fabrik Carl Friedrich Lüdicke (1756–1779)

Fabrikmarke

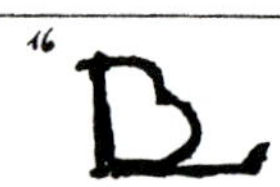

Die Marke der Manufaktur ist in Blau und Manganviolett angebracht.

Fabrik Johann Gottlieb Menicus (1745–1755)

Marken der Manufaktur sind nicht bekannt. Das auf vielen Fayencen berlinischen Stils zu findende *Kapital- oder Kursiv-* M ist der Fayencemanufaktur Magdeburg zuzuweisen.

Bernburg (1. Hälfte des 18. Jahrhunderts)

Fabrikmarken mit Malermarken

1

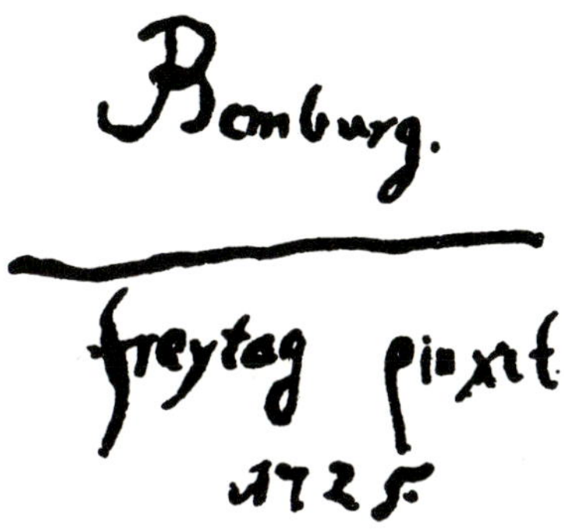

2

1. Hälfte des 18. Jahrhunderts

3

Eigentumsmarke
des Herzogs Viktor Friedrich von Anhalt-Bernburg

Die Marken der Manufaktur Bernburg sind in Blau und Manganviolett ausgeführt.

Von einer zweiten Manufaktur, die von 1795 bis 1885 bestand, sind Fayencen nicht bekannt.

Besigheim (Württ.)

Keramische Werkstatt Herta Teubert (Gegr. 1946)

1

Bogen-Donau

Fayence- und Steingutmanufaktur Anton Herr (Gegr. 1946)

1

2

Braunschweig (1707–1807)

Ältere (Herzogliche) Fabrik

Von Horn & von Hantelmann (1710-1749)

Fabrikmarken

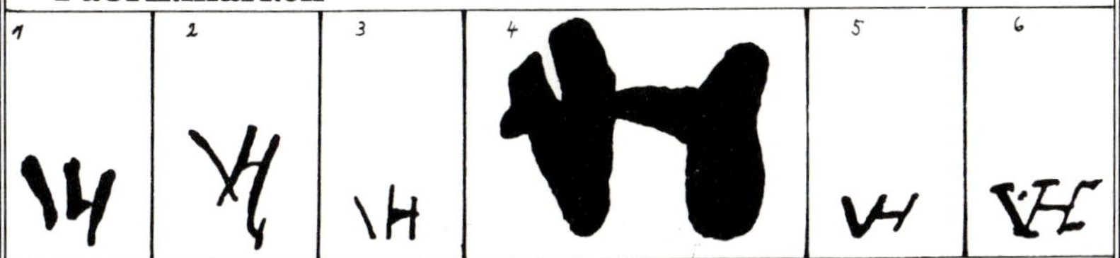

1710-1749

Fabrikmarken mit Malermarken

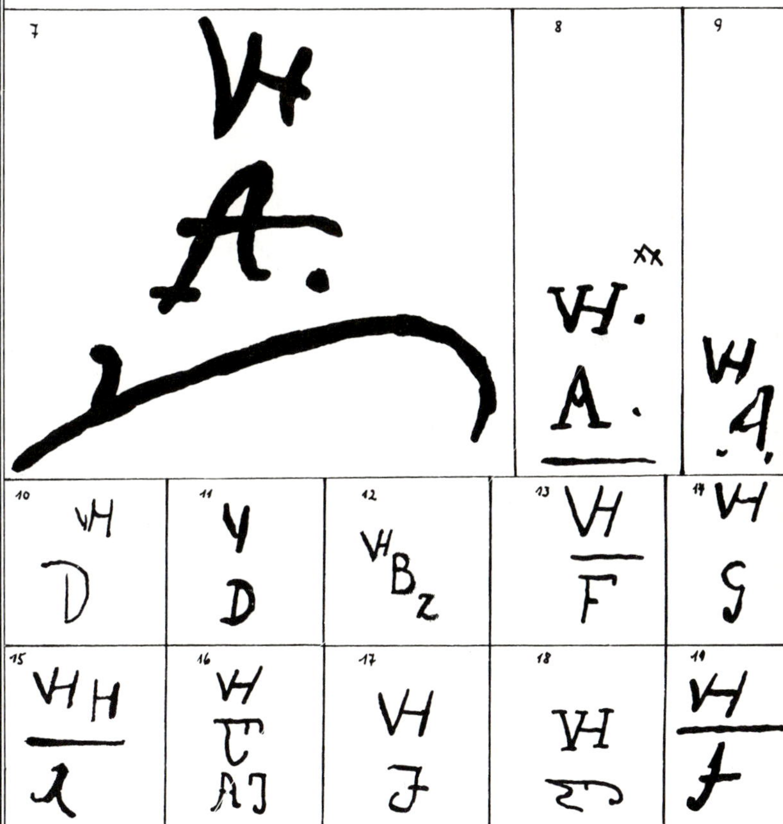

Braunschweig (1707–1807)

Ältere (Herzogliche) Fabrik

Von Horn & von Hantelmann (1710-1749)

Fabrikmarken mit Malermarken

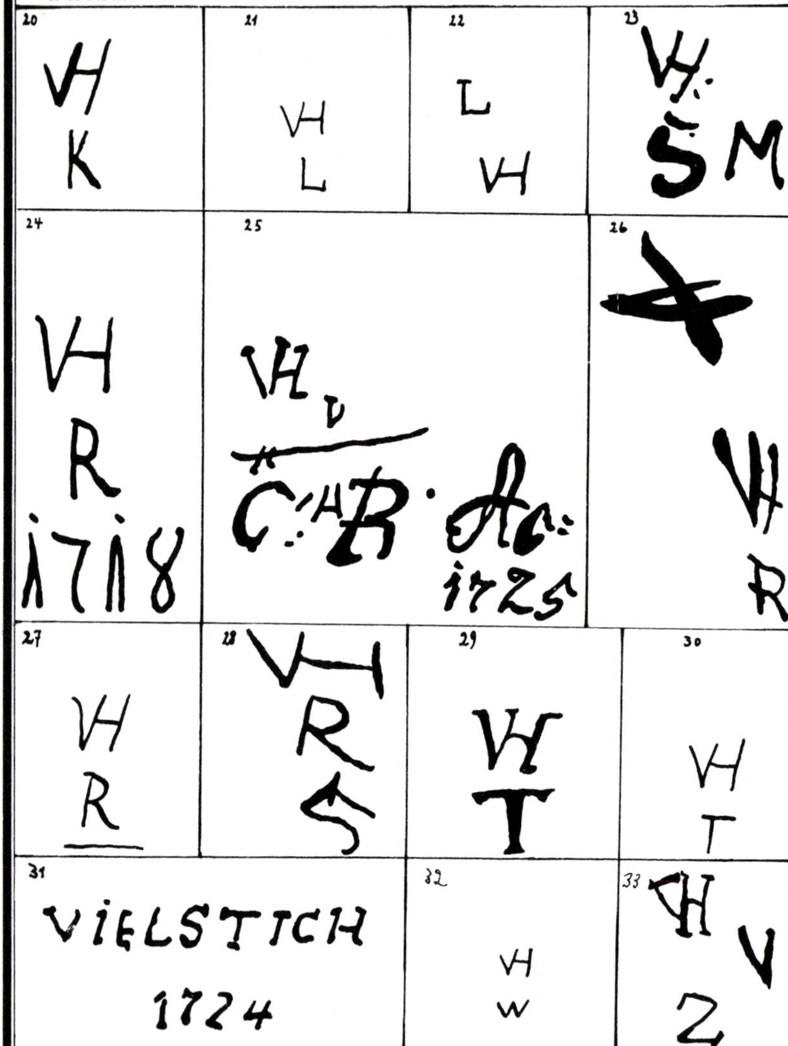

1710-1749

Braunschweig (1707–1807)

Ältere (Herzogliche) Fabrik

Behling & Reichard (1749-1757)

Fabrikmarken

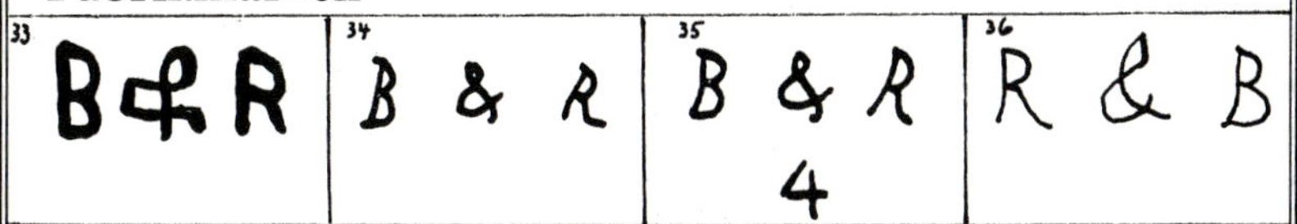

1749-1757

Zweite Herzogliche Fabrik (1758-1773 und 1776-1807)

Fabrikmarken

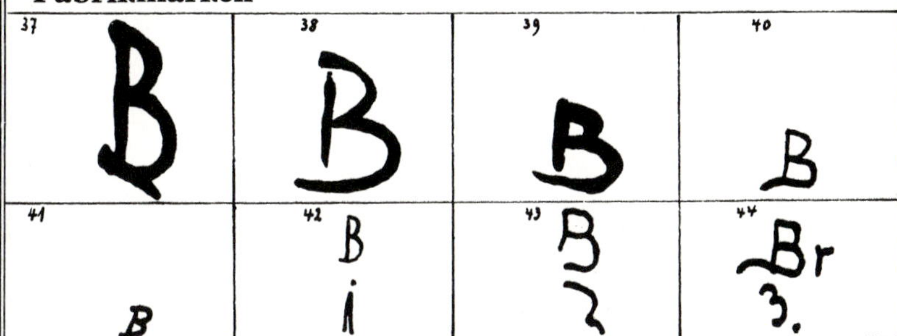

Fabrikmarken mit Malermarken

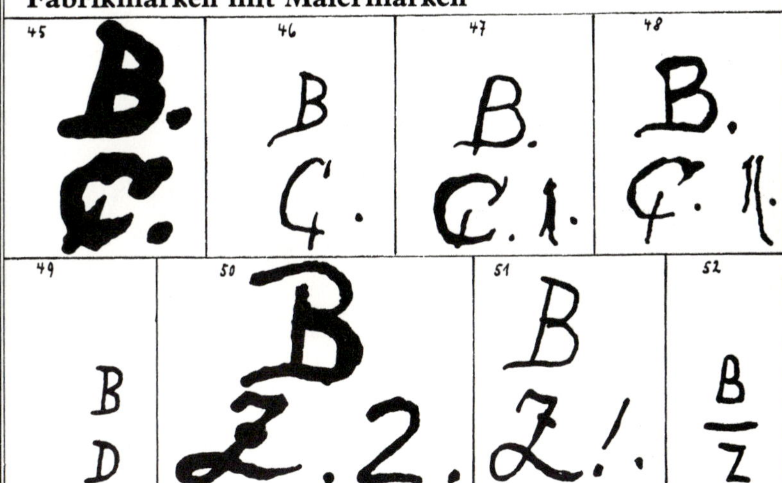

1758-1773 und 1776-1807

Braunschweig (1707–1807)

Reichardt & Co (1756–1758)

Fabrikmarken

53

54

Fabrikmarken mit Malermarken

55

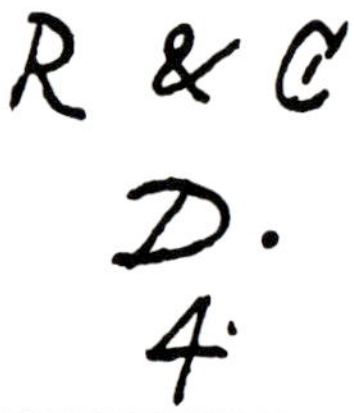

56

57

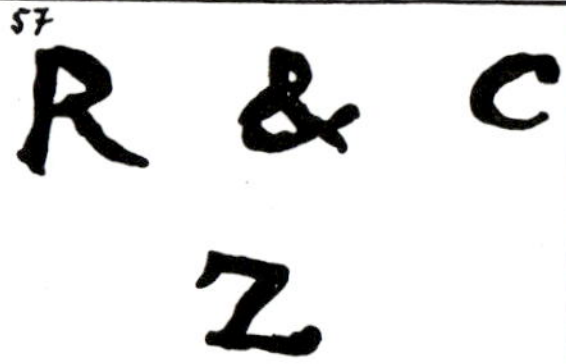

1756-1758

Die Marken der älteren Manufaktur Braunschweig sind in Blau und Manganviolett, zuweilen auch in Gelb, ausgeführt.

Braunschweiger Porzellanfabrik
gegründet durch Herzog Anton Ulrich 1707–1807. Vor dem Petritore.

Fabrikmarke um 1800

1

2

3

1. Unterglasurblau 2. Mangan Überglasur
(1653 bis zur Gegenwart)

Meister und Handlanger: Joh. Philipp Frantz, Maler Giltze, Joh. Martin Frantz. Dreher Wilhelm Kannega. Ab 1764 wurde der Betrieb Fayencefabrik genannt.

Braunschweig (1707–1807)

Chelysche Fabrik (1745-1757)

Fabrikmarken

59 	60 

1745-1757

Fabrikmarken mit Malermarken

61 	62 	63 	64 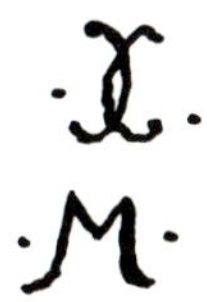

1745-1757

65 	66 	67 	

1745-1757

Die Marken der Chelyschen Manufaktur sind im allgemeinen in Manganviolett gesetzt.

Brunsbüttel (Holstein)

Thomas-Keramik (Gegr. 1946)

1

Bückeburg

Fürst-Adolf-Werkstätte für Kunstkeramik (Gegr. 1912)

1

2

Coburg (1739–1786)

Fabrikmarken

1

2

1739–1786

Fabrikmarken mit Malermarken

3

4

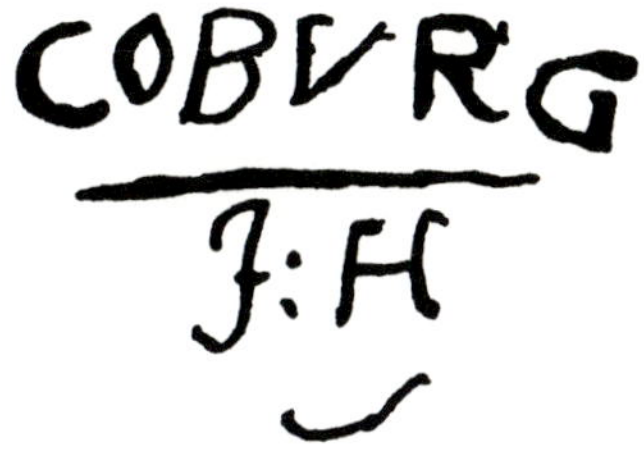

5

1739–1786

Die Marken der Manufaktur Coburg sind in Blau, Manganviolett und Schwarz ausgeführt.

Crailsheim (1715–1827)

Fabrikmarken

1
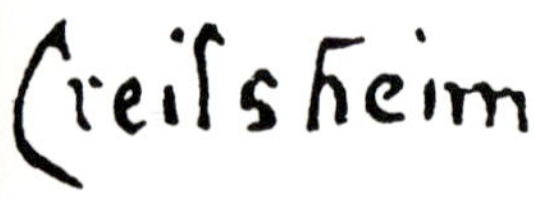

2
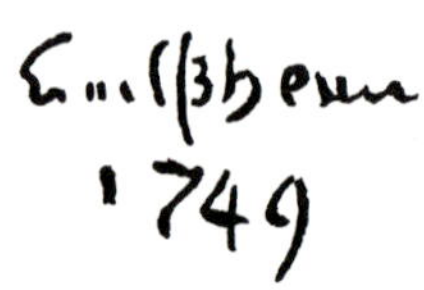

3
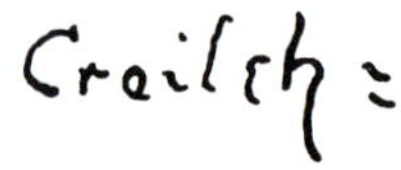

1749–1765

Fabrikmarken mit Malermarken

4
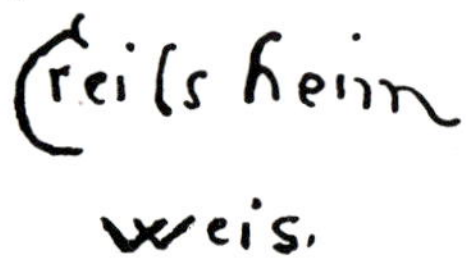

5
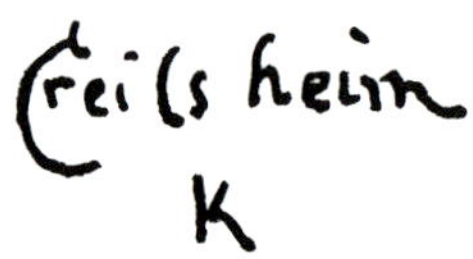

6

Malermarke

7

Ritzmarken

8

9

10

11

Die Marken der Manufaktur Crailsheim sind in Blau, Manganviolett und Schwarz ausgeführt.

Criseby-Eckernförde (1759–1780)

Fabrikmarken (wechselnd aus Orts-, Eigentümer-, Meister- und Malermarken, vereinzelt mit Datierung zusammengestellt)

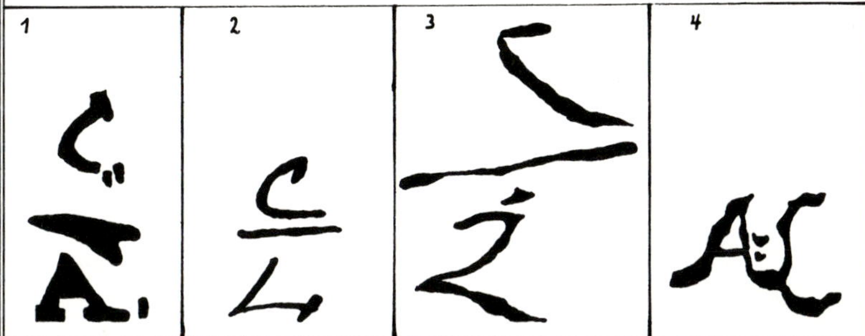

1759–1780

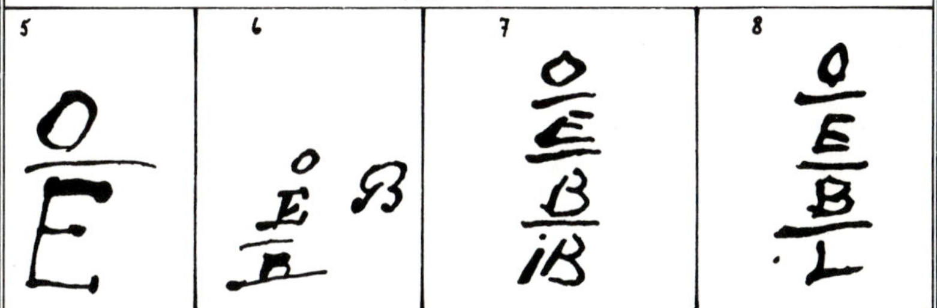

1759–1780

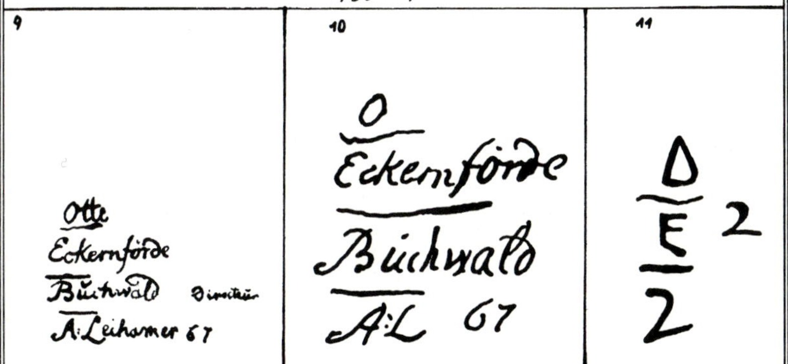

1759–1780

Criseby-Eckernförde (1759–1780)

Fabrikmarken (wechselnd aus Orts-, Eigentümer-, Meister- und Malermarken, vereinzelt mit Datierung zusammengestellt)

12

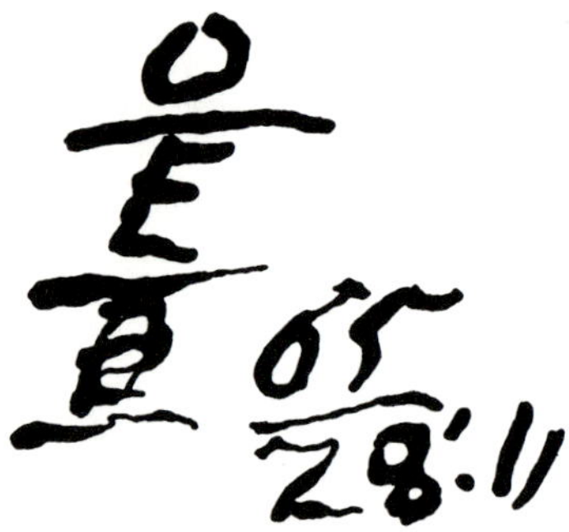

13

1759–1780

14

15

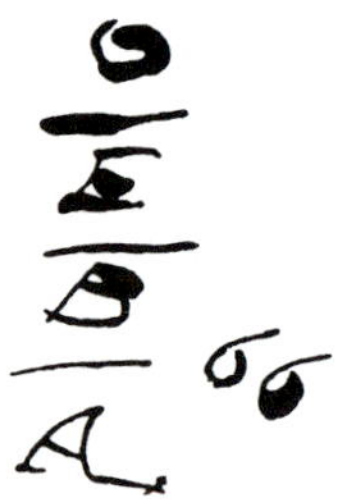

16

17

1759–1780

Criseby-Eckernförde (1759–1780)

Fabrikmarken (wechselnd aus Orts-, Eigentümer-, Meister- und Malermarken, vereinzelt mit Datierung zusammengestellt)

18

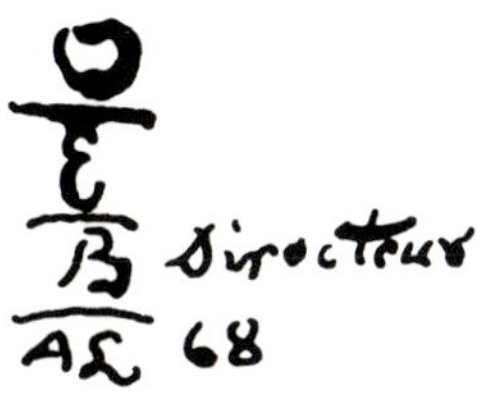

19

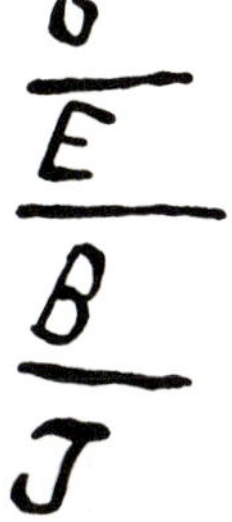

20

1759–1780

21

22

23

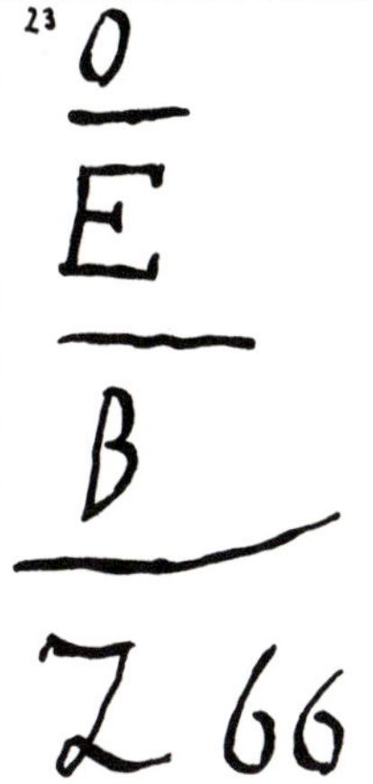

24

1759–1780

25

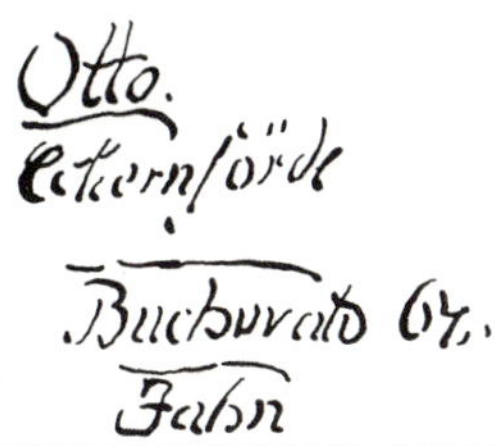

26

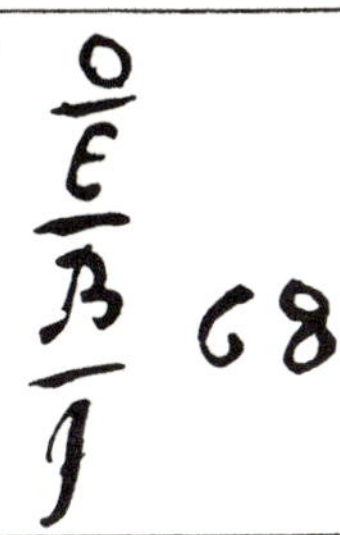

1759–1780

Criseby-Eckernförde (1759–1780)

Fabrikmarken (wechselnd aus Orts-, Eigentümer-, Meister- und Malermarken, vereinzelt mit Datierung zusammengestellt)

27

28

29

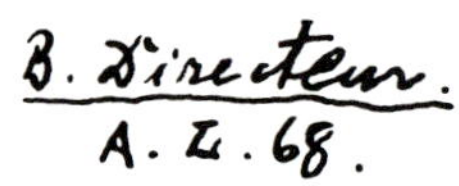

1759–1780

Im 18. Jahrhundert gehörte Criseby-Eckernförde zu Dänemark. Die Marken der Manufaktur kommen in Blau, Manganviolett, Braun und Rosa vor.

Danzig und Westpreußen (1697–1820)

Handwerkermarken

1	2	3

1737	1749	1738–1767

4	5	6
	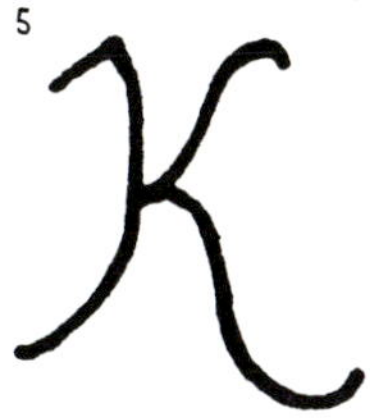	
1751	1770	

Eingeschnittene Marken

7	8	9	10
			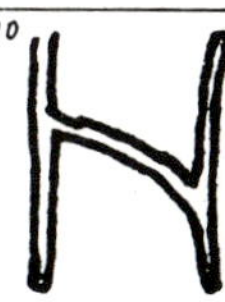
1750–1800			

11	12	13	14

1750–1800			

Die Handwerkermarken sind in Blau und Manganviolett ausgeführt.

Diessen am Ammersee, St. Georgen 182

Keramische Werkstätte, Ellinor Riedel (Gegr. 1931)

1

Dirmstein (1778–1788)

Fabrikmarken

1

2

3

1778–1788

Die Marken der Manufaktur Dirmstein sind in Blau, Mangan-violett und Grün gehalten.

Donauwörth (Um 1740)

Fabrikmarke mit Malermarke

1

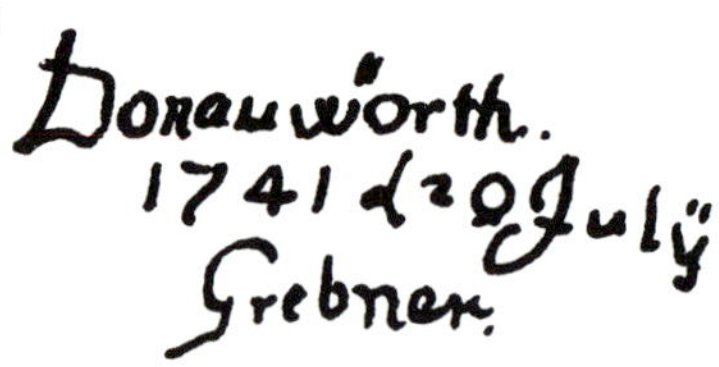

Um 1740

Die Marke der Manufaktur Donauwörth, die nur einige Jahre bestanden hat, ist in Blau angebracht.

Dorotheenthal (1716–1803)

Fabrikmarken

1

2

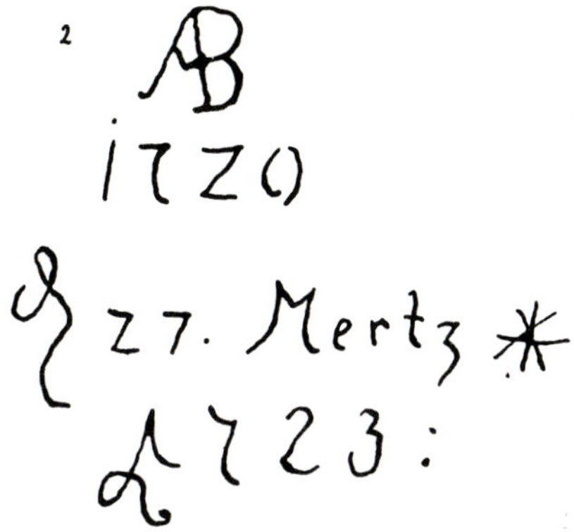

3

1716–1803

Fabrikmarken mit Malermarken

4

5

6

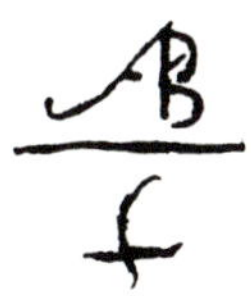

7

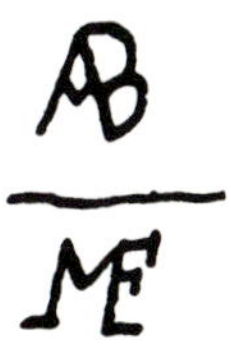

8

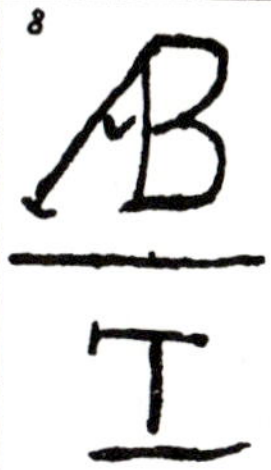

1716–1803

9

10

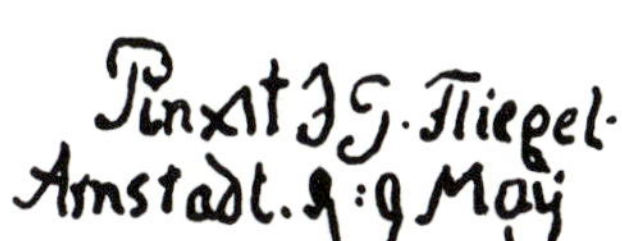

1716–1803

Dorotheenthal (1716–1803)

Malermarken

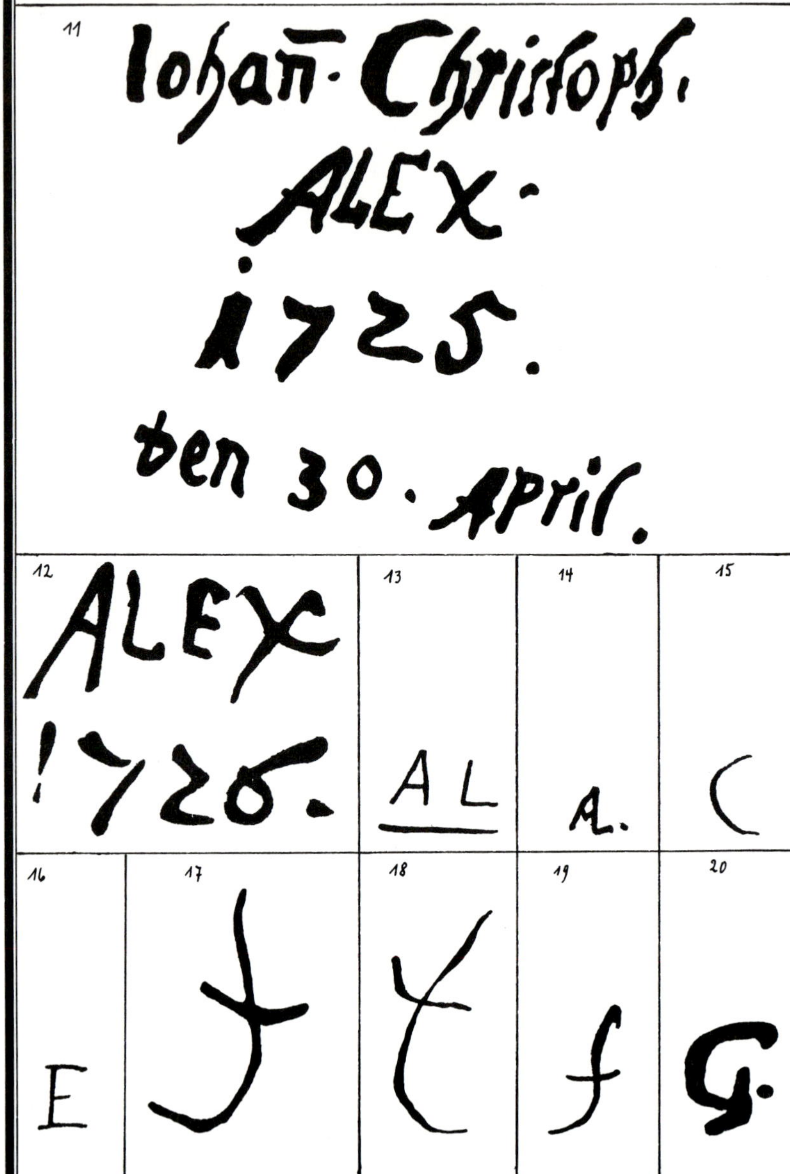

Dorotheenthal (1716–1803)

Malermarken

Die Marken der Manufaktur Dorotheenthal sind in Blau, Manganviolett und Rot ausgeführt.

Dresden (1708–1784)

Fabrikmarken

1

2

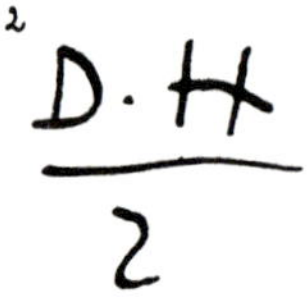

1768–1784

3

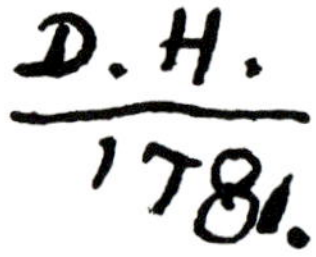

4

1768–1784

Fabrikmarken mit Malermarken

5

6

7

1768–1784

Die Manufaktur Dresden führte erst seit der Übernahme der Fabrik durch die Familie Hörisch eine Fabrikmarke, die in Blau, Manganviolett und Schwarz ausgeführt wird.

Durlach (1723–1840)

Malermarken

1 	2 	3 	4 
Um 1800		2. Hälfte des 18. Jh.	
5 	6 	7 	
2. Hälfte des 18. Jahrhunderts			
8 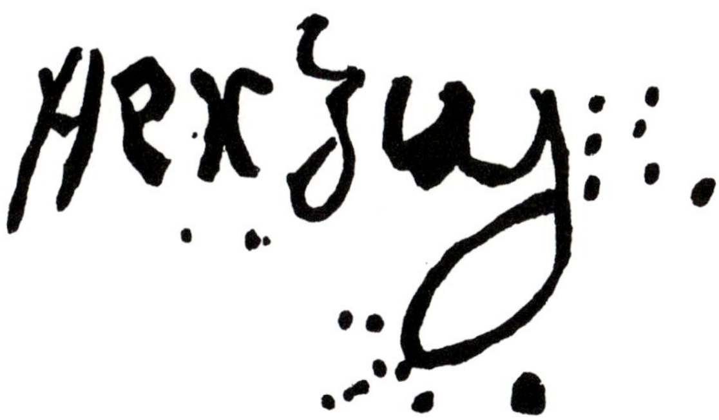			
1. Hälfte des 18. Jahrhunderts			
9 	10 	11 	12 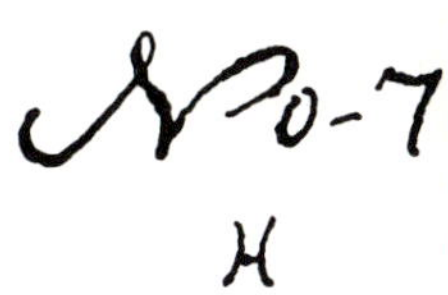
2. Hälfte des 18. Jahrhunderts			

Durlach (1723–1840)

Malermarken

13

Um 1750

14

15

16

17

18

Um 1800

19

20

21

1750–1830

22

23

1750–1830

Durlach (1723–1840)

Malermarken

24

25
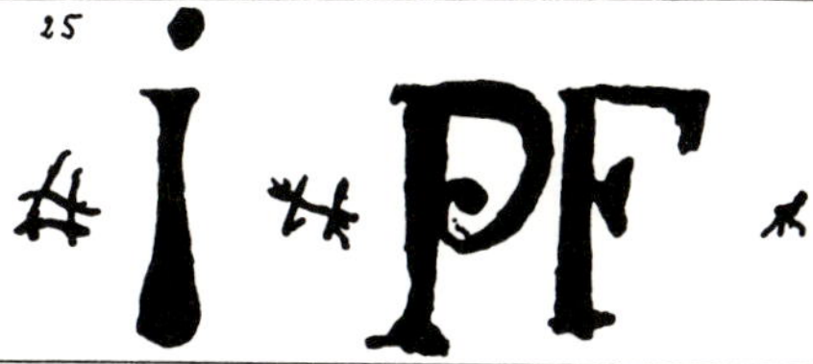

1750–1830

26

27

28

1740–1830

29

30

31

2. Hälfte des 18. Jh.

32

1820–1830

33
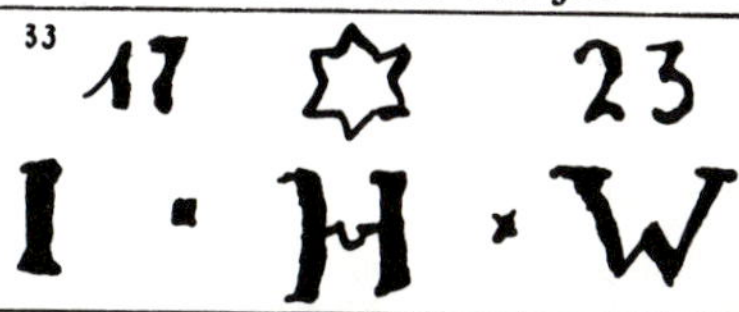

Um 1725

Marken unbemalter Erzeugnisse

34

35

Größennummern

36
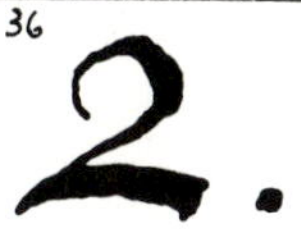

37

38

Die Marken der Manufaktur Durlach sind überwiegend in Schwarz, vereinzelt in Blau und Manganviolett gesetzt.

Erfurt (1717–1792)

Fabrikmarken

1719–1792

Fabrikmarken mit Malermarken

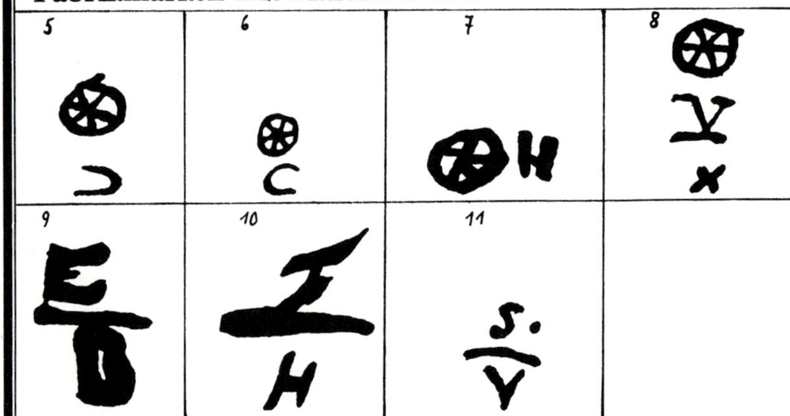

Malermarken

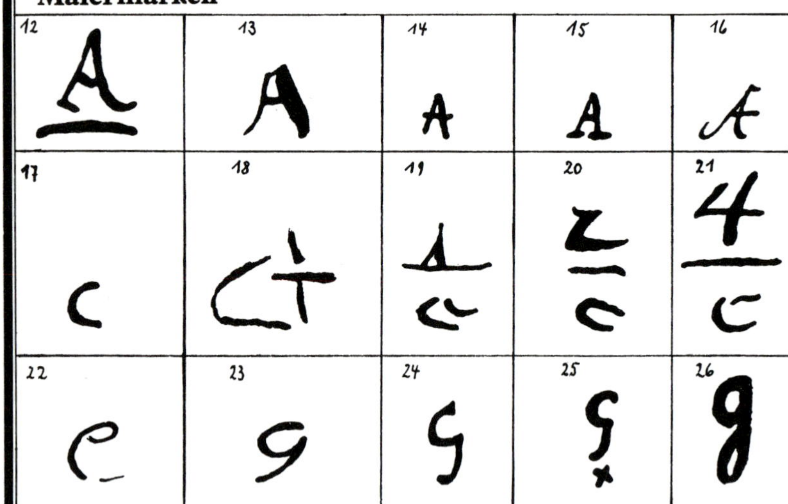

Erfurt (1717–1792)

Malermarken

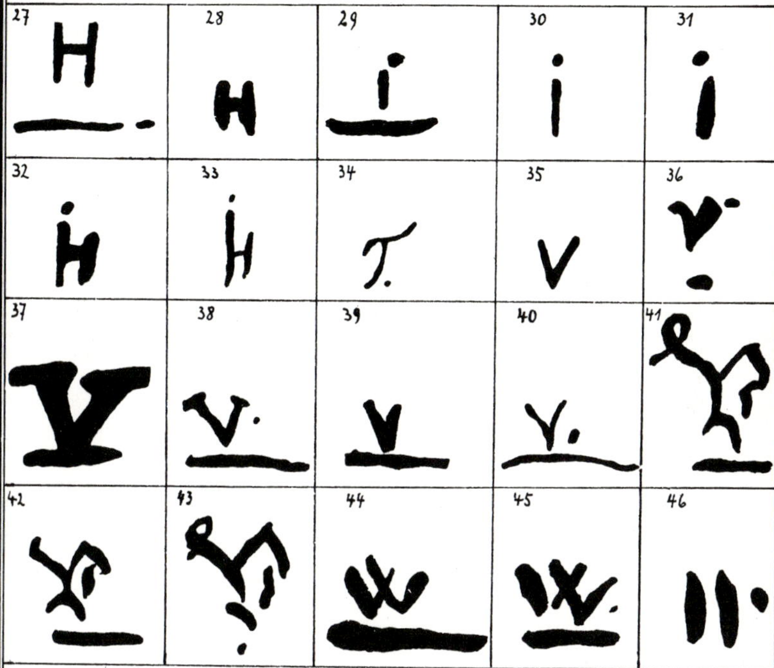

Die Marken der beiden Manufakturen Erfurt erscheinen überwiegend in Blau und Manganviolett.

Flörsheim (1765 bis Anfang des 19. Jahrhunderts)

Fabrikmarken

1	2	3

1765 bis Anfang des 19. Jahrhunderts		
4	5	6

1765 bis Anfang des 19. Jahrhunderts		
7	8	9

1765 bis Anfang des 19. Jahrhunderts		

Fabrikmarken mit Malermarken

10	11
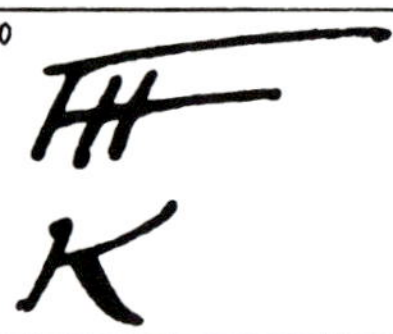	
1765 bis Anfang des 19. Jahrhunderts	

Malermarke

	12	

Die Marken der Manufaktur Flörsheim sind in Blau, Manganviolett und Schwarz ausgeführt.

Frankfurt/Main (1666–1772)

Fabrikmarken

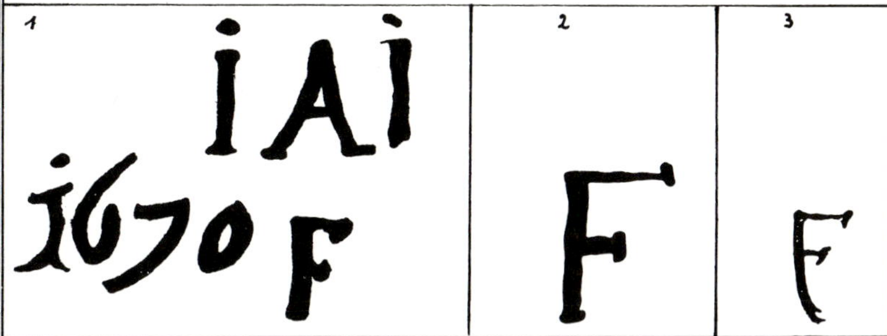

1670–1750

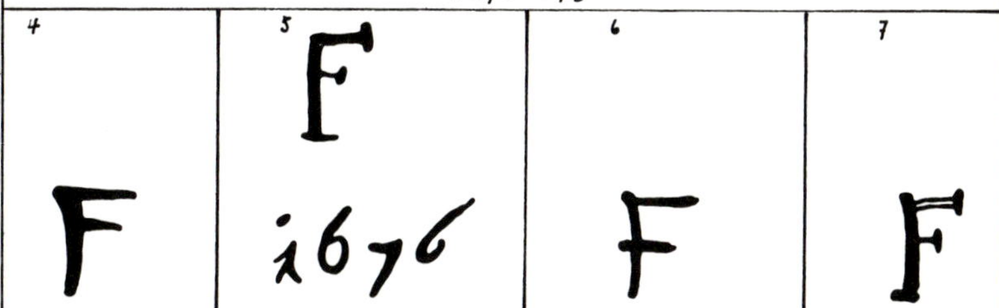

1670–1750

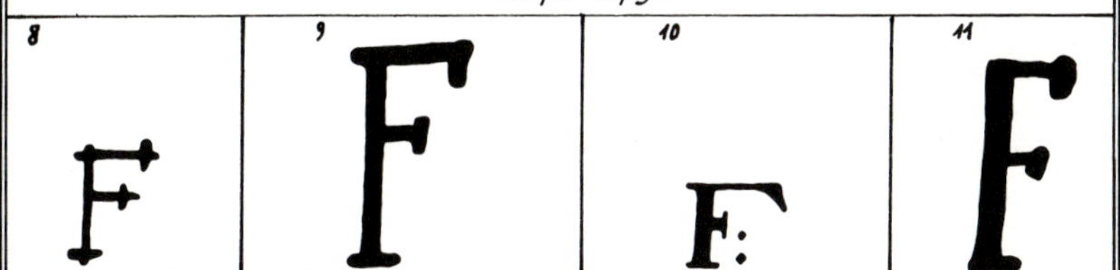

1670–1750

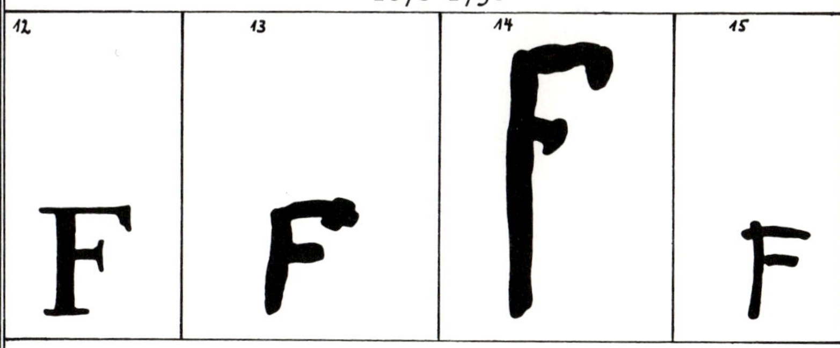

1670–1750

Frankfurt/Main (1666–1772)

Fabrikmarken

16

17

18

19

1670–1750

20

21

22

23

1670–1750

24

25

26

27

1760–1772

Fabrikmarken mit Malermarken

28

29

Frankfurt/Main (1666–1772)

Fabrikmarken mit Malermarken

30

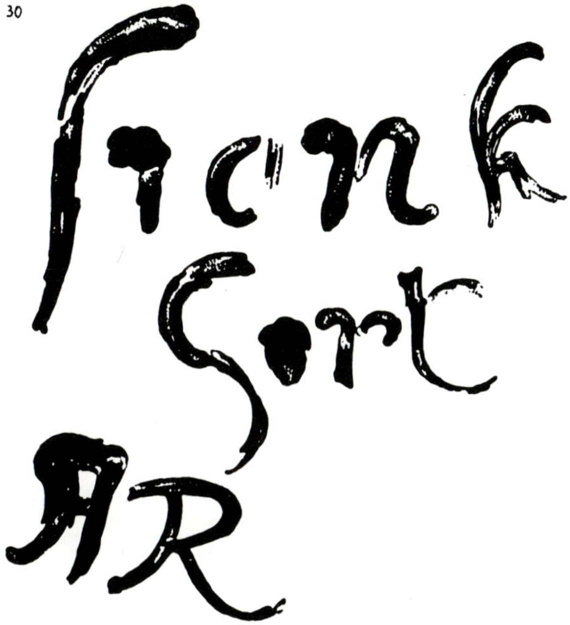

31

32

Frankfurt/Main (1666–1772)

Fabrikmarken mit Malermarken

33

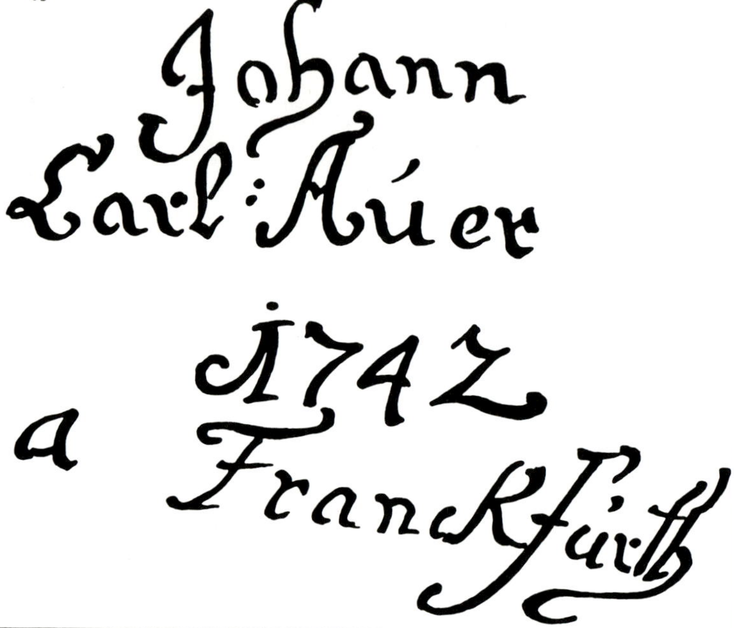

Bildmarken

34

35

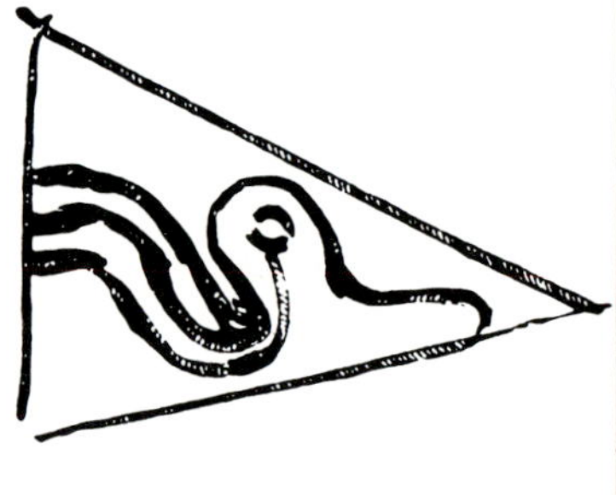

Frankfurt/Main (1666–1772)

Bildmarken

36

37

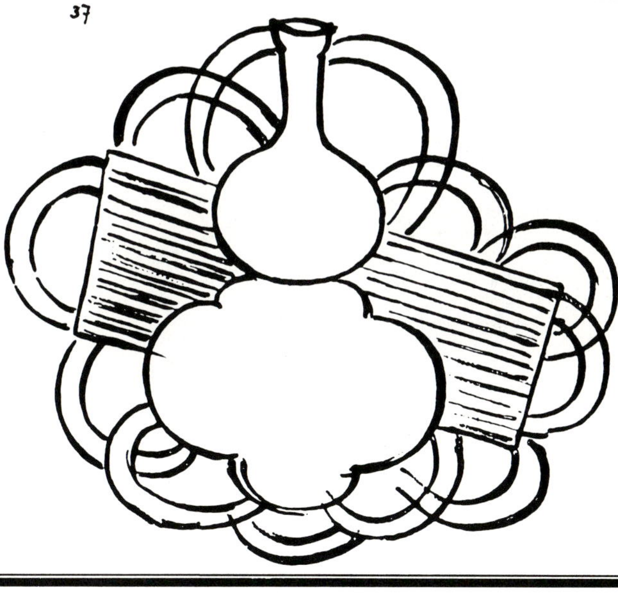

Frankfurt/Main (1666–1772)

Bildmarken

38

39

40

Frankfurt/Main (1666–1772)

Malermarken

41

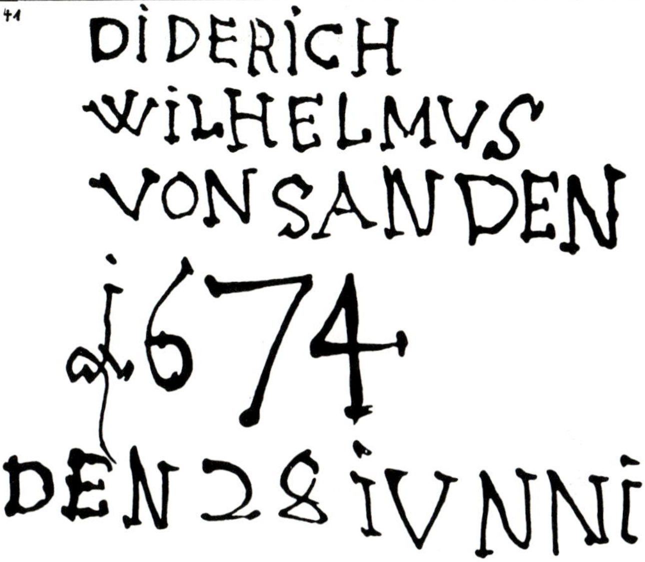

42

43

44

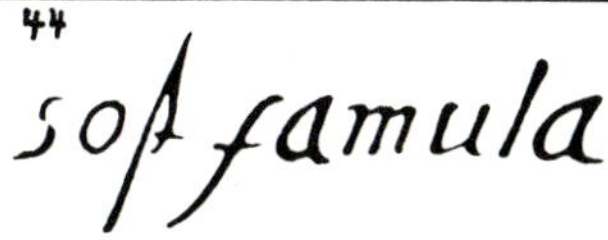

45

46

47

Frankfurt/Main (1666–1772)

Malermarken

48

49

50

Frankfurt/Main (1666–1772)

Malermarken

51	52	53
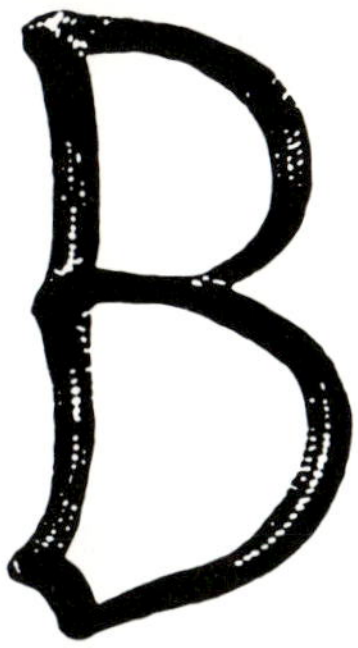		
54	55	

56		

57	58	59

Frankfurt/Main (1666–1772)

Malermarken

60

61

62

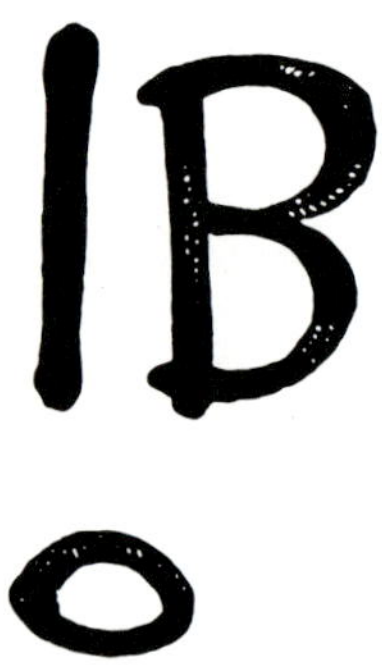

63

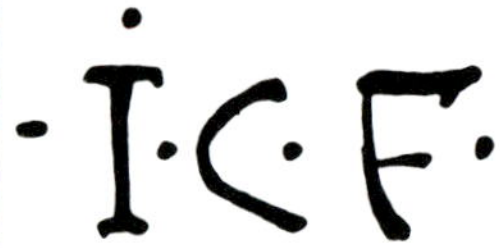

64

Frankfurt/Main (1666–1772)

Malermarken

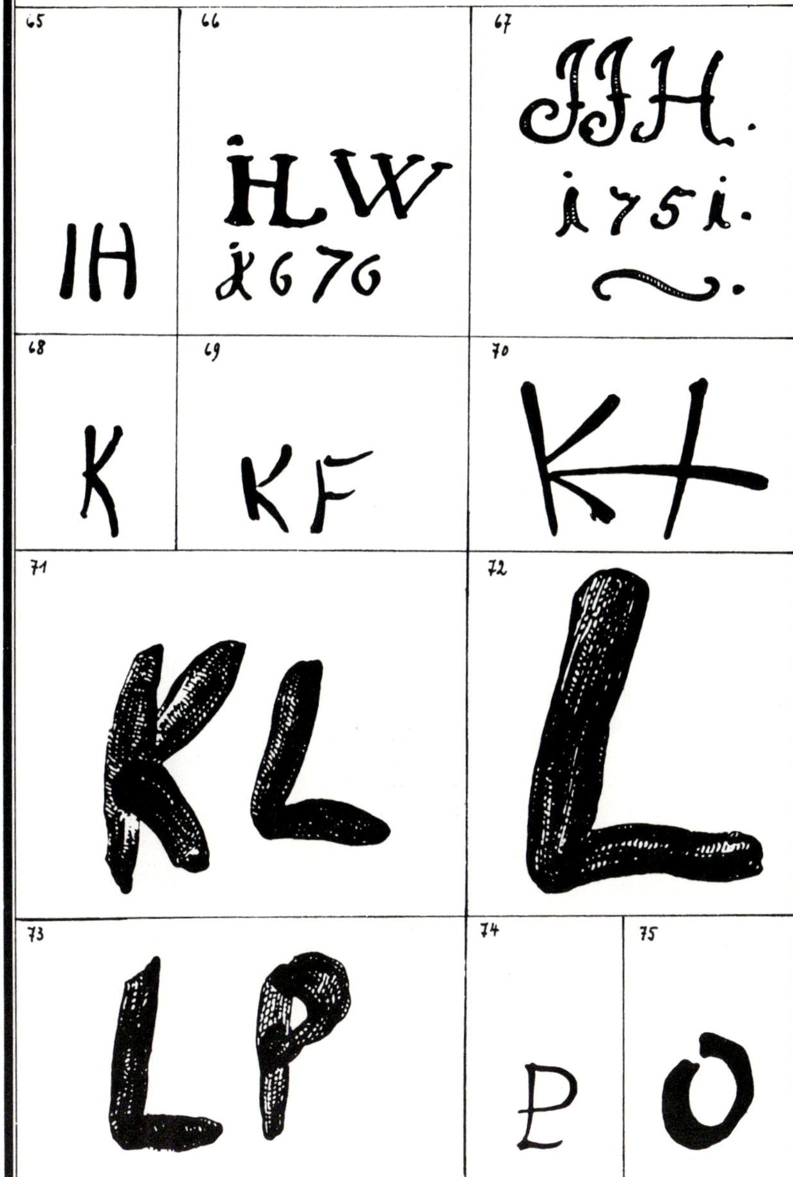

Frankfurt/Main (1666–1772)

Malermarken

76

77

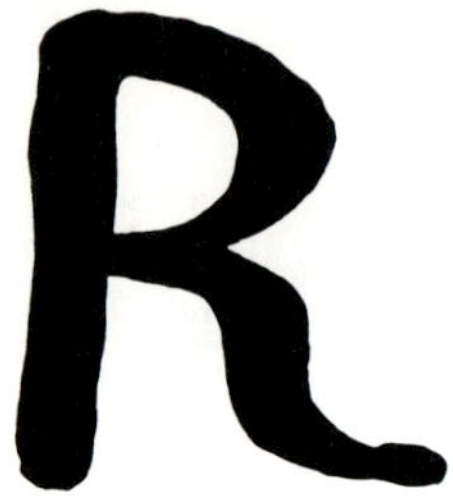

78

79

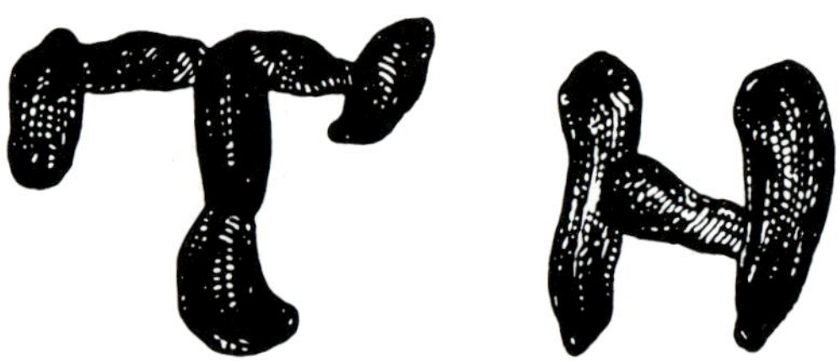

80

81

82

83

84

Frankfurt/Main (1666–1772)

Jahreszahl und Zahlenmarken

84 a

85

86

87

88

89

90

91

92

93

94

95

Frankfurt/Main (1666–1772)

Zahlenmarken

96

97

98

99

100

101

102

103

104

Frankfurt/Main (1666–1772)

Zahlenmarken

105

106

107

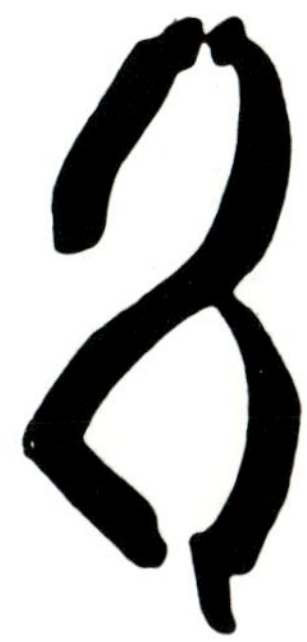

108

109

110

111

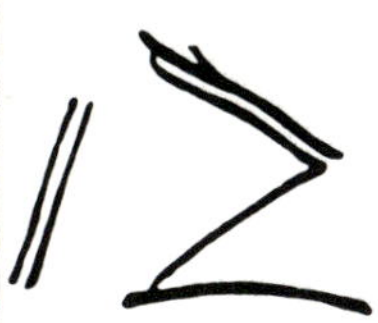

112

Frankfurt/Main (1666–1772)

Zahlenmarken

113 

114 

115 

Nicht zu erklärende Zeichen

116 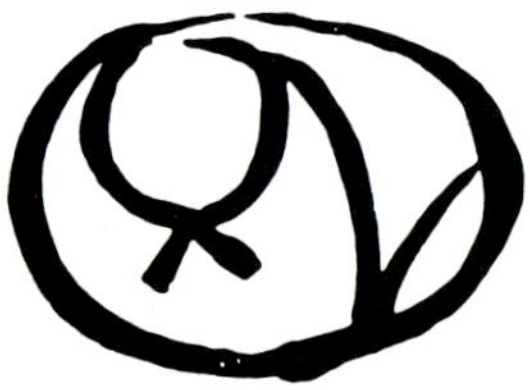

117 

118 

119 

120 

121 

122 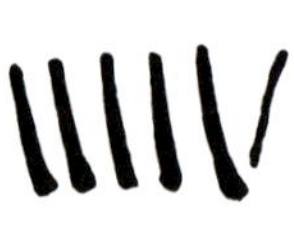

123 

124 

Frankfurt/Main (1666–1772)

Nicht zu erklärende Zeichen

125

126

127

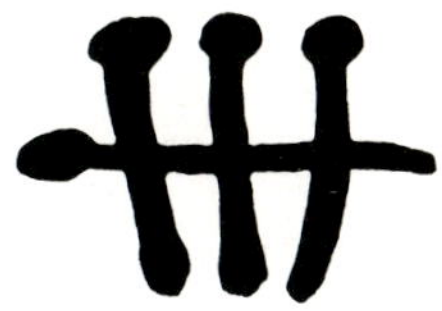

128

129

130

Die Marken der Manufaktur Frankfurt/Main sind in Blau, Manganviolett, Schwarz und Purpur ausgeführt, doch trägt der größte Teil der Frankfurter Fayencen keine Bezeichnung.

Frankfurt/Oder (1764 bis Ende des 18. Jahrhunderts)

Fabrikmarken

1 	2 	3 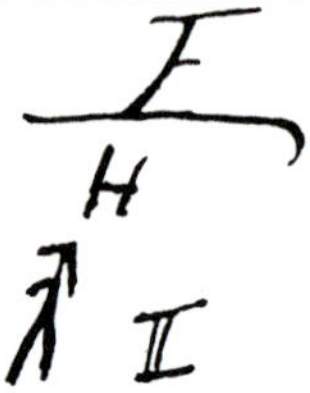	4 
1764 bis Ende des 18. Jahrhunderts			
5 	6 	7 	
1764 bis Ende des 18. Jahrhunderts			

Die Marken der Manufaktur Frankfurt (Oder) sind in Blau, Manganviolett und Grün gehalten.

Friedberg (1754–1768)

Fabrikmarken

1	2	3	4	5

1754–1768

Die Marken der Manufaktur Friedberg sind in Blau, Mangan und Schwarz ausgeführt. Die Fabrik ist vielleicht als Nachfolgerin der Fayencefabrik von Göggingen anzusehen, deren restliche Lagerbestände der Bossierer und Hausmaler Joseph Hackl, der in Göggingen seit 1749 beschäftigt wird, aufgekauft und abgesetzt hatte. Der Genannte war auch in Friedberg später tätig, wie sich aus der Marke Nr. 5 ergibt.

Fayenceerzeugnisse, die die Marken  und  tragen, sind noch nicht sicher gedeutet. In dieser Hinsicht bestehen verschiedene Vermutungen. Danach werden diese Markierungen entweder der kurzlebigen Hackelschen Fayencefabrik in Augsburg, von der nichts bekannt ist, oder nach einer anderen Lesart dem von Hackel verkauften Restbestand der Gögginger Fayencefabrik oder aber der Manufaktur Friedberg zugewiesen.

Fulda (1740–1761)

Fabrikmarke

1

1740–1761

Fabrikmarken mit Malermarken

2

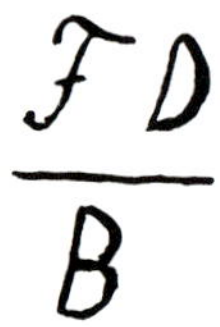

3

4

5

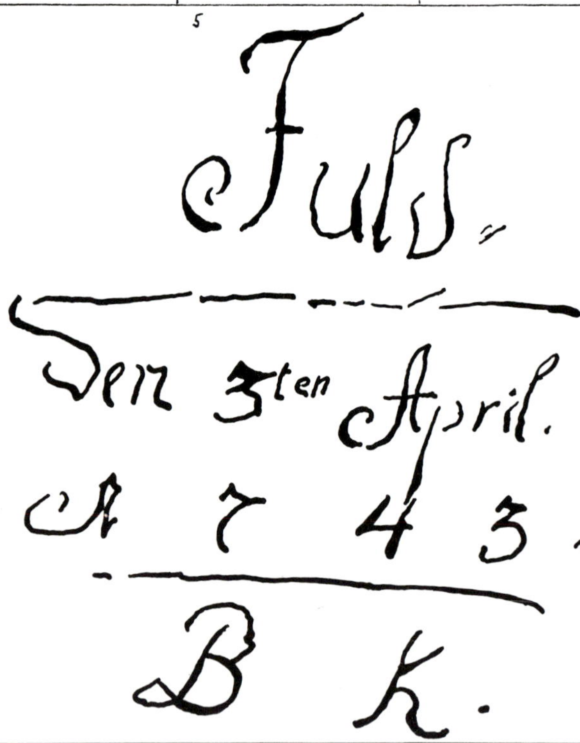

Fulda (1740–1761)

Fabrikmarken mit Malermarken

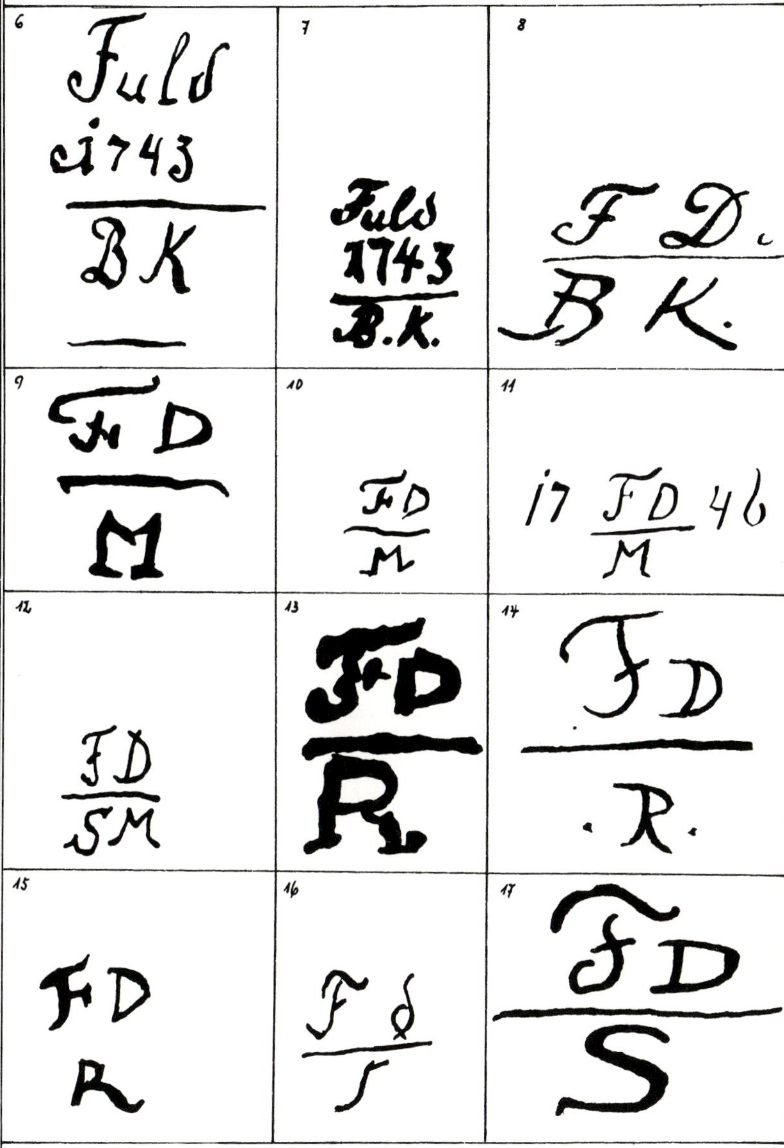

1740–1761

Fulda (1740–1761)

Fabrikmarken mit Malermarken

18

19
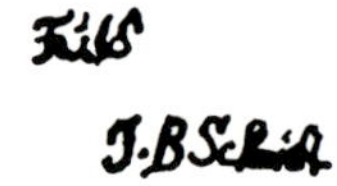

20

21
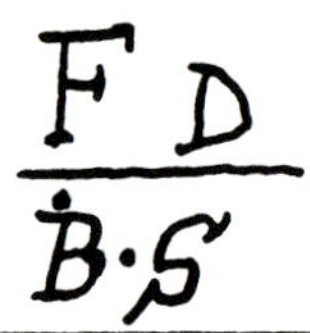

22

23
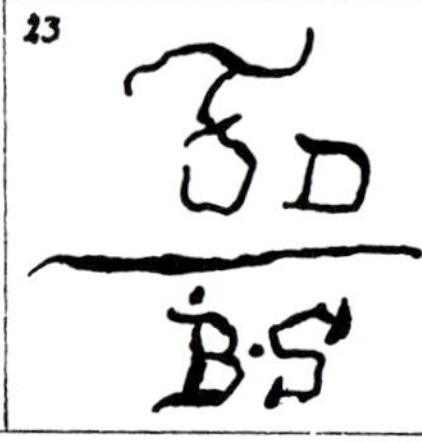

1740–1761

Malermarken

24
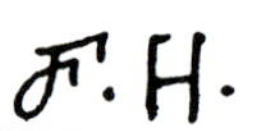

25

26

27

Die Marken der Manufaktur Fulda erscheinen in Blau, Manganviolett und Schwarz.

Die Marken Nr. 2, 4 und 12 sind bisher noch ungeklärt.

Nr. 3 ist Franz Melchior Birkensee,
Nr. 5 bis 8 Georg Balthasar Birkenkopf,
Nr. 9 bis 11 und 26 und 27 Christian Müller,
Nr. 13 bis 15 Anton Ripp 1756† und Sohn Abraham 1750–1751,
Nr. 16 bis 18 Joh. Georg Schumann,
Nr. 19 bis 23 Joh. Bernh. Schmidt,
Nr. 24 Georg Friedr. Heß,
Nr. 25 Adam Friedrich von Löwenfincken.

Die Marke Nr. 28 gehört zu einem Stück, das nach 1800 von dem Töpfer E. Reuß in Fulda stammt. Im Besitz alter Porzellanformen stellte er grobe „Irdene Ware" her.

28

Gera (1750–1780)

Fabrikmarken

1

2

3

4

1750–1780

Fabrikmarke mit Malermarke

5

Die Marken der Manufaktur Gera erscheinen in Blau, Eisenrot und Schwarz.

1772 wird die Fabrik auf Porzellan umgestellt, doch ist anzunehmen, daß daneben auch noch eine Zeitlang Fayencen hergestellt worden sind.

Gevelsberg (Westf.)

Silberdistel, Keramische Werkstätten Breu & Co. (Gegr. 1947)

	1 	

Glienitz (1754–1800)

Fabrikmarken

1 	2 	3 	4 
1754–1800			
5 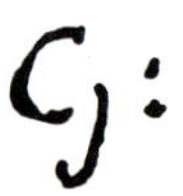	6 	7 	8 
1754–1800			
9 	10 		11 S.F.
1754–1800			

Die Marken der Manufaktur Glienitz erscheinen in Blau und Manganviolett.

Göggingen (1748–1752)

Fabrikmarken

1

2
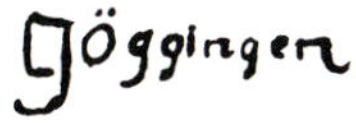

1748–1752

3

4
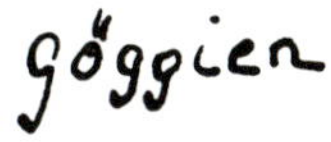

1748–1752

5
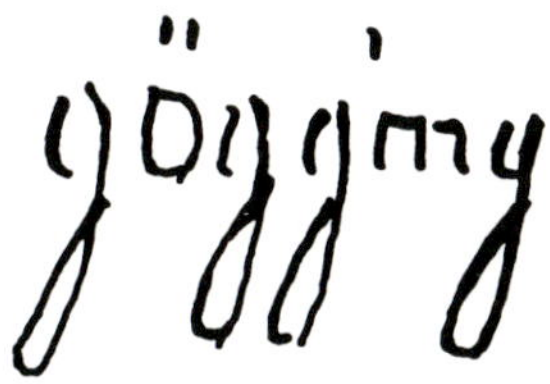

6

1748–1752

7

8
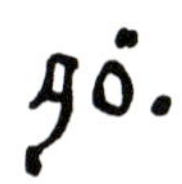

9

1748–1752

Fabrikmarken mit Malermarken

10
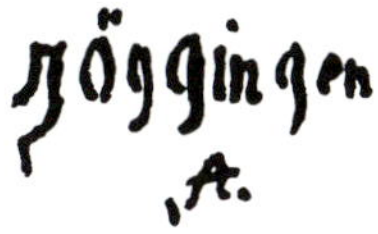

11
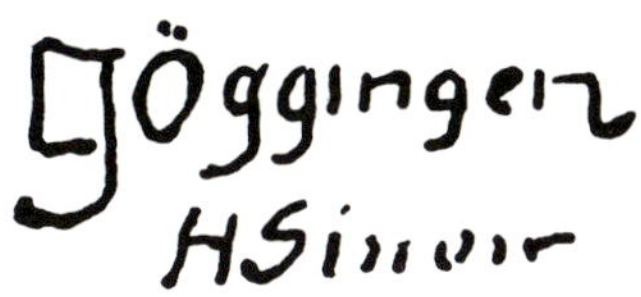

1748–1752

Göggingen (1748–1752)

Fabrikmarken mit Malermarken

12 	13 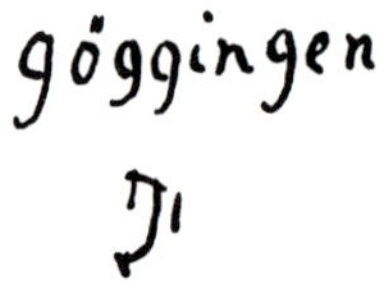	14 
1748–1752		
15 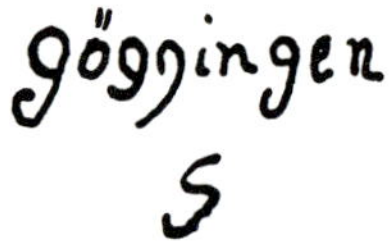	16 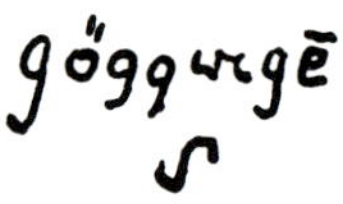	
1748–1752		

Die Marken der Manufaktur Göggingen sind in Blau, Braun und Grau ausgeführt.

Göppingen (1741–1778)

Fabrikmarken

1 	2 	3 

1741–1778

Fabrikmarken mit Malermarken

4 	5 	6 

1741–1778

7 	8 	

1741–1778

Die Marken der Manufaktur Göppingen sind in Schwarz, Manganviolett und Blau angebracht.

Groß-Stieten (1753–1754)

Fabrikmarken mit Malermarken

1

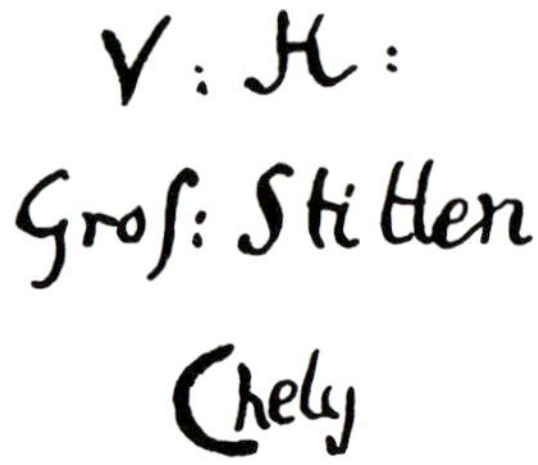

2

3

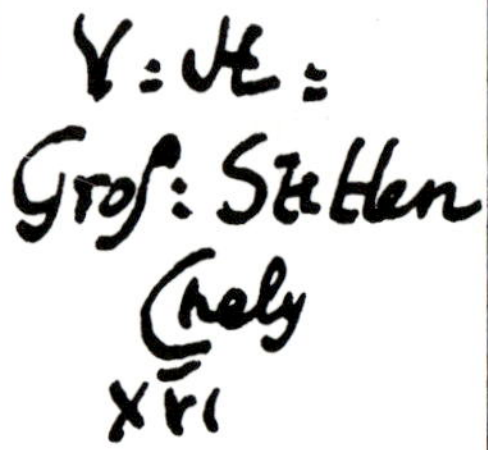

1753–1754

Die Marken der Manufaktur Groß-Stieten erscheinen in Blau und Manganviolett.

Hamburg (1628–1656)

Malermarken

1 	2 	3 	4 
1626	1630	1630–1640	1640–1656
5 	6 	7 	8 
1640–1656			

Die Marken sind in Blau gehalten. Ob die Erzeugnisse des 17. Jahrhunderts in Handwerks- oder einem Fabrikbetrieb hergestellt worden sind, ist nicht sicher geklärt. Die im 18. Jahrhundert in Hamburg zahlreich hergestellten Fayenceöfen entstammen Handwerkstätten, die kaum andere Erzeugnisse verfertigten.

Alle Marken sind stark verkleinert.

Hanau (1661–1806)

Fabrikmarken mit und ohne Malermarken

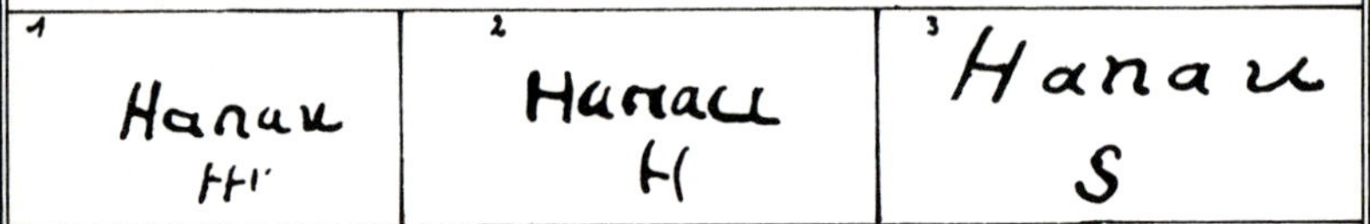

1740–1806

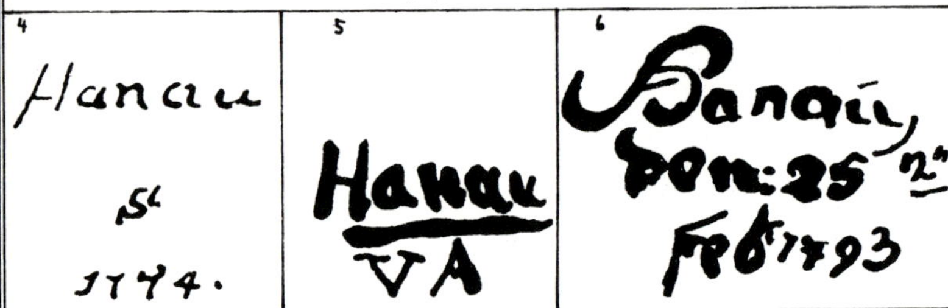

1740–1806

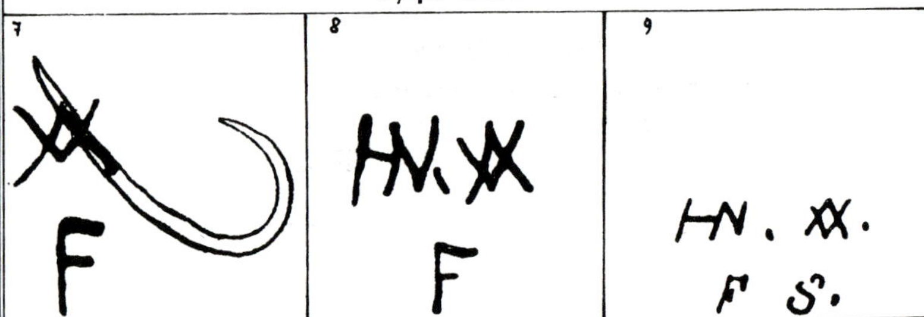

1740–1806

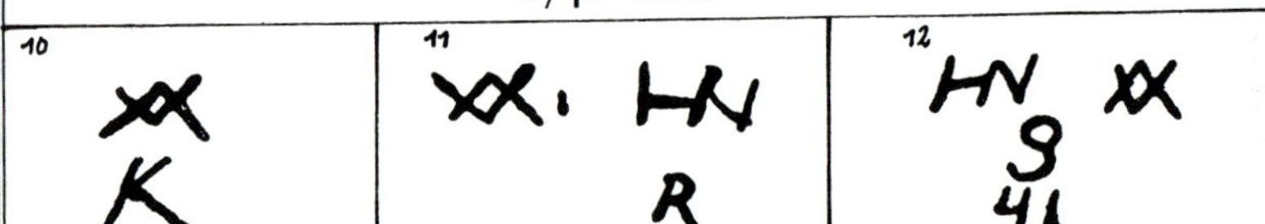

1740–1806

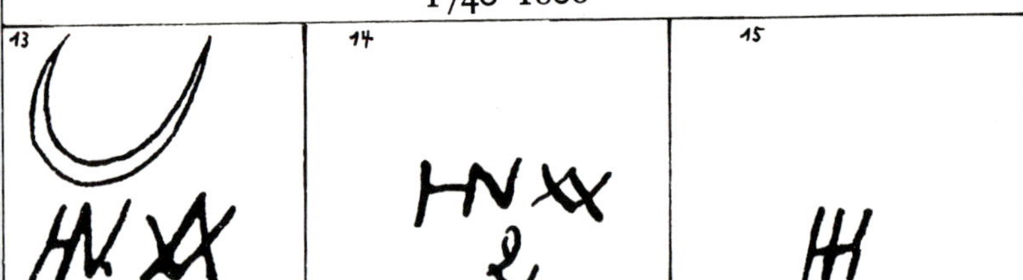

1740–1806

Hanau (1661–1806)

Malermarken vielfach mit Drehermarken

Hanau (1661–1806)

Malermarken vielfach mit Drehermarken

25

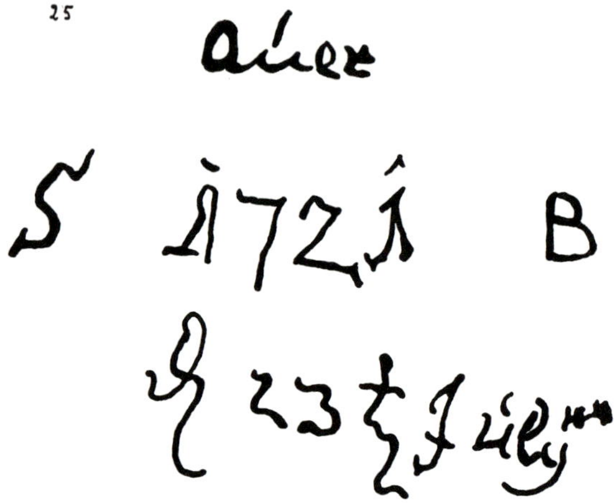

26

27

28

29

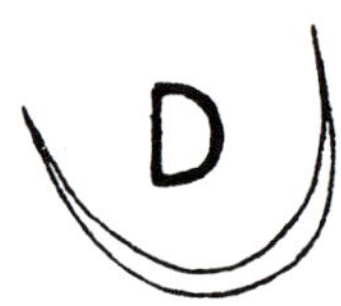

30

31

32

33

34

35

36

Hanau (1661–1806)

Malermarken vielfach mit Drehermarken

37

38

39

40

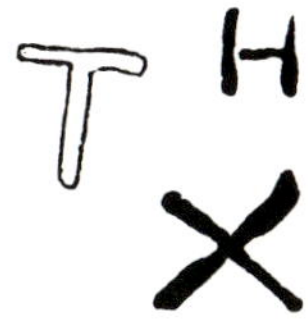

41

42

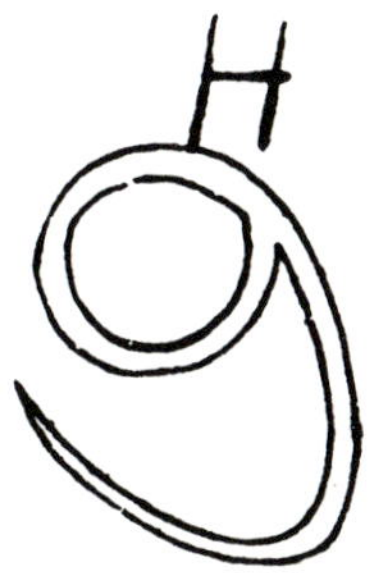

43

44

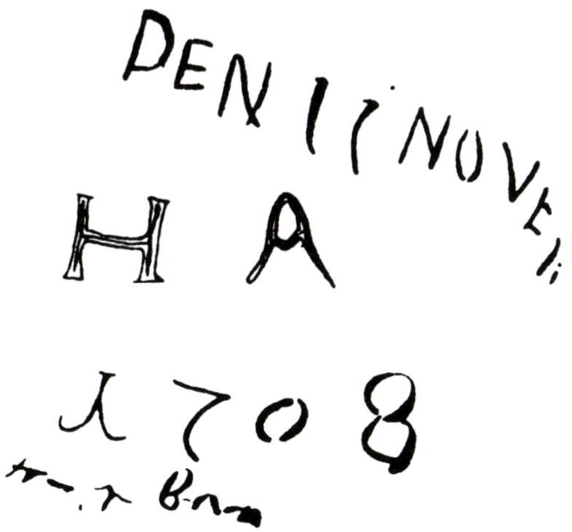

Hanau (1661–1806)

Malermarken vielfach mit Drehermarken

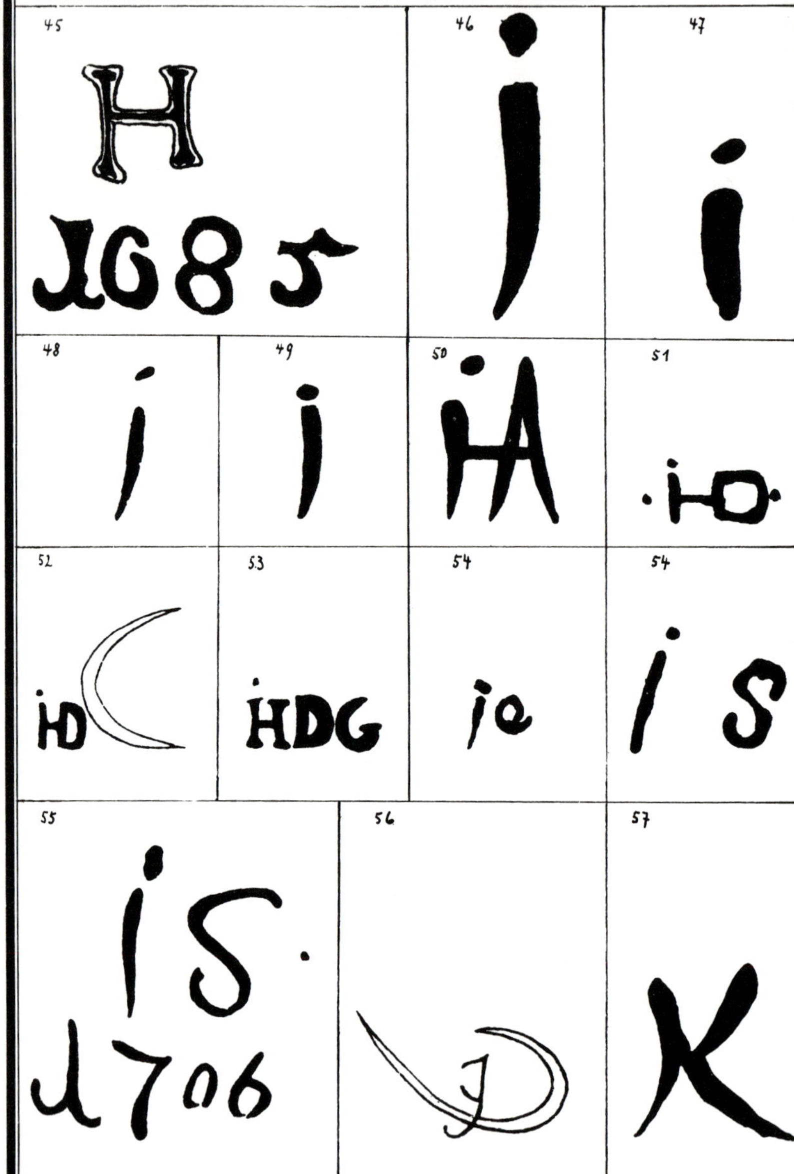

Hanau (1661–1806)

Malermarken vielfach mit Drehermarken

Hanau (1661–1806)

Malermarken vielfach mit Drehermarken

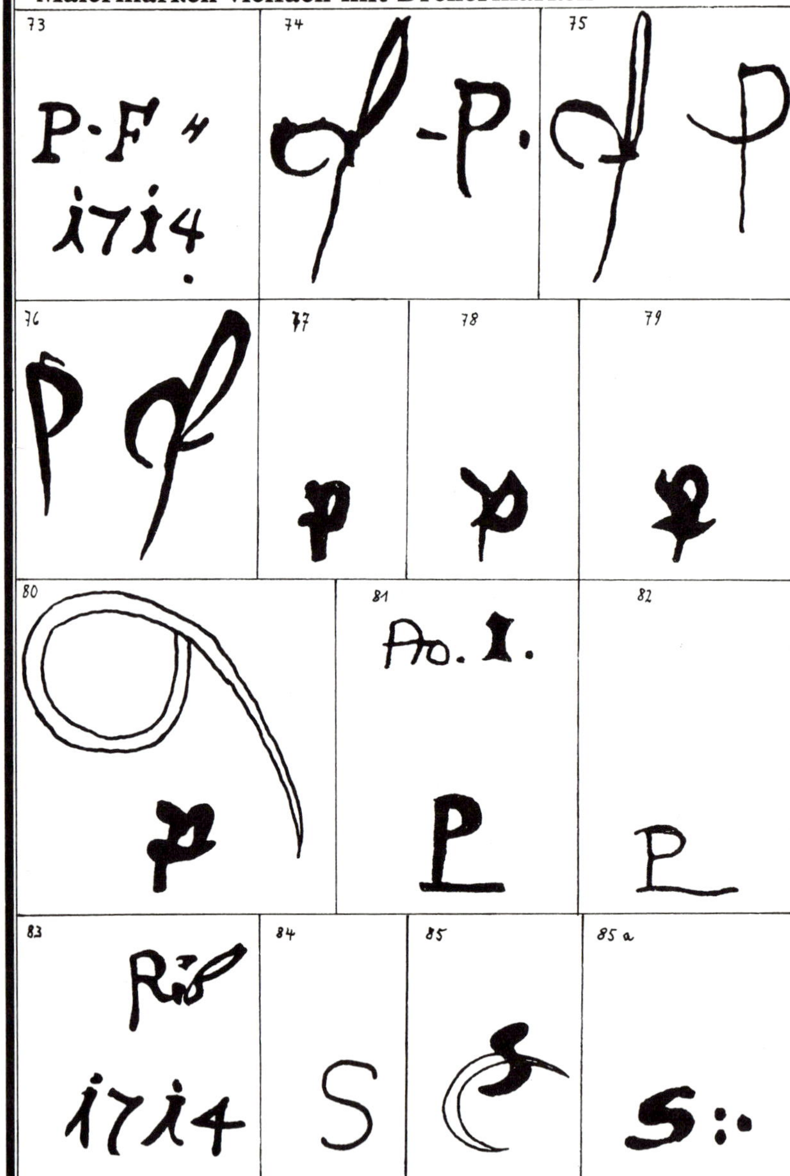

Hanau (1661–1806)

Malermarken vielfach mit Drehermarken

Hanau (1661–1806)

Malermarken vielfach mit Drehermarken

98

99

100

101
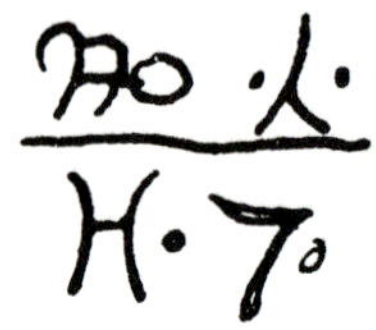

Drehermarken

102
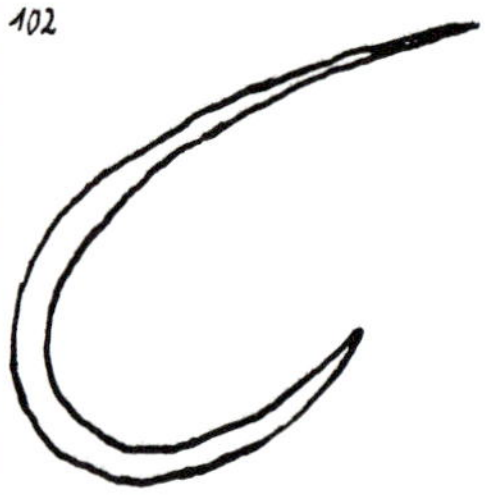

103
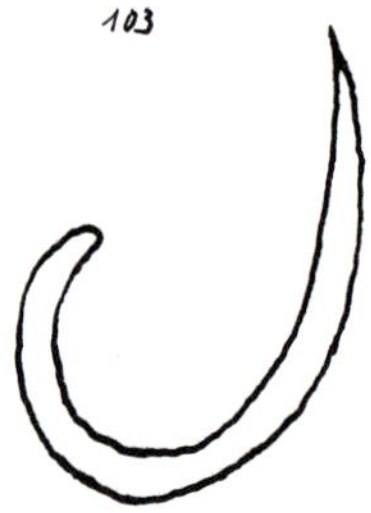

104
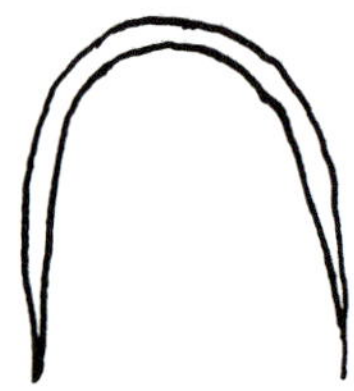

105

106
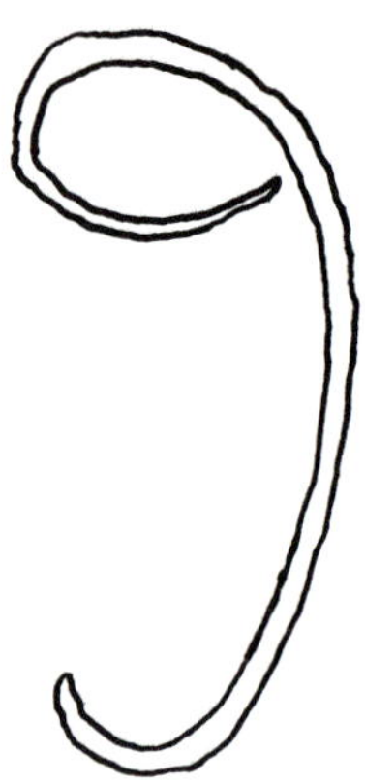

107
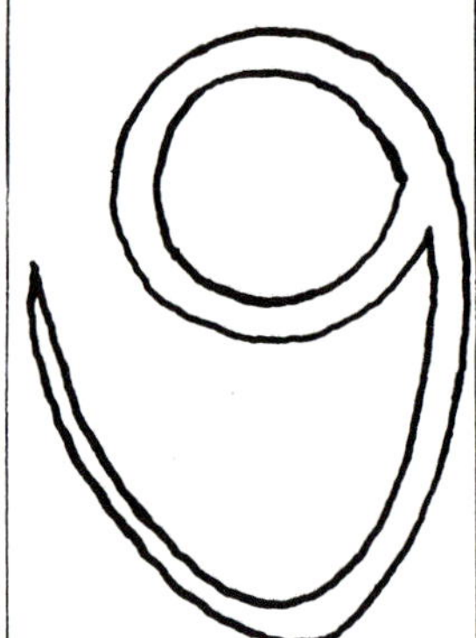

Hanau (1661–1806)

Drehermarken

108

109

110

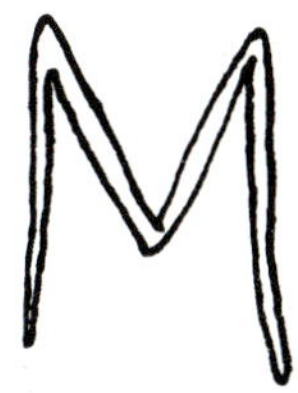

111

112

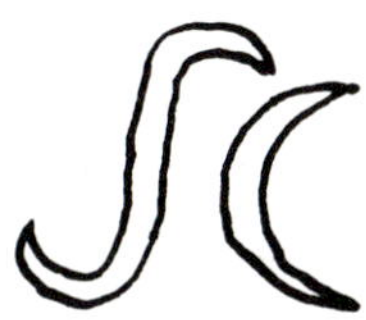

113

114

115

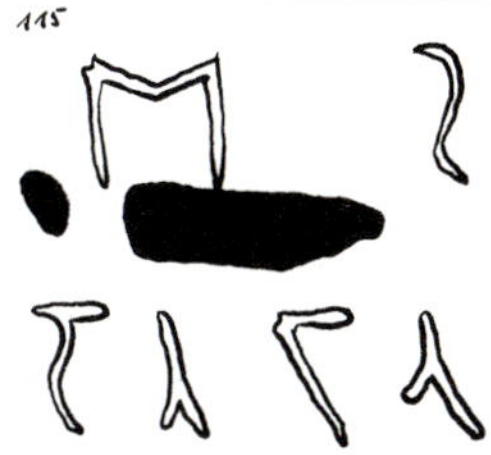

Alle Marken der Manufaktur Hanau sind in Blau, Manganviolett, Braun, Schwarz, seltener in Grün und Ziegelrot gehalten. Die C-förmige Ritzmarke findet sich nur auf Erzeugnissen der Hanauer Fabrik und ist somit ein sicheres Leitzeichen. Ein großer Teil der Erzeugnisse trägt aber keine Marke.

Die Marken Nr. 114 und 115 sind in Spiegelschrift angebracht.

Hannoversch-Münden (1755–1854)

Fabrikmarken

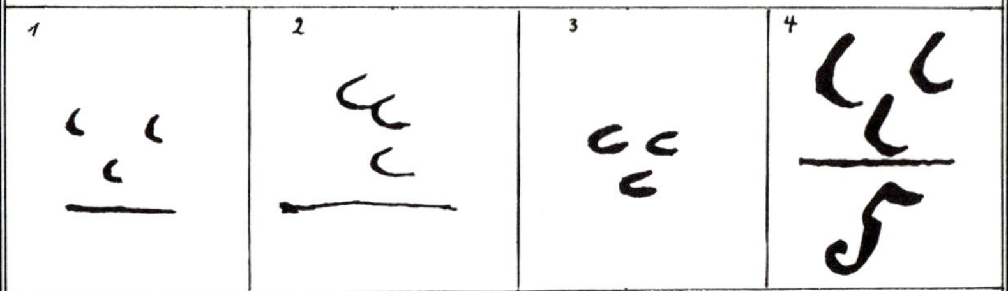

1755–1854

Fabrikmarken mit Malermarken

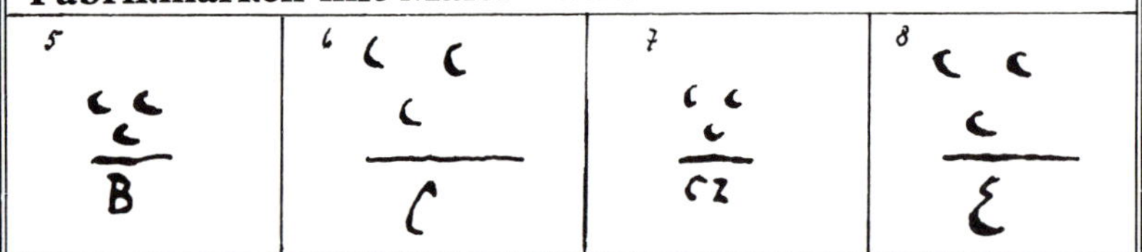

1755–1854

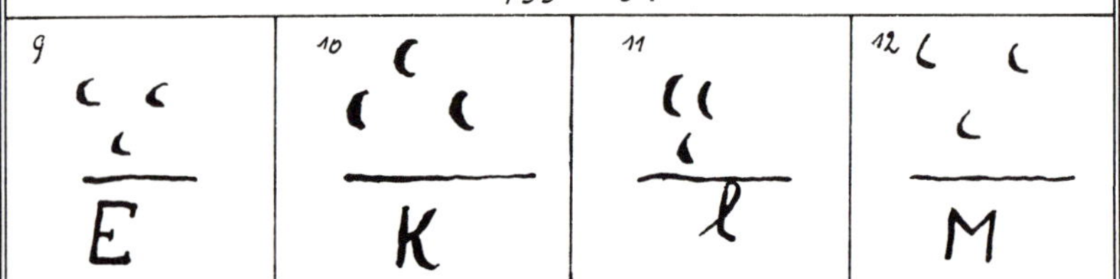

1755–1854

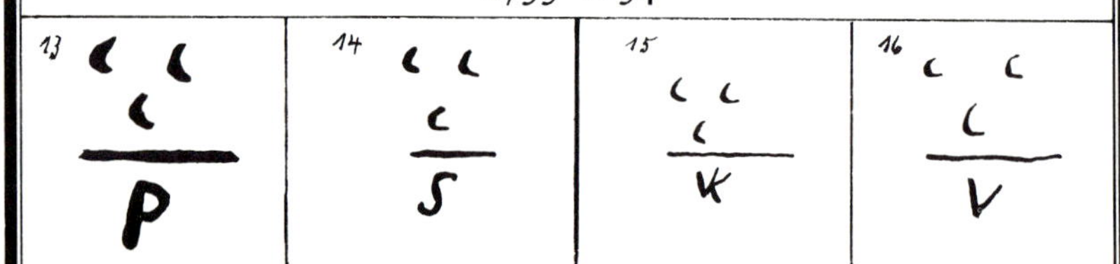

1755–1854

Hannoversch-Münden (1755–1854)

Fabrikmarken mit Malermarken

17

18

1755–1854

19

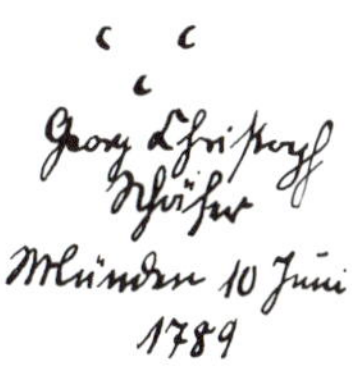

20

1755–1854

Malermarken

21

22

Die Marken der Manufaktur Hannoversch-Münden kommen in Blau und Manganviolett vor.

Höhr-Grenzhausen, Rheinland-Pfalz		
Wick-Werke, Dir. Paul Wilsch (Gegr. 1872)		
1 	2 	3 

Höchst (1746–1758/60)

Fabrikmarken

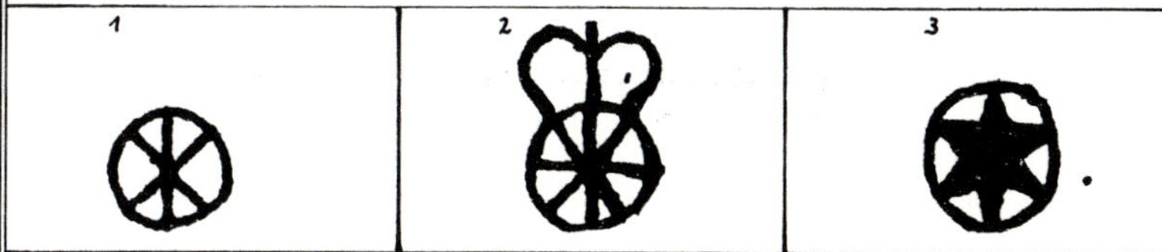

1746–1758/60

Fabrikmarken mit Malermarken

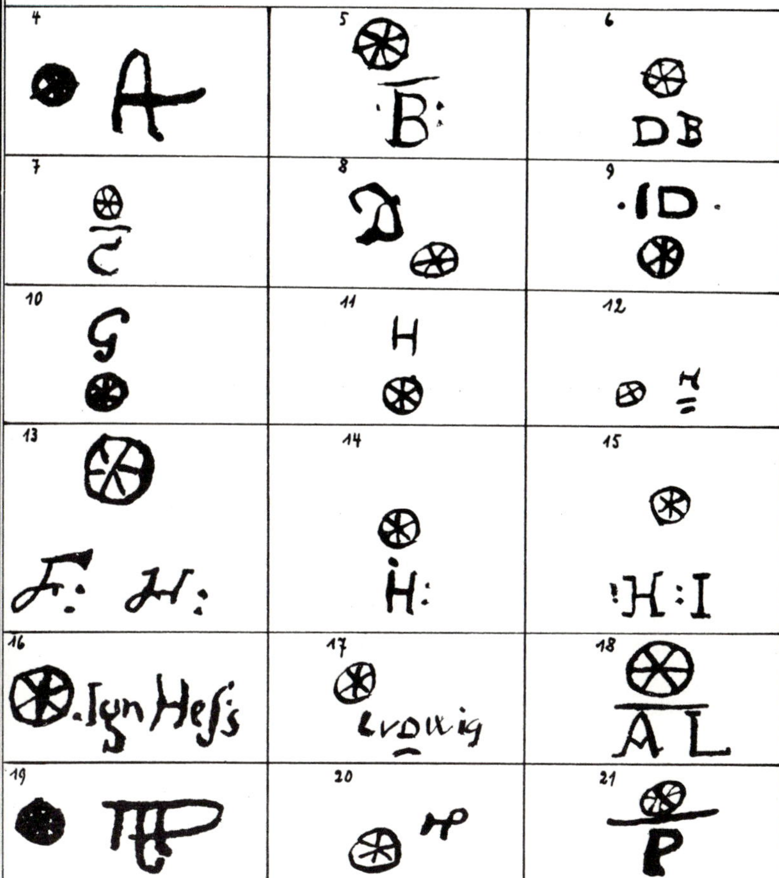

1747–1758

Höchst (1746–1758/60)

Fabrikmarken mit Malermarken

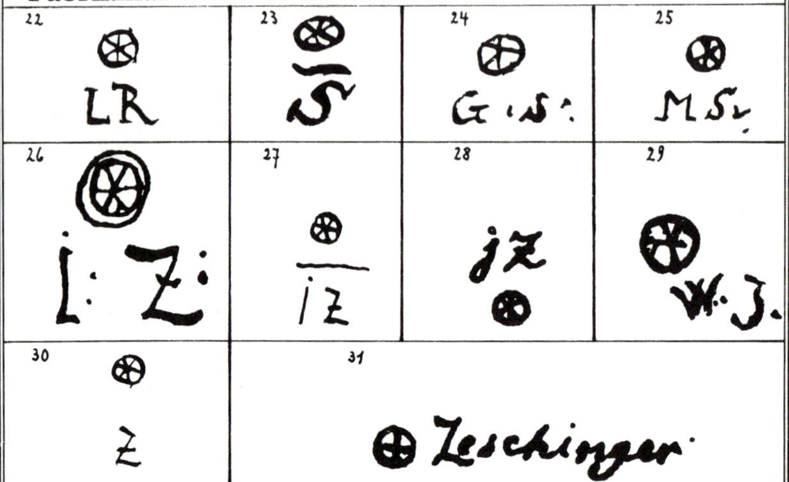

1747–1758

Malermarken

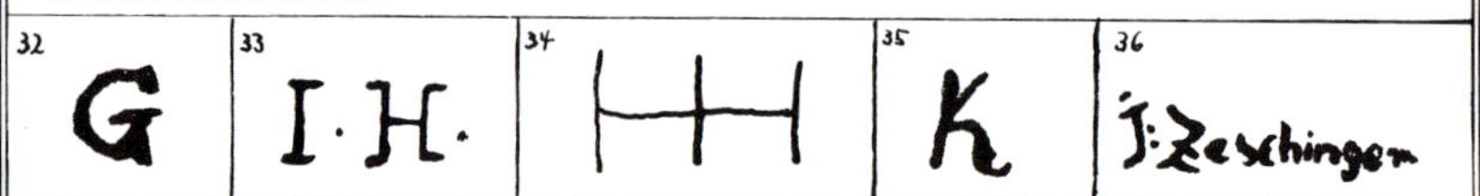

Die Marken der Fayencemanufaktur Höchst erscheinen in Blau, Mangan, Rot, Purpur, Grün, Grau und Schwarz.

Die Fabrikmarke ist ein sechs-bis mehrspeichiges Rad. Mit ihm sind die meisten Erzeugnisse gemarkt, und zwar sehr häufig in Verbindung mit Malermarken. Mit Beginn der Porzellanfabrikation wird die Herstellung von Fayencen bald eingestellt und der Lagerbestand bis in die sechziger Jahre des 18. Jahrhunderts ausverkauft.

Hubertusburg (1770–1776)

Fabrikmarke

1

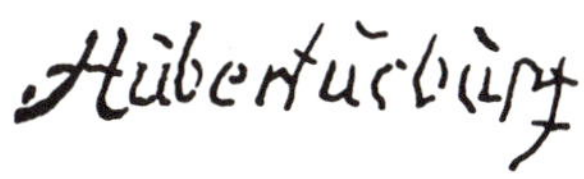

1770–1776

Fabrikmarken mit Malermarken

2

3

4

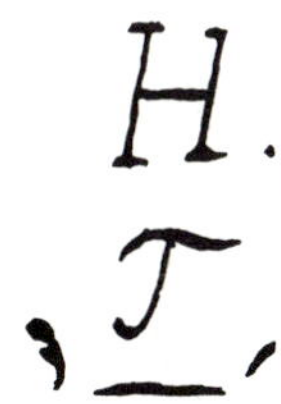

Die Marken der Manufaktur Hubertusburg erscheinen in Blau, Manganviolett und Grün.

Itzehoe (1790 bis 1. Hälfte des 19. Jahrhunderts)

Fabrikmarke

1 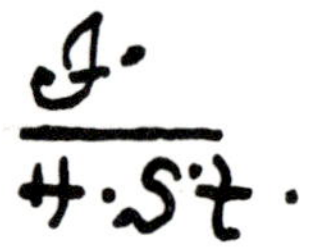	2 

Nach 1802

Die Marke der Manufaktur Itzehoe ist in Blau angebracht.

Jever (1760–1776)

Fabrikmarken

1 	2 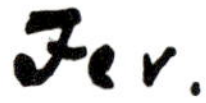	3 	4 

1760–1776

Fabrikmarken mit Malermarken

5 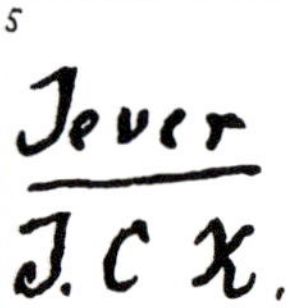	6 	7 	8 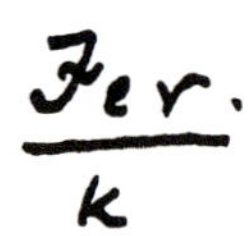	9 

10 	11 	12 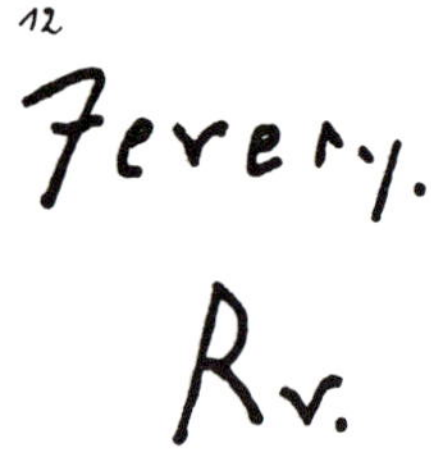

Die Marken der Manufaktur Jever sind in Blau ausgeführt

Kandern (Schwarzwald)

Fayence-Manufaktur Richard Bampi (Gegr. 1927)

1

2

Karlsruhe

Staatliche Majolika-Manufaktur A.G. (Gegr. 1901)

1

Kassel (1680–1780)			
Fabrikmarken			
1 	2 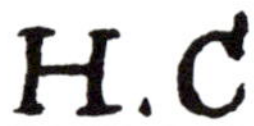	3 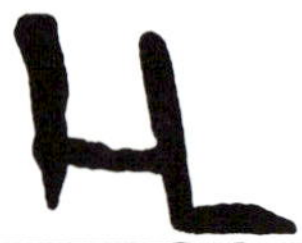	4 
1724–1740			
	5 	6 	
1724–1740			
Fabrikmarken mit Malermarken			
7 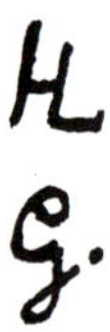	8 	9 	10 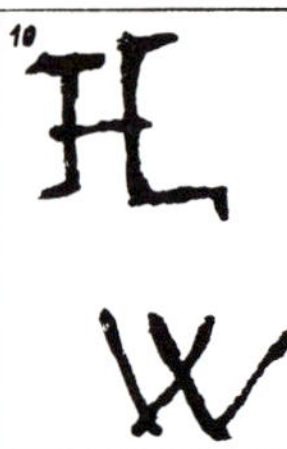
1724–1764			
Malermarke			
	11 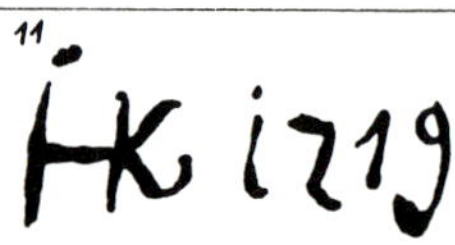		

Die Marken der Manufaktur Kassel erscheinen in Blau und Manganviolett.

Kellinghusen (1763–1860)

Fabrikmarken (wechselnd aus Orts-, Eigentümer-, Meister- und Malermarken, vereinzelt mit Datierung zusammengestellt)

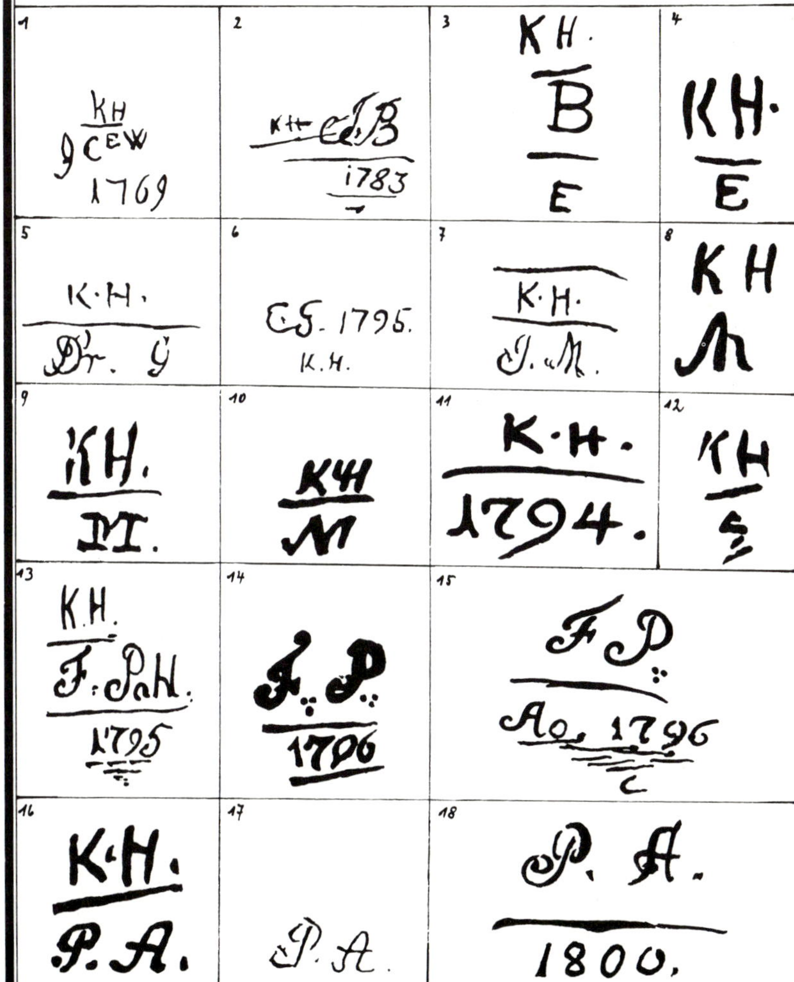

Im 18. und 19. Jahrhundert gehörte Kellinghusen zu Dänemark. Die Marken der Fayencemanufakturen in Kellinghusen – es handelt sich um fünf verschiedene Fabriken – kommen selten und dann überwiegend in Manganviolett vor. Eine Unterscheidung der Markierung der verschiedenen Unternehmungen ist nicht möglich.

Kelsterbach (1765 bis gegen 1850)

Fabrikmarken

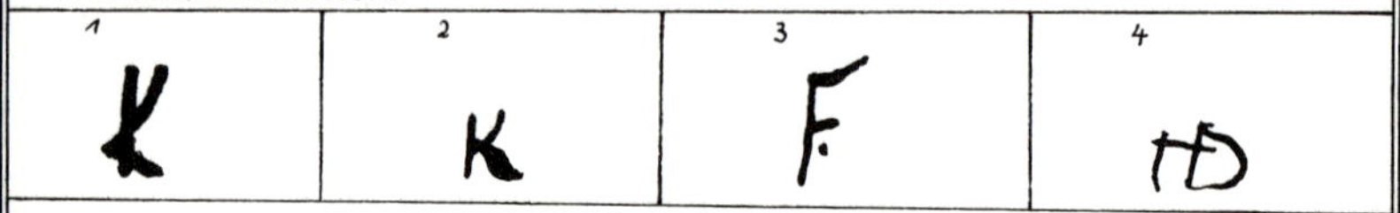

1765–1840

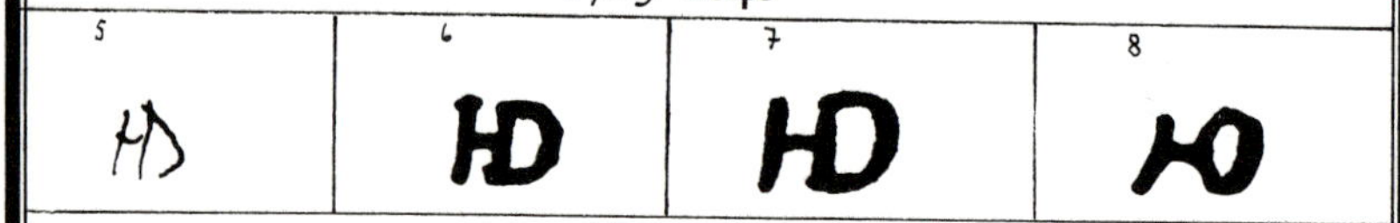

1765–1840

1765–1840

Fabrikmarken mit Malermarken

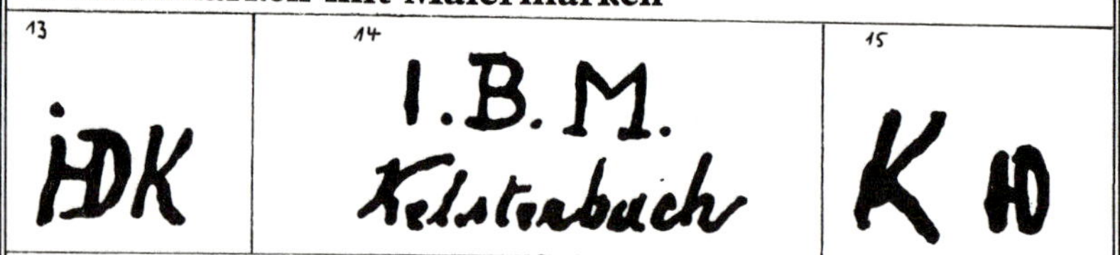

1765–1840

Reliefmarke

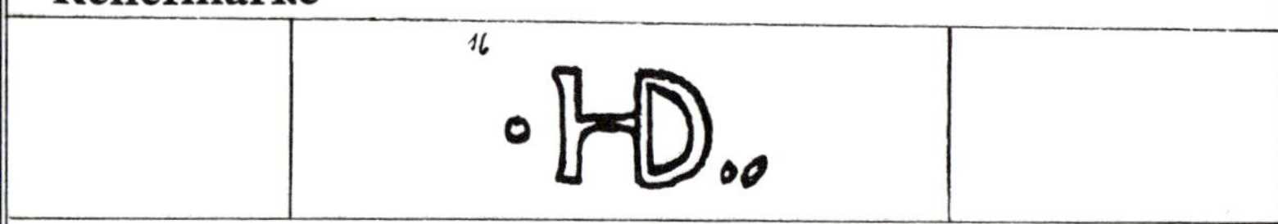

Die Marken der Manufaktur Kelsterbach kommen in Blau, Manganviolett und Braun vor.

Kiel (1762–1787)

Fabrikmarken (wechselnd aus Orts-, Eigentümer-, Meister- und Malermarken, vereinzelt mit Datierung zusammengestellt)

1

1762

2

3

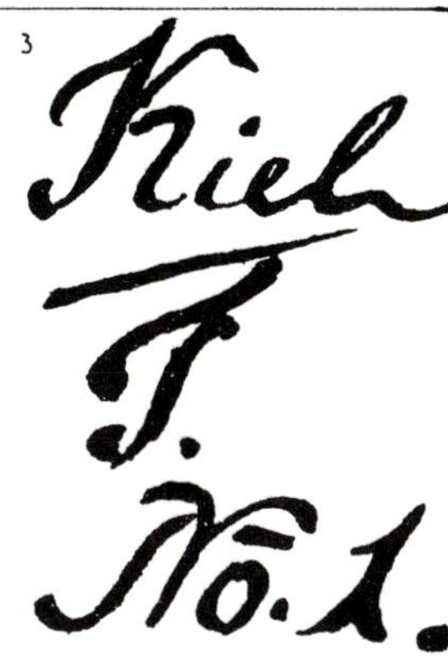

1763–1768

4

5

6

7

8

1763–1768

9

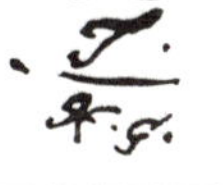

10

11

12

1763–1768

Kiel (1762–1787)

Fabrikmarken (wechselnd aus Orts-, Eigentümer-, Meister- und Malermarken, vereinzelt mit Datierung zusammengestellt)

13 	14 	15 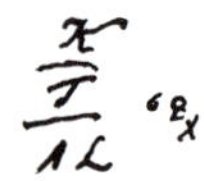	16 
1763–1768			
17 	18 	19 	20 
1763–1768			
21 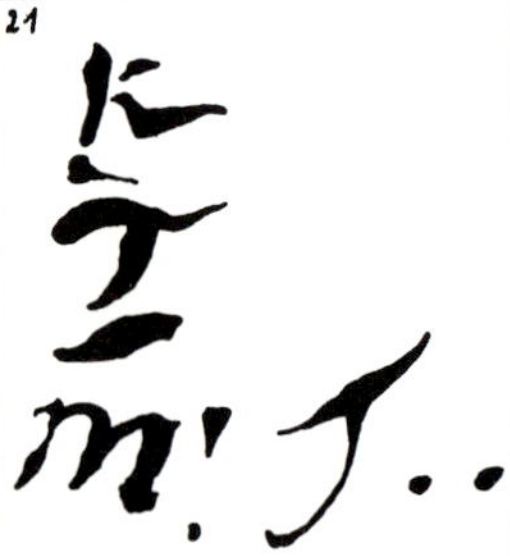	22 	23 	
1763–1768		1769–1771	

Kiel (1762–1787)

Fabrikmarken (wechselnd aus Orts-, Eigentümer-, Meister- und Malermarken, vereinzelt mit Datierung zusammengestellt)

24 25 26 27

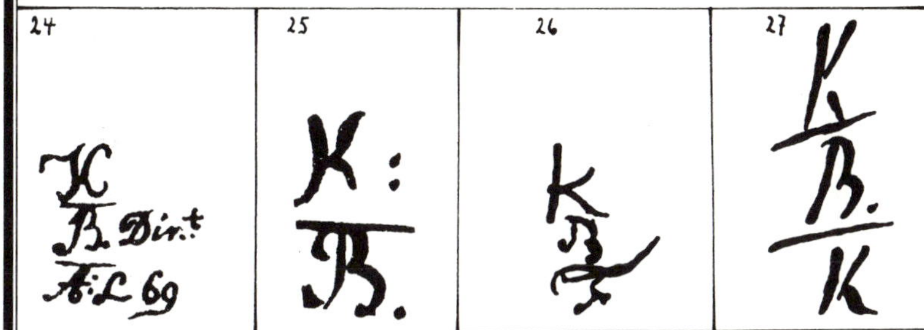

1769–1771

28 29 30

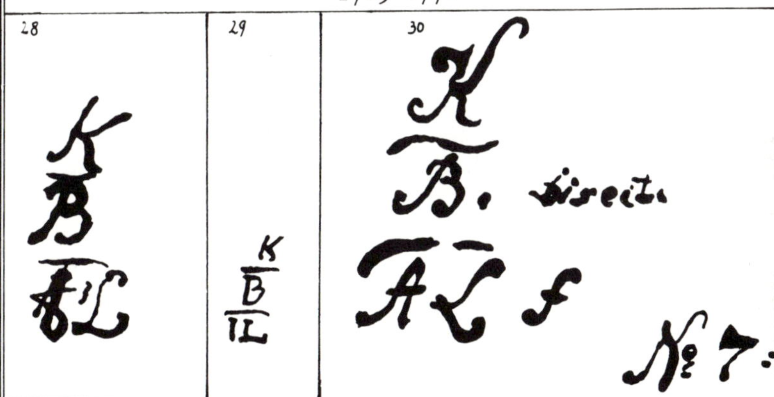

1769–1771

31 32 33

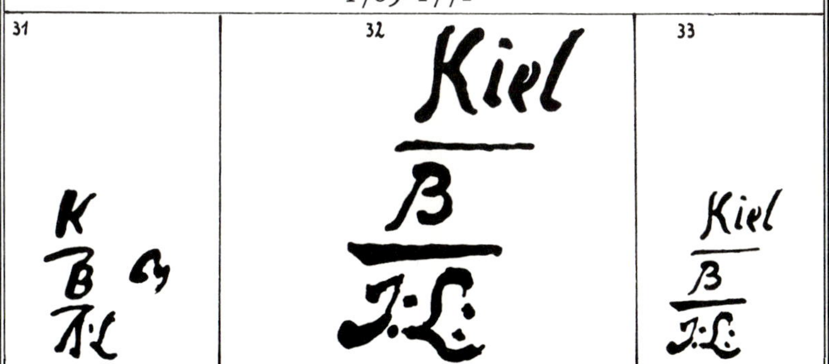

1769–1771

Kiel (1762–1787)

Fabrikmarken (wechselnd aus Orts-, Eigentümer-, Meister- und Malermarken, vereinzelt mit Datierung zusammengestellt)

34	35	36	37

1769–1771			

Im 18. Jahrhundert gehörte Kiel zu Dänemark.

Die Marken der bedeutendsten Manufaktur Kiel – zwischen 1758 und 1763 waren schon drei andere vorausgegangen, die aber nach kürzester Zeit wieder eingingen – sind in Blau, Manganviolett, Rotbraun, Violett und Schwarz angebracht.

Köln (1771 bis in die erste Hälfte des 19. Jahrhunderts)

Fabrikmarken

1 

2 

3 

Nach 1800

4 

5 

6 

Nach 1800

7 

8 

9 

10 

Nach 1800

11 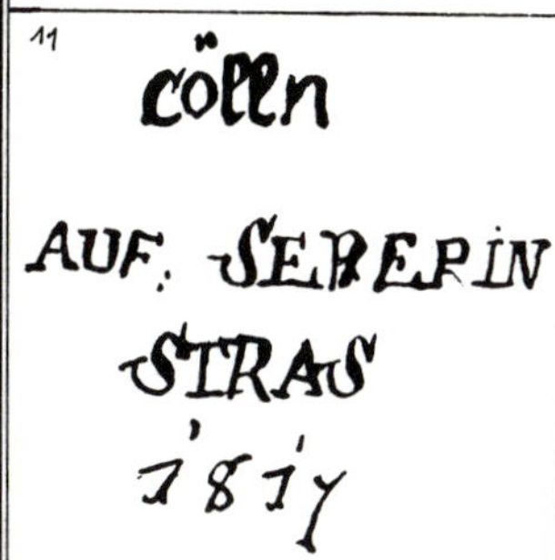

12 

13 

Nach 1800

Malermarken

14 

15 

Köln (1771 bis in die erste Hälfte des 19. Jahrhunderts)

Zahlenmarken

16	17	18	19

Die Marken der Kölner Erzeugnisse sind in Blau, Manganviolett, Grün, Schwarz und Gelb angebracht. Die Marke Nr. 6 ist eingepreßt.

Ob ein oder zwei Fayencefabriken bestanden haben, ist bisher weder urkundlich noch stilistisch zu klären gewesen. In dem Prozeß zwischen dem Eigentümer der Frankfurter Fayencemanufaktur und seinem Sohne kommt zur Sprache, daß sich in Köln zwei Fayencefabriken befunden haben.

Königsberg (1778–1811)

Fabrikmarken

1	2	3
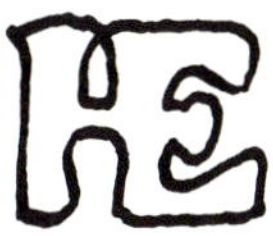	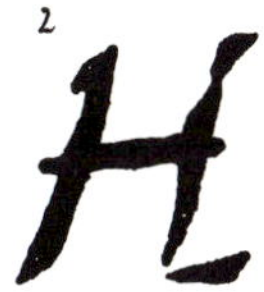	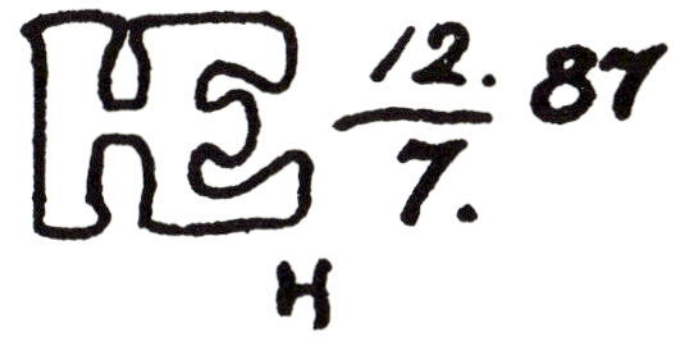
1778–1811		1778–1787
4	5	6

1778–1811		

Die Marken der Manufaktur Königsberg sind mit einem Trokkenstempel eingeprägt oder in Blau ausgeführt.

Künersberg (1745–1768)

Fabrikmarken

Künersberg (1745–1768)

Fabrikmarken mit Malermarken

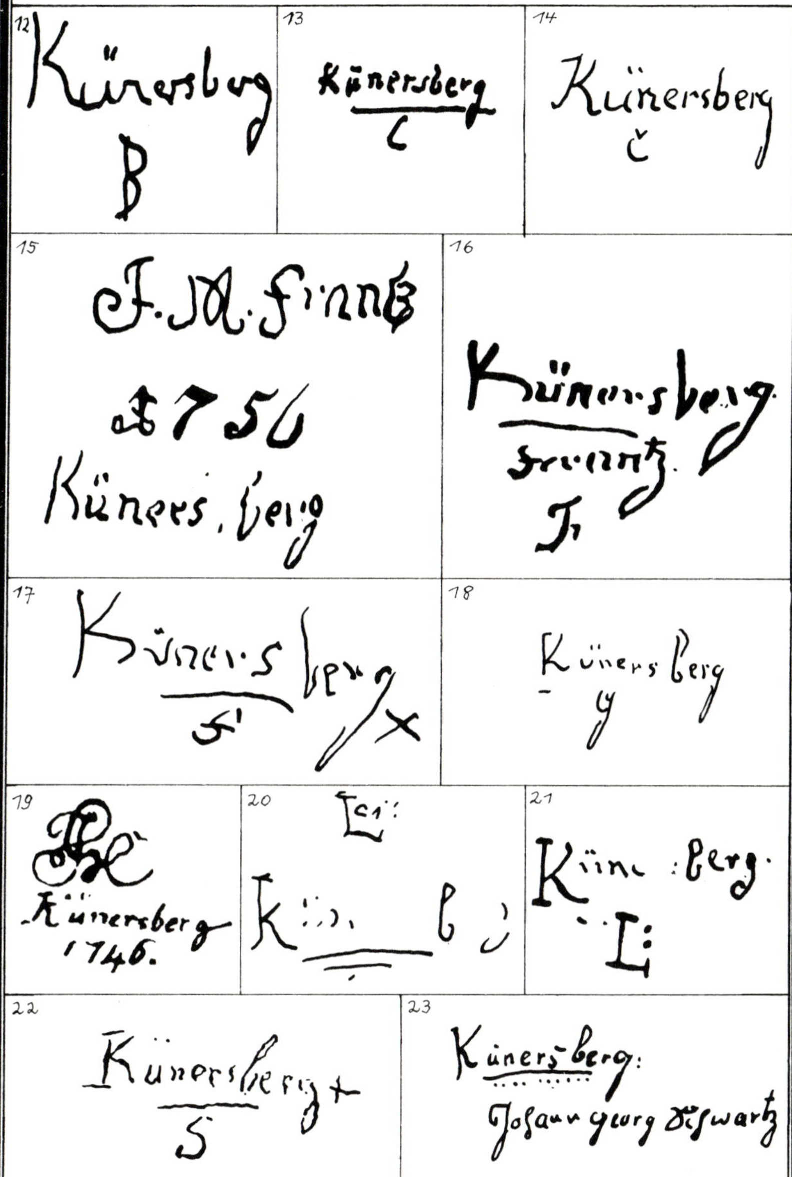

Künersberg (1745–1768)

Fabrikmarken mit Malermarken

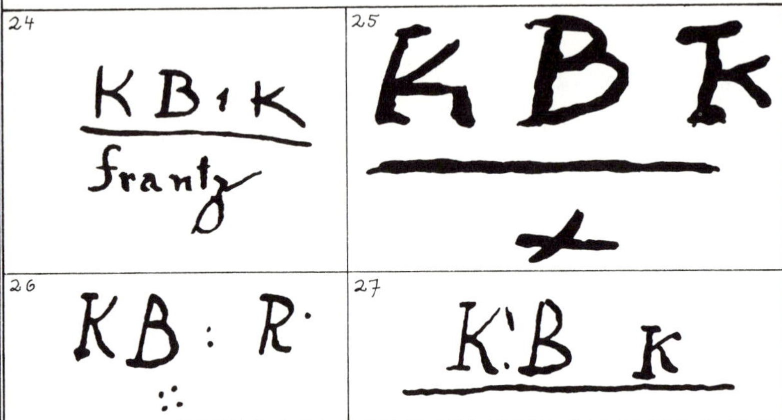

Malermarken

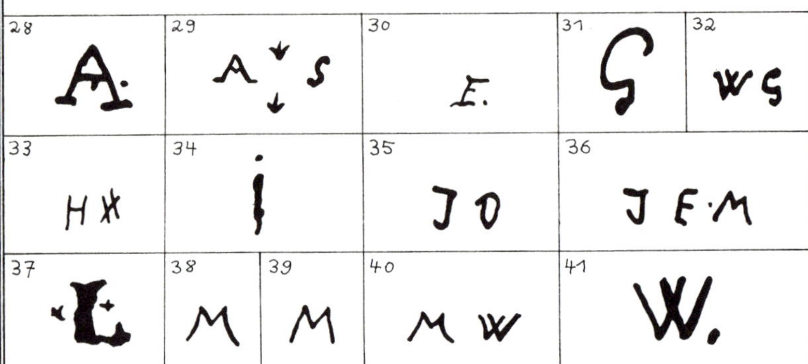

Künersberg (1745–1768)

Zahlen

Künersberg (1745–1768)

Zahlen

48

49

50

51

52

53

Die Marken der Manufaktur Künersberg erscheinen in Blau, Manganviolett, Eisenrot, Grün, Grau und Schwarz.

Die Zahlen bedeuten Größennummern.

Die Marke Nr. 20 ist eine Malermarke von G. Leinfelder

Lesum (1755–1800)

Fabrikmarken

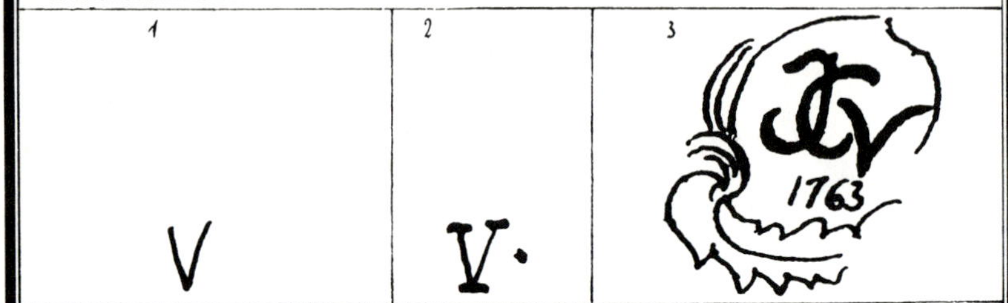

1755–1775

Fabrikmarken mit Malermarken

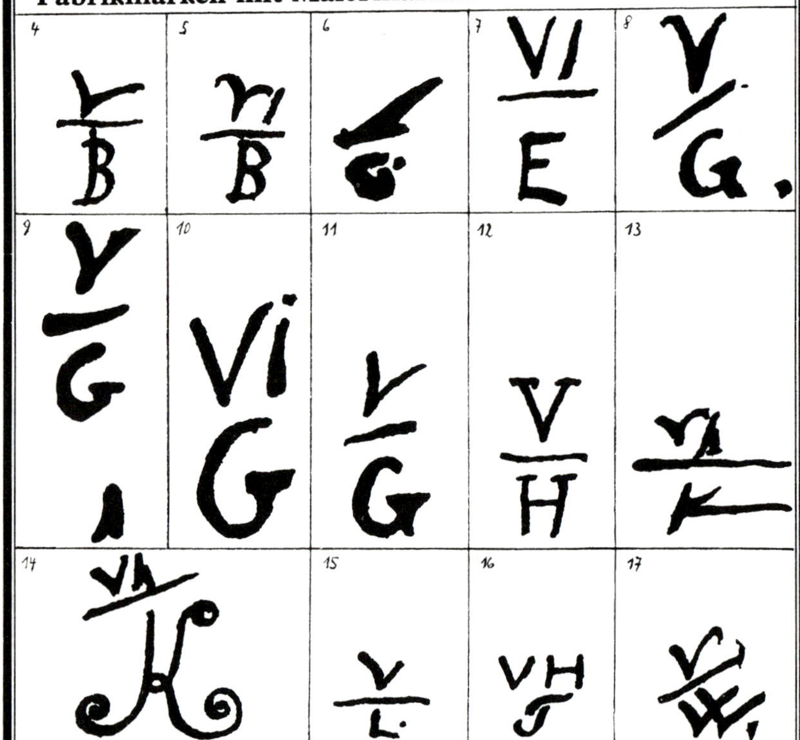

Die Marken der Manufaktur Lesum erscheinen in Blau, Manganviolett und Schwarz.

Ludwigsburg (1757–1824)			
Fabrikmarken			
1 	2 	3 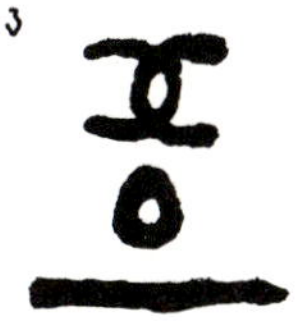	4 
1760–1775			
5 	6 	7 	8 
1760–1775			
9 	10 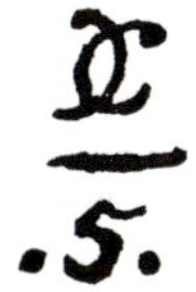	11 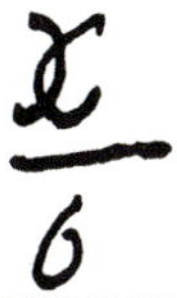	12 
1760–1775			
	13 	14 	
1760–1775			

Ludwigsburg (1757–1824)

Fabrikmarken mit Malermarken

15	16	17	18
		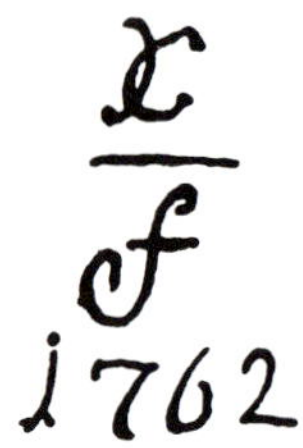	

1760–1775

19	20	21	22
	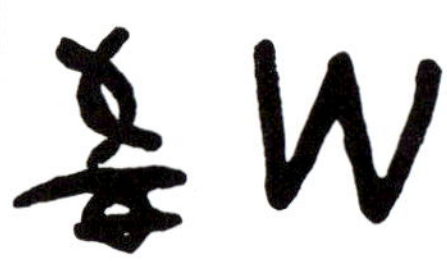		

1760–1775

Die Marken der Manufaktur Ludwigsburg sind in Blau, Manganviolett, Ockergelb, Dunkelbraun, Rot und Schwarz ausgeführt.

Magdeburg (1756–1786)

Fabrikmarken

1

2

3

4

1756–1786

5

6

7

1756–1786

Die Marken der Manufaktur Magdeburg werden in Blau und Manganviolett angebracht.

Mering (Oberbayern)

Kunsttöpferei, Johann Lipp (Gegr. 1828)

1

Mettlach a. d. Saar

Villeroy & Boch (gegr. 1809 bis zur Gegenwart)

1 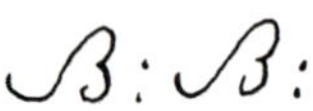	2 	3 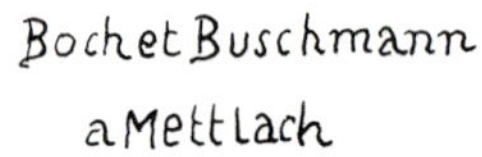
1813, evtl. vereinzelt ab 1810 Prägemarke oder Blau aufgetragen	1813 - 1825 Prägemarke Kalksteingut	1813 - 1835 Prägemarke Kalksteingut
4 	5 	6 
1835 - ca. 1850 Prägemarke	1836 - ca. 1855 erste Markierung mit Villeroy	etwa 1836 - 1850 Prägemarke überwiegend f. Kupferdekore

7 7a

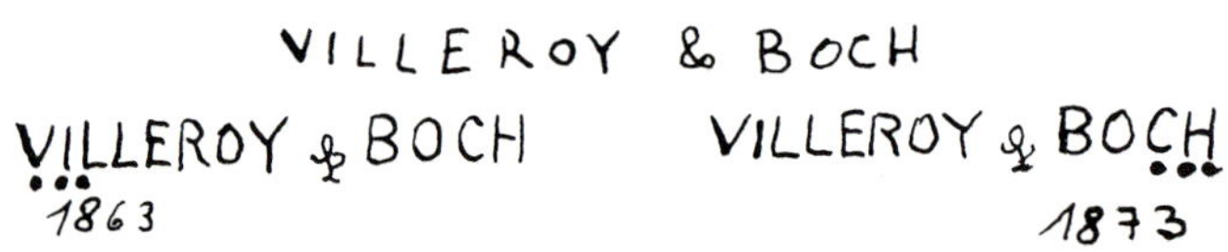

1836 - 1855
Prägemarke, ab 1855 - 1876 Stempelmarke in Blau oder Schwarz.

Ab 1861 - 1876 durch Punkte (7a) unter dem Namen Villeroy und von 1871 - 1877 unter dem Namen von Boch. Jeder Punkt bedeutet ein Jahr., z. B. 1863 und 1873

8 	9 	10 
1850 - 1860 Prägemarke	1855 - 1862/63 Prägemarke	1860 - 1870 Prägemarke

Mettlach a. d. Saar

Villeroy & Boch (gegr. 1809 bis zur Gegenwart)

11

12

13

ca. 1885 - 1900 Blaumalerei in Delfter Art,
1893 - 1927 Blaumalerei oder Stempelmarke

14

ca. 1880 - 1900

15

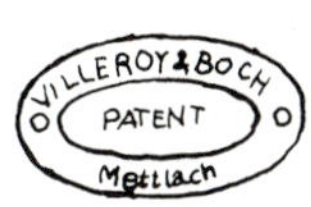

1885

16

1885

17

18

Ab 1874 hatte der Merkurstempel 10, 12 oder 13 Zacken. 1881 - 1886 wurden zur Feststellung der Jahrgänge Zacken entfernt, und zwar von links nach rechts. Beispiel 1884: 4 Zacken links blieben stehen, die anderen 8 wurden abgeschnitten. Von 1893 - 1904 wurde umgekehrt verfahren.

Mettlach a. d. Saar

Villeroy & Boch (gegr. 1809 bis zur Gegenwart)

19	20

ab 1911 - ca. 1918 Stempel grün für besonders hartes Steingut	ab 1913 Stempel grün für kleine Gegenstände

21	22	23	24

ab 1930 Stempel in Blau für Burgenland	ab 1915 - 1959 1. Made in Sarre	ab 1959 - 1970 für kleine Gegenstände	

25	26	27
		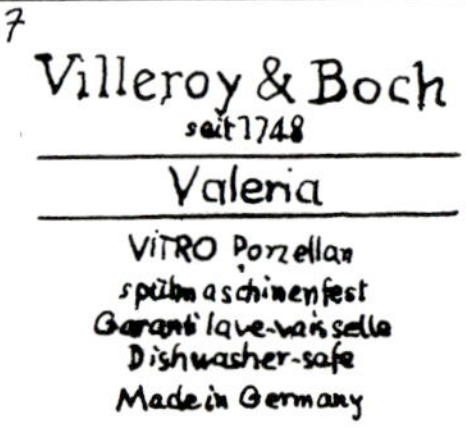
1970 - 1973	1973 - 1978	1978 bis heute

Mosbach (1770–1836)

Fabrikmarken

1

2

3

4
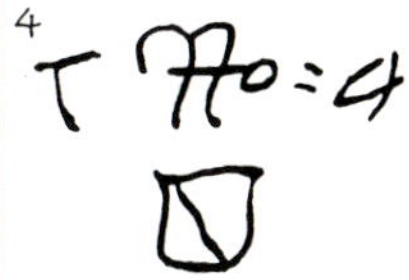

1771–1778

5

6

7

8
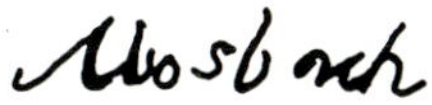

1774–1779

9

10

11

12

1774–1779 (9–10) · 1779–1782 (11–12)

13
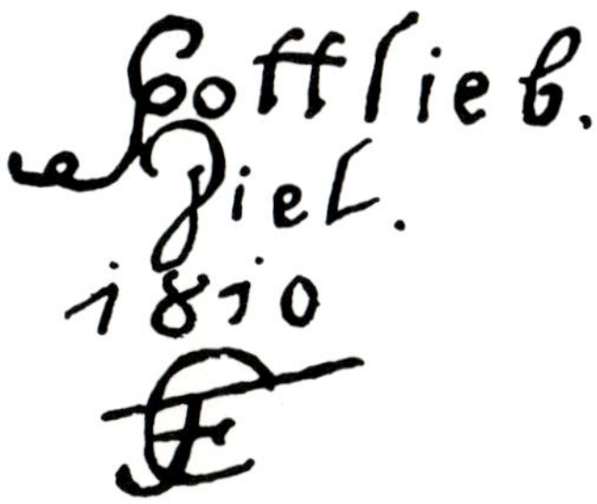

14

15

1810

Die Marken der Manufaktur Mosbach erscheinen in Blau, Manganviolett, Braun, Grau und Schwarz. Die Carl-Theodor-Marke wird in Sulzbach (vgl. da) schon 1766 verwandt.

Neureut bei Karlsruhe

Rüppurr-Fayence G.m.b.H. (Gegr. 1925)

1	2	3

Nürnberg (1712–1840)

Fabrikmarken

Um 1750

Fabrikmarken mit Malermarken

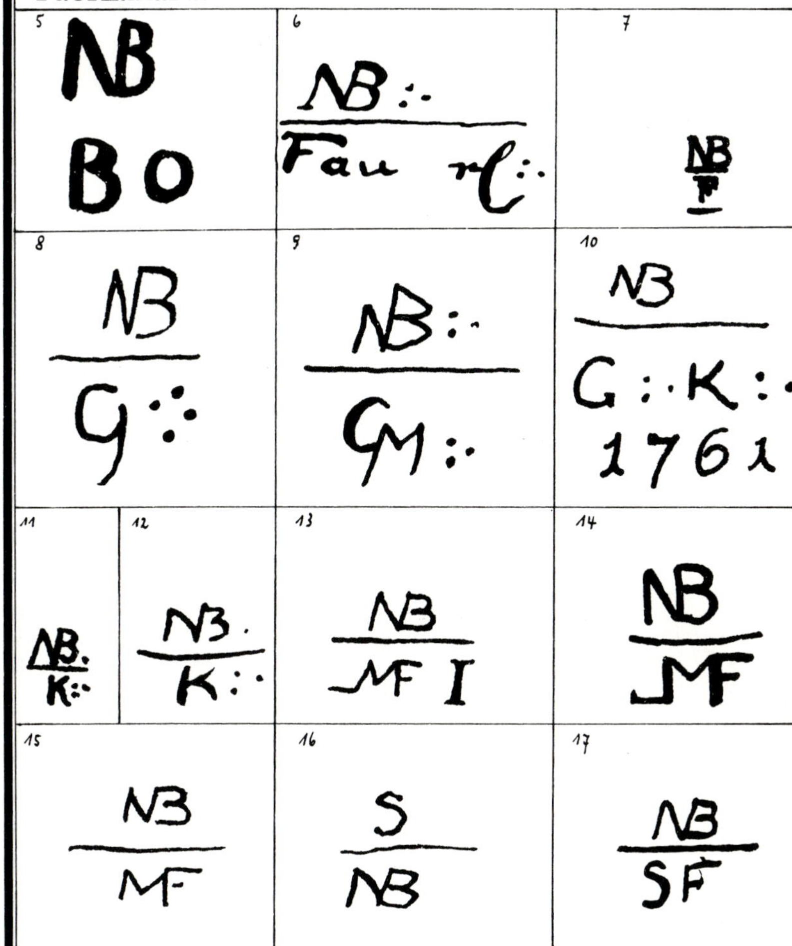

Nürnberg (1712–1840)

Werkstattmarken

Sog. Planetenmarken

18 19 20 21 22 23

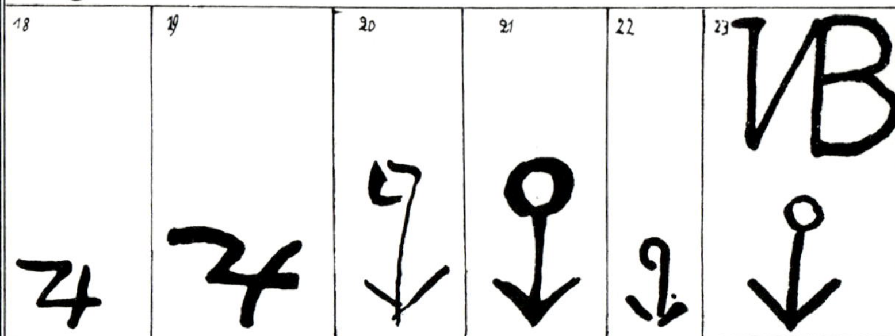

Sog. Peitschenmarken

24 25 26 27

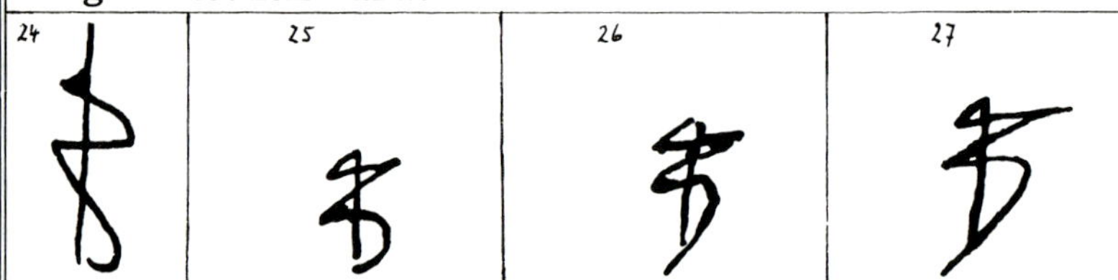

Malermarken

Ausgeschriebene Malersignaturen

28 29 30

Nürnberg (1712–1840)

Malermarken

Ausgeschriebene Malersignaturen

30

31

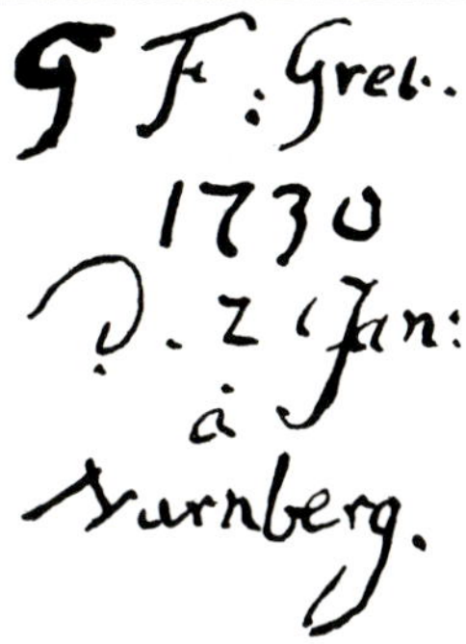

32

33

34

35

36

Nürnberg (1712–1840)

Malermarken

Ausgeschriebene Malersignaturen

37

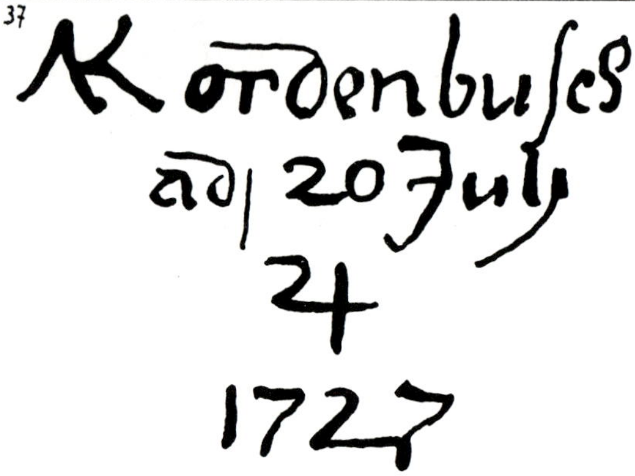

38

39

39a

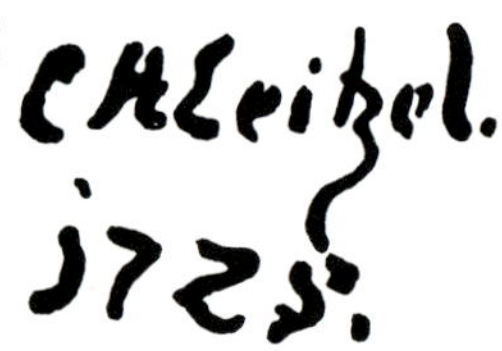

40

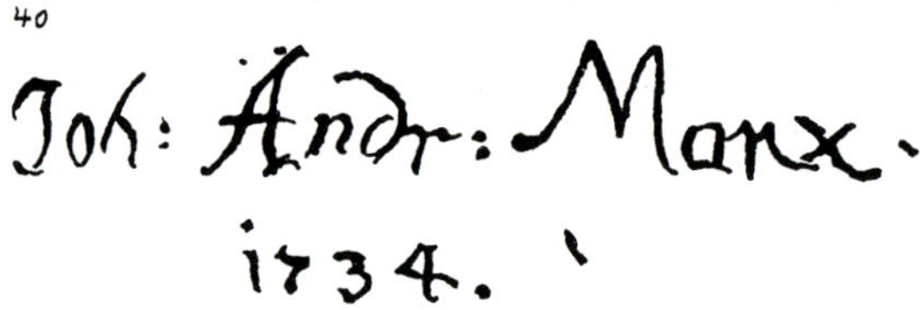

41

42

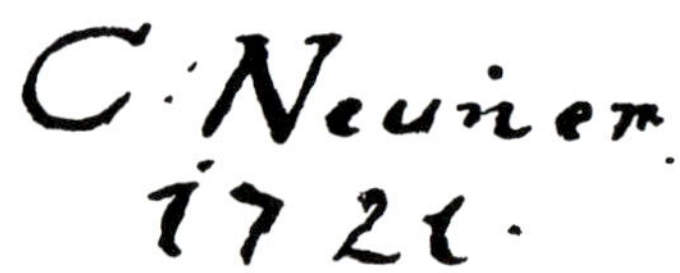

Nürnberg (1712–1840)

Malermarken

Ausgeschriebene Malersignaturen

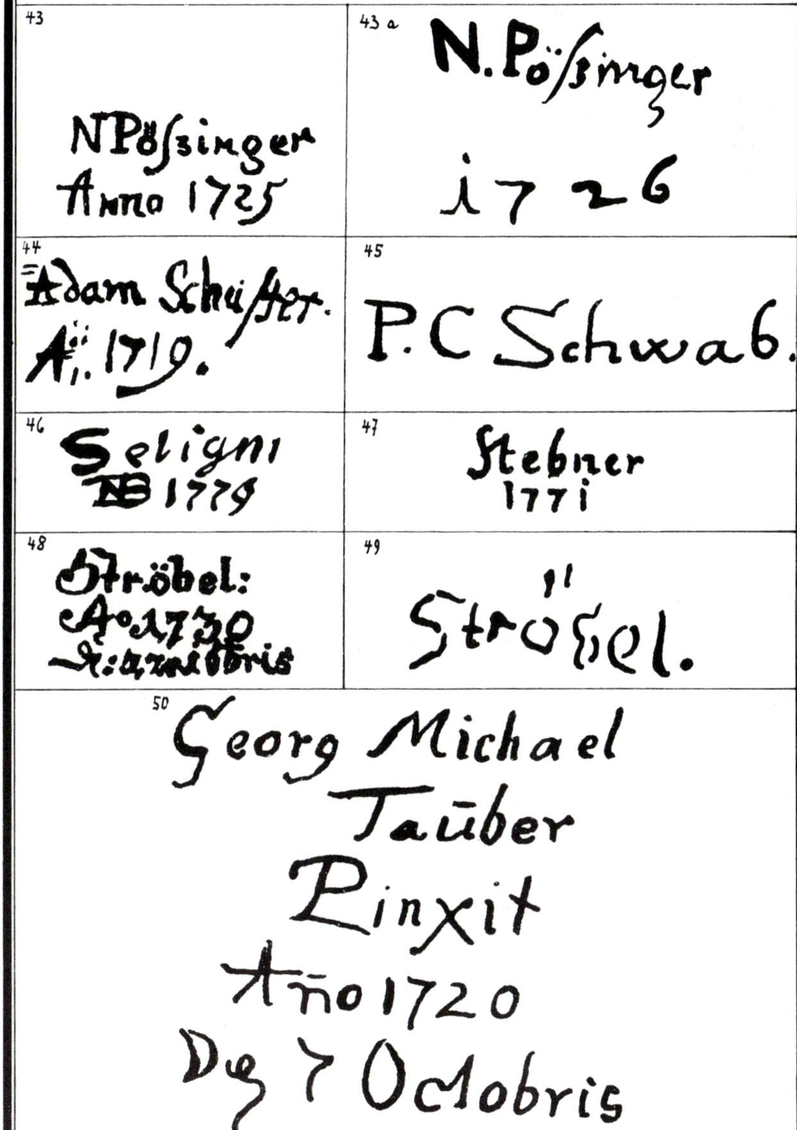

Nürnberg (1712–1840)

Malermonogramme

Nürnberg (1712–1840)

Malermonogramme

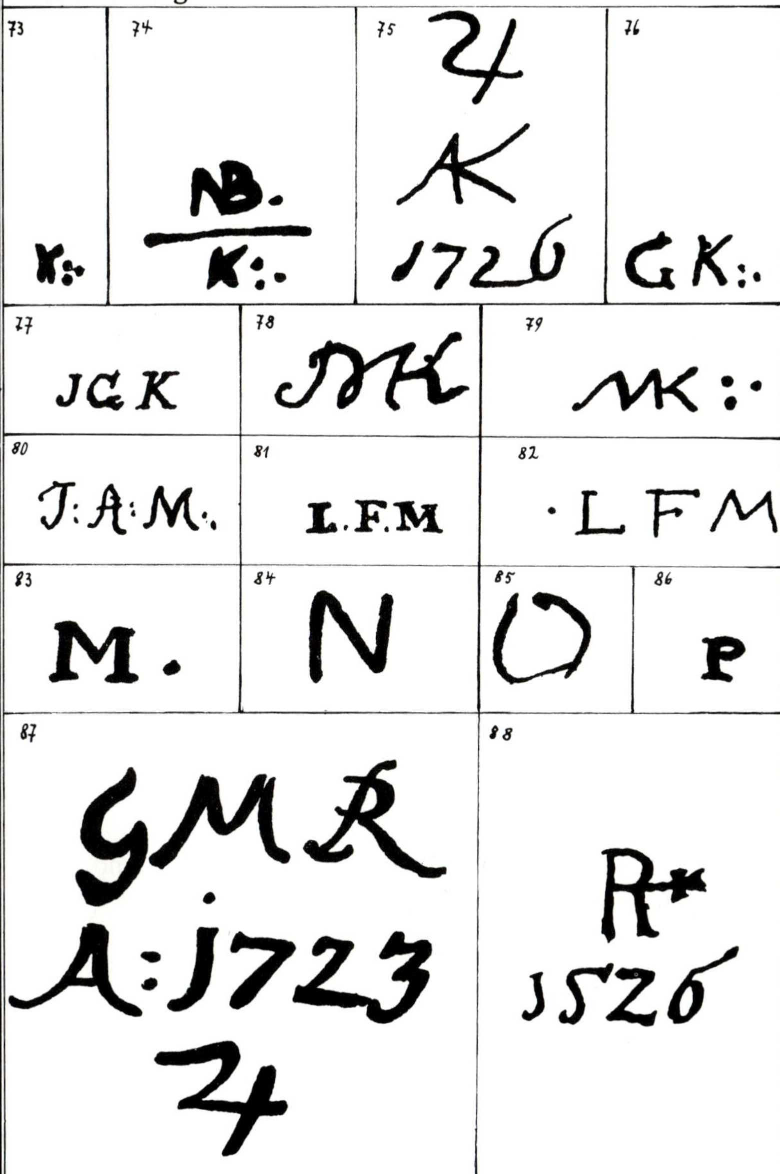

Nürnberg (1712–1840)

Malermonogramme

89
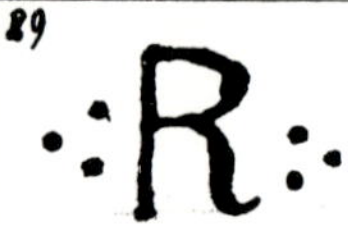

90

91

92

93

94

95
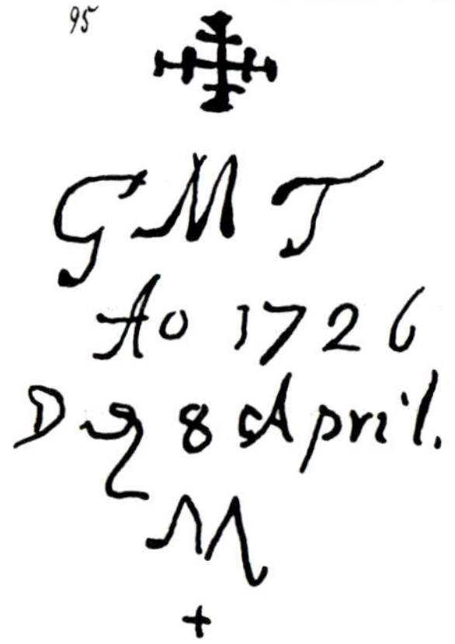

96

97

Die Marken der Manufaktur Nürnberg sind in Blau und Manganviolett, vereinzelt auch in Schwarz und Rotbraun ausgeführt.

Öttingen (1735–1751)

Fabrik im Hause des Hafners Heinr. Tobias Mich. Kern (1735 bis Ende 1736)

Fabrikmarke

1

Fabrikmarke mit Malermarke

2

Manufaktur im gräflichen Schlosse Tiergarten (1737–1751)

Malermarke von G. Leinfelder

3 	4 

Ritzmarke

5

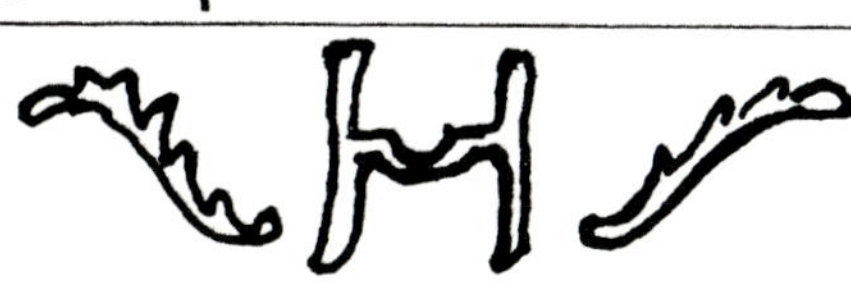

Die Marken der Manufaktur Öttingen erscheinen in Blau und Manganviolett. Von 1735 bis 1740 wurde in der gräflichen Manufaktur auch das sogenannte Braunporzellan erzeugt.

Offenbach (1739–1807)

Fabrikmarken

1

2

1739–1807

3

1739–1807

4

1807

Fabrikmarken mit Malermarken

5

6

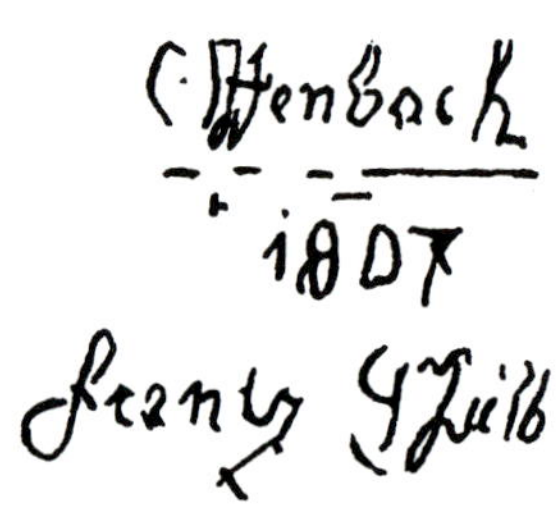

7

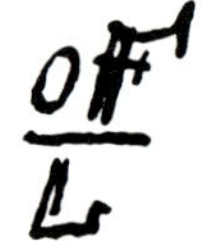

1739–1807

Offenbach (1739–1807)

Fabrikmarken mit Malermarken

8

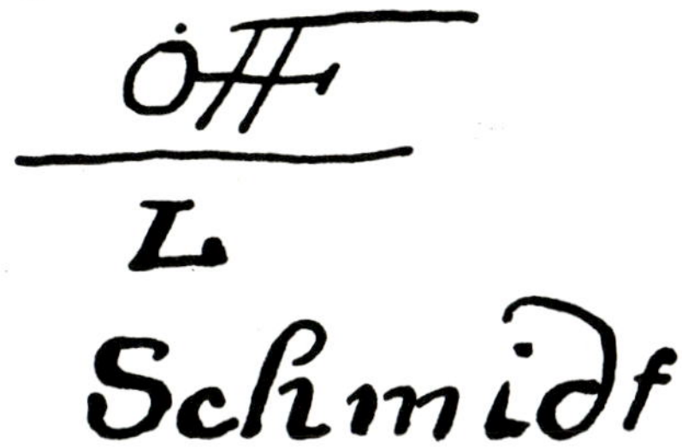

1739–1807

Die Marken der Manufaktur Offenbach sind in Blau und Manganviolett gehalten.

Oldesloe (2. Hälfte des 18. Jahrhunderts)

Fabrikmarke

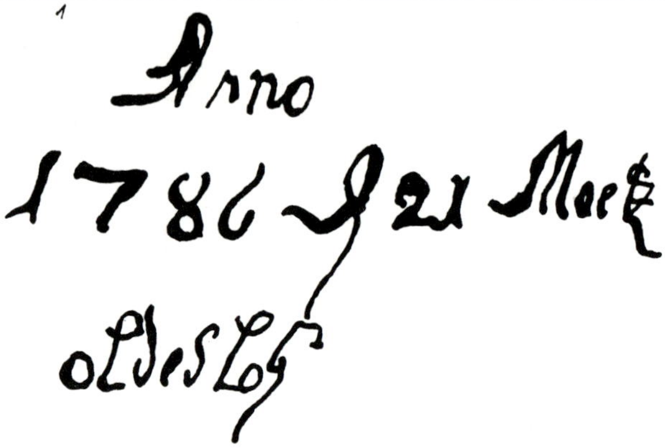

1786

Im 18. Jahrhundert gehörte Oldesloe zu Dänemark. Die einzige bisher bekanntgewordene Marke der Manufaktur Oldesloe ist in Blau ausgeführt.

Osnabrück (1726–1728)

Fabrikmarke mit Malermarke

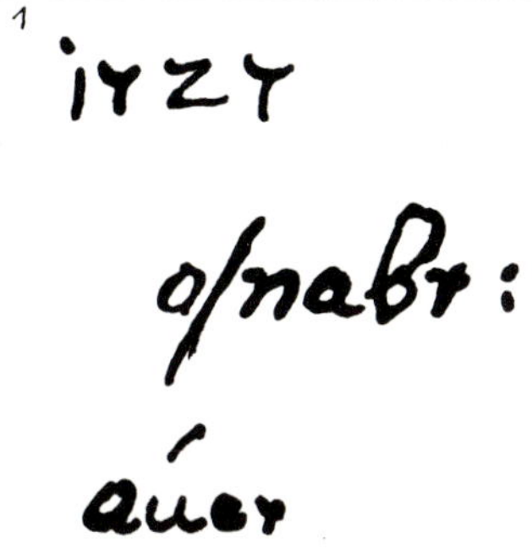

1726–1728

Die Marke der Manufaktur Osnabrück ist in Blau ausgeführt. Über die Erzeugnisse und die von der Manufaktur geführte Fabrikmarke bestanden bisher erhebliche Zweifel und Unklarheiten, da Aktenvorgänge über das Unternehmen fehlten. Die Ausführungen von Stöhr und Riesebieter beruhen auf stilistischen und theoretischen Erwägungen. Nach neuesten Forschungen von Dr. Walter Kaufmann in Osnabrück, dem es glückte, archivalische Unterlagen über das Fabrikunternehmen aufzufinden, sind aber den bisher als Fabrikerzeugnisse angesehenen Stücken noch die zugewiesenen Fabrik- und Malermarken der Manufaktur zuzuweisen. Vor dem 2. Weltkrieg ist im Osnabrücker Kunsthandel ein in Fayence hergestelltes Tintenfaß aufgetaucht, das die obige Marke trägt. Vorbehaltlich weiterer Forschungsergebnisse ist diese Marke bis auf weiteres als die einzige authentische Manufakturmarke anzusehen.

Potsdam (1740–1800)

Fabrikmarken

1	2
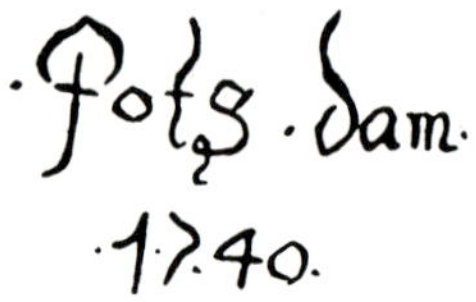	
1740–1775	

3	4	5

1740–1775		

6	7	
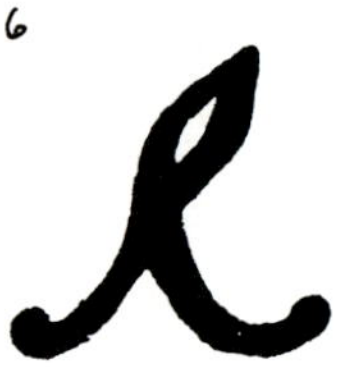		
1740–1775	1775–1800	

Die Marken der Manufaktur Potsdam sind in Blau und Mangan-violett gehalten.

Proskau (1763–1793)

Fabrikmarken

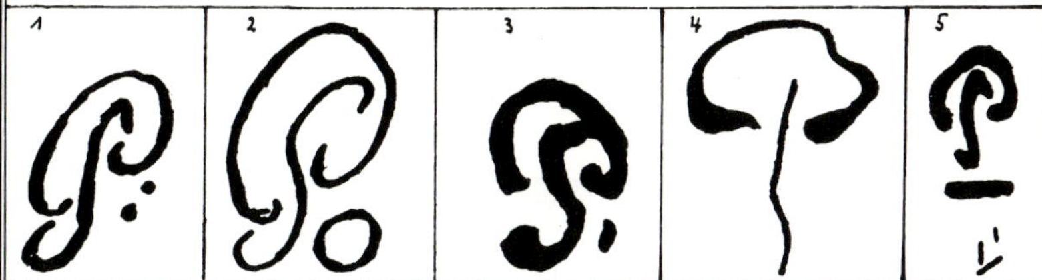

1763–1769

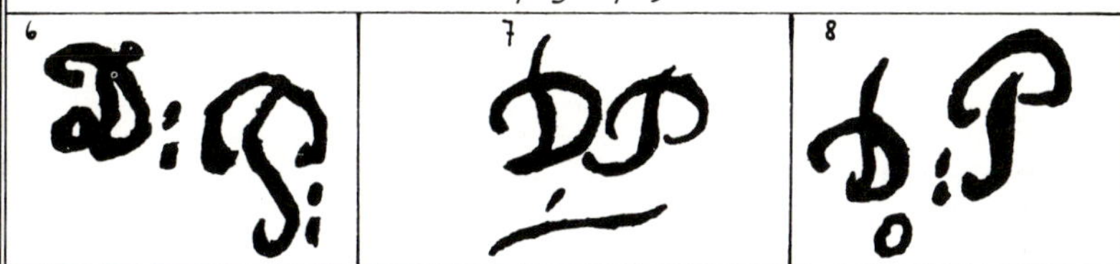

1770–1783

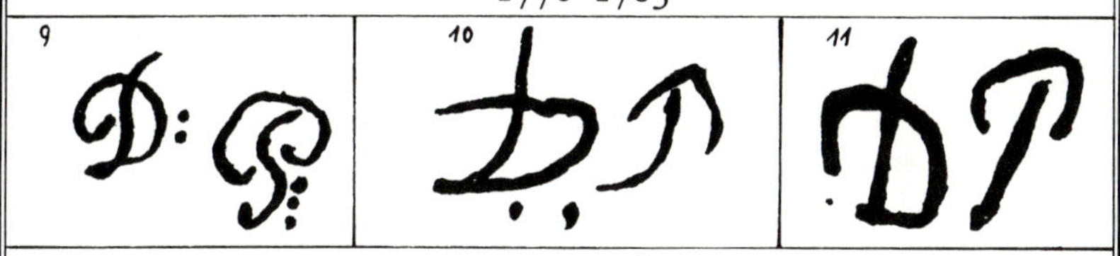

1770–1783

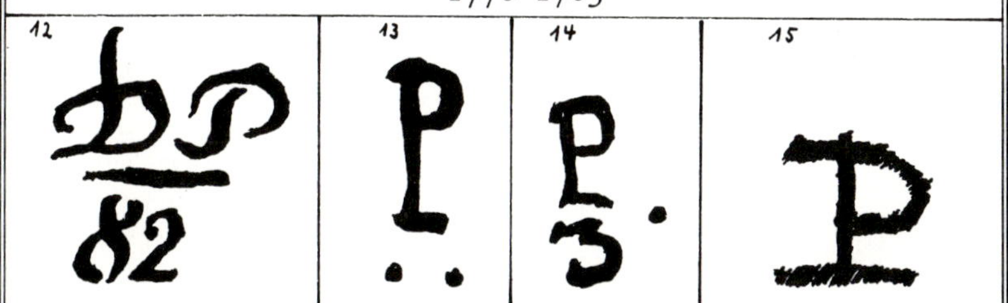

1770–1783 | 1783–1793

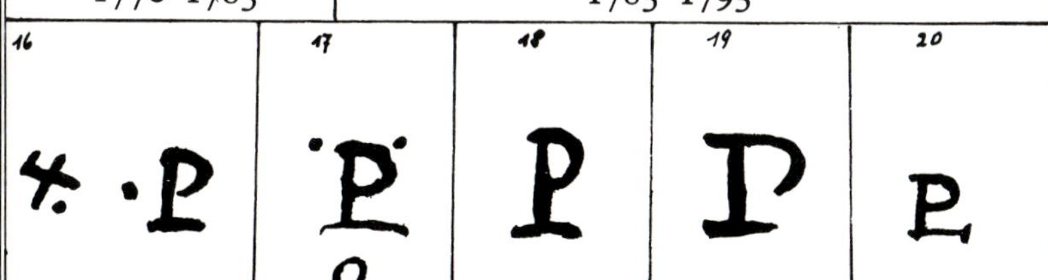

1783–1793

Proskau (1763–1793)

Fabrikmarken

21	22	23	24

1783–1793			

Fabrikmarken mit Malermarken

25	26	27	28

1770–1783			1783–1793

Die Marken der Manufaktur Proskau kommen in Blau und Manganviolett vor.

Rendsburg (1765–1772)

Fabrikmarken (wechselnd aus Orts-, Eigentümer-, Meister- und Malermarken, zuweilen mit Datierung zusammengestellt)

1	2	3	

1765–1772			
4	5	6	7

1765–1772			
8	9	10	11

1765–1772			
12	13	14	

1765–1772			

Im 18. Jahrhundert gehörte Rendsburg zu Dänemark. Die Marken der Manufaktur Rendsburg kommen in Blau, Manganviolett und Grau vor.

Reval (1780–1792)

Fabrikmarken

1

2

3

4

5

1780–1792

Fabrikmarken mit Malermarken

6

7

8

9

10

11

Rheinbach

Keramische Werke Rheinbach Rudolf Schardt (Gegr. 1904)

1

Rheinsberg (1762 bis gegen 1800)

Fabrikmarken

1

2

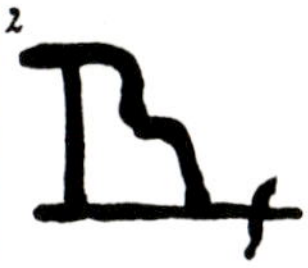

3

4

5

1762 bis gegen 1800

Die Marken der Manufaktur Rheinsberg sind in Blau und Manganviolett ausgeführt.

Rosenheim (Obb.)

Rosenheimer Keramik, Hansjörg Fischer (Gegr. 1874)

1

Rudolstadt (etwa 1720 bis Ende des 18. Jahrhunderts)

Fabrikmarken mit Malermarken

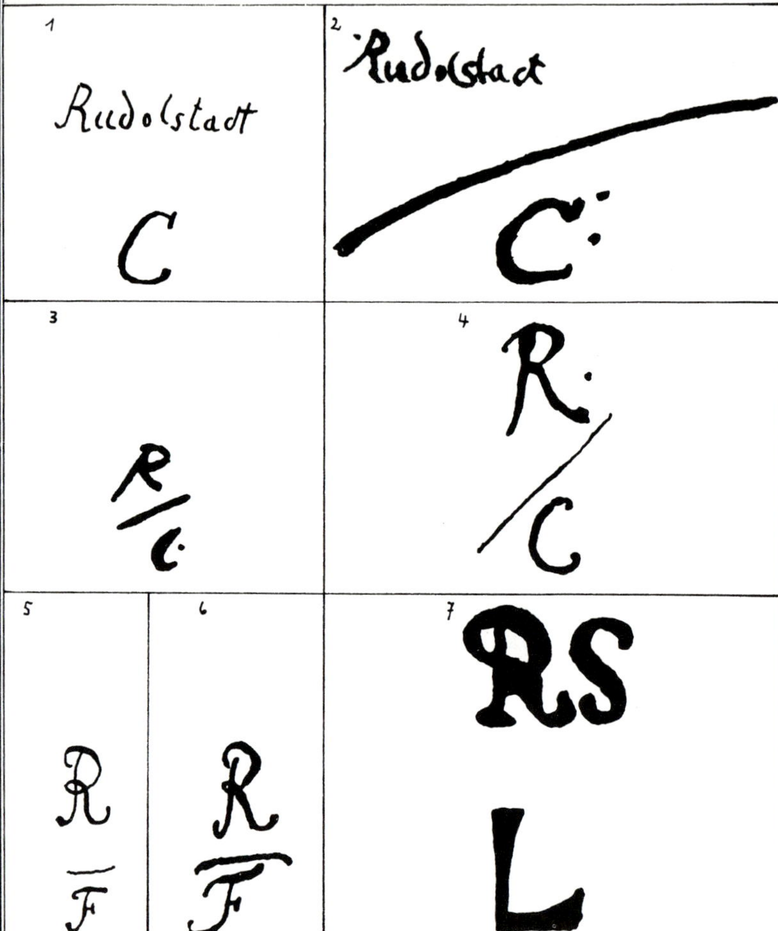

1730–1765

Die Marken der Manufaktur Rudolstadt sind in Blau und Manganviolett ausgeführt.

Saalfeld (1718 gegründet, Ende der Manufaktur unbekannt)

Fabrikmarke

1

1718

Die Marke der Manufaktur Saalfeld ist in Blau ausgeführt.

Saargemünd (gegr. 1780) Steingut und dergl.

Ützschneider & Co.

1

2

3

4

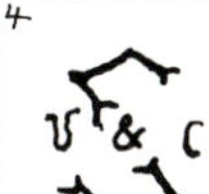

5

6

7

8

Schleswig (1755–1814)

Fabrikmarken (wechselnd aus Orts-, Eigentümer-, Meister- und Malermarken)

1	2	3
	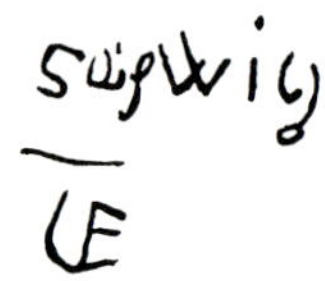	
1755–1758		

4	5	6	7

1755–1758	1760–1814		

8	9	10	11

1760–1840			

Schleswig (1755–1814)

Fabrikmarken (wechselnd aus Orts-, Eigentümer-, Meister- und Malermarken)

12 	13 	14 	15 
1760–1814			
16 	17 	18 	19 
1760–1814			
20 	21 	22 	23 
1760–1814			
24 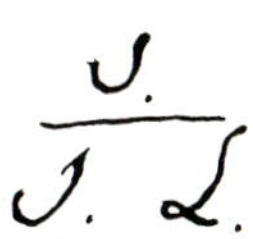	25 	26 	27 
1760–1814			

Schleswig (1755–1814)

Fabrikmarken (wechselnd aus Orts-, Eigentümer-, Meister- und Malermarken)

28	29	30	31	32

1760–1814				

Im 18. Jahrhundert gehörte Schleswig zu Dänemark. Die Marken der Manufaktur Schleswig sind überwiegend in Manganviolett ausgeführt.

Schlierbach bei Wächtersbach

Wächtersbacher Keramik,

Otto Friedr. Fürst zu Ysenburg und Büdingen (Gegr. 1832)

Wächtersbach	WAECHTERSBACH	WBACH
Seit 1832	Seit 1840	Seit 1840

Seit 1850	Seit 1860	Seit 1875	Seit 1890

Seit 1905	Seit 1900	Seit 1908	Seit 1909	Seit 1932

Als Fabrikmarke diente dem Werk von Anfang an das Wort ‚Wächtersbach'. In der ersten Zeit wurde es mit einem Stempel in die noch weiche Ware eingepreßt, dann auch gedruckt.

Im Jahre 1884 wurde auf bessere Ware als Fabrikmarke ebenfalls das Schild des Ysenburgischen Wappens, zwei schwarze Balken im weißen Feld, eingestempelt und im Druck verwendet, mit oder ohne Hinzufügung des Wortes ‚Wächtersbach'. Dies geschieht auch heute noch.

Schöngeising vor München

Reuss-Keramik. Chemiker G.O.Reuss (Gegr. 1824)

1 REUSS	2 REUSS	3 REUSS - Germany	4 REUSS Germany

Schramberg (Schwarzwald)

Schramberger Majolika-Fabrik Gebr. Meyer (Gegr. 1820)

Schrattenhofen

Privatbetrieb von Albrecht August Köhler (1757–1802)

Schwiegersohn Grüb (1793–1838)

Fabrikmarken

1

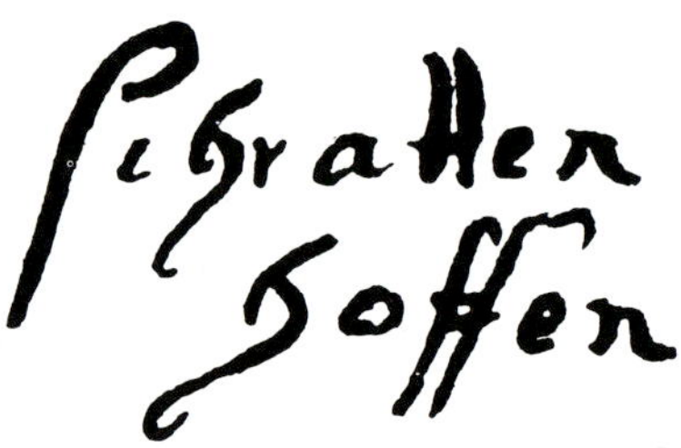

2

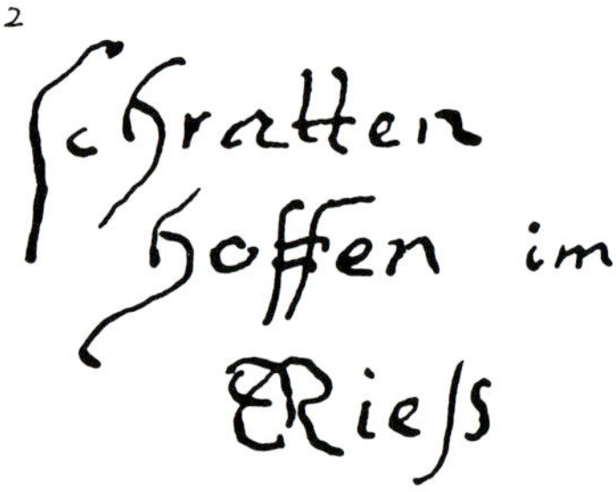

3

4

Die Marken der Manufaktur Schrattenhofen wurden in Blau und Manganviolett angebracht.

Schrezheim (1752–1865)

Fabrikmarken

1 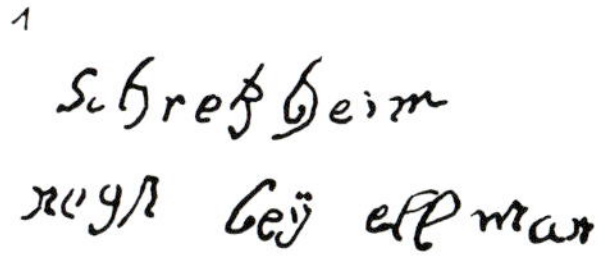	2 

Um 1755

3 	4 

Um 1755

5 

Um 1755

6 	7 	8 	9 	10 

1755 bis gegen 1800

11 	12 	13 	14 	15 

1755 bis gegen 1800

16 	17 	18 	19 	20 

1755 bis gegen 1800

Schrezheim (1752–1865)

Fabrikmarken

21 	22 	23 	24 
1755 bis gegen 1800			
25 	26 	27 	
1755 bis gegen 1800			

Fabrikmarken mit Malermarken

28 	29 	30 	31 
1755–1790			
32 	33 	34 	35 
1755–1790			

Schrezheim (1752–1865)

Fabrikmarken mit Malermarken

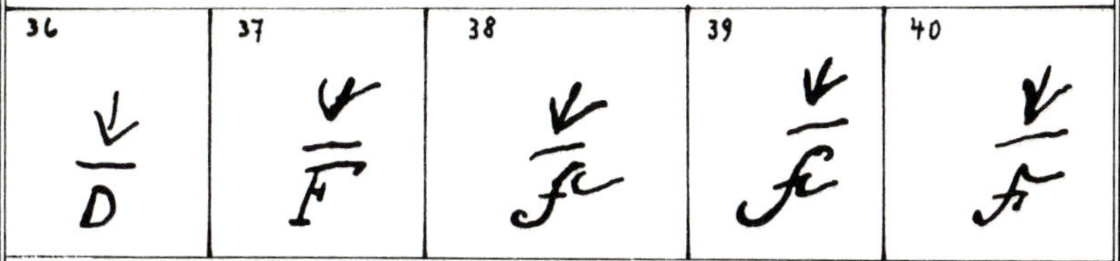

1755–1790

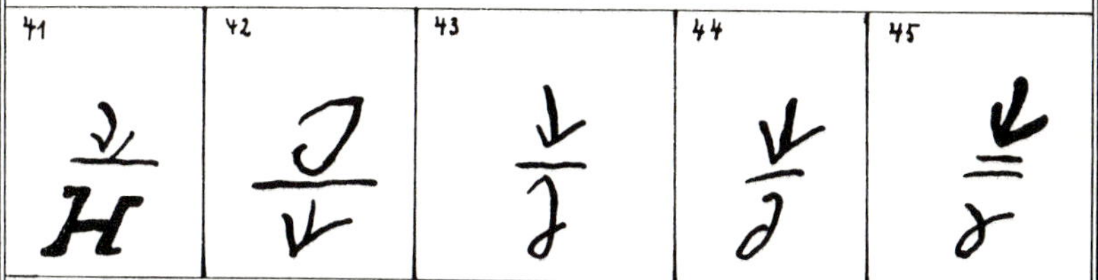

1755–1790

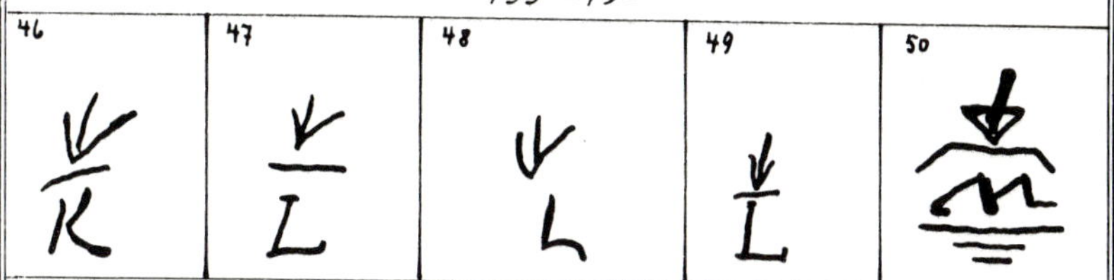

1755–1790

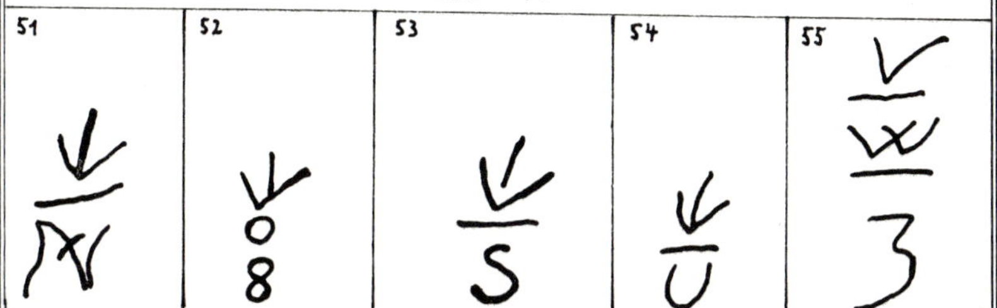

1755–1790

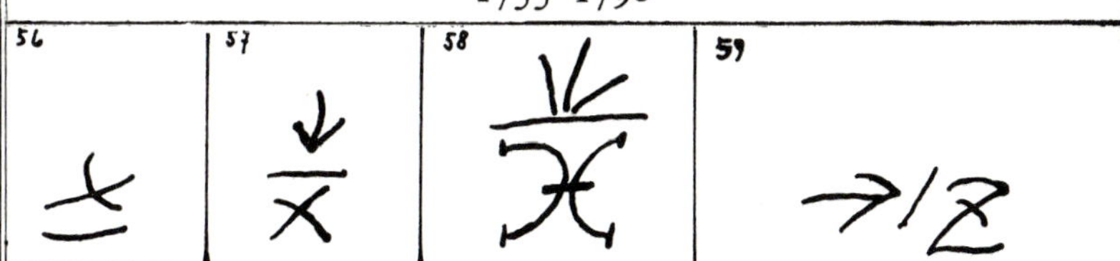

1755–1790

Schrezheim (1752–1865)

Fabrikmarken mit Malermarken

60

1824

61
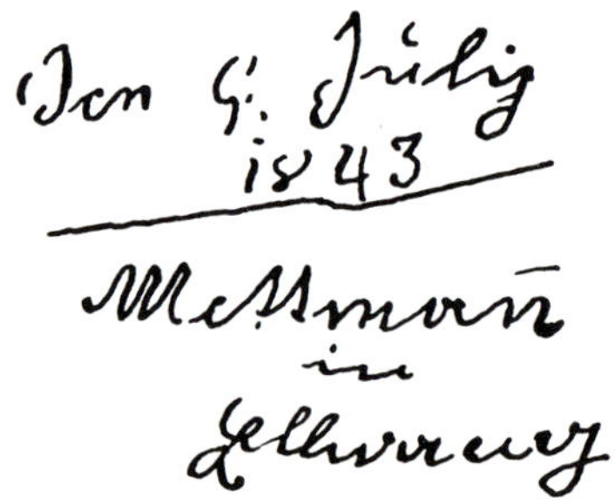

1843

Fabrikmarken mit Zahlen

62	63	64
	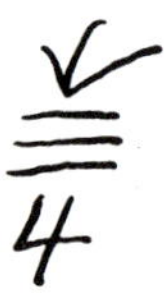	

1755–1790

Malermarken

65	66	67	68	69

70	71	72	73	74

Schrezheim (1752–1865)

Malermarken

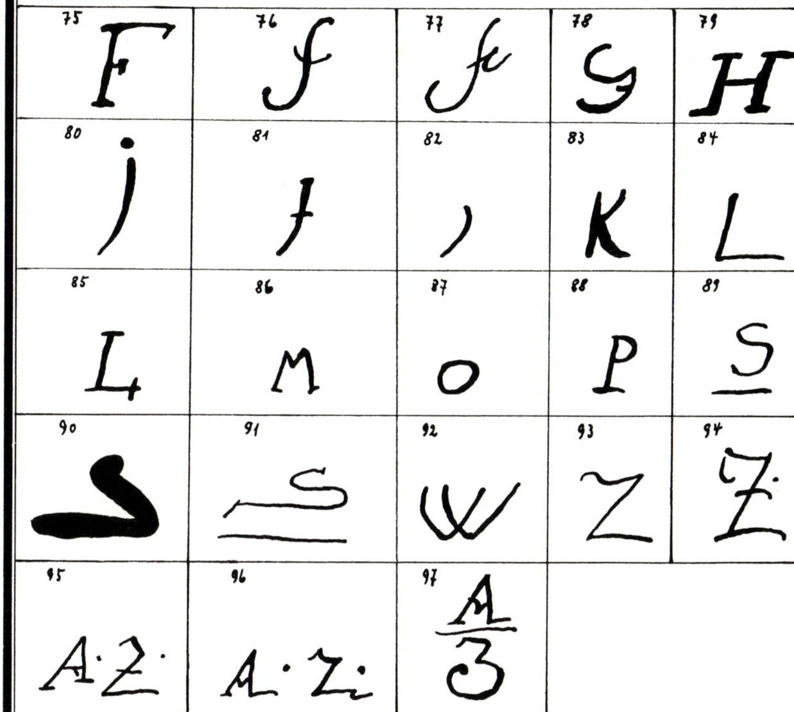

Zahlenmarken

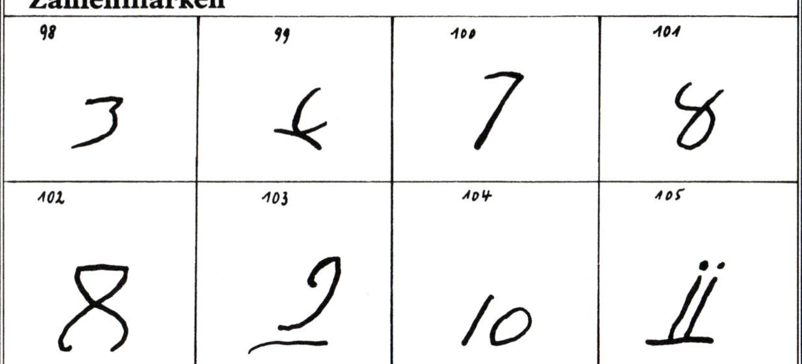

Schrezheim (1752–1865)

Ritzmarken

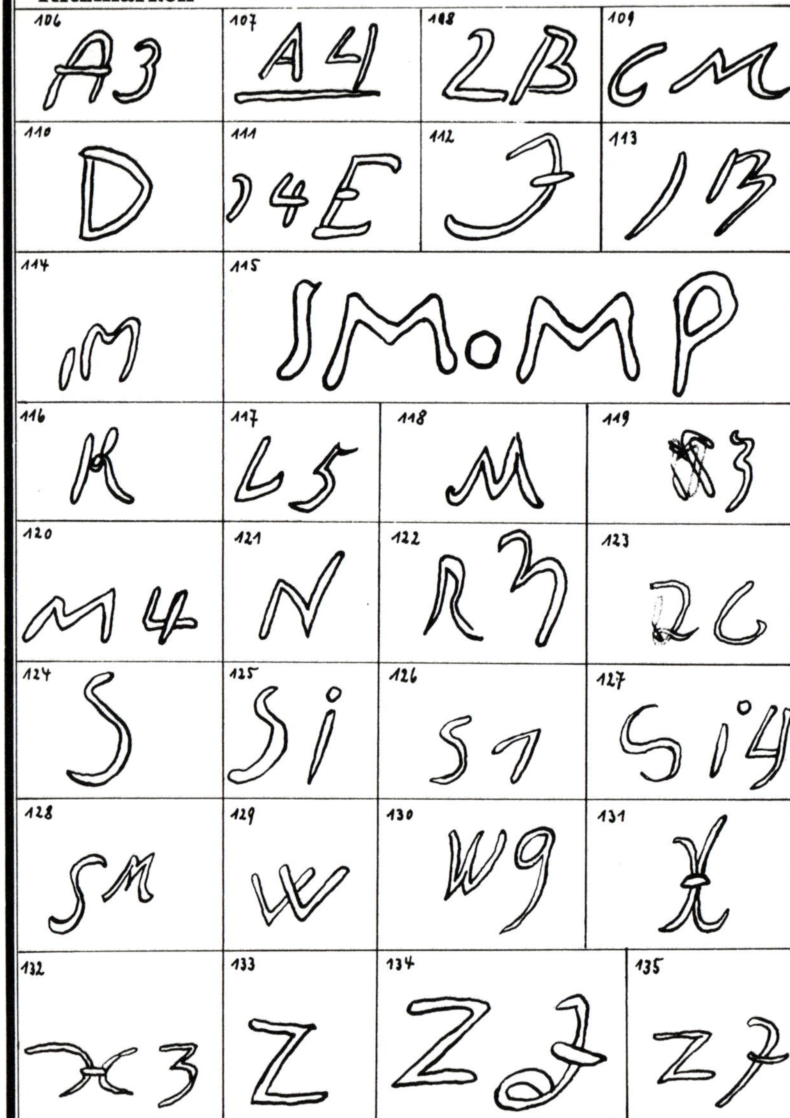

Schrezheim (1752–1865)

Ritzmarken

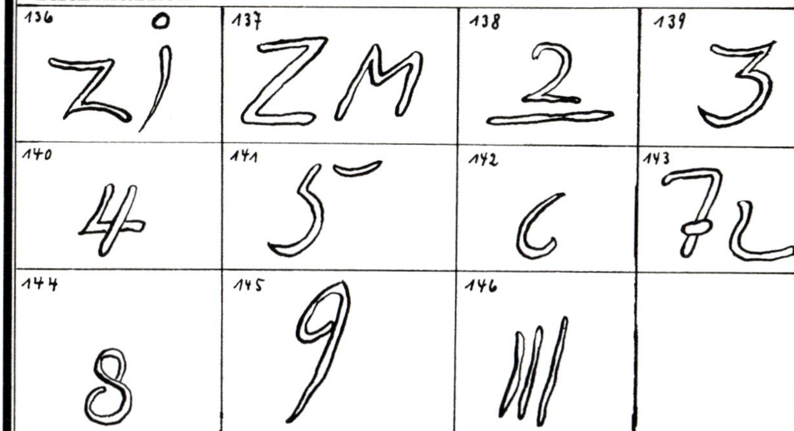

Die Marken der Manufaktur Schrezheim erscheinen in Schwarz, Blau, Manganviolett und Braun.

Die eingeritzten Zahlen geben den Maßinhalt an.

Ritzzahl 2 = $^5/_4$ l
3 = $^4/_4$ l
4 = $^3/_4$ l
6 = $^2/_4$ l
9 = $^1/_4$ l

Kannen mit drei Einschnitten am Standring enthalten $^3/_8$ l, mit vier $^5/_8$ l, mit fünf $^7/_8$ l und mit sieben $^9/_8$ l Inhalt.

Schwerin (1753–1792)

Fabrikmarken mit Malermarken

1

2

1753–1792

Malermarke

3

Die Marken der Manufaktur Schwerin sind in Blau und Manganviolett ausgeführt.

Stockelsdorf (1772 bis Ende des 18. Jahrhunderts)

Fabrikmarken (wechselnd aus Orts-, Eigentümer-, Meister- und Malermarken zusammengestellt)

1
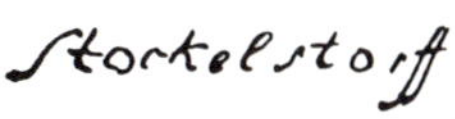

2
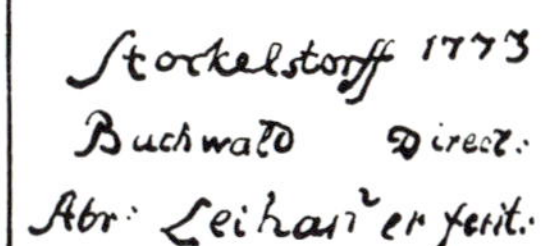

3

1772–1786

4

5
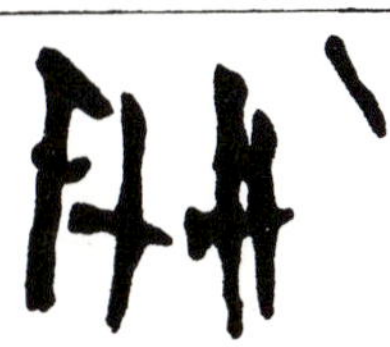

5a

6

1772–1786

7

8

9

1772–1786

10
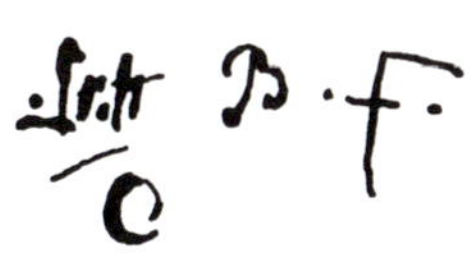

11
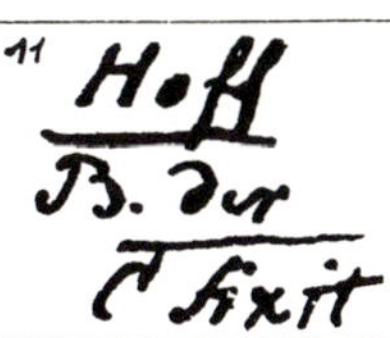

1772–1786

Stockelsdorf (1772 bis Ende des 18. Jahrhunderts)

Fabrikmarken (wechselnd aus Orts-, Eigentümer-, Meister- und Malermarken zusammengestellt)

12 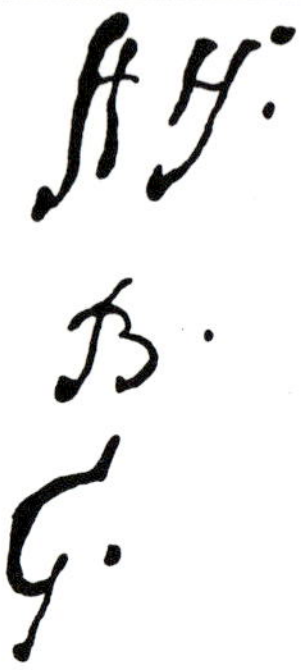	13 	14 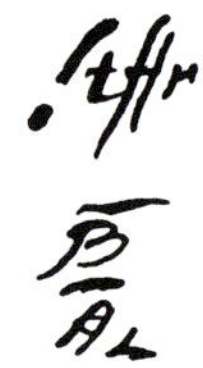
1772–1786		
15 	16 	17 
1772–1786		

Im 18. Jahrhundert gehörte Stockelsdorf zu Dänemark. Die Marken der Manufaktur Stockelsdorf sind überwiegend in Blau und Manganviolett ausgeführt.

Stralsund (1757–1790)

Fabrikmarken

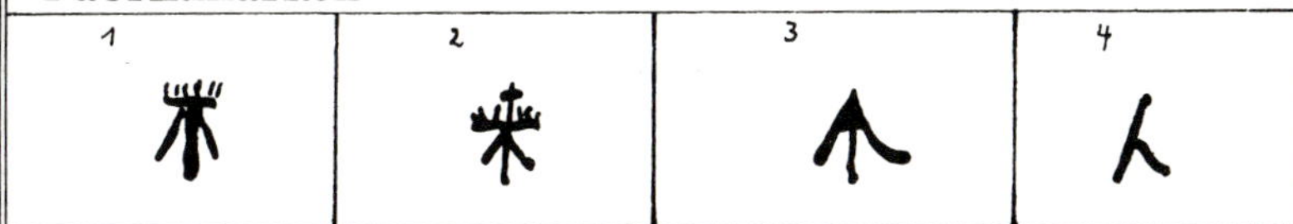

1766–1774

Fabrikmarken mit Malermarken

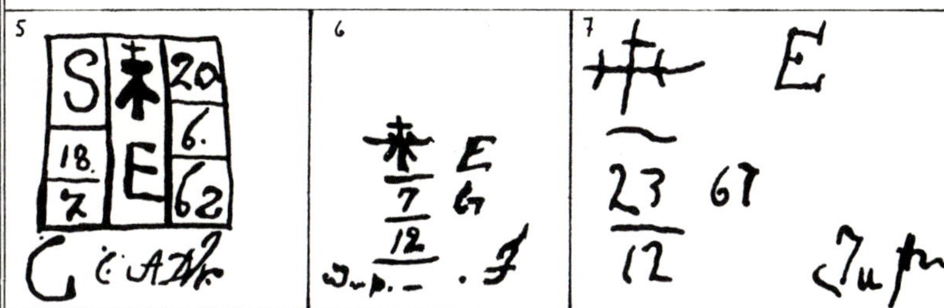

1766–1768

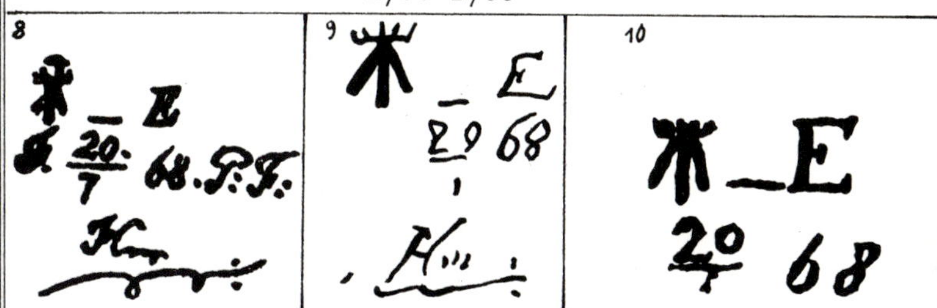

1766–1768

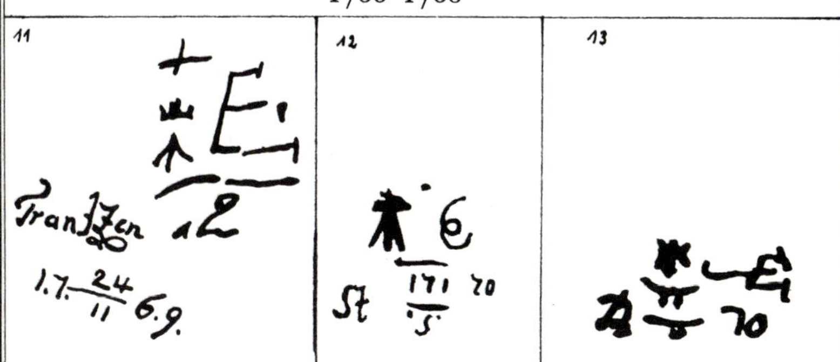

1769–1770

Stralsund (1757–1790)

Fabrikmarken mit Malermarken

14

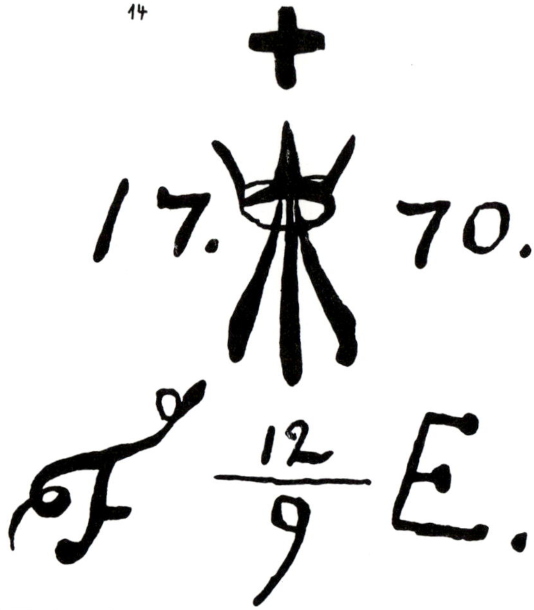

15

16

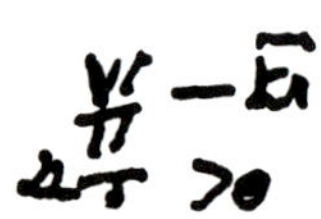

17

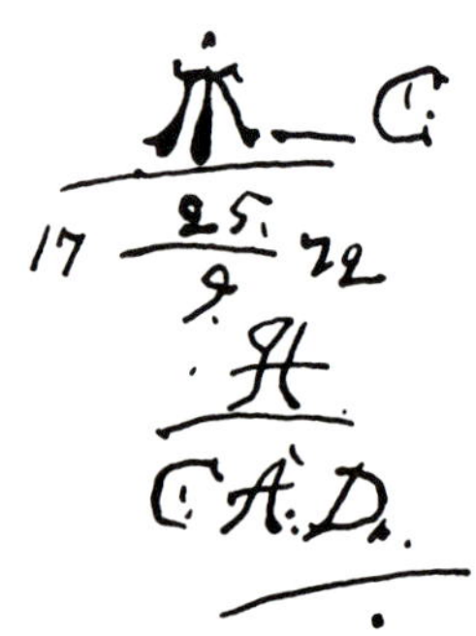

1770–1774

Stralsund (1757–1790)

Fabrikmarken mit Malermarken

18

19

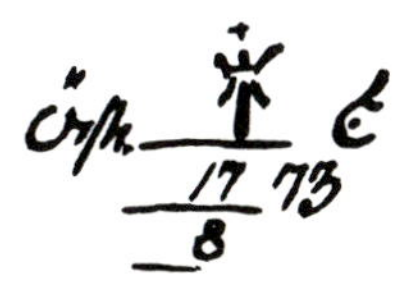

20

1770–1774

21

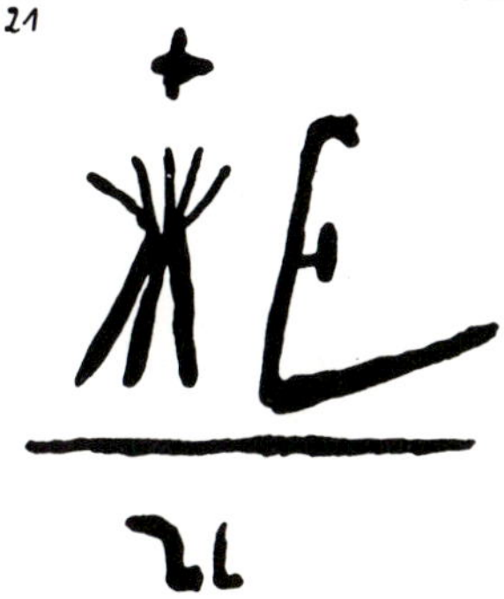

22

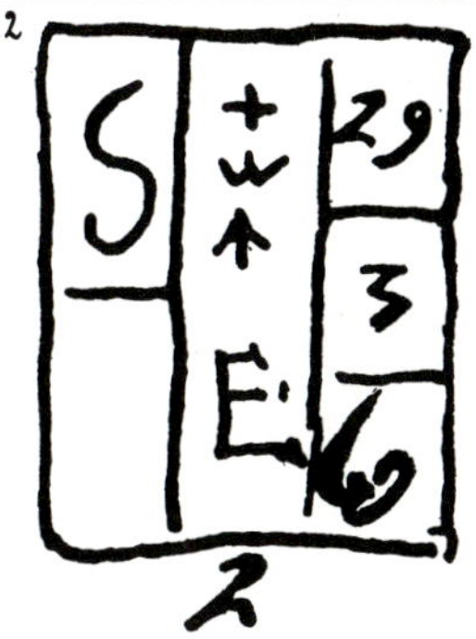

1770–1774

23

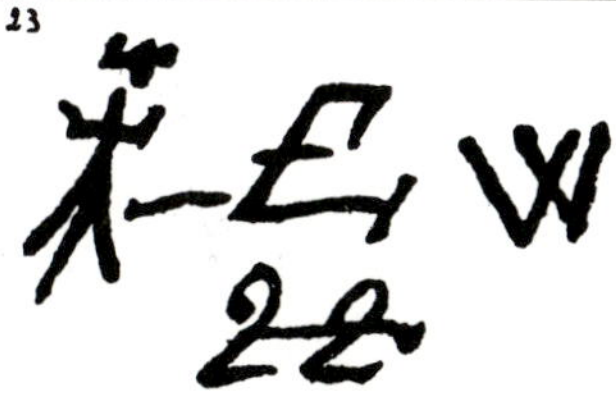

24

1770–1774

Die Marken der Manufaktur Stralsund, die etwa von 1766 bis 1775 auftauchen, sind in Blau und Manganviolett ausgeführt.

Sulzbach (1752–1774)

1 CP.

2 C : P :

1752–1757

3 

4 

5 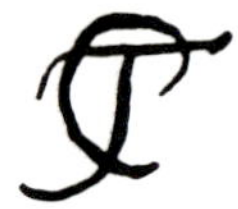

6 

7 

8 

9 

10 

1757–1774

Fabrikmarken mit Malermarken

11 

12 C·P.
M

13 

14 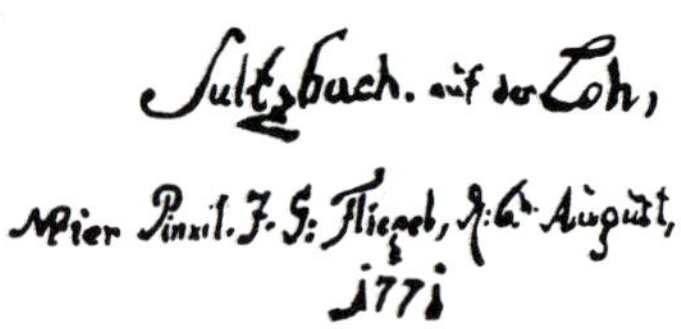

15 

1766–1771

Die Marken der Manufaktur Sulzbach erscheinen in Blau unter Glasur, auch Schwarz in Muffelfarbe über der Glasur.

Über die Erzeugnisse der Fabrik sowie deren Marke war bisher wenig bekannt. Erst Dr. Otto Hauger ist es gelungen, Fabrikate des Unternehmens sowie auch die Marke zu ermitteln. Es ist die Carl-Theodor-Marke, die bisher auf Mosbach oder sogar auf die Porzellanmanufaktur Frankenthal bezogen wurde, obwohl die Dekorierung der Sulzbacher Fayencen mehr auf Franken als auf oberrheinische Manufakturen hinwies, zudem die Datierung mancher Sulzbacher Erzeugnisse vor der Gründung der Mosbacher Fabrik lag. Klarheit verschaffte 1937 eine vom Hetjens-Museum in Düsseldorf erworbene Fayenceplatte, die auf der Schauseite das Monogramm des Kurfürsten Carl Theodor, auf der Rückseite aber außer dem genauen Datum die Namen Pier und Fliegel nebst der Ortsangabe Sulzbach trägt. Nach dem Kirchenbuch von Sulzbach ist der Maler Pier dauernd in Sulzbach wohnhaft gewesen. Mit Pierre Berthevin, der eine Zeitlang in Mosbach und Frankenthal tätig gewesen ist, hat die Malerbezeichnung nichts zu tun.

Thurnau (Ofr.)

Keramische Werkstatt Günther Stüdemann (Gegr. 1939)

1

2

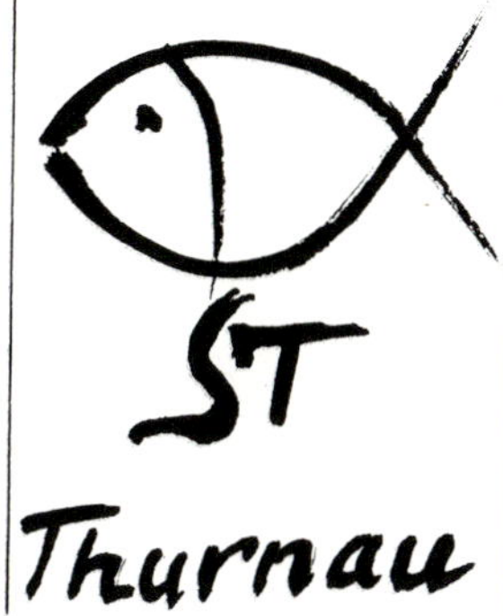

Seit 1939

3

4

5

Seit 1939

6

7

1925–1928

Die Marken Nr. 1–4 wurden von 1934 bis 1936 auch in der Fayence-Werkstatt „Artesano“ in Esplugas bei Barcelona (Spanien) geführt.

Die Marke Nr. 5 ist eine zusätzliche Malermarke.
Die Marken Nr. 6 und 7 wurden nur in der ersten Fayence-Werkstatt „Ceramica Fontanalimite“ in Vietri sul Mare (Italien) angebracht. Zuweilen wird der volle Name angebracht, kleinere Stücke nur mit St. signiert.

Ulm (Donau)

Ulmer Keramik, Keramische Fabrik Heinz Saur

1

Vaihingen an der Enz

Töpferwerkstatt Fritz Trautmann (Gegr. 1929)

1

2

Wiersbie (1775–1783)

Fabrikmarke

	1 	
	1775–1783	

Die Fabrikmarke der Manufaktur Wiersbie erscheint in Blau.

Wiesbaden (1770–1795)

Fabrikmarken

1 	2 	3 	4 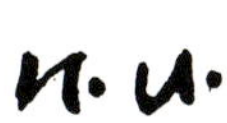	5 
1770–1787				

Die Marken der Manufaktur Wiesbaden sind in Blau, Mangan-violett, Grün und Schwarz angebracht.

Wrisbergholzen (1737–1834)

Fabrikmarken

1 	2 

1737–1834

Fabrikmarken mit Malermarken

3 	4 	5 

1737–1834

6 	7 	8 

1737–1834

9 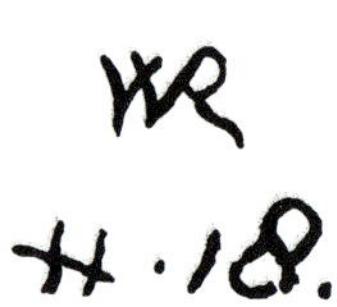	10 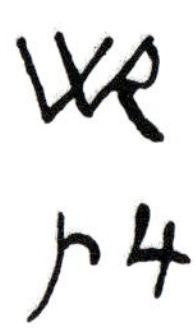	11 

1737–1834

12 	13 	14 

1737–1834

Wrisbergholzen (1737–1834)

Fabrikmarken mit Malermarken

15	16	17
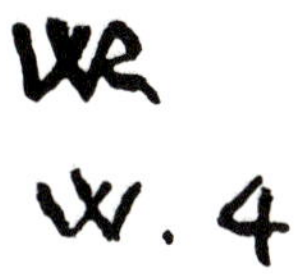		

1737–1834

18	19
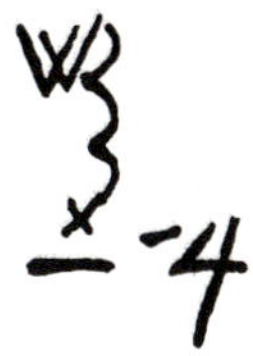	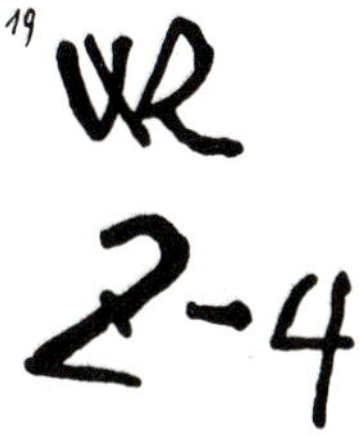

1737–1834

Die Marken der Manufaktur Wrisbergholzen sind in Blau und Manganviolett gehalten.

Zell-Harmersbach (Bad. Schwarzwald) Gegr. 1820

Vereinigte Zeller Keramische Fabriken. Georg Schmider

1

2

Zerbst (1721–1805)

Fabrikmarken

1

2

3

4

5

1721–1805

Fabrikmarken mit Malermarken

6

7
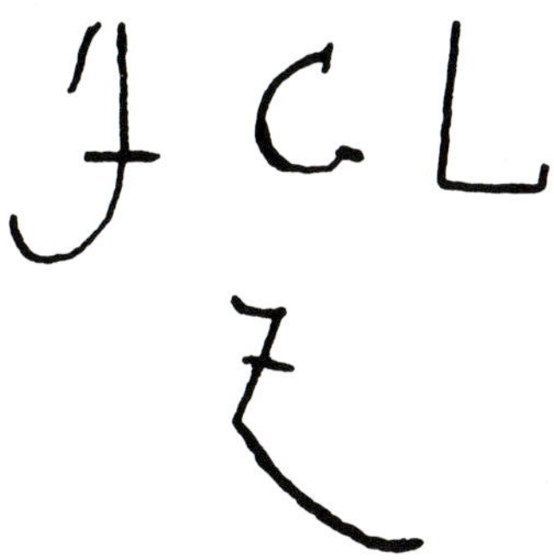

8

1721–1805

9

10

11

1721–1805

Zerbst (1721–1805)

Fabrikmarken mit Malermarken

12

13

14

15

1721–1805

Malermarken

16

17

18

19

20

21
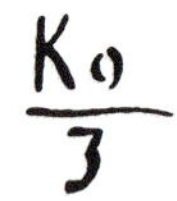

Zerbst (1721–1805)

Malermarken

22 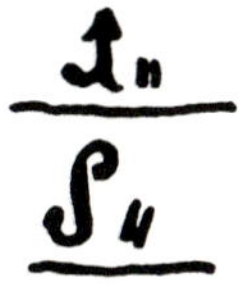	23 	24 	25 

Die Marken der Manufaktur Zerbst sind in Blau und Manganviolett angebracht.

Deutsche Fayence-Hausmaler

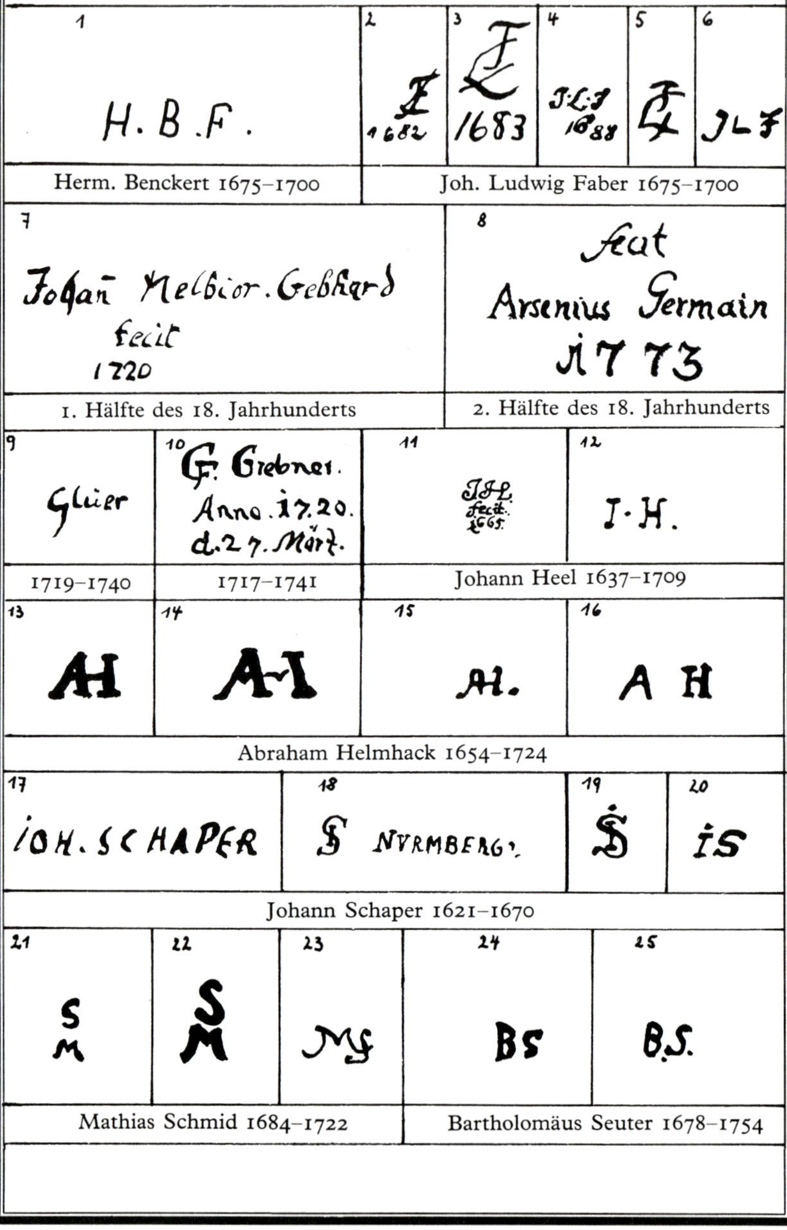

- 1: Herm. Benckert 1675–1700
- 2–6: Joh. Ludwig Faber 1675–1700
- 7: 1. Hälfte des 18. Jahrhunderts
- 8: 2. Hälfte des 18. Jahrhunderts
- 9: 1719–1740
- 10: 1717–1741
- 11–12: Johann Heel 1637–1709
- 13–16: Abraham Helmhack 1654–1724
- 17–20: Johann Schaper 1621–1670
- 21–23: Mathias Schmid 1684–1722
- 24–25: Bartholomäus Seuter 1678–1754

Deutsche Fayence-Hausmaler

26	27	28	29
WR	WR	WR	
Wolfgang Rössler 1650–1717			Um 1750

Anonyme Monogrammisten

30	31		32
CB 1701	I. B. F. Anno 1677		MB
33	**34**	**35**	**36**
	IMG	I.M.G	W 1690

Die Hausmalereien auf weißem Fayencegut beginnen sehr bald nach der Errichtung der ersten deutschen Fayencemanufakturen nach der Mitte des 17. Jahrhunderts, um gegen Beginn der zweiten Hälfte des 18. Jahrhunderts zu Ende zu gehen, als das Porzellan sich mehr und mehr durchsetzt.

Die Jahreszahlen geben im allgemeinen nur Annäherungswerte an die Werkstattätigkeit. Lebensdaten sind nur in Einzelfällen genannt. Die Anonymität anderer Hausmaler wiederum ist noch ungeklärt. Signaturen sind entweder unter dem Henkel oder zwischen der Ornamentmalerei angebracht.

Auf Ornamentstichen von Johann Heel und Wolfgang Rößler finden sich ausgeschriebene Signaturen der Genannten, die zur Ergänzung der Markentafel hierunter aufgeführt sind.

Dresden und Meißen Böttgersteinzeug
Red pottery of Böttger – Grès de Böttger

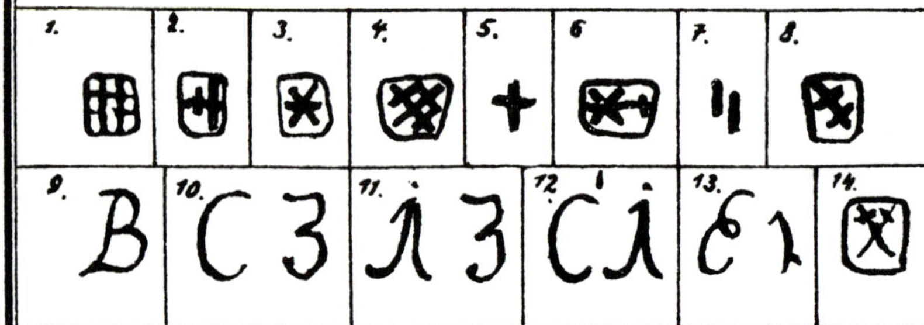

Deutsches Steinzeug
Grès allemand

Siegburg

No.	Mark
1.	FT
2.	PK
3.	CK
4.	LW
5.	HH
6.	PV
7.	HV
8.	CM

Raeren

No.	Mark
1.	IE
2.	PE
3.	EE
4.	GE
5.	WE
6.	BM
7.	IM
8.	M
9.	IB
10.	TW
11.	IM
12.	EM

Höhr und Grenzhausen

No.	Mark
1.	IM
2.	IE
3.	LB
4.	IC
5.	FC
6.	BG
7.	IEM
8.	LM
9.	WR
10.	IK
11.	PR

19.–20. Jahrhundert – 19–20th century – 19–20ième siècle

Grenzhausen

R. Merkelbach

Merkelbach & Wick

Höhr

Dümmler & Breiden

S. P. Gerz

A. J. Thewalt

Ransbach

Krumeich

Mettlach a. d. Saar

Villeroy & Boch (gegr. 1809 bis zur Gegenwart)

Die Marken wurden auf den Seiten 128-130 eingefügt.

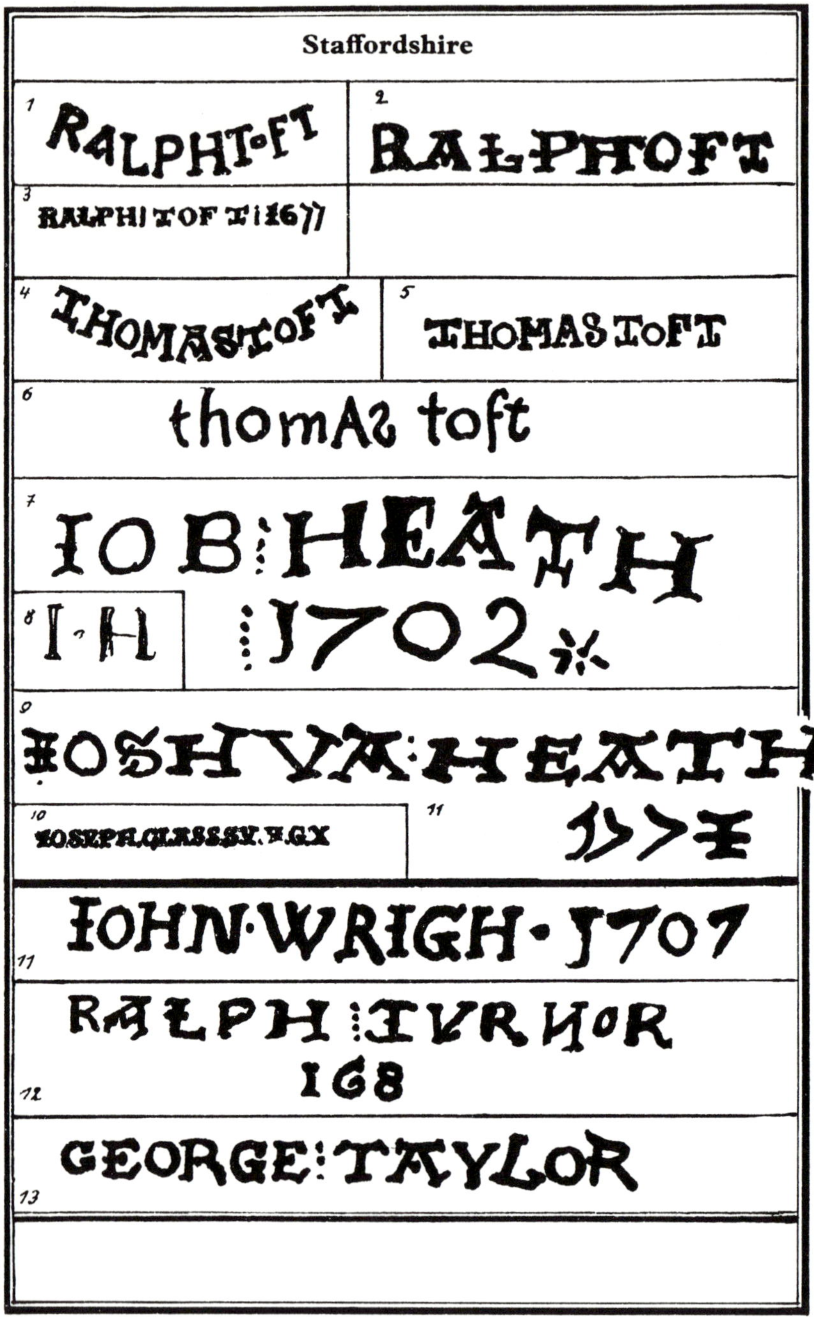
Staffordshire
1 RALPH TOFT
2 RALPH TOFT
3 RALPH TOFT 1677
4 THOMAS TOFT
5 THOMAS TOFT
6 thomas toft
7 IOB HEATH 1702
8 I H
9 IOSHVA HEATH
10
11
11 IOHN WRIGH 1707
12 RALPH TVRNOR 168
13 GEORGE TAYLOR

Staffordshire

14 R·A·L·P·H: T·A·Y·L·O·R 1697

15 RICHARD MEIR.

16 IOHN: SIMPSON 1735

17 ROBART SHAW 1692

18 WILLIAM:WRIGHT 1709

19 RALPH:SIMPSON

Kent

Wrotham

1. WROTHAM
2. IE 1707 WROTHAM
3. I:W: 1707:
4. IW: 1656
5. HI 1657
6. IL 1612
7. IL 1621
8. GR 1650
9. GR · 1659
10. IE 1681
11. NH 1618
12. IE : 1692

Derbyshire

1

2

3

Staffordshire

rotes Steinzeug (Elersware)

1

2

3

4

5

Twyford?

1

2

Burslem

Wood

1 83 Ra. Wood Burslem

2 E WOOD

3

4 WOOD & CALDWELL

Moseley	J. Lockett	Walton
5 MOSELEY	6 J LOCKETT.	7 WALTON.

J. u. R. Riley	S. Alcock & Co.
8 	9 ALCOCK & CO. HILL POTTERY. BURSLEM.

Bagshaw & Mayer	Pinder, Bourne & Co.
10 IRONSTONE B & M	11 PINDER BOURNE & Co

Daniel Steel	J. Dale
12 STEEL BURSLEM.	13 I.DALE BURSLEM

Etruria (Wedgwood)

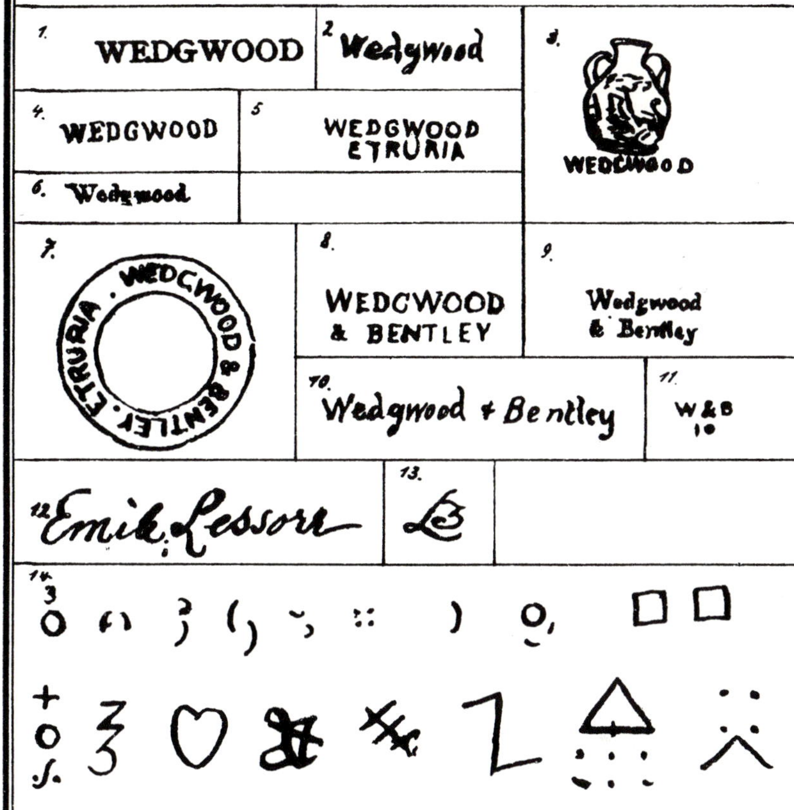

Englische Nachahmungen — English imitations — Imitations anglaises

Tunstall

Adams

1 Adams & Co.
2 ADAMS & Co.
3 ADAMS
4 W. ADAMS & Co.
5 B ADAMS
6 ADAMS TUNSTALL
7 ADAMS ESTBD 1657 TUNSTALL ENGLAND

A. & E. Keeling

8 A & E Keeling

S. Child

9 CHILD.

Enoch Booth

10 Enoch Booth

Ralph Hall

R HALL

Longport

E. & G. Phillips

1

Rogers

2

Davenport

3

4

5

Cobridge

R. Daniel

1 R. DANIEL

Stevenson

2

3

5 STEVENSON

J. & R. Clews

4

J. Voyez

6 J.VOYEZ

Hanley

Astbury jun.

1 ASTBURY

E. Mayer

2 E.MAYER.
1754

Salt

3 SALT

W. Stevenson

4 W STEVENSON
HANLEY,
MAY. 2.
1802.

J. Shorthose

5 SHORTHOSE

6 SHORTHOSE & HEATH

Church Works

7

8 Neale & Palmer.

9 Neale & Wilton.

10

11 Neale & Co

12

Hanley

Old Hall

13 MEIGH

14

Birch

15 Birch

16 E I B

Eastwood

17 EASTWOOD.

T. Sneyd

18 T. SNEYD HANLEY

R. Hollins

19 S. HOLLINS

20 T & J Hollins

Keeling Toft & Co.

21 Keeling Toft & Co.

Y. Lakin & Poole

22 LAKIN & POOLE.

Shelton

New Hall

1

Claude Place Works

2

3 J & W RIDGWAY

4

5 HACKWOOD & CO.

R. & Baddeley

6 J. E. B.

Samuel Hollins

7 S. HOLLINS.

8 JOHNSON HANLEY Stone-China

Thomas Fletcher & Co.

9 Fletcher & Co Shelton.

Stoke upon Trent

Minton

1 

2 Minton & Boyle

3 M & B

4 M & C

Spode

5 

6 

8 SPODE

Wolfe

7 Wolfe & Hamilton, Stoke.

Fenton

F. Pratt	R. M. Taylor	
1 Pratt,	2 FENTON STONE WORKS	3 S. GREENWOOD.

Lane End (Longton)

Mayer & Newbold		Bailey & Batkin
M & N	2 Mayr & Newbd.	3 Bailey & Batkin.

J. Harley

4 HARLEY

5 J. Harley Lane end.

Lane End

Hilditch & Son		J. Aynsley	Bej. Plant
6 	7 	8 Aynsley Lane End.	9 B Plant Lane End

Chetham & Woolley	Turner	Cyples
10 CHETHAM	11 TURNER.	12 .I CYPLES

Lane Delph

Miles Mason

1 	2 	
	3 MILES MASON	

Foley	Elkin Knight & Bridgwood	
MYATT	ELKIN KNIGHT & Co.	

Burslem Sytsch Pottery

	I Hall & Sons	

Liverpool

Richard Chaffers

1 Richard Chaffers 1769.

Ph. Christian

2 CHRISTIAN.

Herculaneum Pottery

3 HERCULANEUM POTTERY.

4 HERCULANEUM

5 H PISOS

6 

7 

8 

9 

Leeds

Leeds Pottery

1 Hartley, Greens & Co

2 LEEDS POTTERY / LEEDS POTTERY (crossed)

3 LP

4 LEEDS POTTERY.

Hawley

5 HAWLEY

Rainforth & Co.

6 RAINFORTH & Co

7 LP

Swinton

1 

Don pottery

2

3 DON POTTERY

GREEN.

Castleford

Dav. Dunderdale & Co.

1

2 D D & Co.

3 CASTLEFORD POTTERY

Ferrybridge		Mexborough
1 FERRYBRIDGE	2 WEDGWOOD & CO.	REED.

Rockingham (Swinton)		
1 TWIGG NEWHILL	2 ROCKINGHAM.	3 BRAMELD.

Sunderland		
Sunderland Pottery		
1 Dixon & Co. Sunderland Pottery.	2 Dixon, Phillips & Co	3 Scott x1
Garrison Pottery (Hylton)		Ford Pottery
4 PHILLIPS & Co Sunderland Pottery.	5 J. PHILLIPS, Hylton Pottery.	6 MALING

New Castle upon-Tyne		
T. Fell & Co	Patterson & Co	
1 FELL	2 PATTERSON & Co	3 J&P
Sewell & Donkin		
4 SEWELL 3	5 A SEWELL & DONKIN.	6 NEWCASTLE

Southwick Wear Pottery	
MOORE & CO. SOUTHWICK.	

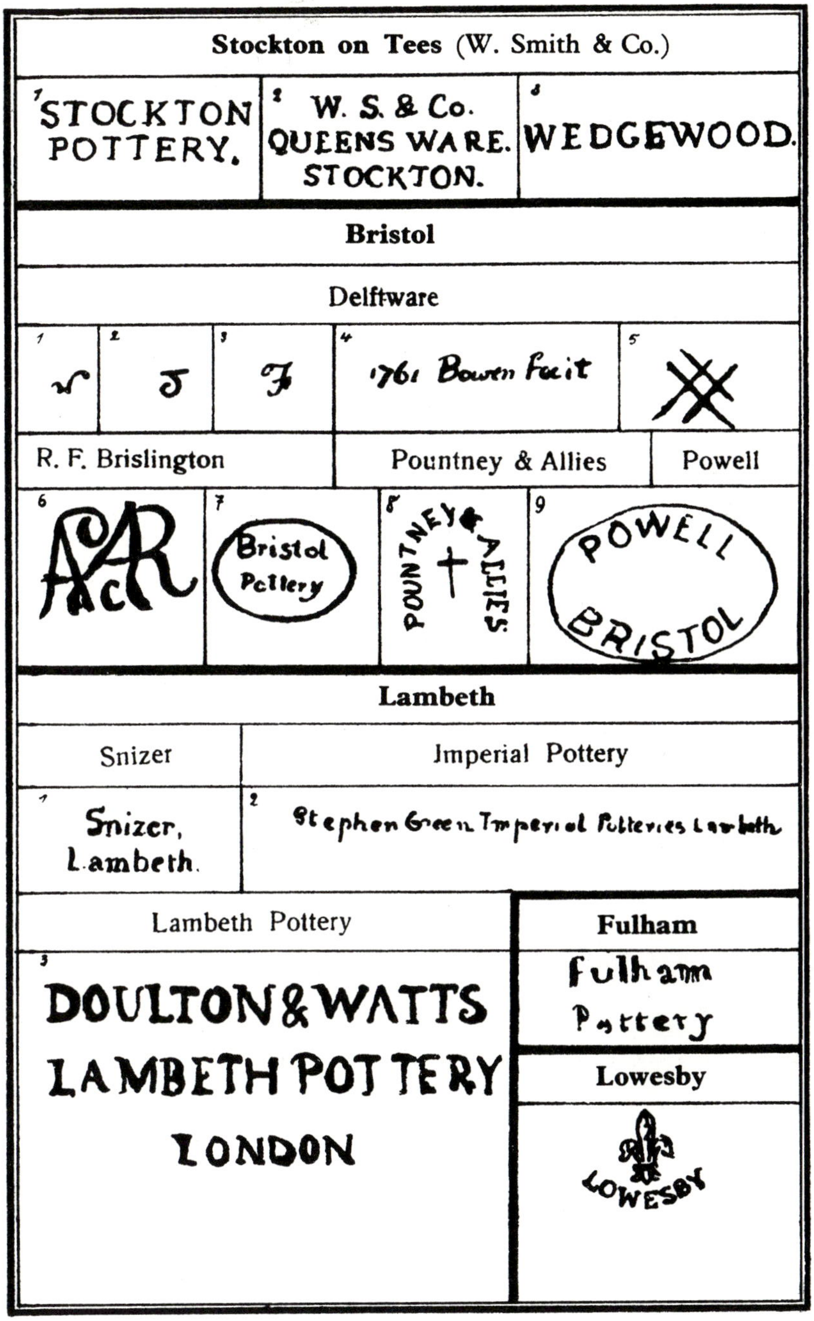
Stockton on Tees (W. Smith & Co.)
1 STOCKTON POTTERY.
2 W. S. & Co. QUEENS WARE. STOCKTON.
3 WEDGEWOOD.
Bristol
Delftware
1
2
3
4 1761 Bowen Fecit
5
R. F. Brislington
Pountney & Allies
Powell
6
7 Bristol Pottery
8 POUNTNEY & ALLIES
9 POWELL BRISTOL
Lambeth
Snizer
Imperial Pottery
1 Snizer, Lambeth.
2 Stephen Green Imperial Potteries Lambeth
Lambeth Pottery
3 DOULTON & WATTS LAMBETH POTTERY LONDON
Fulham
Fulham Pottery
Lowesby
LOWESBY

Mortlake

1 Kishere Mortlake

2 IK 182

Isleworth

1 S & C 26 S & Co

2 F. G. 73

Yarmouth

Nottingham

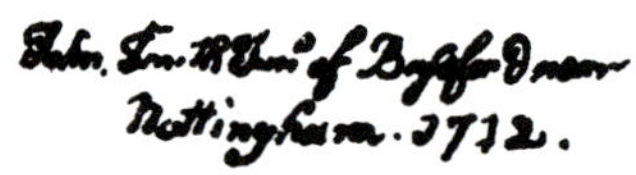

Essex (Castle Hedingham)

Swansea (Cambrian)

1 Cambrian Pottery

2 CAMBRIAN

3 Dillwyn's Etruscan Ware.

Wales? (Lane End?)

Porto bello

1 SCOTT BROTHERS.

2 SCOTT PB

Irische Töpferwaren - Irish Pottery - Poterie Irlandaise

Dublin

1

2 DONOVAN

Aire (1730–1791)

Fabrikmarken

1

2

3

1730–1791

Die Marken der Manufaktur Aire erscheinen hauptsächlich in Blau und Manganviolett.

Ancy-le-Franc (1765 bis Anfang des 19. Jahrhunderts)

Fabrikmarke

2. Hälfte des 18. Jahrhunderts

Aprey (1740–1795)

Fabrikmarken

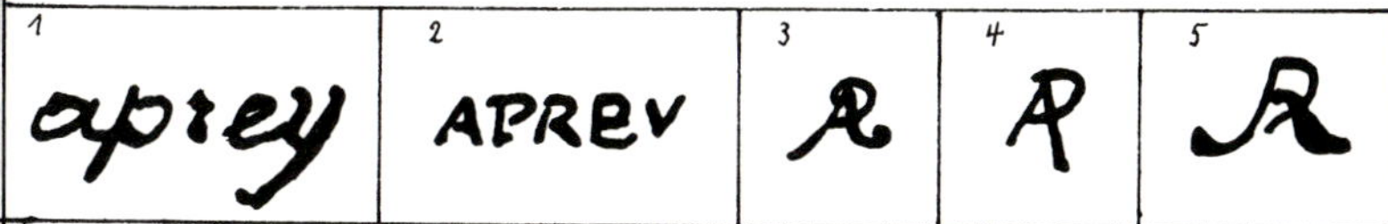

1740–1795

Fabrikmarken mit Malermarken

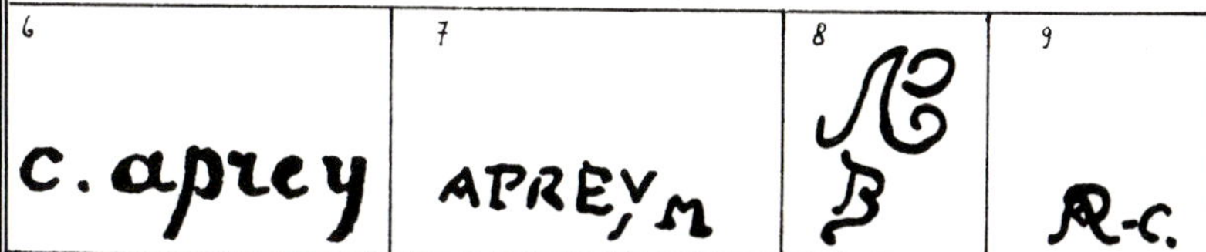

1740–1795

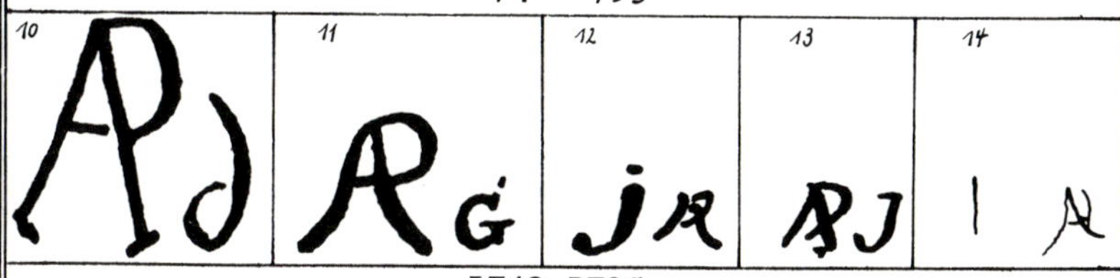

1740–1795

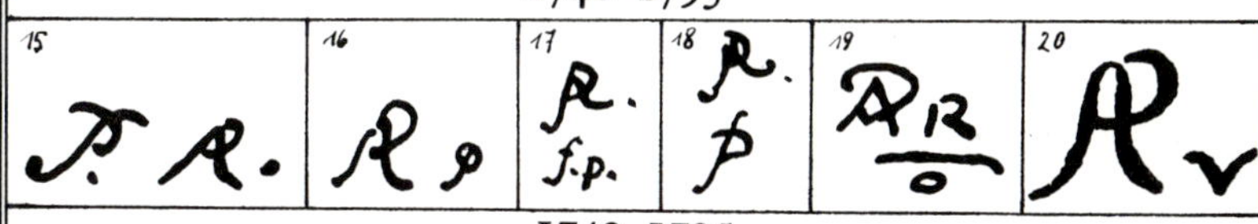

1740–1795

Die Marken der Manufaktur Aprey sind in der Hauptsache in Blau, Manganviolett und Schwarz ausgeführt, kommen aber gelegentlich auch in anderen Farben vor.

Im Jahre 1806 wurde die Fabrikation wieder aufgenommen, aber bis 1885 nur einfache Gebrauchswaren hergestellt, die die Marke  trugen. Nachher wurden aus den noch vorhandenen alten Formen des 18. Jahrhunderts auch Nachahmungen angefertigt.

Arbois (1745 bis Ende des 18. Jahrhunderts)

Fabrikmarken

	1 	
	2 	
	1745 bis Ende des 18. Jahrhunderts	
	3 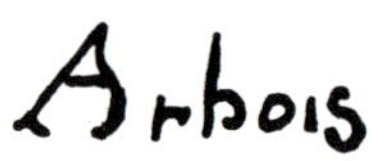	
	1745 bis Ende des 18. Jahrhunderts	

Ardus (1739–1783)

Fabrikmarke

1	2
D'ARDVS	D

1739–1783

Auxerre (Ende des 18. bis Anfang des 19. Jahrhunderts)

Fabrikmarken

1

Boutet

2

Fayence d'Auxerre

Um 1800

Bellevue bei Toul (1755 bis zum 19. Jahrhundert)

Malermarken

	1	2	

	18. Jahrhundert		

Clermont-Ferrand (1734 bis gegen 1770)

Fabrikmarken und Malermarken

1	2
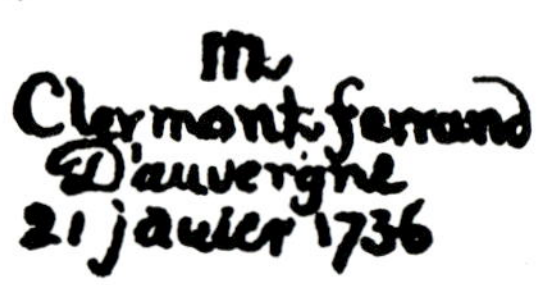	
1734–1738	

Desure

Manufaktur Dupré-Poulaine (1732 bis gegen Ende des 18. Jh.)

1

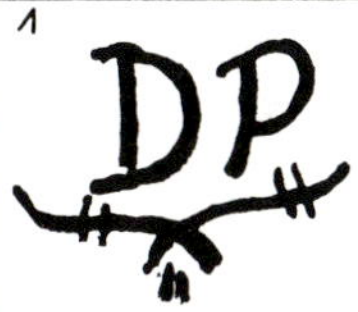

2

3

4

5

1732 bis gegen Ende des 18. Jahrhunderts

Manufaktur Jean François Sta (1764 bis erste Hälfte des 19. Jh.)

Fabrikmarken und Malermarken

6

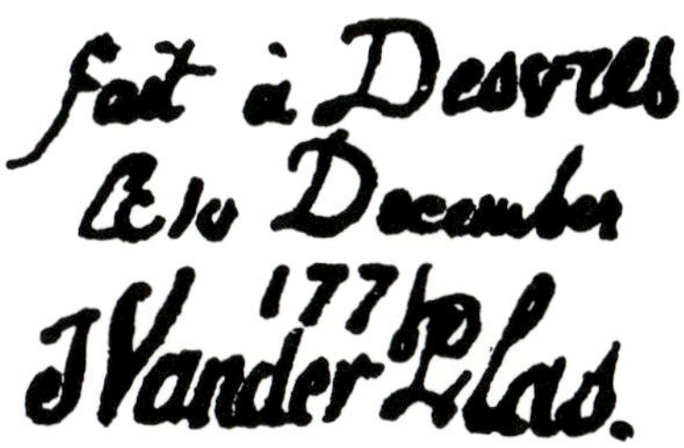

7

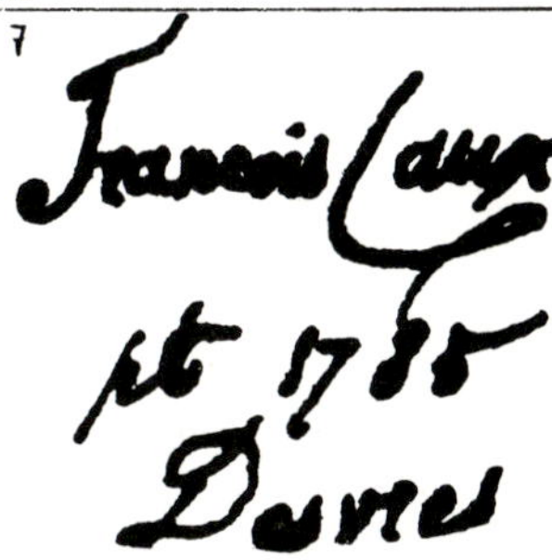

Malermarke

8

Die Marken der Manufaktur Desure sind in Blau, Manganviolett und Rot ausgeführt.

Dijon (1669 bis 2. Hälfte des 18. Jahrhunderts)

Fabrikmarken

1

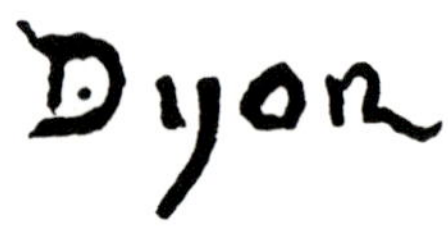

2

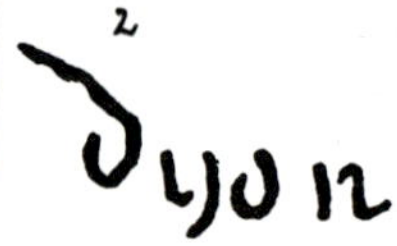

2. Hälfte des 18. Jahrhunderts

Épinal (1760 bis um 1800)

Fabrikmarke

1

1760 bis um 1800

Die Marken der Manufaktur Épinal sind eingepreßt.

Goult (1740–1805)

Fabrikmarken

1

2

1740–1805

La Forest (1730–1810)

Fabrikmarken

1

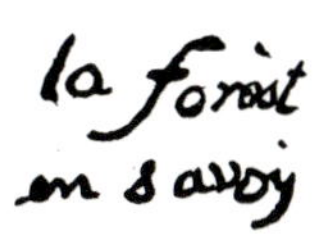

1730–1810

La Rochelle (1743–1789)

Fabrikmarken

1

2

1743–1789

3

1743–1789

La Tour-d'Aigues (1753 bis 2. Hälfte des 18. Jahrhunderts)

Fabrikmarken

1

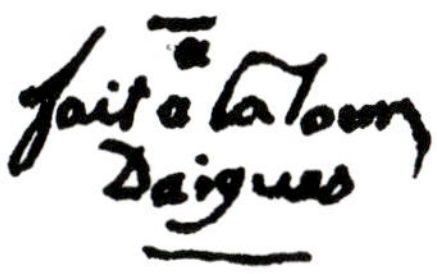

2

3

1753 bis 2. Hälfte des 18. Jahrhunderts

Die Marken der Manufaktur La Tour-d'Aigues sind meistens in Blau und Manganviolett ausgeführt.

Lille

Manufaktur Féburier-Boussemaert-Petit (1696–1802)

Fabrikmarken

1

2

18. Jahrhundert

Unternehmermarken

3
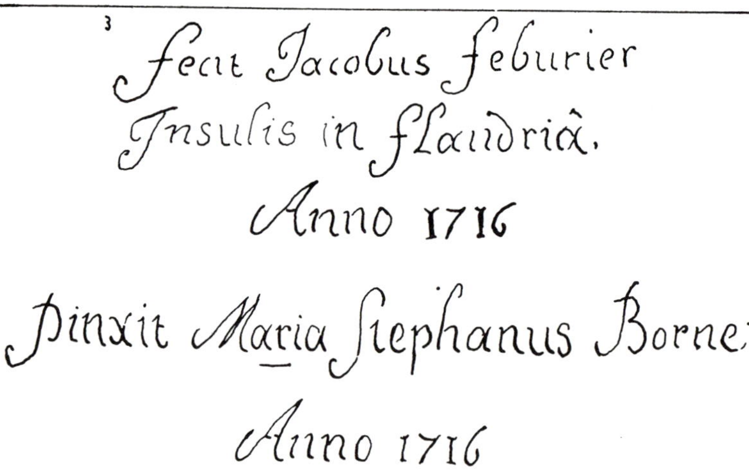

4

5

6

1716–1773

Lille

Manufaktur Féburier-Boussemaert-Petit (1696–1802)

Unternehmermarken

7

8

9

10

1716–1773

11

12

13

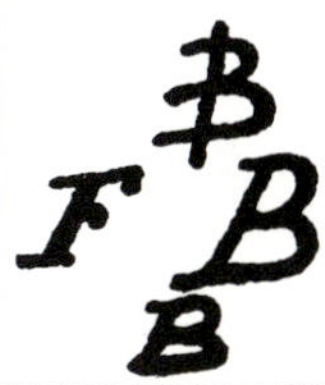

14

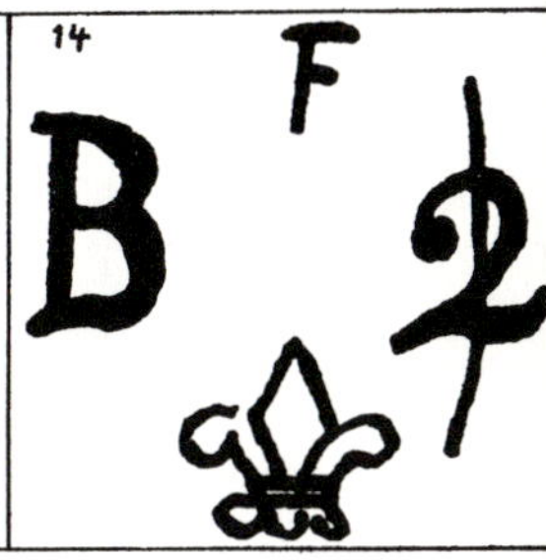

1716–1773

15

16

17

18

1775–1802

Unternehmermarken mit Malermarken

19

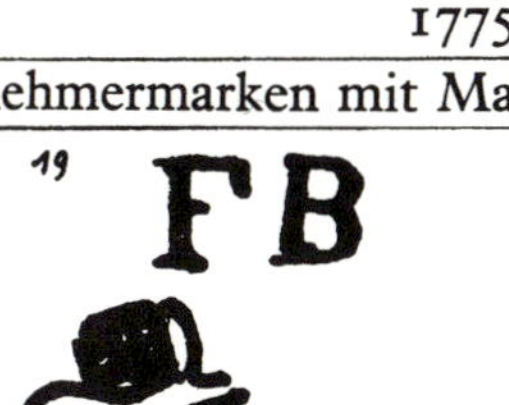

20

Lille

Manufaktur Dorez-Pélissier-Héreng-Lefèbre- Masquelier (1711–1820)

Unternehmermarken

1711 bis Ende des 18. Jahrhunderts

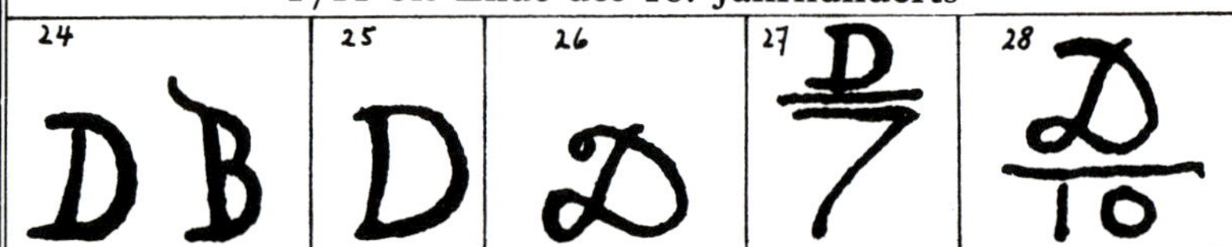

1711 bis Ende des 18. Jahrhunderts

Manufaktur Wamps-Masquelier (1740–1800)

1740–1800

Die Marken der Manufakturen erscheinen in der Regel in Blau, gelegentlich auch in Gold.

Limoges (1736–1771)

Fabrikmarken

1	2
	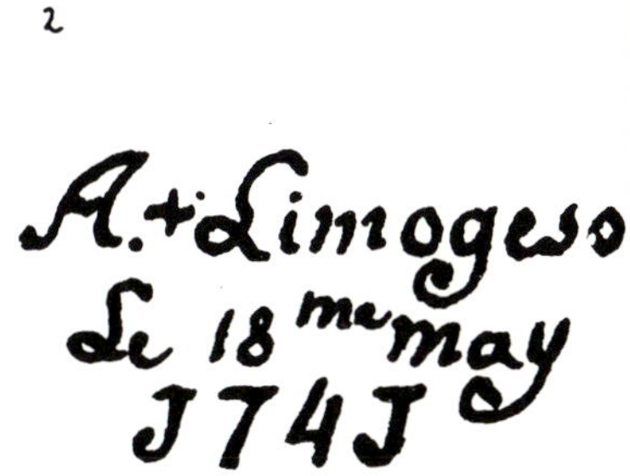
1741	

Lunéville

Manufaktur Chambrette und Nachfolger (1731 bis 19. Jh.)

1	2	3	4

1731–1758	Nach 1788	19. Jahrhundert	

Marans (1740 bis 2. Hälfte des 18. Jahrhunderts)

Fabrikmarken

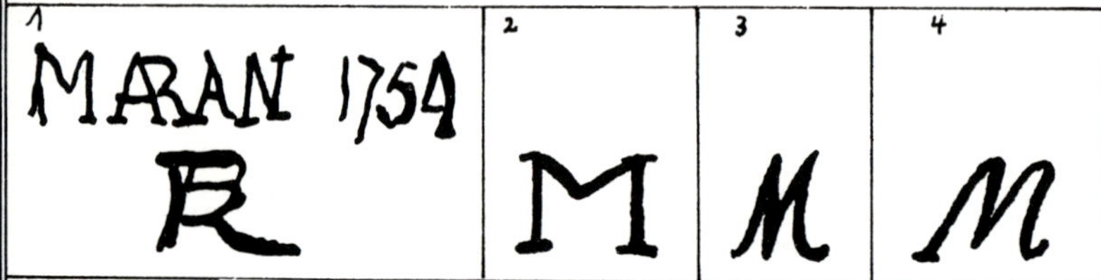

1740 bis 2. Hälfte des 18. Jahrhunderts

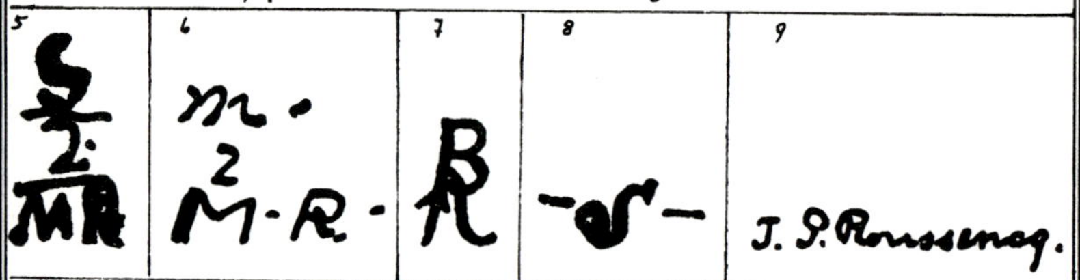

1740 bis 2. Hälfte des 18. Jahrhunderts

Die Marken der Manufaktur Marans sind im allgemeinen in Blau und Manganviolett ausgeführt.

Marseille

Manufaktur Saint-Jean-du-Désert (1670 bis zur Mitte des 18. Jahrhunderts)

Fabrikmarken der Manufaktur Joseph Clérissy (1679)

1

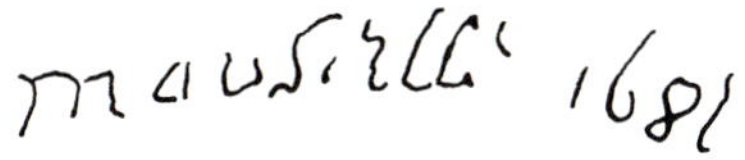

2

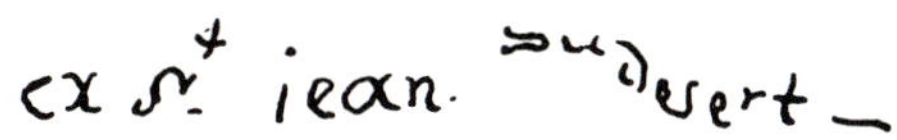

3

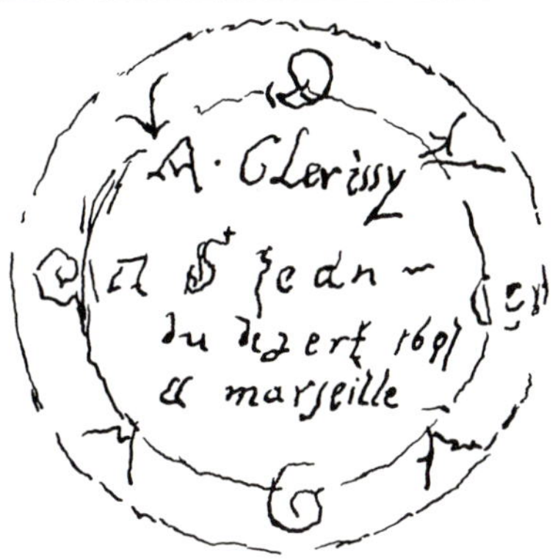

4

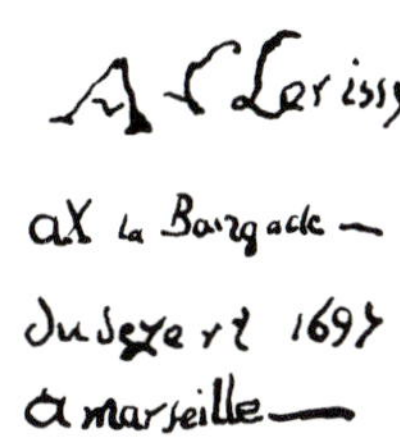

5

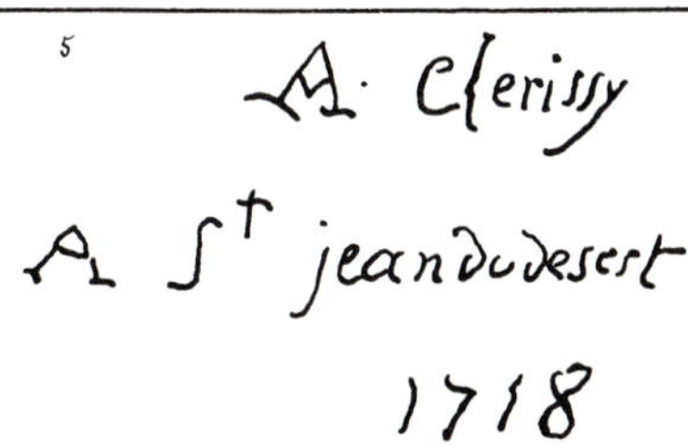

Monogramme der Manufaktur Antoine Clérissy und andere Zeichen

6

7

8

9

10

11

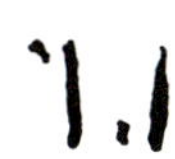

Von ca. 1679 bis zur Mitte des 18. Jahrhunderts

Marseille

Manufaktur François Viry (ab 1686)

12

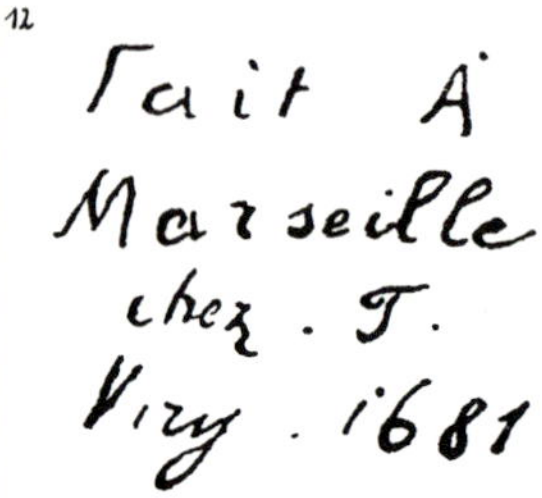

13

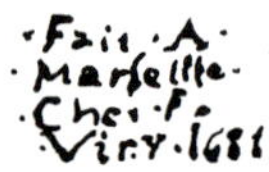

14

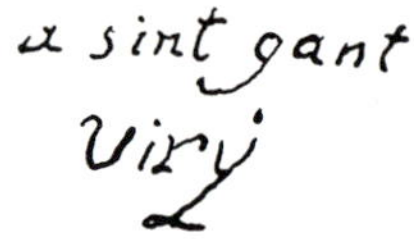

15

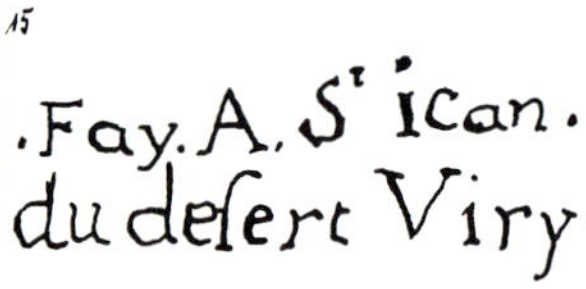

16

Manufaktur Joseph Fauchier (1711–1795)

17

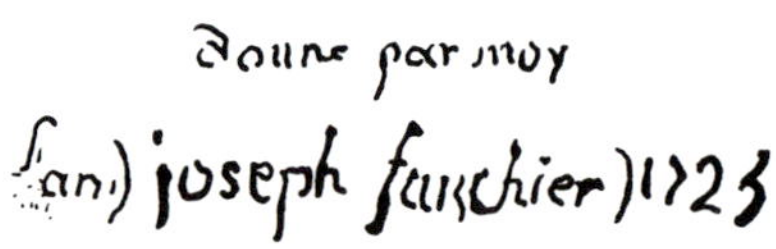

18

19

20

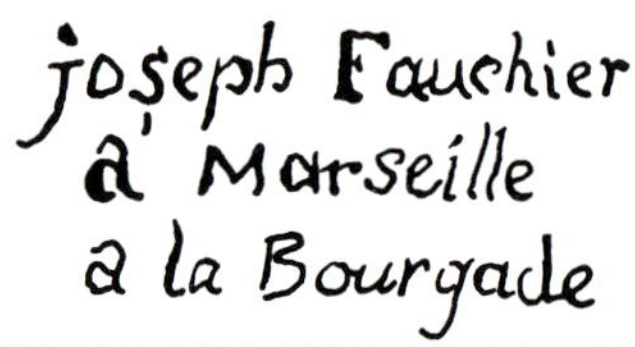

21

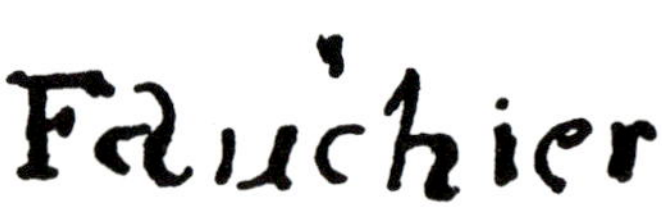

22

1711–1795

Marseille

Manufaktur Joseph Fauchier (1711–1795)

23
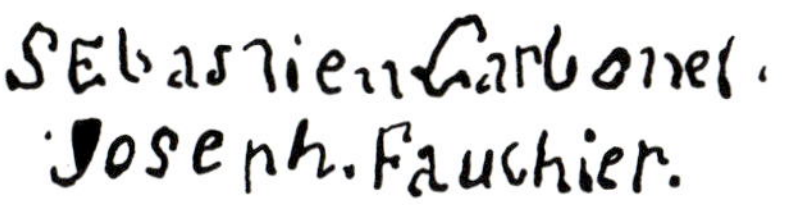

24
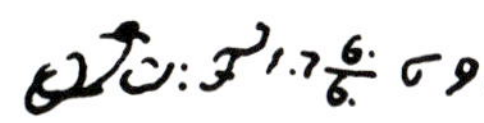

Monogramm-Marken

25

26

27

28

29

30

Malermarke

31
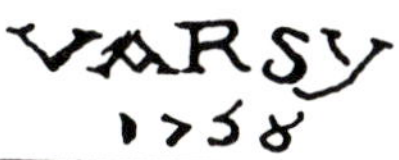

1711–1795

Manufaktur Louis Le Roy (1731–1780)

32
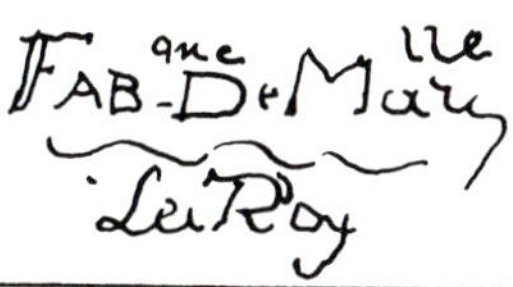

33

34

35

1731–1780

Manufaktur Veuve Perrin (1740–1803)

36

37
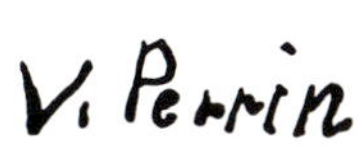

38

39

40

41

Marseille

Manufaktur Veuve Perrin (1740–1803)

42

43

44

45

46

47

48

49

50

51

52

53

Zusätzliche Markierungen und Ritzmarken

54

55
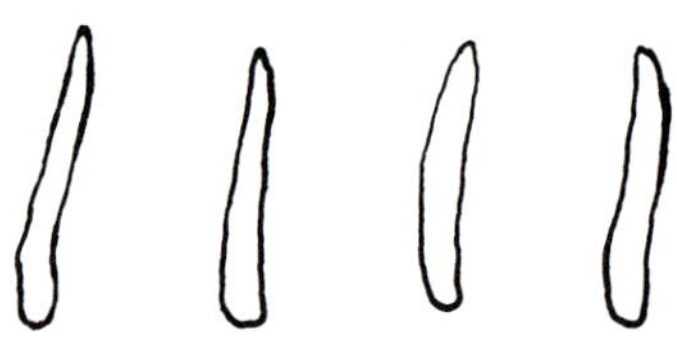

1740–1803

Nachahmungen von Marken, die in Venedig hergestellt wurden.

56

Marseille

Manufaktur Honoré Savy (1764 bis gegen 1789)

Zugeschriebene Fabrikmarken

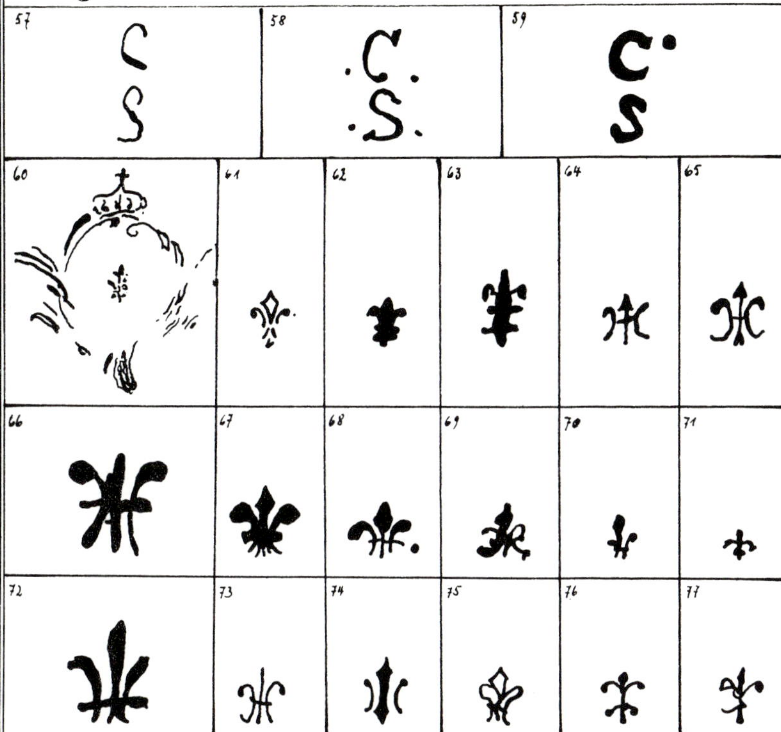

1764 bis gegen 1789

Die Marken der Manufaktur Savy sind umstritten. Die Marken Nr. 57–59 werden nach Überlieferung für Originale von Honoré Savy gehalten. Mit größerer Wahrscheinlichkeit müssen diese Signaturen Jacques Chapelle (1748–1763), dem Begründer der Manufaktur von Sceaux, zugeschrieben werden. Die Marken Nr. 62–77 wurden ebenfalls auf Fayencen in Buen Retiro, Capo di Monte, Lyon und Lille angebracht. Nr. 60 und 61 gehören zusammen.

Marseille

Manufaktur Joseph-Gaspard Robert (um 1749 bis um 1800)

78, 79

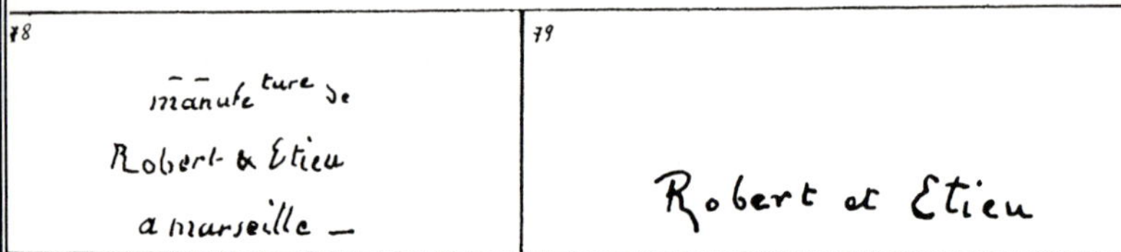

Um 1749–1757

80, 81

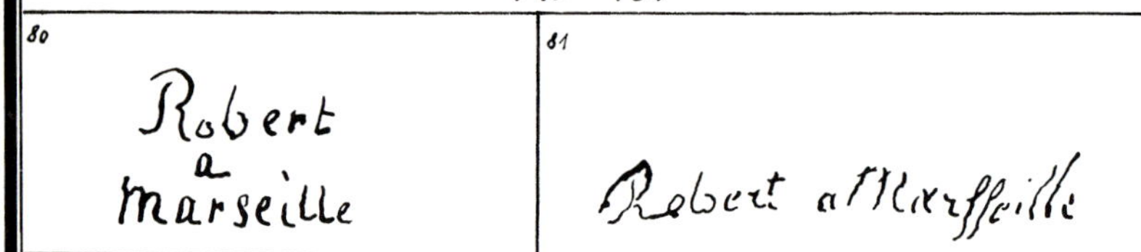

82–95

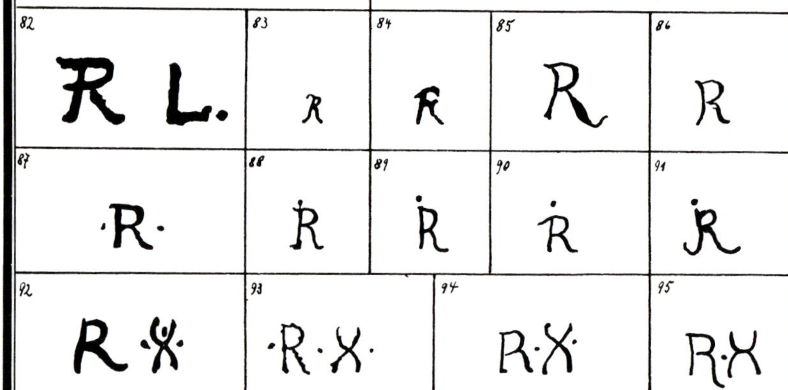

1757 bis um 1800

Manufaktur Jean-Joseph Larchier (1752–1773)

96

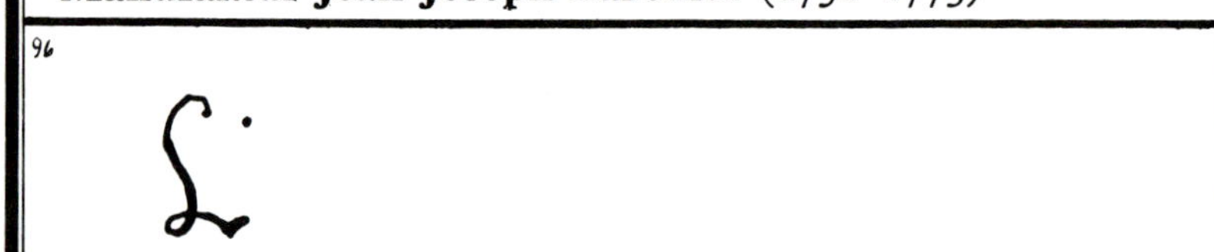

1752–1773

Marseille

Manufaktur Antoine Bonnefoy (1775–1815)

Fabrikmarken

97

98

99

100

Malermarke und Zahlenmarke

101

102

1775–1815

Die Marken der Manufaktur Marseille sind in Blau, Manganviolett und Rot angebracht. Die Marke Nr. 92 war in Gold und Schwarz, Nr. 101 in Rosa gehalten, und Nr. 102 war eine Seriennummer, die häufiger im Deckel der Gefäße angebracht war.

Mathaux (1749–1800)

Fabrikmarken

1

2

1749–1800

Meillonas (1761–1810)

Fabrikmarken

1

2

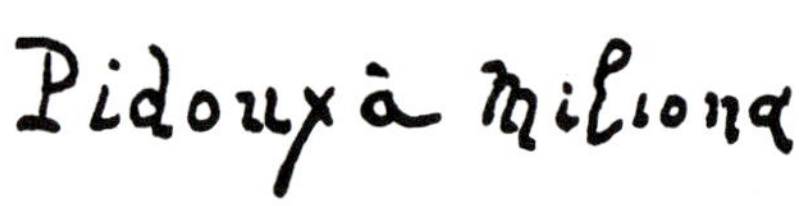

2. Hälfte des 18. Jahrhunderts

Die Marken der Manufaktur Meillonas erscheinen überwiegend in Manganviolett

Montauban

Manufaktur Lestrade (1760–1811)

1

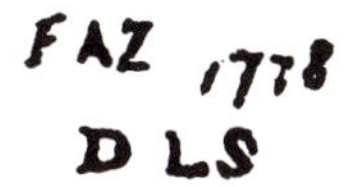

1778

Manufaktur Lapierre- Quinquiry (1770–1820)

2

3

4

5

1770–1820

Moulins (1. Hälfte des 18. Jahrhunderts bis Ende desselben)

Fabrikmarken

1

2

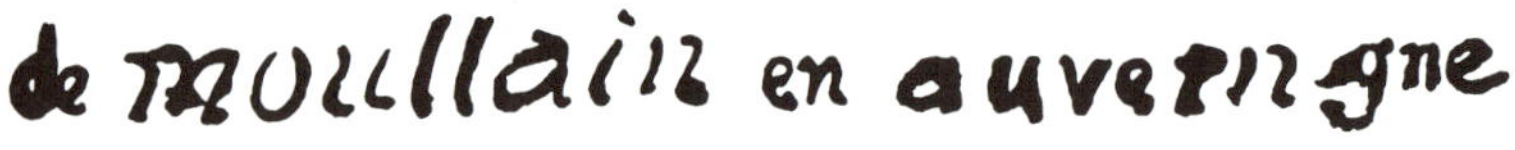

1750–1760

Malermarken

3

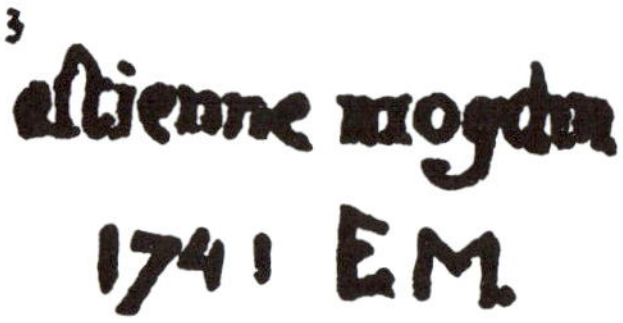

4

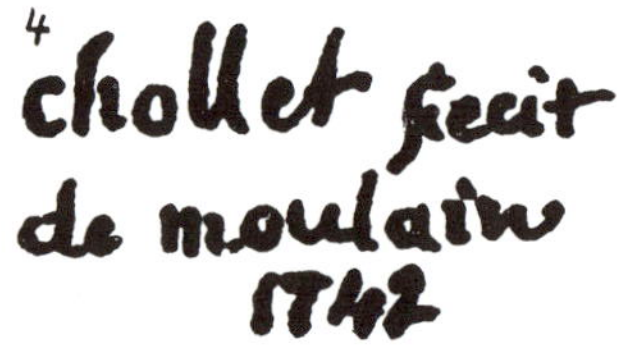

Die Marken 1 und 2 der Manufaktur Moulins sind in Eisenrot ausgeführt.

Moustiers

Manufaktur Pierre Clérissy (1679–1783)

Malermarke François Viry (1682–1720)

und Sohn Gaspard Viry (1687–1689)

1
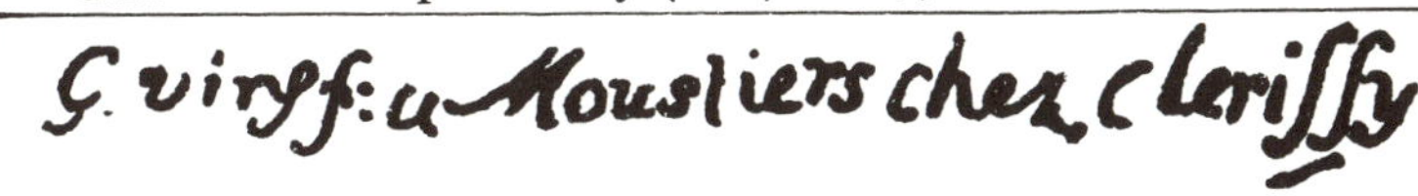

2
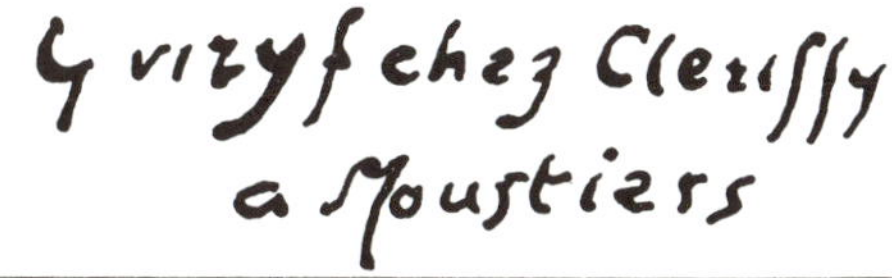

3

3a

4

4a

1682–1689

Manufaktur Jean-Baptiste Ferrat (1718–1791)

Fabrikmarken

5

6
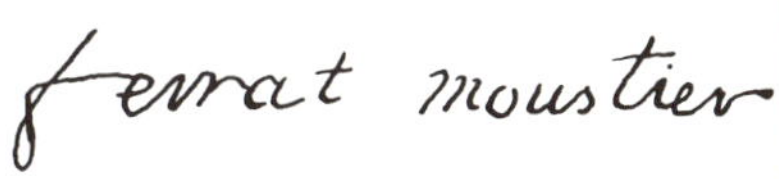

Monogramme

7

8

1718–1791

Moustiers

Manufaktur Joseph Olérys (1738–1780)
J. B. Laugier und J. B. Chaix

Fabrikmarken und Malermarken

Moustiers

Manufaktur Joseph Olérys (1738–1780)
J. B. Laugier und J. B. Chaix

Fabrikmarken und Malermarken

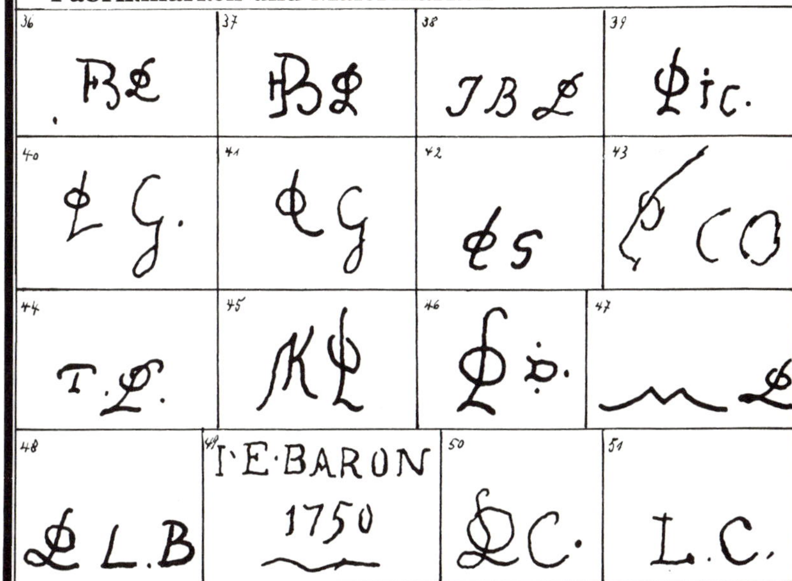

1738–1780

Moustiers

Manufaktur Joseph Fouque (1749–1800)
und Jean François Pelloquin

Fabrikmarken

52
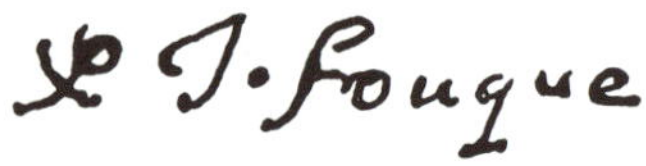

53
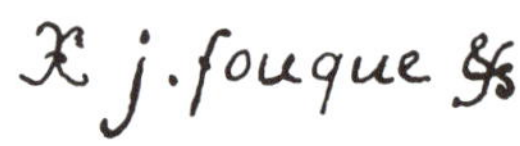

54
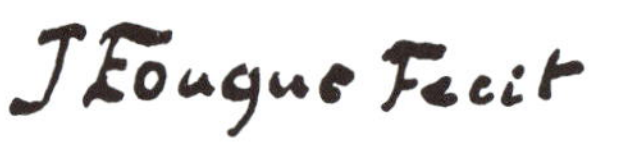

55
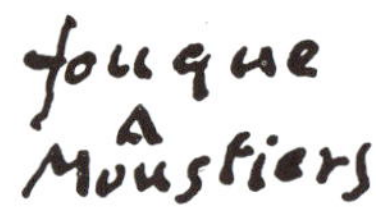

56

57

58

59

60

61

62

63

1749 bis nach 1783

Werkstatt von P. F. P. Fouque (1764–1833)

64

Marke von Gaspard Antoine Fouque

65

Moustiers

Manufaktur

J. B. Férraud I (1759–1768)
J. B. Jauffret und J. Bondil (1767–1770)
A. Férraud II und J. G. Férraud III (1775–1792)

Fabrikmarken

66 
67 
68 
69 
70 

1759–1768

71 

1767

72 

1767–1768

73 
74 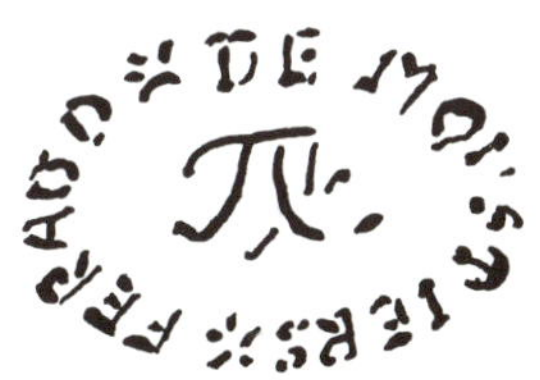

1775

Moustiers

Marken und Monogramme kleinerer Manufakturen im 18. und Anfang des 19. Jahrhunderts

Jean François Thion (1758–1788)

75

76

77

Joseph Gaspard Guichard (1777–1792)

78

Archard und Mille (bis 1795)

79

G. Fouque und Barbaroux (bis 1841)

80

Die Marken der Manufakturen von Moustiers sind in Blau, Manganviolett, Ockergelb und Rot ausgeführt. Gegen Ende des 18. Jahrhunderts erscheinen die Fabrikmarken auch oft im Stempelverfahren

Nantes

Manufaktur Collin-Palvadeau-Guermeur-Rolland

(1637 bis Ende des 18. Jahrhunderts)

1

2

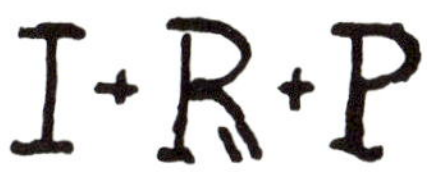

1643–1645

Nevers

Manufakturen des 16. und 17. Jahrhunderts

1

2

3

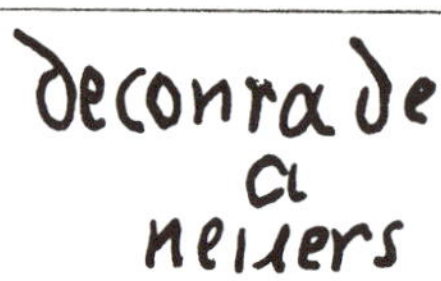

16.–17. Jahrhundert

4

5

6

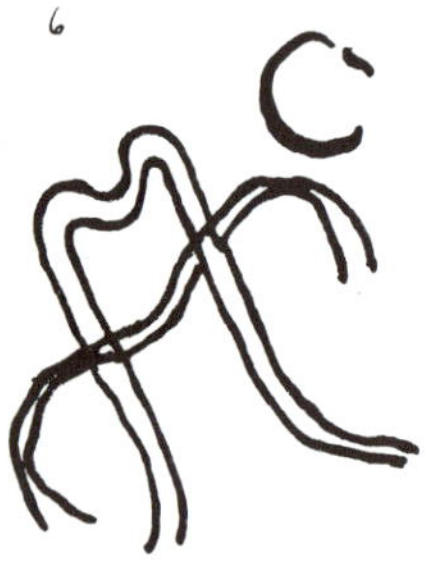

7

8

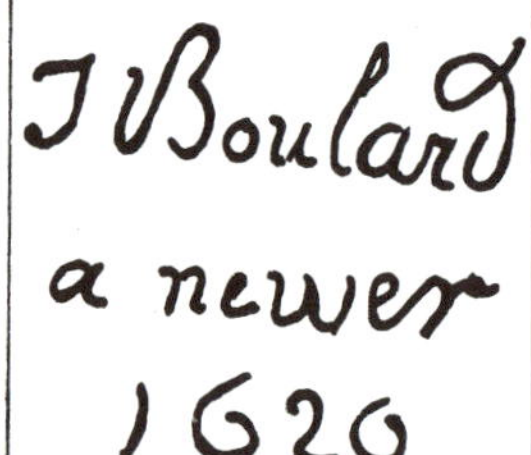

16.–17. Jahrhundert

Nevers

Manufakturen des 16. und 17. Jahrhunderts

9

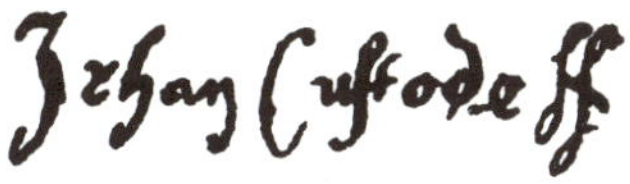

16.–17. Jahrhundert

Maler- und Modelleurmarken

10

11

12

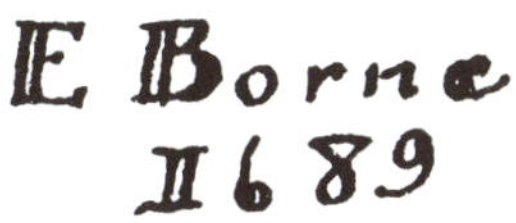

13

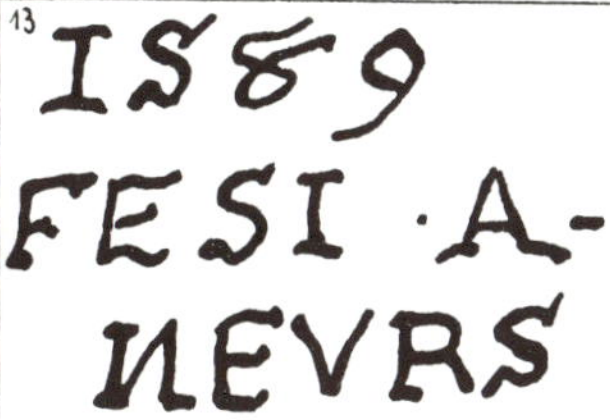

14

15

16

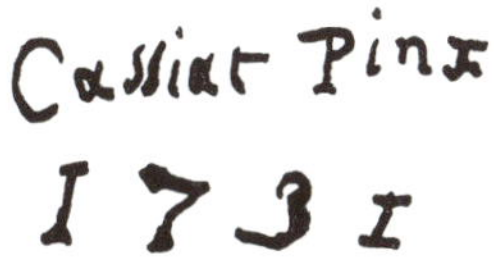

17

Nevers

Maler- und Modelleurmarken

18

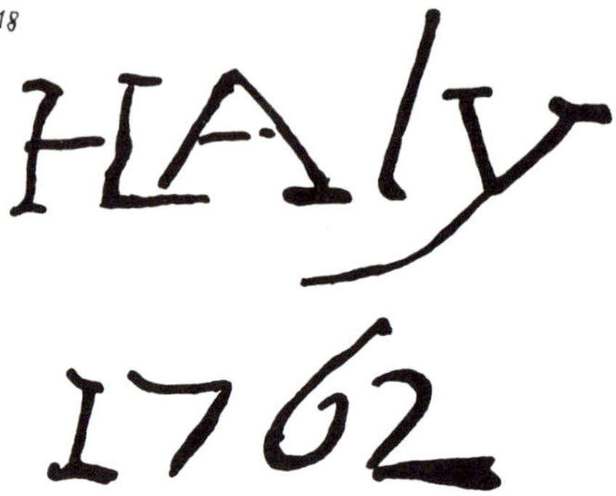

19

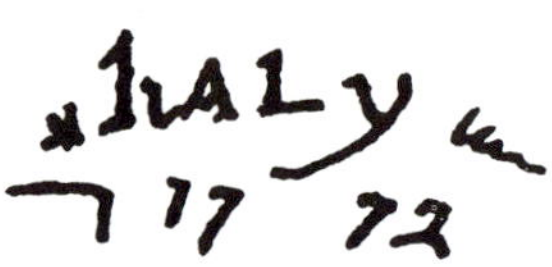

20

21

22

23

Die Marken von Nevers erscheinen überwiegend in Blau und Schwarz, doch kommen auch andere Farben vor. Fayencen wurden in Nevers weiterhin, besonders im 18. Jahrhundert, hergestellt. Die Fabrikation hat sich bis jetzt erhalten. Die Fayencerie d'Art de Nevers von J. Montagnon stellt noch heute künstlerische Fayencen her.

Niederweiler (1754 bis Anfang des 19. Jahrhunderts)

Fabrikmarken

1754–1770

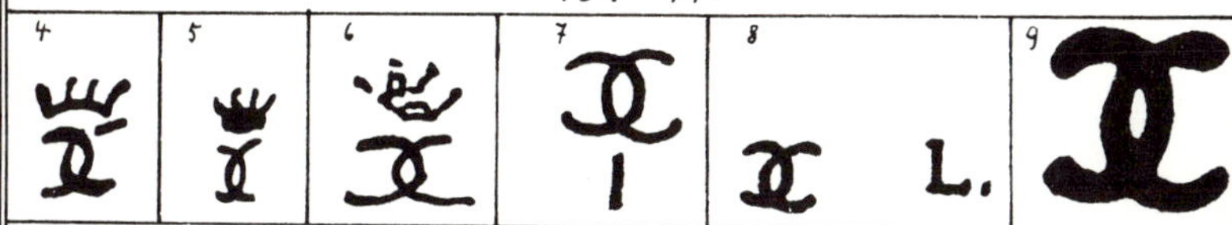

1770–1793

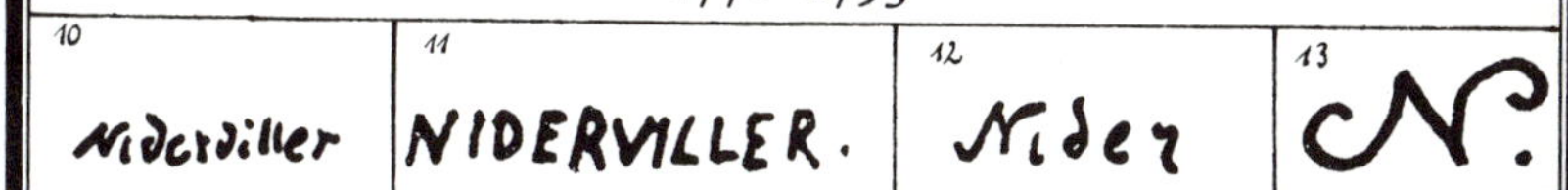

1770–1793

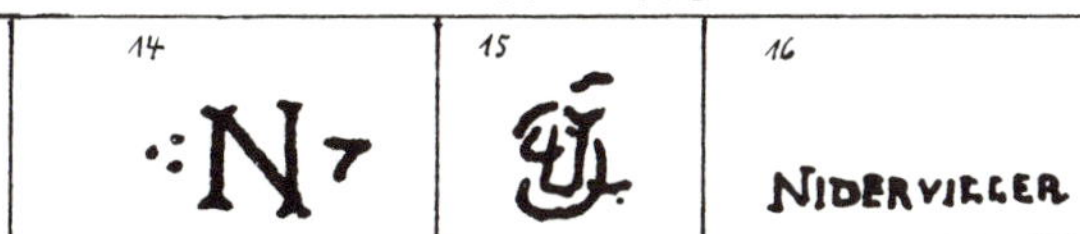

1770–1793 | 1793–1827

Modelleurmarke

Die Marken der Manufaktur Niederweiler erscheinen in Blau, Manganviolett, Braun mit Schwarz, in der Spätzeit auch eingepreßt oder eingeritzt. Das Unternehmen besteht noch heute als Steingutfabrik.

Nimes (1548–1620)

Fabrikmarke

1

1581

Orléans (1753–1812)

Fabrikmarken

1

2

3

Seit 1756 bis Ende des 18. Jahrhunderts

Die Marken der Manufaktur Orléans sind überwiegend in Manganviolett ausgeführt.

Paris, Rue de Charonne, -Mennecy-Bourg-la-Reine

Paris, Rue de Charonne (1734–1748)

	1 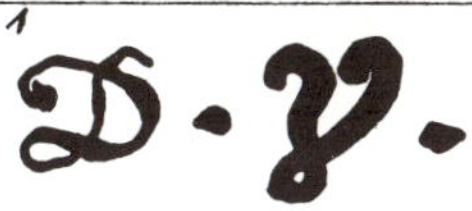	
	1734–1748	

Mennecy (1748–1773)

2 	3 	4 	5 
1748–1773			

Bourg-la-Reine (1773–1806)

6 	7 	8 	9 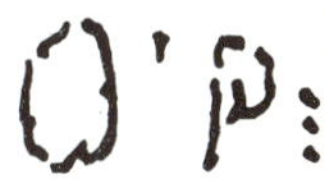
1773–1806			
10 	11 	12 	13 
1773–1806			

Poitiers (1752 bis gegen Ende des 18. Jahrhunderts)

Fabrikmarken mit Malermarken

1

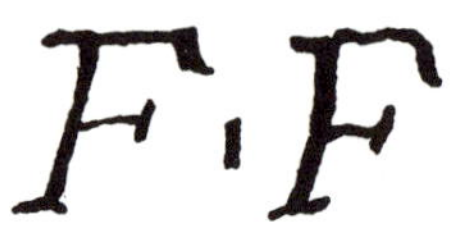

2

1752 bis gegen Ende des 18. Jahrhunderts

Quimper (1690 bis zur Gegenwart)

Fabrikmarken

1

2

3

P. P. Caussy.

4

1743–1782	19. Jahrhundert

Der Marke Nr. 4 bedient sich die Manufaktur für Erzeugnisse, die denen des 18. Jahrhunderts entsprechen.

Rennes

Manufaktur Forasassi-Jollivet (1748 bis Ende des 18. Jh.)

Fabrikmarken mit Malermarken

1

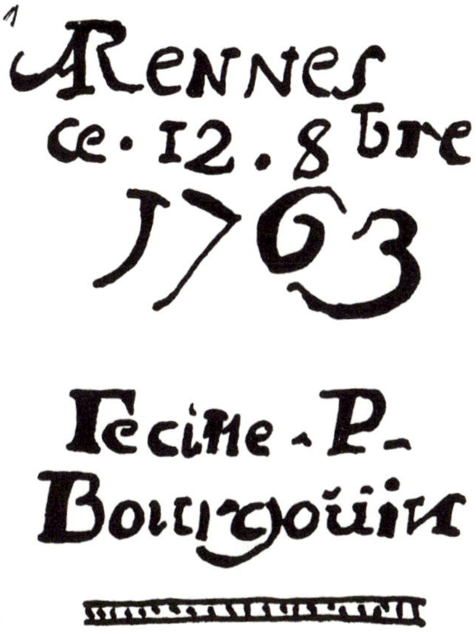

2

1748 bis gegen Ende des 18. Jahrhunderts

Manufaktur Tutrel (1749 bis gegen Ende des 18. Jahrhunderts)

3

4

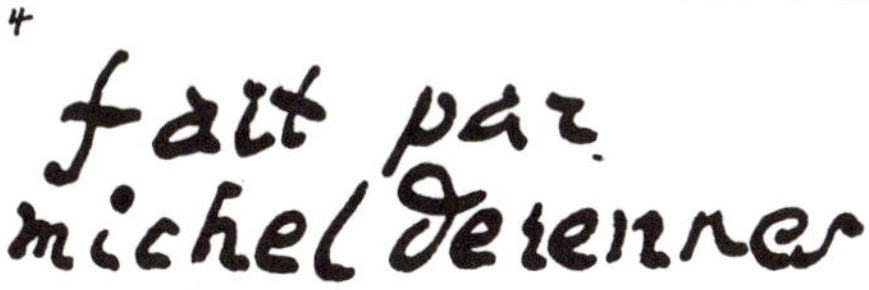

Um 1770

Rennes

Manufaktur Tutrel (1749 bis gegen Ende des 18. Jahrhunderts)

5

6

Um 1770

Die Marken der Manufaktur Rennes erscheinen überwiegend in Blau und Manganviolett.

Rouen (1526–1644 bis ca. 1810)

Besitzer-, Töpfer- und Malermarken

Masséot Abaquesne (1542–1557)

1

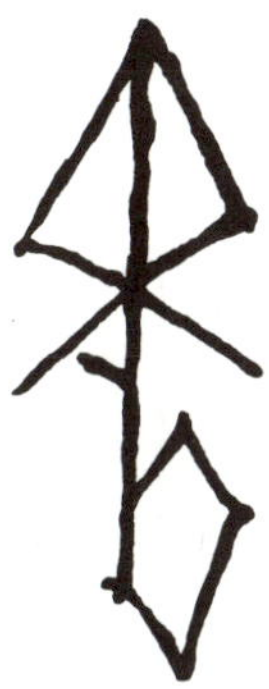

2

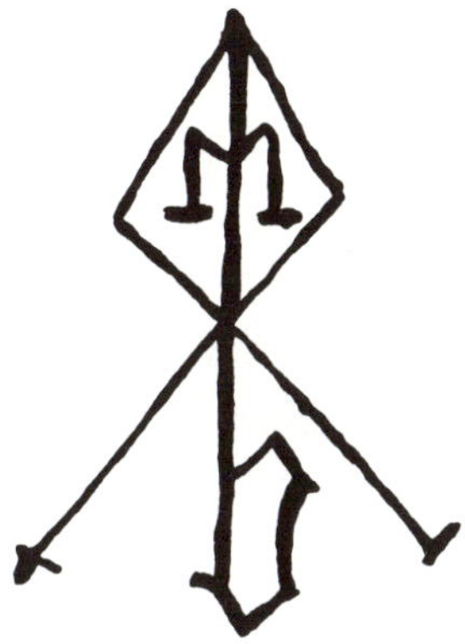

3

Edme Poterat u. Sohn Louis (1644 bis gegen 1700)

4

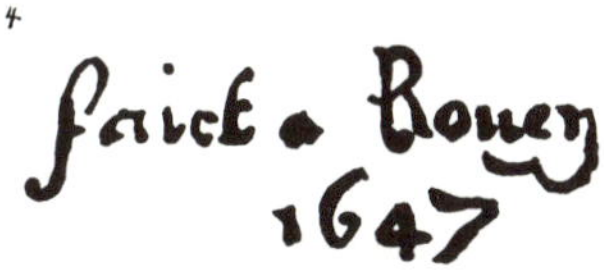

5

6

7

Heuge (1698)

8

9

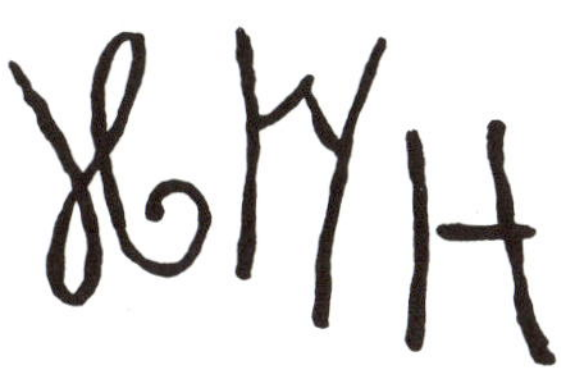

10

Rouen (1526–1644 bis ca. 1810)

Besitzer-, Töpfer- und Malermarken

Lambrequins-Stil (um 1700 bis gegen 1740)

Buntfarbiger Chinesischer Stil mit Barock-Einfluß (um 1720 bis nach 1750)

J. Bertin (1700–1750)

11

12

13

14

15

16

17

Claude Borne (1736)

19
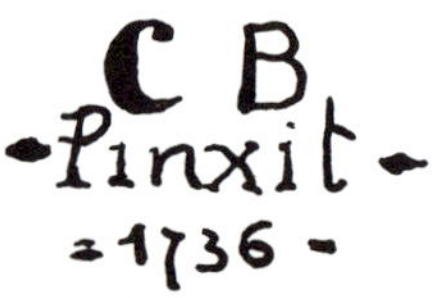

20

21
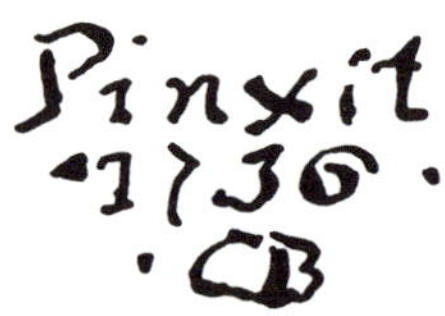

22

23

Rouen (1526–1644 bis ca. 1810)

Besitzer-, Töpfer- und Malermarken

Lambrequins-Stil (um 1700 bis gegen 1740)

Buntfarbiger Chinesischer Stil mit Barock-Einfluß (um 1720 bis nach 1750)

P. Caussi (1707)

24

25

26

27

Pierre Chapelle (1725)

28

L. Cornu (1735)

29

Fossé (1740)

30

Jean-Baptiste Guillibaud (1720–1750)

31

32

33

34

Rouen (1526–1644 bis ca. 1810)

Besitzer-, Töpfer- und Malermarken

Lambrequins-Stil (um 1700 bis gegen 1740)

Buntfarbiger Chinesischer Stil mit Barock-Einfluß (um 1720 bis nach 1750)

Jean-Baptiste Guillibaud (1720–1750)

35 	36 	37 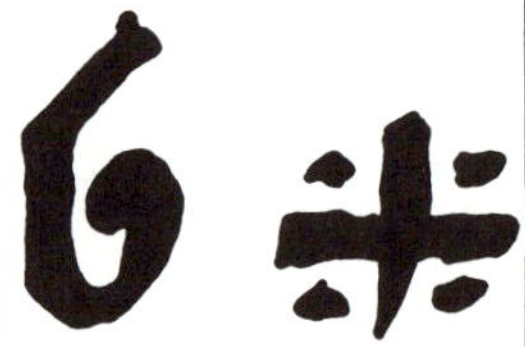
38 	39 	40 
41 	42 	43 
44 	45 	46 

Rouen (1526–1644 bis ca. 1810)

Besitzer-, Töpfer- und Malermarken

Rokoko-Stil (um 1745 bis gegen 1770)

M. Vallet und Söhne (1755)

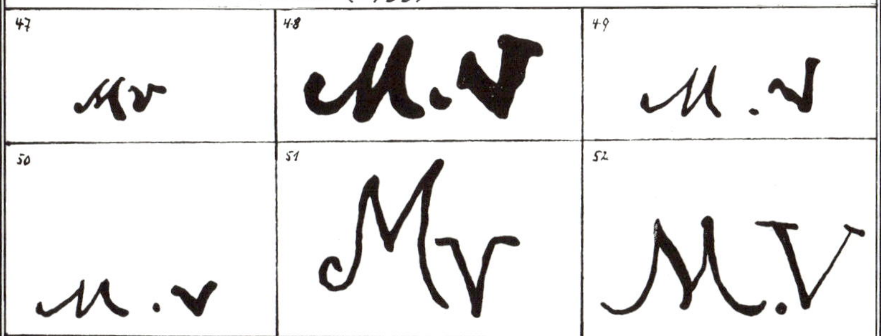

Dieul (1756)

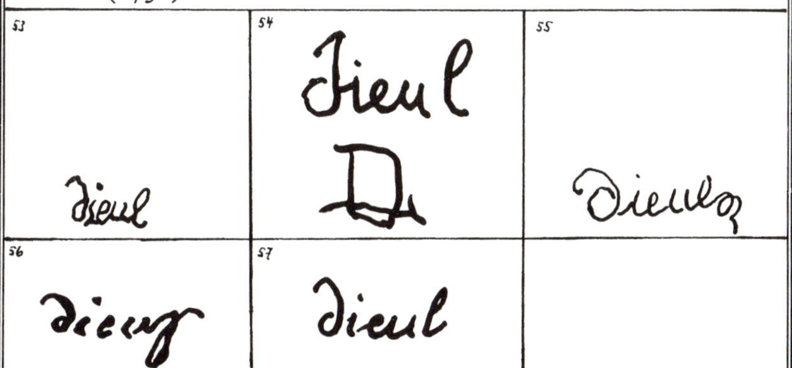

Gabriel Sas (1760)

Rouen (1526–1644 bis ca. 1810)

Besitzer-, Töpfer- und Malermarken

Niedergangsperiode (um 1770 bis gegen 1780)

P. C. Page (1798)

65

Hubert Letellier (1781–1805)

66

67

68

Levavasseur (1770–1780)

69

70

71

72
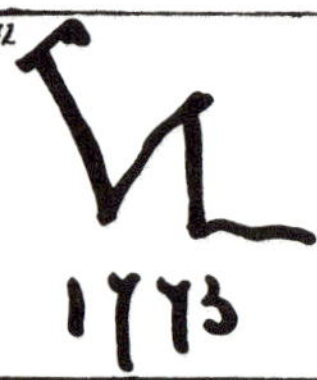

73

74

75

William Sturgeon (1776)

76
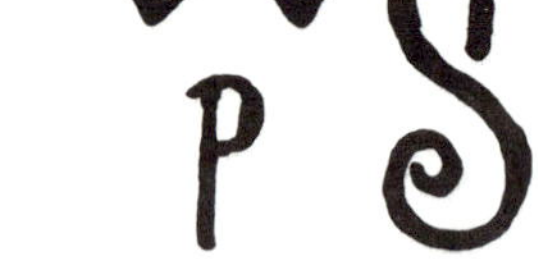

77
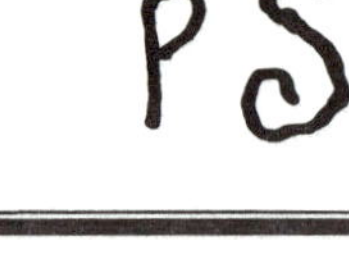

Rouen (1526–1644 bis ca. 1810)

Rouen hat während des 17. und 18. Jahrhunderts niemals ein Fabrikzeichen geführt. Die gefundenen Marken schrieb man Malern zu. Sie kommen besonders in der späteren Periode vor, aber ihre Zuschreibung ist rein mutmaßlich. Das Wandern der Handwerker trug durch die Ähnlichkeit der Erzeugnisse dazu bei, diese mit Rouen zu verwechseln.

Die Marken Nr. 5–7 sind keine Malermarken von Poterat, sie sind als Poterats Wappen auf Fayencen angebracht. Die Marke (3 Lilien) ist keine Fabrikmarke von Rouen, wahrscheinlicher ist, daß sie in ähnlicher Form Lille zuzuschreiben ist.

In der ersten Hälfte des 18. Jahrhunderts arbeitete Rouen in schärfster Konkurrenz mit Delft. Nachahmungen von Rouen wurden in Lille, Marseille (Manufaktur Leroy), Marseille (Saint-du-Désert), Moustiers, Paris, Saint Cloud, Sinceny, Straßburg und Quimper hergestellt.

Seit 1827 stellte Fougeray in Quimper nach hinterlassenen Zeichnungen von Pierre Caussy Fayencen her, die er mit der Marke seines Vorgängers La Hubaudière (18. Jh.) signierte. Ähnliche Imitationen stellte Nevers 1875 her. In neuerer Zeit machte man in Paris und Nevers blau-weiße Schalen nach, ebenso Fälschungen der großen Büsten, die mitunter mit den Originalen verwechselt werden.

Auch in Deutschland wurde Rouen in Ansbach, Fulda, Künersberg und Osnabrück nachgeahmt.

Während des ganzen 18. Jahrhunderts wurden in Rouen neben guten Fayencen große Mengen gewöhnlicher Hausrats-Keramik hergestellt. Von 1800 bis 1808 wurde unter Letellier das englische Steingut nachgeahmt.

Bis zum Jahre 1786 gab es in Rouen noch 18 Fayencemanufakturen, im Jahre 1802 noch 6, und 1807 waren es nur noch 4 Manufakturen, die nur gewöhnlichste Fayencen herstellten.

Rouy (1790–1843)

Fabrikmarke

1
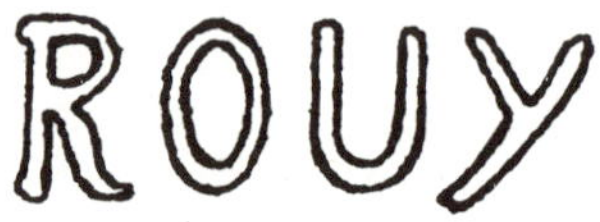

1790–1843

Saint-Cloud (1691 bis Mitte des 18. Jahrhunderts)

Fabrikmarken

1

2

3

4
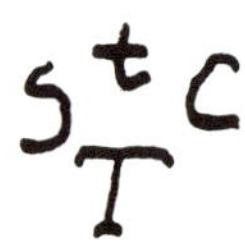

1691 bis Mitte des 18. Jahrhunderts

5

6

7

8

1691 bis Mitte des 18. Jahrhunderts

Die Marken der Manufaktur Saint-Cloud finden sich selten und gleichen meistens den Porzellanmarken der Manufaktur, soweit sie ein T enthalten. Sie erscheinen in Blau.

Saint-Omer (1750–1792)

Fabrikmarken

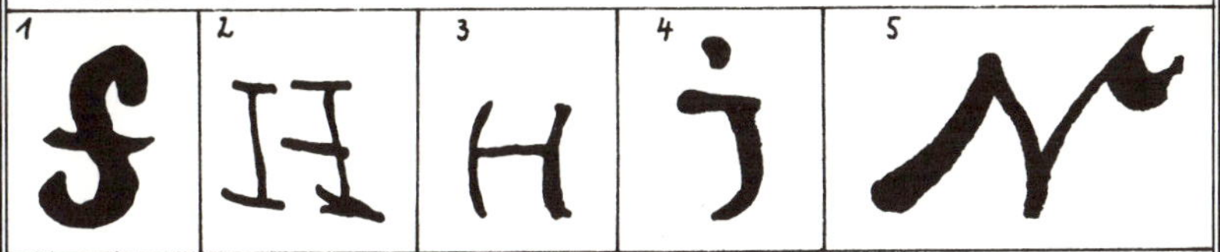

1750–1792

1750–1792

Die Marken der Manufaktur Saint-Omer werden in der Regel in Blau gesetzt.

Saint-Paul (1790 bis 1. Hälfte des 19. Jahrhunderts)

Fabrikmarke

1

1790 bis 1. Hälfte des 19. Jahrhunderts

Samadet (1732–1836)

Fabrikmarken

1

2

1732–1750

Sceaux (1748 bis Ende des 18. Jahrhunderts)

Fabrikmarken

1	2	3	4	5	6

1748–1763

7	8	9

1763–1772		1772 bis gegen 1800

10	11	12	13

1772 bis gegen 1800

14	15	16	

1772 bis gegen 1800

Die Marken Nr. 1 und 3 bis 5 werden nach Überlieferung für Originale der Manufaktur Honoré Savy gehalten. Mit größerer Wahrscheinlichkeit sind es die Signaturen von Jacques Chapelle, dem Begründer der Manufaktur Sceaux.

Sinceny (1733–1864)

Fabrikmarken

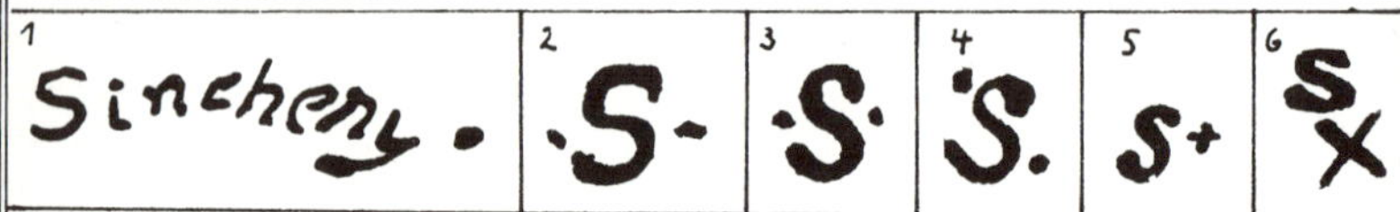

1733–1775

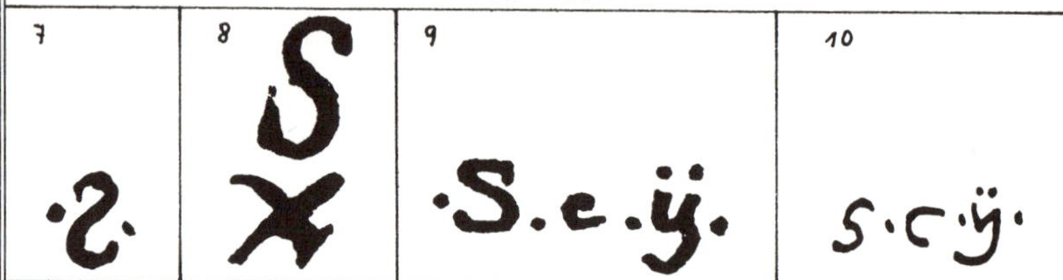

1733–1775 | 1775–1795

1775–1795

Malermarken

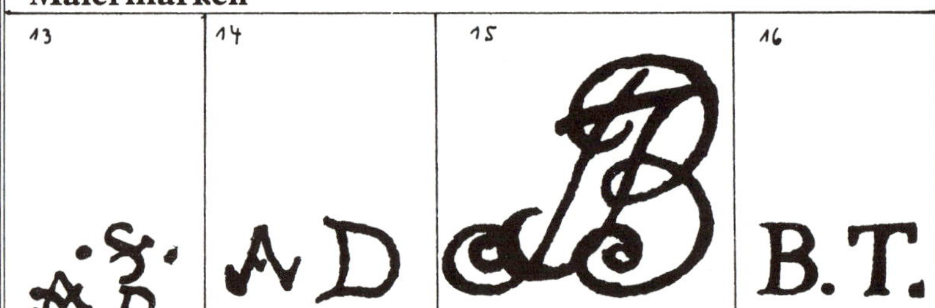

A. Daussy | Jos. Bedeau | Bertrand

Sinceny (1733–1864)

Malermarken

19

20
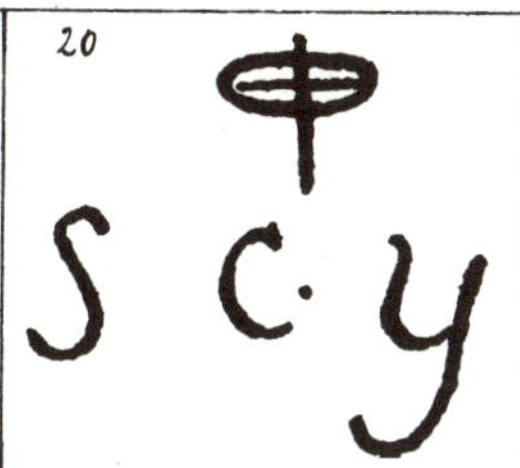

21

P. Jeannot

22
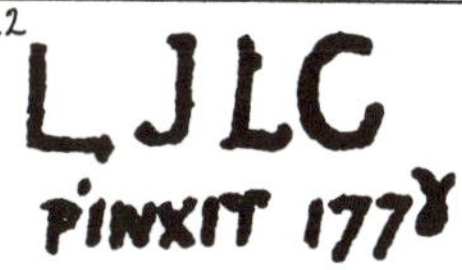

J. Le Cerf

23

L. Malériat

24

25

26

27

28

29
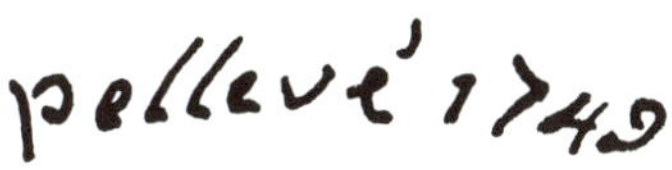

30
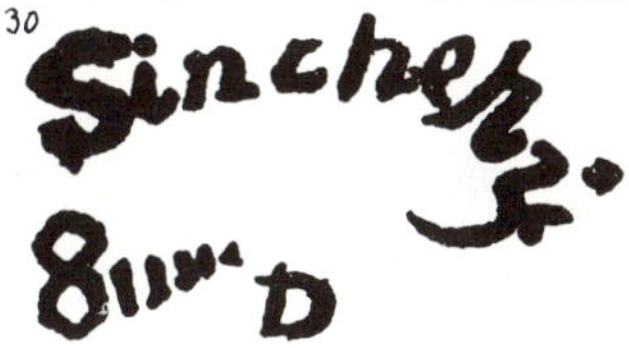

Die Marken der Manufaktur Sinceny sind im allgemeinen in Blau und Schwarz ausgeführt.

St. Amand-les-Eaux (1718 bis 19. Jahrhundert)

Fabrikmarken

1 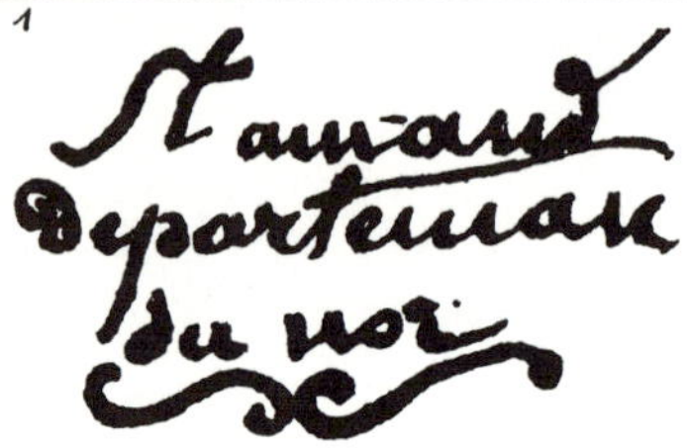

2 

3 

4 

5 

6 

1760 bis gegen Ende des 18. Jahrhunderts

7 

8 

9 

10 

1760 bis gegen Ende des 18. Jahrhunderts

Malermarken

11 

12 

13 

14 

15 

16 

17 

18 

19 

20 

21 

St. Amand-les-Eaux (1718 bis 19. Jahrhundert)

Malermarken

Die Marken der Manufaktur St. Amand-les-Eaux erscheinen im allgemeinen in Blau und Schwarz.

Straßburg-Hagenau (1721–1781)

Fabrikmarken

1753–1762

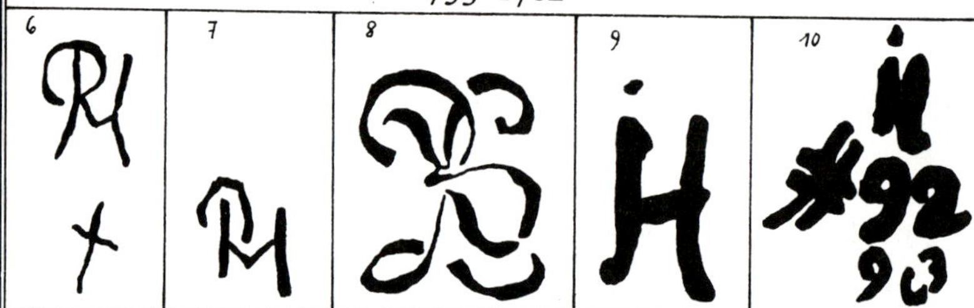

1753–1762 | 1762–1781

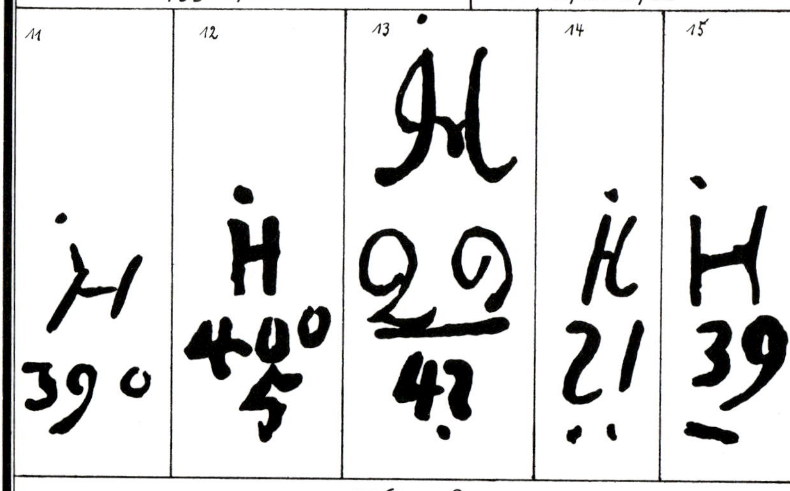

1762–1781

Straßburg-Hagenau (1721–1781)

Fabrikmarken

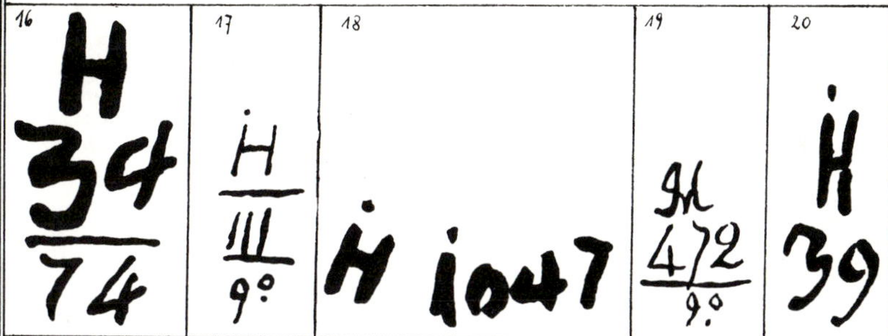

1762–1781

Fabrikmarken mit **Malermarken**

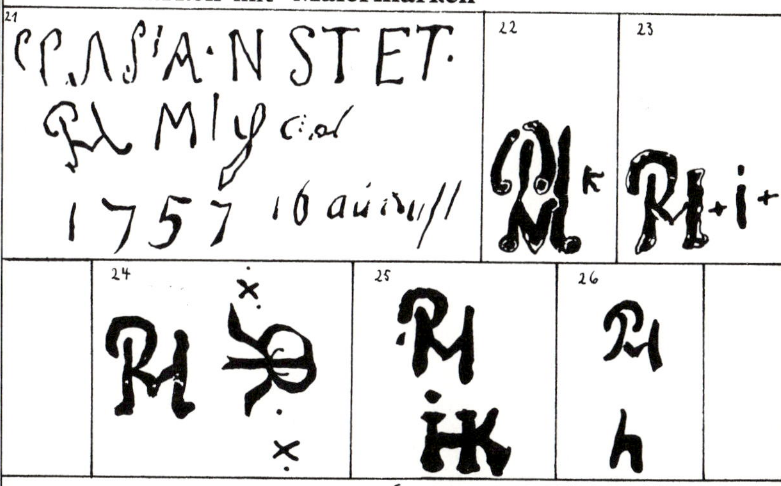

1753–1762

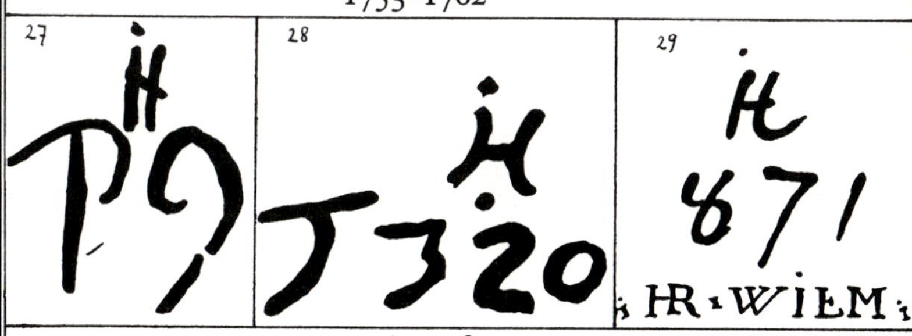

1762–1781

Straßburg-Hagenau (1721–1781)

Malermarken (1721–1760)

Straßburg-Hagenau (1721–1781)

Malermarken

70	71	72	73	74

Die Marken der Manufakturen Straßburg und Hagenau sind in Blau, Blau und Purpur, Blau und Grün, Blau und Schwarz, Blau und Braun, Violett sowie in Grau ausgeführt.

Tavernes (1760–1780)

Fabrikmarken

1	2	3

1760–1780

Die Marken der Manufaktur Tavernes sind im allgemeinen in Manganviolett ausgeführt.

Toulouse (1747 bis gegen Ende des 18. Jahrhunderts)

Fabrikmarke und **Malermarken**

1	2
	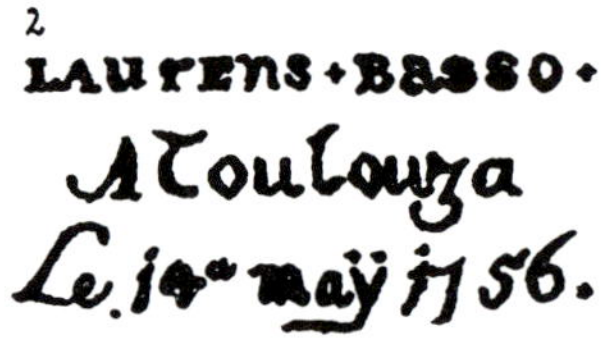

Mitte des 18. Jahrhunderts

Die Marken der Manufaktur Toulouse sind im allgemeinen in Blau angebracht.

Tours (1750 bis Ende des 18. Jahrhunderts)

Malermarke

1
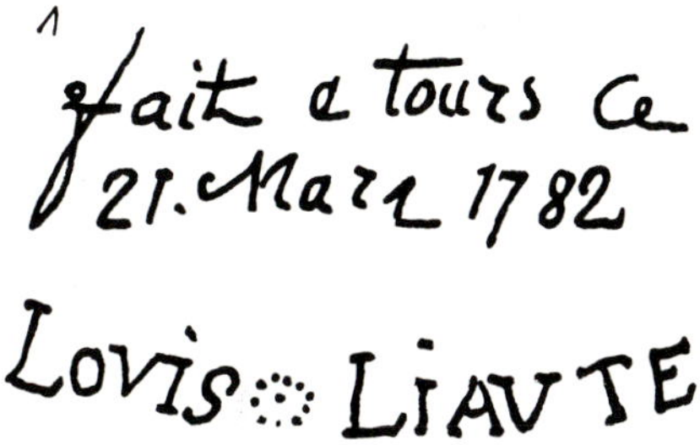

Vron (1770 bis Mitte des 19. Jahrhunderts)

Fabrikmarke

1

1770 bis Mitte des 19. Jahrhunderts

Malermarke

2
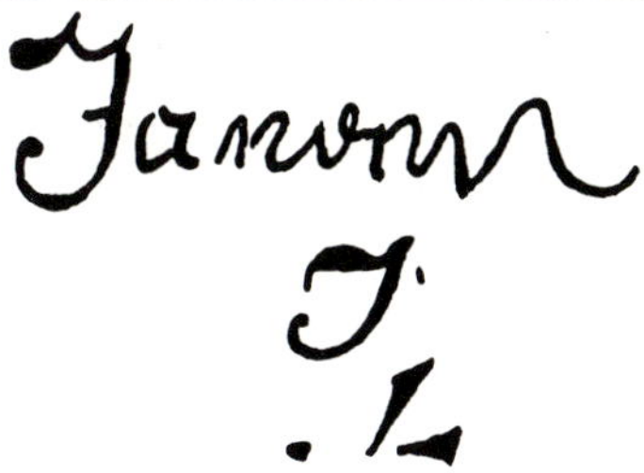

Arnhem (1579–1773)

Fabrikmarken

1

2

3

1579–1773

4

5

6

1579–1773

Fabrikmarken mit Malermarken

7

8

1579–1773

Delft

Rote Tonwaren

Registrierte Marken 1680

1

Ary de Milde
Samuel Eenhoorn

2

A. u. J. Pijnacker
Aelbr. Keyser

3

Martin Gouda

4

Quirinus Kleynoven

5

Jan Jansz Kulick

6

Johannes Mes

Nachgewiesene Fabrikmarken

7

8

9

10

Ary de Milde (1680–1708)

11

Lambertus van Eenhoorn
(1680–1721)

12

Jacobus Caluwe
(1702–1730)

13

Peter de Lorrijn

Delft

Außer Delft und den oben aufgeführten weiteren Fayencewerkstätten gab es in Holland noch zahlreiche andere Orte, so Amsterdam, Bolsward, Delfshaven, Dordrecht, Enkhuizen, Gorinchem, Gouda, Haarlem, Harlingen, Hoorn, Leeuwarden, Leiden, Makkum, Middelburg, Utrecht, in denen bereits vielfach seit der 2. Hälfte des 16. Jahrhunderts und auch weiter durch das ganze 17. und 18. Jahrhundert hindurch Fayencefabriken bestanden haben, ohne daß man deren Marken mit einiger Sicherheit feststellen könnte. Viele derselben stellten allerdings neben Gebrauchswaren ausschließlich oder zum großen Teil Fliesen her. Den Höhepunkt der holländischen Fayenceerzeugung erreichen die Delfter Werkstätten im 17. und 18. Jahrhundert. Sie haben den Ruhm der Delftware über ganz Europa und darüber hinaus verbreitet. Dann erlag gegen Ende des 18. Jahrhunderts die Herstellung der Konkurrenz des Steingutes und des Porzellans, die den Wünschen auf Haltbarkeit, aber auch dem Geschmack des Publikums mehr entgegenkamen. Im 19. Jahrhundert bestanden in Delft nur noch die Werkstätten „De Porceleyne Fles", „De Roos", „De Klauw" und „De 3 Klokken". Die drei letztgenannten gingen bis 1850 ein. In Delfshaven waren die Fliesenwerkstatt von Kleyer, in Utrecht die Fliesenwerkstatt Gebr. Ravesteyn, die heute noch Fayencen herstellt, tätig. In Friesland blieb ebenfalls die Fliesenfabrikation sehr lebhaft. Aber auch Delfter Ware wurde bis zur Gegenwart nachgeahmt. Besonders die Fabrik Tichelaar in Makkum ist hier zu nennen.

Die Fabrikation von Fayenceerzeugnissen in Delfter Art betreiben heute noch folgende Unternehmen:

Delft

Koninklijke Delftsch-Aardewerkfabriek

„De Porceleyne Fles" (1655 bis zur Gegenwart)

1

2

3

Gouda

Koninklijke Plateelbakkerij „Zuid-Holland"

1898 bis zur Gegenwart

1

Kunstaardewerkfabriek „Regina" van der Want & Barras

1898 bis zur Gegenwart

1

Makkum

Tichelaars Kleiwarenfabrieken

(1660 bis zur Gegenwart)

1

2

3

4

Utrecht

Faience- en Tegelfabriek „Westraven“, Gebr. Ravesteyn

(1845 bis zur Gegenwart)

1

Potterie „Oud-Delft“, Nijmwegen

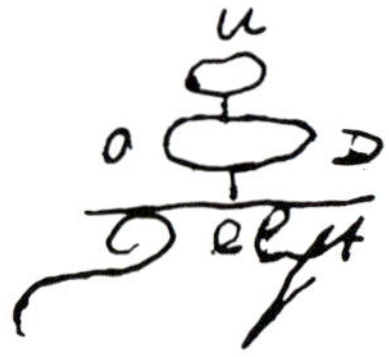

1920 bis heute

Plateelbekkerij „Delft“-Amsterdam, später Hilversum

1897–1902 in Amsterdam, 1902–1928 in Hilversum

Delfter Werkstätten

Einzelne nicht deutbare Marken

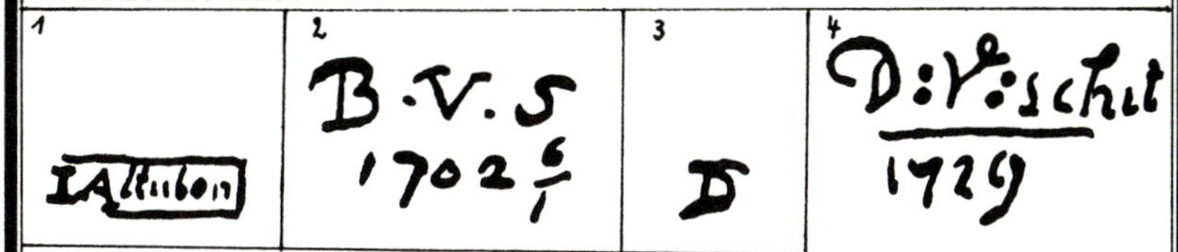

17.–18. Jahrhundert

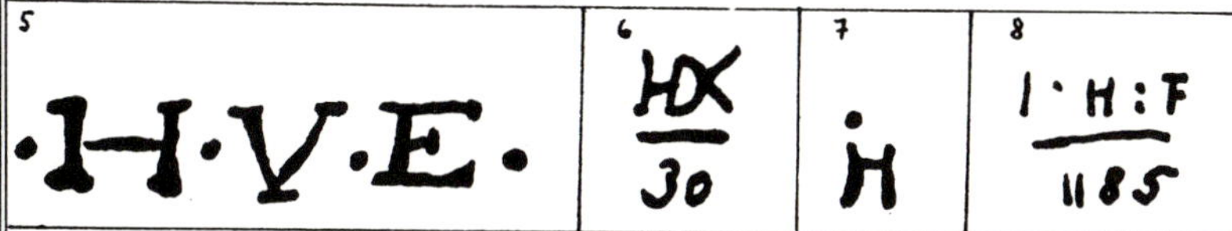

17.–18. Jahrhundert

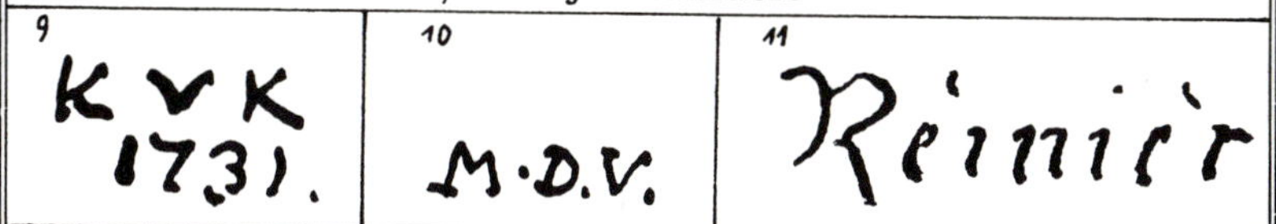

17.–18. Jahrhundert

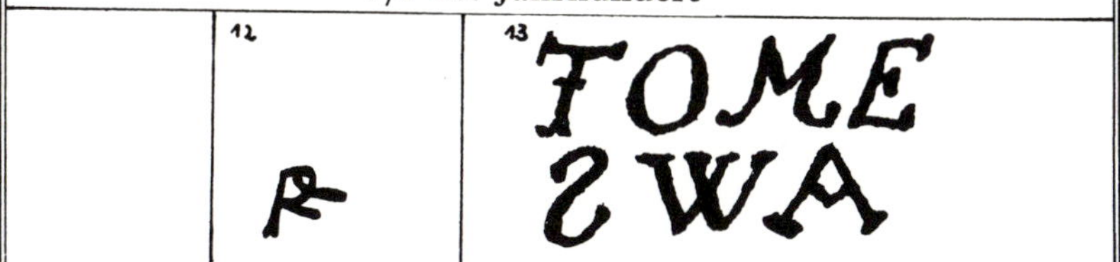

17.–18. Jahrhundert

Delfter Werkstätten

Werkstättenmarken

1. De 3 vergulde Astonne (1655–1803)

1	2	3

1679–1705		

4	5
	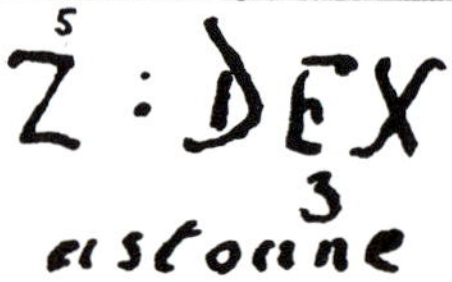
1705–1721	

6	7
	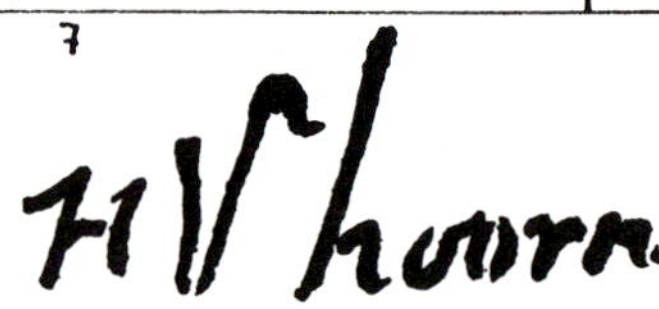
Um 1750	

8	9
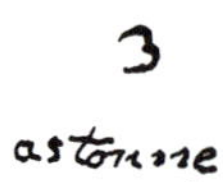	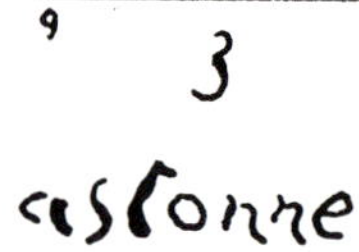
1764–1803	

2. De vergulde Blompot (1654–1841)

10	11	12
	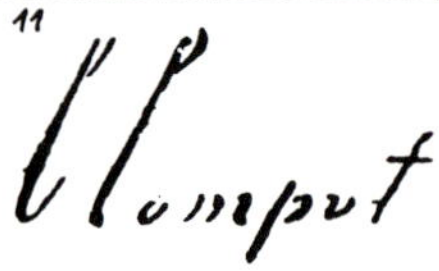	
Um 1700		1760

13

Seit 1764

Delfter Werkstätten

Werkstättenmarken

3. De vergulde Boot (1634–1770)

	14	15	
	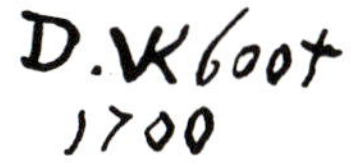		
	Um 1700	Seit 1764	

4. De Porceleyne Bijl (1657–1802)

16	17	18	19
		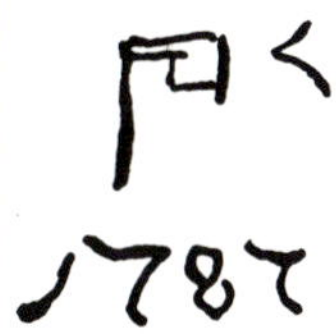	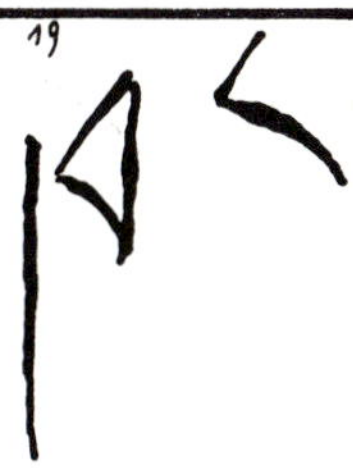
Um 1740	Um 1775	1787	1796–1802

5. De Porceleyne Claeuw (1662–1850)

20	21	22	23
	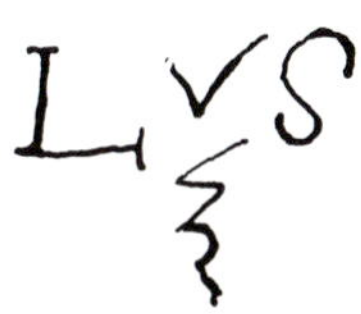		
1662–1671	1702–1705	Um 1700	1705–1720

24	25	26	27
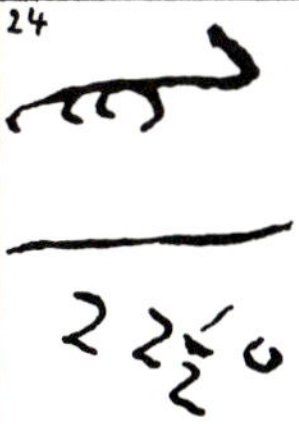			
Um 1730	1759	Seit 1764	1840–1850

Delfter Werkstätten

Werkstättenmarken

6. De Porceleyne Fles (1655 bis zur Gegenwart)

28	29	30	31
	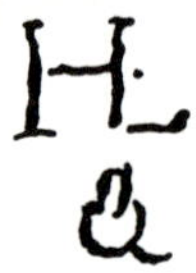		
Seit 1764	1764–1786	1786–1804	1804–1876

32	32 a	33

1876–1904		Seit 1904

7. De 3 Porceleyne Flesschen (1661–1777)

34	35

Seit 1764	

8. t'Fortuyn (1661–1791)

36	37
	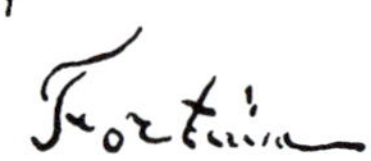
1661–1691	1706–1715

38	39	40

Seit 1764		

Delfter Werkstätten

Werkstättenmarken

9. De Griekscher A (1658–1818)

41 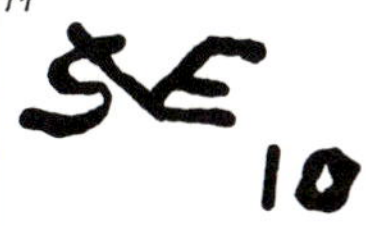	42 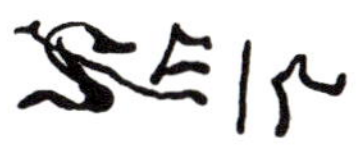	43 	44 
1674–1687			
45 	46 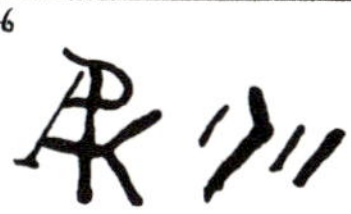	47 	48 
1686–1711			
49 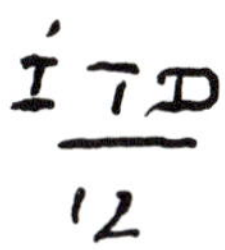	50 	51 	52 
1758–1764		Seit 1764	
53 	54 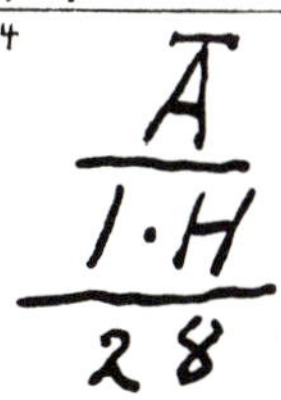	55 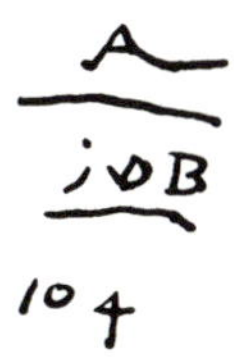	56 
Seit 1764		Um 1770	
	57 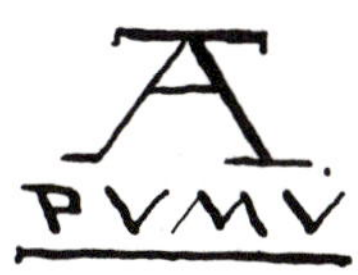		
	1811–1818		

Delfter Werkstätten

Werkstättenmarken

10. t' Hart (1661–1762)

58	59	60	61
	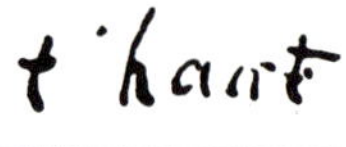		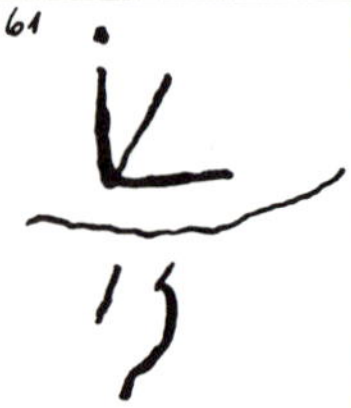
1661–1713			

	62	

	1762	

11. De 3 Klokken (1671–1850)

63	64	65	66	67
		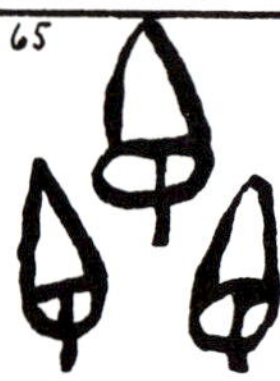		
1675	1675–1691		Seit 1764	1809–1840

12. De Porceleyne Lampetkan (1637–1811)

68	69	70	71

1720–1743	1743–1756	Seit 1764	

Delfter Werkstätten

Werkstättenmarken

13. Het Jonge Moriaenshooft (1654–1792)

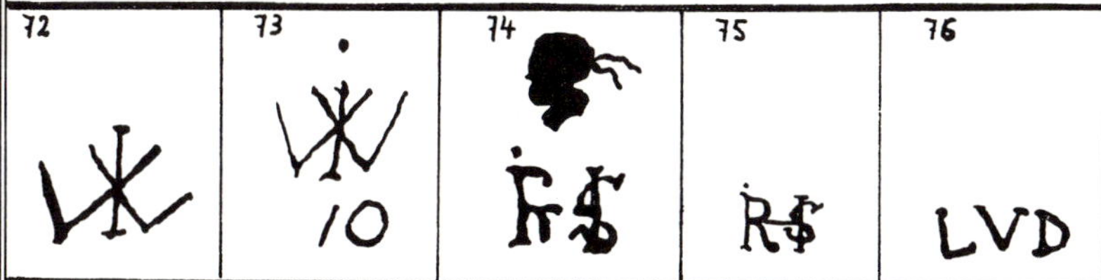

72, 73	74, 75	76
1654–1671	1686–1692	1692–1727

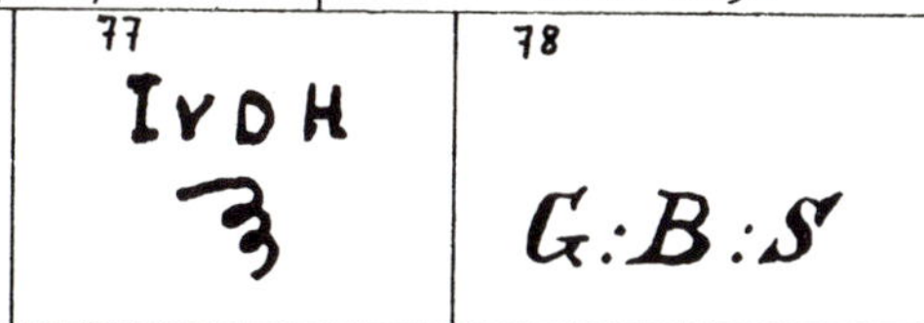

77	78
Seit 1732	Seit 1764

14. Het Oude Moriaenshooft (1690–1792)

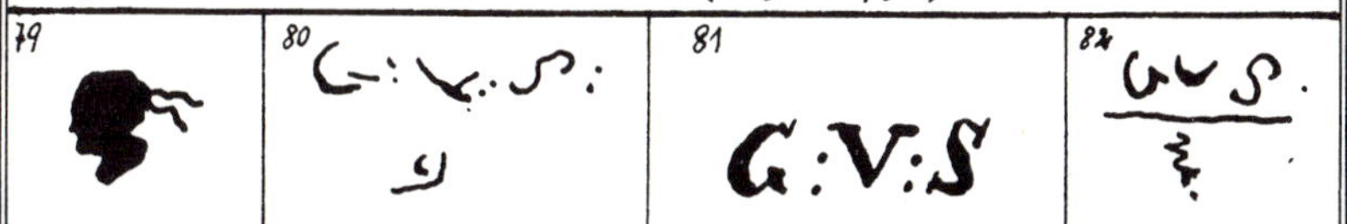

79	80	81, 82
Nach 1690	1732–1761	Seit 1764

15. De Paeuw (1652–1779)

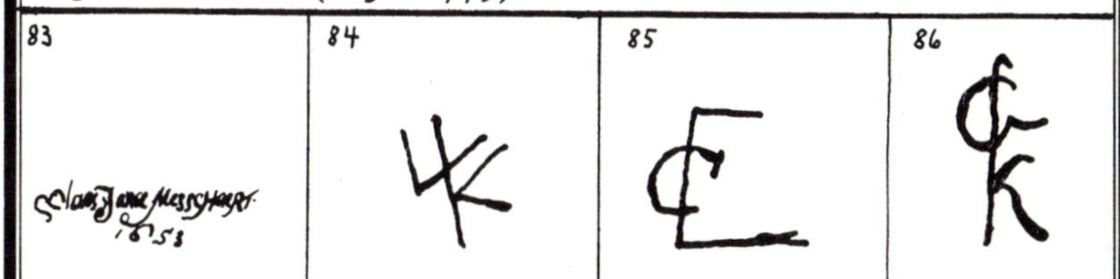

83	84	85	86
1653	1662	1679	1701

1719–1725

Delfter Werkstätten

Werkstättenmarken

15. De Paeuw (1652–1779)

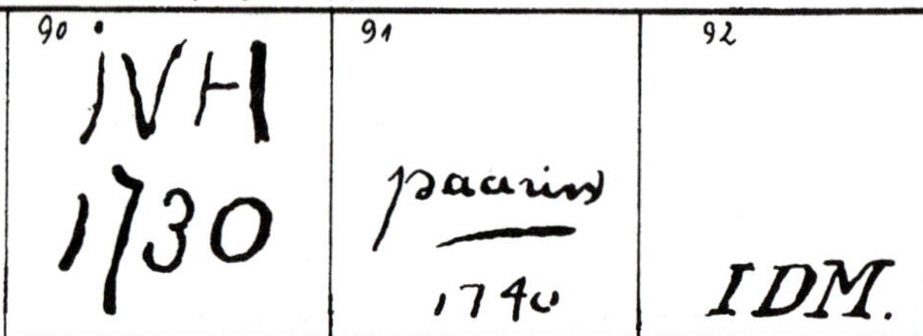

1730–1740	Seit 1764

16. De metalen Pot (1638 bis Ende des 18. Jahrhunderts)

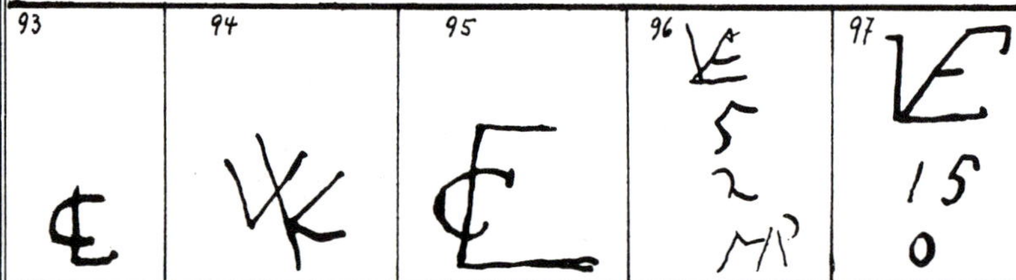

1666–1679	1691–1725

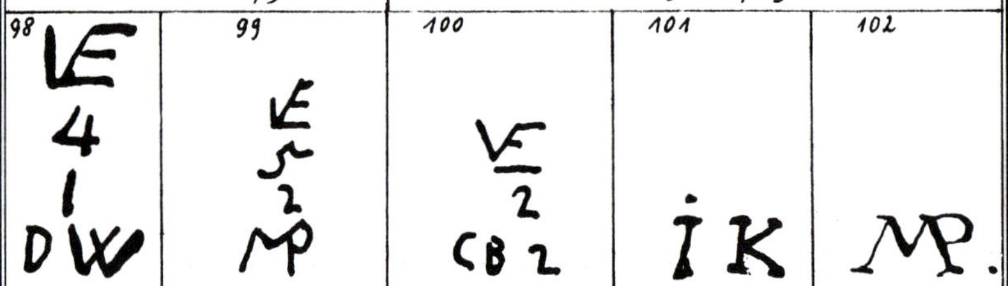

1691–1725	Seit 1764

17. De Romeyn (1613–1767)

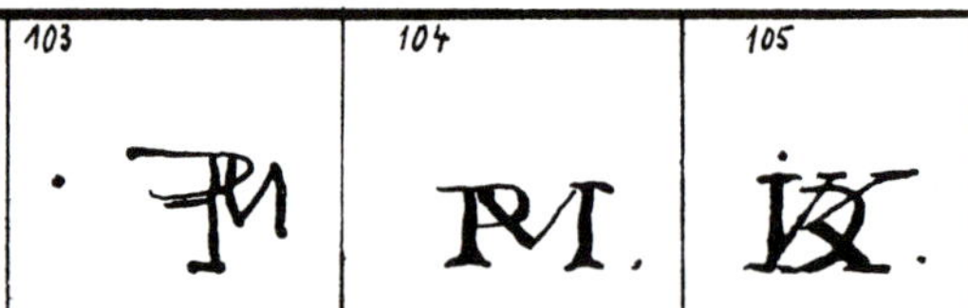

1754–1764	1764–1767

Delfter Werkstätten

Werkstättenmarken

18. De Roos (1662–1854)

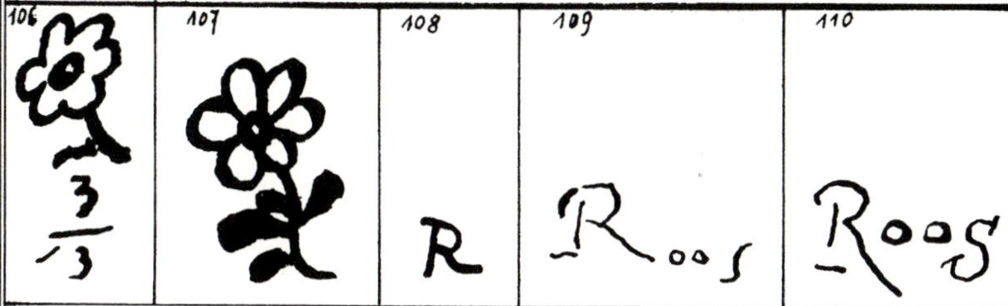

1673–1680 | 1727–1739

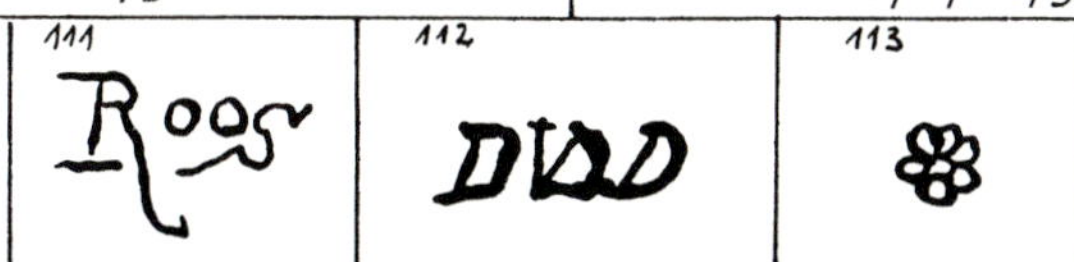

1727–1739 | Seit 1764

19. De Twee Scheepjes (1635–1792)

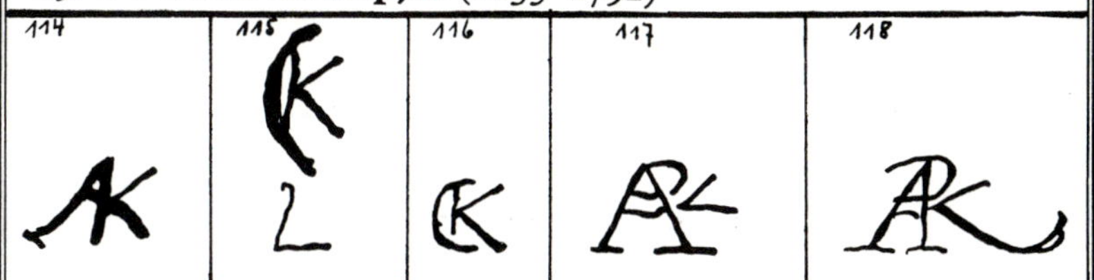

1642–1690 | 1690–1696

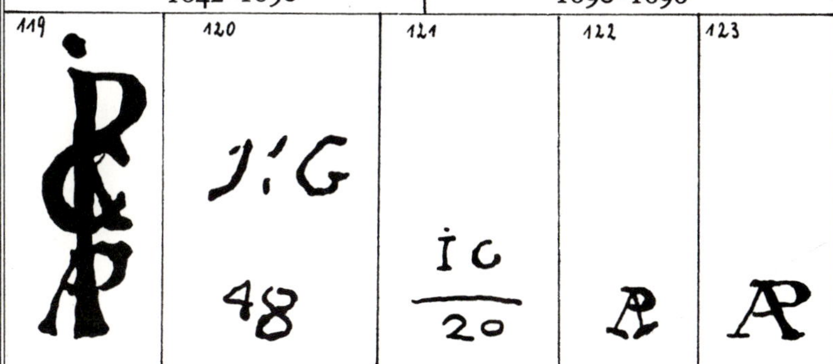

1700–1725 | 1759–1770 | Seit 1764

Delfter Werkstätten			
Werkstättenmarken			
20. De dobbelde Schenckan (1660–1777)			
124 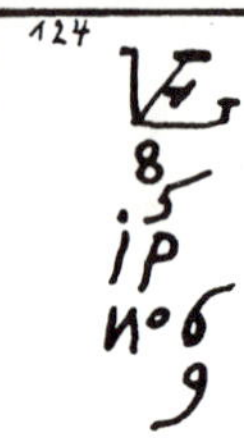	125 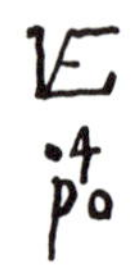	126 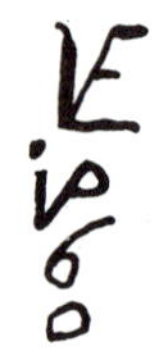	127 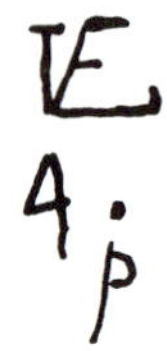
1680–1721			
128 	129 DS	130 GDK HDK 1721	131 DSK
1680–1721			Seit 1764
21. De porceleyne Schotel (1612–1782)			
132 	133 	134 	135 
1675		1723–1782	
	136 	137 	
	1723–1782		

Delfter Werkstätten

Werkstättenmarken

22. De witte Starre (1660–1804)

138	139	140	141	142
		 	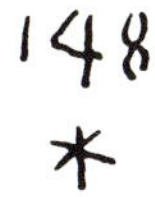 	
1660–1687		1761–1772		1764

	143	144	

	1772–1803		

23. De twee Wildemannen (1661–1794)

	145	
	W:V:B	
	1764–1794	

Rotterdam

Fliesenmaler

1

2

1652–1733

3

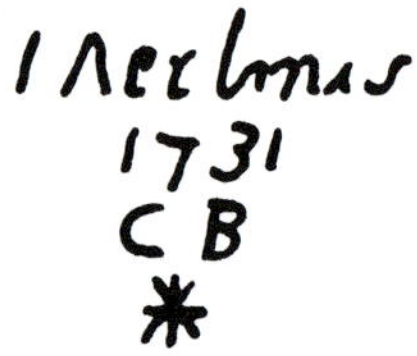

1707–1756

Schiedam (1775–1790)

Fabrikmarke mit Malermarke

1 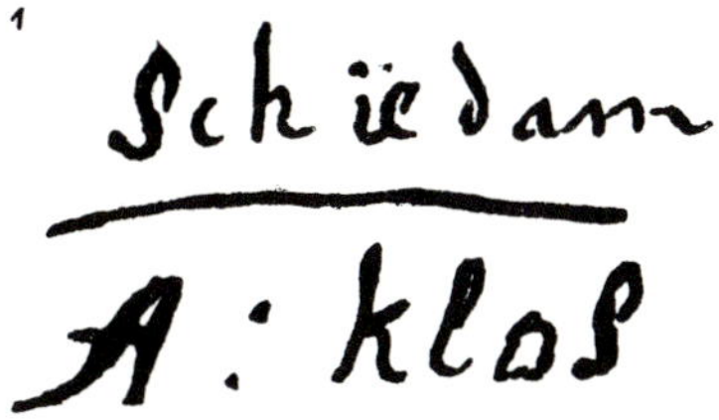

1775–1790

Faenza

1

2

P. Andrea

3

4

5

6

Faenza

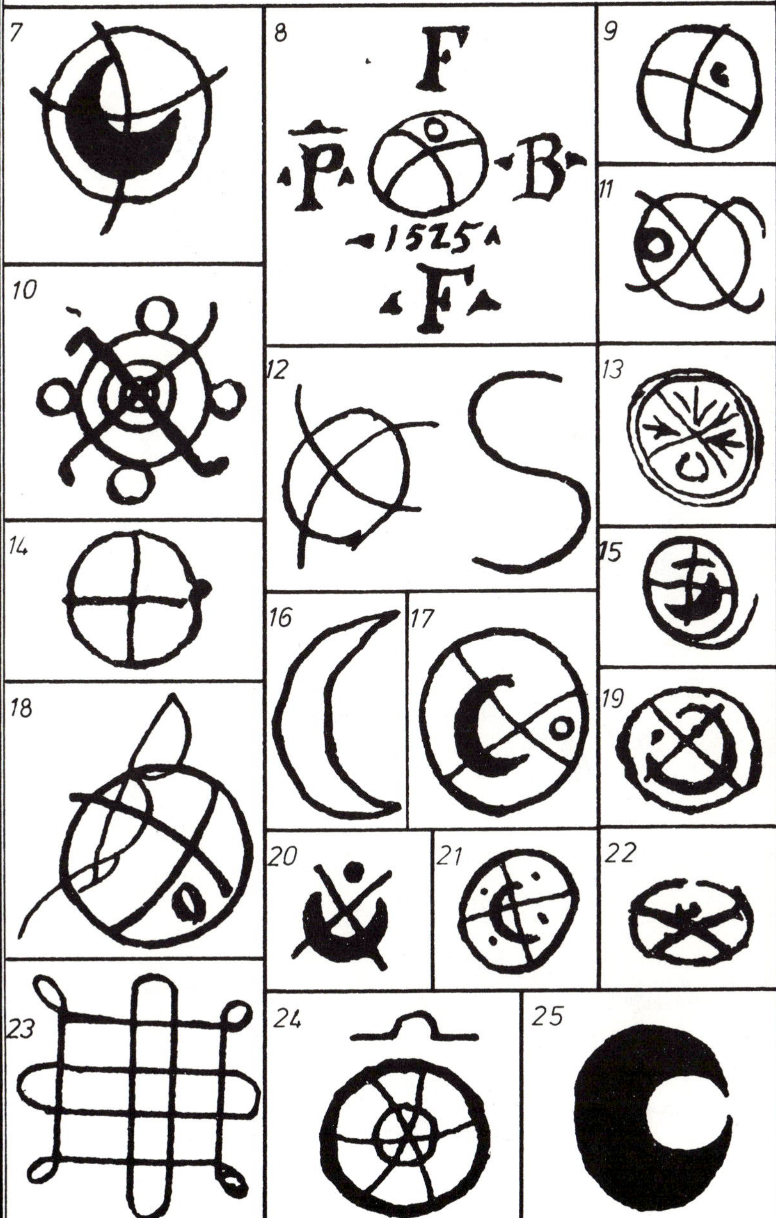

Faenza

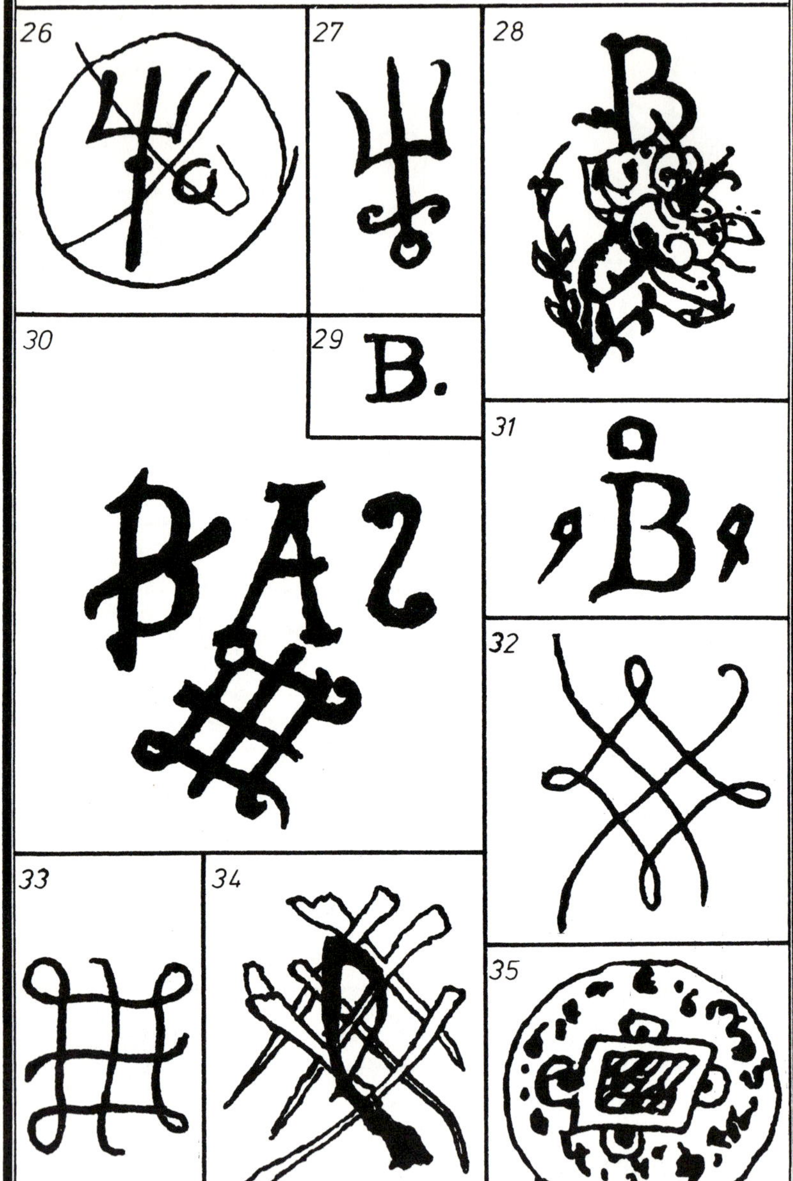

Faenza

36

Bald Manara

37

39

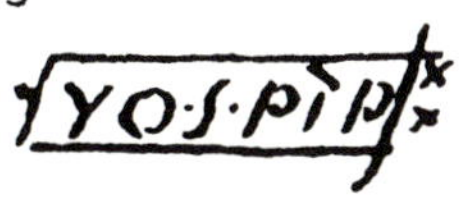

40

38

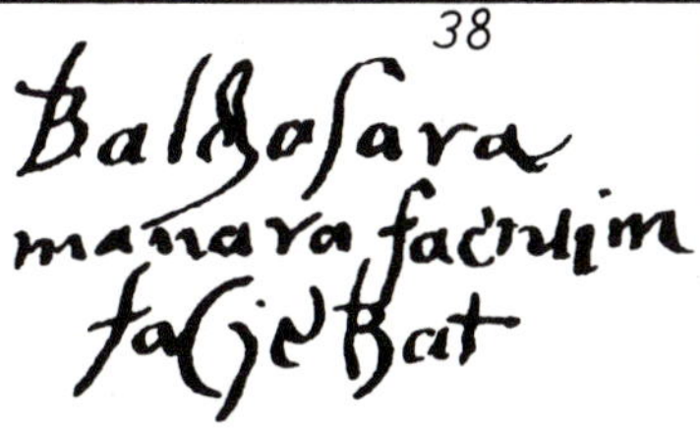

42

43

41

44

45

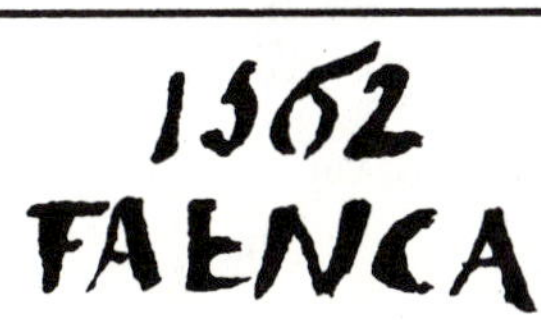

46

Rainerio

47

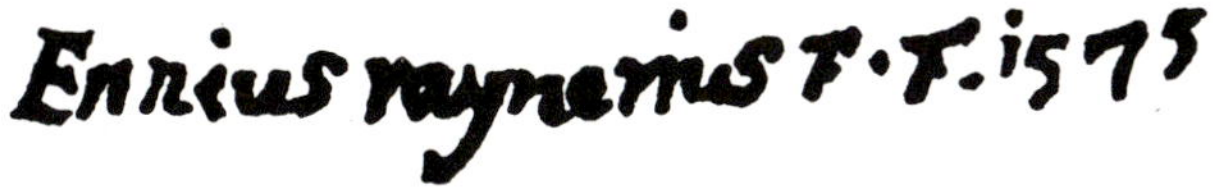

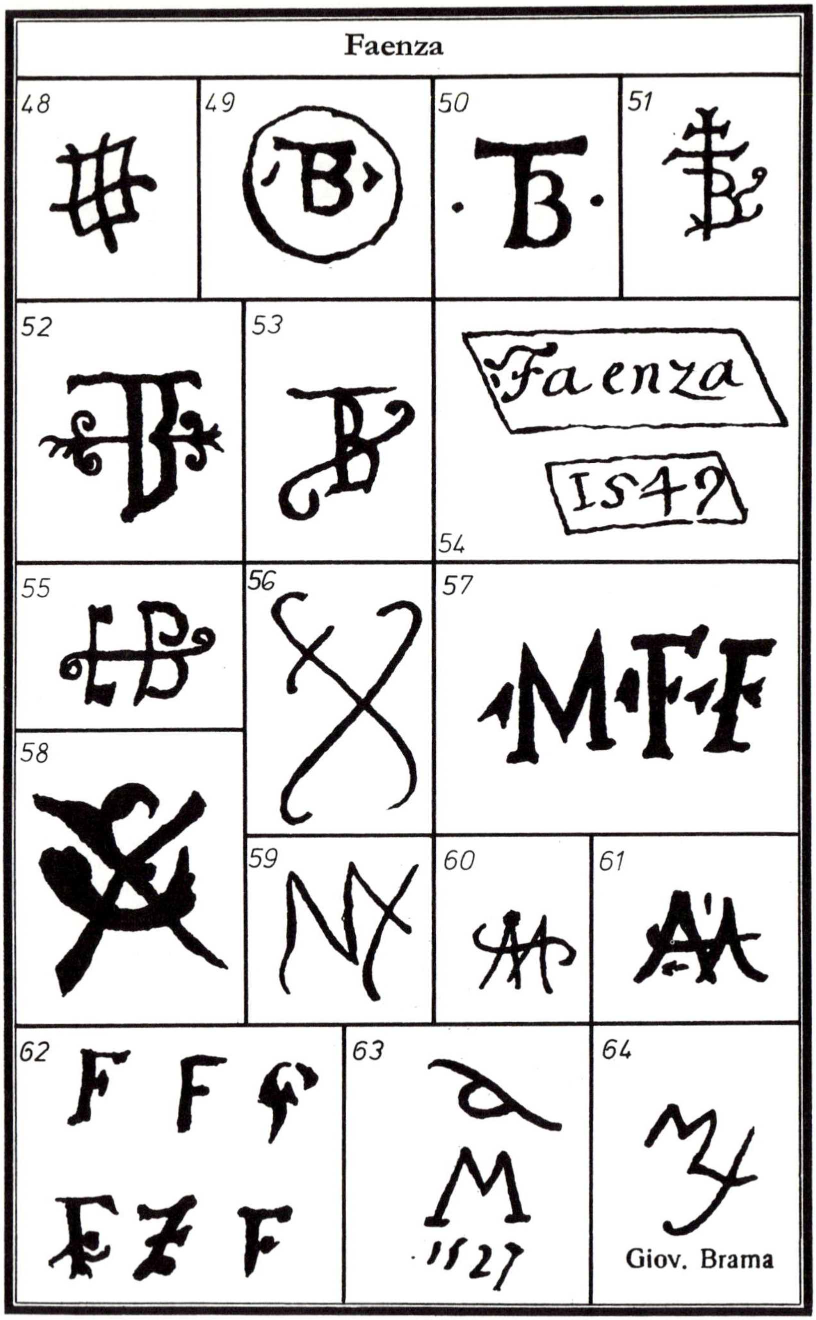
Faenza
48
49
50
51
52
53
Faenza
1542
54
55
56
57
58
59
60
61
62
63
1527
64
Giov. Brama

Faenza

Faenza

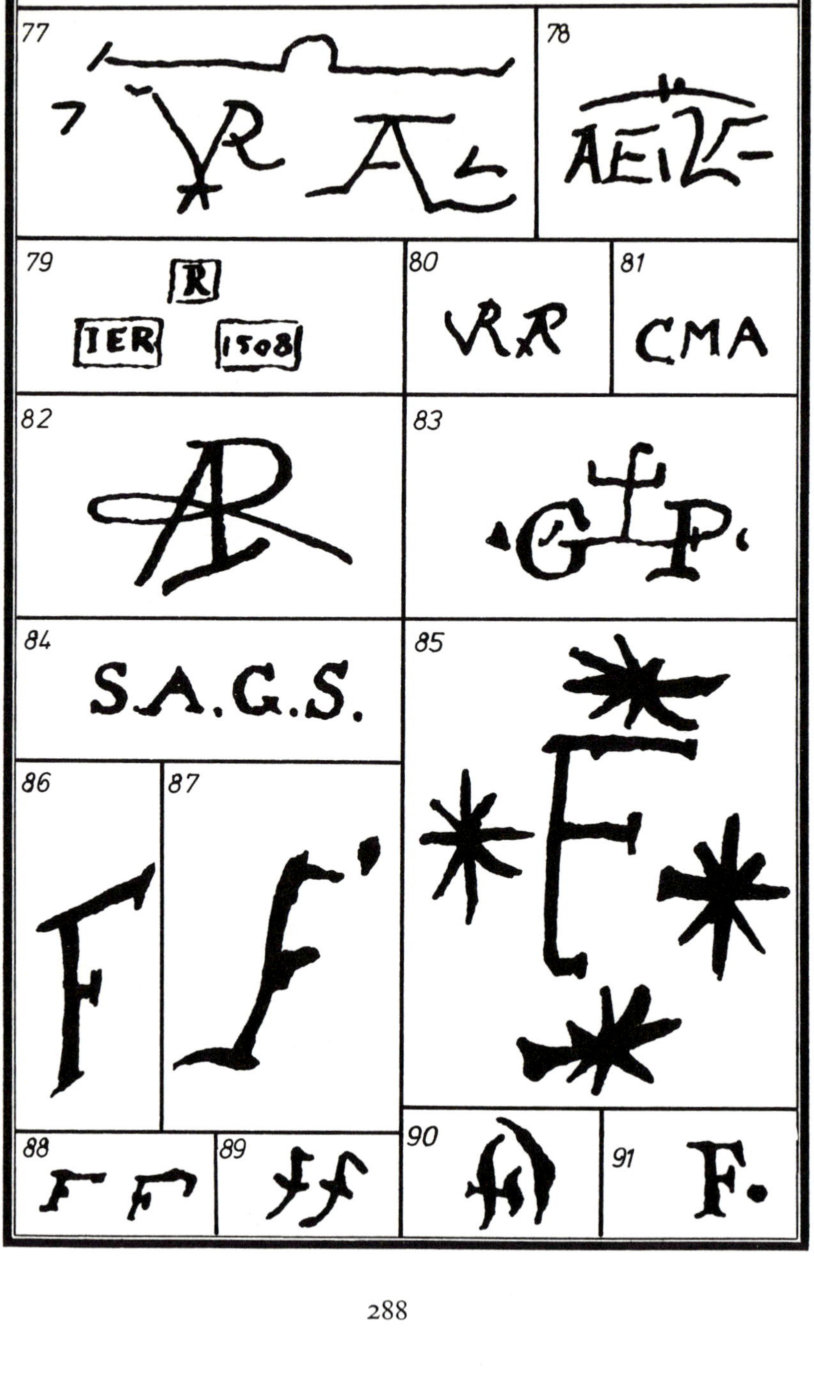

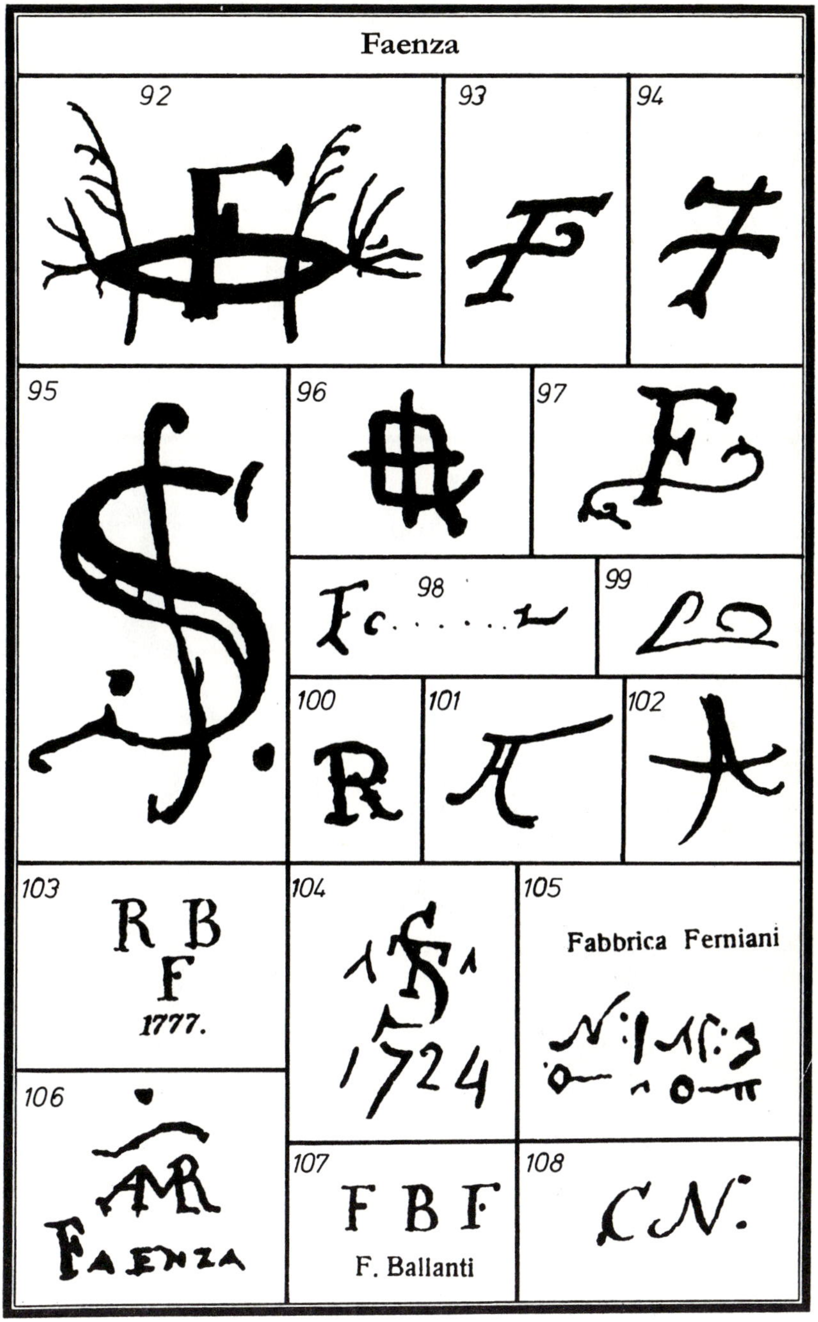
Faenza
92
93
94
95
96
97
98
99
100
101
102
103
R B
F
1777.
104
1724
105
Fabbrica Ferniani
106
FAENZA
107
F B F
F. Ballanti
108
CN:

Faenza

19. Jahrh. — 19th century – 19ième siècle

109

F. Farini

110

111

112

113

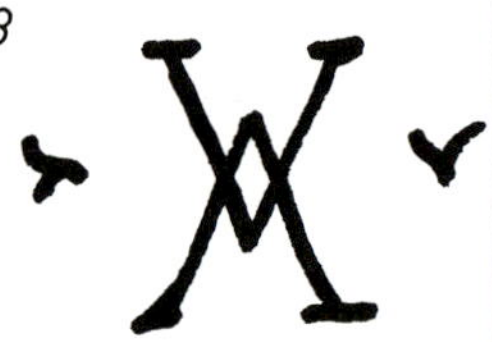

114

115

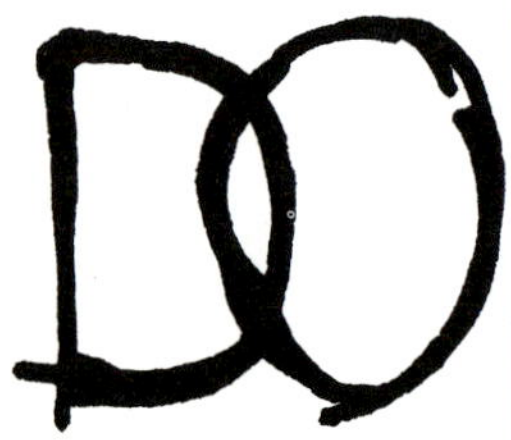

116

117

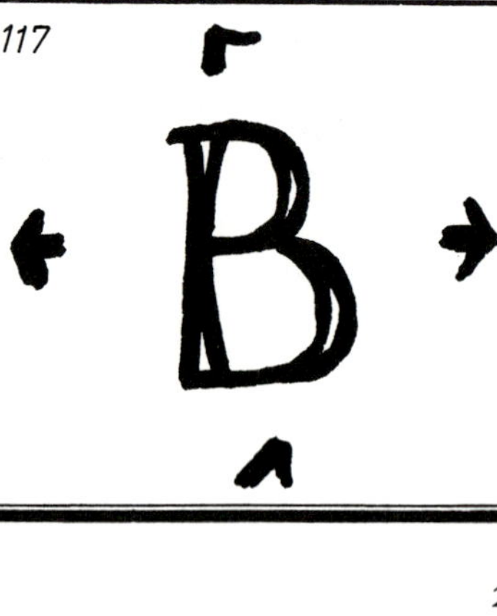

118

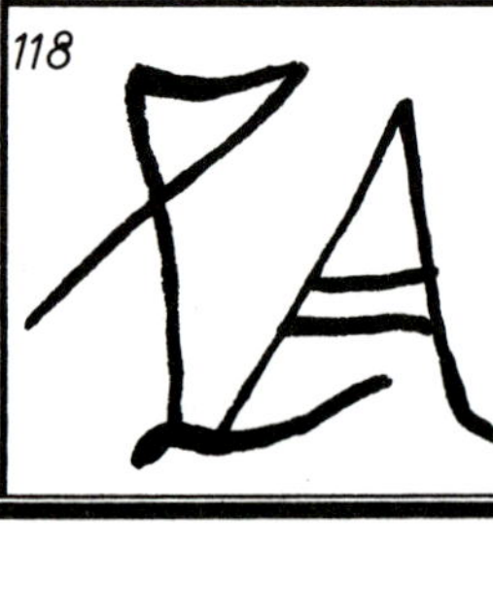

Faenza

119

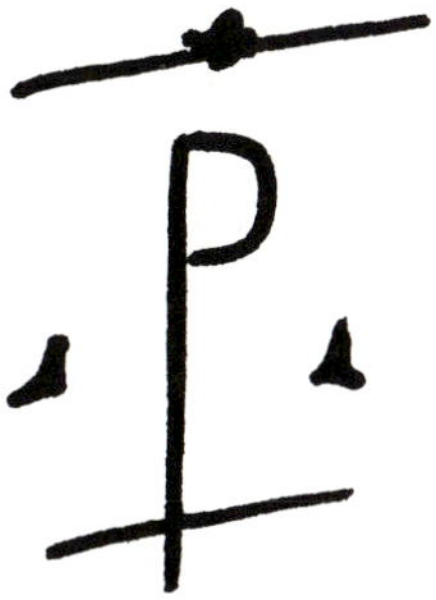

120

121

122

123

124

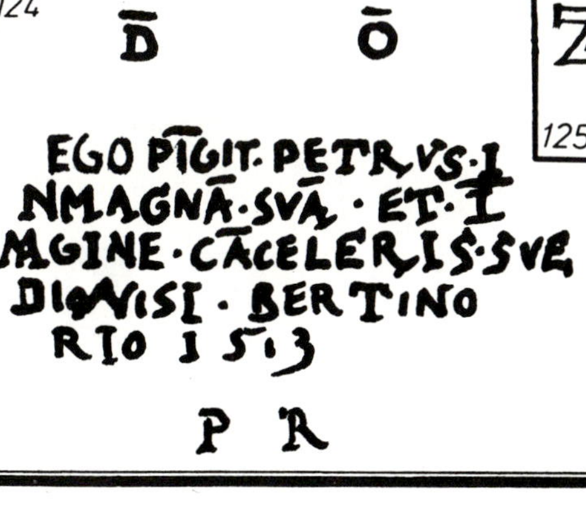

125

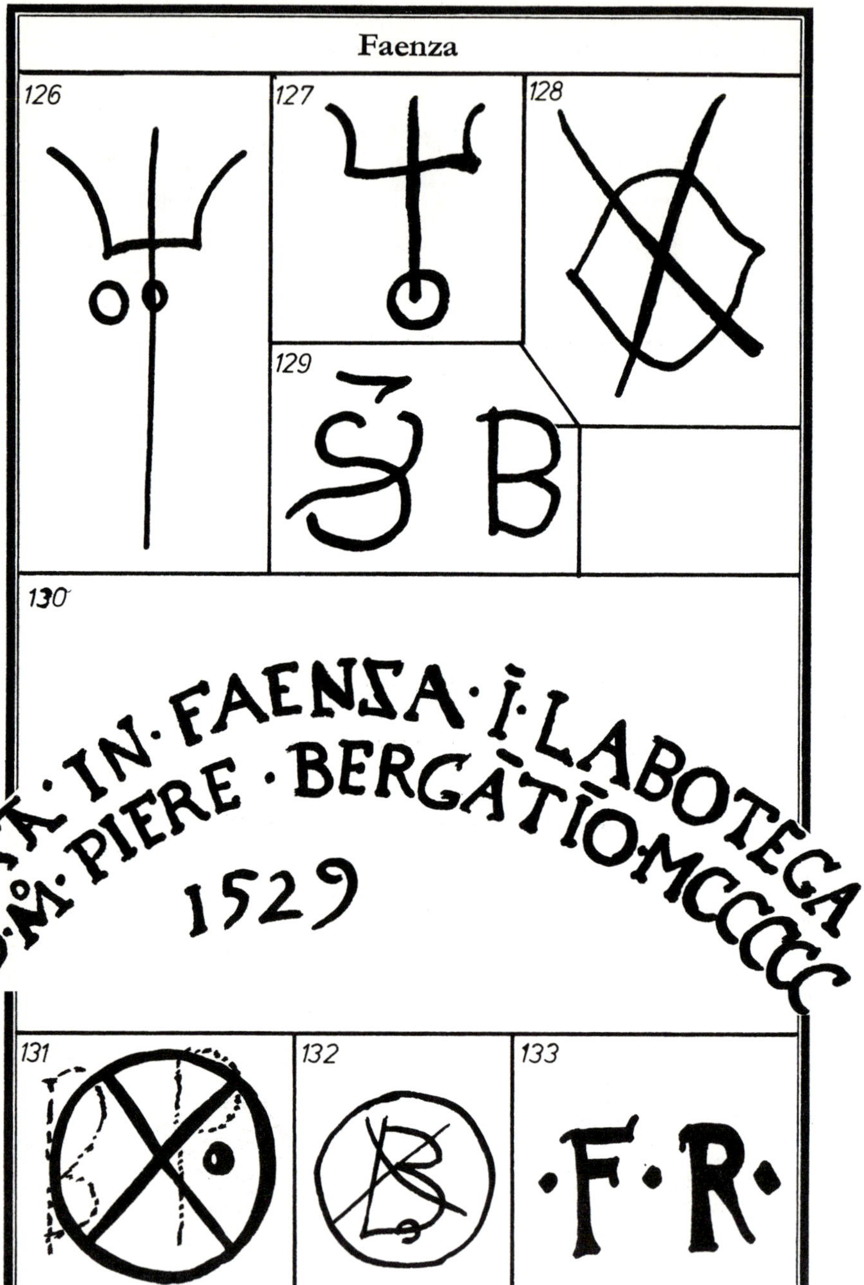
Faenza
126
127
128
129
ŠB
130
·FA·A·IN·FAENZA·Ī·LABOTEGA
·D·M°·PIERE·BERGĀTĪO·MCCCCC
1529
131
132
133
·F·R·

Faenza

134

135

136

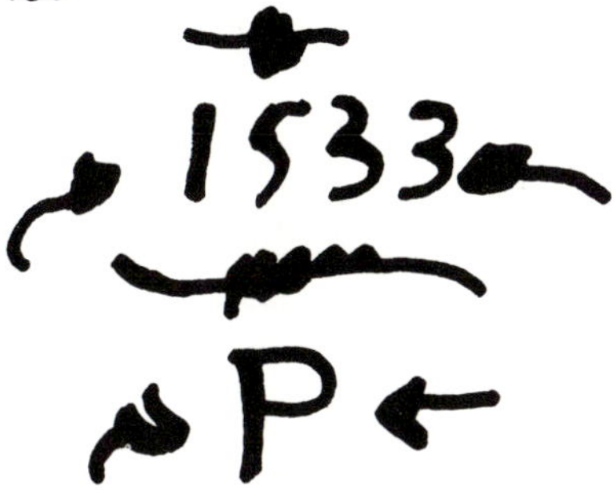

137

138

140

139

141

Faenza

142

143

144

145

146

147

148

Faenza
149 · DA · PI ·
150 BATISTA MAZZANTI 1602 F.C.
151 1606 Batta Mazzanti Da faenza
152 Fecit Stephs · Galans · FAVENTINVS · 1634
153 NELLA BVTE GAD' M · F · V ·

Faenza

154

NELLA·BOTEGA·D'
M FRANC·VICHI
FAENZA
·C·
·I· ·F·

155

·F·C·P·

156

F Paolo Tosetti

157

A·C· 1726

158

F.

Faenza

159

160

161

163

162

164

165

166

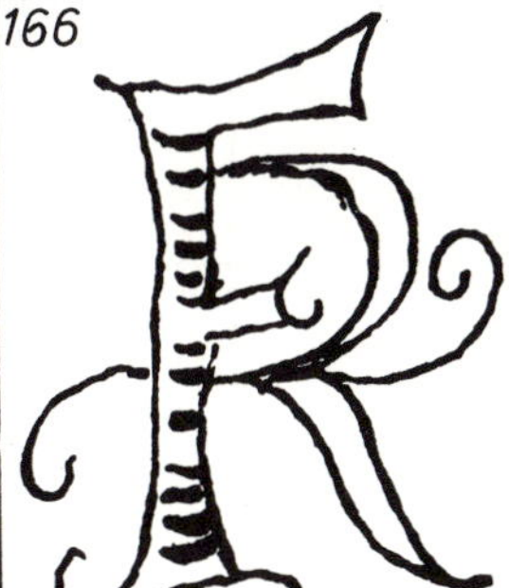

167

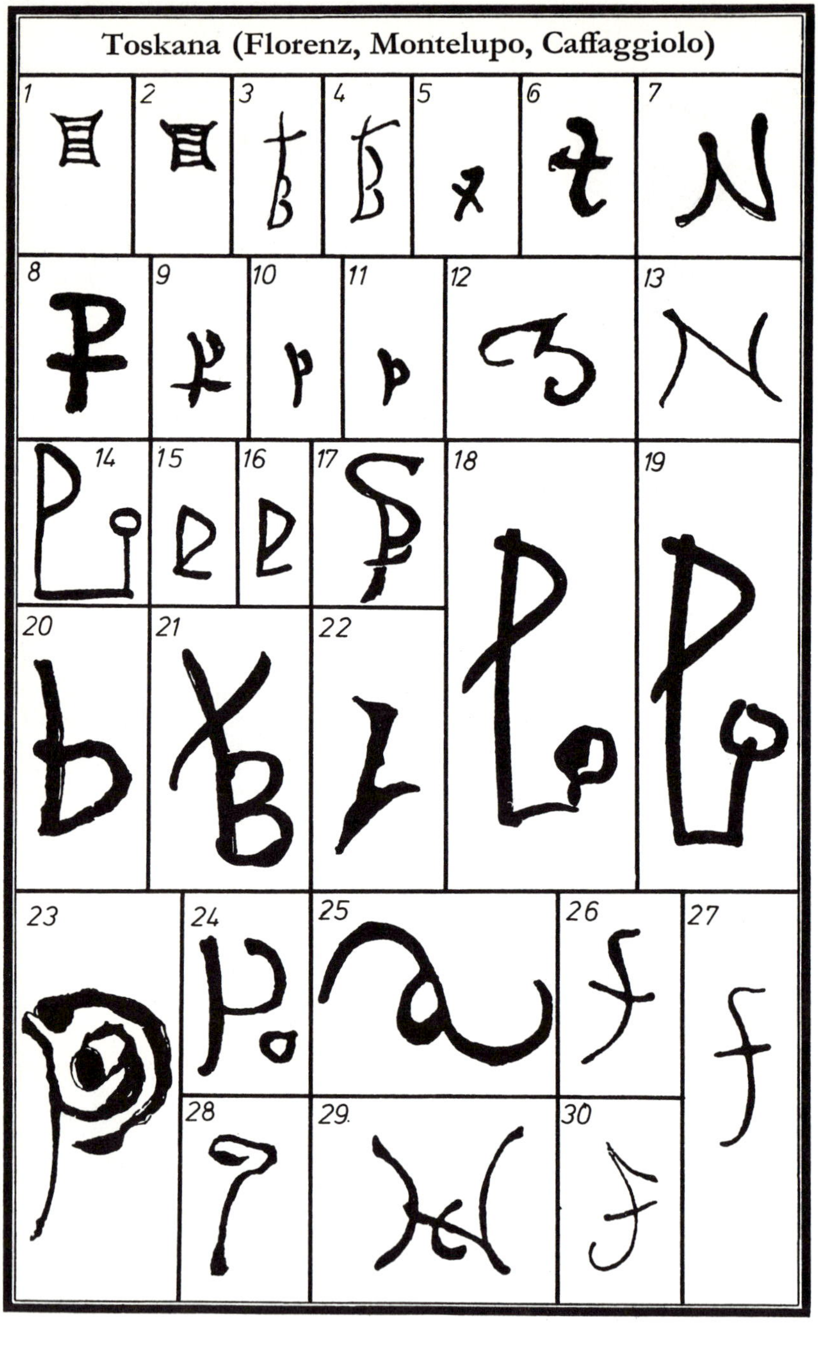
Toskana (Florenz, Montelupo, Caffaggiolo)
1
2
3
4
5
6
7
8
9
10
11
12
13
14
15
16
17
18
19
20
21
22
23
24
25
26
27
28
29
30

Toskana (Florenz, Montelupo, Caffaggiolo)

31

32

33

34

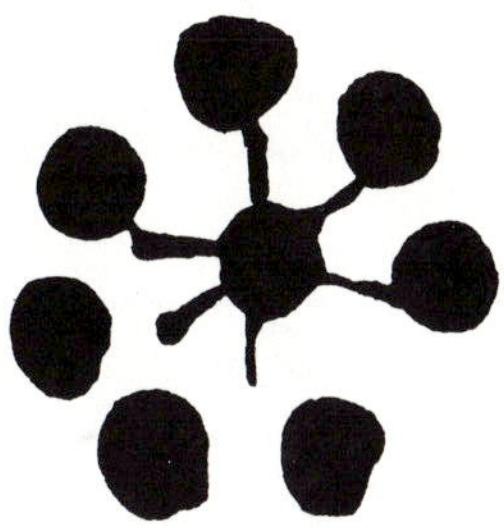

35

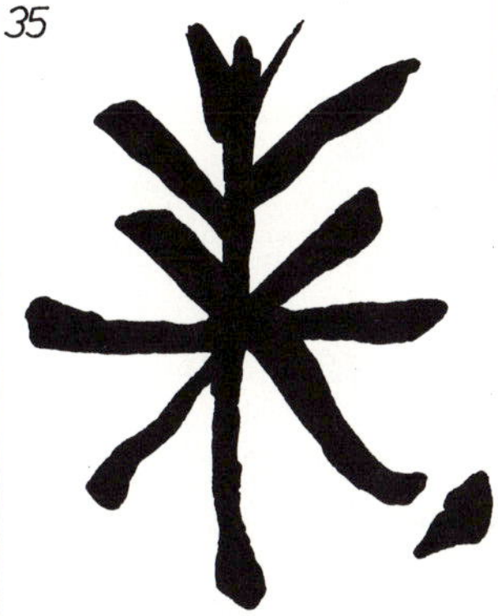

36

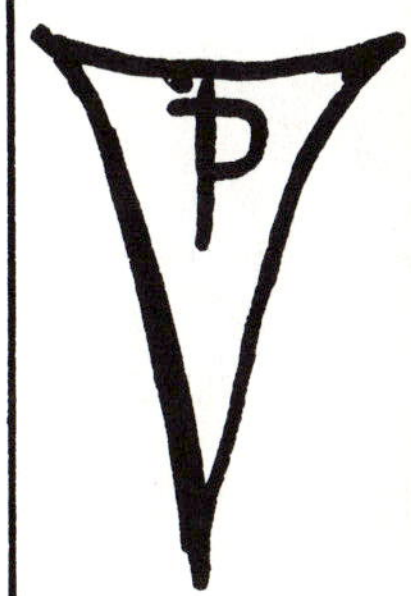

Gubbio

Maestro Giorgio Andreoli

1

2

3

4

5

Gubbio

6

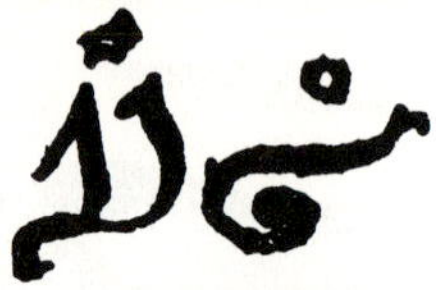

7

8

9

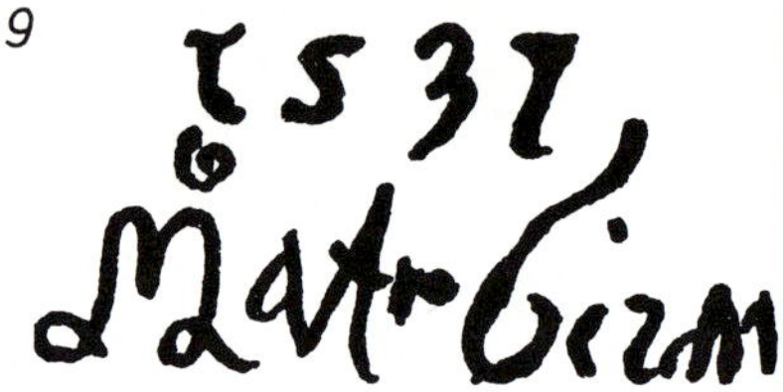

10

11

12

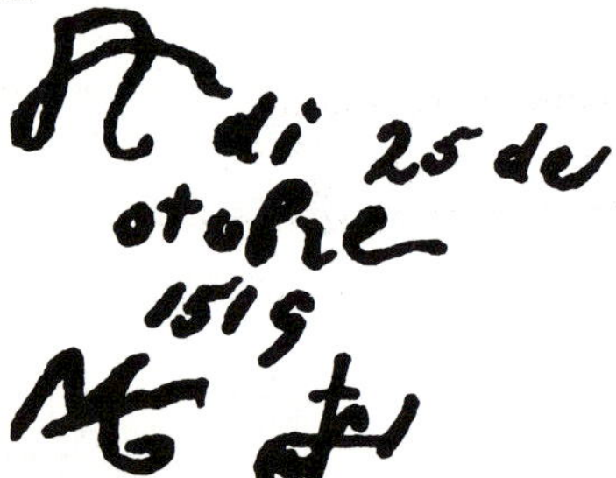

13

14

15

16

Gubbio

17

18

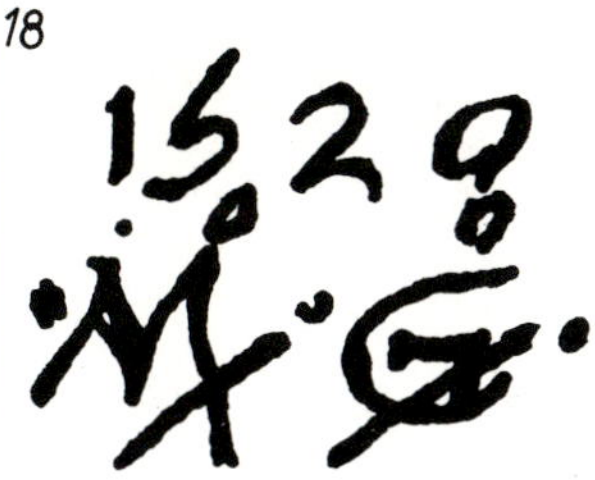

19

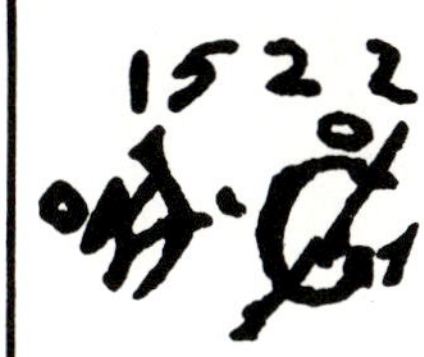

20

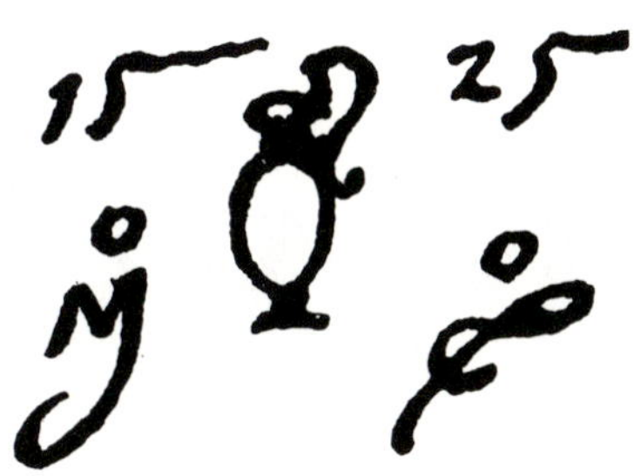

21

22

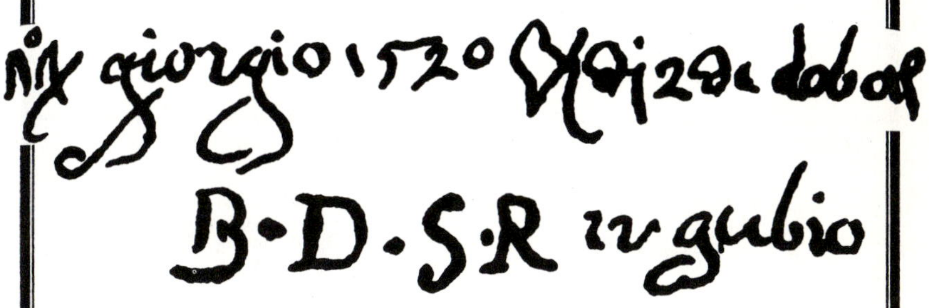

Gubbio

23

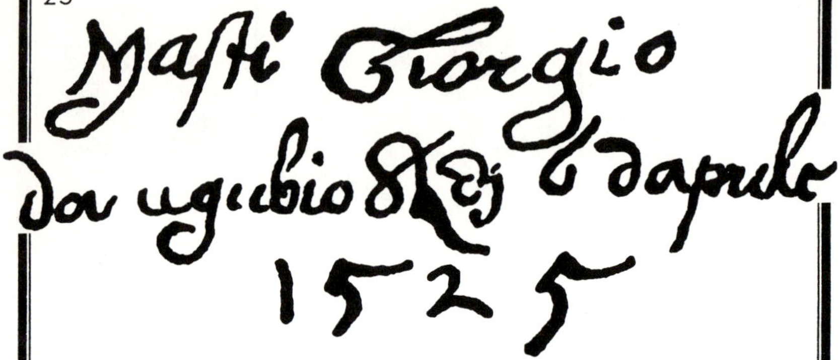

24

25

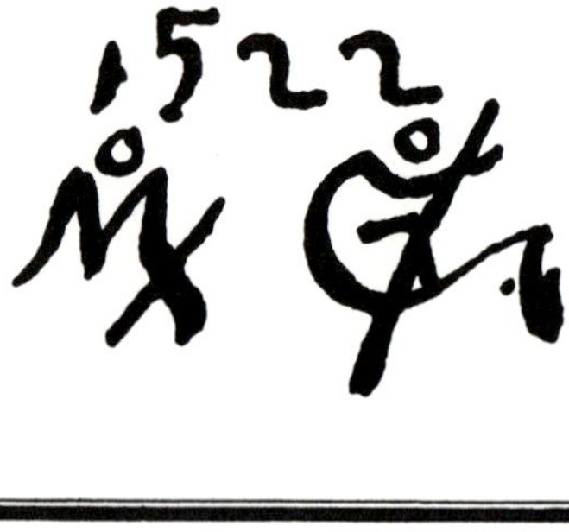

26

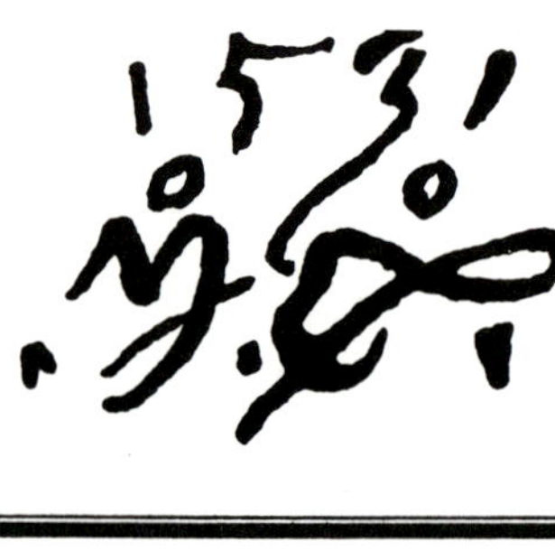

Gubbio

27

28

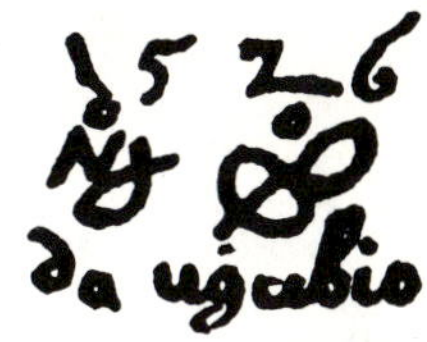

29

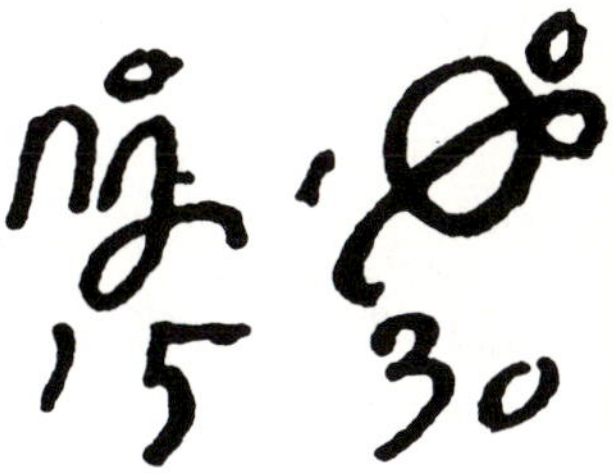

30

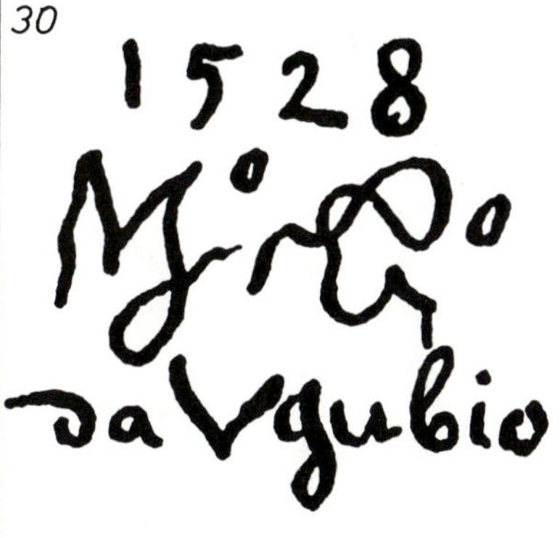

31

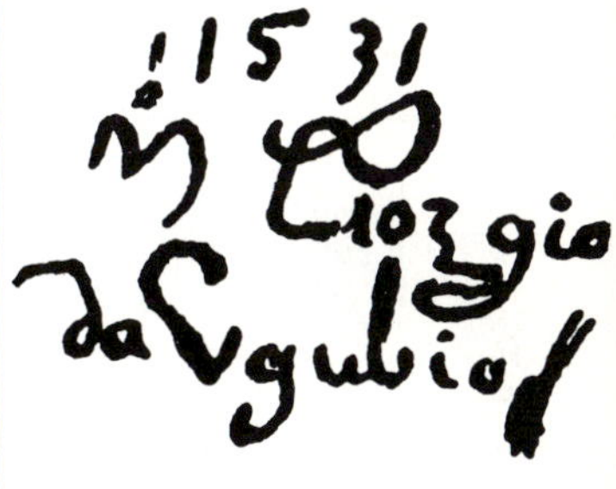

32

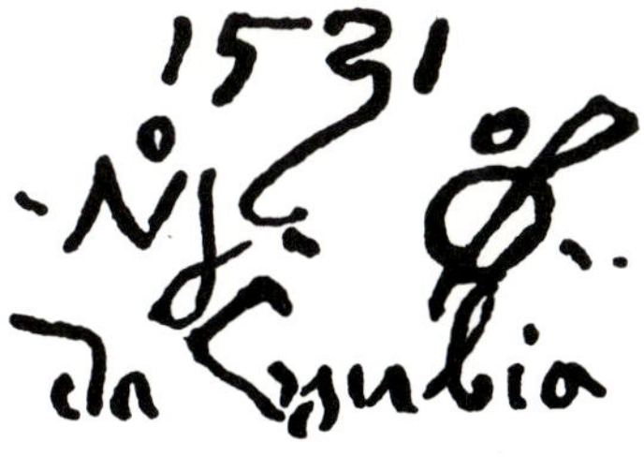

33

Gubbio

34

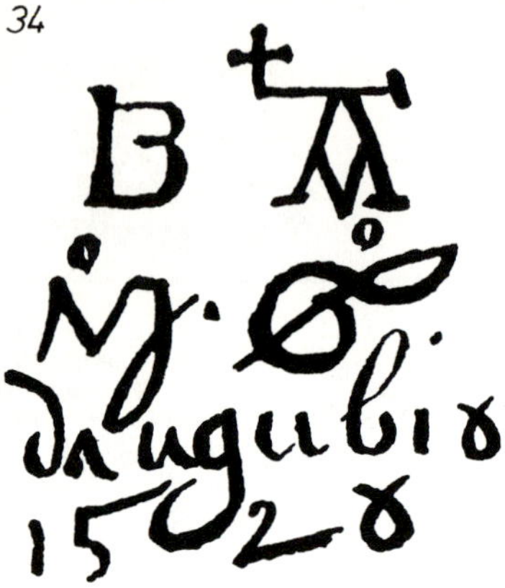

35

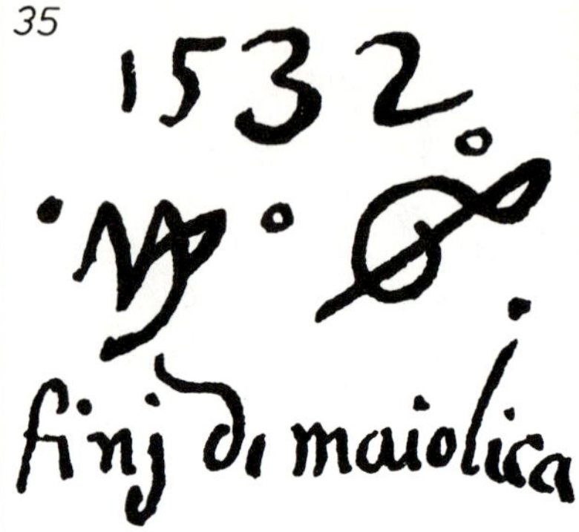

36

37

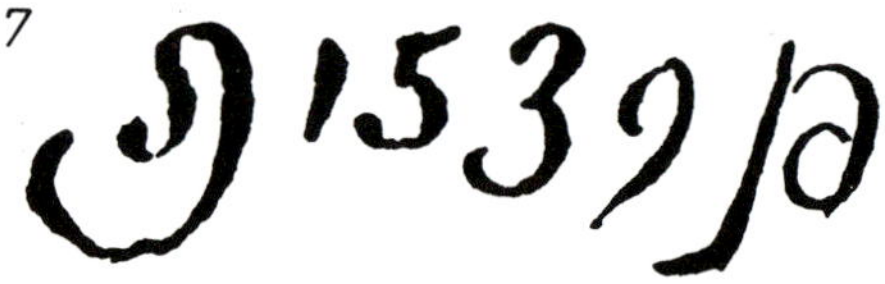

39

38

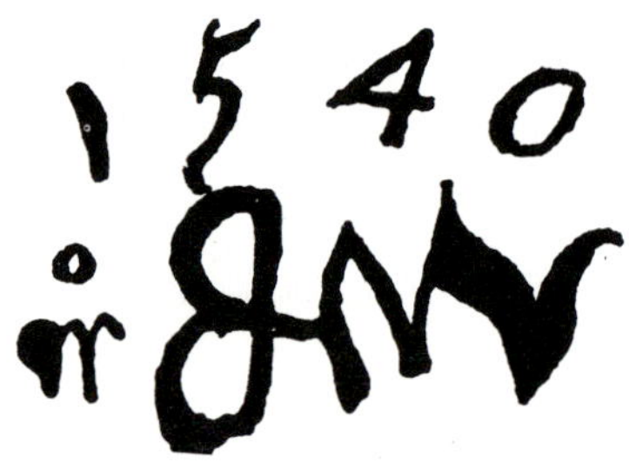

40

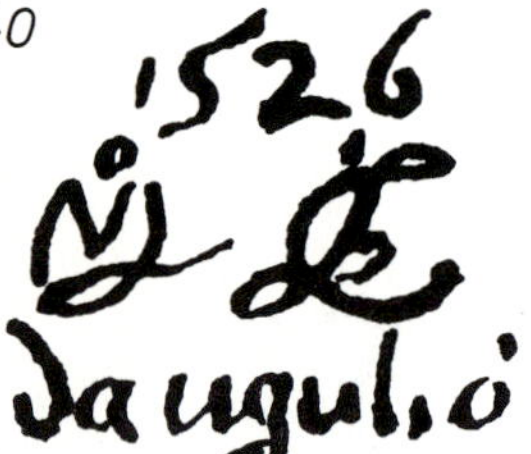

41

Gubbio

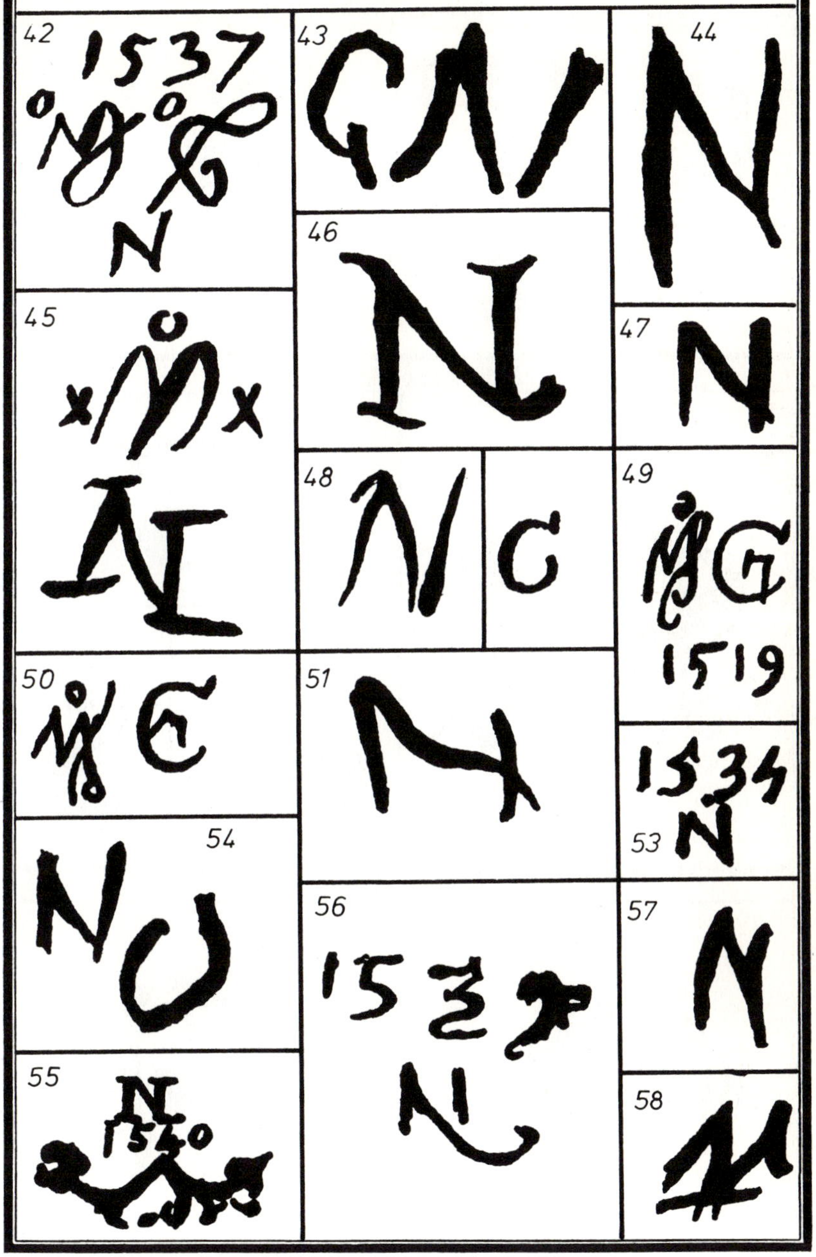

Gubbio

59

60

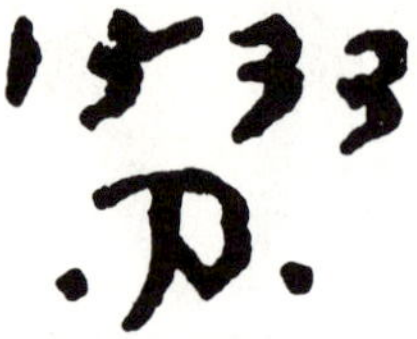

62

Salimbene Andreoli

63

64

65

66

67

Maestro Gilleo

68

69

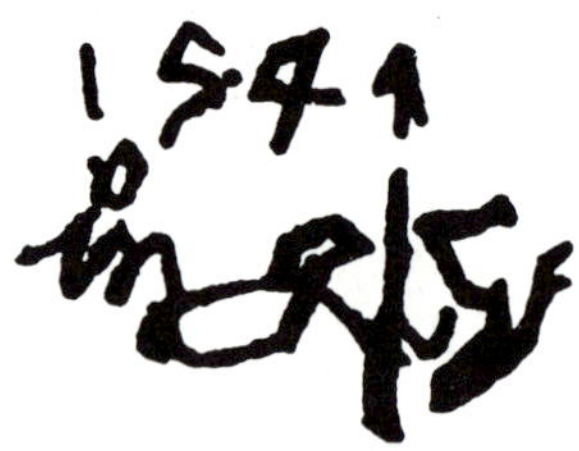

Gubbio

Maestro Perestino

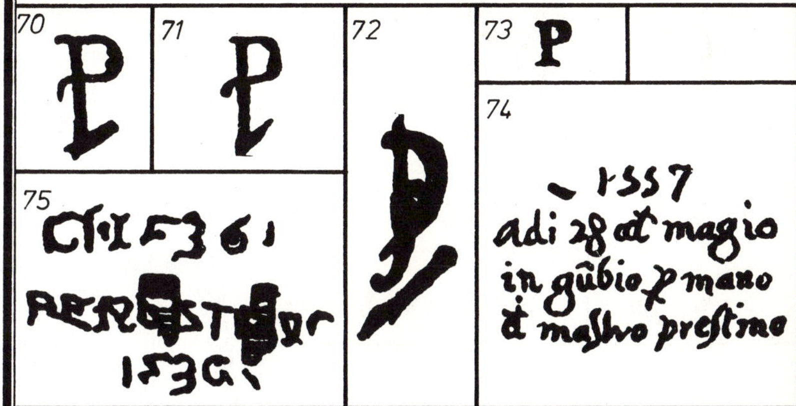

Unbekannte Künstler—Unknown artists—Artistes inconnus

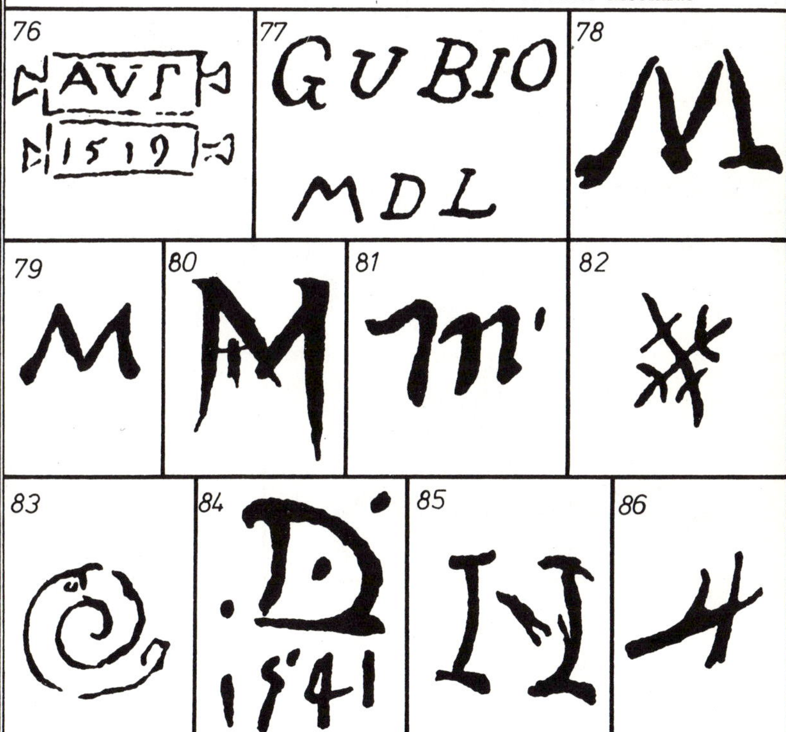

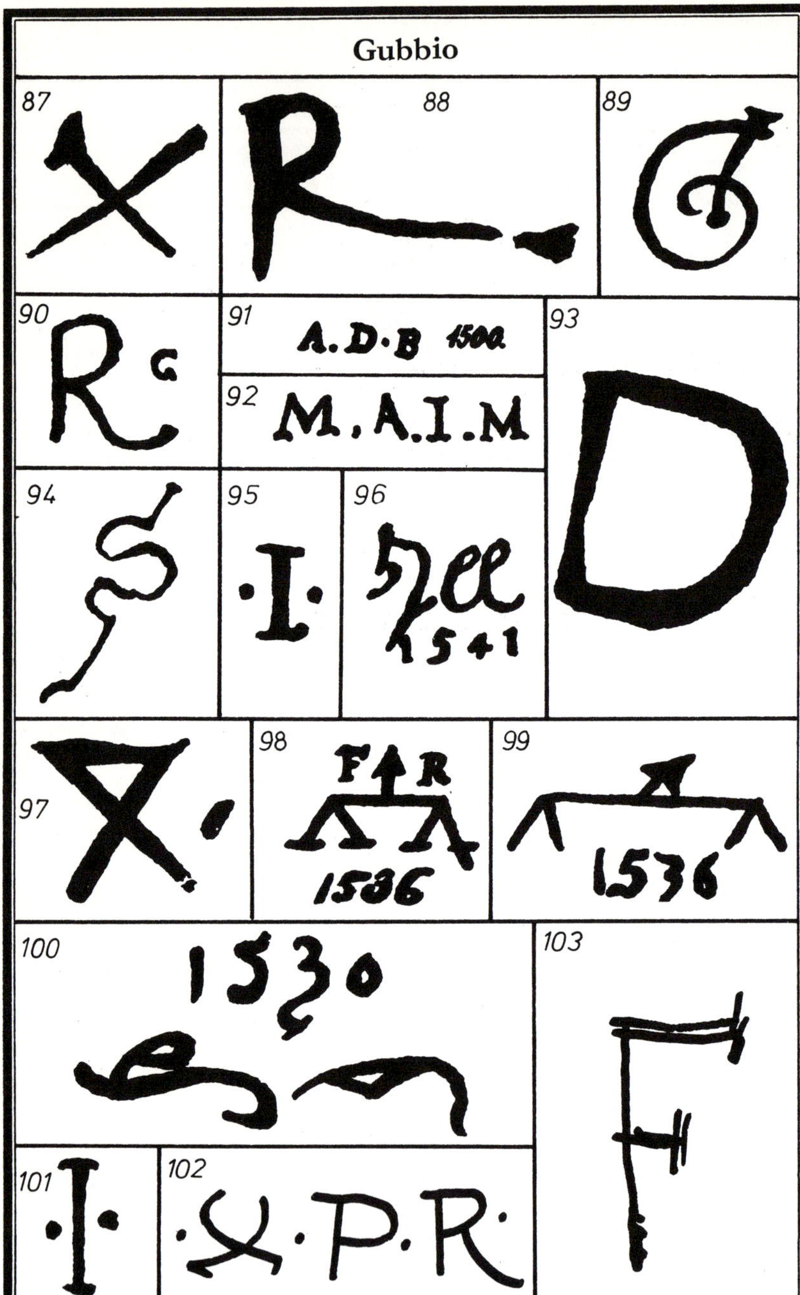
Gubbio
87
88
89
90
91
A.D.B 1500
92
M.A.I.M
93
94
95
96
1541
97
98
FR
1536
99
1536
100
1530
101
102
P.R
103

Caffaggiolo

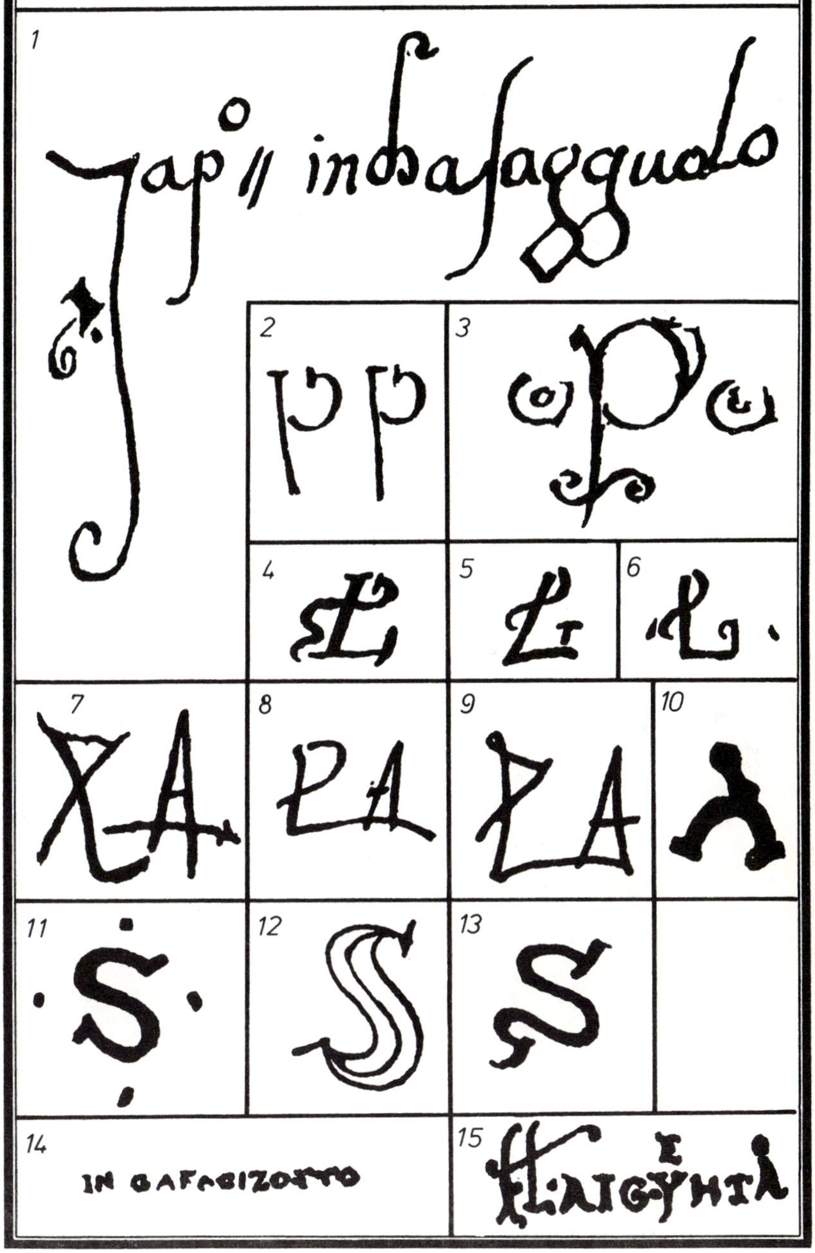

Caffaggiolo

Caffaggiolo

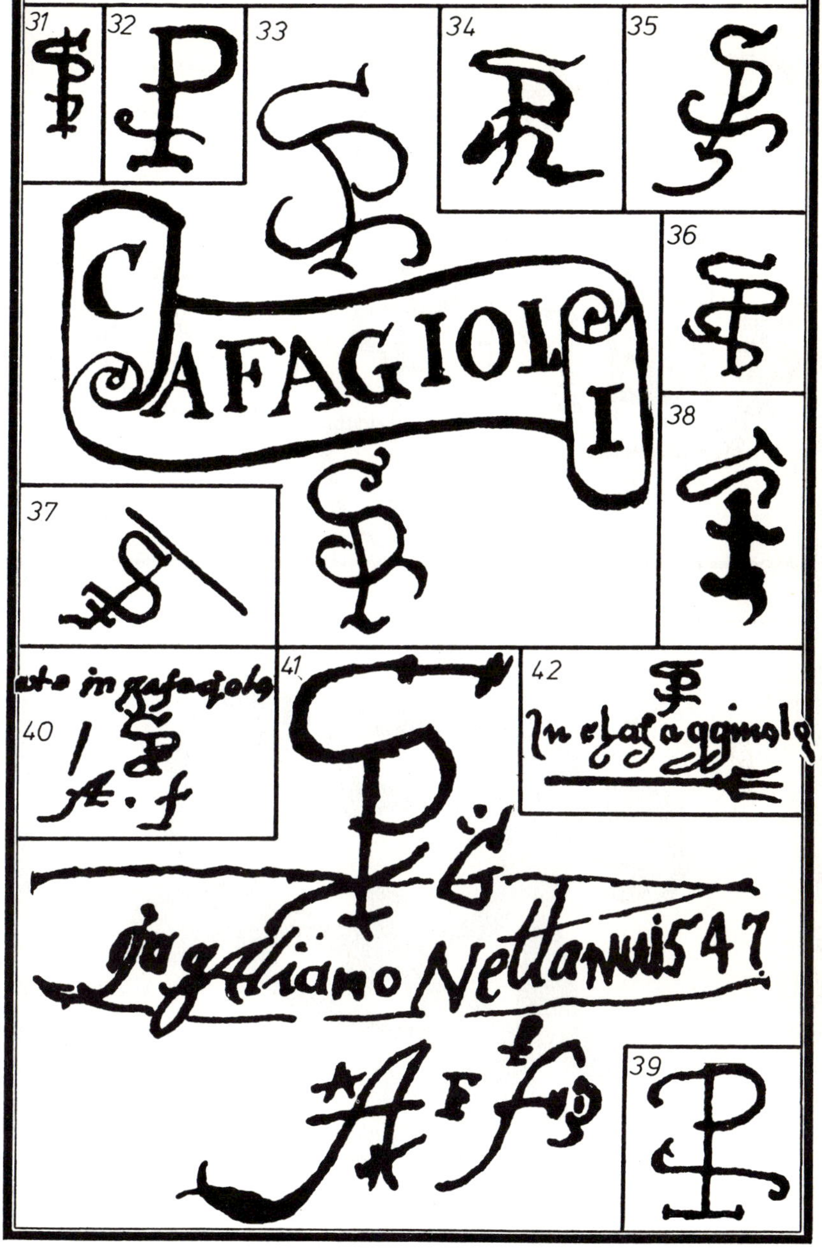

Caffaggiolo

43

44

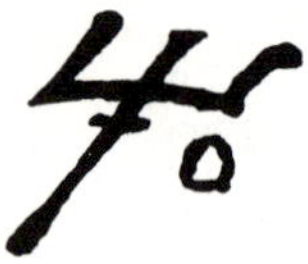

45

46

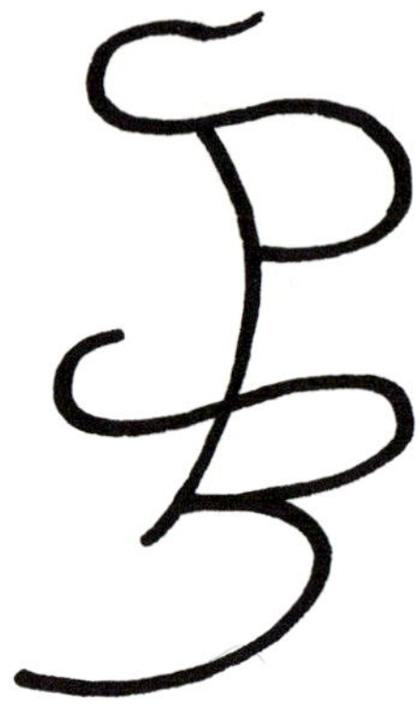

47

48

Pesaro

1

Pesaro

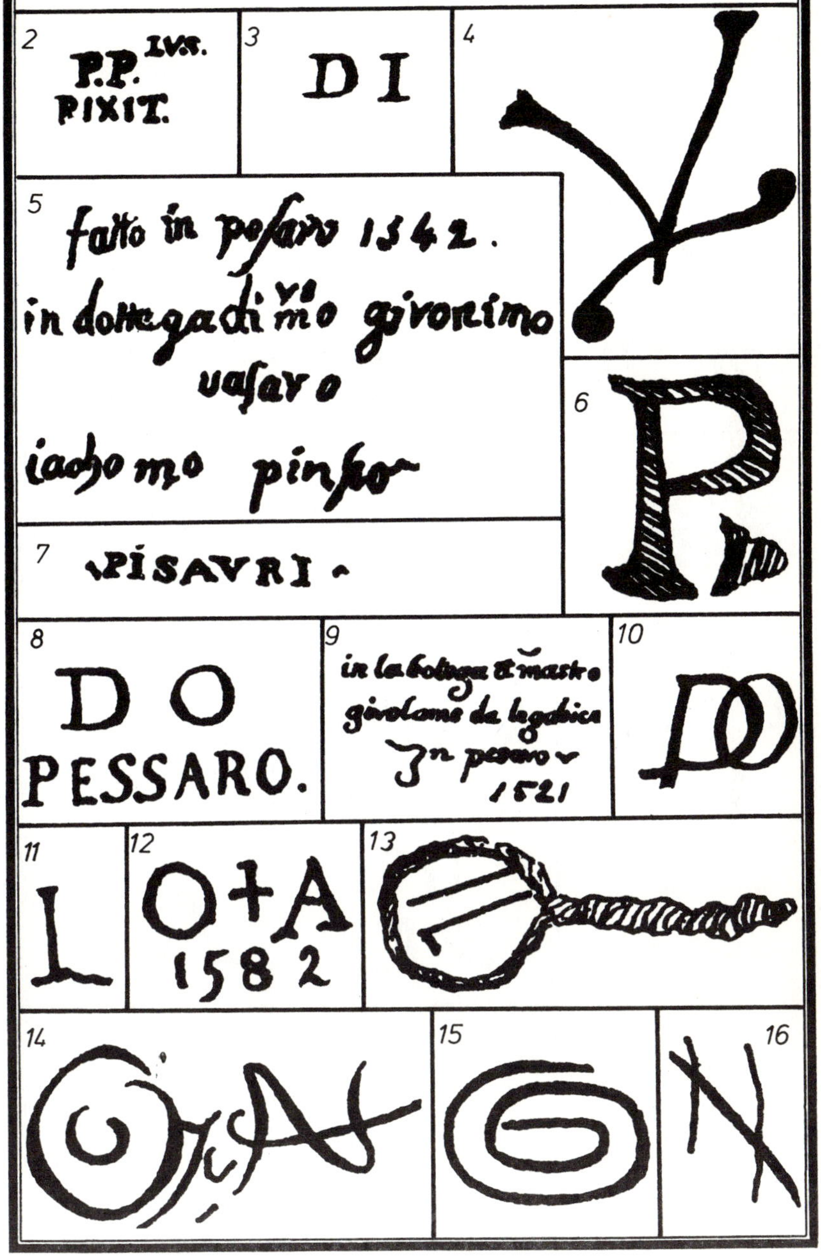
2
P.P. IVS.
PIXIT.
3
D I
4
5
6
7
PISAVRI
8
D O
PESSARO.
9
1521
10
11
L
12
O+A
1582
13
14
15
16

Pesaro

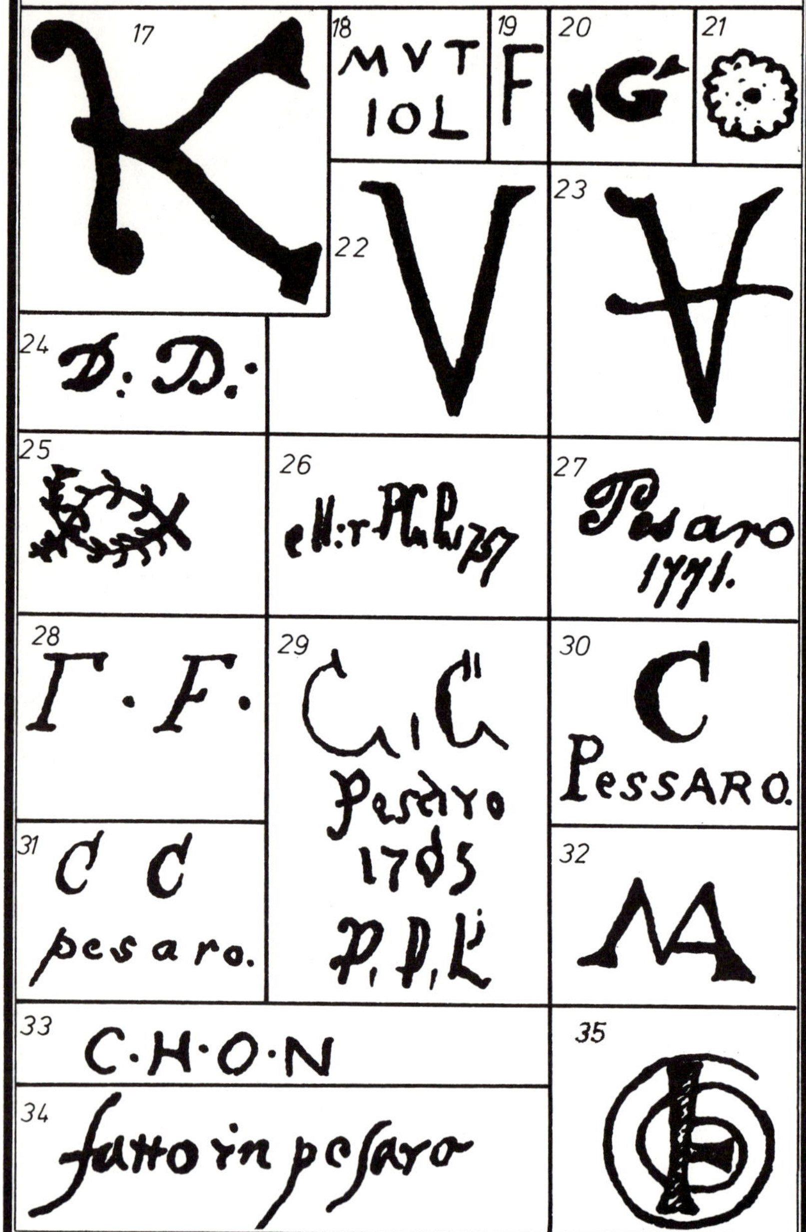
17
18
MVT
IOL
19
F
20
21
22
23
24
25
26
27
Pesaro
1771.
28
Γ · F ·
29
30
C
PESSARO.
31
C C
pesaro.
32
33
C·H·O·N
34
fatto in pesaro
35

Pesaro

36

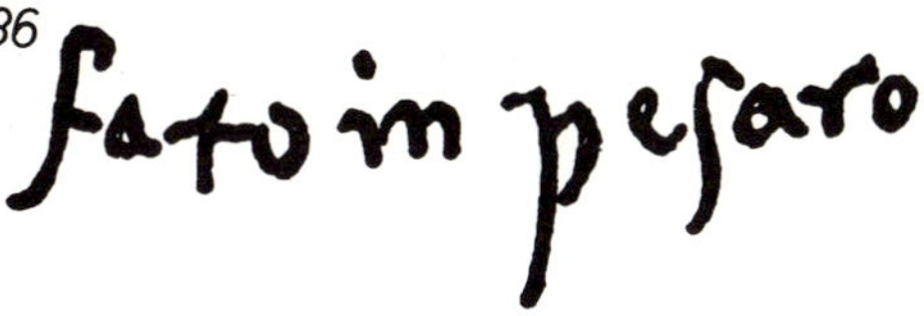

37

38

39

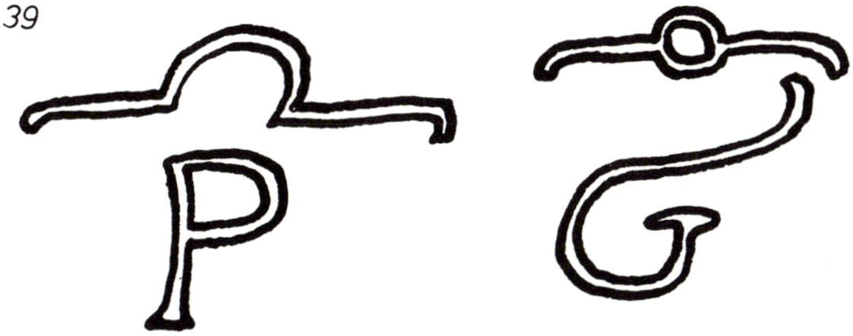

Montelupo

1

3

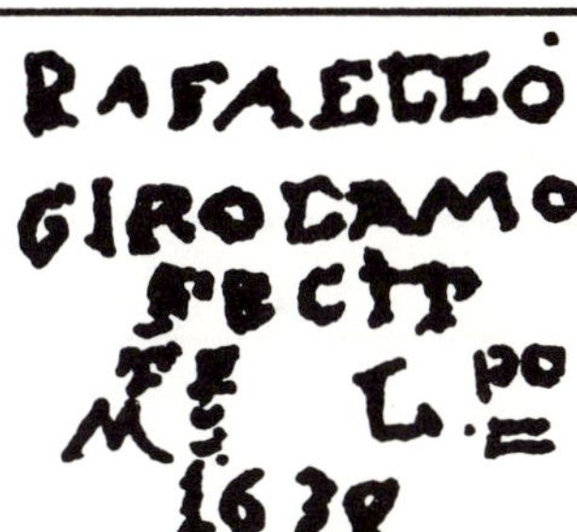

6

2

4

5

Montelupo

7

8

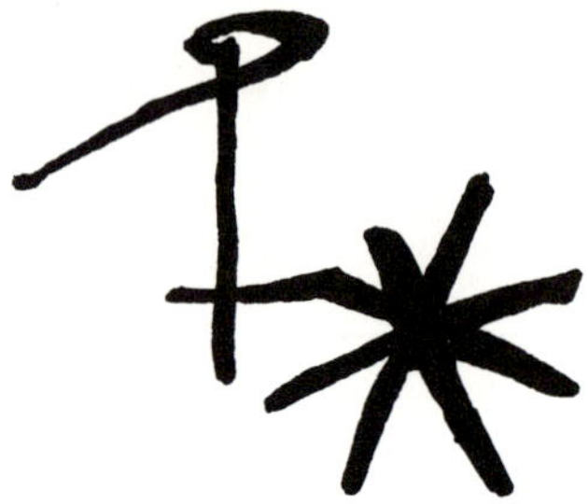

9

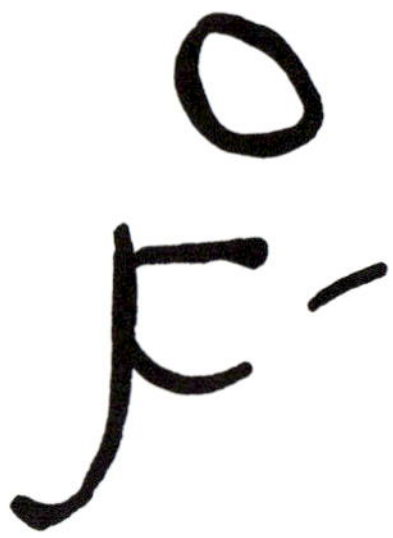

10

Urbino

1

Guido Fontana

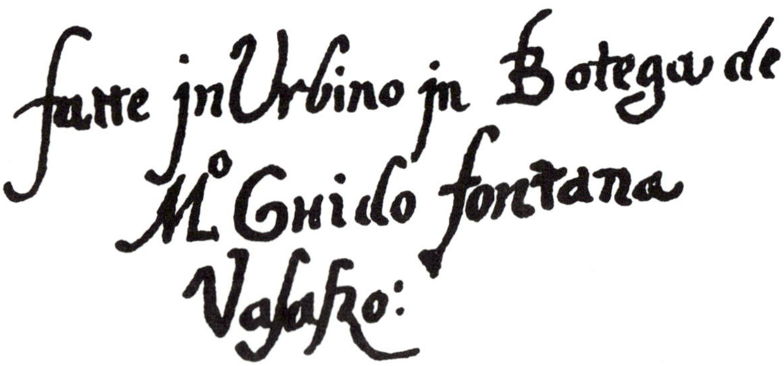

Urbino

2

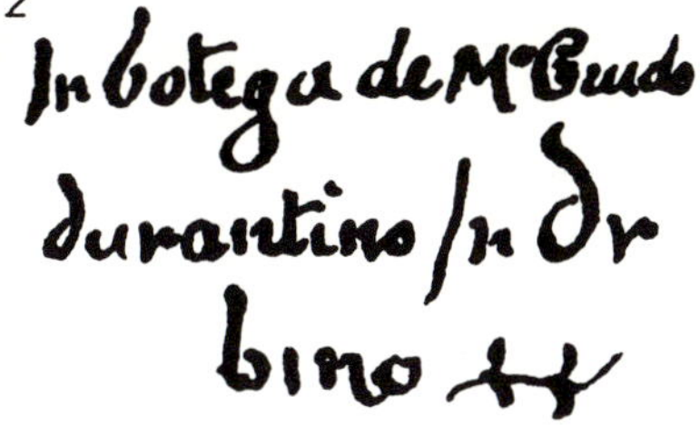

4

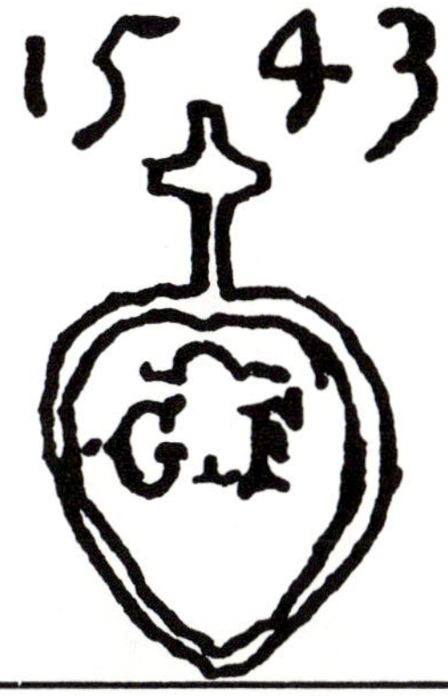

3

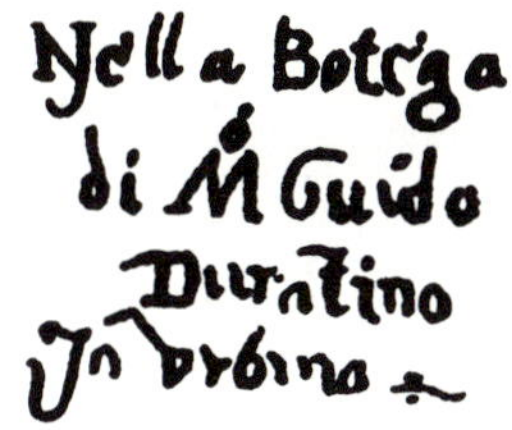

5

6

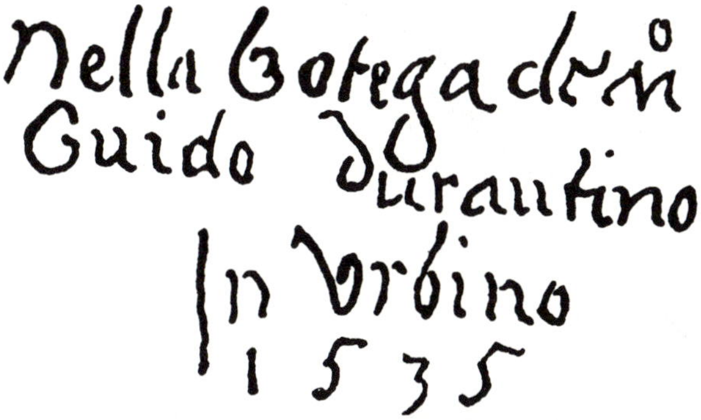

7

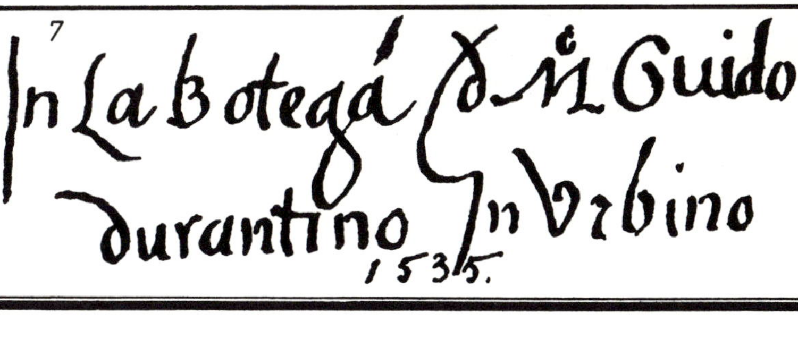

Urbino

Orazio Fontana ?

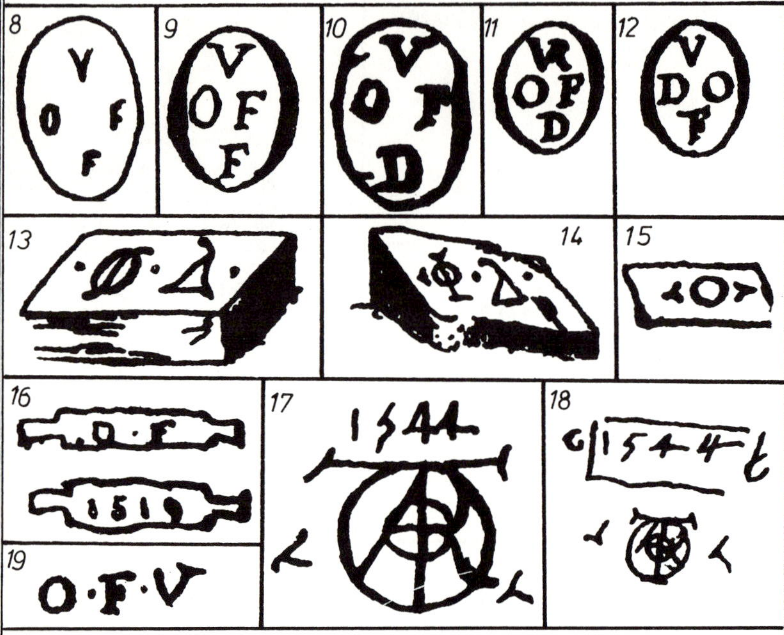

Niccolò da Urbino

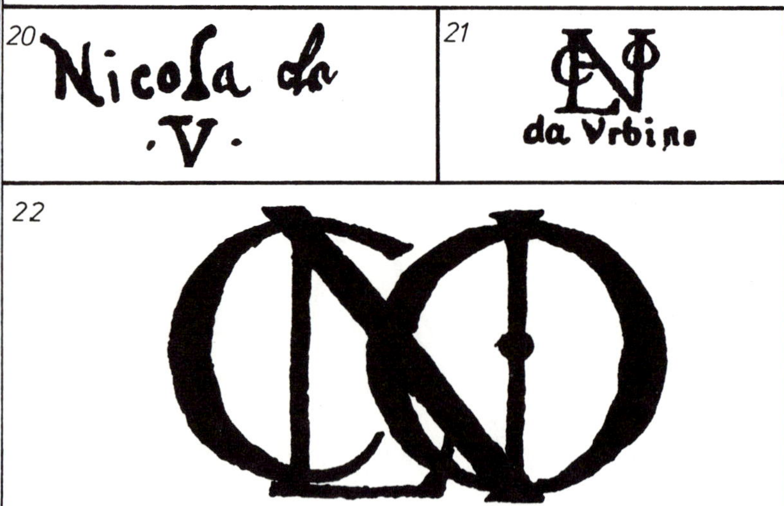

Urbino

Battista Franco

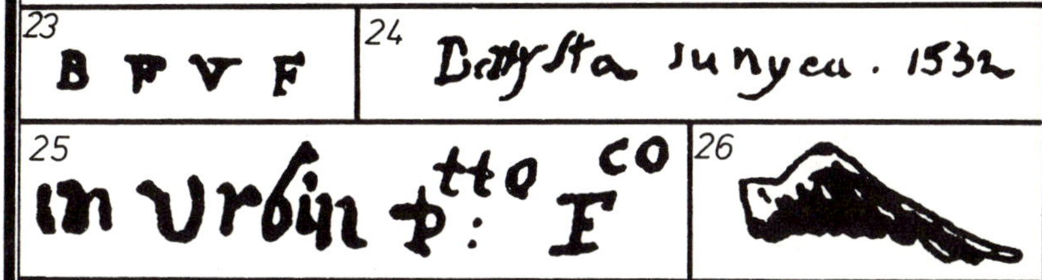

Francesco Xanto Avelli da Rovigo

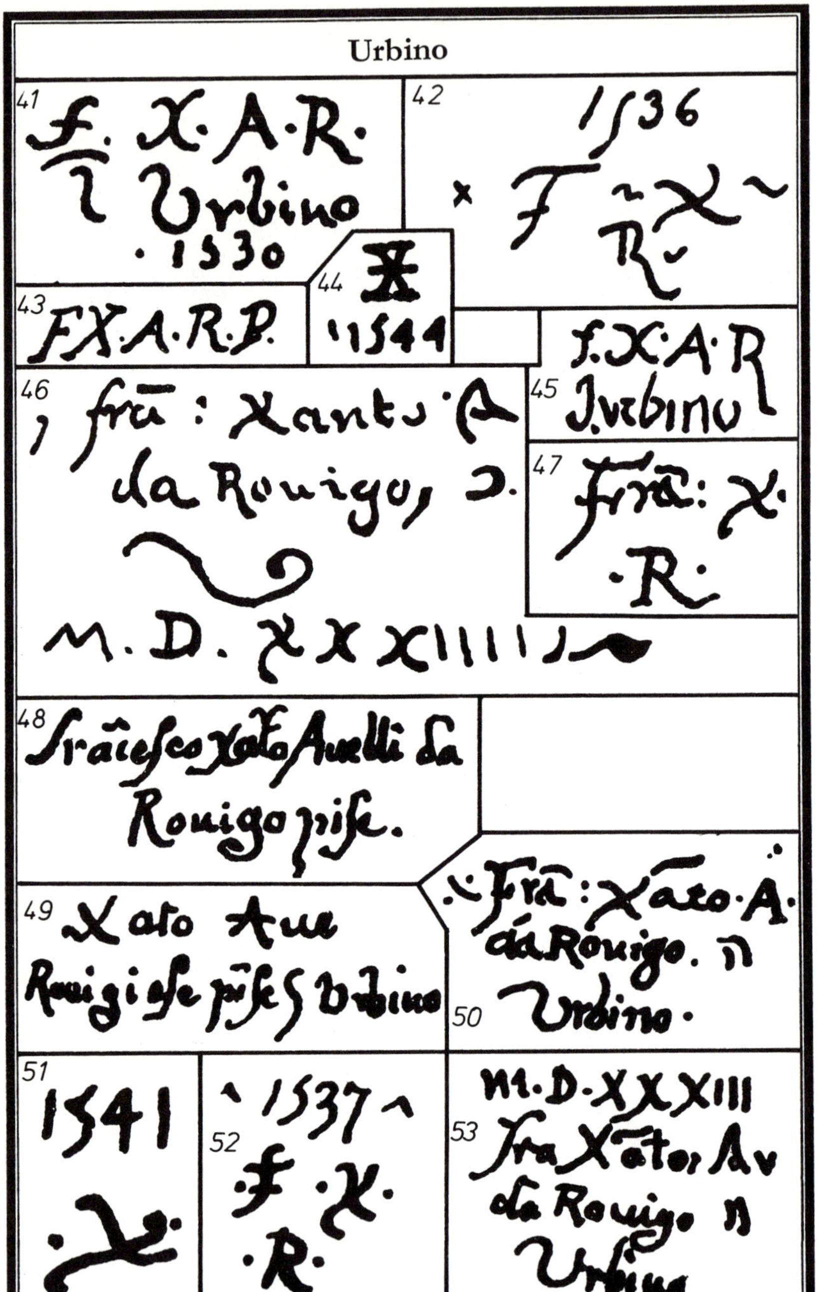
Urbino
41
42
1536
43
F.X.A.R.P.
44
1544
45
46
M.D.XXXIIII
47
48
49
50
51
1541
52
1537
53
M.D.XXXIII

Urbino

54

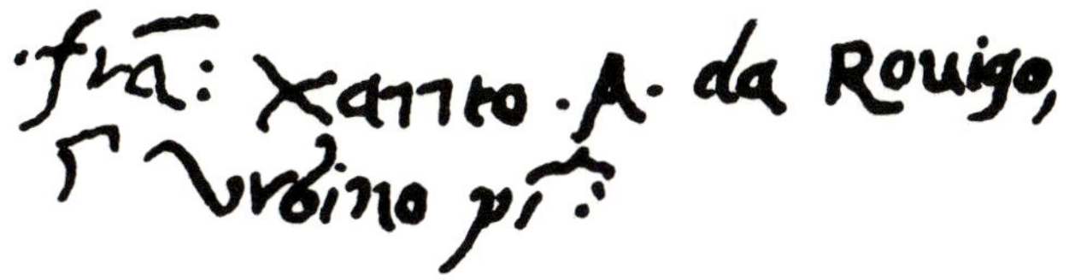

55

56

57

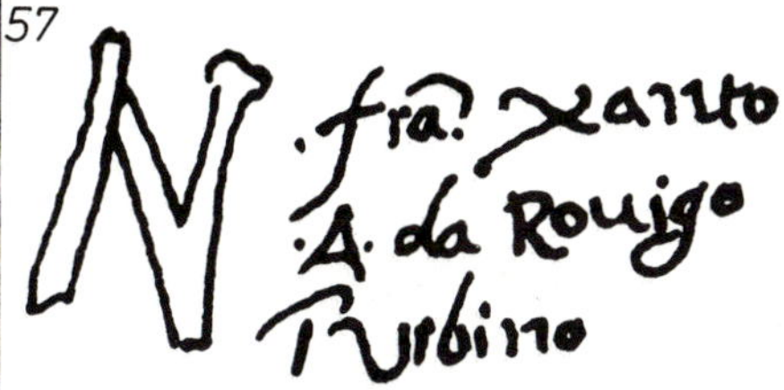

59

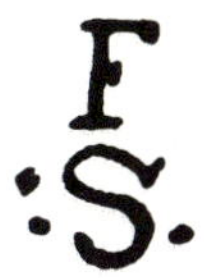

58

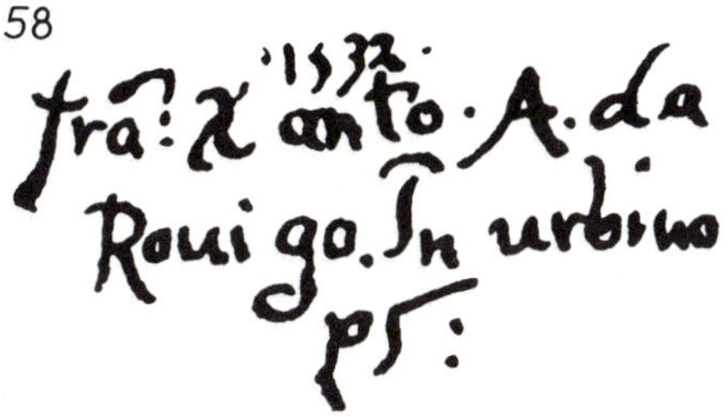

60

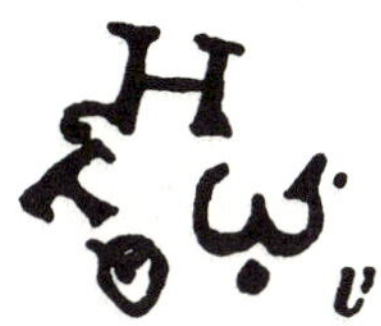

61

62

Urbino

63

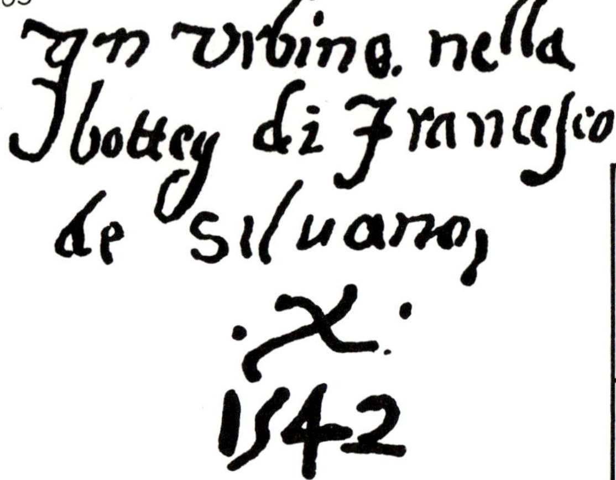

64

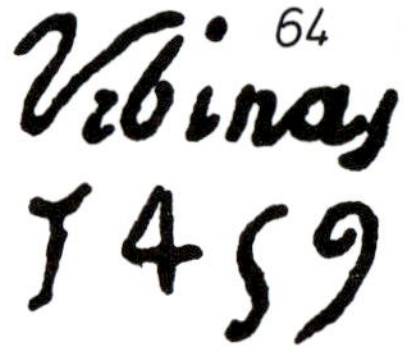

65

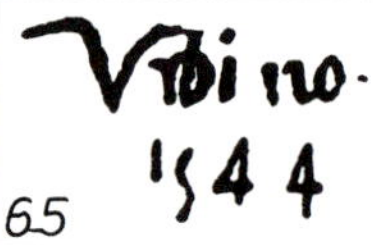

66

Cesare Cari

67

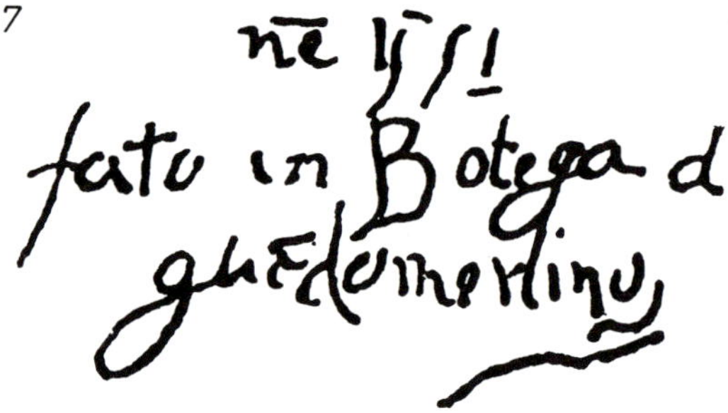

68

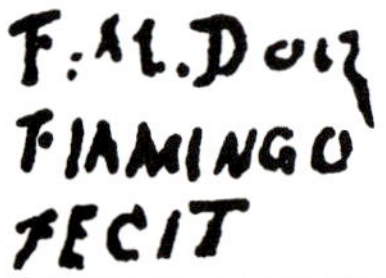

70

69

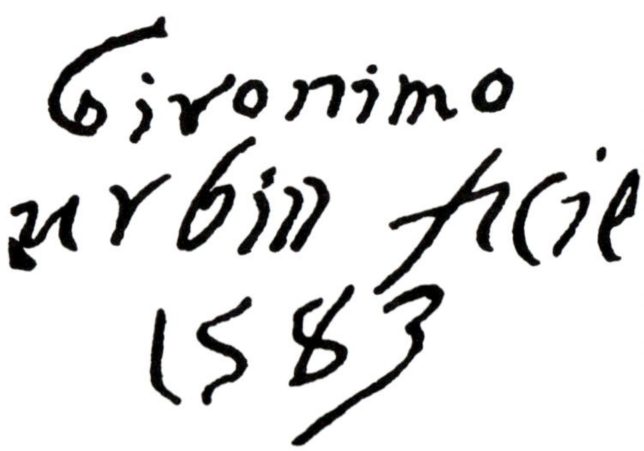

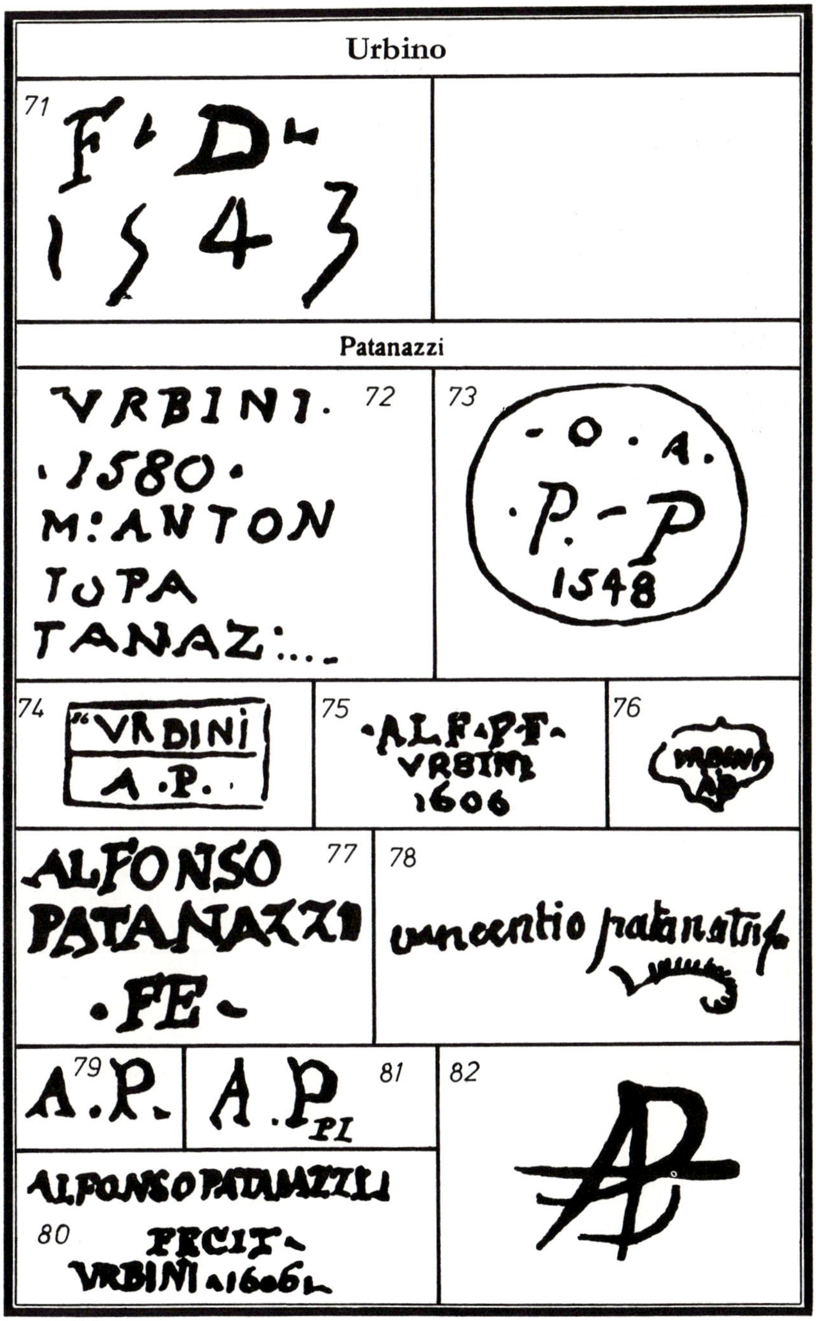
Urbino
71
Patanazzi
72
73
74
75
76
77
78
79
81
82
80

Urbino

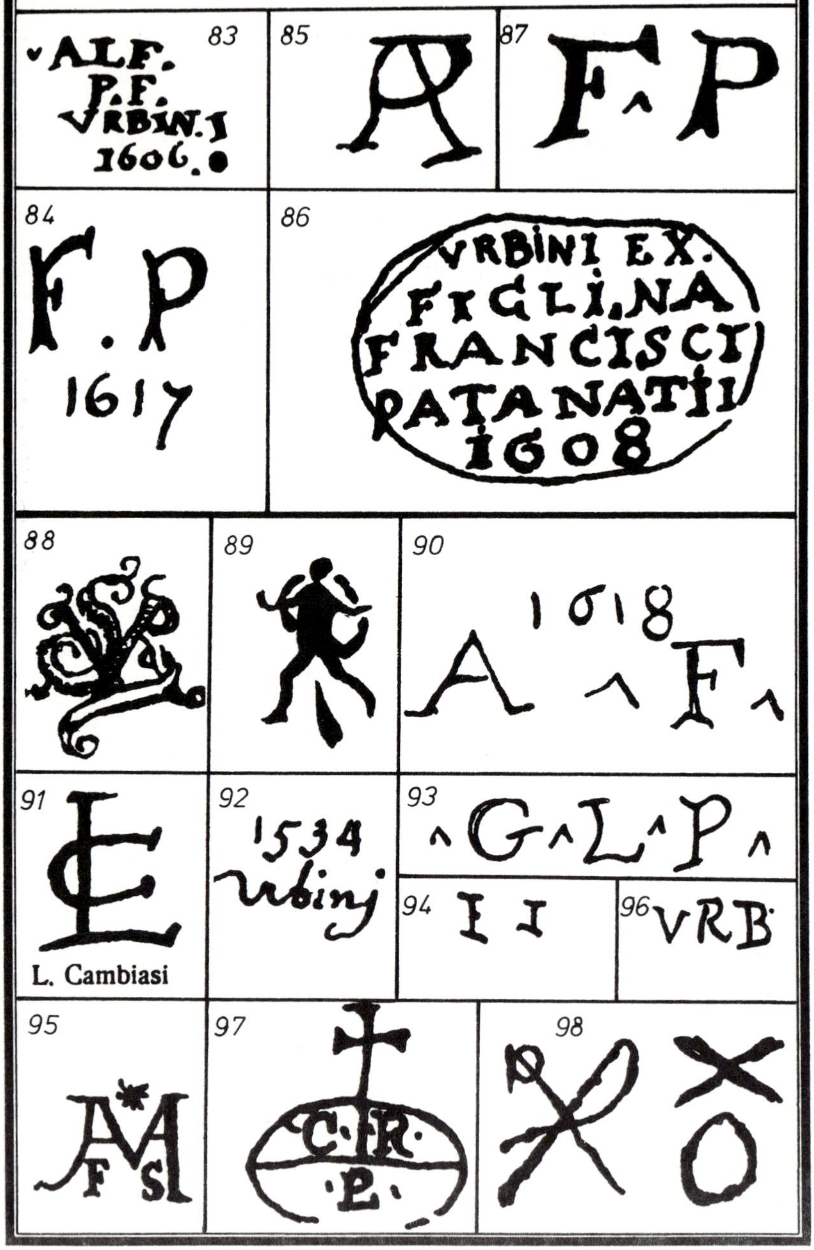
83
ALF. P.F. VRBIN.I 1606.
85
87
F P
84
F.P 1617
86
VRBINI EX. FIGLINA FRANCISCI PATANATII 1608
88
89
90
1618 A F
91
L. Cambiasi
92
1534 urbinj
93
G L P
94
I I
96
VRB
95
M F S
97
C.R. P
98

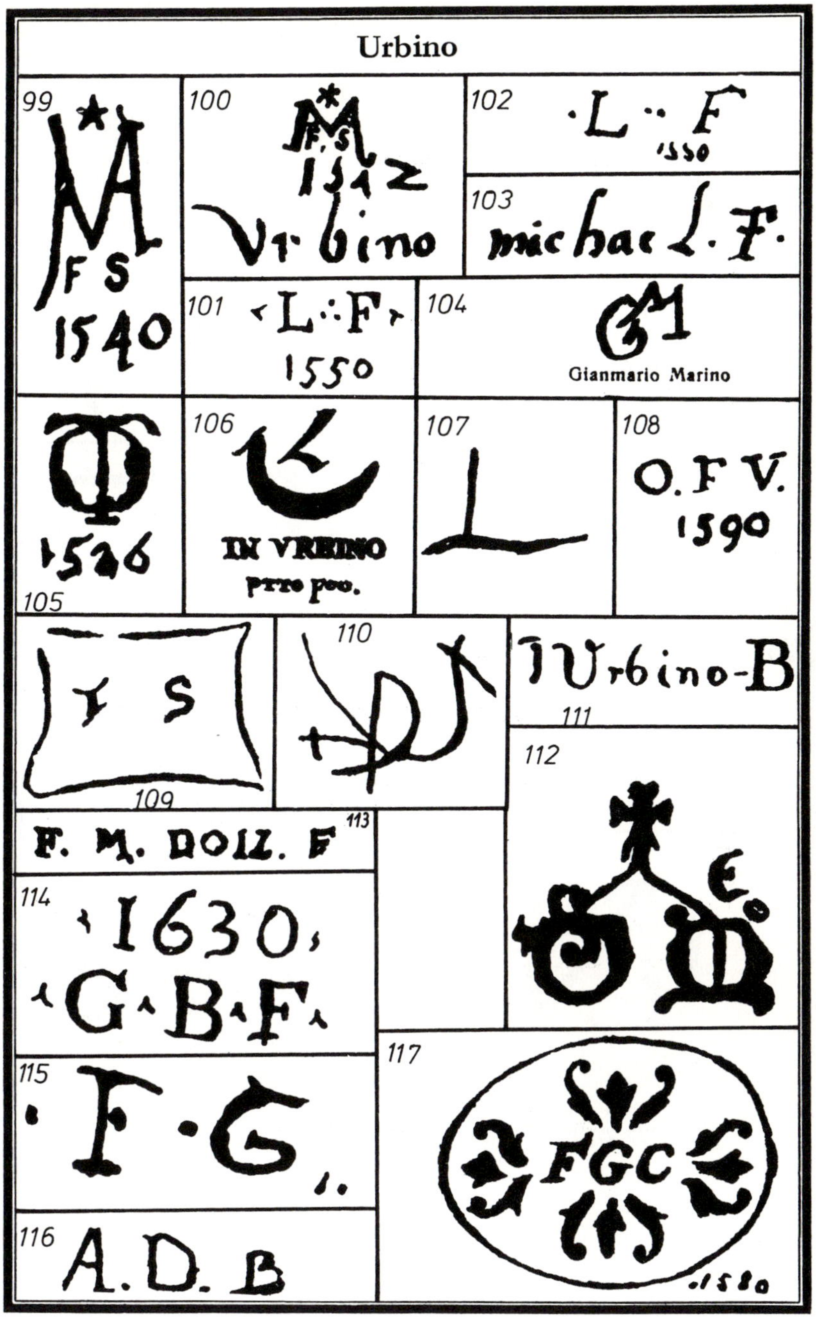
Urbino
99
1540
100
1542
Vrbino
102
·L·· F
1550
103
michael. F.
101
L.·.F
1550
104
Gianmario Marino
105
1526
106
IN VRBINO
107
108
O. F V.
1590
109
110
Urbino-B
111
112
F. M. DOIZ. F
113
114
1630
G. B. F.
115
F ·G
116
A.D. B
117
FGC
1580

Urbino

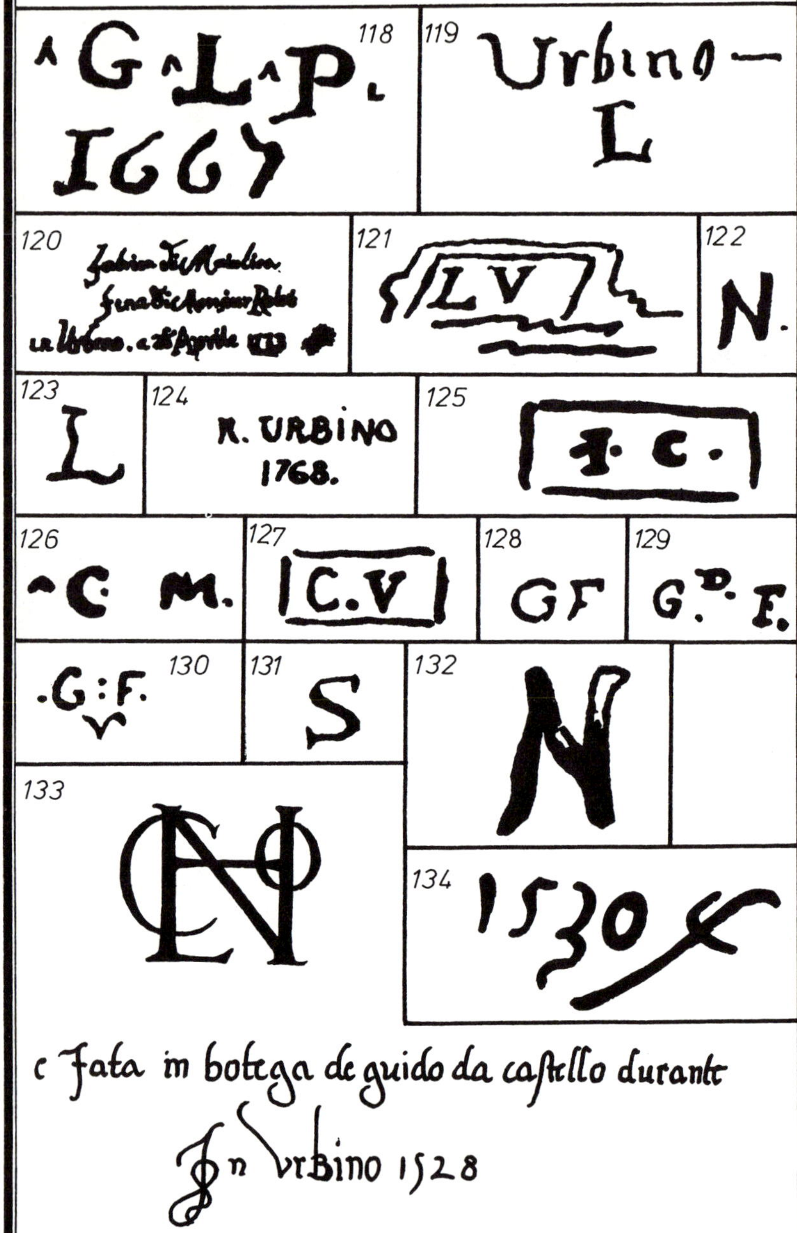
118
G L P
1667
119
Urbino
L
120
121
LV
122
N.
123
L
124
R. URBINO
1768.
125
I. C.
126
C M.
127
C.V
128
GF
129
130
G:F.
131
S
132
N
133
134
1530
c Fata in botega de guido da castello durante
In Urbino 1528

Urbino

135

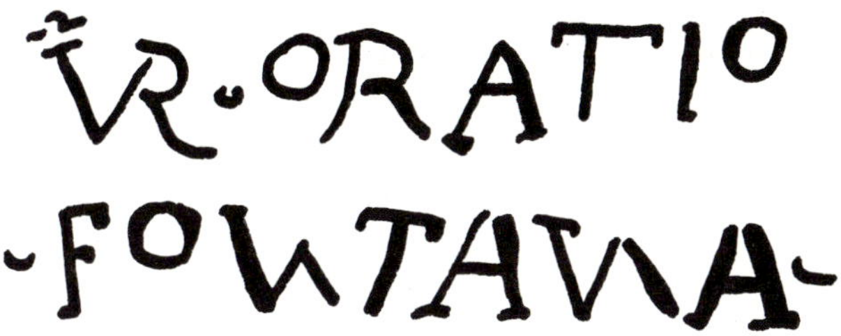

136

137

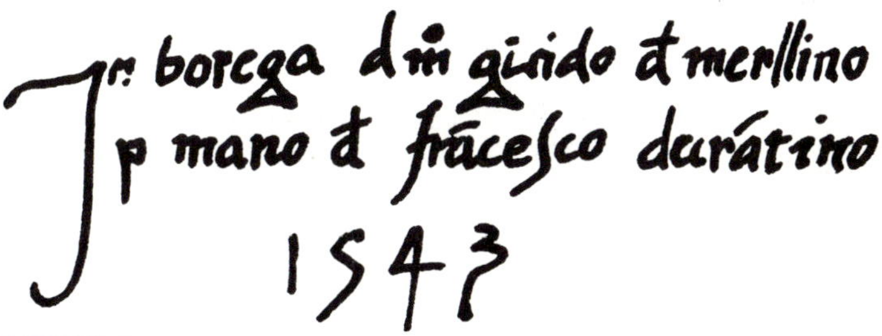

138

139

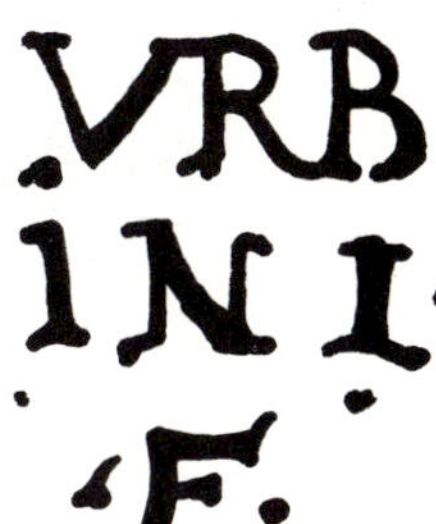

140

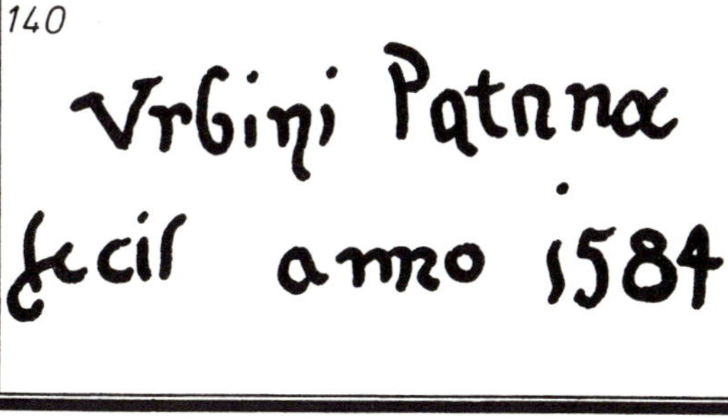

Urbino

142

141

Castel Durante

1

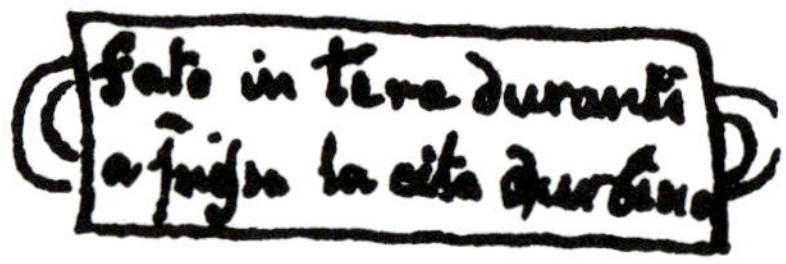

2

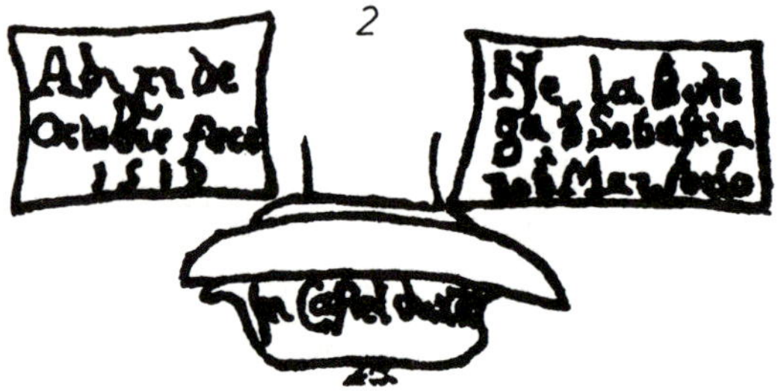

3

4

5

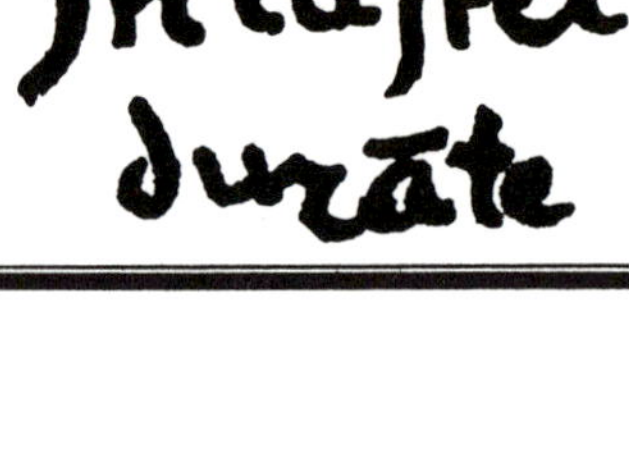

Castel Durante

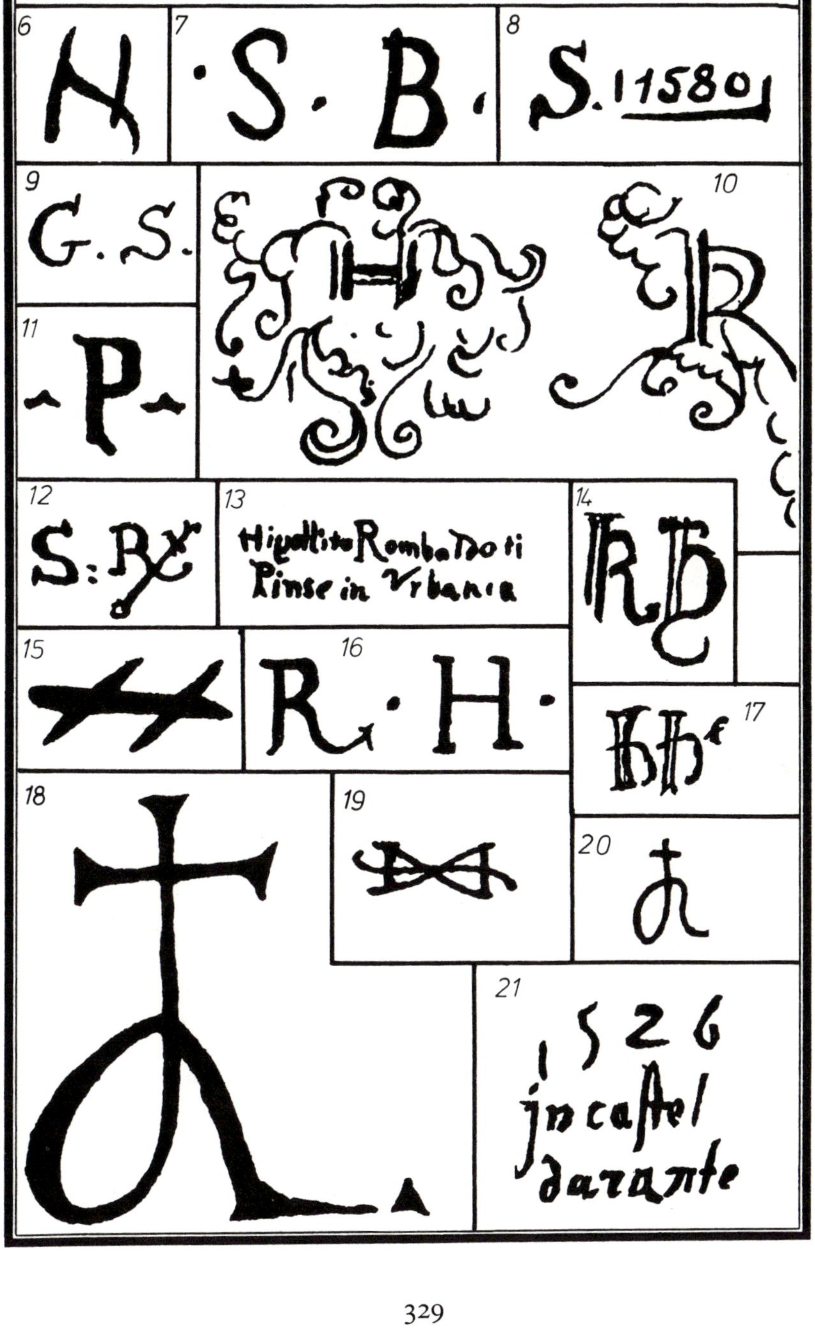

Castel Durante

22

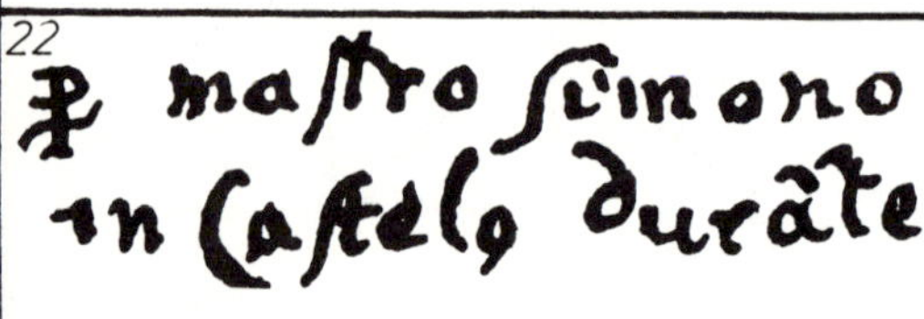

23

24

25

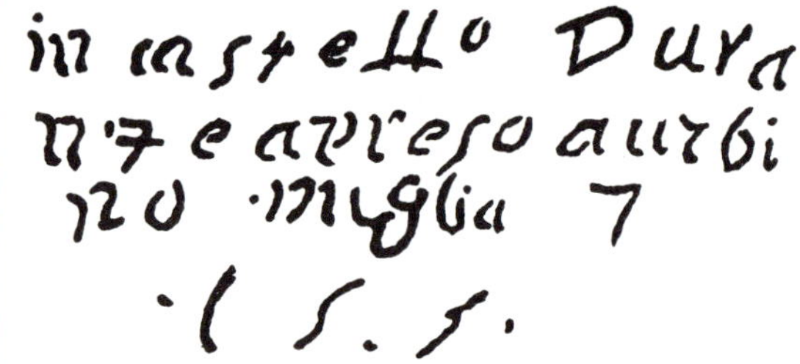

26

27

28

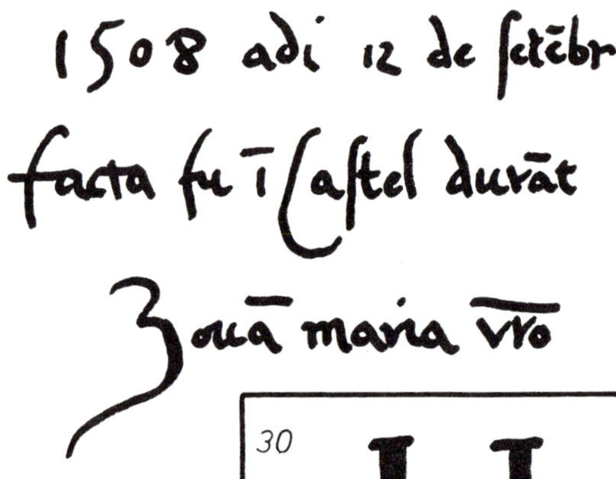

29

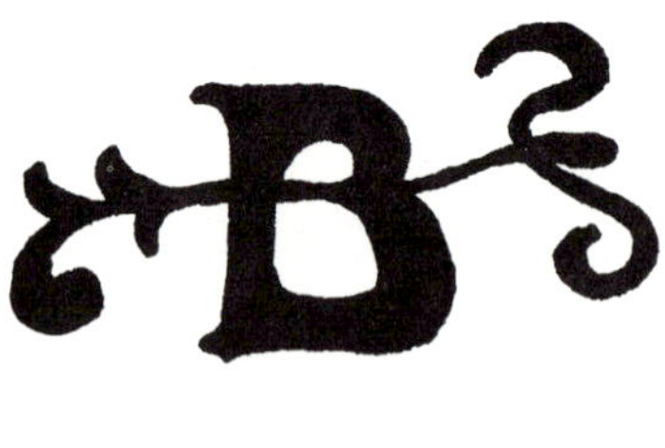

30

31

Castel Durante
32
G·B·C·D·F
33
F·M·DOIZ:
FIAMENGO
FECIT
34
35
G Rocco di Castelli
1732
Rimini
1
1535.
2
1535.
In rimino
3
In arimin
4
5
1535
lulio da urbino
in botega de mas
tro alesandro
in arimino
6

Ravenna

1

Treviso

1

2

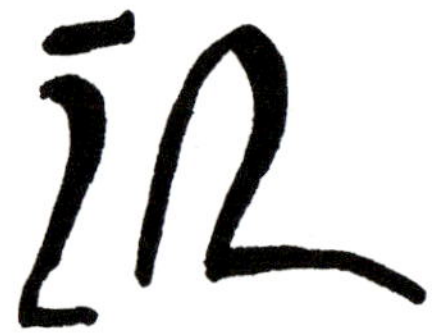

Fabriano

1

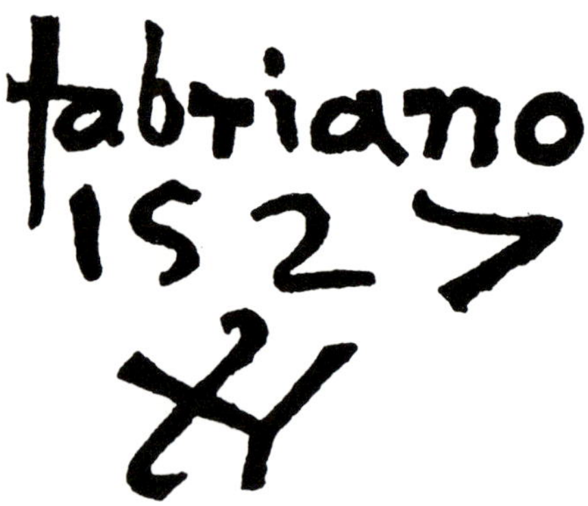

2

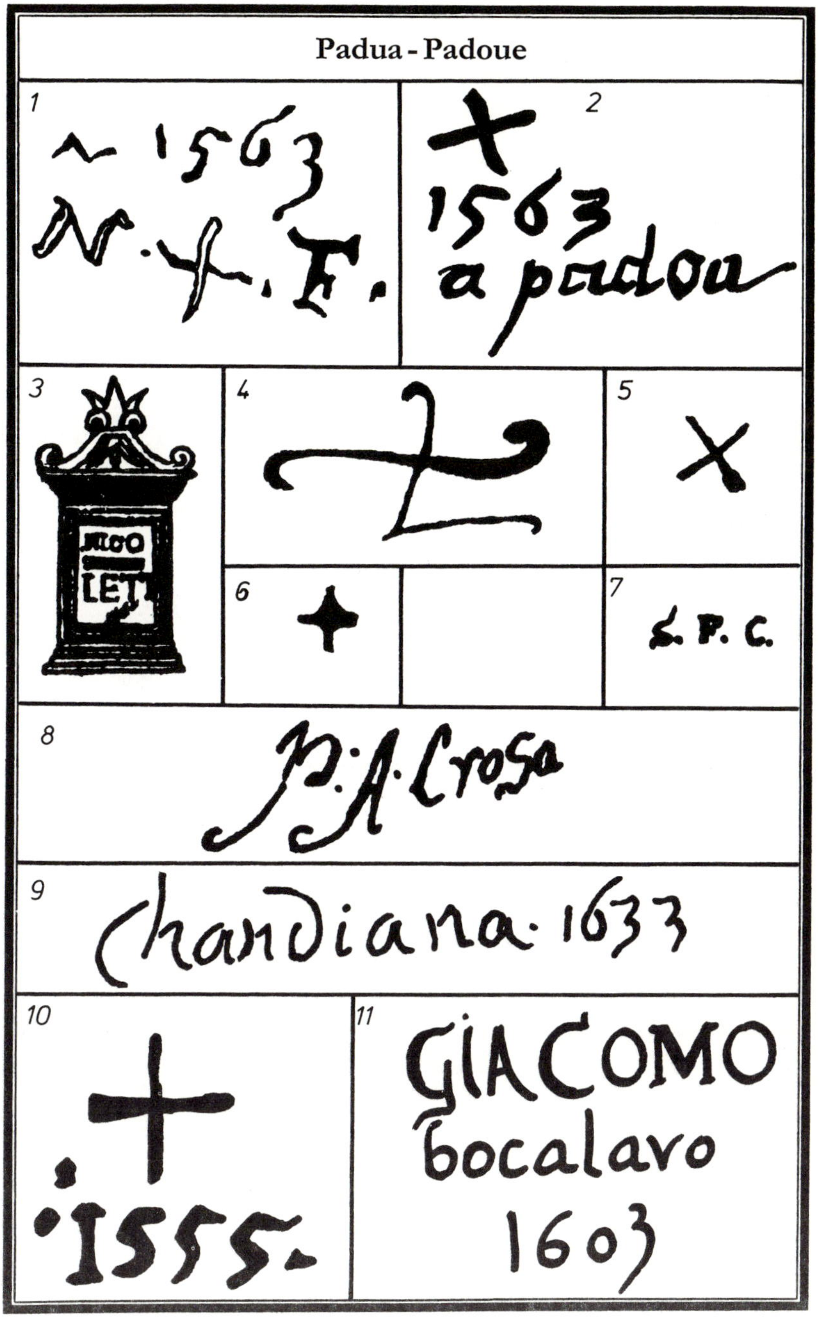
Padua - Padoue
1
1563
2
1563
a padoa
3
4
5
6
7
S. P. C.
8
P:A·Crosa
9
Chandiana·1633
10
1555
11
GIACOMO
bocalaro
1603

Padua - Padoue

13

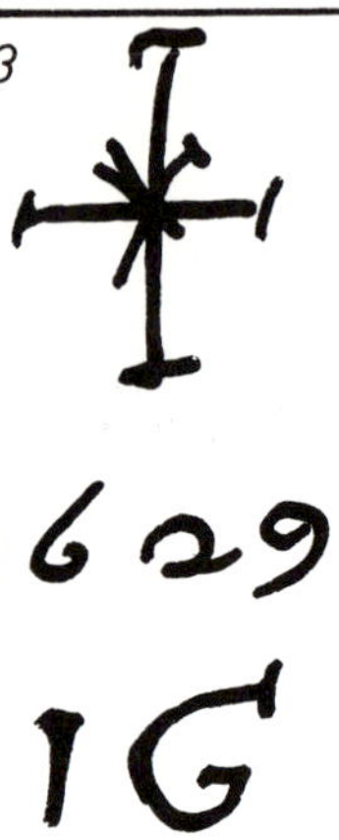

12

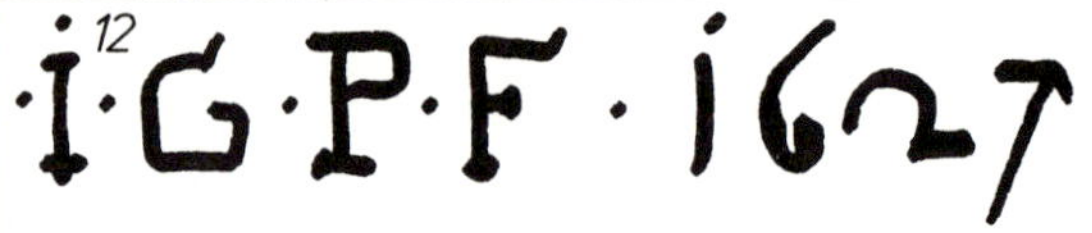

15

16

14

Ferrara

1

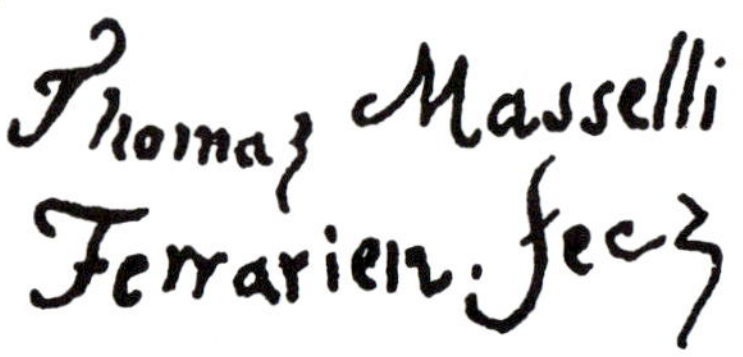

Este

1

Citta di Castello

1

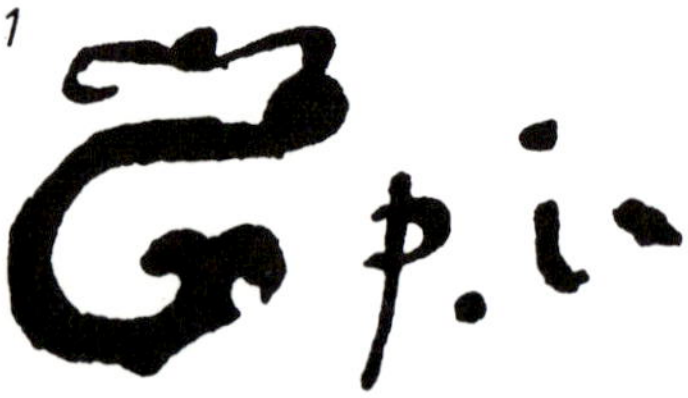

2

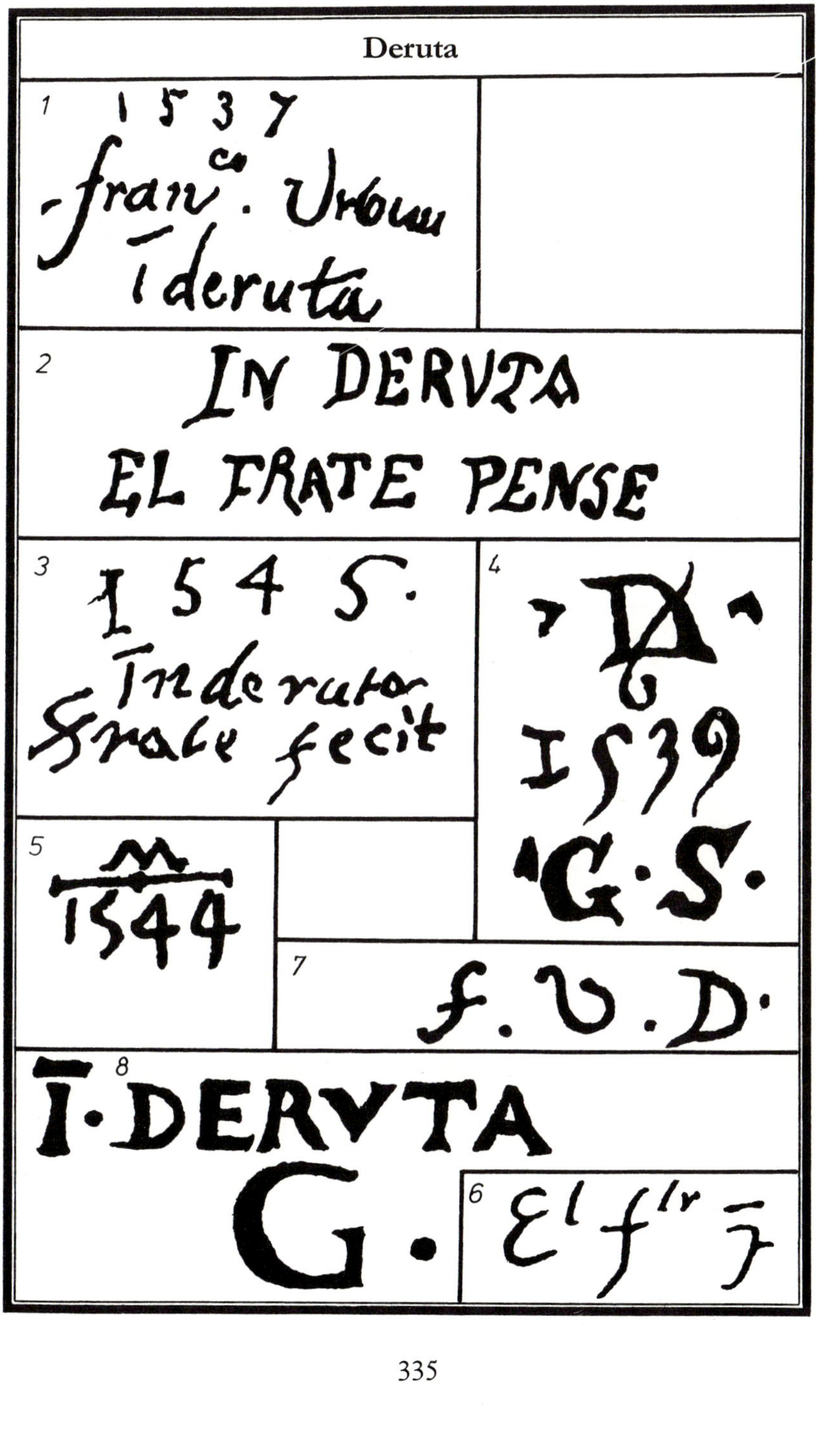
Deruta
1
1537
deruta
2
IN DERVTA
EL FRATE PENSE
3
1545
In deruta
fecit
4
1539
G·S·
5
1544
7
f. V. D.
8
I·DERVTA
G.
6

Deruta

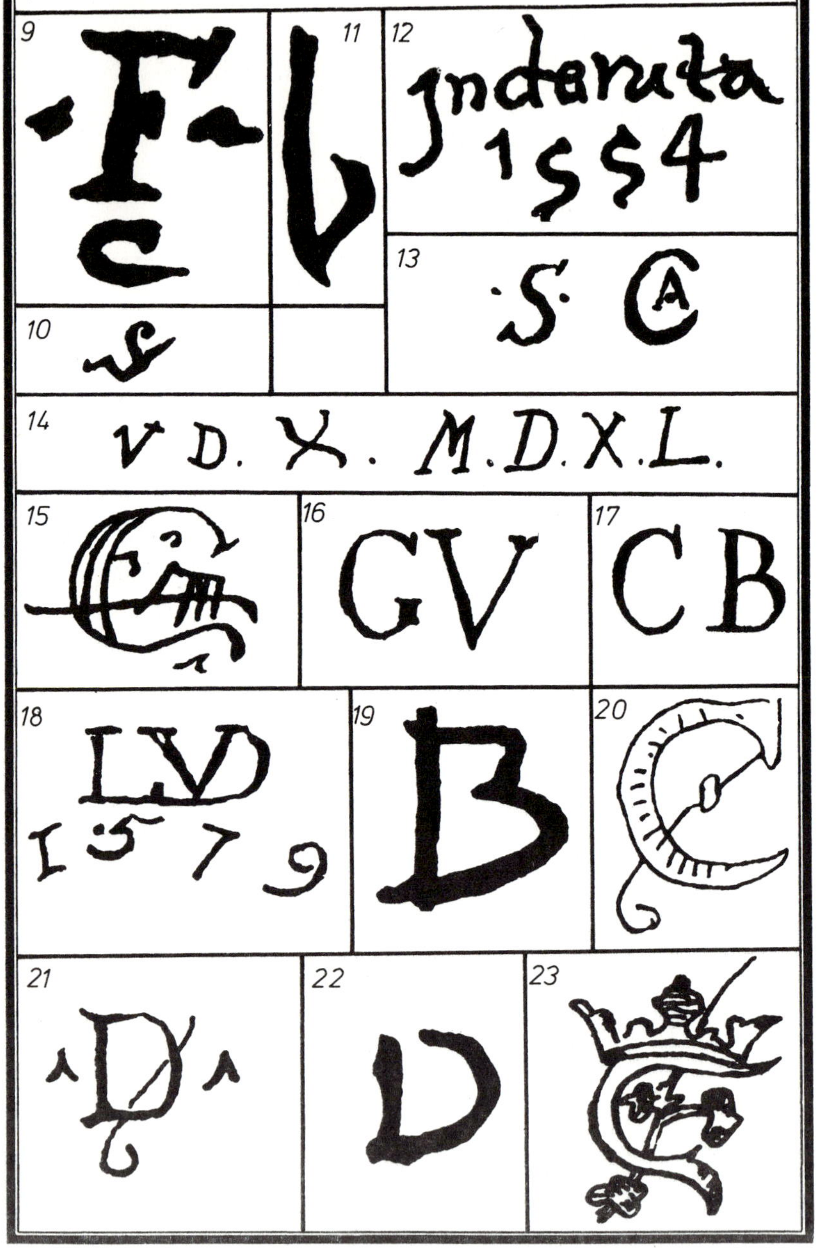
9
11
12
In deruta
1554
13
10
14
V D. X. M.D.X.L.
15
16
GV
17
CB
18
LVD
1579
19
B
20
21
D
22
D
23

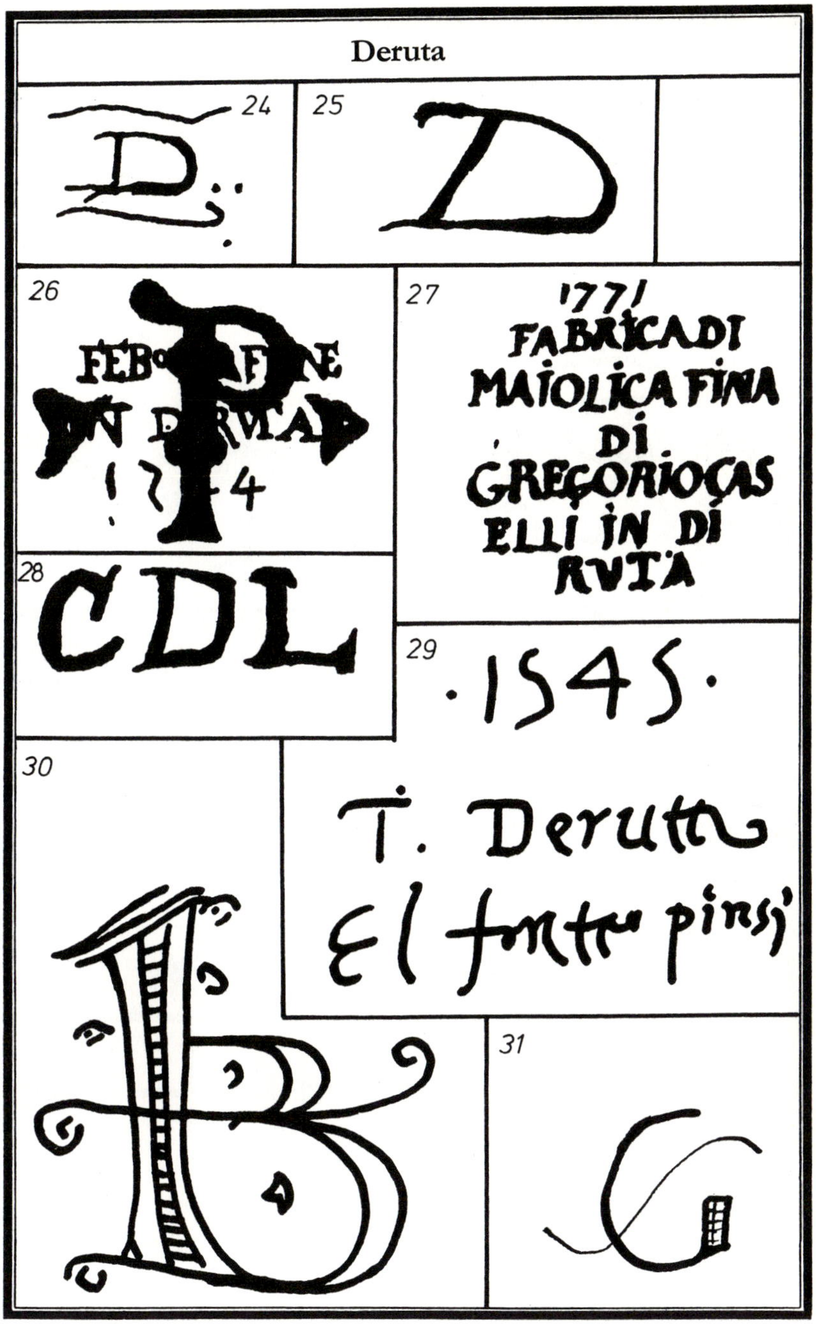
Deruta
24
25
26
27
1771
FABRICADI
MAIOLICA FINA
DI
GREGORIOCAS
ELLI IN DI
RUTA
28
CDL
29
·1545·
30
31

Deruta

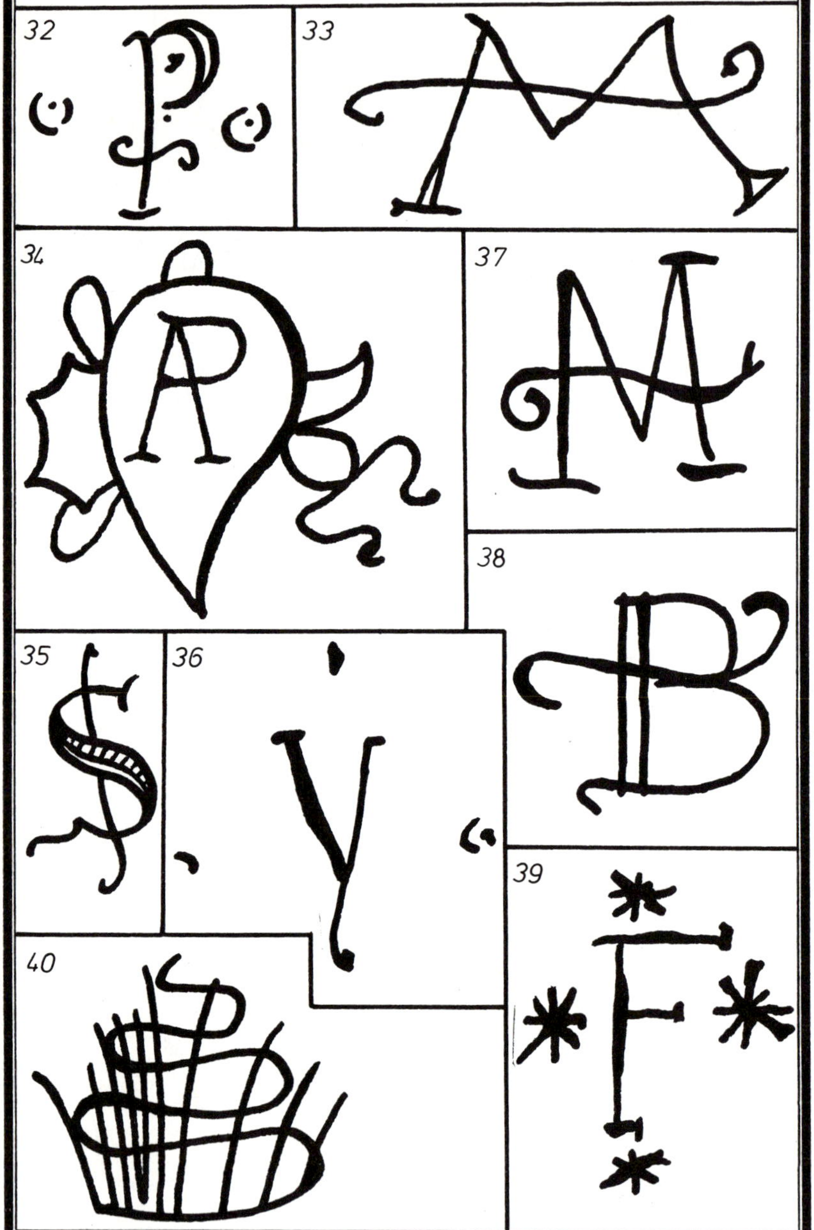

Deruta

41

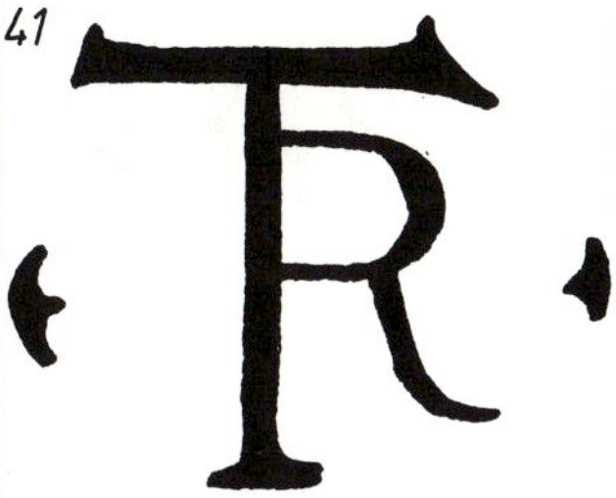

42

43

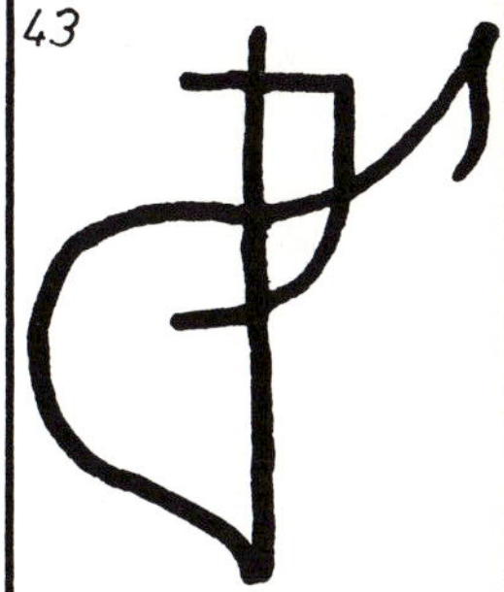

44

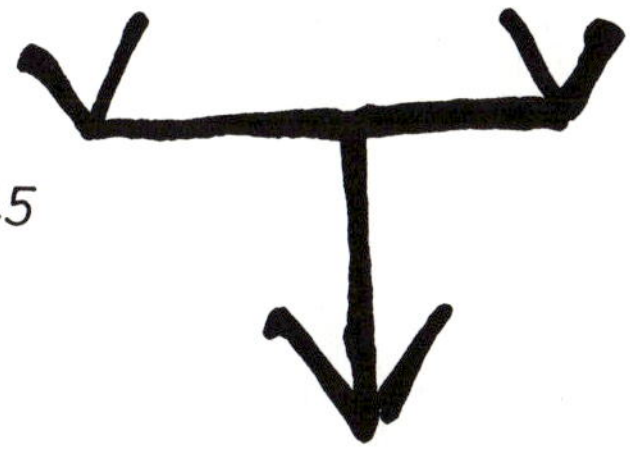

45

Venedig - Venice - Venise

1

2

Venedig - Venice - Venise

3

4

5

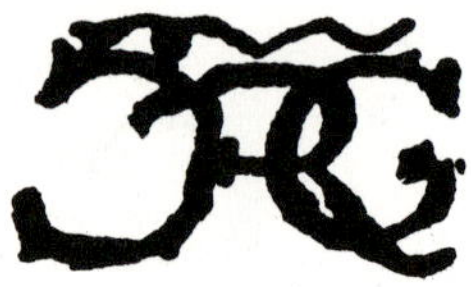

6

7

8

9

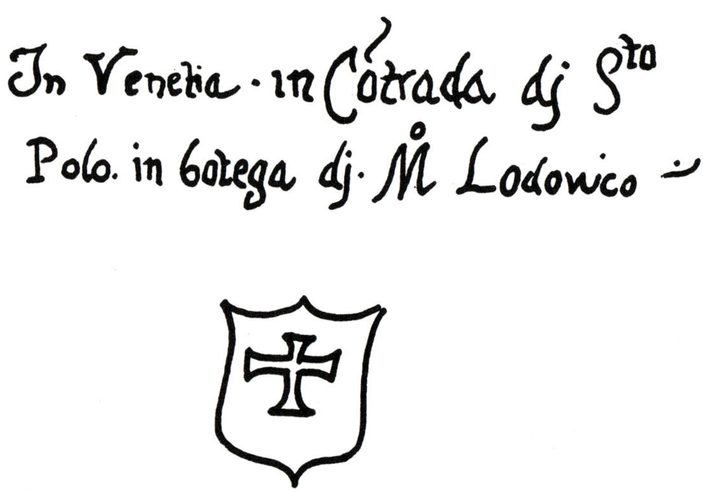

10

11

12

Venedig - Venice - Venise

13

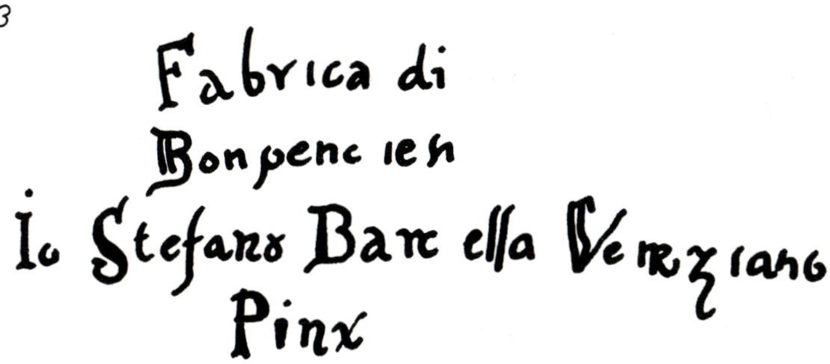

14

15

16

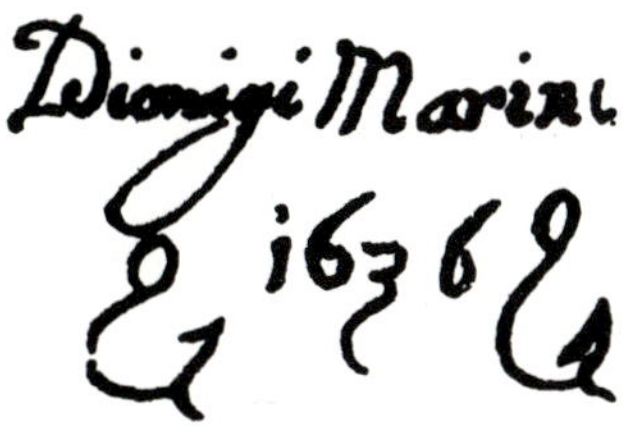

17

18

19

Venedig - Venice - Venise

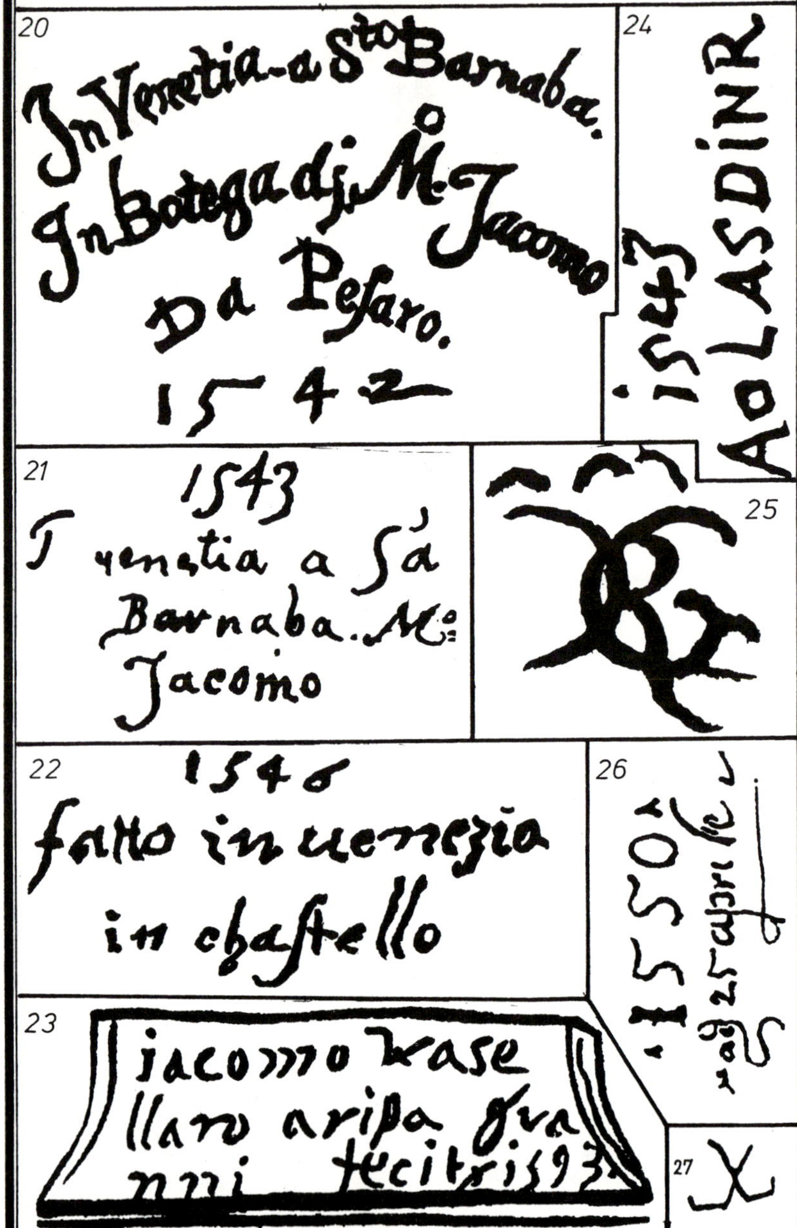

Venedig - Venice - Venise

28

Garofalo 1766

29

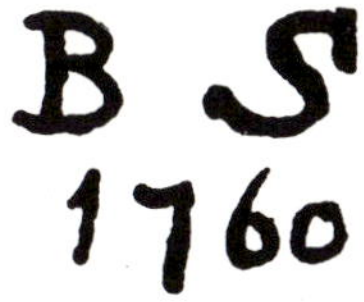

30

31

32

33

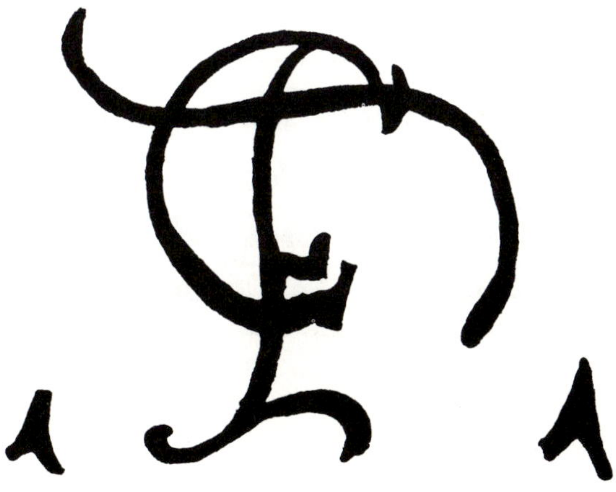

34

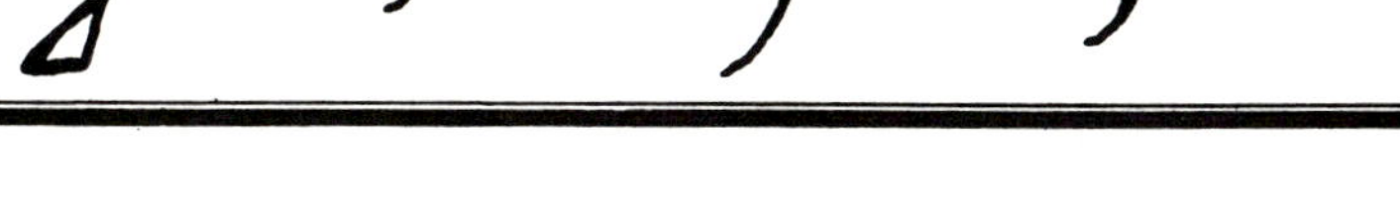

Venedig - Venice - Venise

35

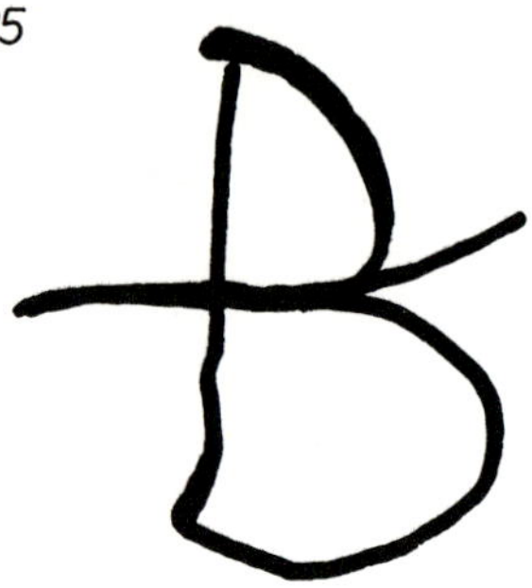

36

37

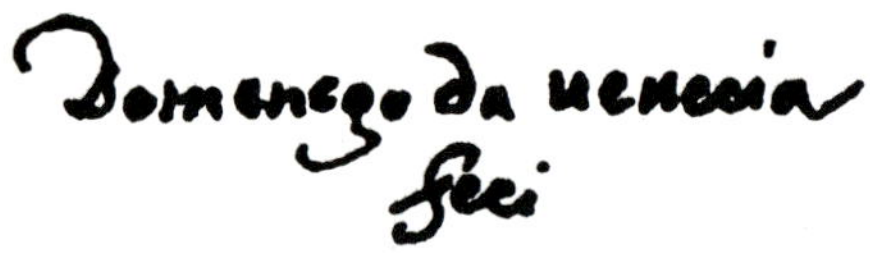

38

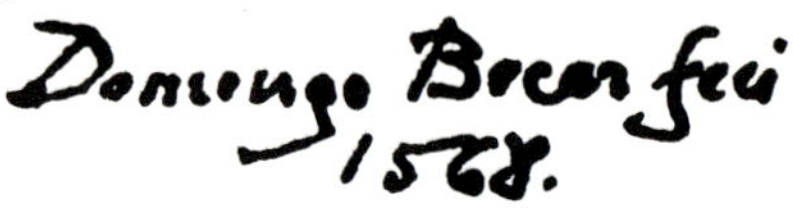

39

40

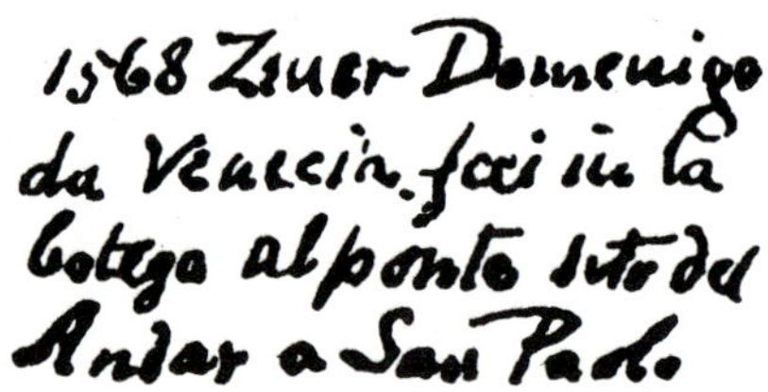

41

42

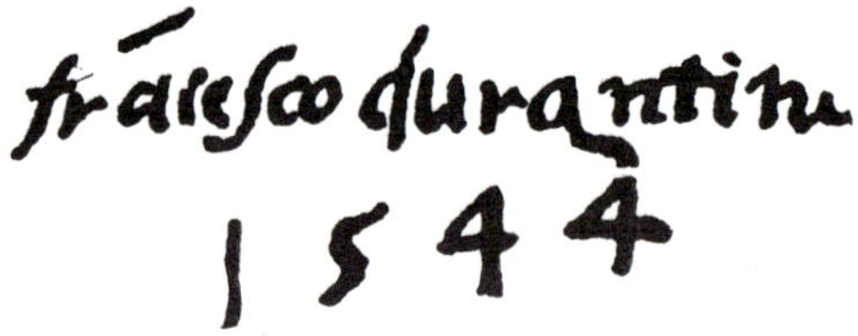

Forli

1

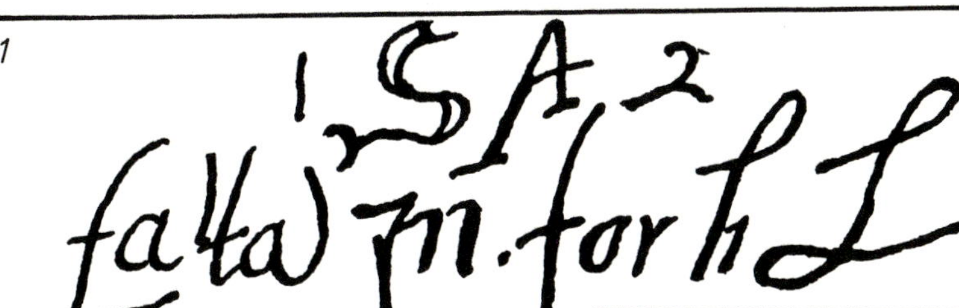

2

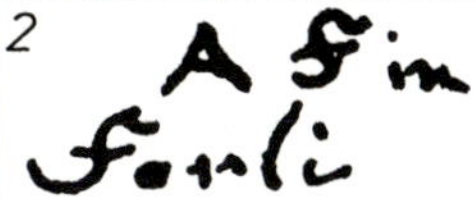

3

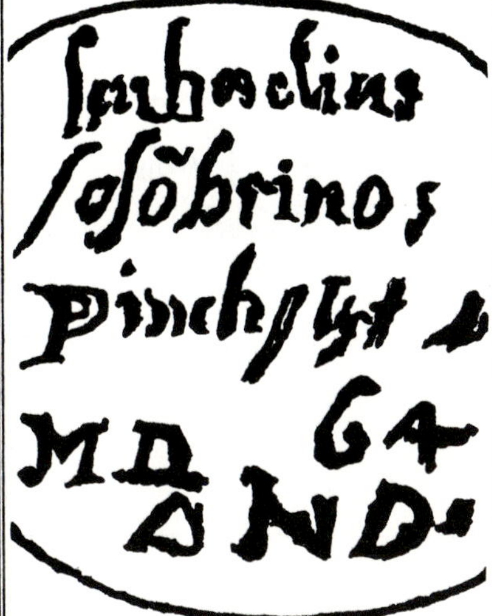

Leuchadius Solombrinus

4

6

5

Forli

7

FATA
IN
FORLI

8

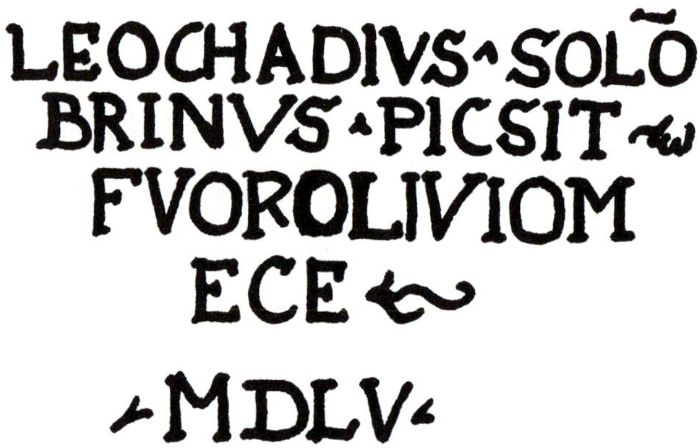
LEOCHADIVS·SOLŌ
BRINVS·PICSIT
FVOROLIVIOM
ECE
·MDLV·

Siena

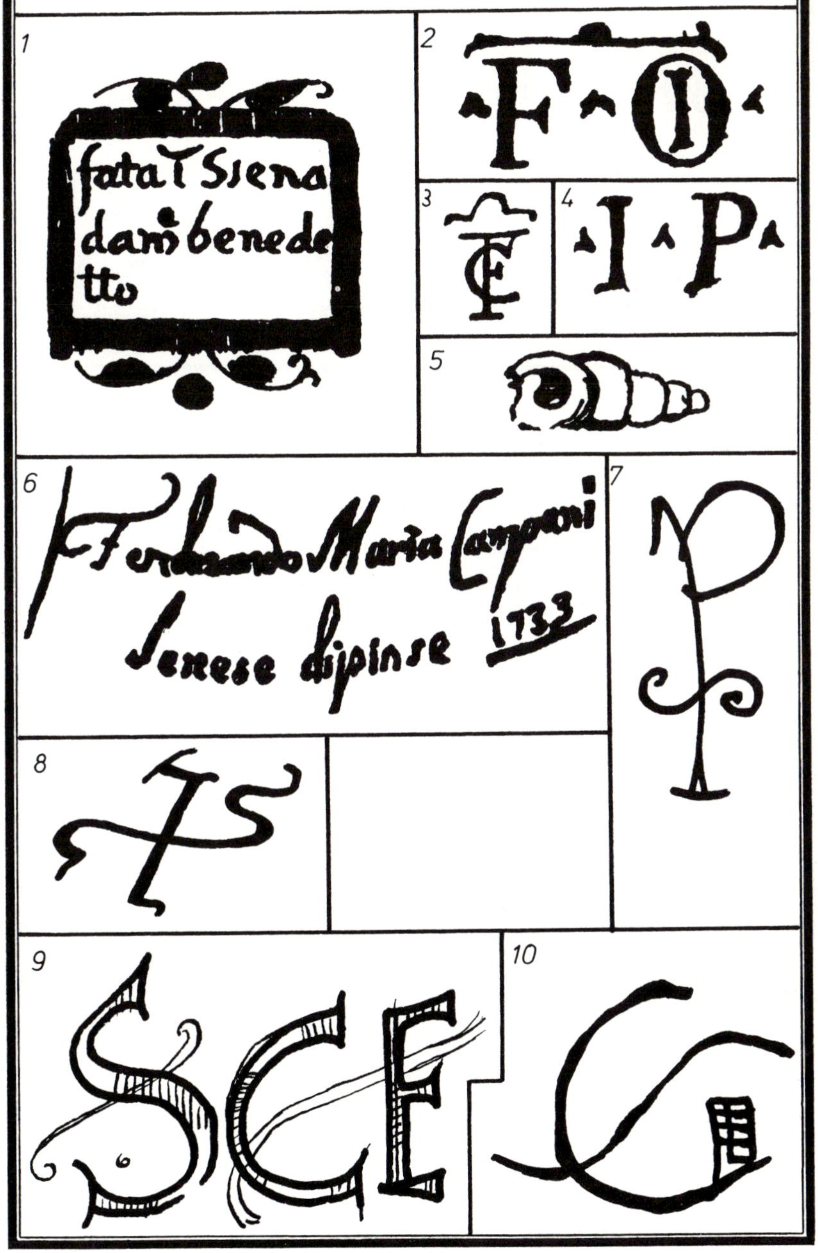
1
fata T Siena
da m° benede
tto
2
F O
3
4
I P
5
6
Ferdinando Maria Campani
Senese dipinse 1733
7
8
9
SCF
10

San Quirico (Sichu)

1

2

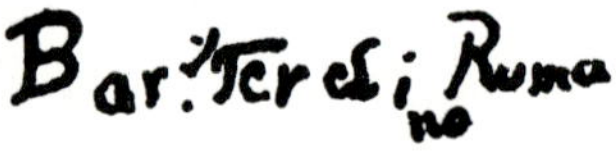

3

4

Perugia

1

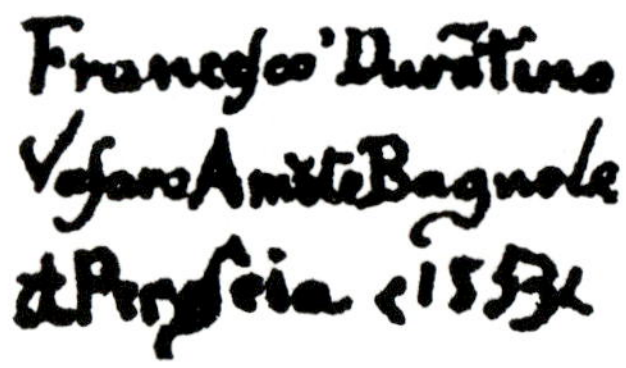

Bagnorea

1

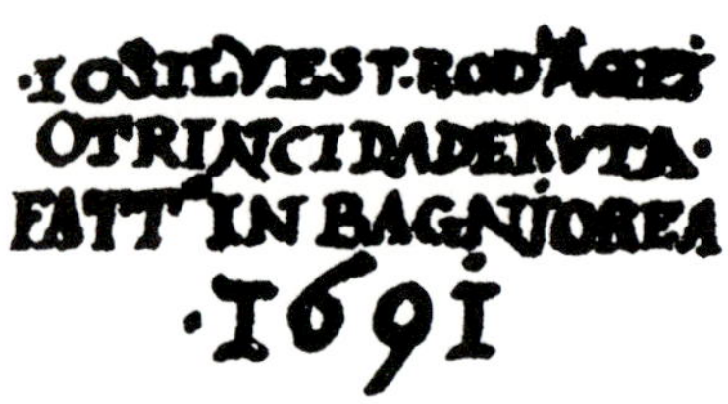

Asolo

1

Rom - Rome

1

2

3

4

Bassano

1
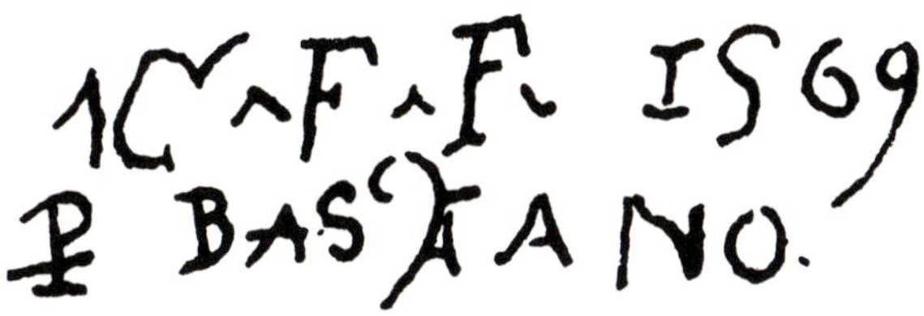

2

3

4

5
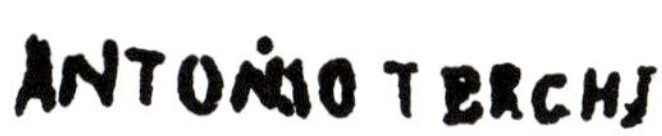

6

S. Marinoni? 1595

Turin

1
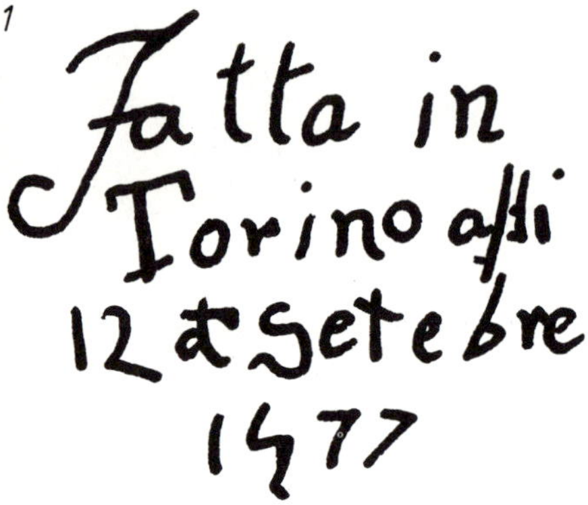

2

3

4

5

6

7
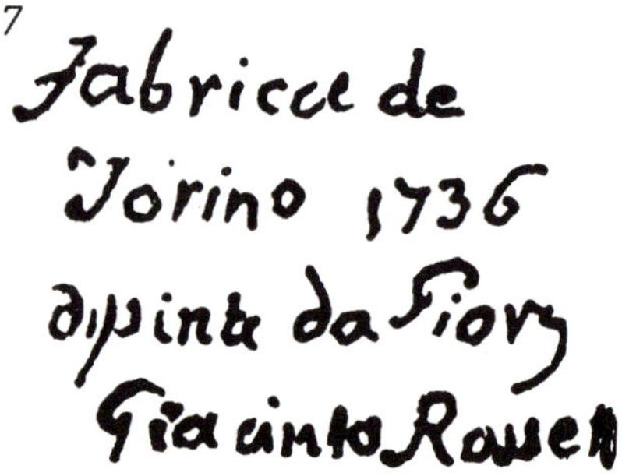

8

9
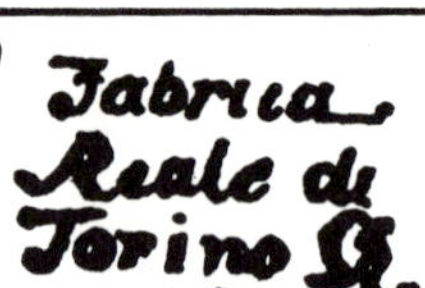

10

11
18. Jahrh. *(Rossetti)*
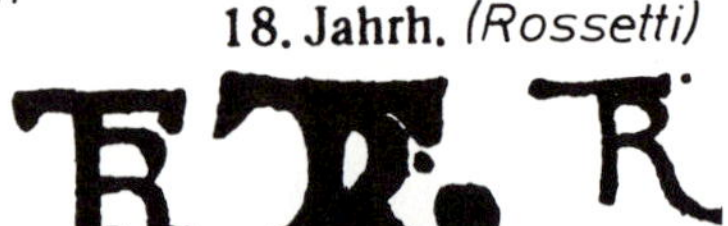

Turin

12

13

14 Giorgio Rosetti

15

16

17

18

19

20

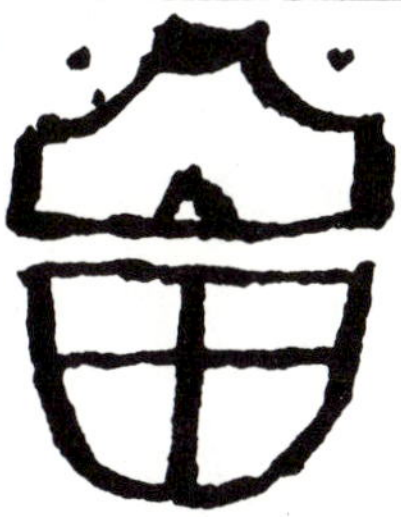

21

Pisa

1

2

Nove

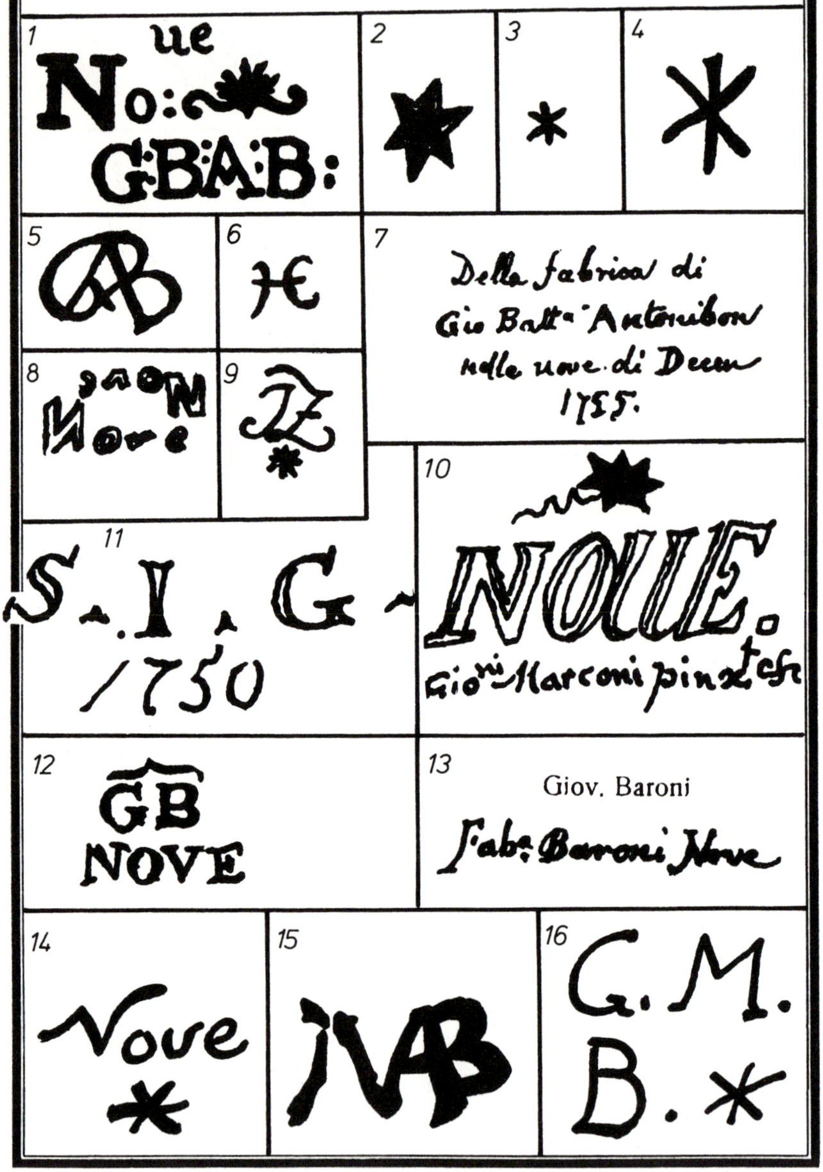
1
No:
G:B:A:B:
2
3
4
5
6
7
Della fabrica di
Gio Batt.a Antonibon
nelle nove di Decem
1755.
8
9
10
NOVE
11
S. I. G.
1750
12
GB
NOVE
13
Giov. Baroni
Fab.a Baroni Nove
14
Nove
15
16
G. M.
B.

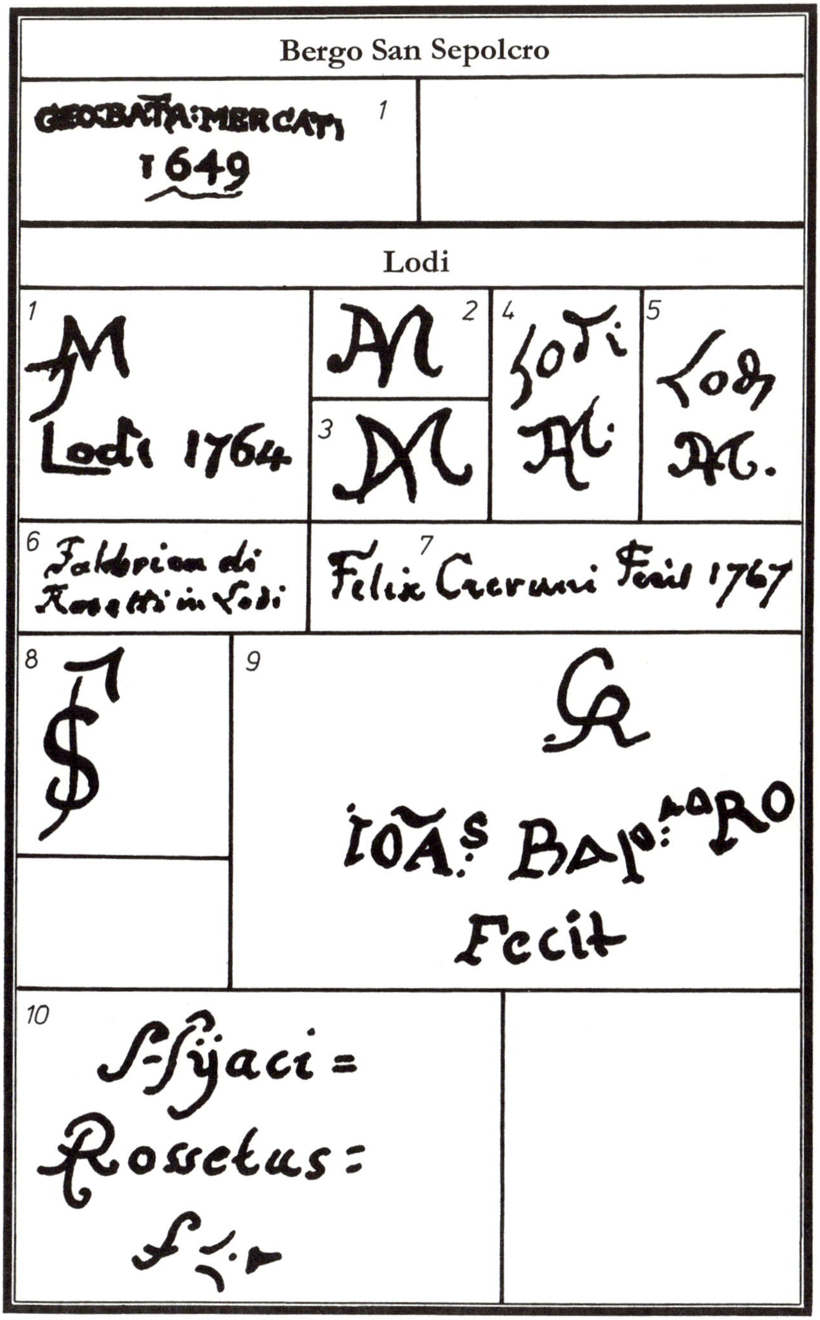
Bergo San Sepolcro
1
1649
Lodi
1
Lodi 1764
2
3
4
Lodi
5
Lodi
6
7
Felix Cerurni Fecit 1767
8
9
Fecit
10
Rossetus

Lodi

11

12

Viterbo

1

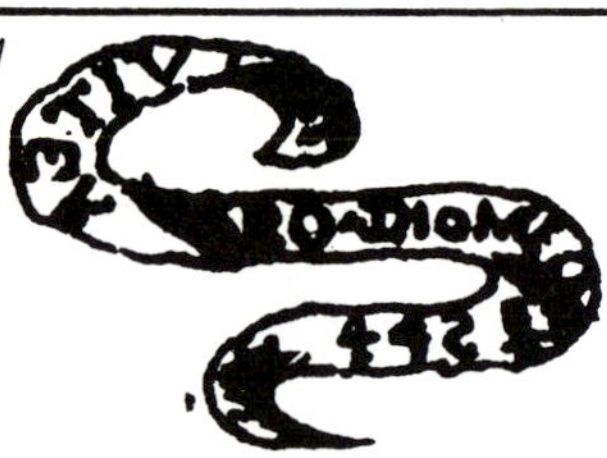

Neapel - Naples

1

2

Franc. Brandi

3

Neapel - Naples

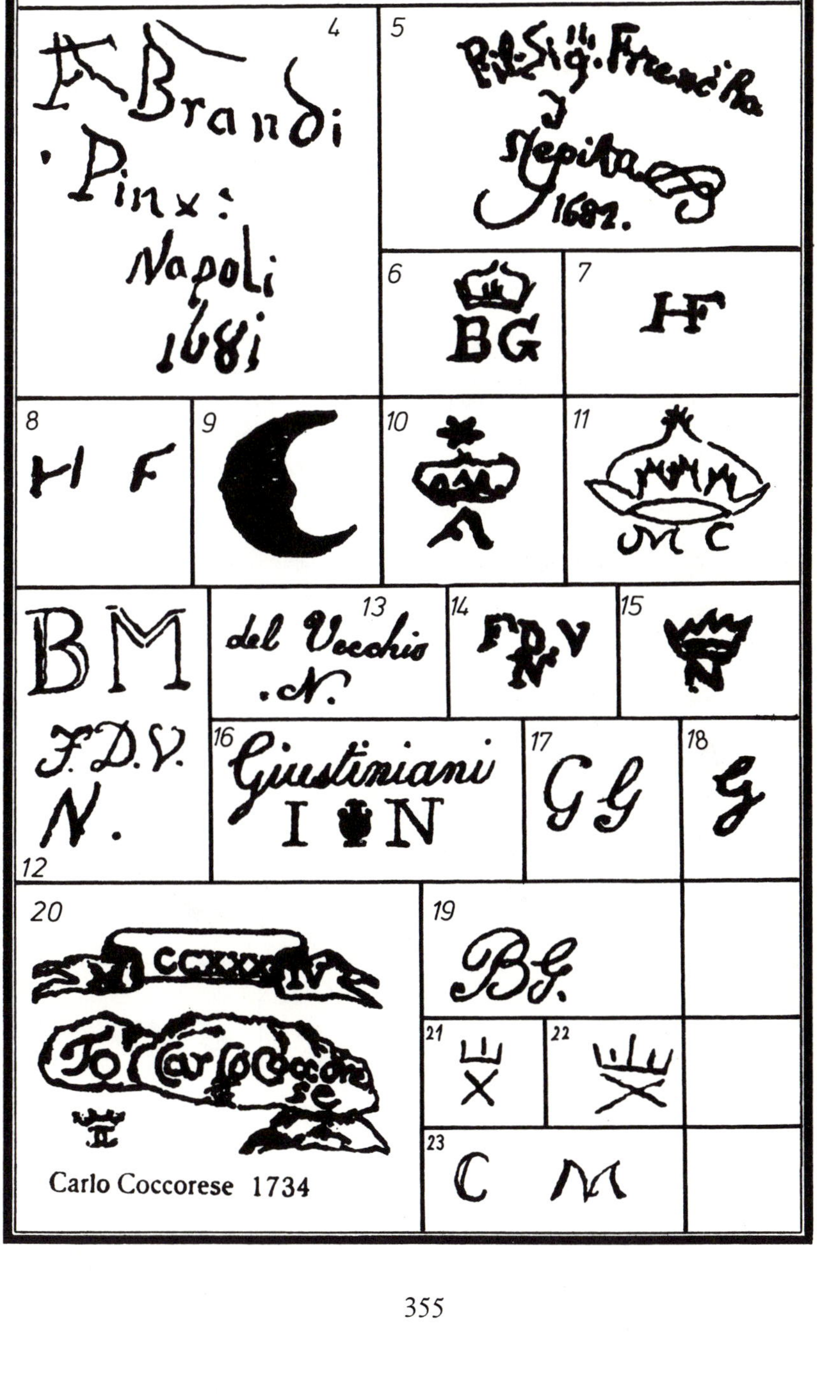

Carlo Coccorese 1734

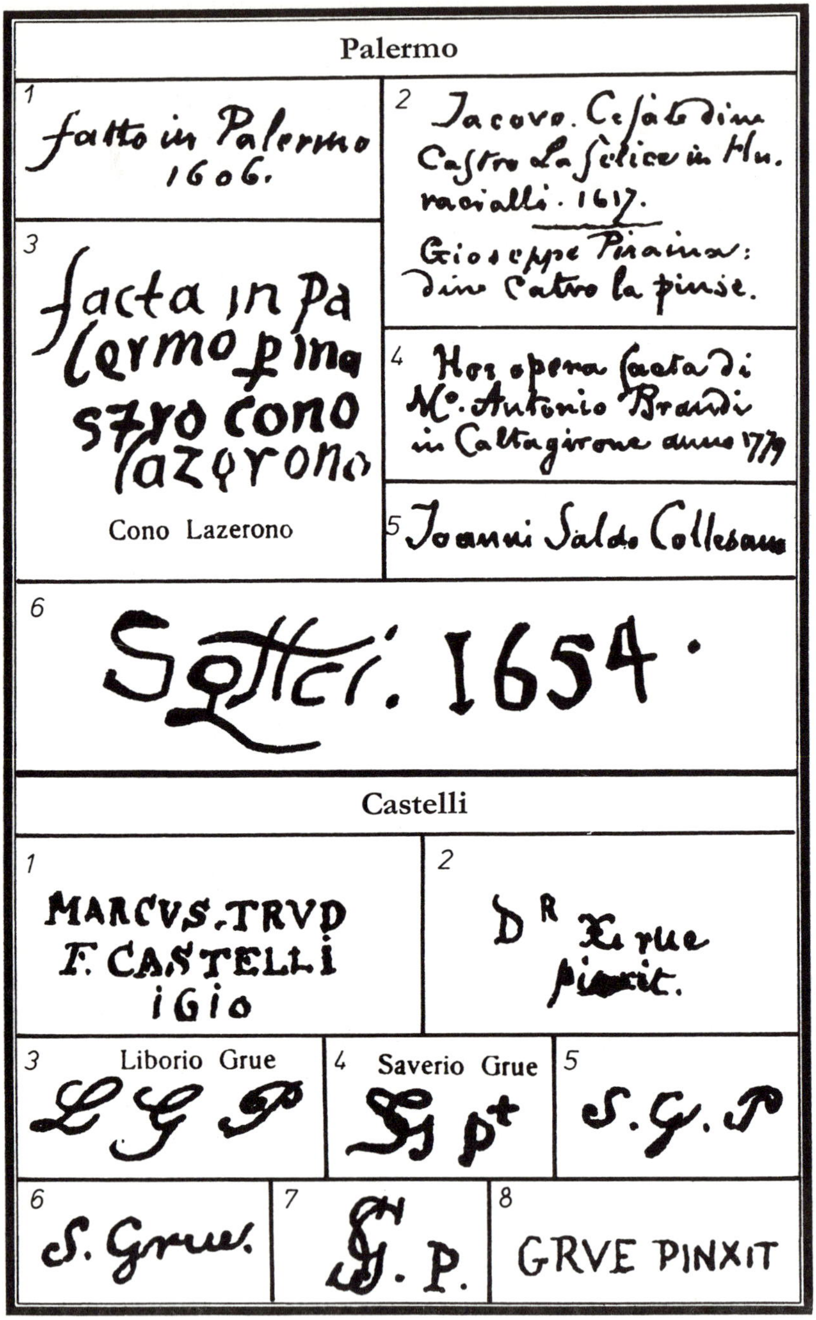
Palermo
1 fatto in Palermo 1606.
2
3
Cono Lazerono
4
5
6 1654
Castelli
1 MARCVS.TRVD F. CASTELLI 1610
2
3 Liborio Grue
4 Saverio Grue
5 S.G.P
6 S. Grue.
7
8 GRVE PINXIT

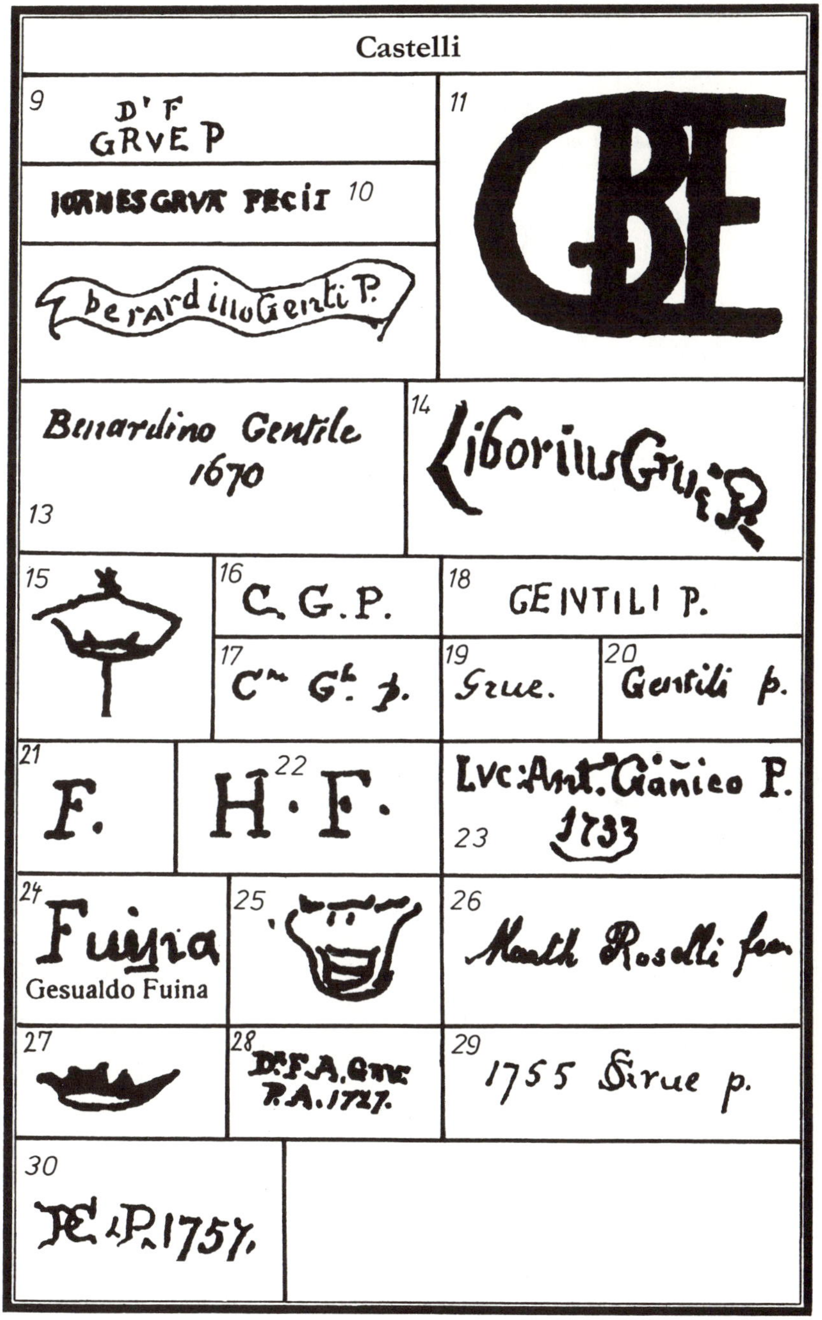
Castelli
9
D' F
GRVE P
10
berardino Gentili P.
11
Bernardino Gentile
1670
13
14
15
16
C. G. P.
17
18
GENTILI P.
19
Grue.
20
Gentili p.
21
F.
22
H·F·
23
1733
24
Fuina
Gesualdo Fuina
25
26
27
28
P.A.1727.
29
1755 Grue p.
30
1757.

Castelli

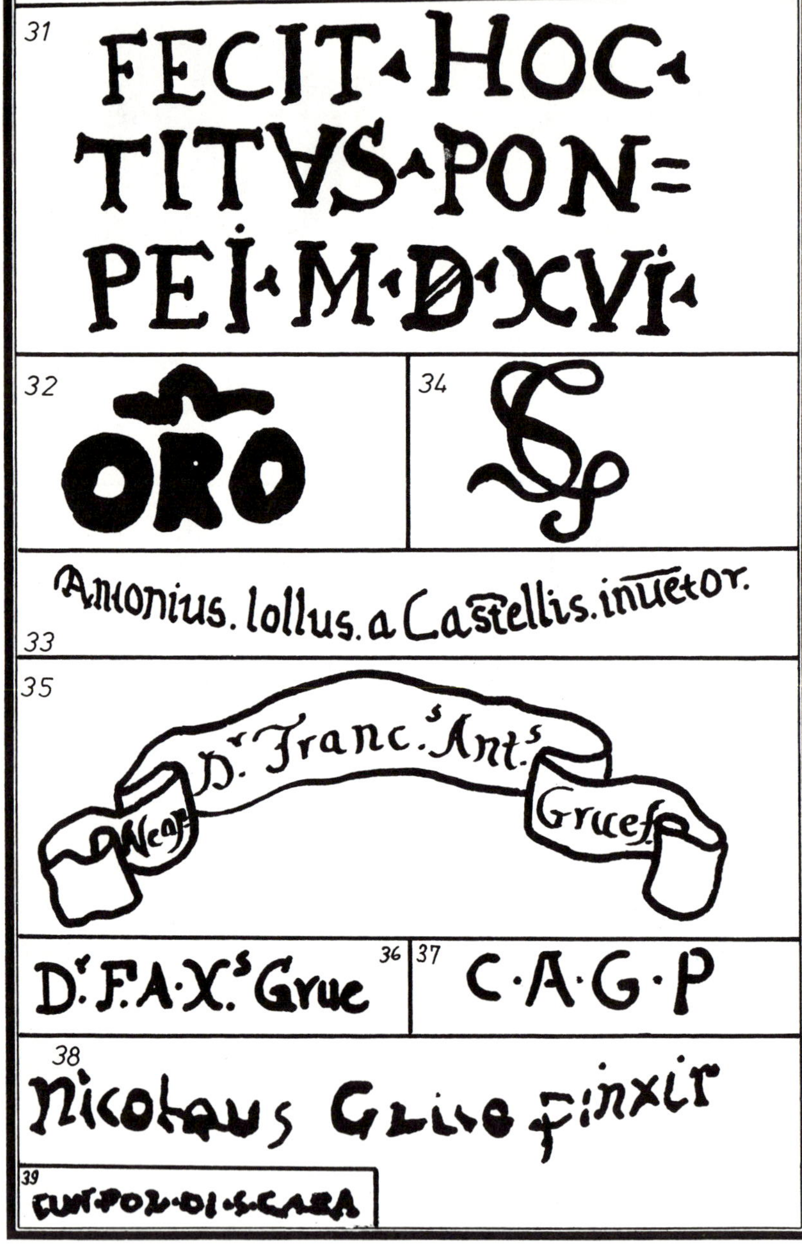
31
FECIT HOC
TITVS PON=
PEI M D XVI
32
ORO
34
33
Antonius. lollus. a Castellis. inuetor.
35
Dr. Franc. Ants
Grue
36
Dr. F. A. Xs Grue
37
C·A·G·P
38
Nicolaus Grue pinxit
39

Savona
Girol. Salomini um 1650
1
2
3
4
5
6
7
8
Unbekannte Künstler
Unknown artists
Artistes inconnus
9
10
11
12
13
14
15
19
16
17
18

Savona

20

21 G. A. Guidobono

22

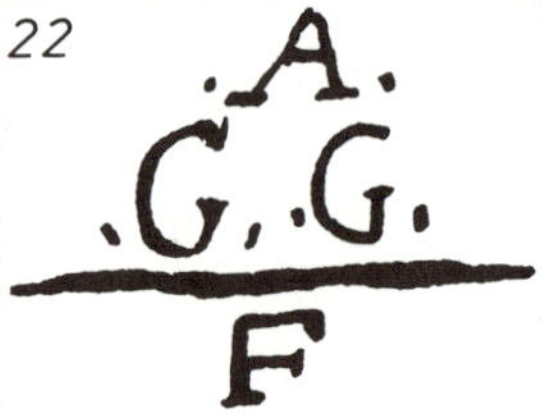

23

24

25

26

27

28

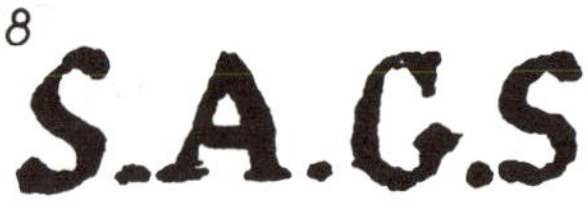

29

30

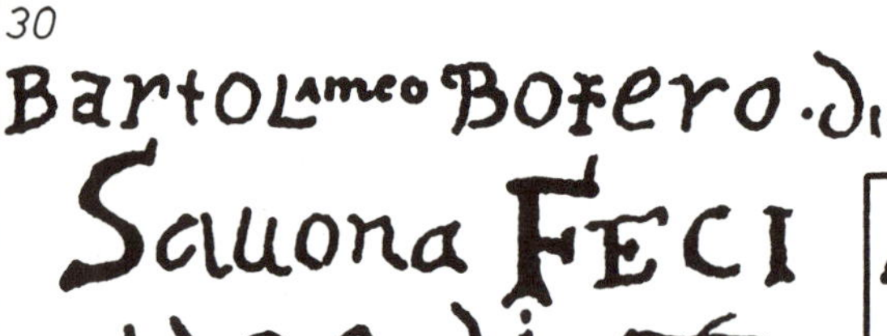

Co. Marcenaro?

31

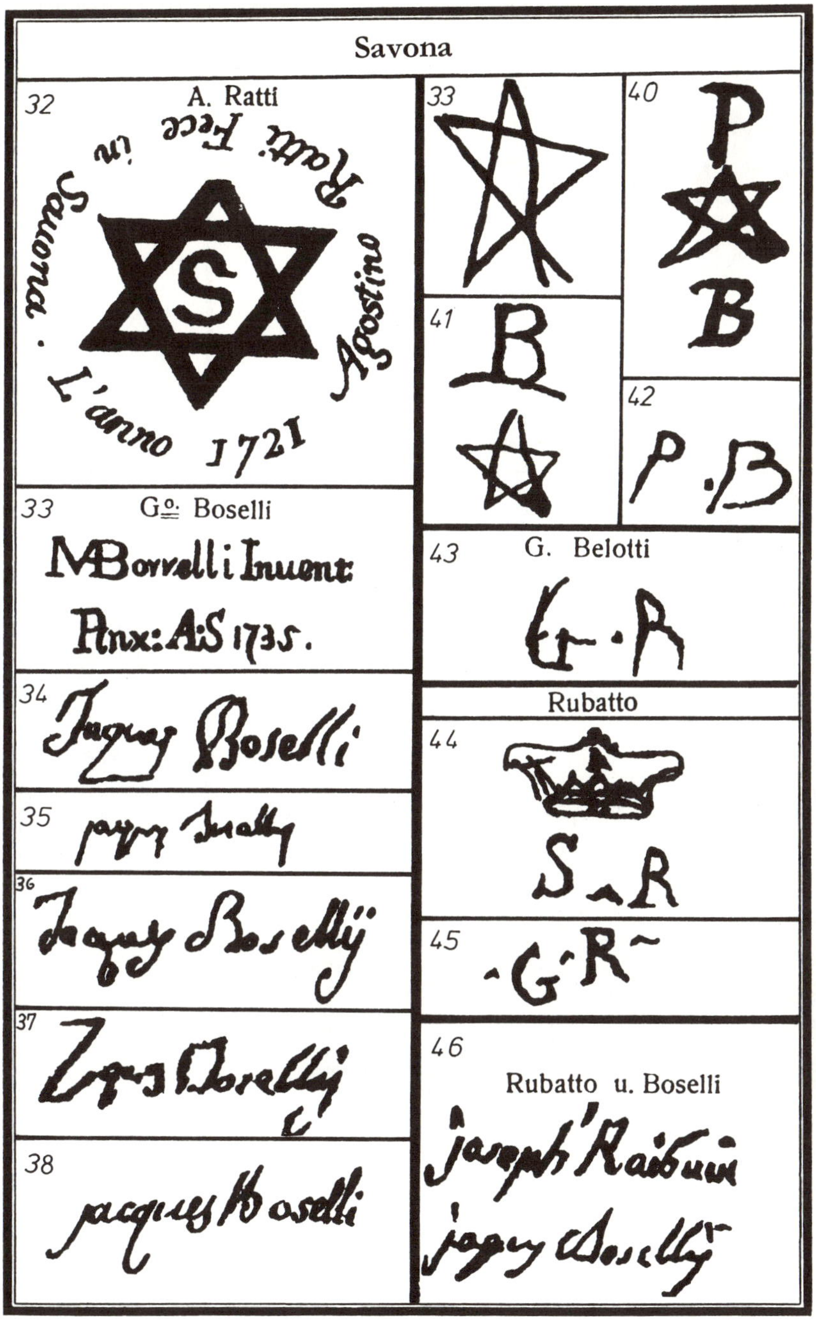
Savona
32
A. Ratti
Ratti Fece in Savona. L'anno 1721 Agostino
33
G.º Boselli
M.Borrelli Inuent: Pinx: A:S 1735.
34
35
36
37
38
33
40
41
42
43
G. Belotti
Rubatto
44
45
46
Rubatto u. Boselli

Savona
Unbekannte Künstler
Unknown artists
Artistes inconnus
47
B. C
48
B◆C
1743
49
B. A.
50
B - A
51
B . S
52
B S
1760
53
Valente
G. V
54
55

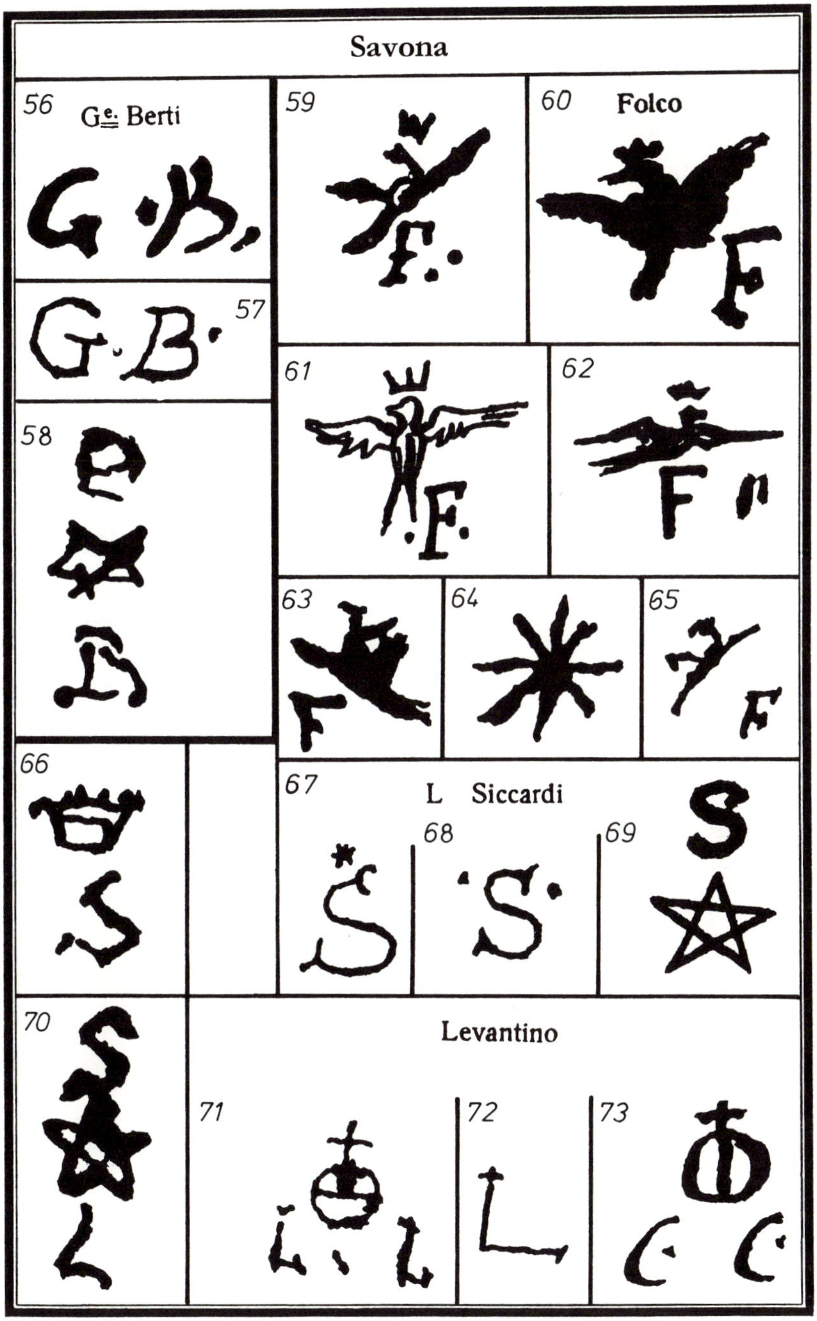
Savona
56 Ge. Berti
57
58
59
60 Folco
61
62
63
64
65
66
67 L Siccardi
68
69
70
Levantino
71
72
73

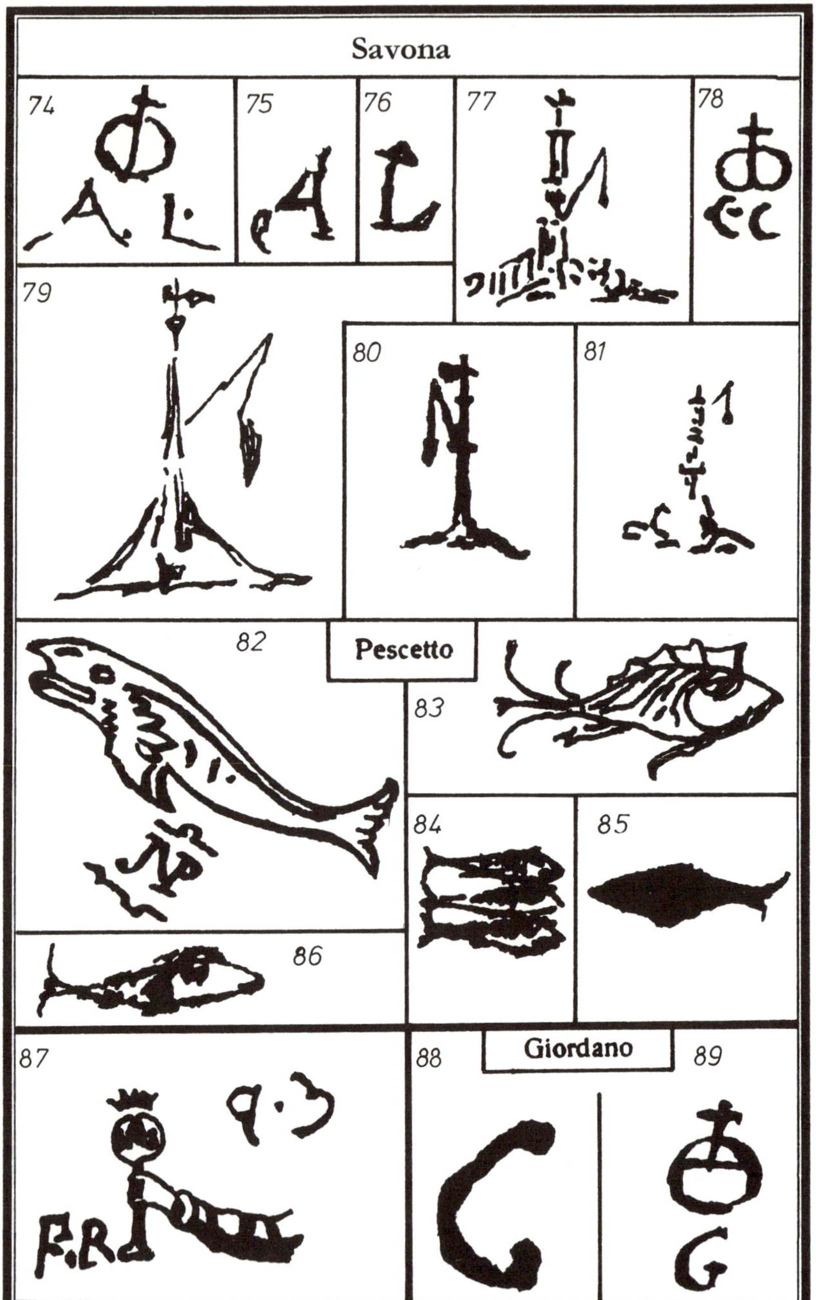
Savona
74
75
76
77
78
79
80
81
82
Pescetto
83
84
85
86
87
88
Giordano
89

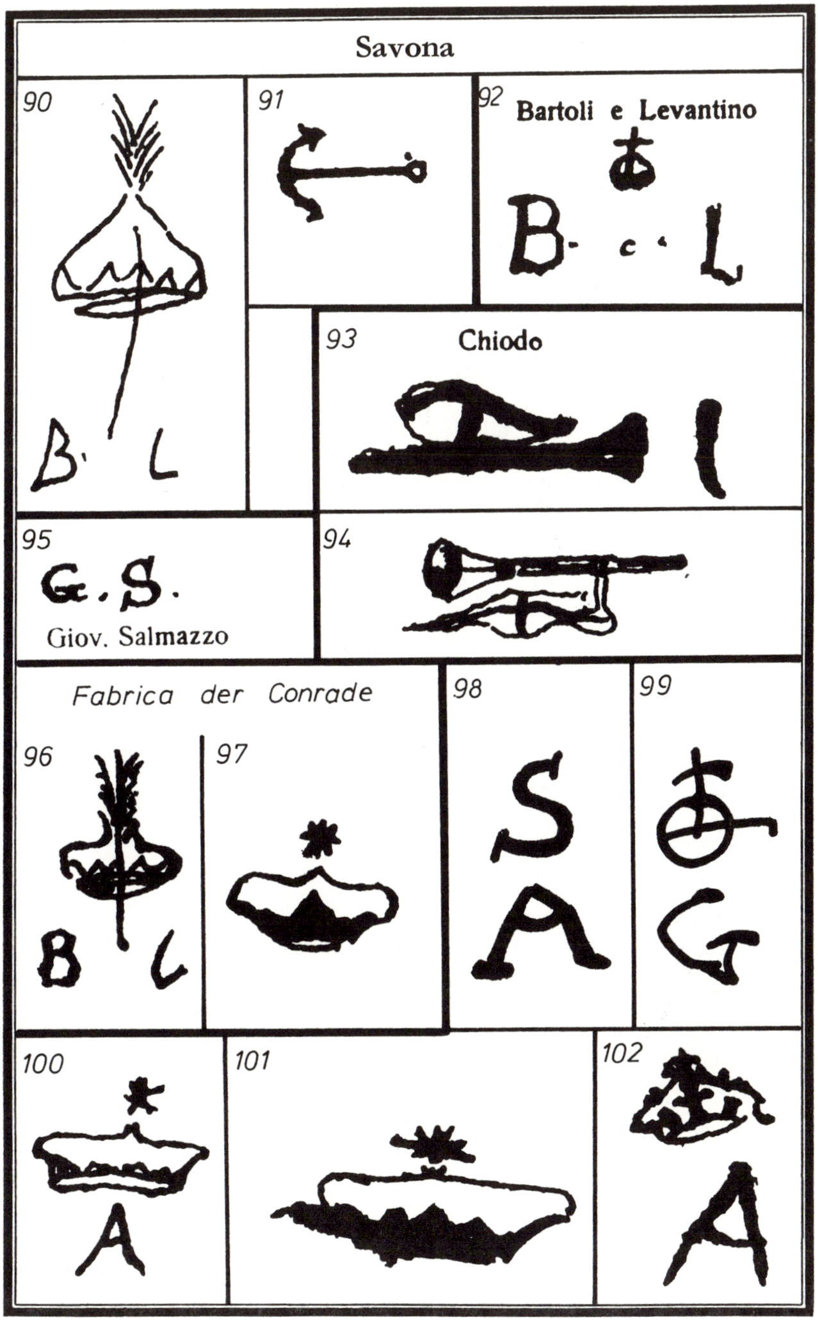
Savona
90
91
92 Bartoli e Levantino
93 Chiodo
95
G. S.
Giov. Salmazzo
94
Fabrica der Conrade
96
97
98
99
100
101
102

Mailand - Milan

Rubati *1756-1796*

1

2

3

4

5

7

6

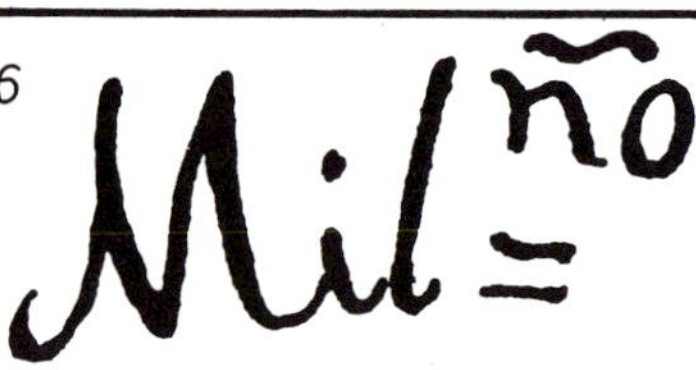

8

9

10

Fabbrica Santa
Cristina
1775-1782
"Cesare Confalonieri"

11

12

13

Mailand - Milan

14

15

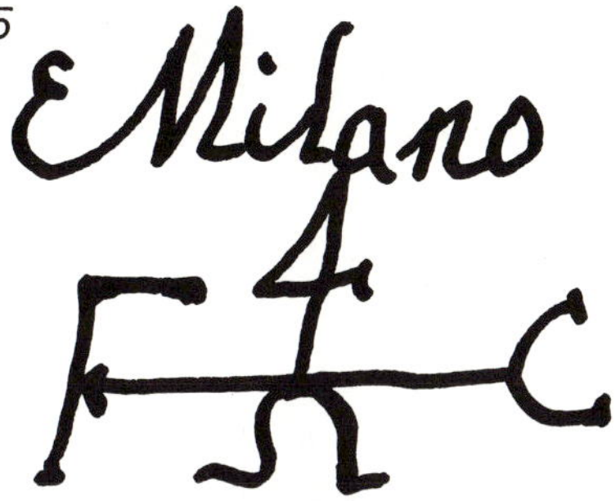

16

17

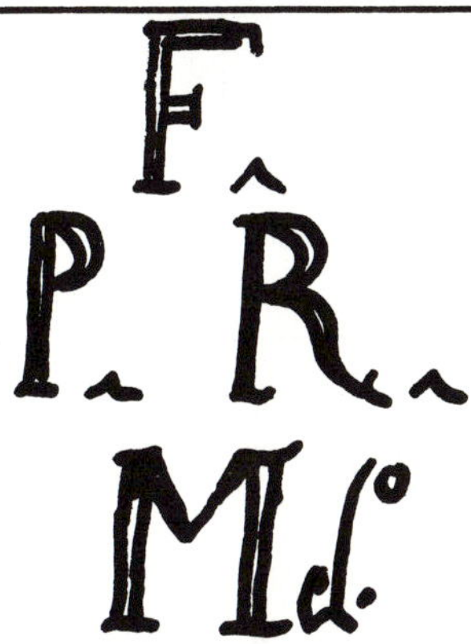

18

Pavia

1

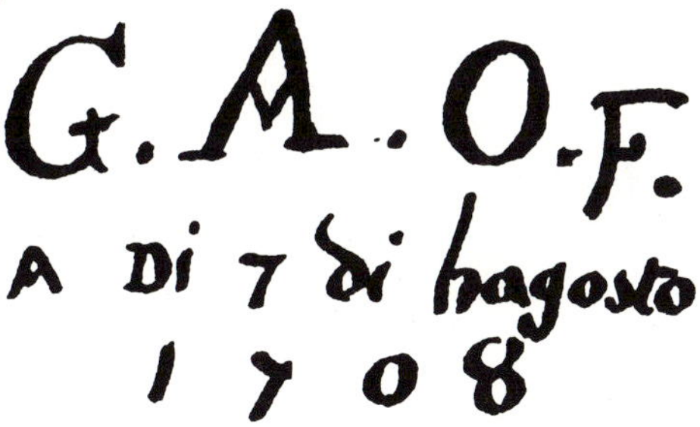

2

3

Fratelli Cantu
um 1740

Pavia

4 IOANNES BRITIVS CVTIVS CANO: ORDIN PAPIÆ

5 PRESBYTER ANTONIVS MARIA CVTIVS PAPIENSIS PROTHONOTARIVS APOSTOLICVS FECIT 1688

Genua - Gênes

1 H / G

2

G.

3

Asciano

1 T. P
Asciani die xij Maij
1600

2 T. T. D.
fortunatus Phillizellus
P. Asciani. 1578.

Colle Ameno

1

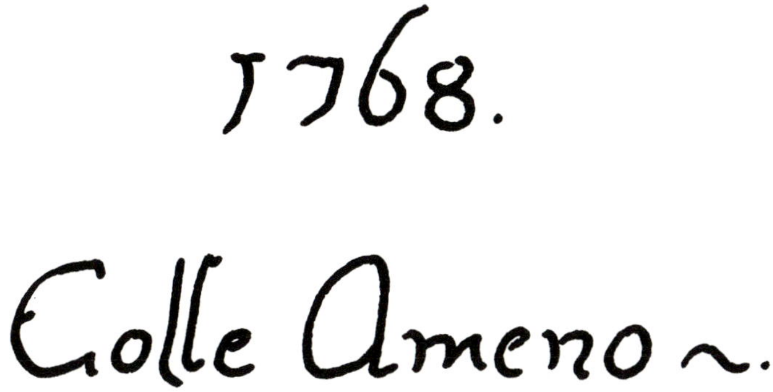

San Christoforo

J. Richard & Co.

1

2

3

Mondovi

Musso

1

2

G. Besio

3

Triest

1

2

3

Triest

4

5

Gorizia - Görtz

1

Gmundner Keramik ab 1903

Die Marken der Gmundner Keramik (Österreich Fayencen, Steingut und dergl.) wurden nachträglich eingefügt. Aus technischen Gründen mußten diese auf den Seiten 719-727 untergebracht werden.

Herreböe (1758–1778)

Fabrikmarken mit Malermarken

Malermarke

Zahlenmarke

Die Marken wurden in Blau angebracht.

Die Marke Nr. 4 und 5 HKL = Herreböe, K = Kreibe, L = LARGE,

Nr. 6 Josef und Gunder Large, Nr. 7, 8 und 9 = Andreas Rosendal, Nr. 11 bezeichnet die Größe der Gegenstände.

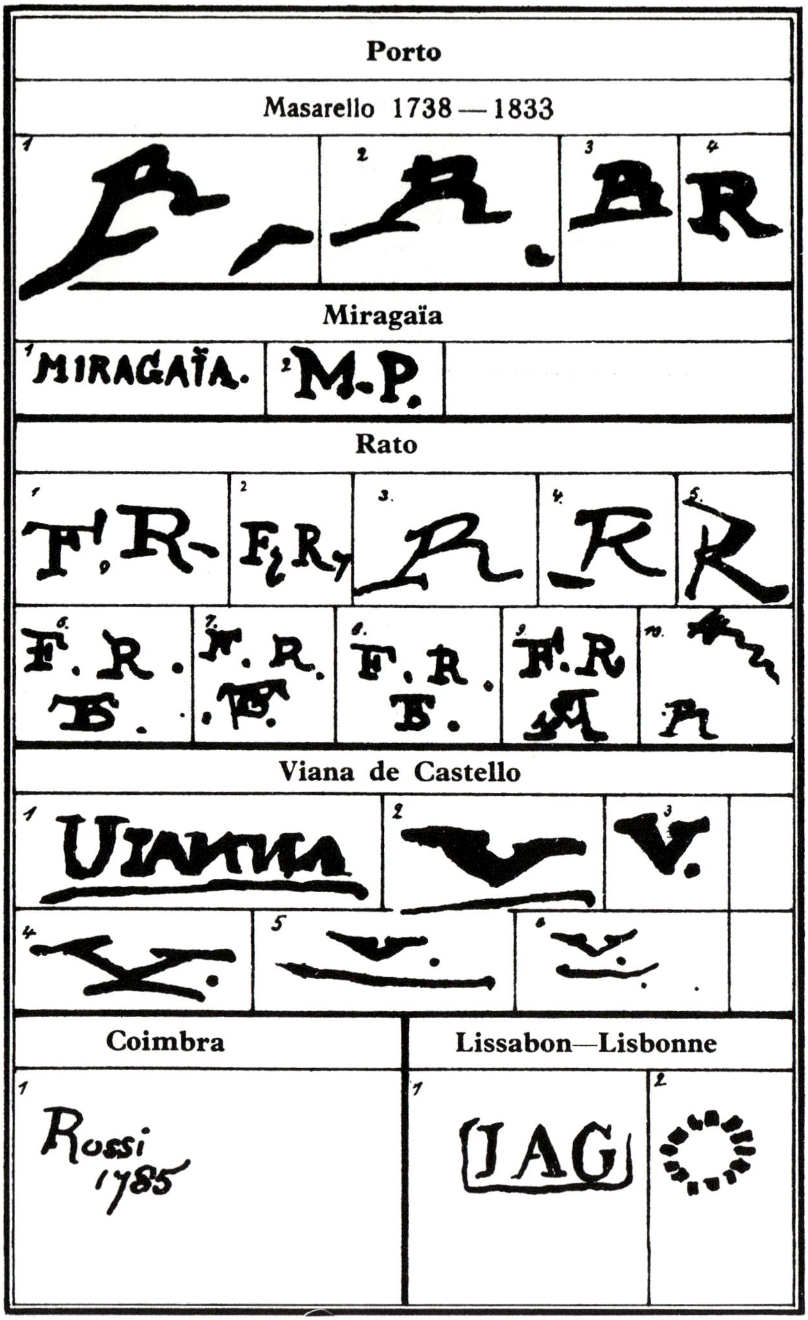
Porto
Masarello 1738—1833
Miragaïa
MIRAGAÏA.
M.P.
Rato
Viana de Castello
Coimbra
Lissabon—Lisbonne
Rossi
1785
IAG

Marieberg (1758–1788)

Joh. Ludwig Eberhard Ehrenreich (1758–1766)

Fabrikmarken

1

2

3

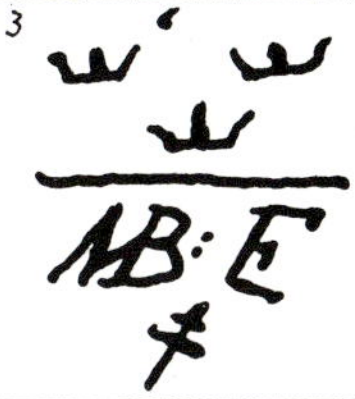

1758–1766

Fabrikmarken mit Malermarken und Datierung

4

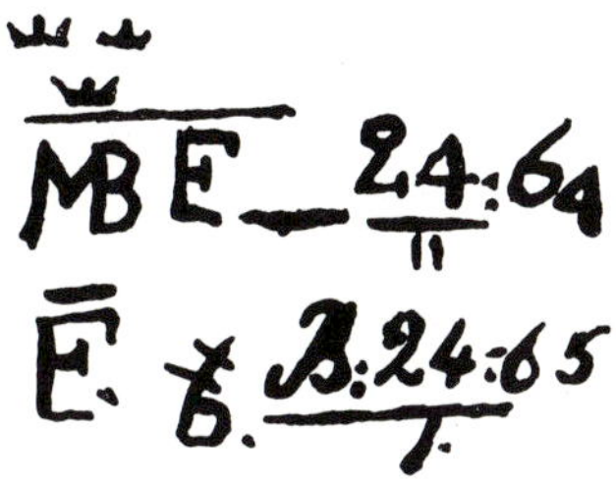

5

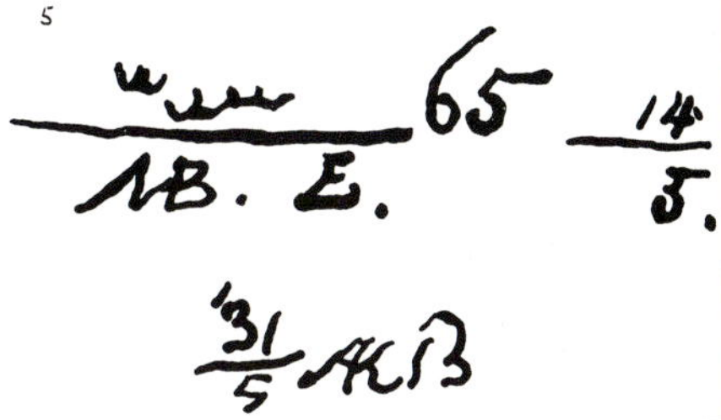

6

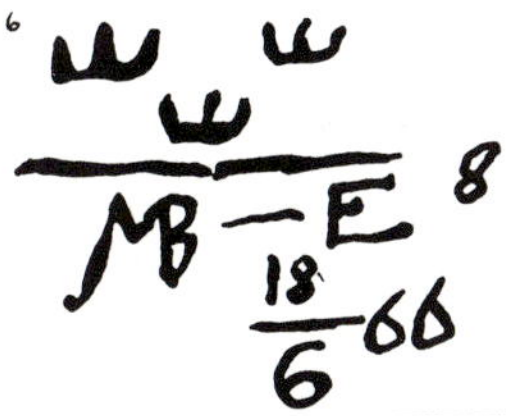

Die Fabrikmarken wurden in Blau und Mangan, die Malermarken fast immer in der Farbe des Dekors angebracht. Zusätzliche Zahlen bedeuten Töpfermarken.

Marieberg (1758–1788)

Pierre Berthevin (1766–1769)

Fabrikmarke

1

1766–1769

Fabrikmarken mit Malermarken und Datierung

2

3

4
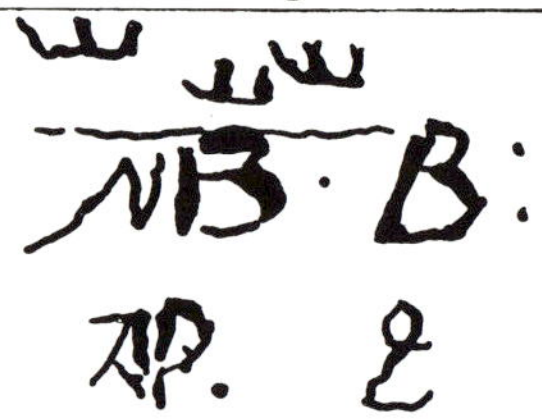

5
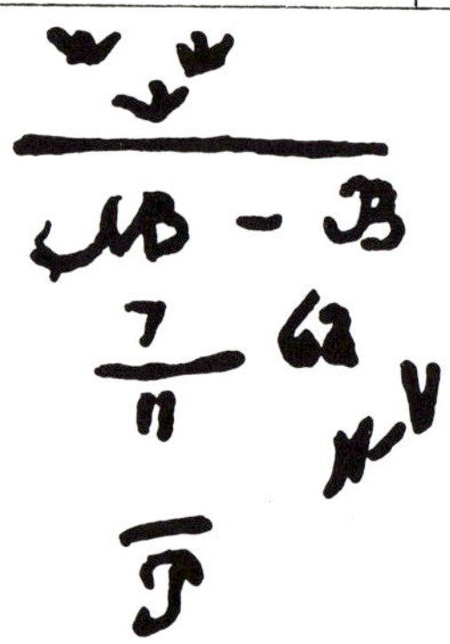

6
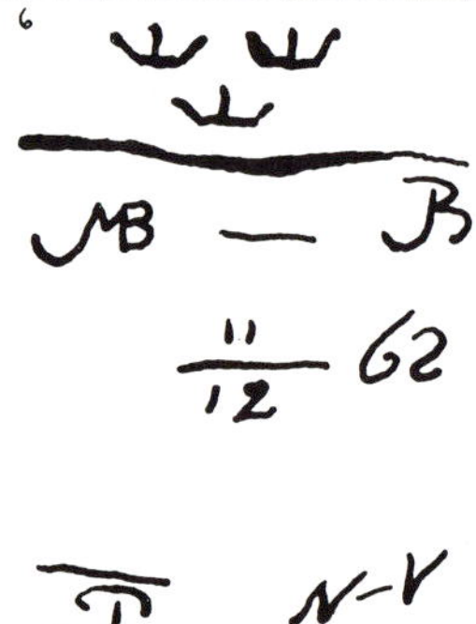

7

8
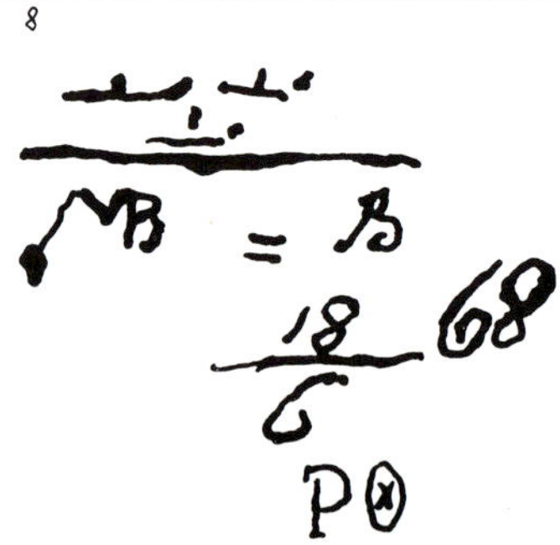

Marieberg (1758–1788)

Pierre Berthevin (1766–1769)

Fabrikmarken mit Malermarken und Datierung

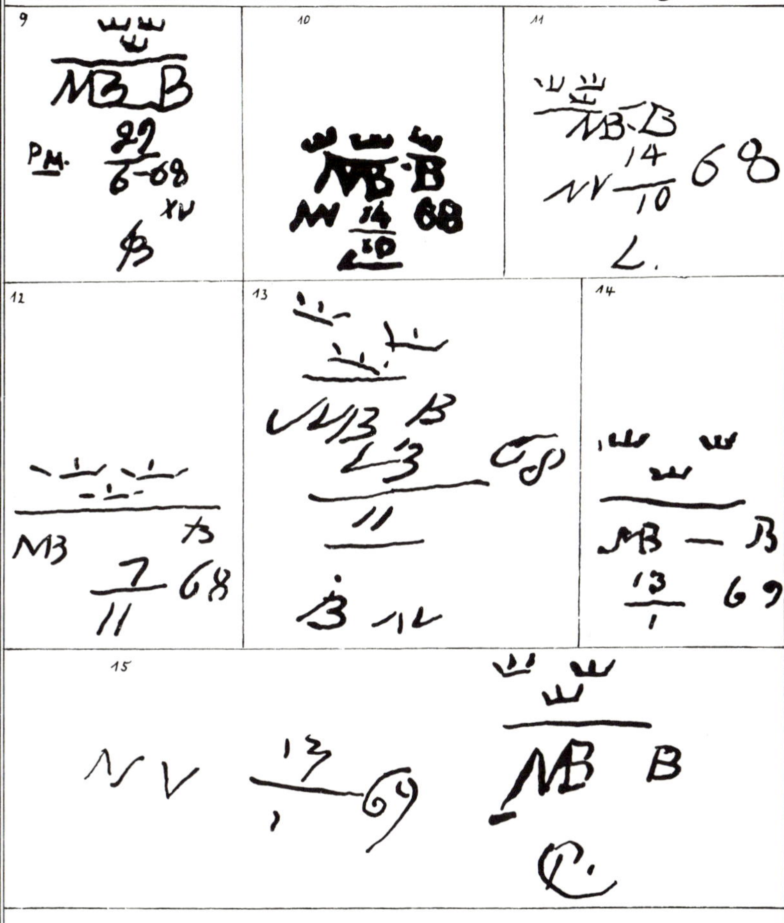

Die Marken wurden in Blau und Mangan angebracht. In der Periode von Berthevin wurde neben Fayencen auch Weichporzellan hergestellt, dieses wurde mit einem eingeritzten MB markiert.

Marieberg (1758–1788)

Henrik Sten (1769–1788)

Fabrikmarke

1

1769–1788

Fabrikmarken mit Malermarken und Datierung

2

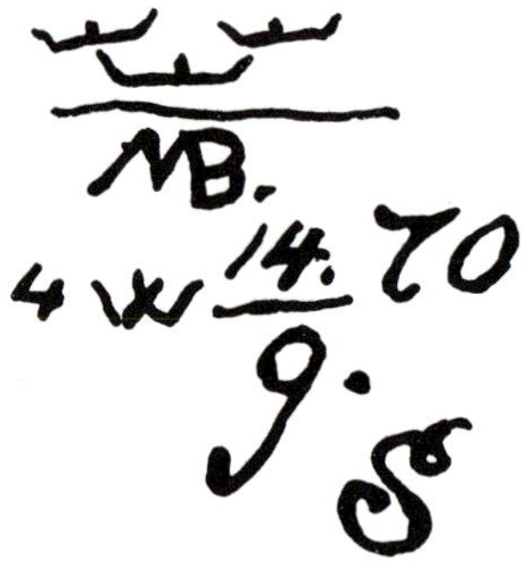

3

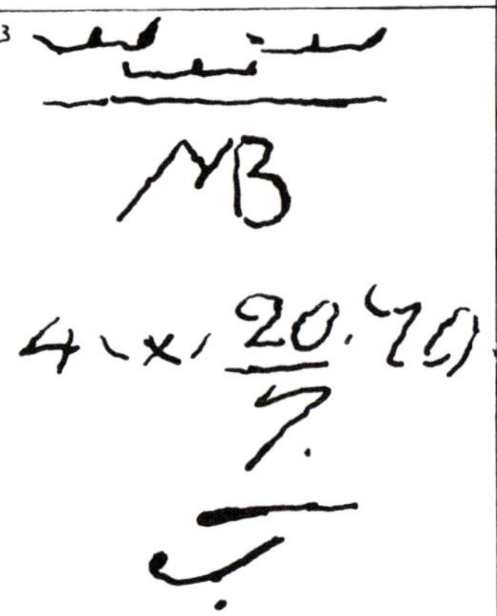

4

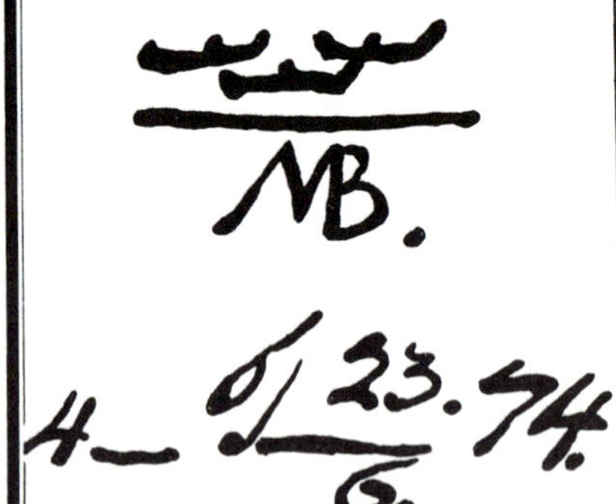

5

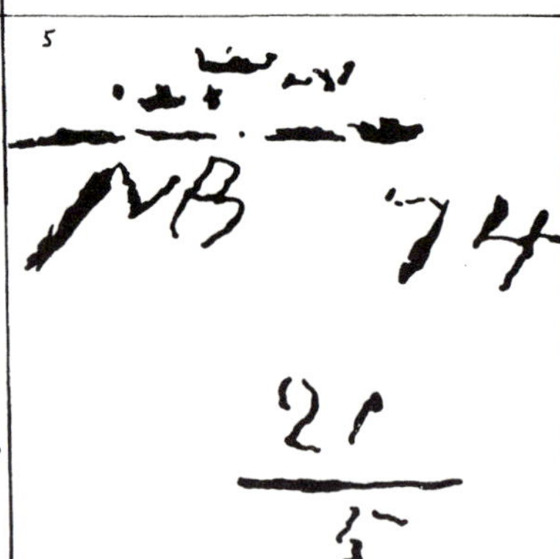

Marieberg (1758–1788)

Henrik Sten (1769–1788)

Fabrikmarken mit Malermarken und Datierung

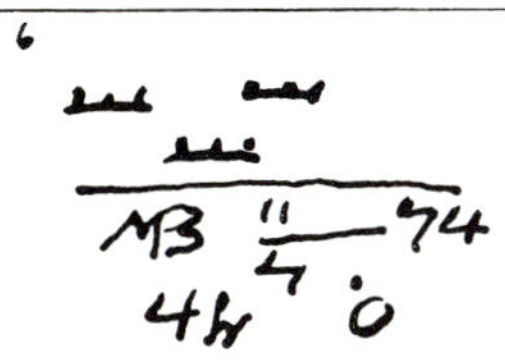

1769–1788

Die Marken wurden im allgemeinen in Blau und Mangan angebracht. Die zusätzlichen Zahlen bedeuten Töpfermarken.

In der Periode Henrik Sten wurde neben Fayencen auch von etwa 1772 Hartporzellan in schlechter Qualität, von 1777 bis 1778 Hartporzellan in guter Qualität hergestellt. Das Porzellan wurde nicht immer mit einer Marke versehen, es kommen aber zuweilen Marken in Blau, seltener in Schwarz, eine französische Lilie unter 3 Kronen in Rosa vor. Von 1770 an wurde auch Steingut fabriziert, das meist ungezeichnet war oder mit MB Sten oder nur mit MB eingeritzt versehen wurde.

Palsjö (1765–1774)

Fabrikmarken

1

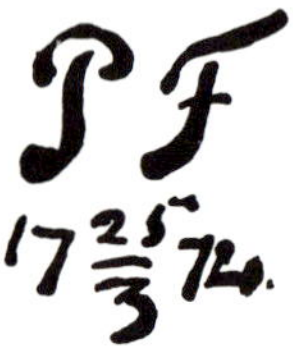

2

3

1765–1774

4

5

1765–1774

6

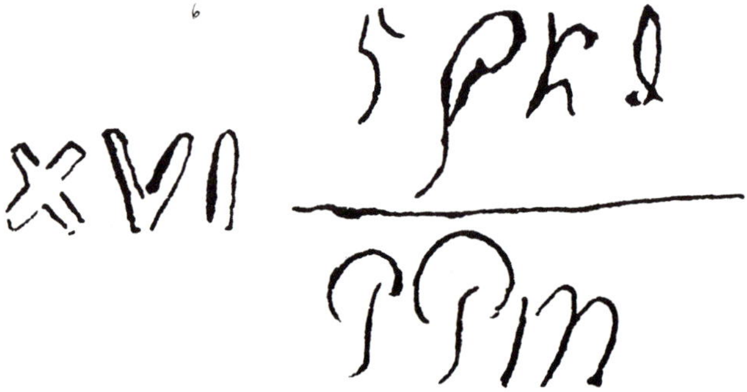

1765–1774

Die Marken wurden in Blau und Mangan angebracht

Rörstrand (1726 bis zur Gegenwart)

Fabrikmarken, Malermarken, Datierung und Preisangabe

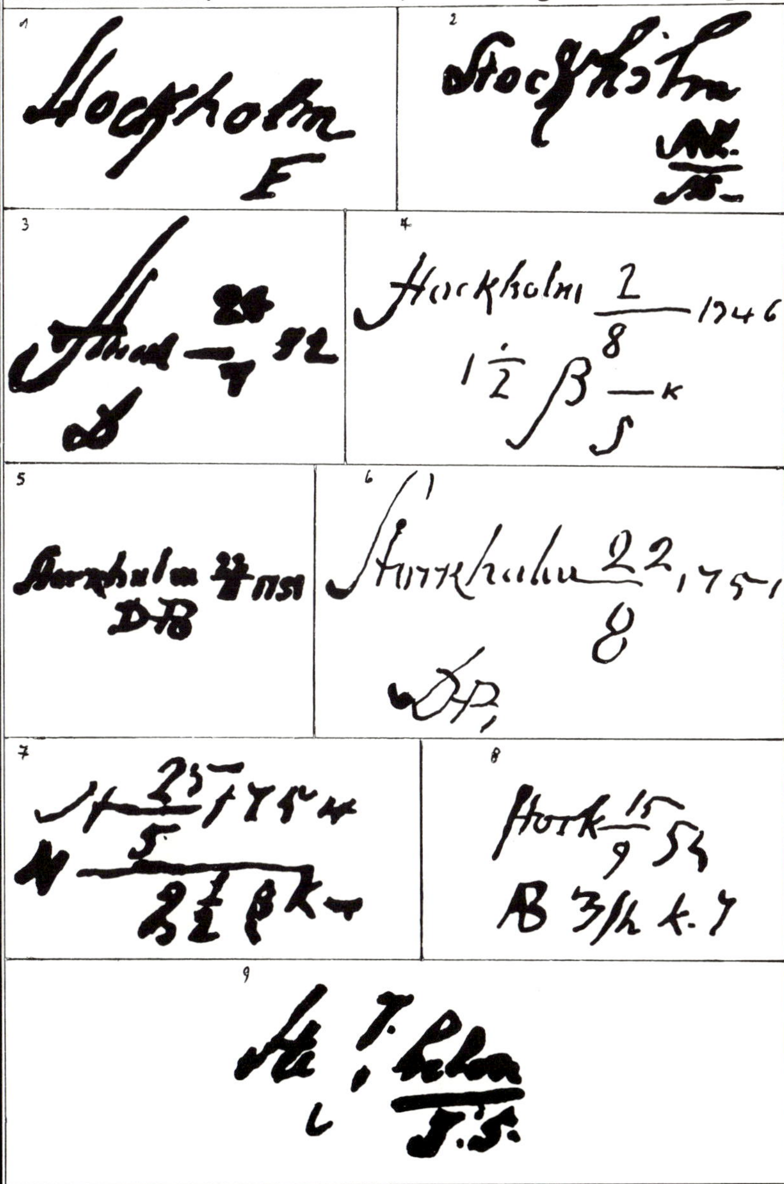

Rörstrand (1726 bis zur Gegenwart)

Fabrikmarken, Malermarken, Datierung und Preisangabe

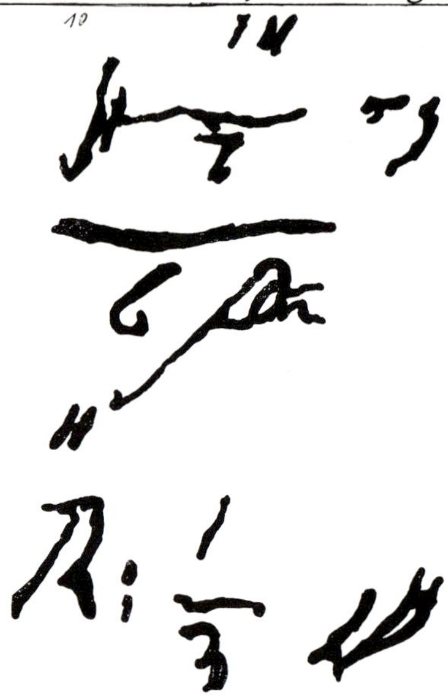

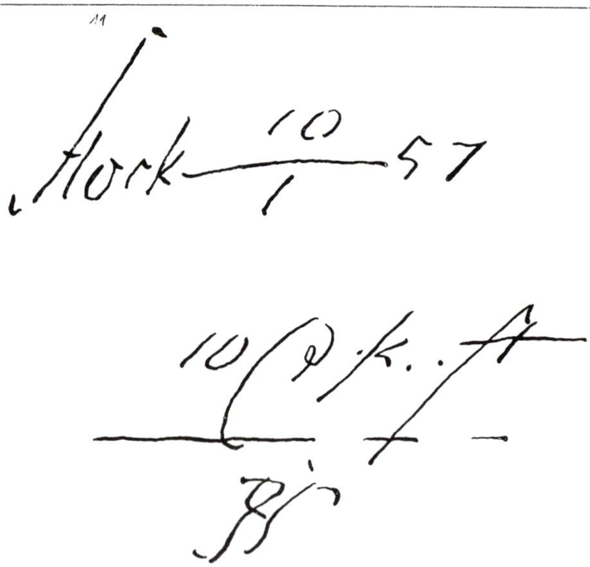

Rörstrand (1726 bis zur Gegenwart)

Fabrikmarken, Malermarken, Datierung und Preisangabe

12

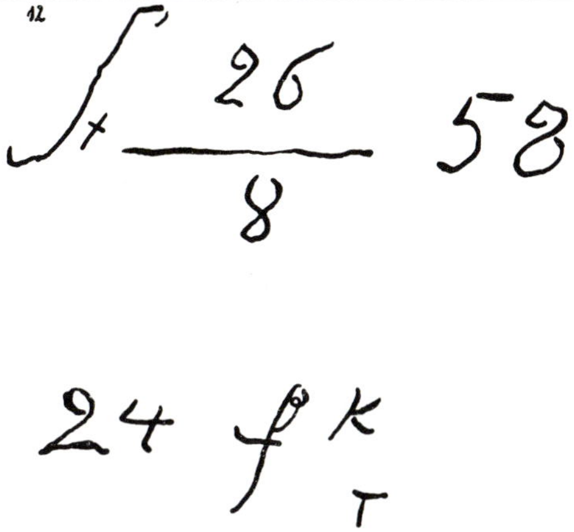

13

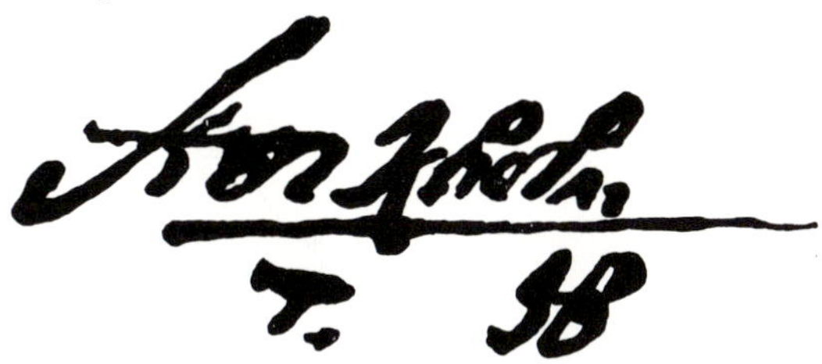

14

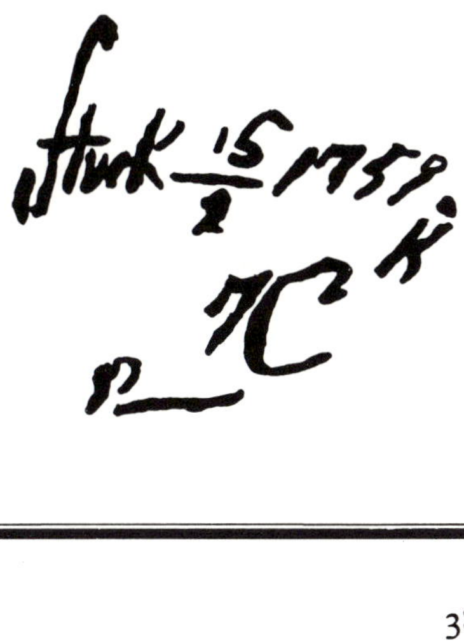

15

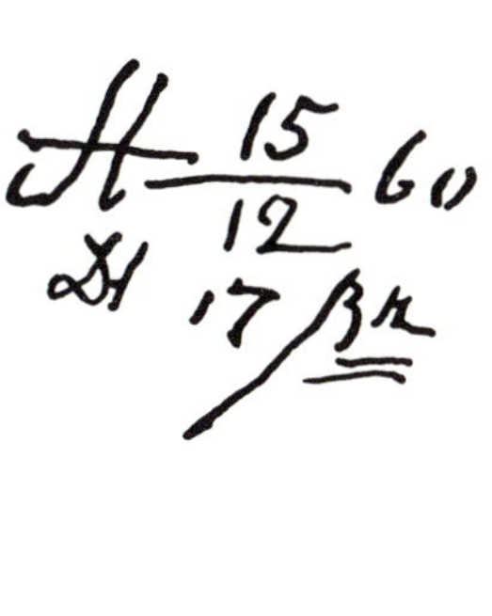

Rörstrand (1726 bis zur Gegenwart)

Fabrikmarken, Malermarken, Datierung und Preisangabe

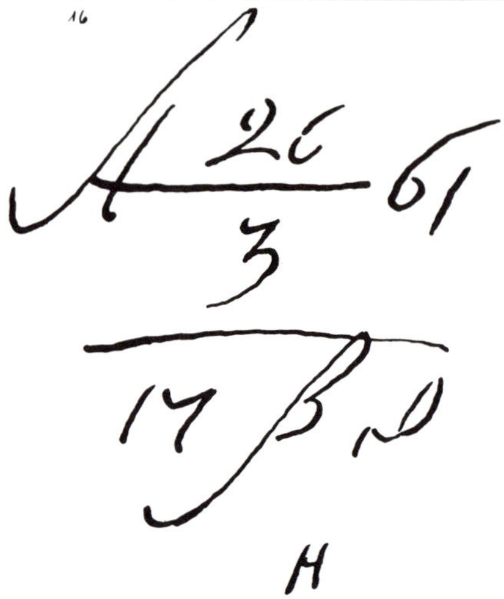

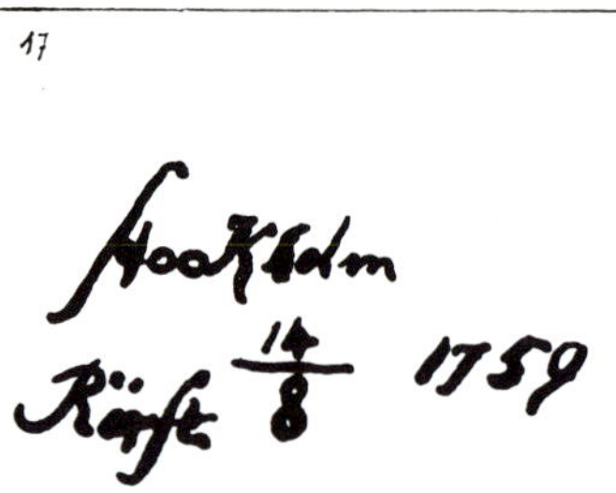

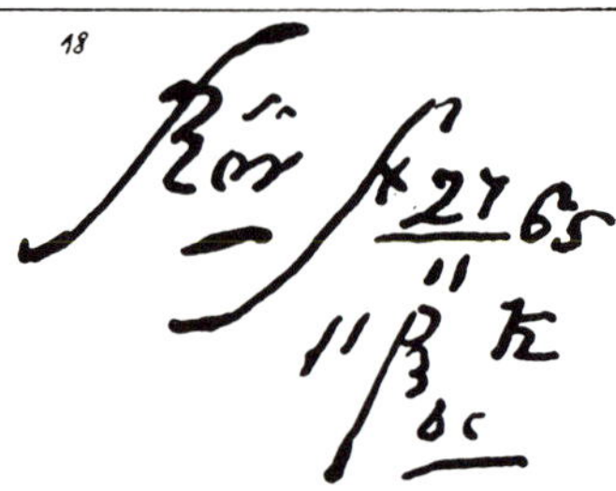

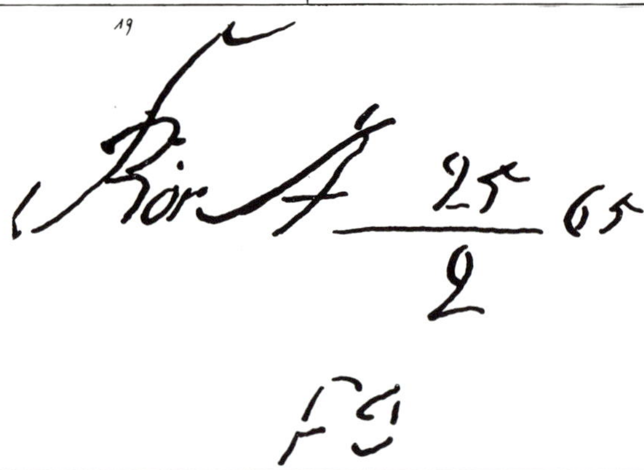

Rörstrand (1726 bis zur Gegenwart)

Fabrikmarken, Malermarken, Datierung und Preisangabe

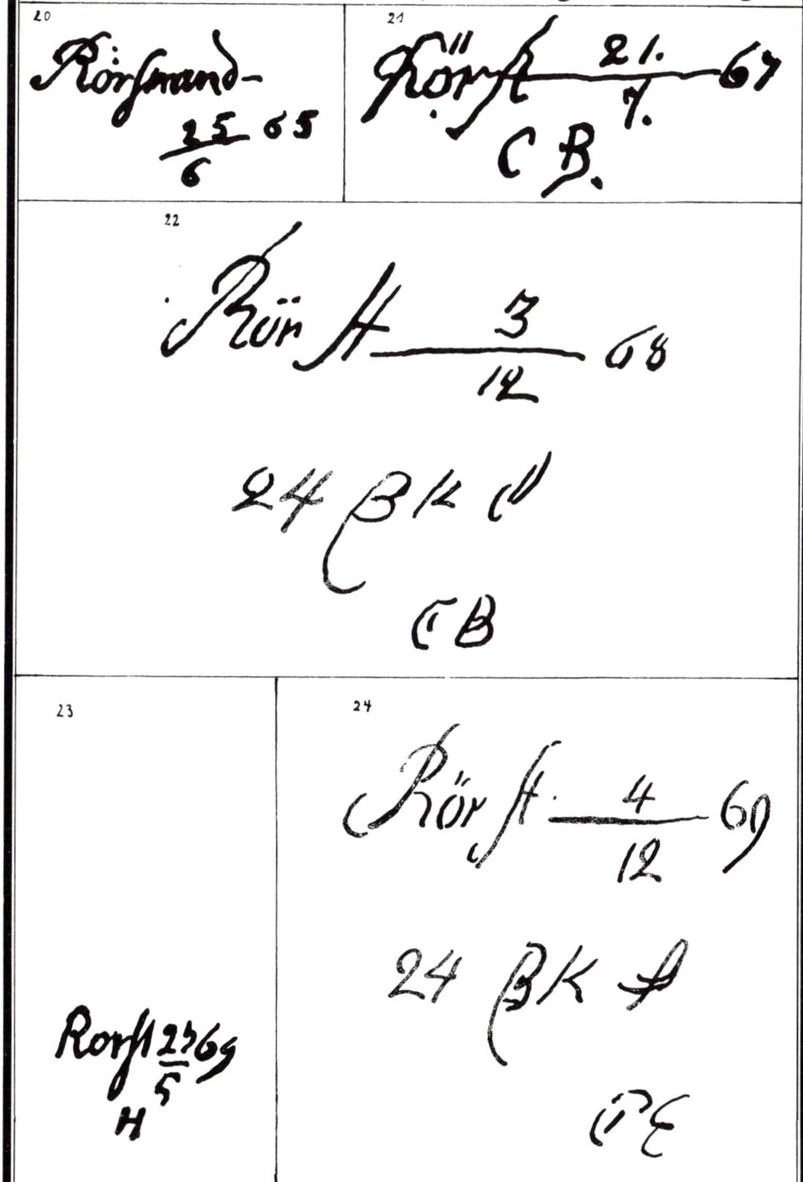

Rörstrand (1726 bis zur Gegenwart)

Fabrikmarken, Malermarken, Datierung und Preisangabe

25

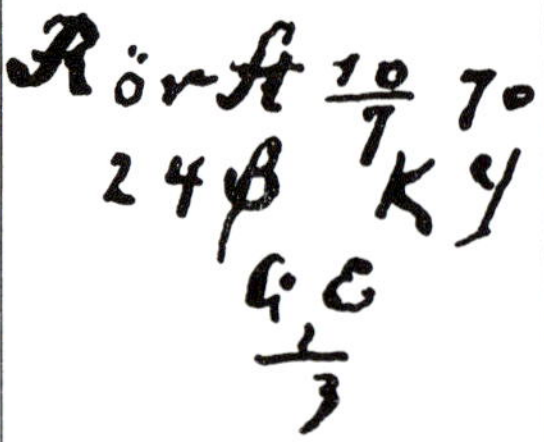

26

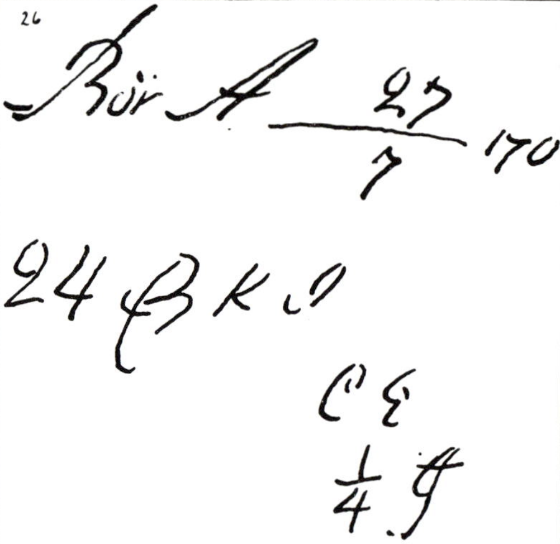

27

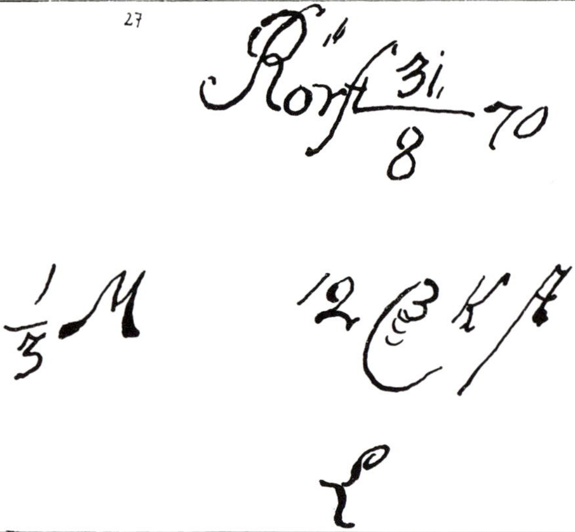

28

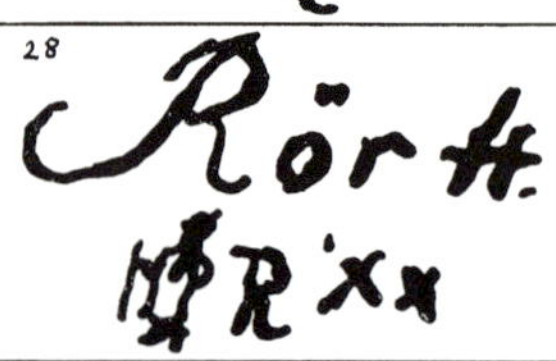

Rörstrand (1726 bis zur Gegenwart)

Fabrikmarken, Malermarken, Datierung und Preisangabe

29

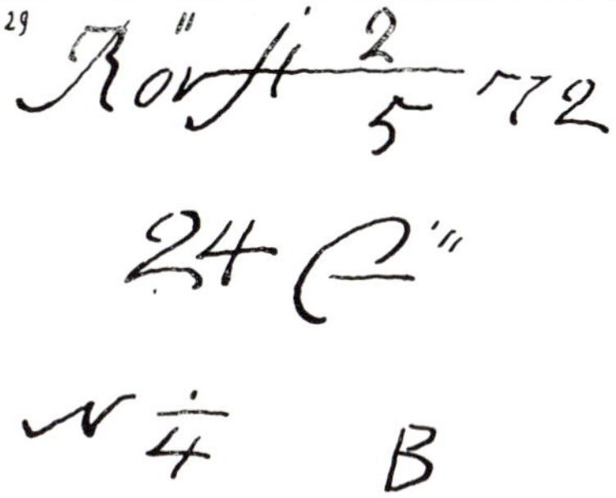

30

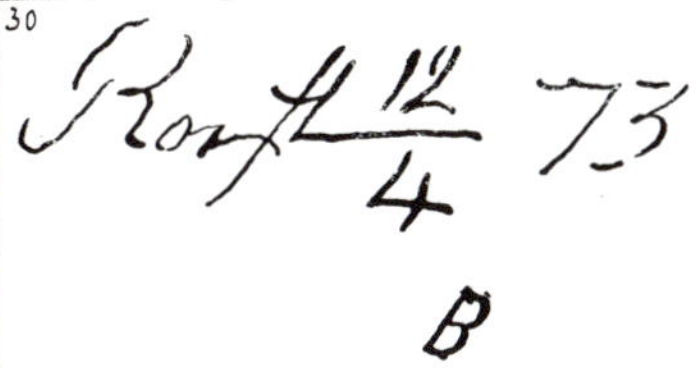

31

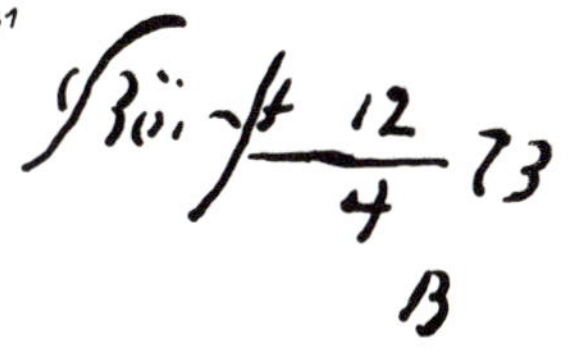

32

33

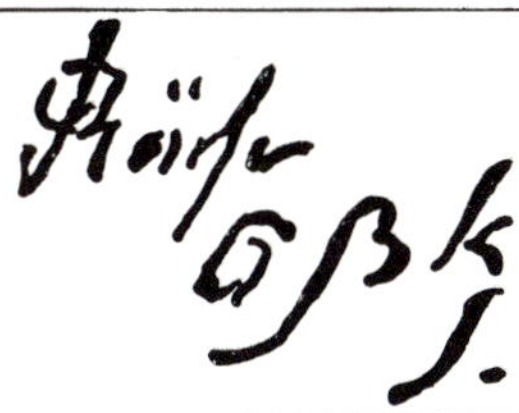

34

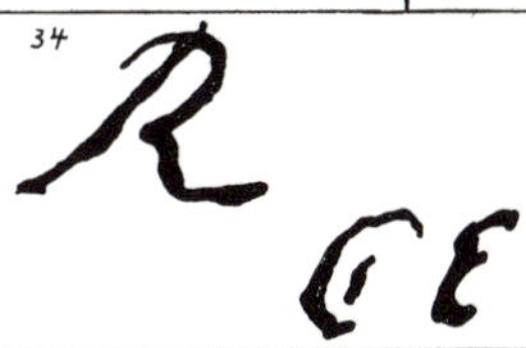

Die Signaturen Stockholm, Stockh., Sth. wurden von 1726 bis 1758 in einzelnen Fällen auch später in Mangan und Blau angebracht. Die Signaturen Rörstrand, Rörst., Rst. wurden von 1761 in Mangan und Blau, selten in Schwarz, angebracht.

Von etwa 1790 bis 1800 wurden Fayencen mit der Signatur RÖRSTRAND, Rörstrand, R. gestempelt. Steingut wurde ab 1774 bis ca. 1830 angefertigt. Die Signaturen waren die gleichen wie bei Fayencen, zunächst eingeritzt und ab 1790–1800 gestempelt.

Sölvesborg (1773–1793)

Fabrikmarke

1

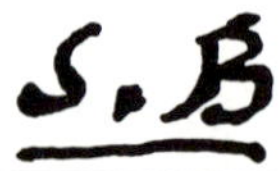

1773–1793

Fabrikmarken mit Malermarken

2

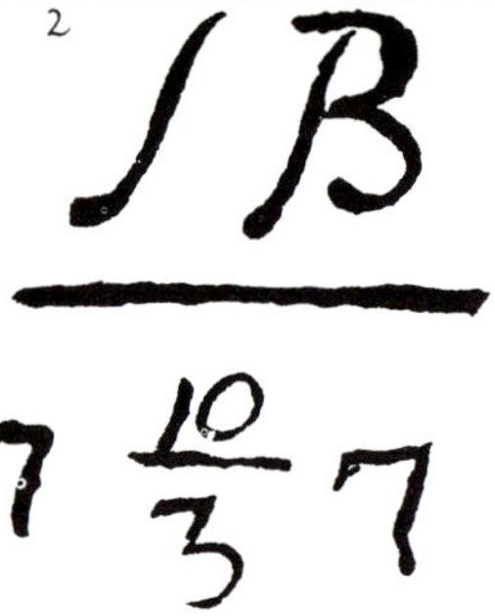

3

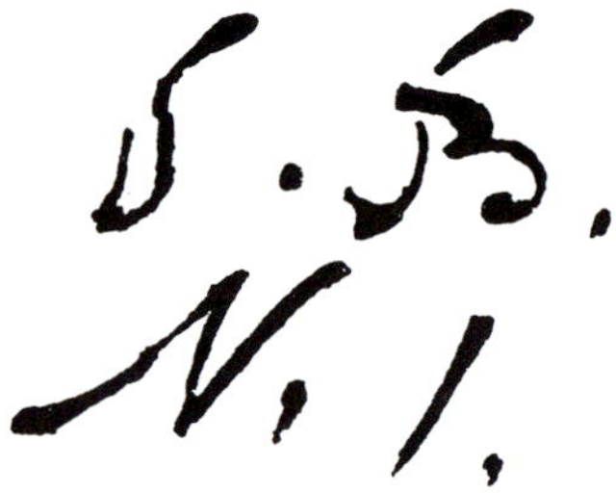

4

1773–1793

Bossierermarke

5

Die Marken wurden in Mangan, Blau, auch in Schwarzblau angebracht.

Die Marke Nr. 5 ist die Bossierermarke von Per Äkermark, der vorher auch Maler in Marieberg war.

Vänge-Gustafsberg bei Uppsala (1755–1820)

Fabrikmarke mit Datierung

1

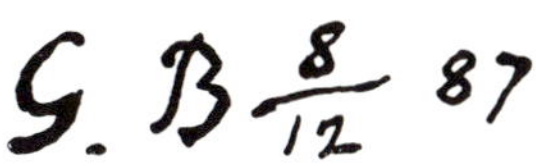

Fabrikmarken mit Malermarken und Datierung

2

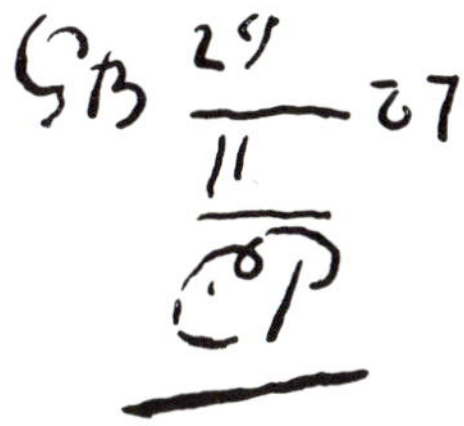

3

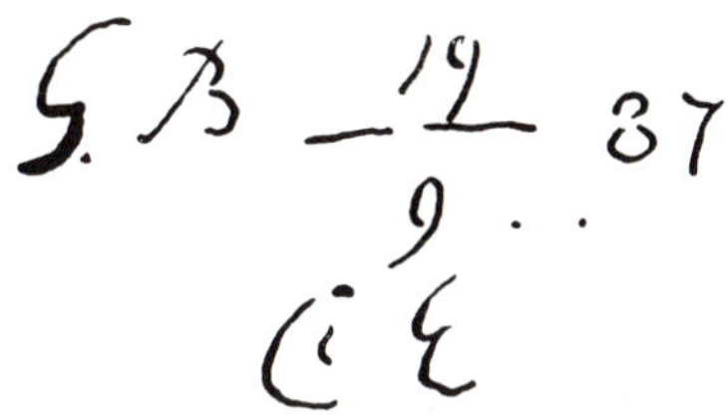

Die Marken sind gemalt und eingeritzt. Ab 1820 wird Steingut hergestellt.

Schwedisches Steingut—swedish pottery—Poterie suédoise

Vänge-Gustafsberg

Ulfsunda

Norrtälje

1.

2

Bern (1758–1798)

Augustin Willading (1758 bis ca. 1763)

Fabrik-, Besitzer- und Malermarken

1

2

Franz Rudolf Frisching (1760–1776?)

3

4

Emanuel Jakob Fruting (1767–1798)

5

6

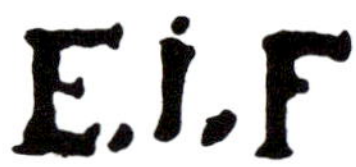

Die Marken Nr. 1 und 2 wurden in Blau, Nr. 3 in Braun, Nr. 4 in Blau, Nr. 5 in Schwarz, Nr. 6 in Blau angebracht.

Beromünster (1769–1780)

Fayencewerkstatt Andreas Dolder

Fabrik- und Besitzermarken

1 	2 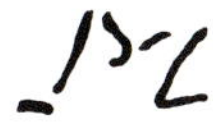	3 
4 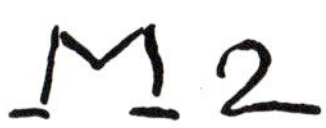	5 	

6

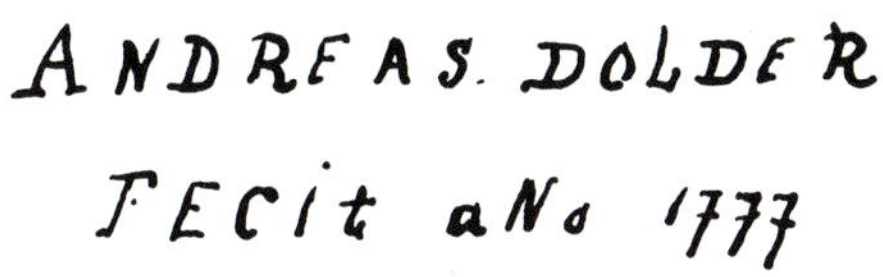

1769–1780

Die Marken wurden in Mangan angebracht

Lenzburg (1762–1796)

1. Periode Gebrüder Klug-Hünerwadel (1762–1767)

Fabrik-, Besitzer- und Malermarken

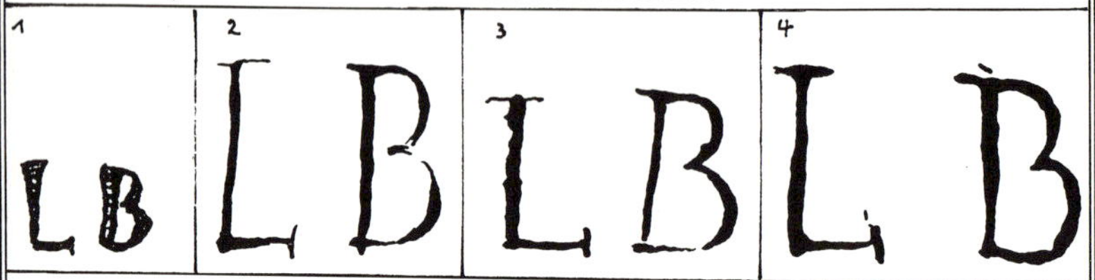

1763–1765

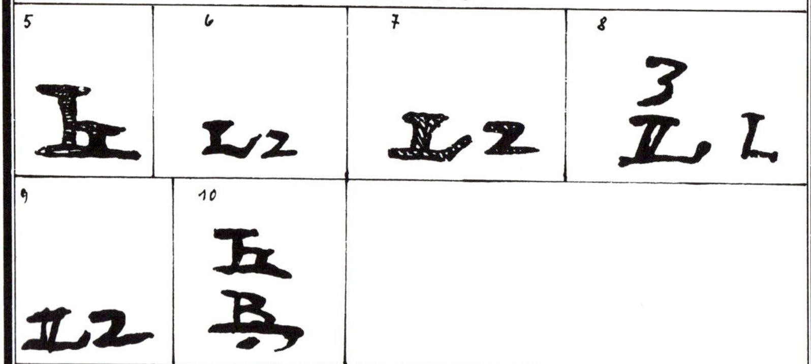

1763–1767

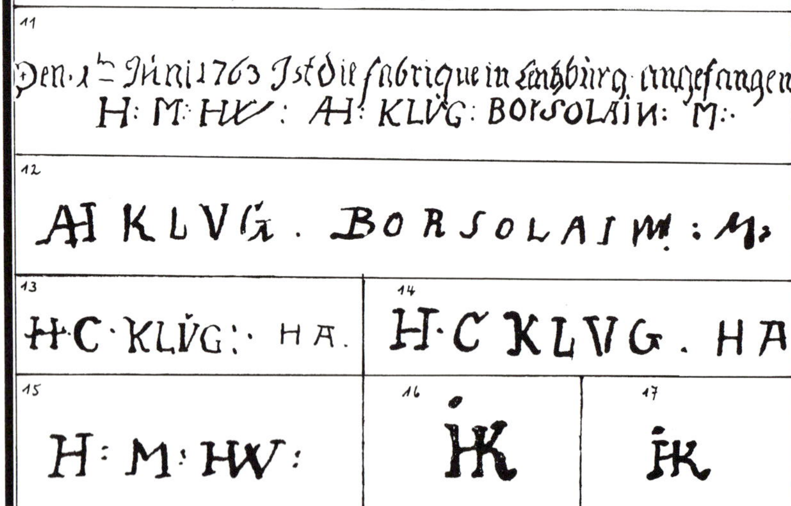

Lenzburg (1762–1796)

1. Periode Gebrüder Klug-Hünerwadel (1762–1767)

Malermarken

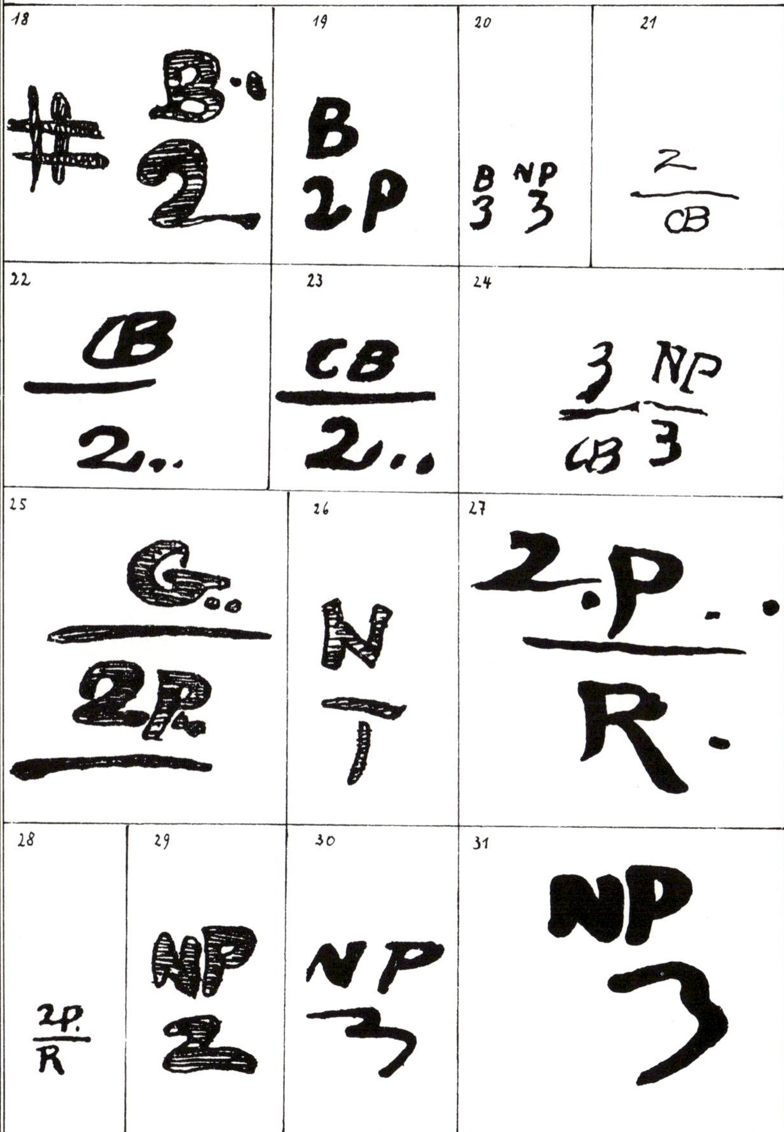

Lenzburg (1762–1796)

2. Periode Johann Jacob Frey (1774–1796)

Fabrik-, Besitzer- und Malermarken

32

33

34

35

36

37

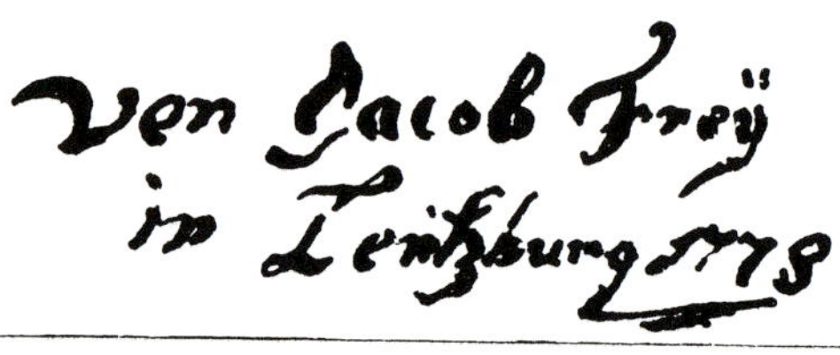

Die Marken von Lenzburg wurden in Schwarz, Mangan, Grün, Blau und Braun angebracht.

Winterthur

Besitzer-, Töpfer- und Malermarken

Anton Pfau (1563–1613)

1
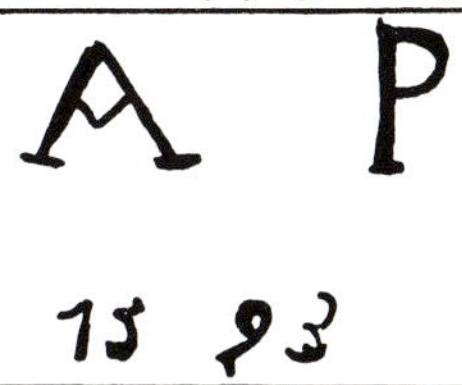

Ludwig Pfau (1573–1630)

2

3

Hans Heinrich Pfau (1598–1673)

4
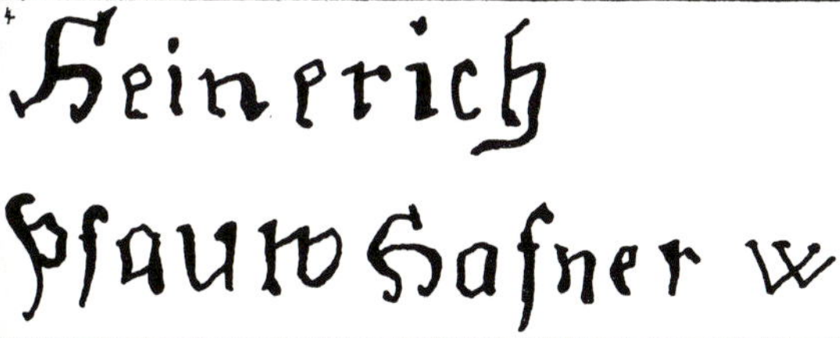

5

6
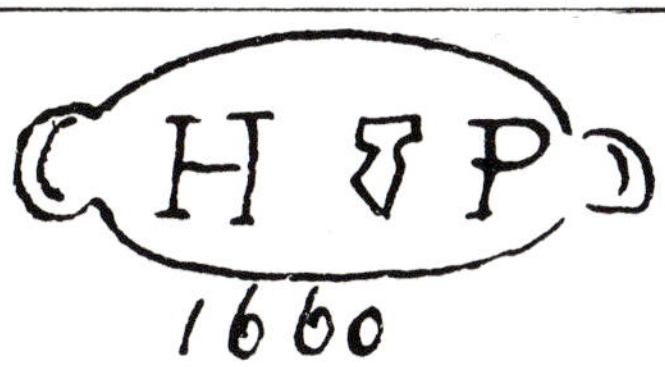

David Pfau I (1607–1670)

7

8
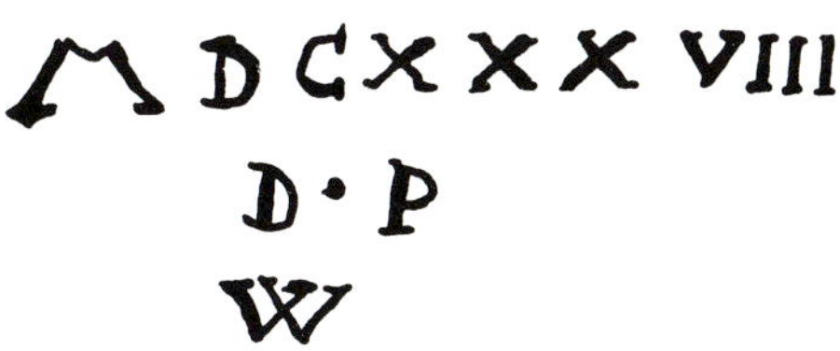

Winterthur

Besitzer-, Töpfer- und Malermarken

Ludwig Pfau III (1628–1683)

9

10

Abraham Pfau (1637–1691)

11

12

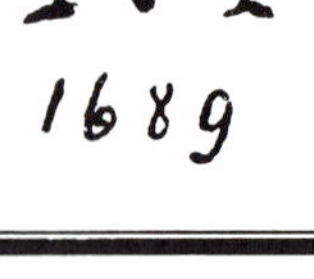

Winterthur

Besitzer-, Töpfer- und Malermarken

Heinrich Pfau (1642–1719)

13

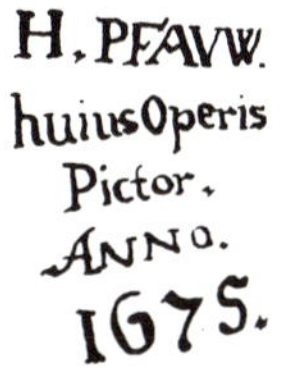

14

15

16

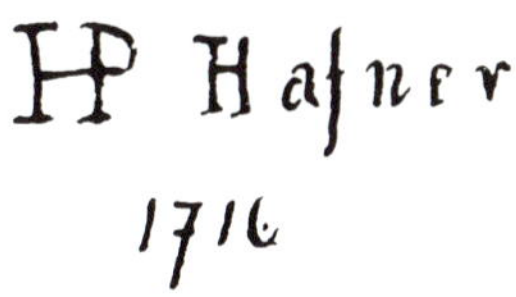

David Pfau II (1644–1702)

17

Winterthur

Besitzer-, Töpfer- und Malermarken

David Pfau II (1644–1702)

18

19

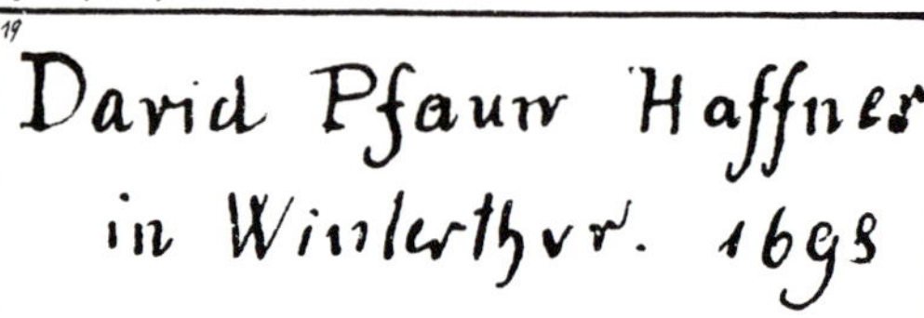

David Sulzer (1685–1762)

20

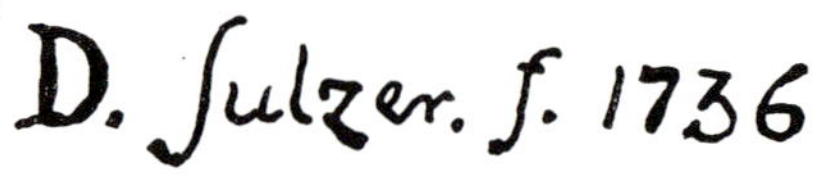

21

Hans Heinrich Graf I (1611–1653)

22

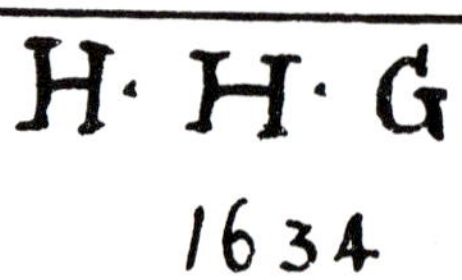

23

Hans Heinrich Graf II (1635–1696)

24

25

Winterthur

Besitzer-, Töpfer- und Malermarken

Hans Heinrich Graf II (1635–1696)

26 	27 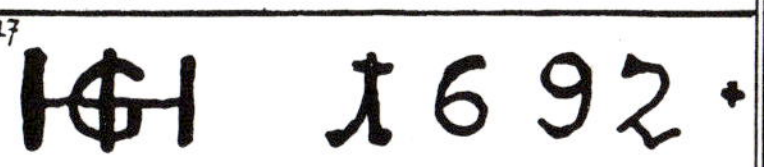

Gebhart Graf II (1633–1690)	**Jakob Graf** (1672–1712)
28 	29 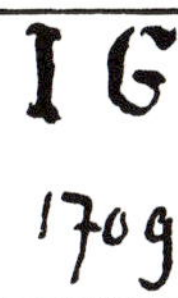

Sebastian Erhart, gen. Baschy (1563–1611)	**Hans Caspar Erhart** (1573–1636)
30 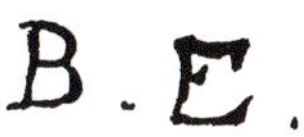	31 

Christoph Erhart I (1629–1703)	**Elias Erhart** (1652–1705)
32 	33 

Anton Erhart (1658–1709)

34 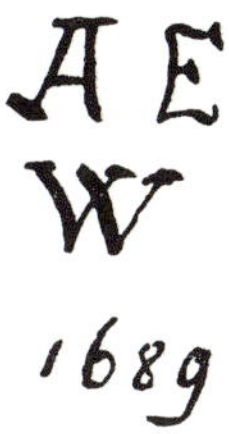	35 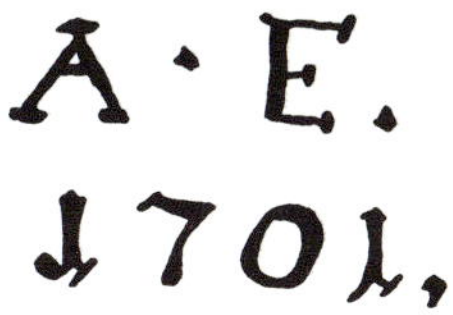

Winterthur

Besitzer-, Töpfer- und Malermarken

Die Marken Nr. 13 bis 16 und Nr. 20 bis 21 wurden von Heinrich Pfau und David Sulzer in dunklem Manganbraun, häufiger aber in Blau angebracht. Die übrigen Maler signierten meistens in Dunkelbraun, gelegentlich auch in Schwarzbraun.

Doppelsignatur von Ludwig Pfau III (1628–1683)
und Heinrich Pfau (1642–1719)
Der Standort ist leider unbekannt.

Zürich (1763–1790)

Fabrikmarken

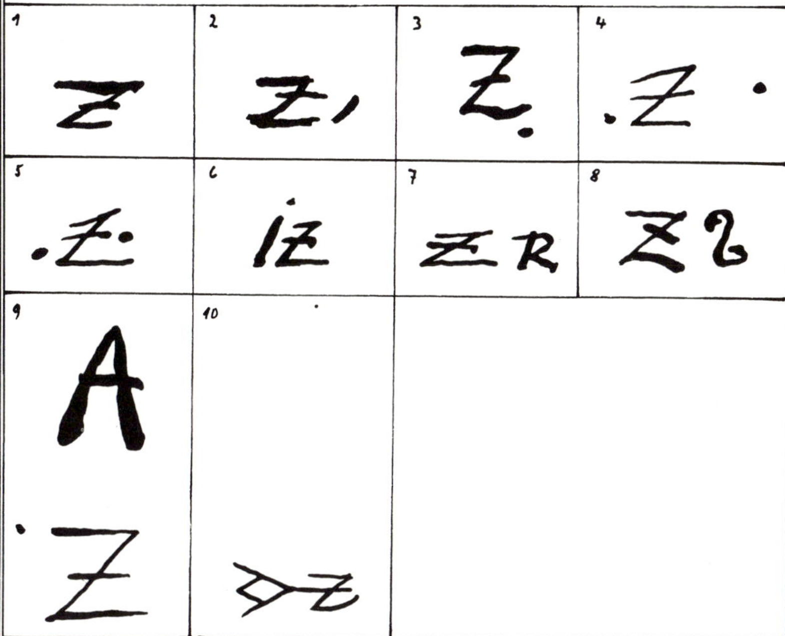

1763–1790

Die Fayencemarken von Zürich wurden fast nur in blauer Scharffeuerfarbe angebracht.

Die Marke Nr. 3 war in Purpur, bei Nr. 10 war das A in Blau, das Z in Mangan gesetzt.

Hispano-Maurisch – Hispano-moresque

1.

2.

3.

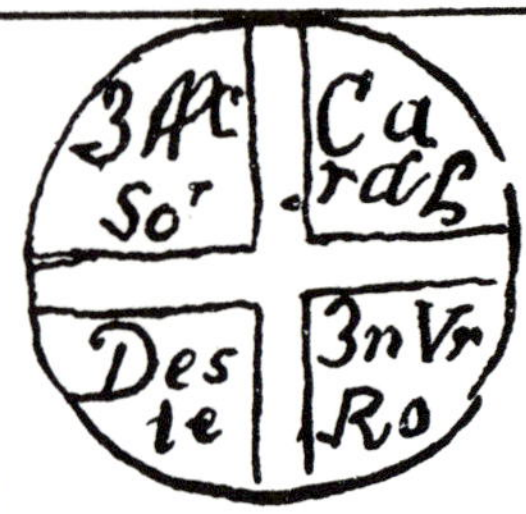

4.

5.

6.

Puente di Arzobispo

Talavera

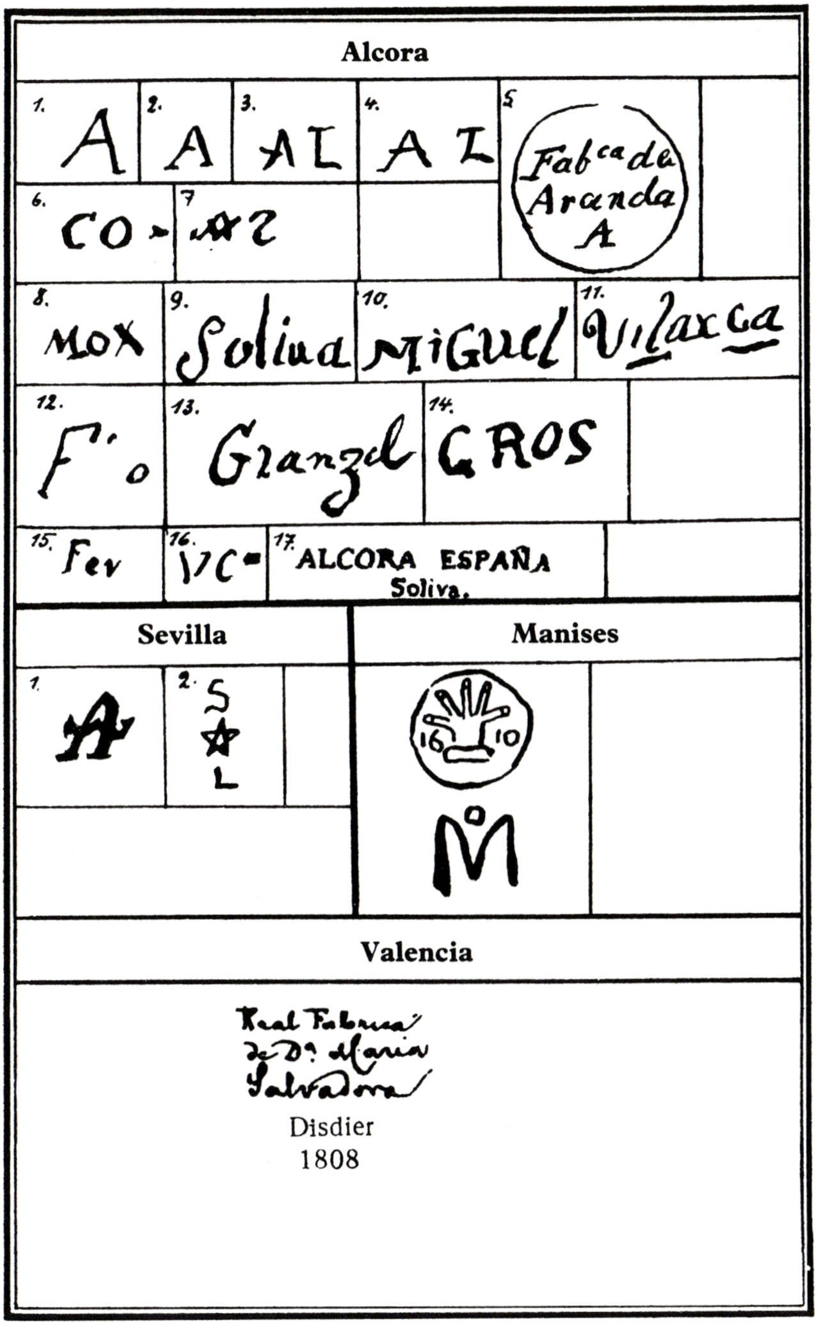
Alcora
ALCORA ESPAÑA
Soliva.
Sevilla
Manises
Valencia
Disdier
1808

Budapest = Ofen (1785–1809)

Fabrikmarken

1 	2 	3 
1785–1809		
4 	5 	6 
1785–1809		

Holics = Holitsch (1743–1827)

Fabrikmarken

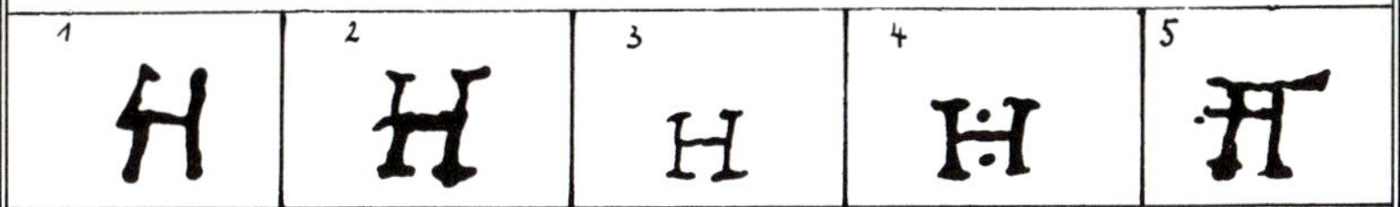

1743–1827

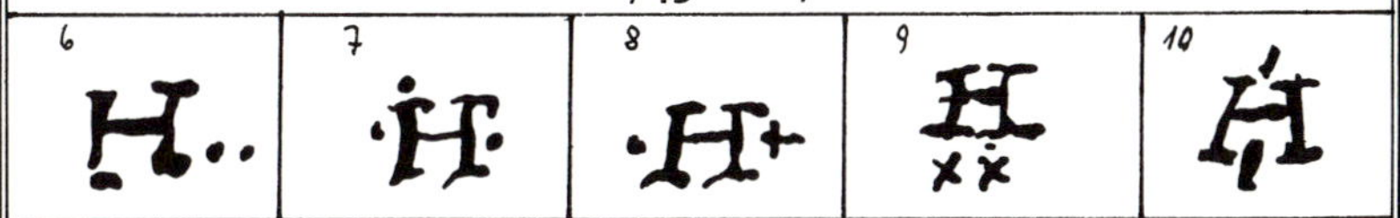

1743–1827

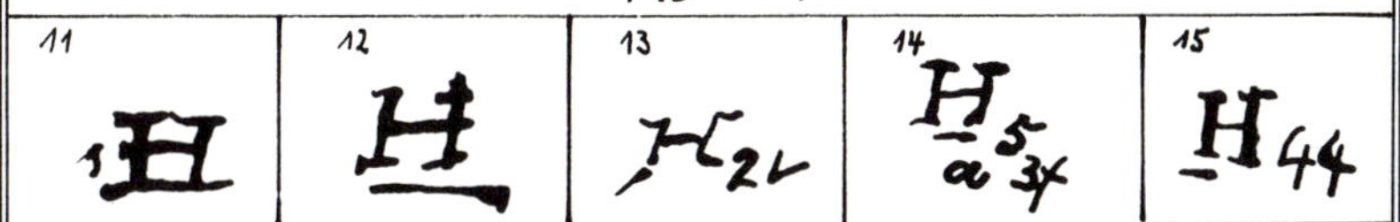

1743–1827

Fabrikmarken mit Malermarken

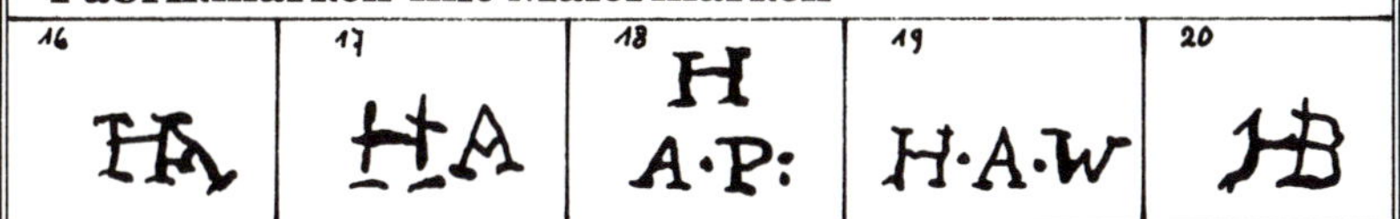

1743–1827

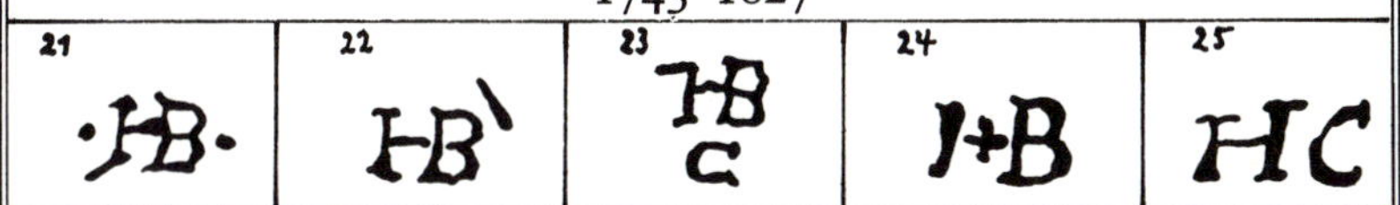

1743–1827

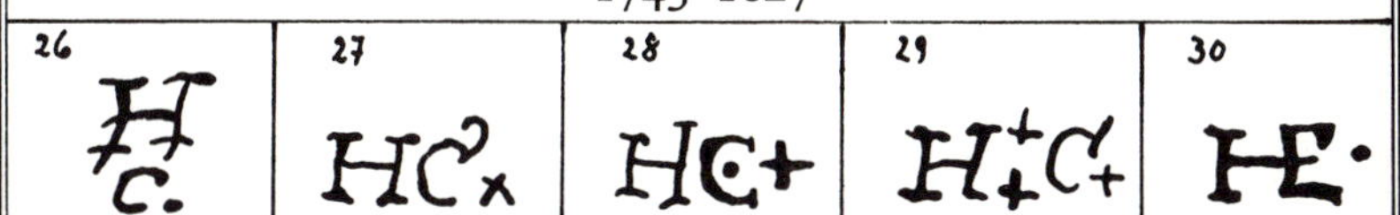

1743–1827

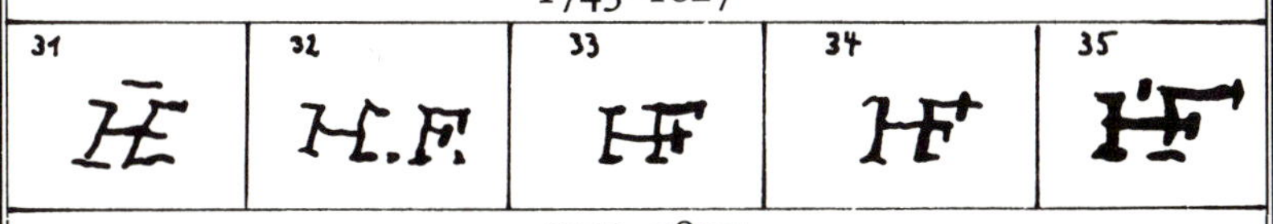

1743–1827

Holics = Holitsch (1743–1827)

Fabrikmarke mit Malermarken

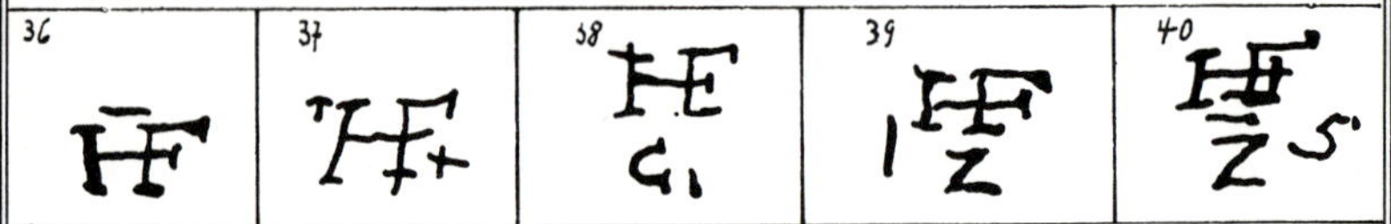

1743–1827

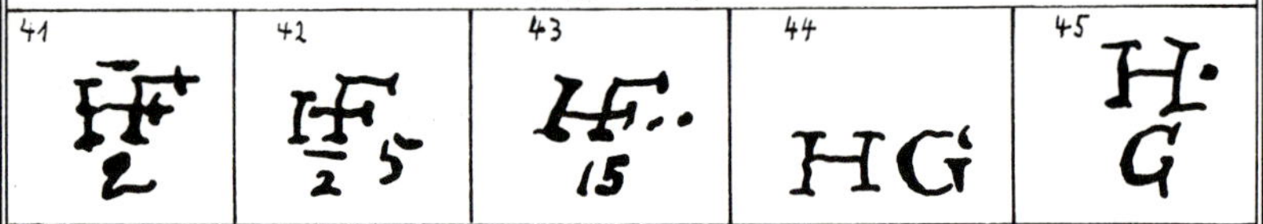

1743–1827

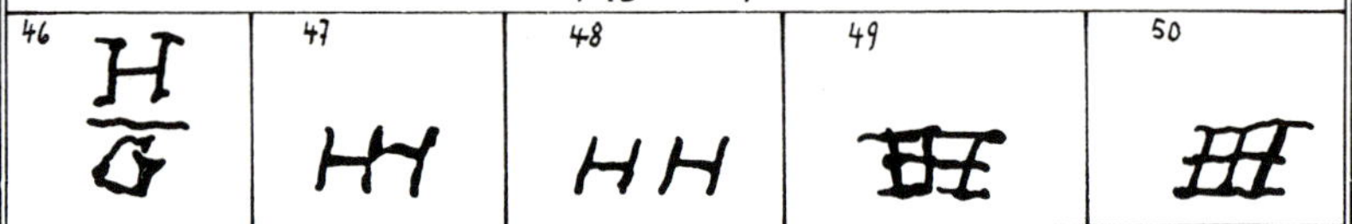

1743–1827

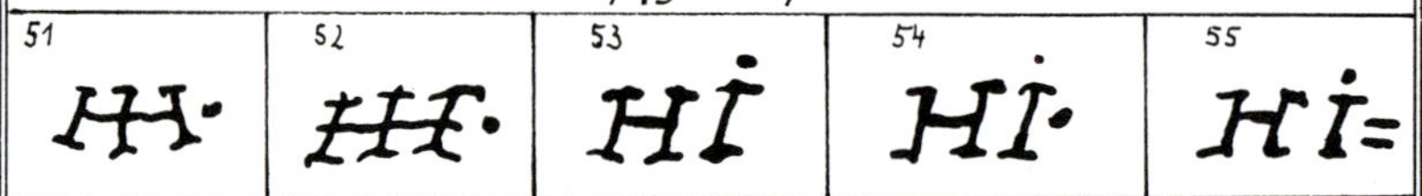

1743–1827

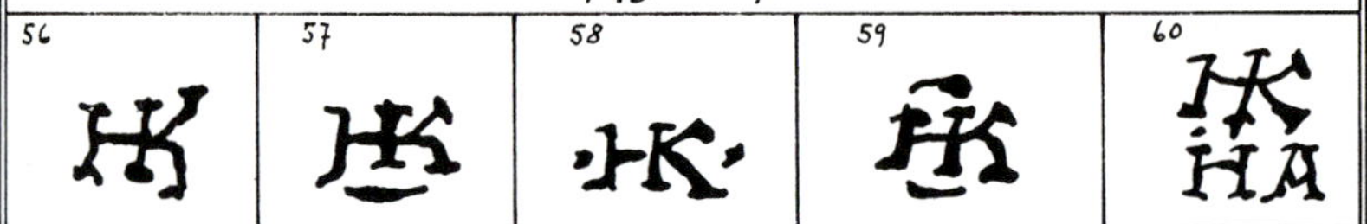

1743–1827

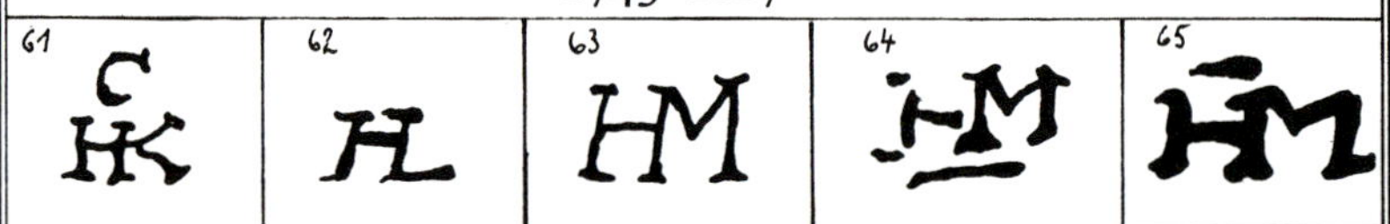

1743–1827

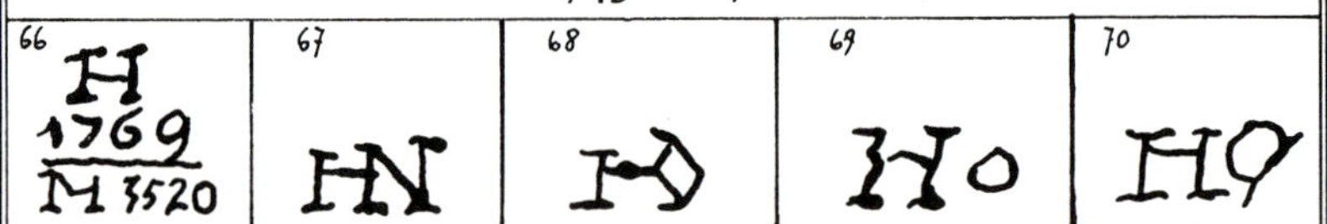

1743–1827

Holics (1743–1827)				
Fabrikmarken mit Malermarken				
71 	72 	73 	74 	75 
1743–1827				
76 	77 	78 	79 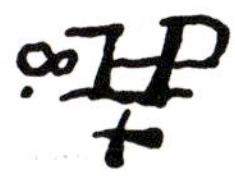	80 
1743–1827				
81 	82 	83 	84 	85 
1743–1827				
86 	87 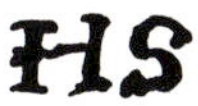	88 	89 	90 
1743–1827				

Die Marken der Manufaktur Holics erscheinen in Schwarz, Manganbraun, Violett, Braun, Blau oder Grün.

Bei den Malermarken sind oft Punkte, Kreuze, Zahlen und Striche angebracht. Diese Zeichen waren zur Unterscheidung nötig, da die Maler nach Stückzahl arbeiteten.

II.

PORZELLAN

PORCELAIN

PORCELAINES

Brüssel

Manufaktur Louis Cretté (1791–1803)

Fabrikmarken

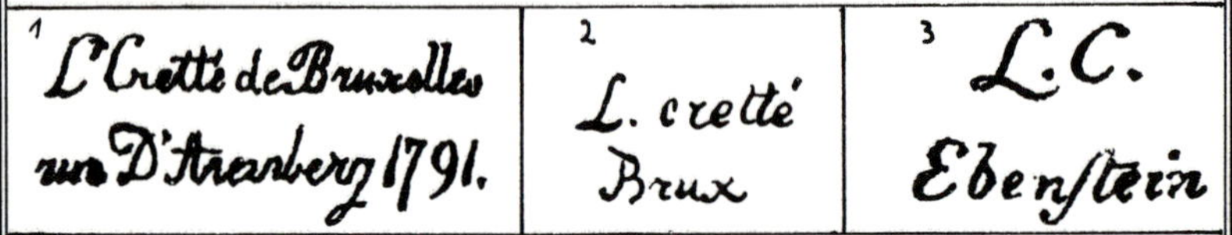

1791–1803

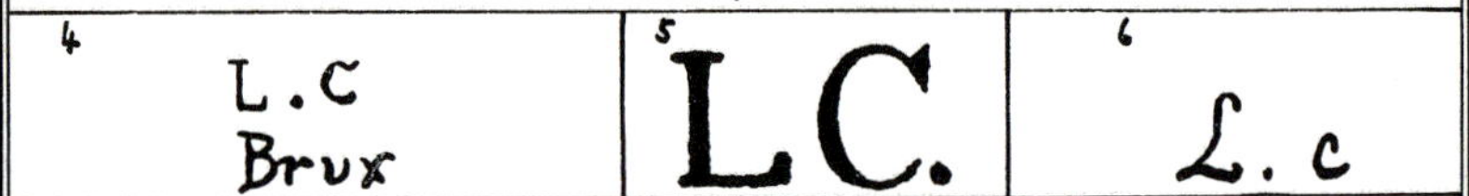

1791–1803

Die Marken sind in Rot, Karmesinrot oder Braun gehalten.

Manufaktur Brüssel-Etterbeek (1787–1803)

Fabrikmarken

1787–1803

Die Marken erscheinen in Rot, Purpur und Schwarz.

Manufaktur Brüssel-Schaerbeek (1786–1790)

Fabrikmarken

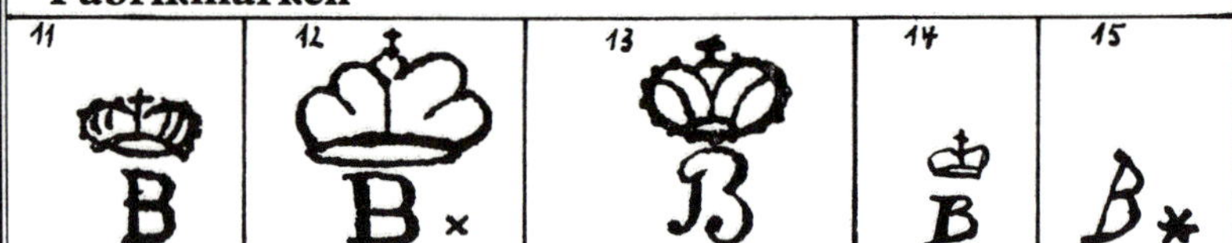

1786–1790

Die Marken sind in Unterglasurblau und Rot ausgeführt.

Tournay (1751 bis zum 20. Jahrhundert)

Fabrikmarken

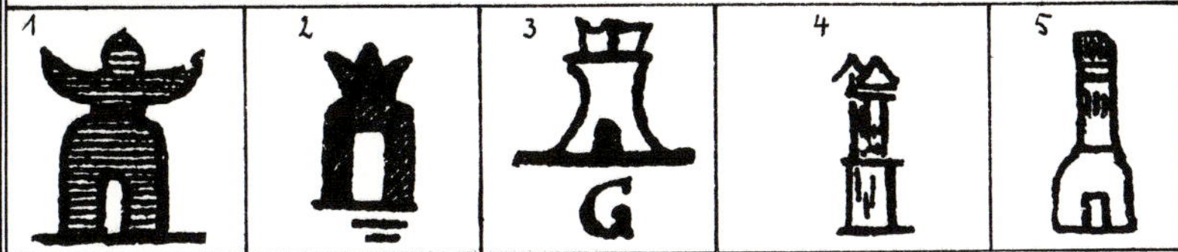

1751–1760

1751–1760

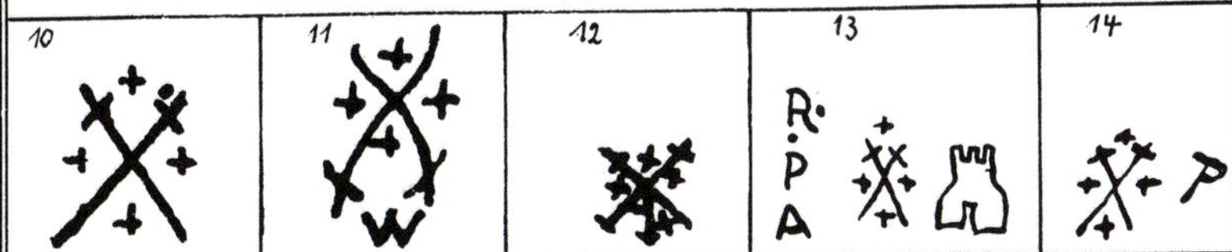

1756 bis Ende des 18. Jahrhunderts

1756 bis Ende des 18. Jahrhunderts

Die Marken Nr. 1 bis 9 sind in verschiedenen Farben oder in Gold ausgeführt.
Später erscheinen diese Marken nur noch auf feinem Porzellan. Für Gebrauchsporzellan wird nunmehr die Schwertermarke mit Kreuzen in den Winkeln benutzt, und zwar in Rot, Gold, Blau, Karmesinrot oder anderen Farben. Oftmals werden auch in einer Marke verschiedene Farben verwendet.
Im 19. Jahrhundert ahmte das Unternehmen die Porzellane von Sèvres, Chelsea und Worcester nach, im 20. Jahrhundert frühes Tournay-Porzellan, das mit einem breiten Turm gemarkt ist. Die figürlichen Erzeugnisse tragen selten Marken.

Aich bei Karlsbad (1849 bis zur Gegenwart)

Fabrikmarken

1	2	3

1849–1860		

4	5

1860–1901	20. Jahrhundert

Die Marken Nr. 1 bis 4 sind eingepreßt, Nr. 5 gedruckt.

Die Gebiete, aus denen die unter Böhmen verzeichneten Marken stammen, gehören seit 1918 zur Tschechoslowakei.

Altrohlau (1838 bis zur Gegenwart)

Fabrikmarken

1

1814–1823

2

3

1823–1884

4

5
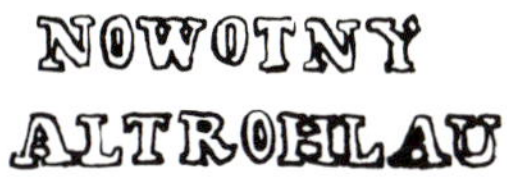

1823–1884

6
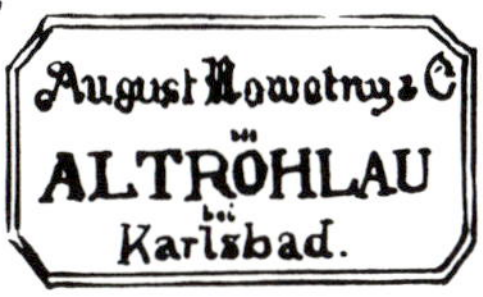

7

8
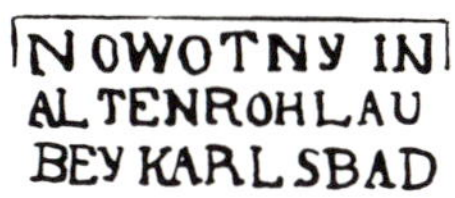

1823–1884

9

10

11

1823–1884

12

1823–1884

13

14

15

1884–1909

Altrohlau (1838 bis zur Gegenwart)

Fabrikmarken

16

17

1909–1922

18

19

1922–1945

Die Marken 1 bis 12 sind eingepreßt, Nr. 13 bis 19 im Druckverfahren hergestellt. Von 1814 bis 1838 wurde nur Steingut hergestellt.

Budau (1825–1880)

Fabrikmarken

1	2	3	4

1830–1840		1840–1860	1860–1880

Die Marken Nr. 1 und 2 sind in Blau unter Glasur angebracht, Nr. 3 und 4 eingepreßt.

Chodau (1830 bis Ende des 19. Jahrhunderts)

Fabrikmarken

1	2	3

1835–1840		1840–1845
4	5	6

1845 bis Ende des 19. Jahrhunderts		

Die Marken Nr. 1 bis 6 sind sämtlich eingepreßt. Von 1811 bis 1830 wurde nur Steingut hergestellt.

Dallwitz (1832 bis zur Gegenwart)

Fabrikmarken

1 DD	2 D	3 DA	4 DALWITZ
1820–1850	1832–1850		
5 W.W.L. DALWITZ		6 W.W.L. D.	7 F.F. D. FU
1832–1850			1850–1875
8 F&U	9 UD	10 U DALWITZ	11 DALLWITZER FABRIK FRANZ URFUS
1850–1875			Ab 1875
12 RR DALLWITZ	13 EPIAG D.F. GERMANY		
19. Jh.	20. Jh.		

Die Marken Nr. 1 bis 11 sind eingepreßt, Nr. 12 und 13 eingedruckt. Von 1804 bis 1832 wurde nur Steingut fabriziert.

Elbogen (1816 bis zur Gegenwart)			
Fabrikmarken			
1 	2 	3 Haidinger	4 Brüder Haidinger.
1833–1873			
5 	6 	7 	8 
1873–1918	1918–1945		

Die Marken Nr. 1 als Blindstempel,
Nr. 2 sind in Unterglasurblau, sehr selten in anderen Farben,
Nr. 3 und 4 auf Figuren,
Nr. 5 in verschiedenen Farben über und unter Glasur gesetzt,
Nr. 6, 7, 8 in Druckmarken angebracht.

Jahreszahlen erscheinen dazu in der ersten Hälfte des 19. Jahrhunderts. In der frühen Zeit und in der Zeit von 1875 bis 1882 wurde vielfach die Alt-Wiener Marke verwendet, um 1880 in Verbindung mit der Dresdener Porzellanmalerei Helene Wolfsohn auch die AR Marke Meißens in Unterglasurblau. Manches spricht dafür, daß diese Marke auch schon auf Porzellanen, die noch aus den ersten Jahren der Fabrik stammen, gesetzt wurde. Seit der Wiener Weltausstellung 1873/74, in der die Fabrik besonders Großporzellan ausstellte, bestanden lebhafte Beziehungen zur japanischen Porzellanindustrie.

Fischern bei Karlsbad (1848 bis zur Gegenwart)

Fabrikmarken

1	2	3
CARLSBAD	CARL KNOLL CARLSBAD	
1848–1868		1868–1900
4	5	6

20. Jahrhundert		

Die Marken Nr. 1 bis 3 sind eingepreßt, Nr. 4 bis 6 im Druckverfahren hergestellt.

Giesshübel (1803 bis zum 20. Jahrhundert)

Fabrikmarken

1	2	3	4
			 BK
1803–1811	1812–1815	1815–1828	1828–1840

5	6	7
BK	GIESHUEBL	
1830–1840	1840–1846	

8	9	10
NGF GIESSHÜBEL	**N.G.F.**	**N.G.**
1846–1902		

Die Marken Nr. 1 bis 3 sind in Blau unter Glasur oder in anderen Farben über Glasur,
Nr. 4 in Blau mit eingepreßtem Monogramm ausgeführt,
Nr. 5 bis 10 sind eingepreßt.

Klösterle (1793 bis zur Gegenwart)

Fabrikmarken

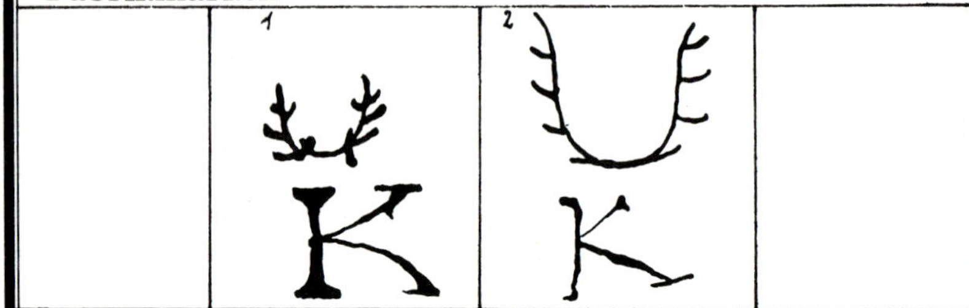

1794–1798

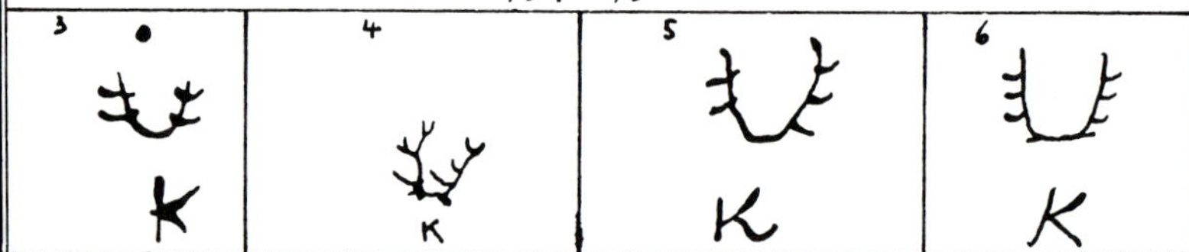

1796–1803

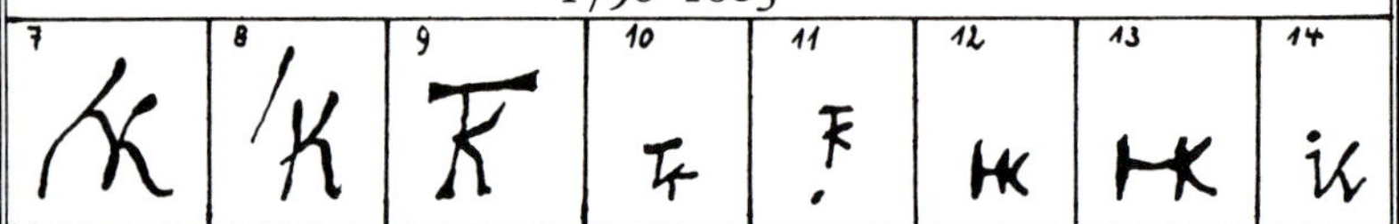

1803–1830

1830–1895	1895	20. Jahrhundert

Die Marken Nr. 1 und 2 sind in Unterglasurblau,
Nr. 3 in Schwarz oder Rot über Glasur,
Nr. 4 bis 6 in Blau oder in anderen Farben auf Glasur,
Nr. 7 bis 13 in Blau, in Gold oder anderen Farben auf Glasur,
Nr. 14 in Blau ausgeführt,
Nr. 15 und 16 sind eingepreßt,
Nr. 17 in Chromgrün,
Nr. 18 und 19 sind eingedruckt.

Neben der K-Marke finden sich öfter ein oder mehrere Punkte, die manchmal auch am Geweih angebracht wurden. Von 1832 bis 1870 erscheinen neben der Marke vielfach auch Jahreszahlen.

Pirkenhammer (1802 bis zur Gegenwart)

Fabrikmarken

<table>
<tr><td>1
HK</td><td>2
F&R</td><td colspan="2">3
F&R</td></tr>
<tr><td>1802–1810</td><td colspan="3">1810–1846</td></tr>
<tr><td>4
C.F</td><td>5
CF</td><td>6
F&M</td><td>7
F&M</td></tr>
<tr><td colspan="2">1846–1853</td><td colspan="2">1853–1875</td></tr>
<tr><td>8
</td><td>9 F&M 6
</td><td colspan="2">10
</td></tr>
<tr><td>1875–1890</td><td colspan="3">1875–1890</td></tr>
<tr><td>11
</td><td>12
</td><td colspan="2">13
</td></tr>
<tr><td colspan="4">20. Jahrhundert</td></tr>
</table>

Die Marken Nr. 1 sind in Unterglasurblau, Nr. 2 bis 7 eingepreßt, Nr. 8 und 9 Grün unter Glasur, Nr. 10 in Rot, Nr. 11 bis 13 als Druckmarken angebracht.

Friedrich Hölke und J.G.List aus Budstadt/Sa. gründeten 1802 eine Porzellan-Fabrik, die 1810 an Fischer & Reichenbach überging. Die Fabrik änderte öfter die Fabrikmarke. Heute heißt sie „Epiak 1“, erste böhmische Porzellan-Industrie A.G. Seit dem 4.6.1980 moderne Marken.

Prag (1793) Pächter Kriegel und Wolf

Fabrikmarken

1 HIP	2 P	3 Prag	4 K&W Prag
1793–1837	1837–1841		1841–1842
5 K&C PRAG	6 K&C	7 K&C P	8 P
1842–1852			
9 PRAG	10 Prag	11 Prag	12 Prag M
1848–1849	1852–1894		

Modelleurmarken

13 Popp 1847. E. Popp fec: 1858 P. Pp: E

14 EWr	EW	15 K&T	16 F&T	17 PRAC
		1896–1899	1918–1945	Falsifikat

Schlaggenwald (1793 bis zur Gegenwart)

Fabrikmarken

1792–1812 | 1809–1830

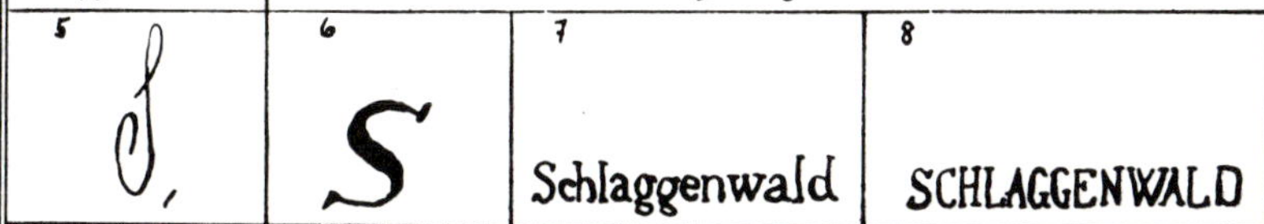

1815–1832 | 1830–1870 | 1832–1846

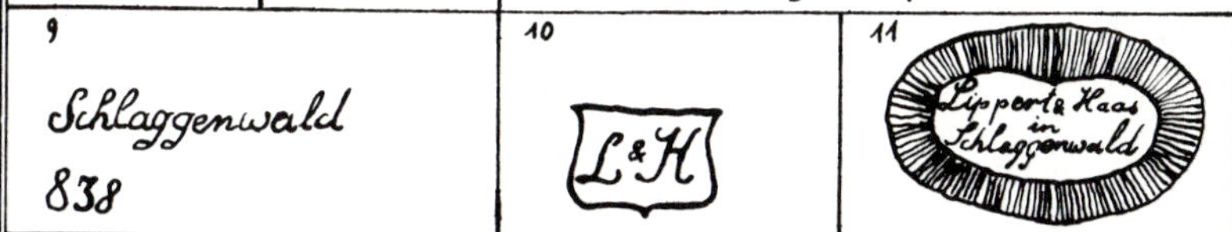

1830–1847

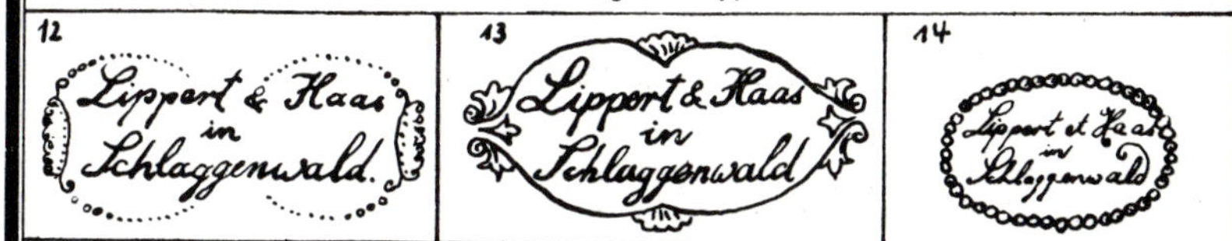

1830–1847

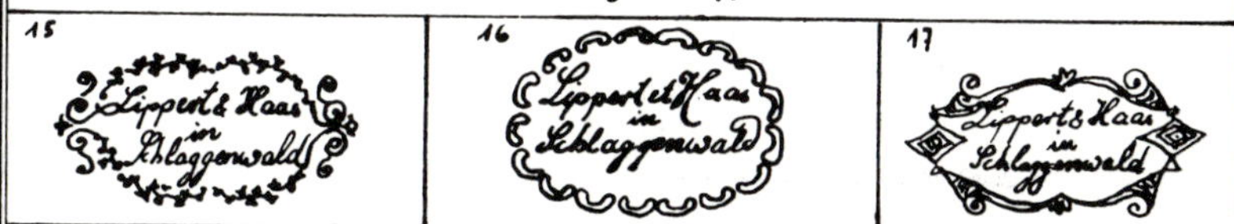

1830–1847

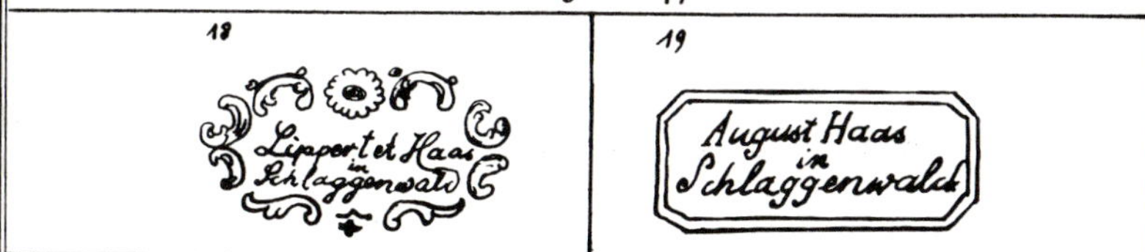

1830–1847 | 1847–1867

Schlaggenwald (1793 bis zur Gegenwart)

Fabrikmarken

20

21
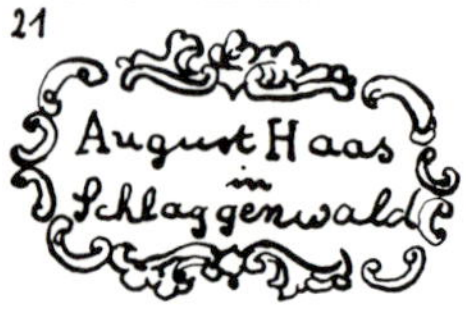

1847–1867

22

23

1867–1888	1888–1896

24

25

26

27

20. Jahrhundert

Die Marken Nr. 1 sind in Unterglasurblau,
Nr. 2 in verschiedenen Farben oder in Gold auf Glasur,
Nr. 3 und 4 in Blau oder Grün unter Glasur,
Nr. 5 in Blau unter Glasur gesetzt,
Nr. 6 bis 10 ist eingepreßt,
Nr. 11 bis 21 ist in verschiedenen Farben gebracht und meistens mit einem eingepreßten S und der Jahreszahl versehen,
Nr. 22 ist eingepreßt,
Nr. 23 in Grün gehalten,
Nr. 24 bis 27 sind Druckmarken.

Von 1817 bis 1830 erscheinen auch Jahresmarken.

Kopenhagen

Porzellanmanufaktur Bing & Groendahl (1853 bis zur Gegenwart)

Fabrikmarken

1 	2 	3 	4 
1853	1895	1898	1899
5 	6 	7 	8 
1902	1914	1915	1948
9 	10 	11 	12 
1952	1958	1962	1970

Gegenwärtige Marken

Malersignaturen und -monogramme

10 	11 

12 	13 	14 

Kopenhagen

Porzellanmanufaktur Bing & Groendahl (1853 bis zur Gegenwart)

Malersignaturen und -monogramme

Kopenhagen

Porzellanmanufaktur Bing & Groendahl (1853 bis zur Gegenwart)

Modelleur- und Malersignaturen und -monogramme

31

32

33

34

35

36

37

38

39

40

41
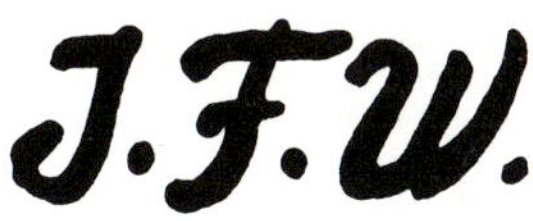

42

Die Marken Nr. 1 bis 9 sind im Druckverfahren in Schwarz und anderen Farben hergestellt. Die Malermarken zeigen verschiedene Farben, die Modelleurmarken sind eingepreßt oder eingeritzt.

Kopenhagen			
Königliche Manufaktur Kopenhagen			(1760 bis zur
Fabrikmarken			Gegenwart)
1 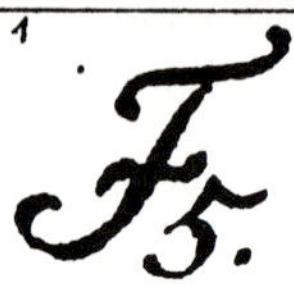	2 	3 	4 
1760–1766		1775–1801	
5 	6 	7 	8 
1820–1885	1885	1889	1890
9 	10 	11 	12 
1894	1897	1905	1923
	13 	14 	
	1923	Gegenwärtige Marke	
Fabrikmarken für Neuausformungen nach Modellen aus der Zeit			
von 1775	15 	16 	bis 1796.

Kopenhagen	(1760 bis zur
Königliche Manufaktur Kopenhagen	Gegenwart)

Fabrikmarken mit Maler- und Modelleurzeichen (1775–1801)

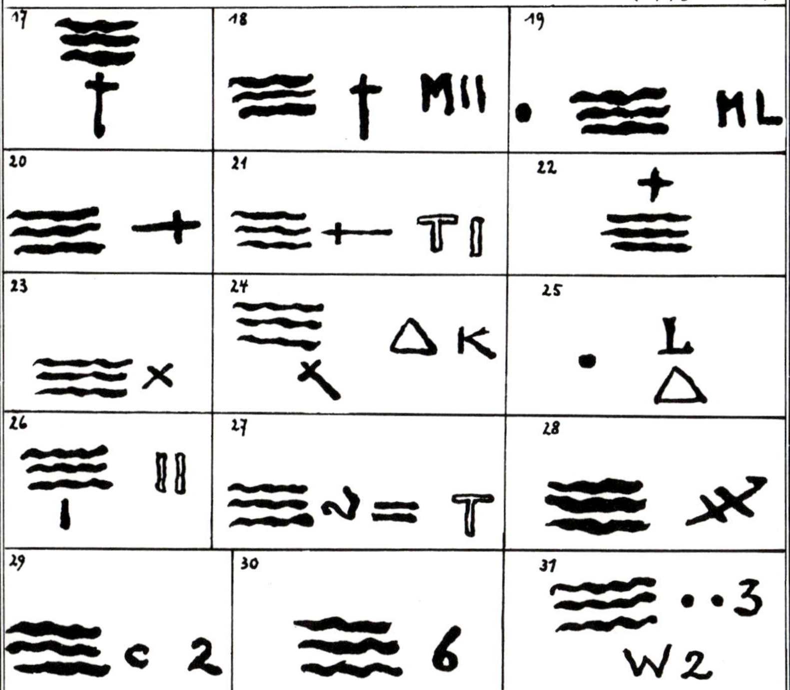

Malersignaturen und -monogramme

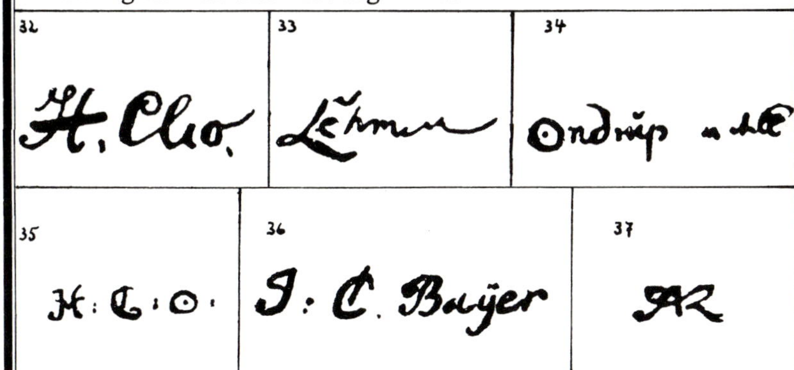

Kopenhagen (1760 bis zur Gegenwart)

Königliche Manufaktur Kopenhagen

Malersignaturen und -monogramme

Modelleursignaturen und Monogramme

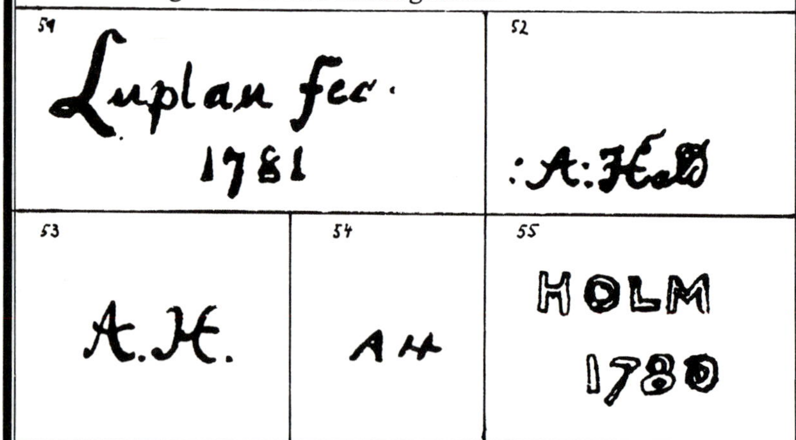

Kopenhagen	(1760 bis zur
Königliche Manufaktur Kopenhagen	Gegenwart)

Modelleursignaturen und Monogramme

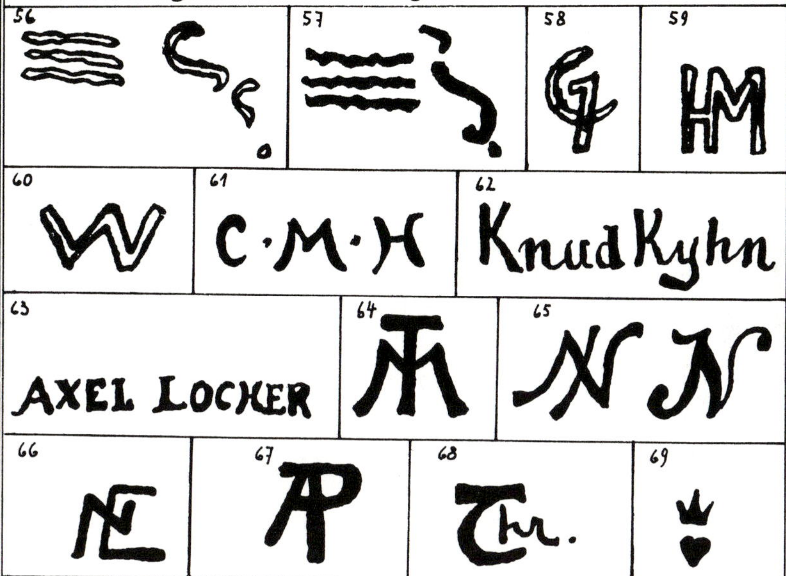

Die Marken Nr. 1 bis 6 sind in Blau über und unter Glasur,
Nr. 7 Schrift in Grün, Marke in Blau, Nr. 8 in Rot oder Grün,
Nr. 9 bis 14 Schrift und Krone in Grün, Marke in Blau,
Nr. 15 bis 17 in Blau,
Nr. 18 und 19 in Blau mit eingepreßtem M II,
Nr. 20 in Blau, Nr. 21 in Blau mit eingepreßtem T I,
Nr. 22 und 23 in Blau,
Nr. 24 in Schwarz mit eingepreßtem K,
Nr. 25 in Blau mit eingepreßtem L,
Nr. 26 in Blau mit eingepreßtem II,
Nr. 27 in Blau mit eingepreßtem T,
Nr. 28 in Blau, Nr. 29 in Blau mit eingepreßter 2,
Nr. 30 in Blau mit gleichfarbigen Zahlen von 1 bis 6,
Nr. 31 in Blau mit eingepreßtem W2 ausgeführt.
Die Malersignaturen Nr. 32 bis 50 weisen verschiedene Farben auf, die Modelleursignaturen Nr. 51 bis 69 sind eingeritzt oder eingepreßt.

Alt-Haldensleben (Altmark)

Porzellanfabrik Nathusius (1826 bis 2. Hälfte des 19. Jh.)

1	2
N	I

Altwasser (Schlesien)

C. Tielsch & Co. (1845–1948. Seit 1948 mit dem Werk Arzberg der Porzellanmanufaktur Hutschenreuther vereinigt)

1

2

3

4

5

6

Amberg (Bayern)

Porzellanfabrik Amberg (Erste Hälfte des 19. Jh. bis 1910)

1	2
Amberg	Amberg 4

Ansbach (1757–1860)

Fabrikmarken

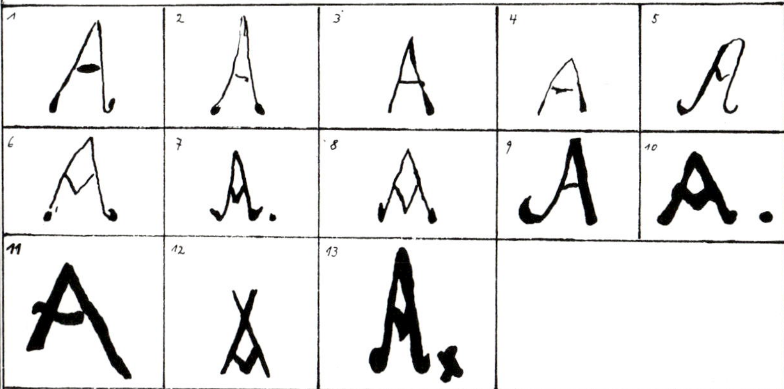

1757–1860

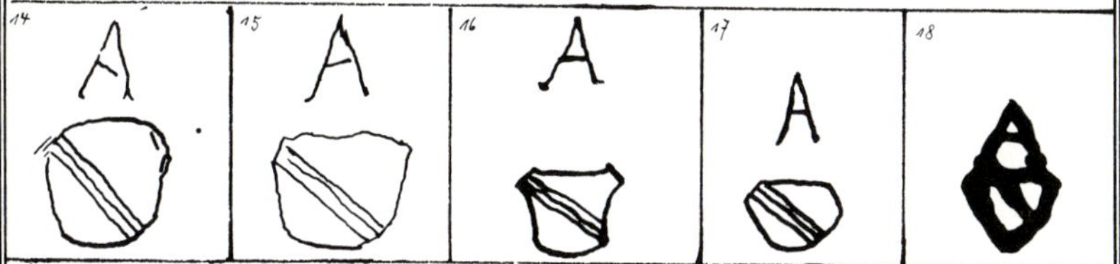

Um 1765

1757–1860

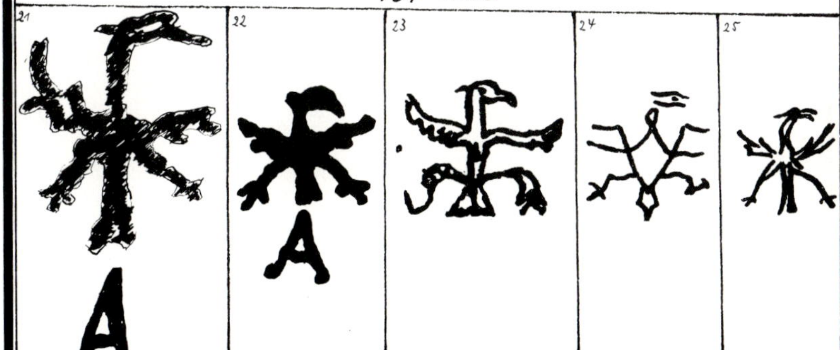

1757–1790

Ansbach (1757–1860)

Malermarken

26

27

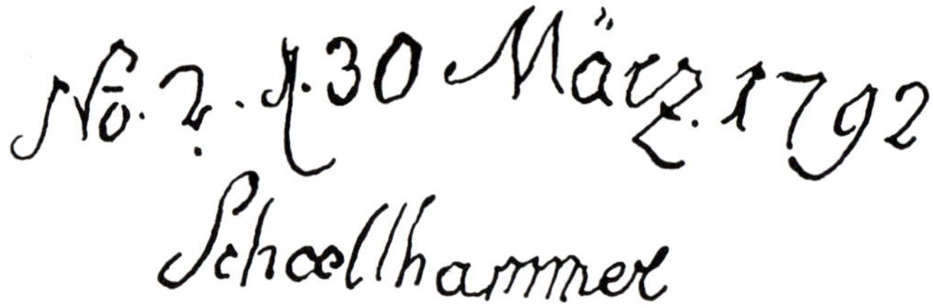

28

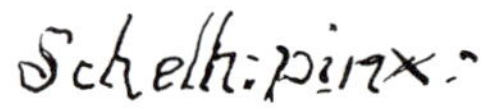

29

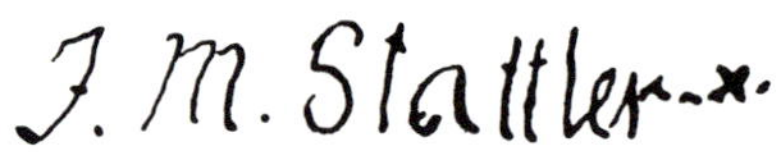

Modelleur-, Ritz- und Prägemarken

30

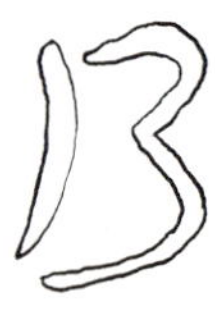

31

32

33

34

35

36

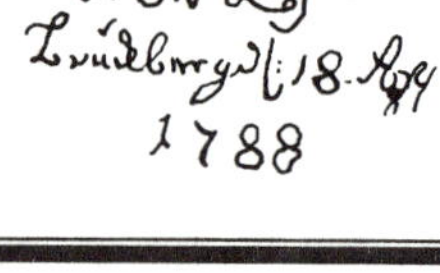

Ansbach (1757–1860)

Modelleur-, Ritz- und Prägemarken

37

38

39

40

41

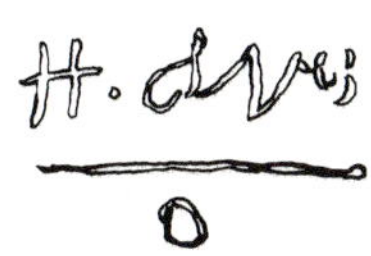

Die Marken der Porzellanmanufaktur Ansbach Nr. 1–13 sind von der Gründung der Fabrik bis zu deren Ende allgemein benutzt. Die Marken Nr. 14 bis 18 werden vorübergehend in den sechziger Jahren des 18. Jahrhunderts verwendet.

Die Marken 19 und 20 sind lediglich bei Figuren als Prägestempel angebracht. Nr. 21 bis 25 werden ausschließlich für Porzellan, das für den markgräflichen Hof bestimmt ist, gebraucht.

Sämtliche Marken sind in Unterglasurblau ausgeführt.

Arzberg (Bayern)

Porzellanfabrik Arzberg (1890 bis zur Gegenwart)

Zweigniederlassung der Porz.-Fabr. Kahla

1

2

3

Vor 1954	Seit 1954

Arzberg (Bayern) (1881 bis

Porzellanfabrik Karl Schumann A.G. zur Gegenwart)

1

2

3

4

5

6

Von 1881 bis zur Gegenwart.

Baden-Baden (1771–1778)

Fabrikmarken

1	2	3	4	5

1778				

Die Fabrikmarken der Porzellanmanufaktur Baden-Baden sind nur aus der markgräflichen Regiezeit, die nach dem Zusammenbruch des bis dahin privaten Unternehmens 1778 für kurze Zeit einsetzte, bekannt. Sie sind in Blau unter Glasur angebracht.

Berlin (1751 bis zur Gegenwart)

Fabrik Wegely (1751–1757)

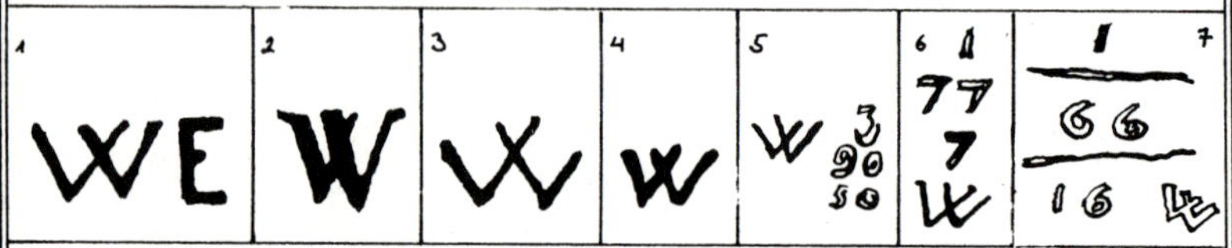

Marken in Blau unter Glasur oder gestempelt.

Fabrik Gotzkowsky (1761–1763)

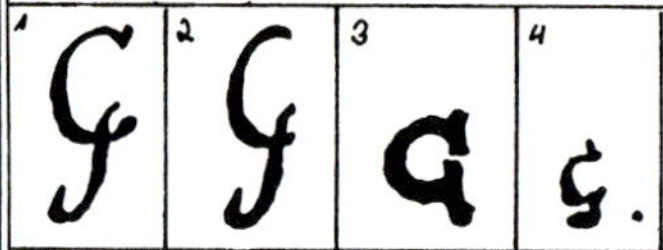

Marken in Blau unter Glasur. Vereinzelt auch in Gold oder Braun über Glasur.

Königliche Porzellan Manufaktur (1763–1918)
Staatliche Porzellan Manufaktur (1918 bis zur Gegenwart)

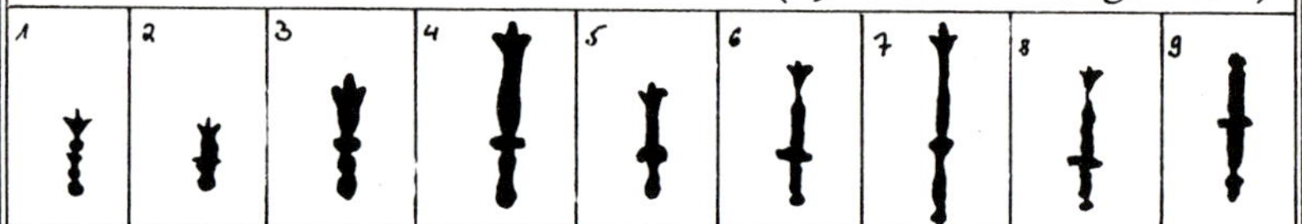

Von 1763 bis Ende der 1770er Jahre

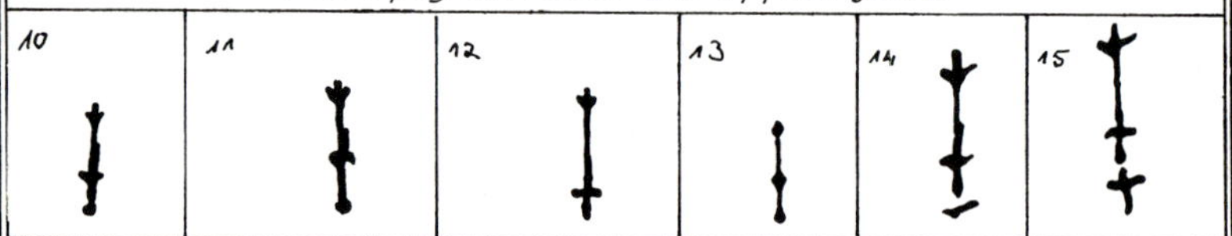

1780 | 1780er Jahre | 1790er Jahre

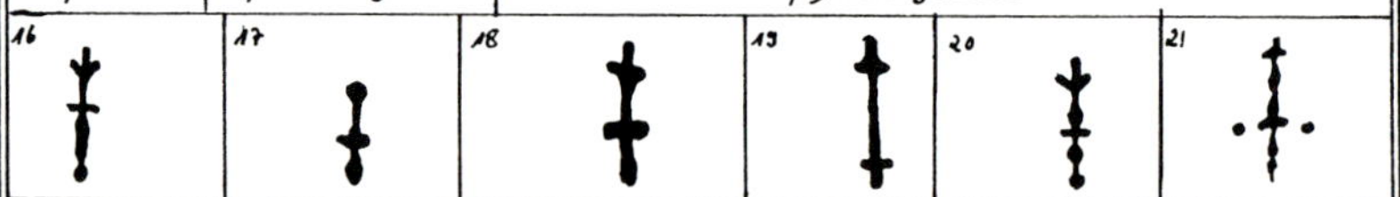

1800 | 1810 | 1815–1820 | 1820–1837 | 1837

Berlin (1751 bis zur Gegenwart)

Königliche Porzellan Manufaktur (1763–1918)
Staatliche Porzellan Manufaktur (1918 bis zur Gegenwart)

22	23	24	25	26
KPM	KPM	KOENIGL. PORZELLAN-MANUFACTUR	KOENIGLICHE PORZELLAN-MANUFACTUR FR	KOENIGL. PORZELLAN-MANUFACTUR FR
1837–1844	1844–1847	1847–1849		1849–1870

27	28	29	30	31
	K.P.M	Sgr.P	S	j KPM
Seit 1870	Seit 1825	Seit 1882	1949 für Seeger Porzellan	Seit März 1983

Malereimarken

32	33	34	35	
—	KPM	KPM		private Ausformung in der Manufaktur
1803–1813	1823–1832	Seit 1832	ca. 1830–40	

Gedächtnismarken

36	37
1763 R 1913	
Jubiläumsmarke 1913	Kriegsmarke 1914–1917

Gesundheitsgeschirr	Bleifrei. Stg.	Seit 1882 für Steingut

Berlin (1751 bis zur Gegenwart)

Besitzermarken

39

40

41

Friedrich Wilhelm IV 1840–1860	Wilhelm II 1890–1917

Die Marken Nr. 1 bis 27 und Nr. 29 bis 30 sind in Blau unter Glasur ausgeführt. Nr. 28 ist eingepreßt und wird vorwiegend für Platten und Lithophanien verwendet.
Neben der Marke führen Lithophanien die Nr. 26, außerdem noch laufende Nummern, die die Herstellungsjahre angeben,
und zwar Nr. 1 bis 156 für die Jahre 1828 bis 1836
Nr. 157 bis 190 für die Jahre 1836 bis 1837
Nr. 191 bis 248 für die Jahre 1837 bis 1840
Nr. 249 bis 262 für die Jahre 1841 bis 1842
Nr. 263 bis 315 für die Jahre 1842 bis 1846
Nr. 316 bis 351 für die Jahre 1846 bis 1847
Nr. 352 bis 376 für die Jahre 1847 bis 1848
Nr. 377 bis 410 für die Jahre 1849 bis 1850
Nr. 410 bis 516 für die Jahre 1850 bis 1859
Nr. 517 bis 535 für die Jahre 1859 bis 1860

Die gegenwärtige Marke hat die Form wie Nr. 27.
Die Marke Nr. 30 gilt für das nach Selb verlagerte Werk.
Die Marke Nr. 31, seit März 1983 wird als „Junge Manufaktur“ bezeichnet.
Die Malereimarke Nr. 32 wird neben der Fabrikmarke in der Zeit von 1803 bis 1813 in Blau über Glasur, von 1817 bis 1823 in Rot oder Braun über Glasur,
die Adlermarke Nr. 33 von 1823 bis 1832 in Rot oder Braun über Glasur,

die Reichsapfelmarke Nr. 34 seit 1832 in Rot oder Braun über Glasur, seit 1911 für Unterglasurmalereien in Blau unter Glasur, seit 1913 für mit Goldrand oder einfachen Bordüren bemalte Porzellane in Grün über Glasur angebracht.
Die Jubiläumsmarke Nr. 36 wird in Rot und Grün auf Glasur, in Blau unter Glasur gesetzt.
Die Kriegsmarke Nr. 37 erscheint von 1914 bis Mitte 1917 zunächst nur auf bemalten Stücken in Schwarz auf Glasur, dann für alle Weißstücke anfangs in Blau, später in Schwarz unter Glasur.
Ein Zepter in blauer und seit 1904 in brauner Farbe unter Glasur sowie bei bemalten Stücken in Grün auf Glasur findet sich bei Erzeugnissen des sog. Gesundheits- oder Sanitätsgeschirres, das seit 1795 in der Manufaktur, von 1817 bis 1866 in einer Zweigfabrik der Königlichen Gesundheitsgeschirr-Manufaktur hergestellt wurde. Siehe Marke Nr. 38.

Die Besitzermarken, Nr. 39 und 40 sind in Eisenrot und Purpur, Nr. 41 meist in Schwarz oder Dunkelgrün mit verschiedenen Jahreszahlen angebracht.

Berlin-Moabit

M. Schumann & Sohn seit 1835

<table>
<tr><td colspan="2"></td><td colspan="2"></td><td></td><td></td></tr>
<tr><td colspan="3">zur gleichen Zeit haben auch Schomburg & Sohn gearbeitet</td><td colspan="3">19. Jahrhundert</td></tr>
<tr><td></td><td>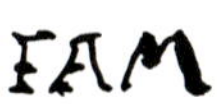</td><td colspan="2"></td><td></td><td></td></tr>
<tr><td>Friedrich Adolf Schumann,</td><td>† 1850</td><td colspan="2">1840–45</td><td>1845–50</td><td>1845–50</td></tr>
</table>

Blankenhain (Thüringen)

Porzellanfabrik Blankenhain (1790 bis zur Gegenwart)

1

2

3

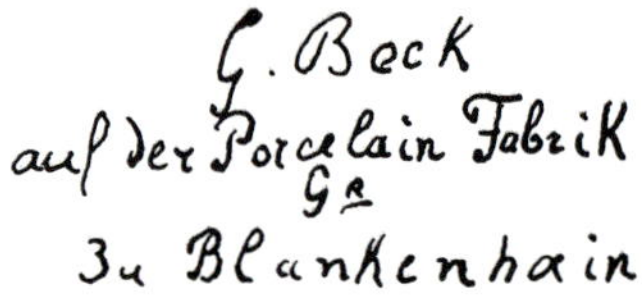

4

Bock-Wallendorf (Thüringen) siehe Wallendorf

Porzellanfabrik Fasold & Stauch (1903 bis zur Gegenwart)

1

2

3

Closter Veilsdorf (1760 bis zur Gegenwart)

Fabrikmarken

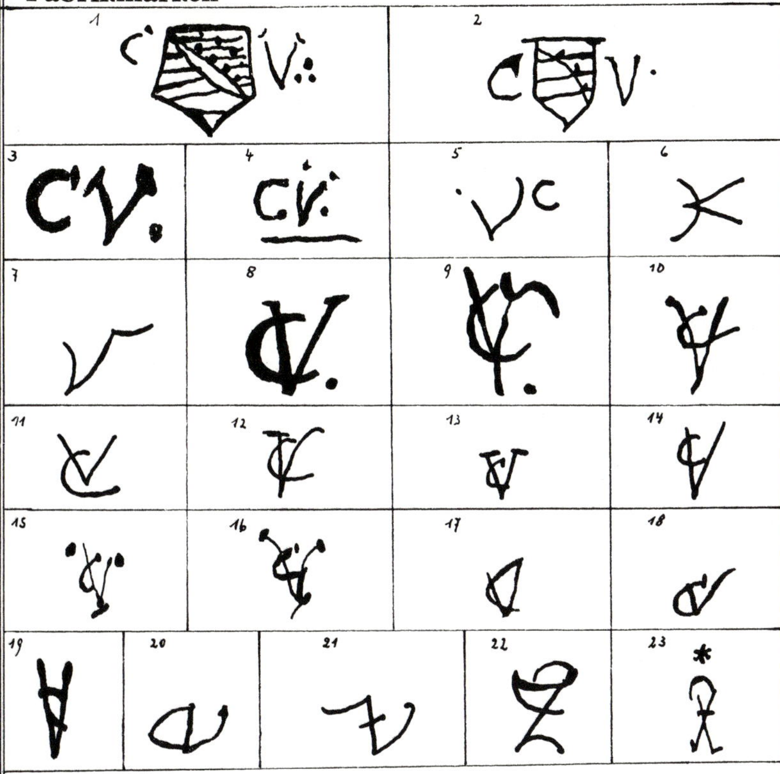

1760–1797

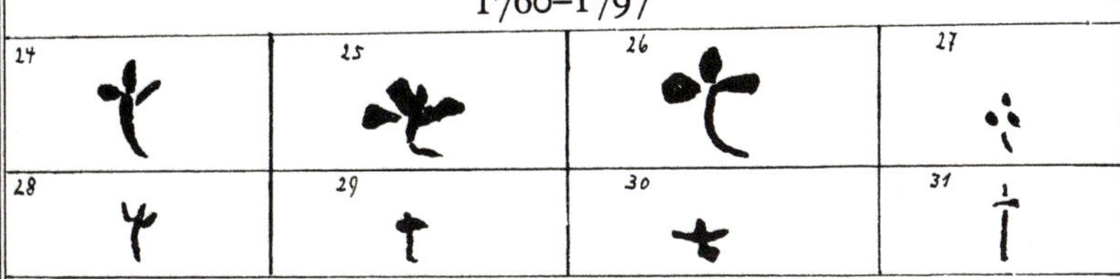

1797–1853

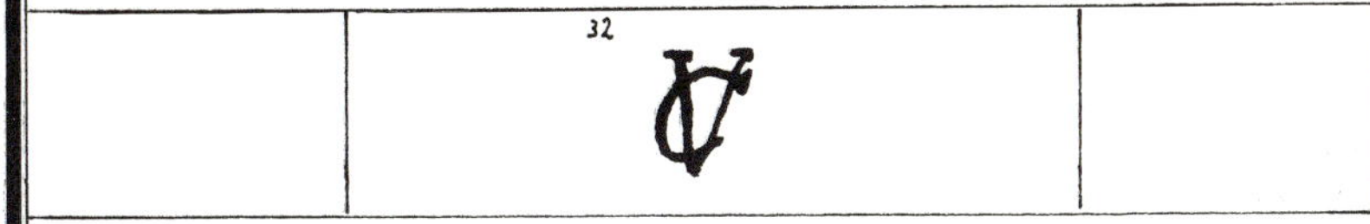

1853 bis heute

Closter Veilsdorf (1760 bis zur Gegenwart)

Formermarken (1760–1797)

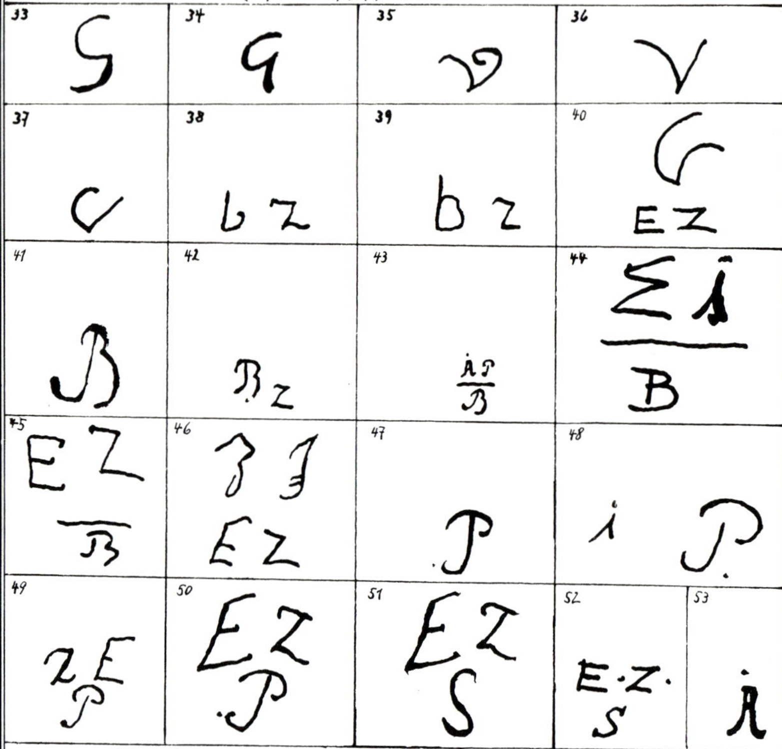

Modelleurmarke

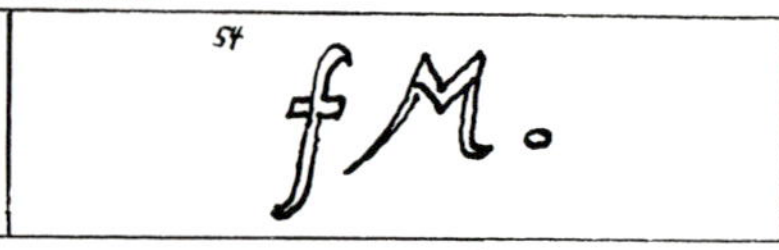

1760–1797

Die Marken wurden in Blau unter Glasur, seltener in Purpur oder Schwarzblau auf Glasur ausgeführt. Über Glasur finden sich gelegentlich Buchstaben in verschiedenen Farben als Malermarken wie A, B, C, D, H, M, N, P, R, S, Tw, W. Die Formermarken wurden eingeritzt, die Nummern 33 bis 40 bedeuten Closter Veilsdorf.

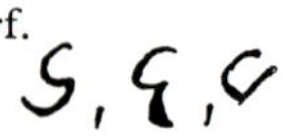 =C =V

Das Z = 2 sowie die Zahl 1 sind die Standnummern im Ofen. Seit 1865 stellt die Fabrik nur noch technische Porzellanartikel her.

Creidlitz (Thüringen)

Porzellanfabrik Creidlitz G.m.b.H.(1907 bis zur Gegenwart)

1 	2 	3 

Dresden (ab 1843)

Helena Wolfsohn, Porzellan Malerei

1 	2 	3 	4 	5 

Die Firma H. Wolfsohn mußte ihre angemeldeten Marken Nr. 2, 3 und 4 beim Amtsgericht Dresden nach Widerspruch der Meissner Manufaktur am 4. 3. 1883 löschen.

Eisenberg (1796 bis zur Gegenwart)

Fabrikmarken

1 	2 	3 	4 
18. Jahrhundert		19. und 20. Jahrhundert	

Die Fabrikmarken der Manufaktur Eisenberg sind im 18. Jahrhundert in Blau unter Glasur angebracht, im 19. und 20. Jahrhundert gestempelt.

Ellwangen (1758–1764)

Fabrikmarke

 1758–1764	Die Fabrikmarke ist in Blau unter Glasur angebracht.

Erbendorf (Oberpfalz) siehe Weiden, **Seltmann G.m.b.H.**

Frankenthal (1755–1799)

Fabrikmarken

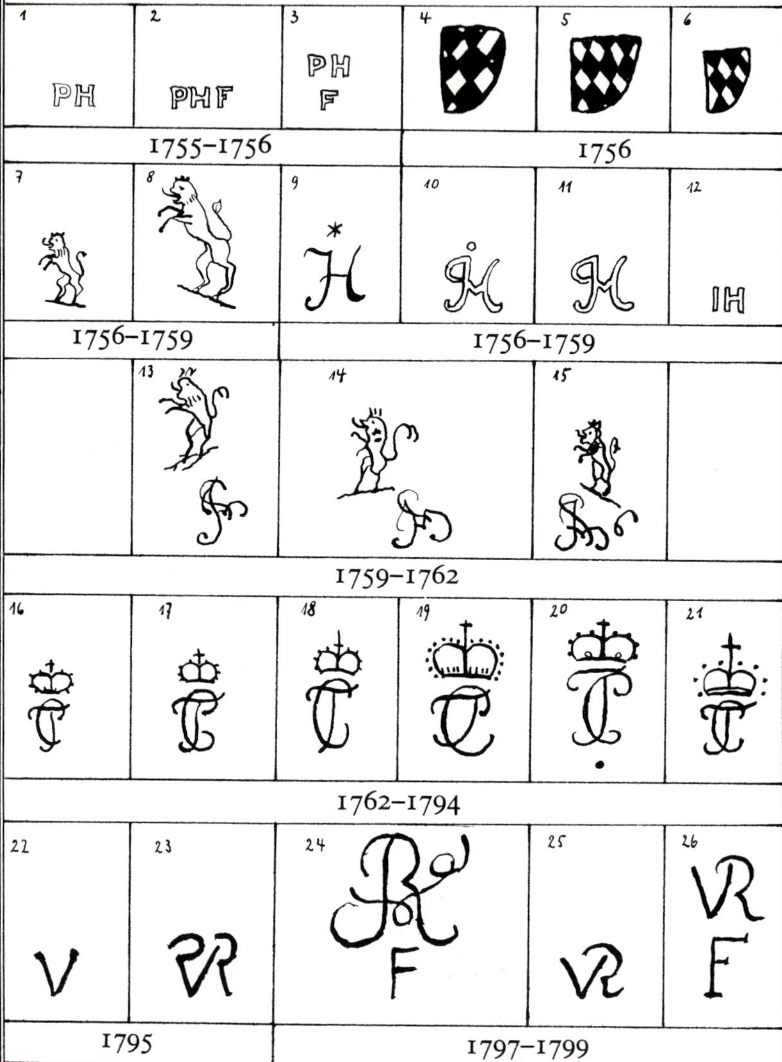

Frankenthal (1755–1799)

Die Marken sind überwiegend in Blau unter Glasur, selten in Blau über Glasur oder in anderen Muffelfarben angebracht. Lediglich die Marken Nr. 1–3 und Nr. 9–12 werden eingestempelt, geritzt oder ausnahmsweise erhaben ausgeführt.

Beizeichen zu den Fabrikmarken

Zu den Marken Nr. 1–3 kommen eingedrückt Zahlen von 1 bis 6 sowie Punkte vor. Ebenso können die Direktorialmarken Joseph Hannongs, Nr. 9–12, als Beizeichen angesehen werden. Die Carl-Theodor-Marke hat öfters folgende zusätzliche Zeichen und Ziffern in Blau unter Glasur:

27

28

29

30
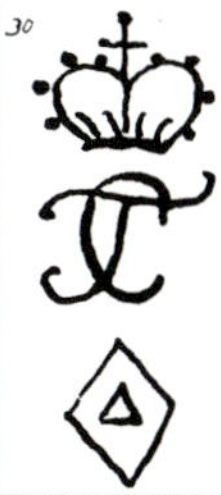

31
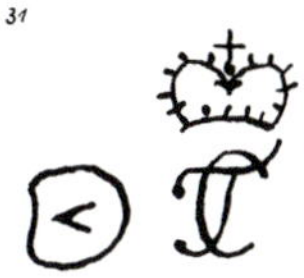

32

33

Die Zahlen fallen 1770 fort, die Zeichen etwa 1779. Von 1770 bis 1789 erscheinen außerdem abgekürzte Jahreszahlen in Blau unter Glasur in Verbindung mit der Fabrikmarke. Die Zahl 7 ist als 1770 zu denken.

Die Monogramme Æ und B neben der kurfürstlichen Marke sind Direktorialmarken für Adam Bergdoll

34

von 1762–1770

Frankenthal (1755–1799)

Malermarken (Monogrammiert)

ÆPel ÆP , Apel (Michael Apel)
J. A. (J. Arnold)
D (Philipp Drach)
Ff (J. H. Fretz)
HM (Glöckel)
G (Anton Le Grand)
AH (Andreas Handschuh)
GH (Georg Hetterich)
K (Bartholomäus Kaiser)
Ki (Kilian)
Ma (Joh. Bernhard Magnus)
BMp (Bernhard Magnus pinxit)
Mi (Nikolaus Mittmann)
N (Nierwein)
O, Os, J.O. Osterspei (Jacob Osterspei)
R, Raner (Joh. Georg Konrad Rahner)
T (Johann Samuel Friedr. Tännich)
Web (Franz Joseph Weber)
W, Wi, Wi.P. 1771, Winterstein (Winterstein)

Malermarken (Ausgeschrieben)

Apel
H. M. Glöckel
Kilian
Magnus
Osterspei
Raner
Winterstein

Malermarken (Keine Lösung)

AX	AII	De	GL	JG	IL

Frankenthal (1755–1799)

Bossierermarken

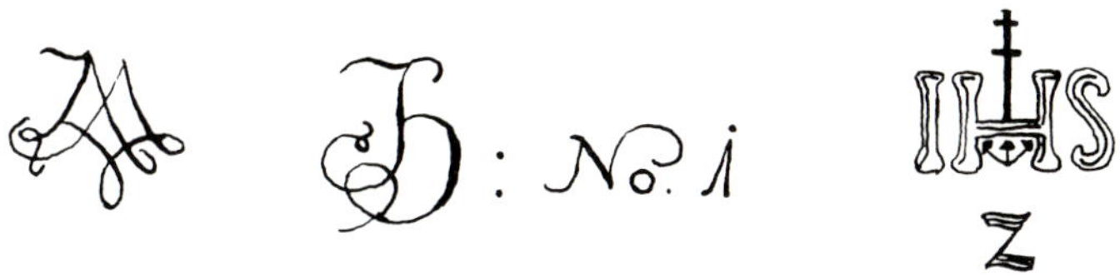

A (Rochus Andrich)
WB (Wilhelm Brickelmayer)
A:C (Adam Clair, Cleer, Clär)
C (Georg Ignaz Clair)
D (Peter Danto)
A/E VE (A. van Eger)
F (Freibott)
CF (Conrad Fries)
H (Ignaz Hinel)
K (Ulrich Koch)
DL (David Linker)
PM (Peter Mechior)
M (Franz Kaspar Morett)
N (Niebergall)
N B. Lü. (Niebergall-Lück)
MO (Michael Offenstein)
R. (Mathäus Rohr)
Sch (Heinrich Schnöde)

Ausgeschriebene Signaturen

Adam Cleer Frankenthal a. 7. Januar 1792
Clair (Georg Ignaz Clair)
Anton Legrand 1770
Jacob Legrand 1786
Linck
Niebergall
Rohr
Schahler
I. Schoch

Fraureuth (Sachsen)

Porzellanfabrik Fraureuth A. G.

1	2	3	4

1866 bis 1. Hälfte des 20. Jahrhunderts

Fürstenberg (1747 bis zur Gegenwart)

Fabrikmarken

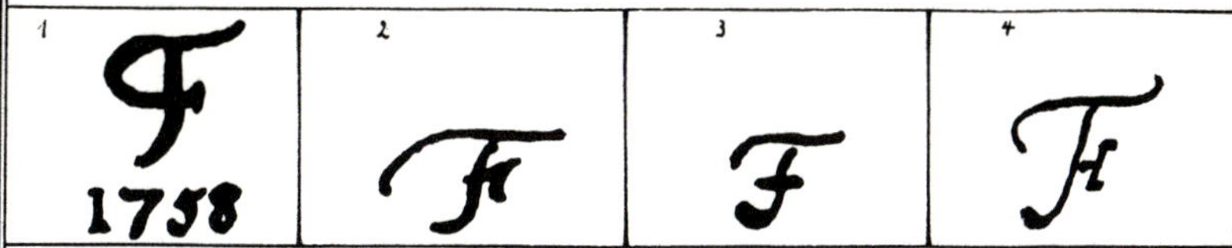

1753–1770

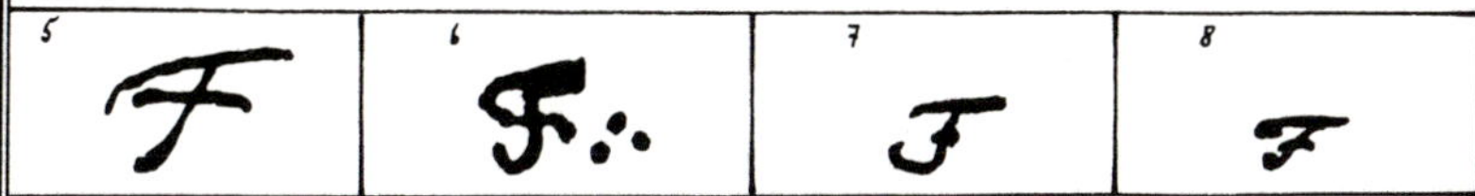

1770–1795

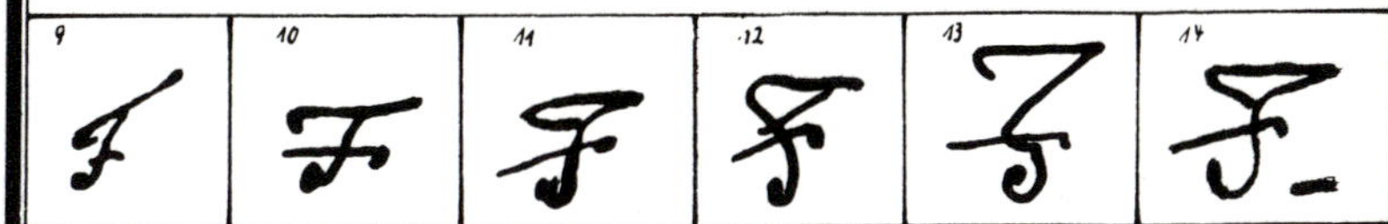

1800–1860

Nach 1860	20. Jahrhundert	ca. ab 1914

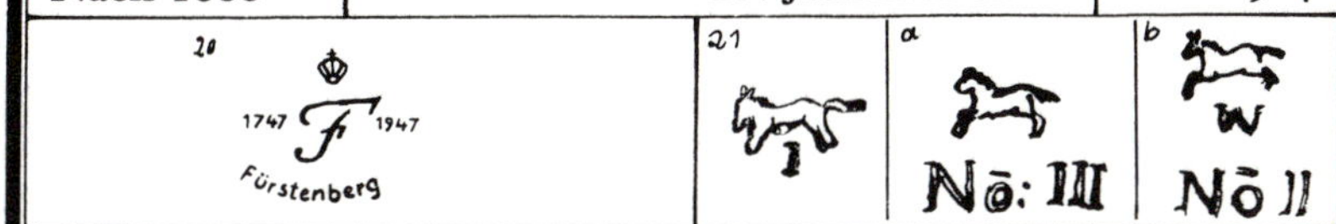

Jubiläumsmarke 1947	Prägemarke auf Bisquitbüsten 1771–1794

Fabrikmarken mit Malermarken

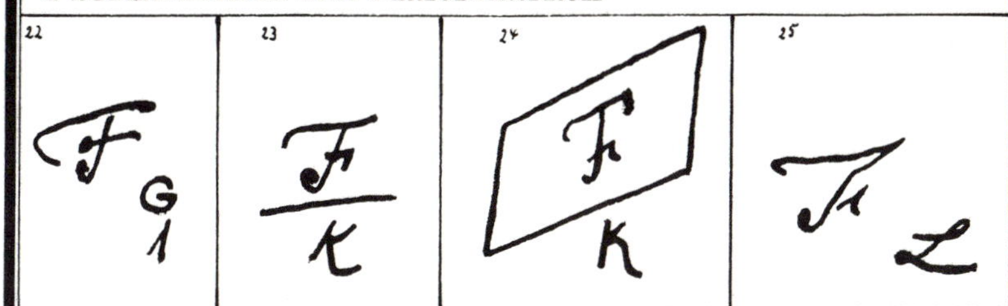

1760–1795	19. Jahrhundert

Fürstenberg (1747 bis zur Gegenwart)

Malermarken

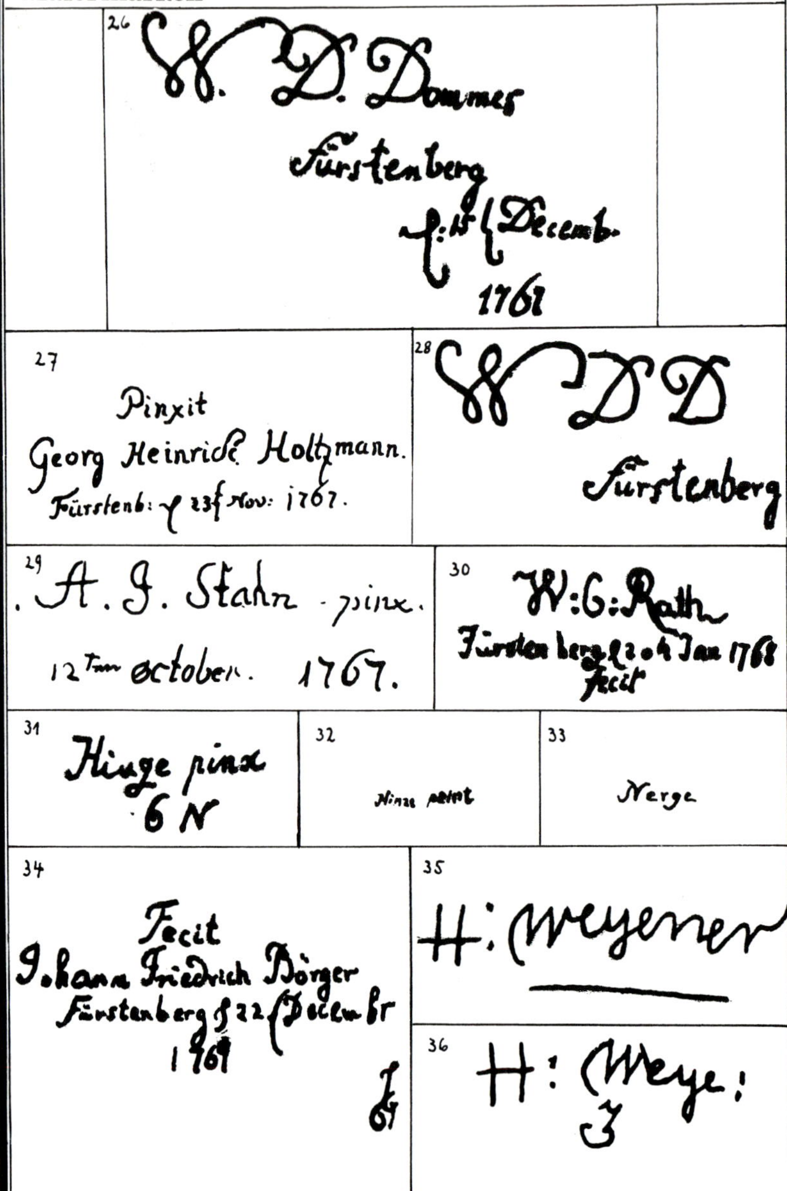

Fürstenberg (1747 bis zur Gegenwart)

Malermarken

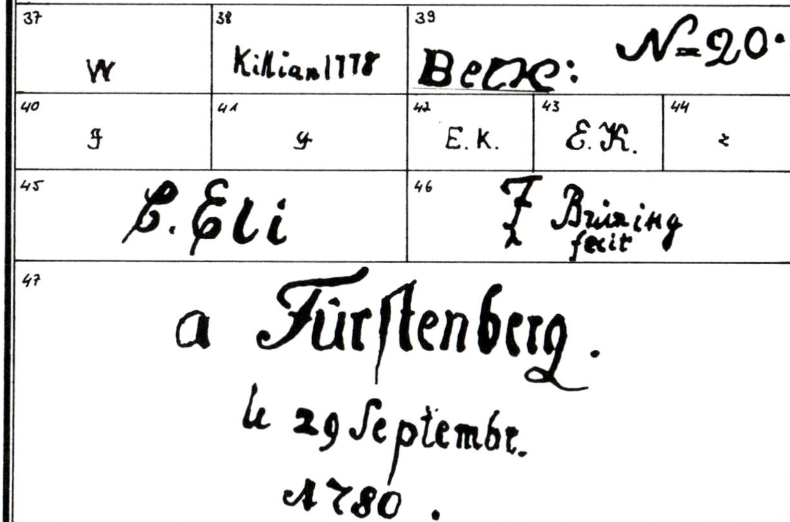

Eingeritzte Formermarken

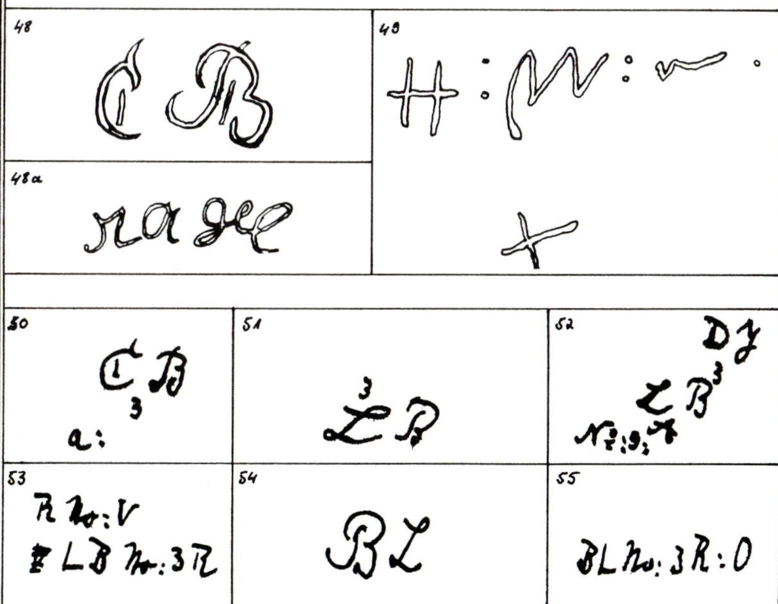

Fürstenberg (1747 bis zur Gegenwart)

Ritzmarken

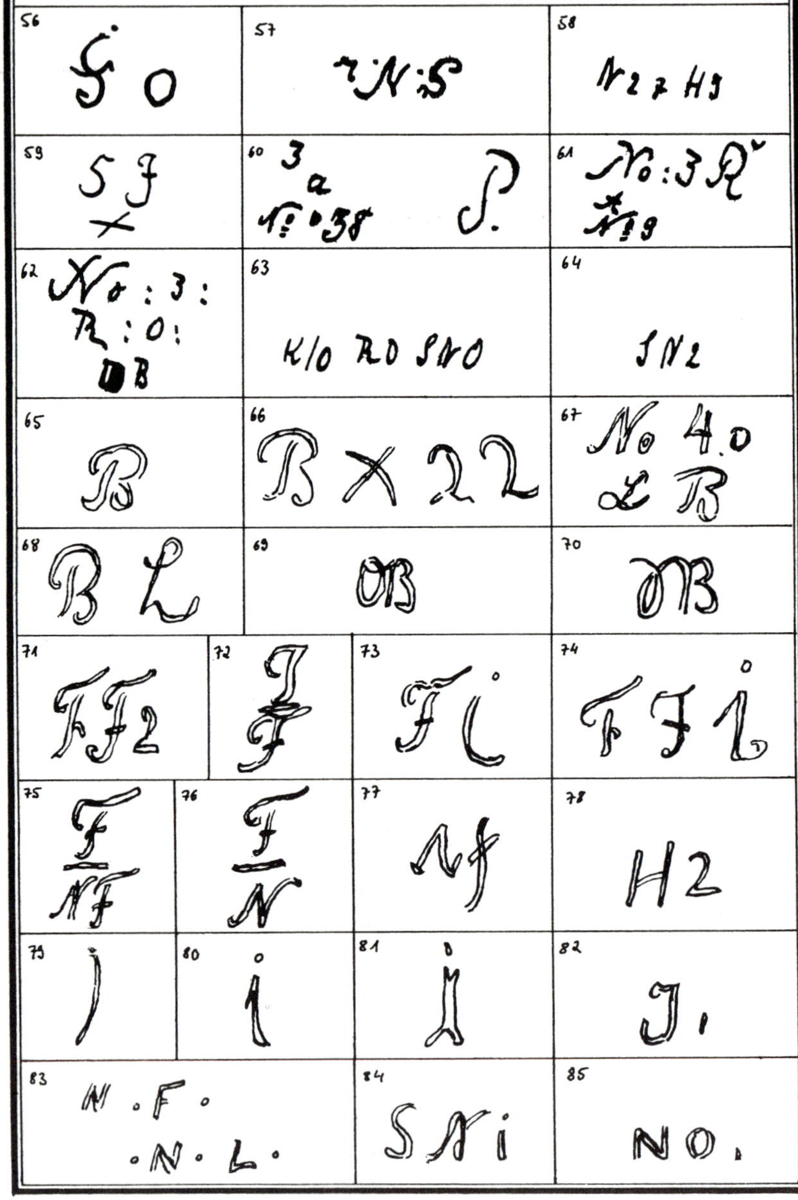

Fürstenberg (1747 bis zur Gegenwart)

Ritzmarken

86	87	88	89	90
		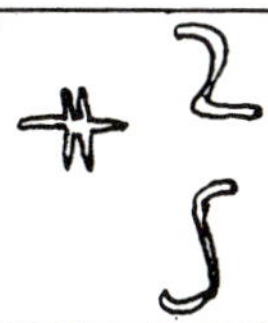		

Die Marken der Manufaktur Fürstenberg sind mit wenigen Ausnahmen durchweg in Unterglasurblau ausgeführt. Bisweilen finden sich daneben noch Striche oder Punkte. Vielfach wurden weniger gut gelungene Stücke mit einem eingeritzten Kreuz, Marke Nr. 49, 59 und 88, versehen. Bei den Biskuitbüsten ist ein kleines springendes Pferd, Nr. 21, eingeprägt. Die Unterglasurblauen Buchstaben neben der Fabrikmarke dienen zur Bezeichnung der Modelle. Spätere Neuausformungen von Figuren tragen eingepreßt die Buchstaben A. a. M., d.h.: Aus alten Modellen.

1756–63 brach der 7jährige Krieg aus, ein äußerst ungünstiger Fortbestand für Fürstenberg, denn 1760/62 mußten Brennöfen ungenutzt bleiben und die Produktion kam schließlich zum Stillstand.

So findet man heute noch auf Tierfiguren von Feilner (Nr. 1/58) die Markolinimarke, manchmal mit einem blauen F. dazu. Man setzte diese Marke zum besseren Verkauf als Reklamezeichen (Ducret).

 Kopie der Familie am Kaffeetisch von Desoches 1771 mit der Marke von C. Thieme, Potschappel.

Fulda (1764–1789)

Fabrikmarken

1 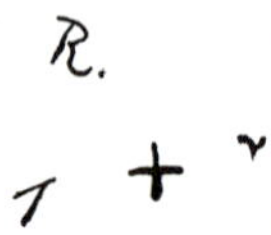

2 

3 

4 

1765–1780

5 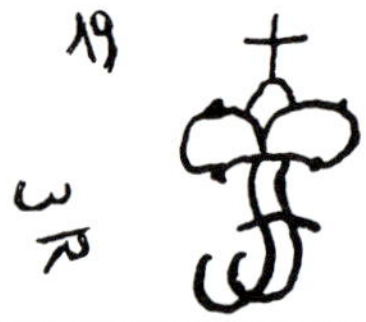

Heinrichsmarke 1781–1789

6 

Adalbertsmarke 1789

Die Fabrikmarken sind in Unterglasurblau ausgeführt. Bei den Kreuzmarken Nr. 1 bis 4 wurden die Zahlen 1, 2, 3 eingeritzt oder gestempelt und die Buchstaben A, B, C (letzterer sehr selten) als Drehermarken angebracht.

Bei der Heinrichsmarke kamen ab 1783 noch die Buchstaben K (Caspar Knittel) und R (Friedrich Ripp) hinzu. Der Press-Stempel [B] wurde 1771–1788 von dem Bossierer Georg Ludwig Bartholome bei Geschirren verwendet.

Bei den Regentenmarken Nr. 5 und 6 sind die Punkte im Duktus des Fürstenhutes wichtig.

7 

Marke Nr. 7
ist eine Fälschung

Gera (1780 bis Anfang des 20. Jahrhunderts)

Fabrikmarken

1 	2 	3 	4 	5 
1780–1820			1820–1840	
6 	7 	8 	9 	10 
1820–1840	Nach 1840			
	11 	12 		
	Nach 1840			

Von 1780 bis 1782 war die Porzellanfabrik Gera eine Filiale der Volkstedter Porzellanmanufaktur. Erst nach dieser Zeit bildet sie ein selbständiges Unternehmen. Die Fabrikzeichen sind durchweg in Unterglasurblau gehalten. Ganz vereinzelt ist die Fabrikmarke ausgeschrieben „Gera“ in Rot auf Glasur gesetzt. In der Frühzeit der Fabrik wurde häufig auch die Meißner Schwertermarke verwendet.

Gotha (1760 bis Ende des 19. Jahrhunderts)

Fabrikmarken

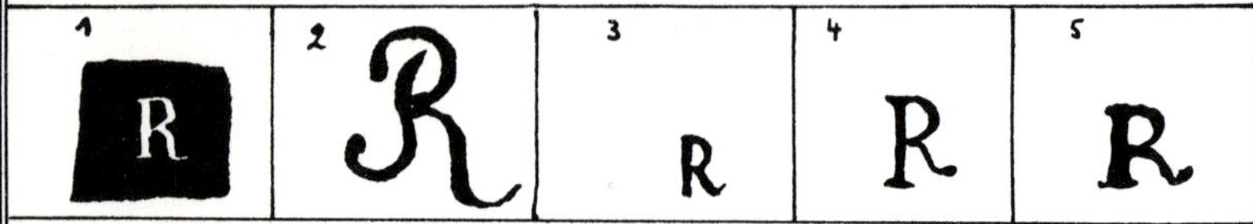

1760–1787

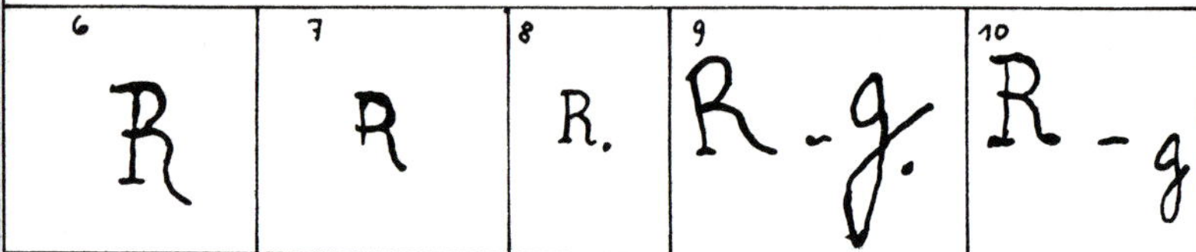

1760–1787 | 1788–1795

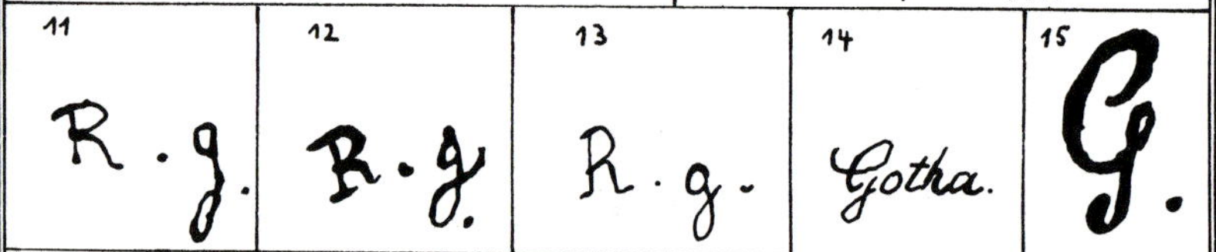

1795–1805 | 1805–1835

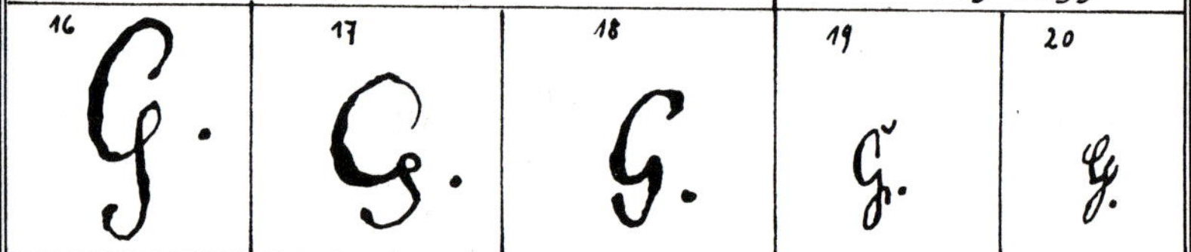

1805–1835

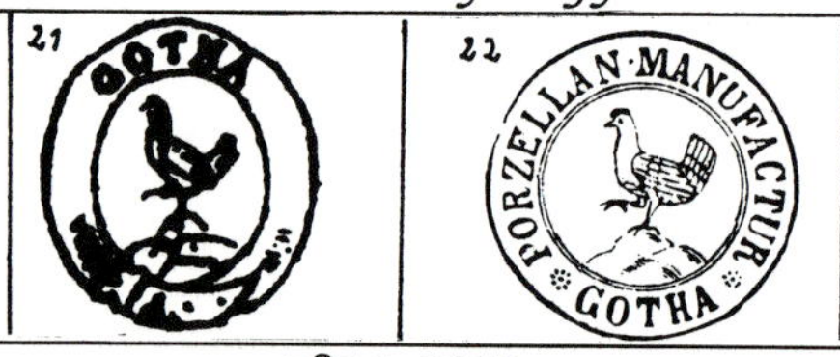

1835–1900

Die Marken der Porzellanmanufaktur Gotha sind durchweg in Unterglasurblau gehalten. Ganz vereinzelt ist die Nr. 1 gestempelt anzutreffen, ist aber mit blauer Farbe ausgefüllt. Seit etwa 1815 erscheinen die Marken Nr. 14 in Schwarz und Eisenrot, die Marken Nr. 15 bis 20 außer in Unterglasurblau auch in Schwarz, Eisenrot und Blaßgelb über Glasur.

Die Marken Nr. 21 und 22 sind gestempelt.

Gräfenroda (Thüringen)

Porzellanfabrik Dornheim, Koch & Fischer

(1860 bis 1. Hälfte des 20. Jahrhunderts)

1	2	3	4

Gräfenthal (Thüringen)

Porzellanfabrik Schneider's Erben (1859 bis zur Gegenwart)

1	2	3	4

Höchst (1746–1798)

Fabrikmarken

1 	2 	3 	4 	5 
1750–1763				
6 	7 	8 	9 	10 
1750–1763				
11 	12 	13 	14 	15 
1750–1763				
16 	17 	18 	19 	20 
1750–1763				
21 	22 	23 	24 	25 
1750–1763				
26 	27 	28 	29 	30 
1750–1763				

Höchst (1746–1798)

Fabrikmarken

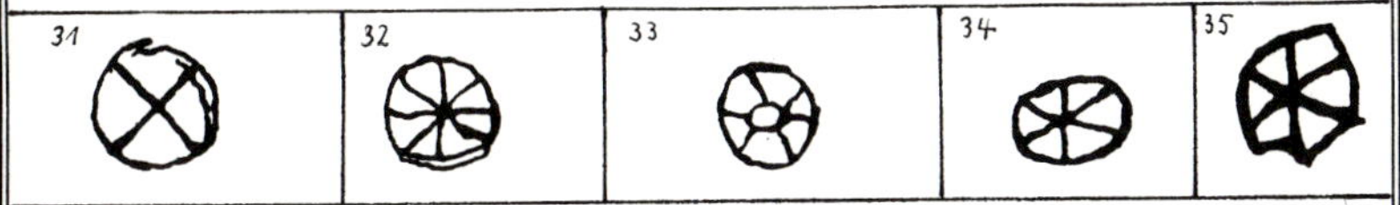

1765–1798

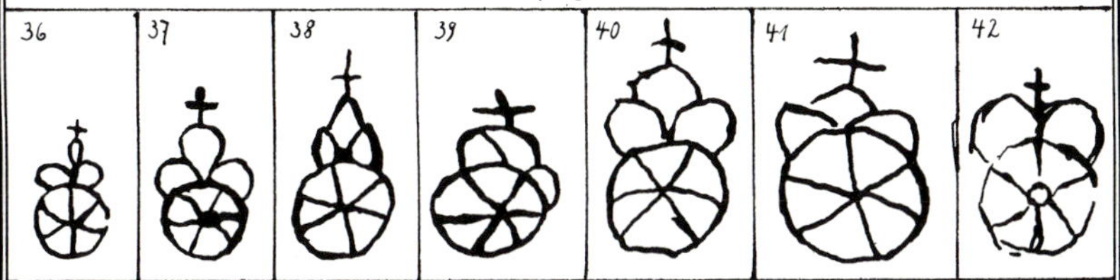

1765–1774

Malermarken

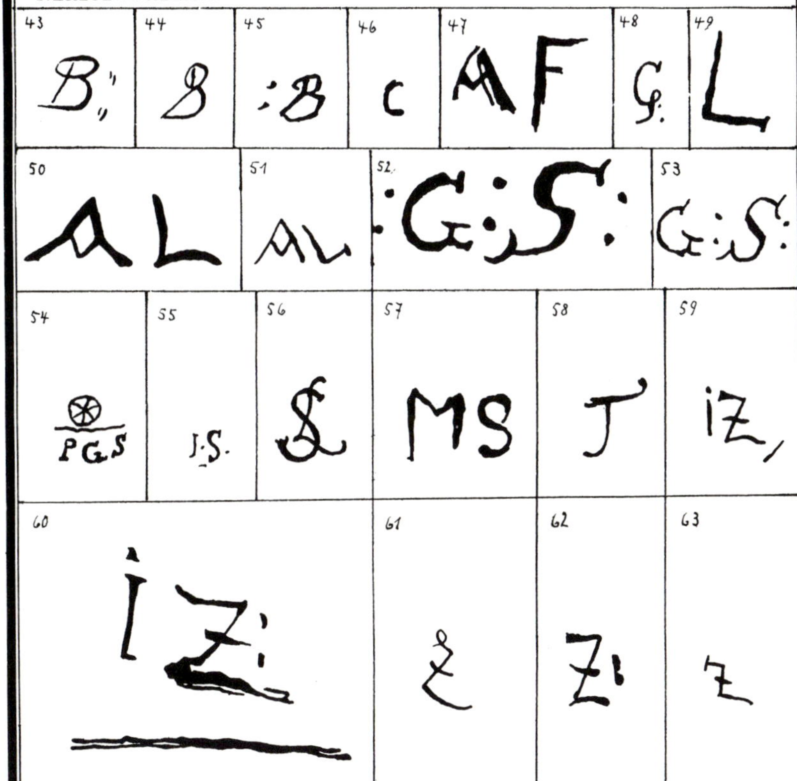

Höchst (1746–1798)

Malermarken

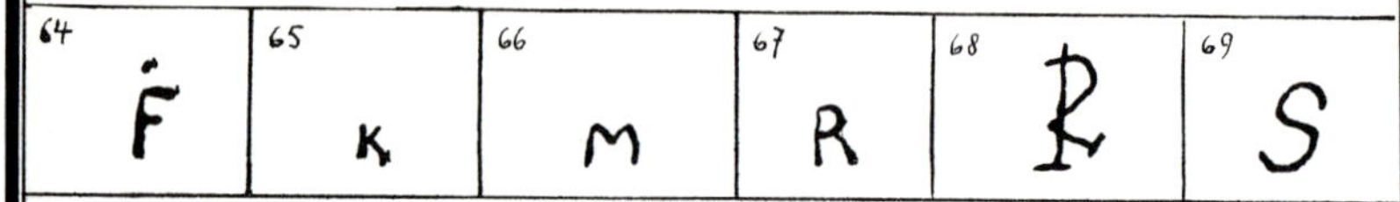

Signaturen von Modelleuren

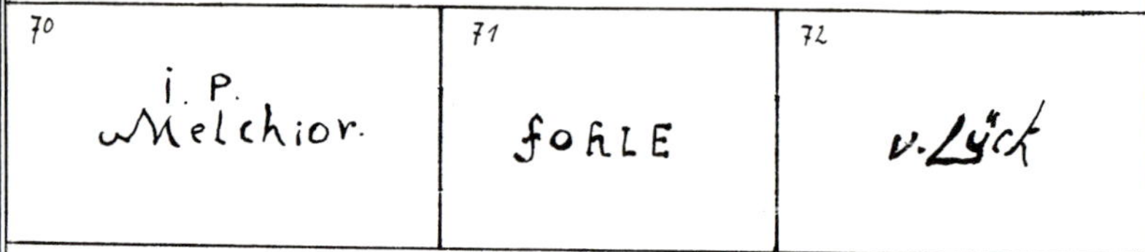

Bossierermarken

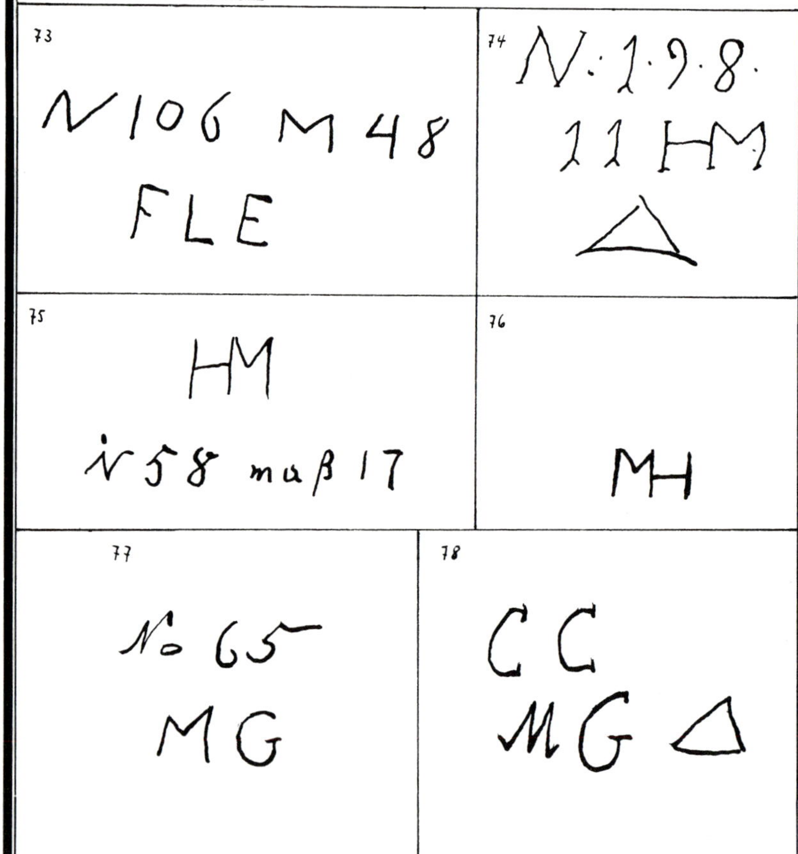

Höchst (1746–1798)

Bossierermarken

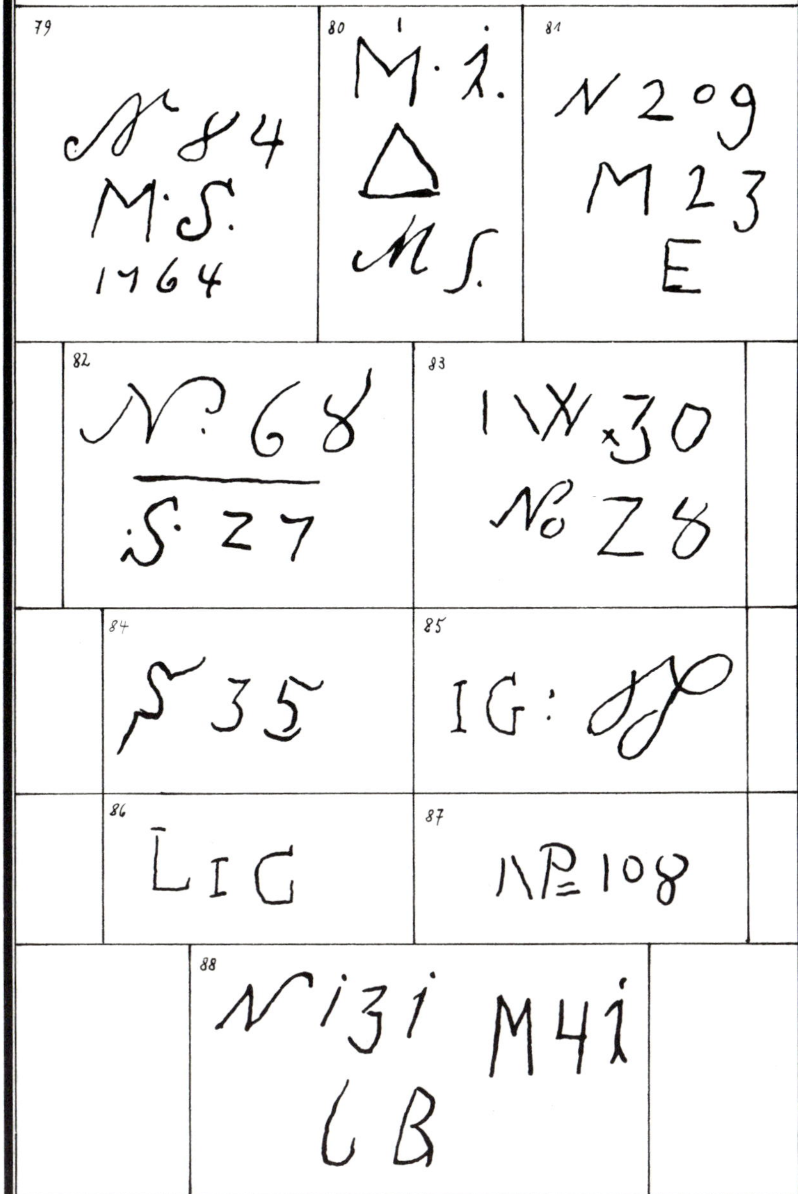

Höchst (1746–1798)

Bossierermarken

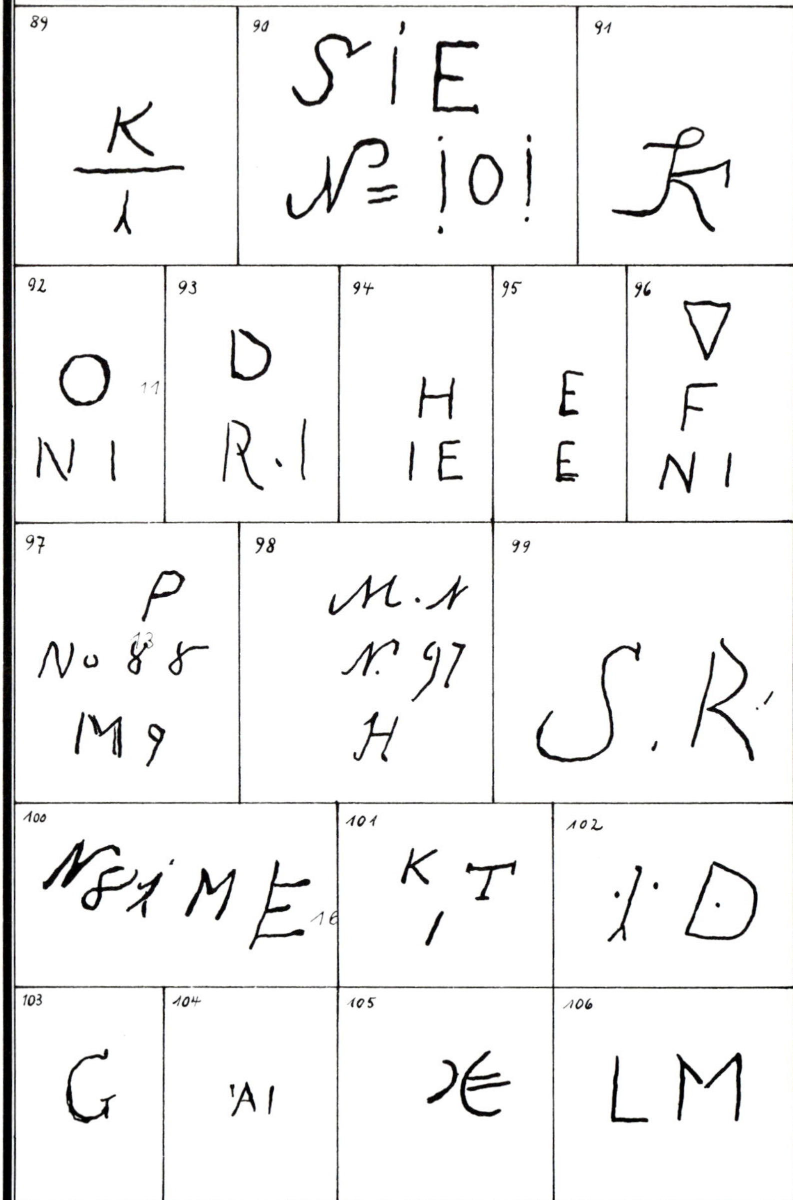

Höchst (1746–1798)

Bossierermarken

107 PN	108 Ri	109 3PB	110 R·B
	111 PL	112 I'AB	

Die Fabrikmarke ist von 1746 bis gegen 1765 gelegentlich eingeritzt oder eingepreßt, weitaus überwiegend aber in wechselnden Farben über Glasur angebracht. Auch die Form ist verschieden. Bald hat das Rad 4, 5, 6, 7, 8, 9 oder 11 Speichen, bald ist es mit, bald ohne Nabe. Gegen 1765 erscheint die Marke der Manufaktur ausschließlich in Unterglasurblau, und zwar ohne oder mit dem Kurhut. Die Form der letztgenannten Ausführung ist das sechsspeichige Rad ohne Nabe. Doch kommen auch hier Abweichungen mit 4 und 8 Speichen sowie mit 6 Speichen und Nabe vor. Die Kurhutmarke wird bei einem verhältnismäßig geringen Teil der Fabrikerzeugnisse etwa zwischen 1765 und 1774 verwendet. Vermutungen sprechen dafür, daß diese Markierung für Bestellungen des kurfürstlichen Hofes in Mainz Verwendung gefunden hat. Auf keinen Fall ist sie als Qualitätsmarke anzusehen.

Die Malersignaturen Nr. 43 bis 63 wurden bis 1763, die von Nr. 64 bis 69 bis zum Ende der Fabrikation verwendet.

Die eingeritzten und eingepreßten Zeichen von Bossierern, Formern und Drehern finden sich bei den meisten Erzeugnissen der Manufaktur. Sie variieren in starkem Maße. Über diesen Personenkreis liegt noch vieles im Dunkeln. Die bei den Zeichen oft befindlichen Ziffern 1, 2 und 3 sind Hinweise auf die Porzellanmasse. Dabei ist zu bemerken, daß die Ziffer 1 oft als römischer Buchstabe I und Ziffer 2 als Z angesehen wird. Sonst noch eingeritzte Nummern beziehen sich auf Verzeichnisse, in welche die Stücke unter dieser Nummer eingetragen waren.

In der Zeit des 7jährigen Krieges (1756–63) findet man auf Porzellan aus Höchst die Markolinimarke. Man setzte diese Marke als Reklamezeichen zum besseren Verkauf (Ducret).

Hohenberg a. d. Eger (Bayern)

Carl Magnus Hutschenreuther A. G. (1814 bis zur Gegenwart)

Fabrikmarken

Nr.	Marke	Datum
1		Ab 1828
2	HR	Ab 1828
3	CMHR	1860
4	C M HR	1865
5	Hutschenreuther Hohen C M HR berg Bavaria 14	1900
6	C M HR 11 Hutschenreuther Hohenberg.	1900
7	1814 C M HR 1914. Hutschenreuther. Hohenberg.	1914
8	1814 C M HR 1914. Hutschenreuther Hohenberg	1914
9	1814. C M HR 1914. Hutschenreuther Hohenberg Bavaria	Jubiläumsmarke
10	1814 C M HR 1934. Hutschenreuther Hohenberg Germany	1934
	1814 C M HR 1939. Hutschenreuther Hohenberg Germany	1939
12	1814 C M HR 1946 Hutschenreuther Hohenberg Bavaria Germany US Zone	1946
	18 CM 14 Aelteste Hutschenreuther HOHENBERG GERMANY	1948
14	A 1814 C M HR 1939. Hutschenreuther Hohenberg Germany 1941	1941
15	BLACK KNIGHT Registered U.S.A. Hohenberg Germany	Amerika-Marke bis 1940
	Royal York CHINA HOHENBERG GERMANY	Amerika-Marke ab 1946

Hohenberg a. d. Eger (Bayern)

Carl Magnus Hutschenreuther A. G.(1814 bis zur Gegenwart)

Fabrikmarken

Malereimarken

17

18

19

Marken der Handmalerei Dresden

Hohenberg a. d. Eger (Bayern)

Zweigfabrik Arzberg (1839 bis zur Gegenwart)

Fabrikmarken

Werk Arzberg bis 1945

Werk Arzberg ab 1946

Werk Arzberg m Tielsch-Marke ab 1948

Die Marken der Porzellanmanufaktur Hutschenreuther A. G. Nr. 1–4 sind eingeprägt, die übrigen gestempelt und nebst ihren Zweigfabriken teils unter, teils über Glasur in Grün oder Schwarz angebracht.

Lediglich die Marke 9 ist in Rot, die Malermarke Nr. 17 in Gold ausgeführt.

Hüttensteinach-Köppelsdorf-Nord (Thüringen)

Porzellanfabrik Gebr. Schönau, Swaine & Co.

(1864 bis zur Gegenwart)

1

2

3

4

5

6

7

8
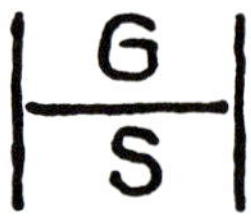

9

10

11

12

Malereimarke

13

Ilmenau (Thüringen)

Porzellanfabrik Gebr. Metzler & Ortloff

1

2

3

1875 bis zur Gegenwart

Ilmenau (1777 bis zur Gegenwart)

Fabrikmarken

1	2	3	4	5

Vor 1785	1787–1792	1792–1830		

6	7	8	9
N&R			
1808–1871	1871–1945		

	10	

	1871–1945	

Die Marken der Porzellanmanufaktur Ilmenau Nr. 1 bis 5 sind in Unterglasurblau ausgeführt, die Marken Nr. 6 bis 10 sind gestempelt.

Kahla, siehe Arzberg

Kahla, siehe Schönwald/Oberfranken

Kassel (1766–1788)

Fabrikmarken

1	2	3	4

1770–1788

Malermarken

5

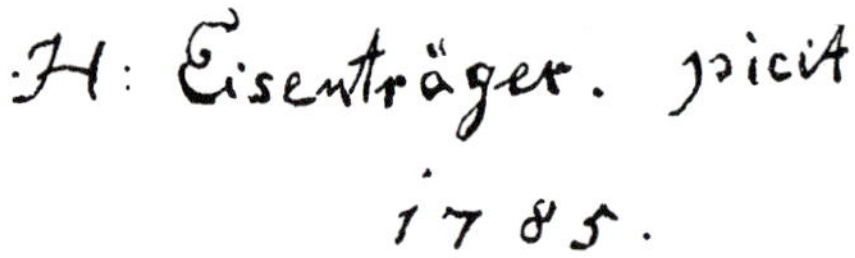

6

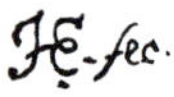

Ritzmarke

7

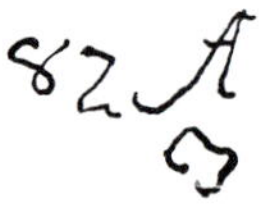

Die Marken der Porzellanmanufaktur Kassel sind in Blau unter Glasur ausgeführt.

Nur die Marke Nr. 2 ist über Glasur und mit Purpur umrissen angebracht.

Kelsterbach (1761–1802)

Landgräfliche Porzellanmanufaktur (1761–1768)

Fabrikmarken

1	2	3	4	5	6

Vor 1765	1765–1766				

	7	

	1767–1768	

Fabrikmarken mit Modelleur- und Bossierermarken

	8	9	

Bossierermarken

	10	11	
		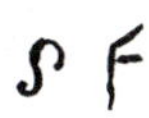	

Porzellanmanufaktur von Lay (1789–1792 und 1799–1802)

12	13	14	15	16

1789–1792			1799–1802	

Kelsterbach (1761–1802)

Die Porzellanmanufaktur Kelsterbach hat niemals ein Privileg und eine damit verbundene Anordnung über die Führung einer Fabrikmarke erhalten. Sämtliche Marken, die dem Anfangsbuchstaben des Landes Hessen-Darmstadt entliehen sind, sind von der Fabrik aus eigenem Entschluß gestaltet, aber häufig nicht verwendet.

Die Marke Nr. 1 ist eingeritzt, die Marken Nr. 2 bis 6 erscheinen in Blau unter Glasur, Nr. 7 bis 9 sind mit dem Stempel eingepreßt, Nr. 12 bis 16 sind in Unterglasurblau angebracht.

Die Modelleurmarken Nr. 10 und 11 sind eingeritzt.

Köppelsdorf, siehe Hüttensteinach

Krautheim, siehe Selb, Krautheim & Adelberg

Kronach, siehe Selb, Rosenthal A.G.

Krautheim, siehe Selb, Krautheim & Adelberg

Krummennaab, siehe Weiden, Seltmann G.m.b.H.

Künersberg (1745)

Fabrikmarke

1

Künersberg (1745)

Fabrikmarke

Die Marke ist in Blau unter Glasur angebracht. Eine fabrikmäßige Herstellung hat nicht stattgefunden. Es handelte sich lediglich um eine Porzellanherstellung in kleinem Umfange. Daher sind bisher auch nur einige Erzeugnisse nachgewiesen.

Küps (Bayern), Firma besteht nicht mehr

Edelstein-Porzellanfabrik A.G. (1932 bis zur Gegenwart)

Küps (Bayern) Bamberger Str. 9

Lindner Porzellanfabrik Kom. Ges. seit 1971
Hauptmarke als Warenzeichen geschützt

vor 1950	vor 1982	ab 1982

Nebenmarke als Warenzeichen geschützt seit 1971

vor 1975	vor 1982	ab 1982

Landstuhl (Pfalz) siehe Selb, Rosenthal A.G.

Lettin (Sachsen)

Porzellanfabrik Lettin (1858 bis zur Gegenwart)

Lichte (Thüringen)

Porzellanfabrik Gebr. Heubach A.G.

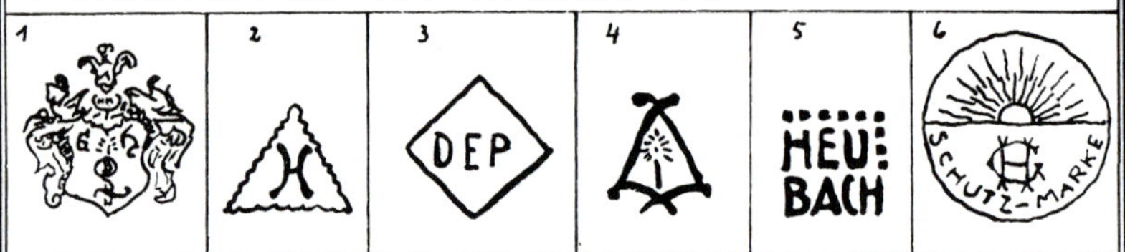

1822 bis zur Gegenwart

Limbach (1762 bis in 1. Hälfte des 20. Jahrhunderts)

nebst Tochterunternehmen Großbreitenbach

Fabrikmarken (1778 bis Ende des 19. Jahrhunderts)

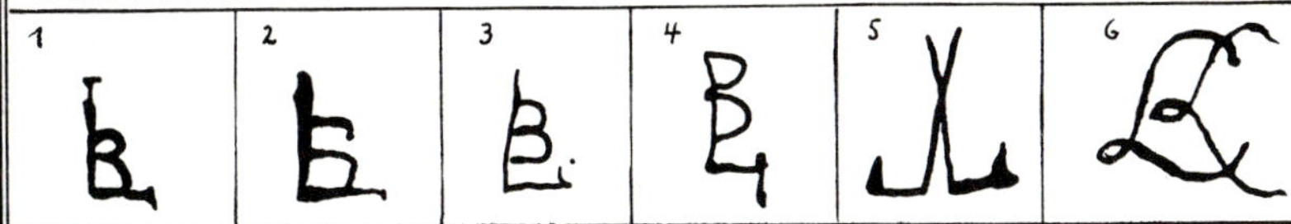

1762–1787

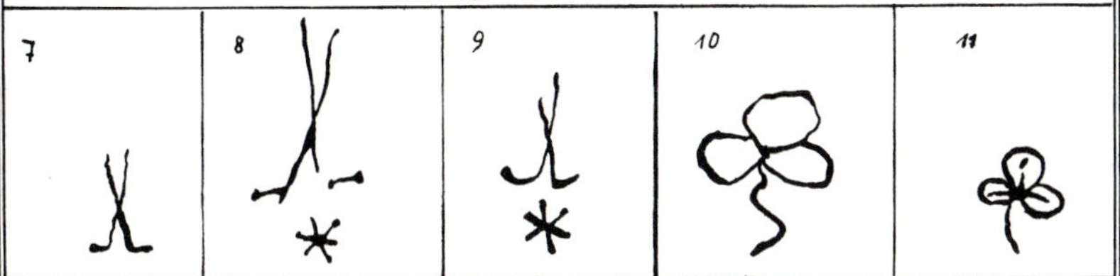

1762–1787 | 1787

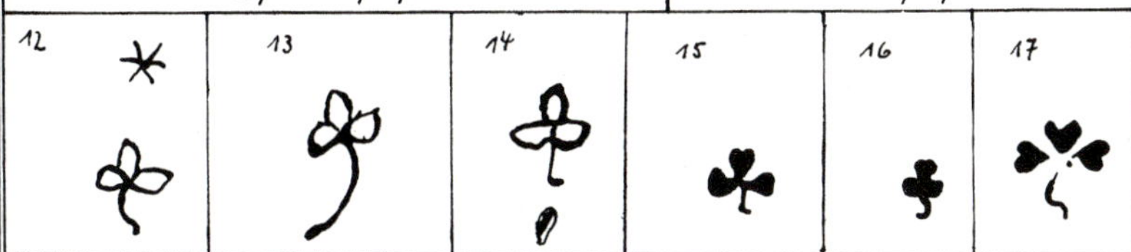

Nach 1787

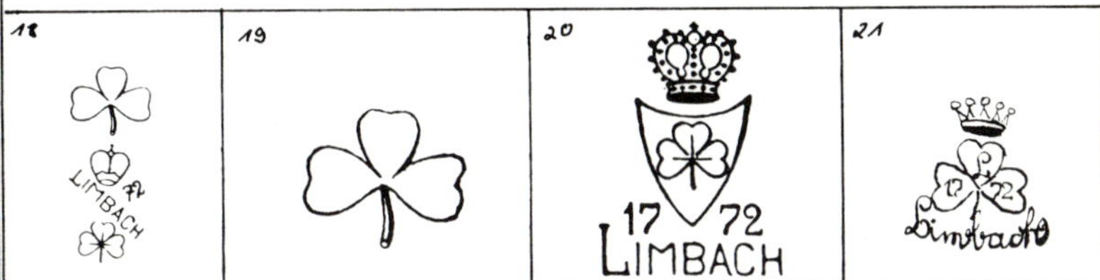

19.–20. Jahrhundert

Die Fabrikmarken der Manufaktur Limbach Nr. 1 bis 10 sind in Unterglasurblau sowie in Purpur, Eisenrot, Grau und gelegentlich in Schwarz auf der Glasur ausgeführt. Die Marken Nr. 11 bis 17 sind in Purpur, Grün, Gold und flächenhaft Schwarz auf Glasur gesetzt. Die Marken Nr. 18 bis 20 sind gestempelt.

In der Zeit des 7jährigen Krieges (1756–63) findet man auf Figuren von Limbach gelegentlich die Markolinimarke. Man setzte diese Marke als Reklamezeichen zum besseren Verkauf (Ducret).

Die Marken der Porzellanfabrik Großbreitenbach gleichen denen von Limbach.

Ludwigsburg (1758–1824)

Fabrikmarken

1	2	3	4	5
1759–1760	1760	um 1764	1765	
6	7	8	9	10
1765–1770	1768	1770–1775		
11	12	13	14	15
1775	1770–1780	1780–1806	1780	1790
16	17	18	19	20
1790	1793–1795			1806–1816

Ludwigsburg (1758–1824)

Fabrikmarken

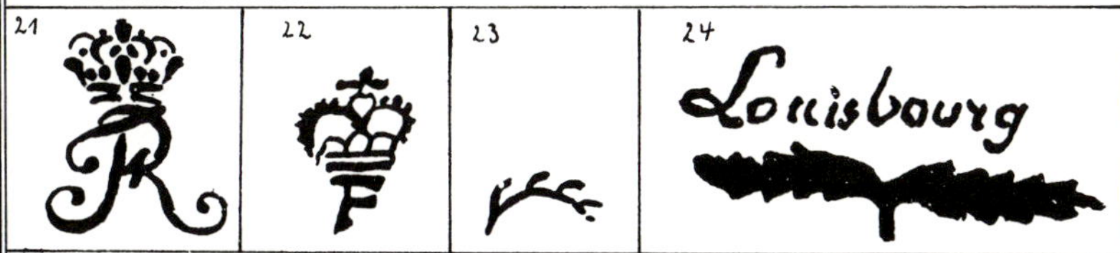

1806–1816 | 1810–1816

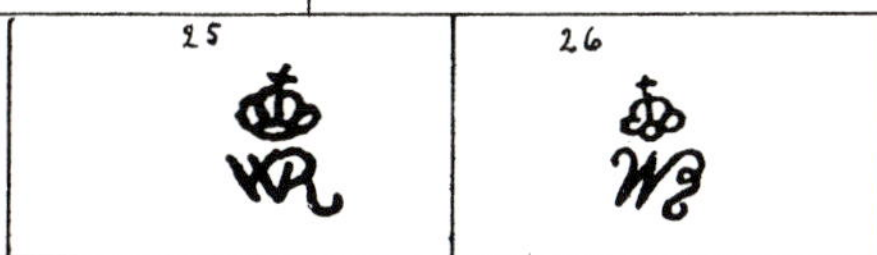

1816–1824

Malermarken

Geschirrmaler

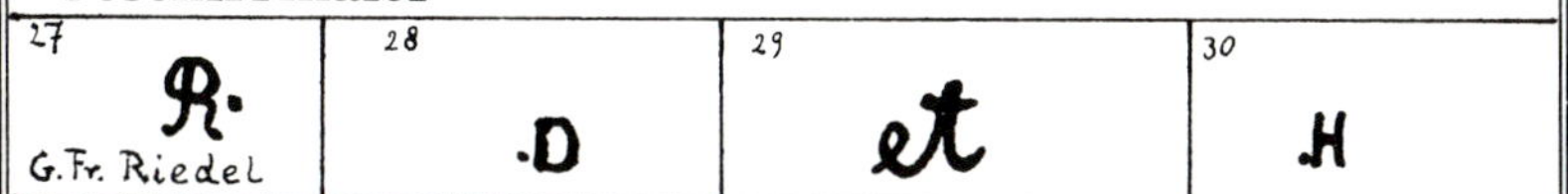

1759–1765

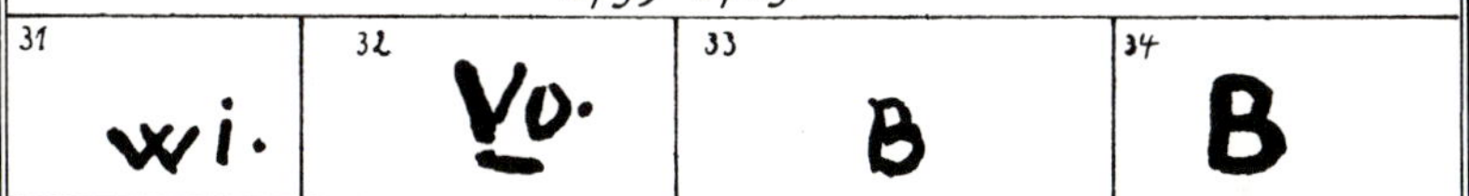

1760–1770

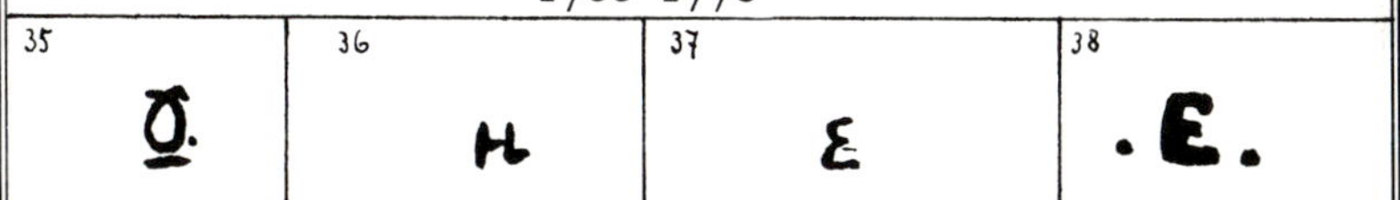

1765

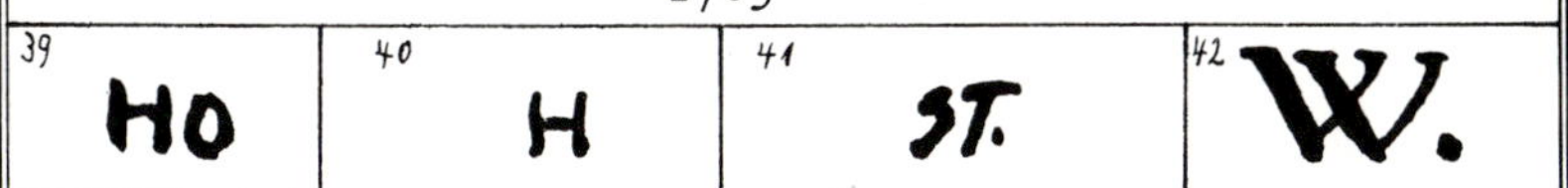

1765–1770

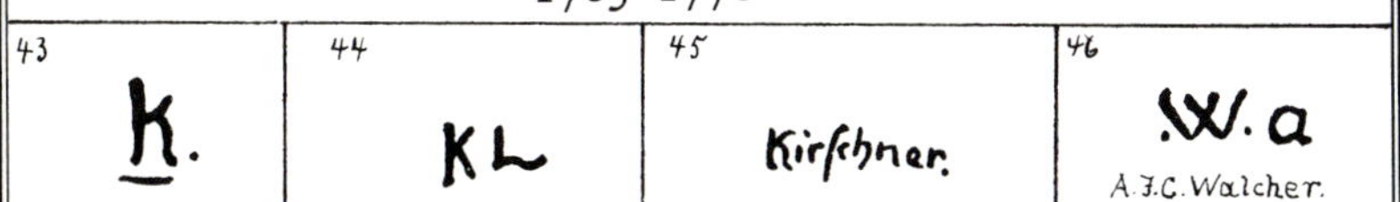

1770–1785 | 1810–1824

Ludwigsburg (1758–1824)

Malermarken

47 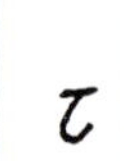

48 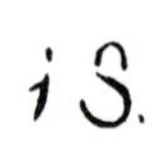

49 

50 

51 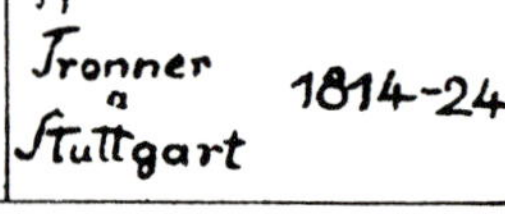

1810–1824

Figurenmaler

52 

1765

53 

1760–1789

54 

1764–1777

55 

1765

56 

1766

57 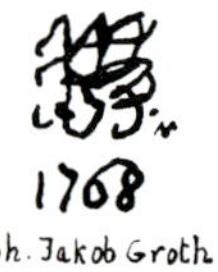

1768–1784

58 

1770

59 

1770

60 

1760–1802

61 

1770–1780

62 

1775–1780

Bossierermarken

63 

1762–1772

64 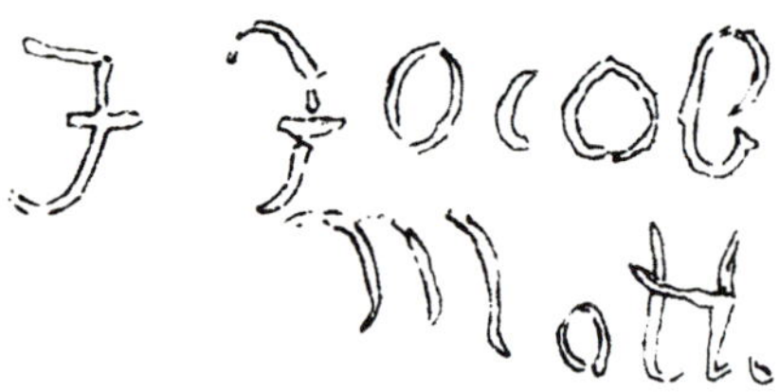

1762–1765

65 

1770

Ludwigsburg (1758–1824)

Bossierermarken

66

1778

67

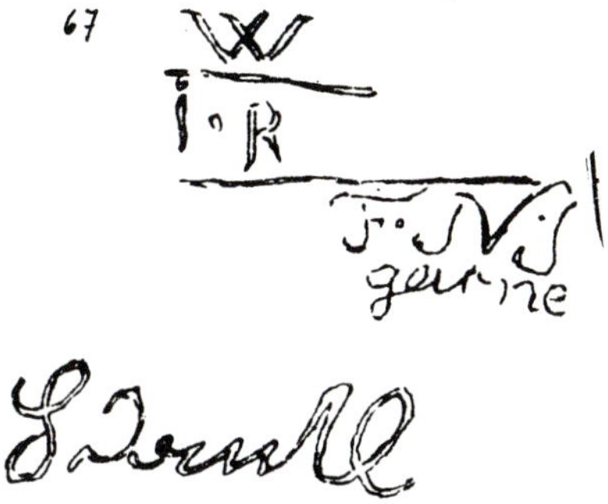

1778

68

1767–1775

Die Fabrikmarken von Ludwigsburg werden bis 1806 allgemein in Blau unter Glasur ausgeführt. Eine Ausnahme macht nur die Marke Nr. 6, die in Rot über Glasur angebracht ist. Von 1806 bis 1816 werden die Marken in Rot oder Gold über Glasur gesetzt. Die Marke Nr. 21 erscheint in Überglasurrot. Von 1816 ab bis zum Ende der Manufaktur 1824 erscheinen die Marken in Gold auf Glasur.

Seit 1948 besteht in Ludwigsburg wieder eine vormals Herzoglich-Königliche Porzellan-Manufaktur Ludwigsburg, G.m.b.H. Diese führt als Fabrikmarke für neuzeitliche Schöpfungen das Wappen des ehemaligen Königshauses – bekröntes Wappenschild mit drei Hirschstangen – und darunter die Umschrift Ludwigsburg.

69

Für Neuausformungen von Erzeugnissen der alten Ludwigsburger Porzellan-

Ludwigsburg (1758–1824)

Manufaktur verwendet die neue Fabrik die Marken aus den Perioden von Herzog Carl, König Friedrich und König Wilhelm I.

70

71

72

73

Um die Sammler von altem Ludwigsburger Porzellan zu schützen, tragen die Marken ebenfalls die Umschrift Ludwigsburg. Die Fabrikmarken sind Unterglasurblau gestempelt und auch dadurch von dem früheren Handduktus zu unterscheiden.

Marktredwitz (Bayern) siehe Selb, Rosenthal A. G.

Meißen (1710 bis zur Gegenwart)

Böttgersteinzeug (1710–1720)

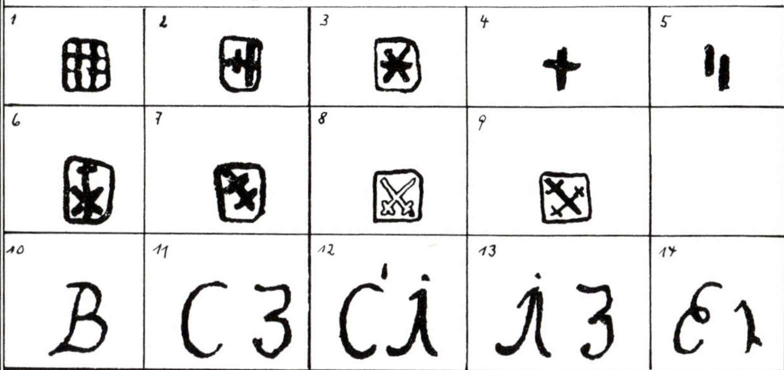

Porzellanmanufaktur

Markierung vor Einführung der Schwertermarke

Lüstermarken

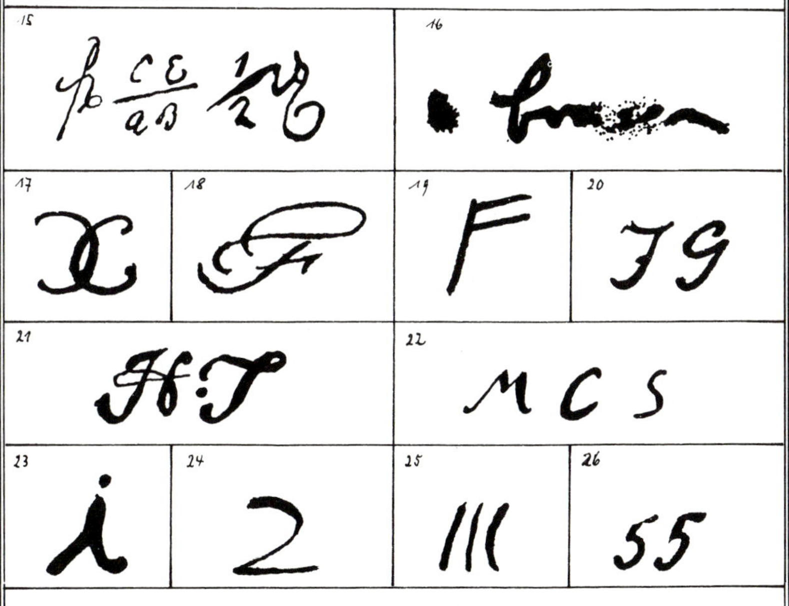

1720–1725

Meißen (1710 bis zur Gegenwart)

Chinesische Marken

27 	28 	29 	30 
31 	32 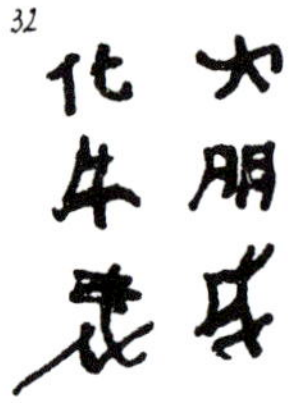	33 	34 
35 	36 	37 	38 
39 	40 		

Um 1710

41 	42 	43 	44 

Um 1721

Meißen (1710 bis zur Gegenwart)

Merkurstab

45

46

47

48

49

50

51

52

Um 1721/22 bis ca. 1735

Fabrikmarke in Form von Monogrammen

53

54

55
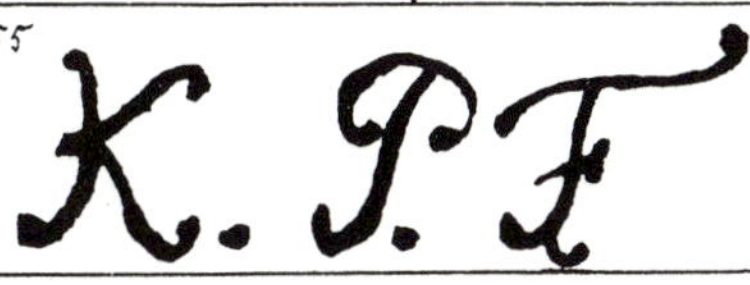

1722

56

57

58

1723–1724

Meißen (1710 bis zur Gegenwart)

Schwertermarken

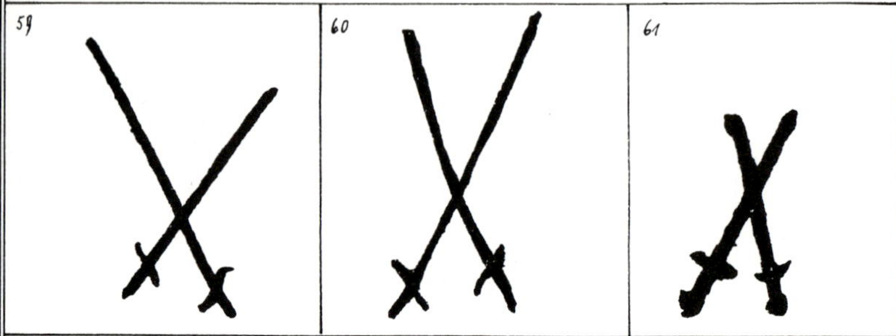

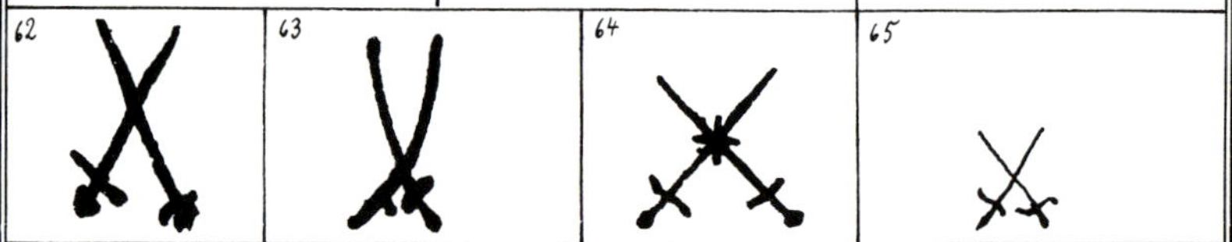

1723–1730

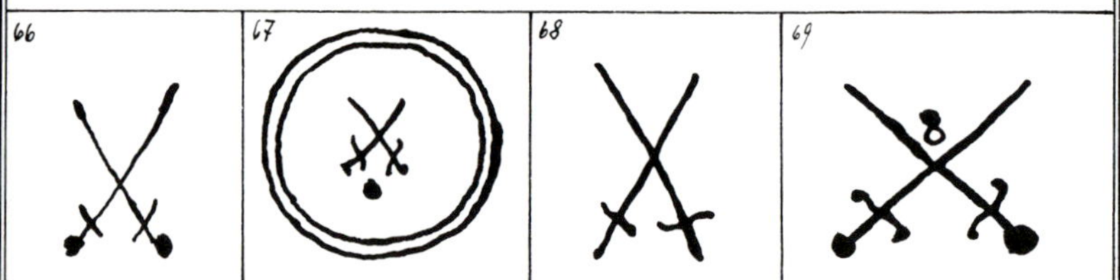

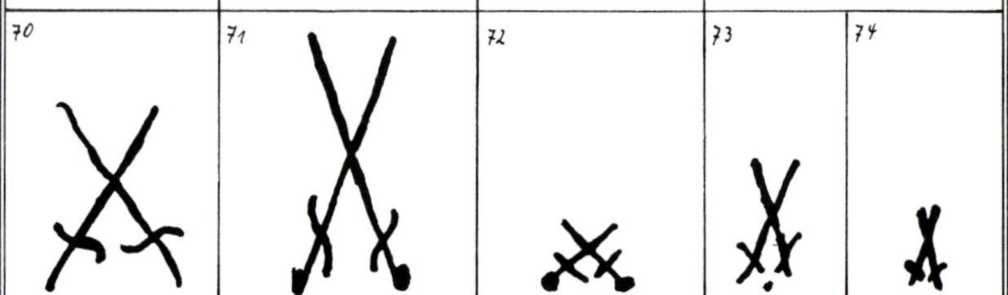

1725–1730 | 1730–1735

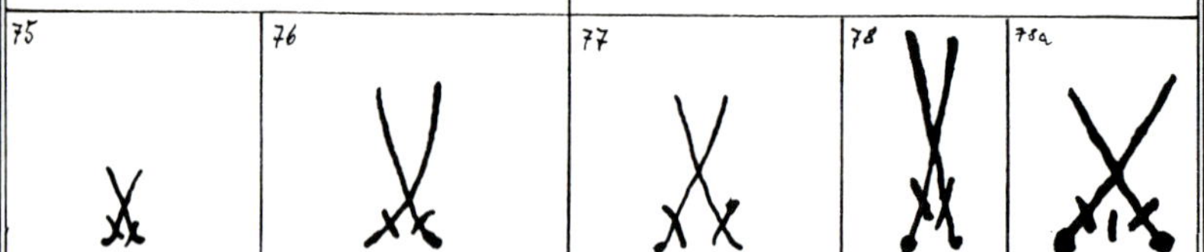

1730–1735 | 1740/41

Meißen (1710 bis zur Gegenwart)

Schwertermarken

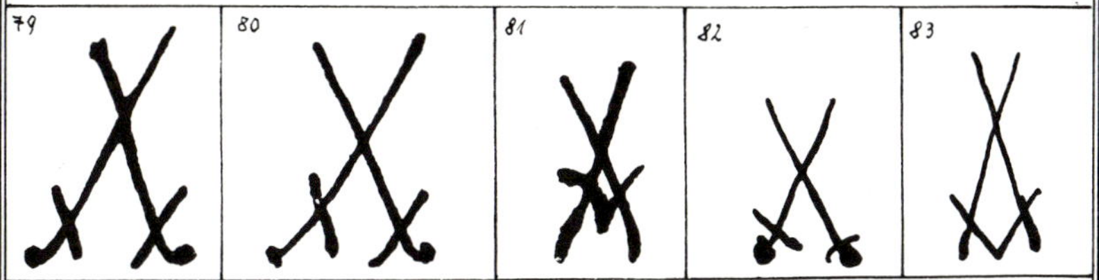

1730–1763 | Um 1750

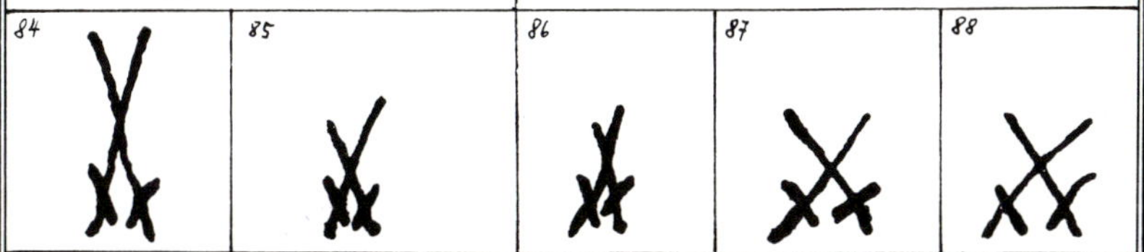

1730–1763

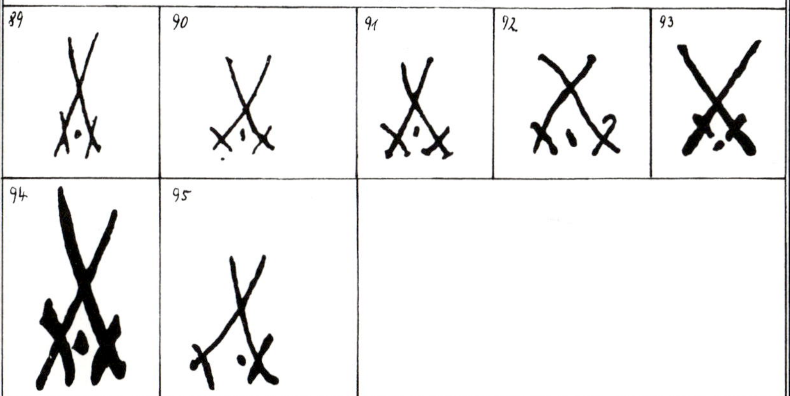

1763 - 1774 und ca. 1780

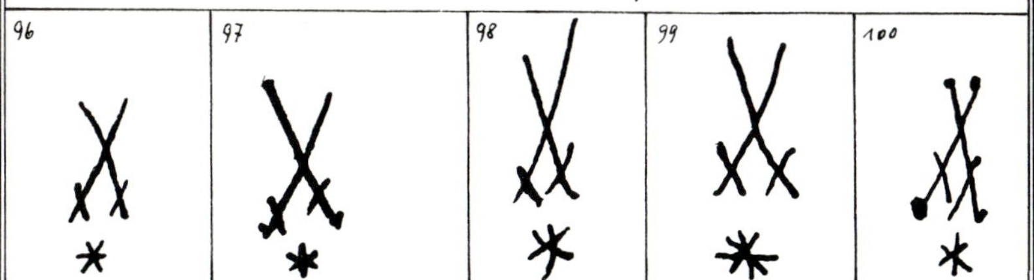

1774–1813

Meißen (1710 bis zur Gegenwart)

Schwertermarken

101	102	103	104	105	106
					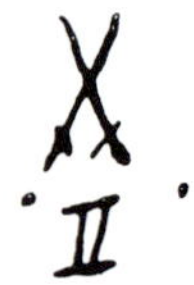
1774–1814					

Eingepreßte Marken auf Biskuitporzellan

107	108	109	

1774–1814			

110	111	112	113	114

1818–1860	1860–1924	1924–1934	1934–1945	1954

Jubiläumsmarke

115

1910

Meißen (1710 bis zur Gegenwart)

Schwertermarken mit Malermarken

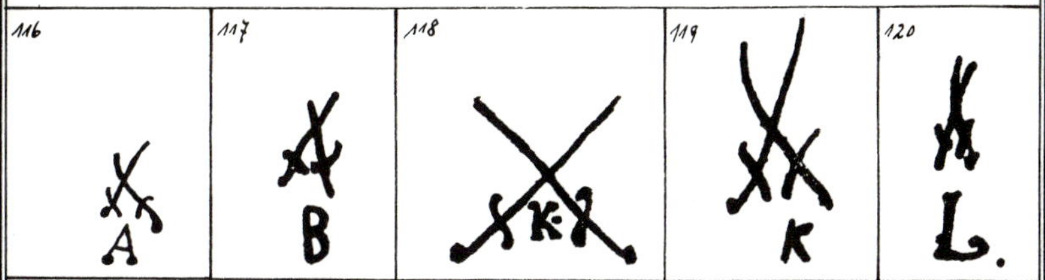

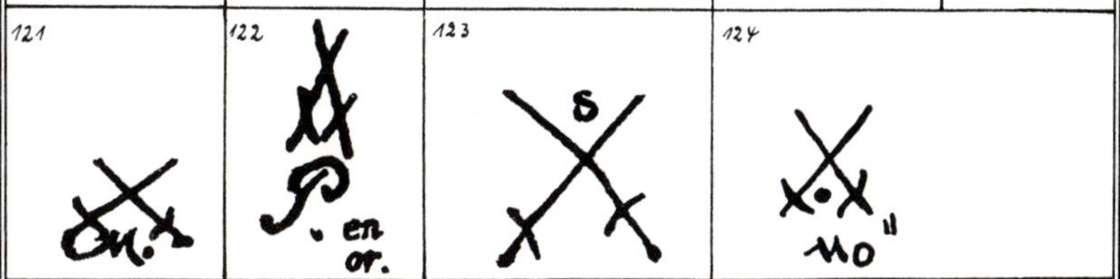

ab 1723 | ab 1775

Unbemaltes Porzellan mit Schleifstrichen ab 1766

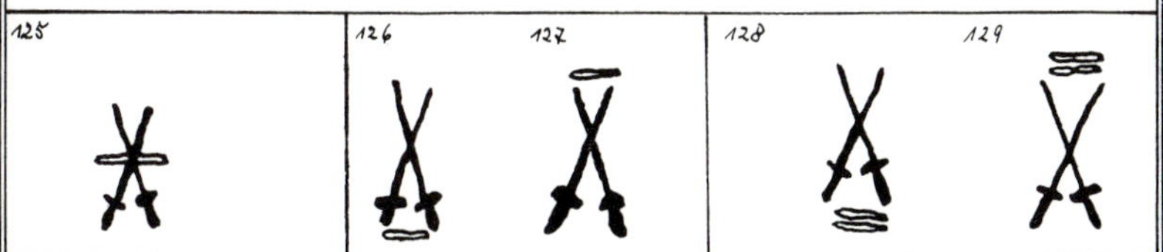

Fehlerfrei | Mittelgut | Brack

Bemaltes Porzellan mit Schleifstrichen ab 1766

II. Wahl (Ausschuß) | Brack | unscheinbare Stücke

Meißen (1710 bis zur Gegenwart)

Eigentumsmarken

133

134

135

136

137

138

139

1723–1736

140

141

1733

142

Meißen (1710 bis zur Gegenwart)

Königliche Hof-Conditoreimarken (W = Warschau)

143

144

145

146

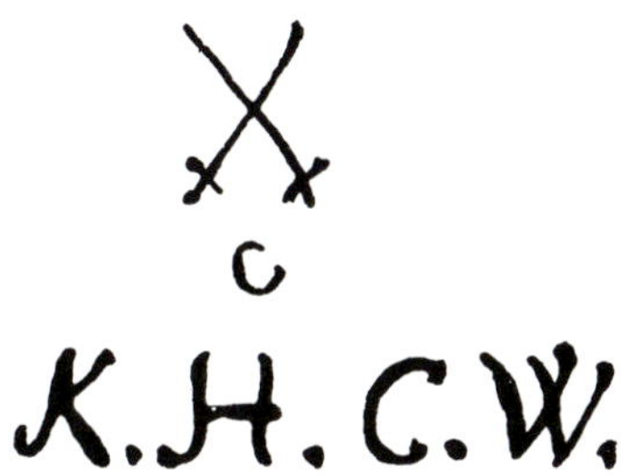

147

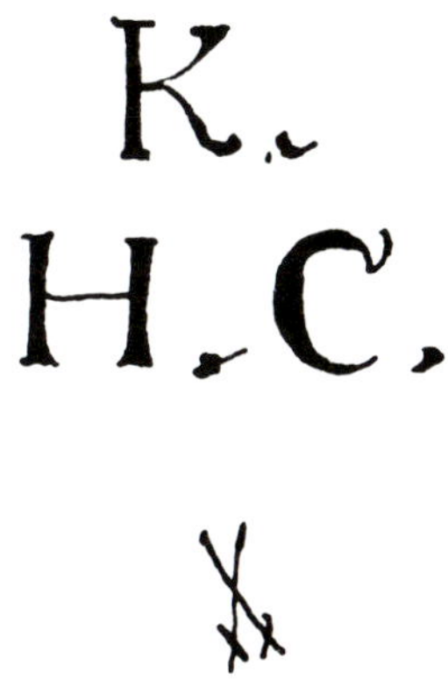

148

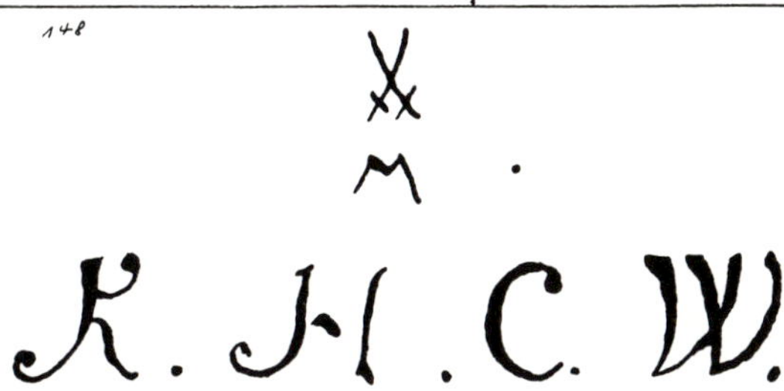

Bodenverzierungen

149

150

151

Meißen (1710 bis zur Gegenwart)

Bodenverzierungen

152

153

154

155

156

1739

Malersignaturen

157

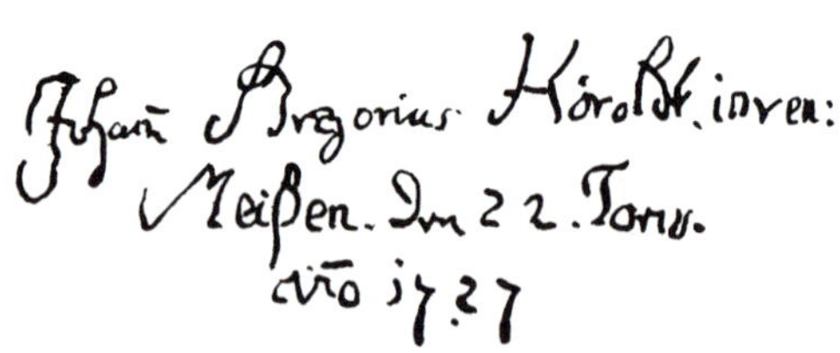

158

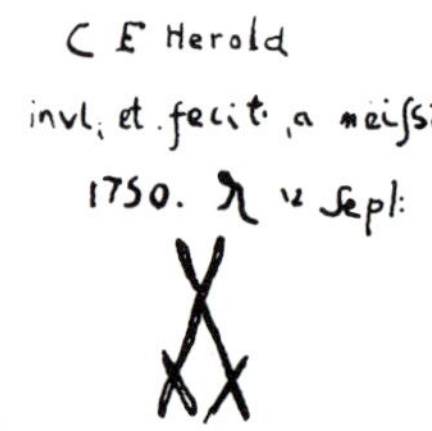

Meißen (1710 bis zur Gegenwart)

Malersignaturen

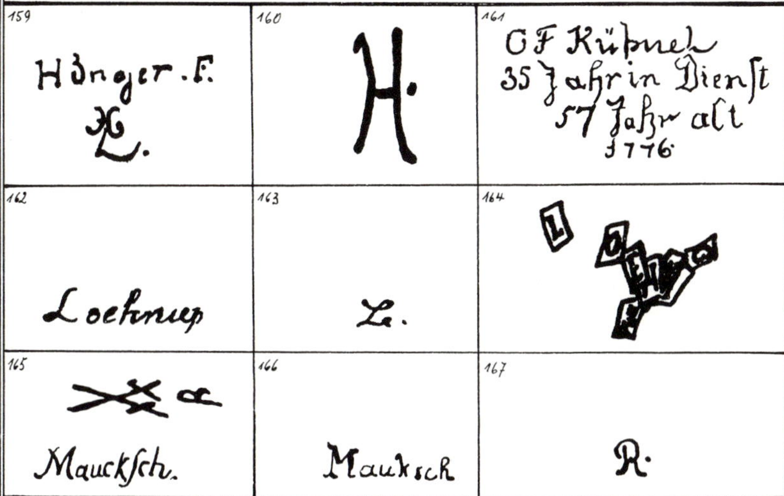

Blaumalermarken

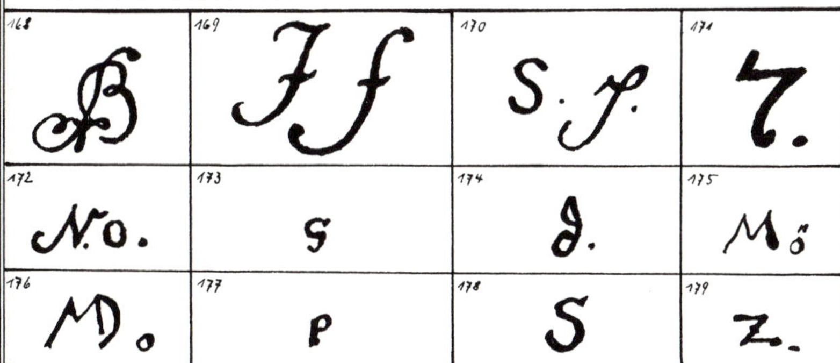

Modelleurmarke

Meißen (1710 bis zur Gegenwart)

Former- und Dreherzeichen eingeführt 1711/12

181

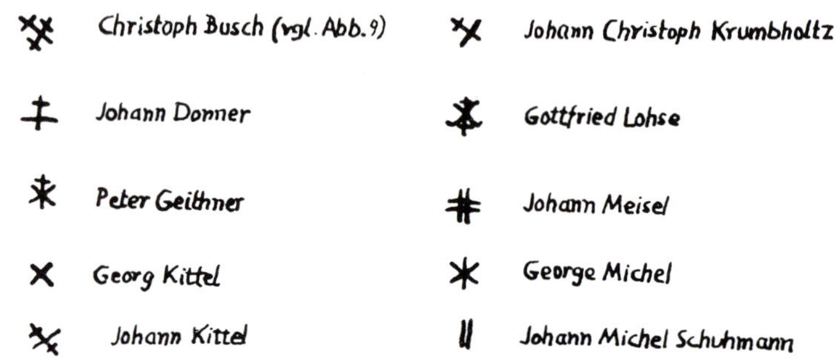

Eingepreßte Former- und Dreherzeichen um 1730

182

Former- und Dreherzeichen um 1730 meist auf Geschirren

183

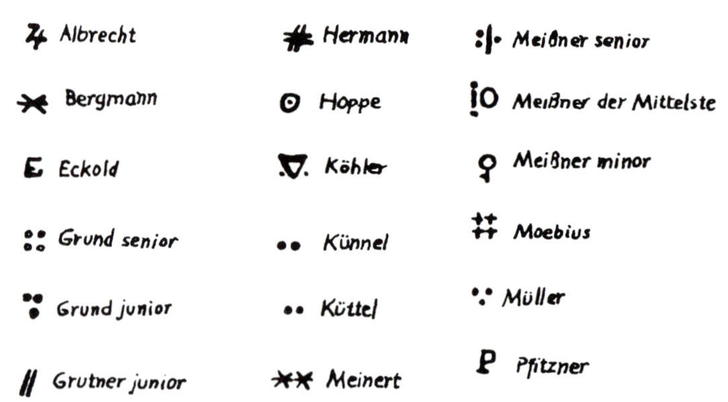

Meißen (1710 bis zur Gegenwart)

Former- und Dreherzeichen um 1730 meist auf Geschirren

183

Die Marken auf Böttgersteinzeug, Nr. 1 bis 14, Markierungen zur Nachprüfung der Massen, sind eingepreßt. Ebenso häufig sind Former- oder Dreherzeichen in rechteckigen Rahmen, Nr. 9 und 181. Die Farben der Lüstermarken auf Porzellan, Nr. 15 bis 26, zeigen ein bleiches Braunrot mit Perlmutterschimmer. Die chinesischen Marken und der Merkurstab, Nr. 27 bis 52, werden in Unterglasurblau angebracht.

Johanneumsnummern oder „-marken"

Schon ab 1721 begann man, den Bestand der damals im japanischen Palais aufgestellten königlichen Porzellansammlung zu inventarisieren. Die Nummern wurden mit dem Schleifrad unverwischbar in den Boden der einzelnen Stücke eingeschnitten und dann geschwärzt. Dabei versah man alles in Meißen hergestellte Porzellan mit einem W (= weiß sächsisch Porcelain), um es vom japanischen Porzellan (gekennzeichnet durch ein Kreuz), vom Blanc de Chine (Dreieck), vom roten Böttger Steinzeug (R) etc., zu unterscheiden. Da die Sammlung später ins Johanneum überführt wurde, nennt man diese Ziffern allgemein Johanneumsnummern oder „-marken".

Nach Einführung der Monogramm- und dann der Schwertermarken, etwa 1722/23, sind diese fast ausschließlich in Unterglasurblau ausgeführt. Dasselbe gilt für die Eigentumsmarken. Die großen Marken für die Königliche Hof-Conditorei oder Hof-Küche wurden in Purpurcamaieu über Glasur angebracht. Sehr frühe Porzellanstücke, die ursprünglich nicht markiert waren, aber nach 1724 in den Handel gelangten, tragen die später aufgetragene Schwertermarke in Blau über Glasur, Nr. 65. Bisweilen findet sich die Fabrikmarke auch in Violett, Eisenrot, Schwarz, seltener in Gold. Gelegentlich wird sie auch vergessen. Bei Figuren und Gruppen blieb die Unterseite des Sockels aus technischen Gründen meist unglasiert und mußte nachträglich geschliffen werden. Der unglasierte Scherben bringt das Unterglasurblau nur schwach zur Geltung, so daß frühe Kaendlerfiguren oder -gruppen keine oder nur undeutlich sichtbare Marken aufweisen. Aus diesem Grunde brachte man die Schwertermarke seit etwa 1745/50 seitlich am unteren Sockelband unter Glasur an, meist in winzig kleinem Format, deshalb stark verlaufen.

Meißen (1710 bis zur Gegenwart)

Schwierigkeiten bereitet die Unterscheidung von den Modellnummern, die in der 2. Hälfte des 18. Jahrhunderts hauptsächlich auf Figuren eingepreßt wurden. Das erste Modellbuch hatte man 1731 angelegt. 1749 wurde Ch. H. Kaendler mit der Aufstellung eines Modellverzeichnisses beauftragt, das für die Datierung der Meißener Figuren von größter Bedeutung ist, zumal noch heute diese Nummern für die Modelle der Manufaktur gültig sind. Ch. H. Kaendler numerierte anscheinend als erster die figürlichen Modelle der Manufaktur. Er bemühte sich offenbar um eine Abfolge der Nummern in ungefährer Reihenfolge der Entstehungszeit der Figuren und Gruppen. Modell Nr. 1 war 1731 entstanden. Im Dezember 1747 hatte man die Nummer 921 erreicht, zwischen August und Dezember 1748 vergab man die Nummern 1016 bis 1090. Dann folgen die Modellnummern ziemlich genau in der Abfolge ihrer Entstehung:

1749: bis ca. Nr.	1280	1757:	2560
1750:	1470	1758:	2620
1751:	1660	1759:	2700
1752:	1850	1760:	2780
1753:	2040	1761:	2860
1754:	2220	1762:	2940
1755:	2400	1763:	3020
1756:	2480	Juli 1764:	3051
Ab 19. Juli 1764:	A 1–100	Ab 1783:	H 1–100
Ab Mai 1766:	B 1–100	Ab 1787:	J 1–100
Ab März 1768:	C 1–100	Ab 1791:	K 1–100
Ab August 1770:	D 1–100	Ab 1796:	L 1–100
Ab Juni 1772:	E 1–100	Ab 1803:	M 1–100
Ab 1774:	E 61 f.	Ab 1814:	N 1–100
Ab August 1775:	F 1–100	Bis 1833:	T 183
Ab 1778:	G 1–100		

1763 numerierte der Former Petri erneut die vorhandenen Modelle. Wir wissen leider nicht genau, ob er lediglich die Modelliste Ch. H. Kaendlers korrigierte, oder ob auf ihn die Mehrzahl der Formnummern zurückgeht. Die zu dieser Zeit „aufreparierten" verbrauchten Modelle erhielten neue, also höhere Nummern. Wahrscheinlich korrigierte Petri nur die vorhandene Liste und schaffte Ordnung nach den Wirren des Krieges. Da manche Figurenserien für sich durchnumeriert sind, andererseits auch wieder die normalen Formnummern tragen können, ergeben sich mancherlei Schwierigkeiten. Die Seriennummern reichen kaum je über 40 hinaus; diese Zahlen hat man auf Figuren seit den 50er Jahren eingepreßt. Gänzlich unbearbeitet sind leider noch immer die Formnummern der Geschirre.

Die Bestimmung der Formnummern erleichtert sehr das in Heftform seit 1899 in vielen Auflagen herausgegebene „Preisverzeichnis der Kgl. Sächs. Porzellanmanufaktur in Meißen und deren Niederlagen zu Dresden und Leipzig". Leider sind diese Hefte in öffentlichen Bibliotheken kaum zu finden.

Weit verbreitet ist der Irrtum, daß man von 1763 bis ca. 1780 der Schwertermarke regelmäßig einen Punkt zugefügt habe. Belege hierfür gibt es nicht. Schwerter mit Punkt kamen schon in den 30er Jahren vor, Nr. 67 und 73. Auch die nach 1763 neu geschaffenen Modelle tragen häufig die Schwertermarke allein ohne Punkt. In dieser Zeit zeigt sich nur eine starke Häufung der „Punktmarke".

Mit der „Markolinimarke" als neues Fabrikzeichen im Jahre 1774 verhält es sich ebenso. Auch hierfür gibt es keine Belege.

Meißen (1710 bis zur Gegenwart)

Unbemalt verkauftes Porzellan hat man seit 1766 mitels Durchschleifen der Schwertermarke gekennzeichnet, Nr. 125 bis 129. Aber auch schon um 1740 wurde diese Schnittmarke angewandt. Bemaltes Porzellan der II. Wahl, Nr. 130 bis 132, erhielt 2 durch die Marke geschliffene Striche.

Auch heute wird in Meißen wie oft in früheren Zeiten die 2. Wahl durch 2 Schleifstriche markiert.

Bei Porzellandosen findet sich in einigen Fällen das Wort „Meißen" ganz klein eingepreßt. Maler- und Bodenverzierungen erscheinen in verschiedenen Farben. Die Signaturen von Modelleuren, die Marken für Biskuitausformungen und die Former- und Dreherzeichen sind eingeritzt bzw. eingepreßt.

Die Markenzeichen-Registrierung AR in Meißen für die Zeit von 1709 bis 1726 weist drei Varianten auf; doch schon im Jahre 1760 an den königl. Hof gelieferte Ware in Warschau trägt laut Empfangsbestätigung jenes Zeichen z. T. nicht mehr. Es scheint aber als gesichert, daß bereits ab 1852 Stücke mit durchschliffener AR-Marke zur Qualitätsmarkierung hergestellt wurden – aus wirtschaftlichen Gründen zeigt sich die Manufakturleitung bei der Verwendung des alten Markenzeichens recht großzügig, zumal auch einflußreiche Händler mehrfach das alte, verkaufsfördernde Zeichen verlangten.

Diese Tatsache wurde im Verlaufe eines Prozesses 1879/80 bestätigt, obwohl die Leitung der Manufaktur sich mit allen Mitteln bemühte, jene Interna nicht an die Öffentlichkeit gelangen zu lassen und die Vorladung von Mitarbeitern der Manufaktur in diesem Rechtsstreit zu verhindern.

Gleichwohl erfuhr das Gericht durch Zeugenaussagen von den Manipulationen der Manufaktur. – Erst ab 1860 wurde mit Unterstützung des Finanzministeriums ein für allemal jede Änderung des auf die Churschwerter beschränkten Fabrikzeichens für Meißen untersagt.

Erst ab 1920 kann die Verwendung der AR-Marke wieder nachgewiesen werden. Es wurde jedoch zusätzlich das Jahr der Ausformung hinzugefügt. – Ab 1947 beschloß man, die Porzellane zunächst wieder allein mit der AR-Marke, also ohne die Jahreszahl, auszuliefern. Doch seit einigen Jahren wird auf besondere Erzeugnisse das Jahr der Ausformung erneut hinzugefügt.

Außerdem ist bekannt, daß gleichfalls die Porzellanfabriken Muth + Metzger, Tirschenreuth, Fischer in Zwickau mit Tochterfirma und Hutschenreuther in Hohenberg seit längerem ihre Produkte z. T. mit dem AR-Monogramm unter Glasur auslieferten, – auch Porzellanmaler mit den Anfangsbuchstaben ihrer Namen A. R. bedienten sich des begehrten Zeichens, kurze Zeit später auch die Fa. Albin Rosenlöcher in Küps.

Noch 1950 lehnte es das Bundespatentamt ab, das Markenzeichen AR mit einer dem Buchstaben aufliegenden Krone als Schutzmarke zu registrieren für die Porzellane der Produktion des Prinzen Friedrich Christian, Herzogs von Sachsen, auf Schloß Altshausen in Württemberg.

Registriert vom 20. 5. 1875 mit der Angabe der Herstellungsperiode 1709–26

Aus einer Postkarte mit der Angabe 1710–1725

Markenübersicht von 1981 mit der Angabe 1710–25

Meißen (Sachsen)

Porzellanfabrik Teichert (1864–1912)

1

2

3

4

5

Mitterteich (Bayern)

Porzellanfabrik Mitterteich A.G. (1918 bis zur Gegenwart)

1

3

4

Nymphenburg (1747 bis zur Gegenwart)

Fabrikmarken

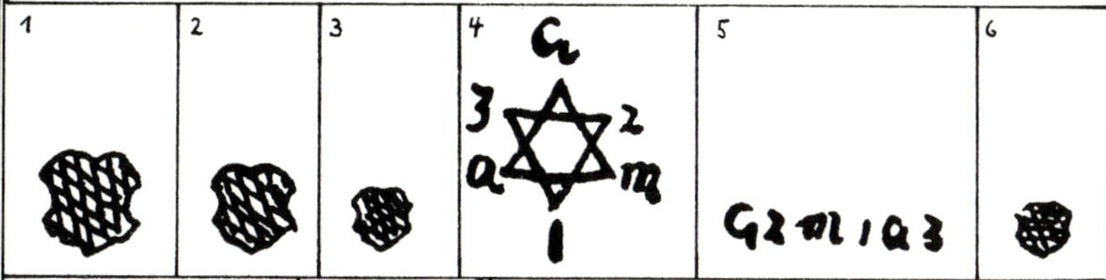

1754–1765	1766–1780	1763–1767

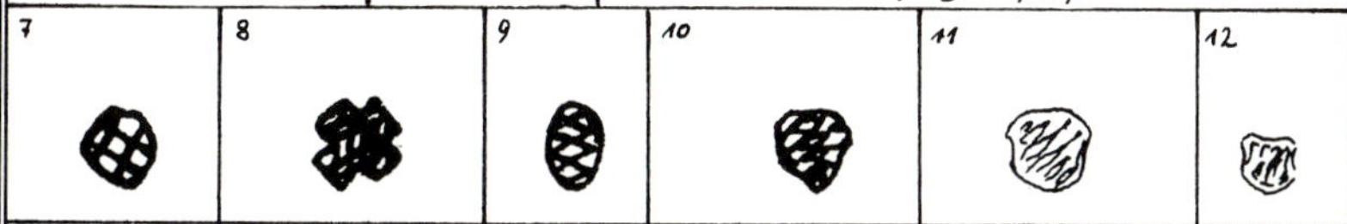

1766–1780	1780–1790	1790–1810	1810–1850	1850

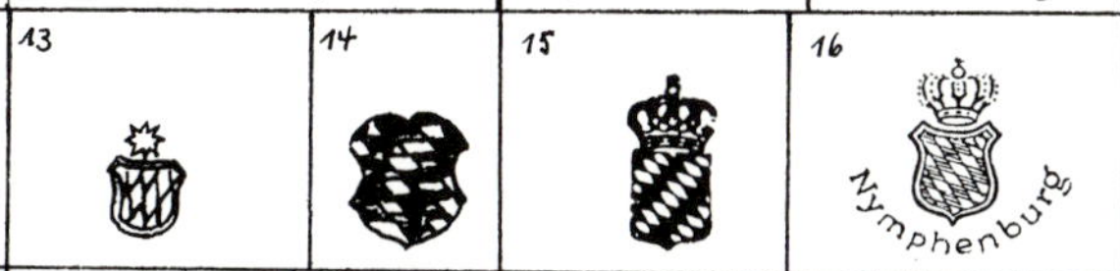

1850–1862	Seit 1862	1890–1895	Seit 1895

Marken für Ausformungen aus Frankenthaler Modellen neben dem Rautenschild

Marken für Türkenkoppchen neben dem Rautenschild

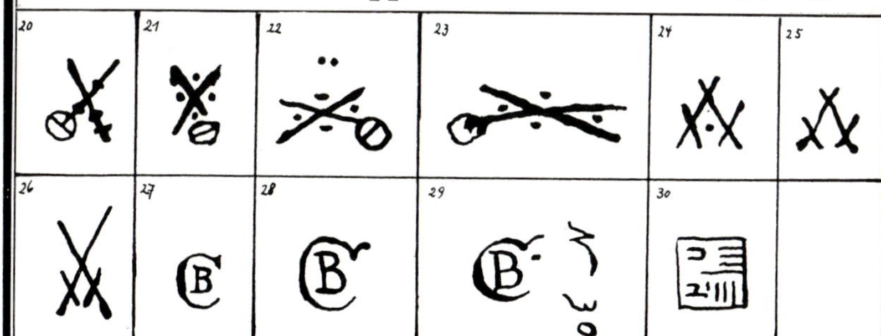

Seit 1764

Nymphenburg (1747 bis zur Gegenwart)

Malermarken

31	GCL 1758
32	·C·Pulsher ·1762·
33	Zeichenberger. Pictor.
34	Reis
35	K
36	FI
37	F
38	S
39	Z
40	J:S:
41	:I :L:
42	L
43	ST.
44	E.
45	M.9o.
46	H.
47	C
48	P
49	oo
50	c. m.
51	R
52	N.14
53	A:A:
54	Auer pinx.
55	Böhngen p:
56	Danner. f
57	N
58	Heinzmann 1830
59	C Adler 1832

Modelleurmarken

Nr.	Marke	Modelleur
60	F·B	Franz Anton Bustelli
61	J: Peter Melchior fecit 1799	Johann Peter Melchior

Nymphenburg (1747 bis zur Gegenwart)

Bossierermarken

Inventarbezeichnungen der kurfürstlichen Hofhaltung

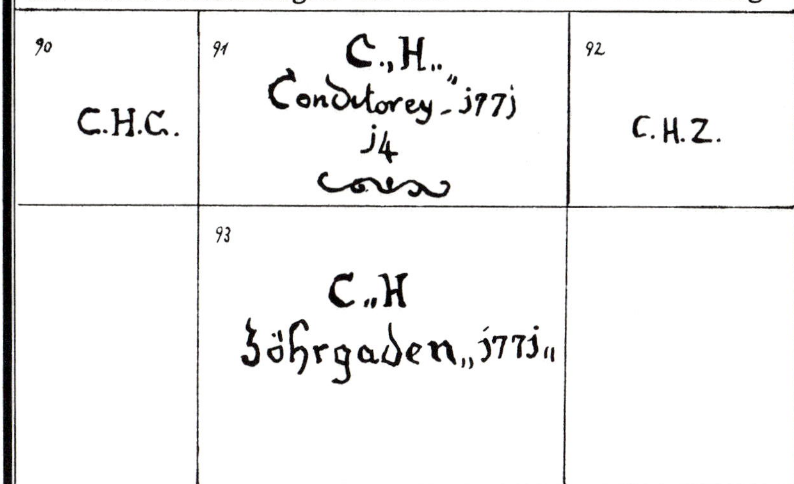

Nymphenburg (1747 bis zur Gegenwart)

Inventarbezeichnungen der kurfürstlichen Hofhaltung

94 	95 	96 

Die Marke der Manufaktur ist der mit Blindstempel eingepreßte bayrische Rautenschild, der in verschiedenen Formen und in unterschiedlichem Laufe der Rauten erscheint. Bis gegen Ende des 18. Jahrhunderts laufen die Rauten in heraldischer Form von rechts oben nach links unten, von etwa 1800 ab von links oben nach rechts unten. Daneben wird seit 1890 das bekrönte bayrische Wappen, seit 1895 mit der Umschrift „Nymphenburg" in Blau unter Glasur, seit etwa 1900 in Grün unter Glasur verwendet.

Die Hexagramm-Marke mit Zahlen und Buchstaben oder letztere ohne das Hexagramm wird neben der Rautenmarke in Unterglasurblau angebracht. Dasselbe gilt für die Marken auf den Türkenkoppchen.

Bei Neuausformungen von Modellen der 1799 eingegangenen Frankenthaler Porzellanmanufaktur werden neben der Nymphenburger Fabrikmarke die Marken dieser pfälzischen Manufaktur aus der Hannongzeit und der Zeit der kurfürstlichen Verwaltung in Blau unter Glasur hinzugefügt.

Die Eigentums- oder Inventarbezeichnungen sind auf die Glasur gesetzt.

Wie bei den Manufakturen in Meißen und Wien wurden auch in Nymphenburg im 18. Jahrhundert Stücke mit Fehlern oder Ausschußware mit einem bzw. zwei eingeschliffenen Strichen versehen. Von 1831 ab erhielten Stücke der zweiten Wahl zwei Striche, der dritten Wahl drei Striche.

Oberhohndorf bei Zwickau (Sachsen)

Porzellanfabrik Friedr. Kaestner G.m.b.H.

1	2	3	4	5

1883 bis zur Gegenwart				

Oeslau bei Coburg

Porzellanfabrik Oeslau u. Wilhelmsfeld, Wilhelm Goebel

(1879 bis zur Gegenwart)

1	2	3	4

1917	1919		1937
	5 	6 	
	1951		1969

Ottweiler (1763–1794)

Fabrikmarken

1

2

3
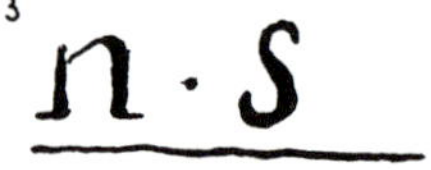

1763–1794

Malermarke

4

1769–1771

Bossierermarken

5

6

7

8

9

1763–1794

Die Fabrikmarken sind bald in Gold oder Violett auf Glasur, bald in Blau unter Glasur ausgeführt. Die Malersignatur liegt zwischen 1769 und 1771. Die Handwerkerzeichen erscheinen in der Zeit von 1763 bis 1794

Passau (Bayern)

Porzellanfabrik Passau (1840–1942)

1

2

3

4

5

6

7

8

Pfalz–Zweibrücken (1767–1775)

Fabrikmarken

1767–1775

Malermarken

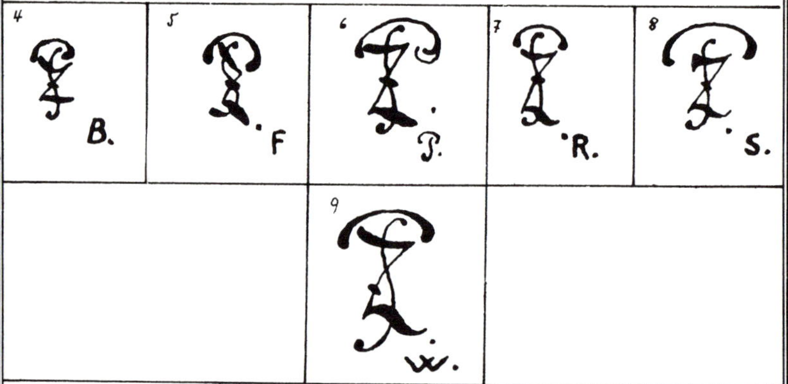

Die Fabrikmarken mit und ohne Malersignaturen sind in der Regel blau auf Glasur, seltener unter Glasur angebracht.
Die Marke Nr. 6 ist in Rot auf Glasur ausgeführt.
In einzelnen Fällen erscheinen die Malersignaturen allein in Grün, Purpur, Grau oder Violett neben den Fabrikmarken, und zwar sind sie in kleiner Ausführung überwiegend an die Innenseite des niedrigen Stehrandes der Geschirre gesetzt.
Die Zeichen der Malermarken verteilen sich auf die kurze Zeit des Bestehens der Manufaktur.
An den Erzeugnissen der Fabrik finden sich außerdem eingepreßt oder eingeritzt bisweilen die Buchstaben A, F, K, S und die Ziffern 1, 2, 3. Die Buchstaben bedeuten wohl die Anfangsbuchstaben der Dreher oder anderer Handwerker, die Zahlen weisen auf die Porzellanmasse hin.

Plaue (Thüringen)

Porzellanmanufaktur Plaue (1817 bis zur Gegenwart)

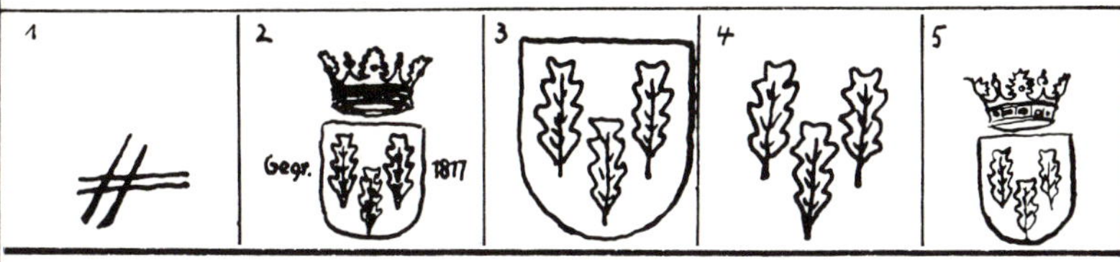

Pößneck (Thüringen)

Porzellanfabrik Conta & Boehme

1790 bis Ende des 19. Jahrhunderts

Potschappel (Sachsen)

VEB Sächsische Porz.Manufaktur Dresden
(heutige Bezeichnung 1977)
Sächsische Porz.Fabrik von Carl Thieme (vorher)

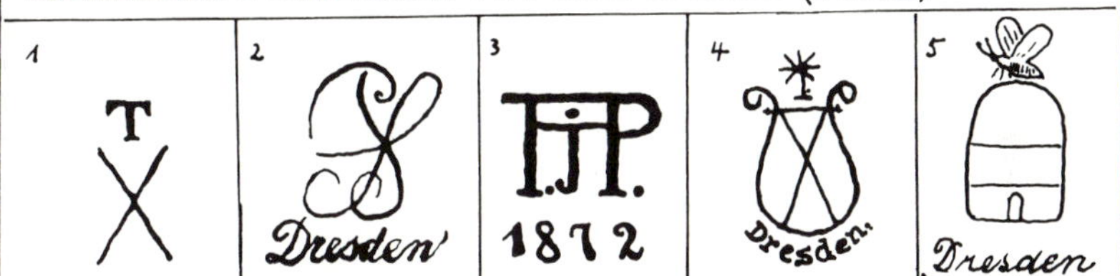

1872 bis zur Gegenwart

gefälschter Wiener Bindenschild mit goldenem Monogramm der Fa. Carl Thieme. Auch von Meißen und Frankenthal wurden Nachahmungen angefertigt.

Potschappel (Sachsen)

VEB Sächsische Porz.Manufaktur Dresden
(heutige Bezeichnung 1977)

Sächsische Porz.Fabrik von Carl Thieme (vorher)

Dasselbe Monogramm befindet sich unter einer Kopie Fürstenbergs (1771) von Desoches Familie am Kaffeetisch. (Aus Antiquitätenzeitung Nr. 2/3 von 1982)

Rauenstein (1783 bis in die 2. Hälfte des 19. Jahrhunderts)

Fabrikmarken

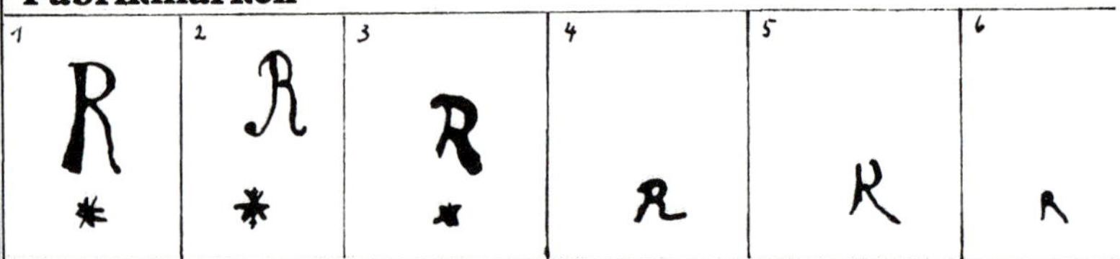

1783 bis in das 19. Jahrhundert

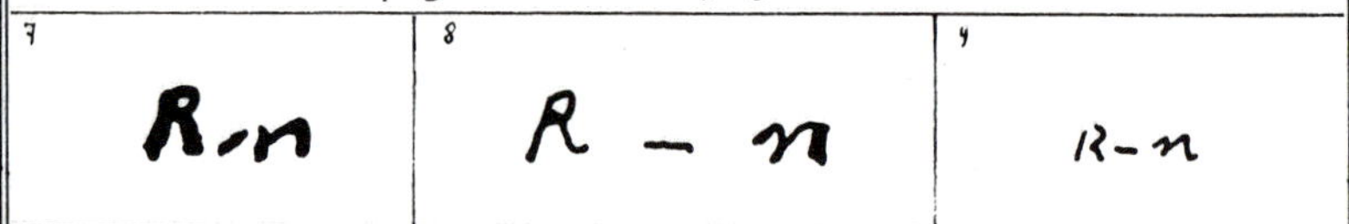

1783 bis in das 19. Jahrhundert

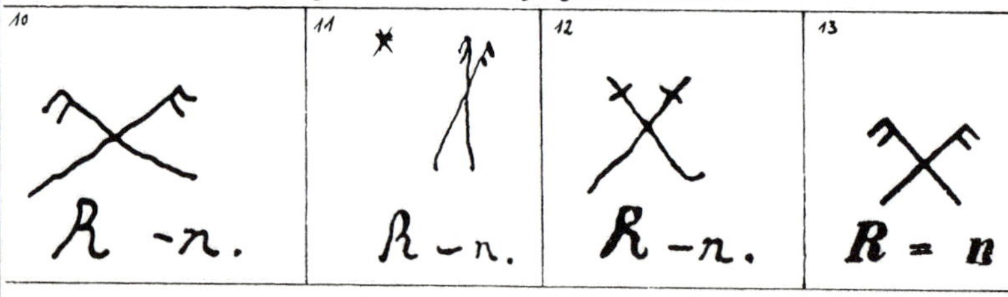

Späteres 19. Jahrhundert

Die Fabrikmarken sind überwiegend in Blau unter Glasur, zuweilen auch in Rot über Glasur angebracht.
Die Marke Nr. 13 ist gestempelt.

Rehau (Bayern) 1

Porzellanfabrik Hertel, Jacob & Co. G.m.b.H.

(1906 bis zur Gegenwart)

1

2

3

4

5

6

7

Rehau (Bayern) 2

Porzellanfabrik Zeh, Scherzer & Co. AG.

(1880 bis zur Gegenwart)

1

2

3
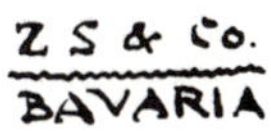

4

5

6

7

8

9

Rudolstadt (Thüringen) 1

Porzellanmanufaktur Straus & Söhne (1882 bis nach 1902)

1

2

3

Rudolstadt (Thüringen) 2

Porzellanmanufaktur E. Bohne Söhne (1854 bis nach 1900)

1

2

3

4

5

6

Scheibe-Alsbach (Thüringen)

Porzellanfabrik Kister G.m.b.H. (1837 bis zur Gegenwart)

1	2

Schirnding (Bayern)

Porzellanfabrik Schirnding AG. (1907 bis zur Gegenwart)

1	2

Schney (1783 bis Anfang des 20. Jahrhunderts)

Fabrikmarken

1	2	3
		SCHNEY

1800 bis zum Anfang des 20. Jahrhunderts

Die Fabrikmarken Nr. 1 und 2 sind in Blau unter Glasur ausgeführt.
Die Marke Nr. 3 ist eingepreßt.

Schönwald (Oberfranken)

Zweigniederlassung der Porzellanfabrik Kahla

(1879 bis zur Gegenwart)

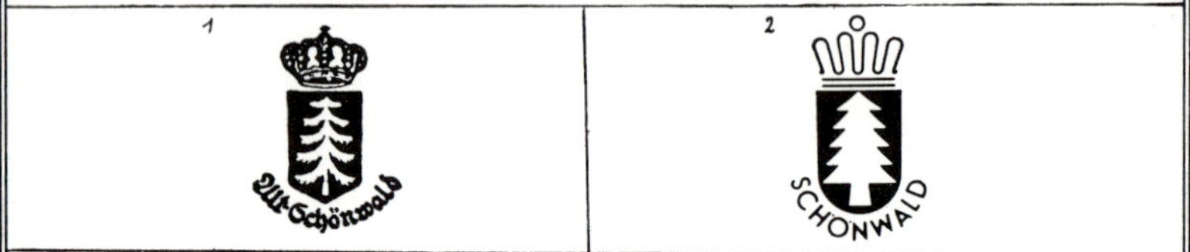

Vor 1954	Seit 1954

Schorndorf (Württemberg)

Württembergische Porzellanmanufaktur Bauer & Pfeiffer

(1904–1939)

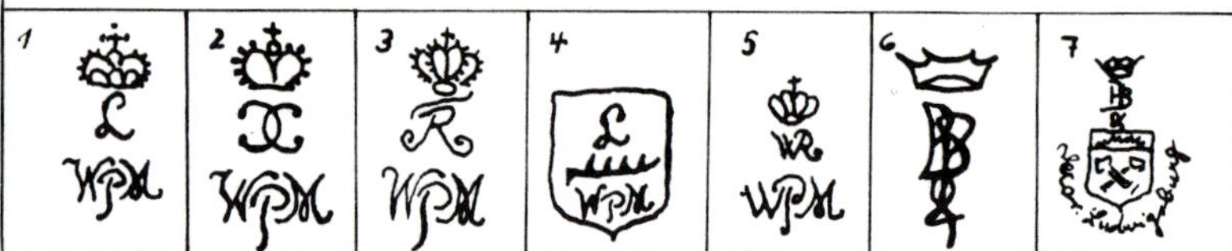

Schwarzenhammer (Bayern)

Porzellanfabrik Schwarzenhammer G. m. b. H.

(1905 bis zur Gegenwart)

Seedorf (Baden-Württemberg)

Volkstedter Porzellanmanufaktur Seedorf

Porzellanfabrik Müller & Co. (1907 bis zur Gegenwart)

1	2	3	4

Selb (Bayern)

Heinrich & Co. (1896 bis zur Gegenwart)

Fabrikmarken

1 	2 	3 	4 
1903	1904	1905	1907
5 	6 	7 	8 
1911	1914	1934	1939

9 

Werbemarke

Malereimarke

10 

1947

Selb (Bayern)

Lorenz Hutschenreuther AG. Selb-Bayern (1856 bis zur Gegenwart)

Fabrikmarken

1857–1920	1920–1933	Seit 1933

Fabrikmarken der Kunstabteilung

1920–1938	1938–1955	Seit 1955	

Zweigfabrik Paul Müller, Selb (1890 bis zur Gegenwart)

Fabrikmarken

1890–1912				1912–1928

1928–1943

Die Zweigfabrik Paul Müller wurde 1943 aufgelöst.

Selb (Bayern) (1856 bis zur

Lorenz Hutschenreuther AG. Selb-Bayern Gegenwart)

Zweigfabrik Tirschenreuth (1838 bis zur Gegenwart)

Fabrikmarken

14

15

16

17

18

19. und 20. Jahrhundert

19

1981

20

1982

Selb (Bayern)			
Porzellanfabrik Krautheim & Adelberg G. m. b. H.			
Fabrikmarken			
1 K&A S	2 Krautheim SELB BAVARIA	3 K & A Krautheim SELB BAVARIA	4 K&A Krautheim SELB BAVARIA
(1884 bis zur Gegenwart)			
5 MARKE Krautheim PORZELLAN		6 MARKE Krautheim PORZELLAN	
1884 bis zur Gegenwart			
7 BARONESS BAVARIA		8 FRANCONIA K & A Krautheim SELB BAVARIA CHINA	
Frühere Exportmarke		Gegenwärtige Exportmarke	

Selb (Bayern)

Rosenthal-Porzellan AG. (1879 bis zur Gegenwart)

Werke Selb, Bahnhof Selb und Selb-Plössberg (1867 bis zur Gegenwart)

Fabrikmarken

1	2	3	4
R. & C.	R. C.	Rosenthal SELB-BAVARIA	Rosenthal SELB-GERMANY
1891–1907		1908	1934

5	6	7	8
Rosenthal SELB-GERMANY U.S. Zone	Rosenthal SELB GERMANY	Rosenthal Bahnhof Selb Germany	Rosenthal SELB-PLÖSSBERG GERMANY
1947	Seit 1949	1908–1953	Seit 1954

Zweigfabrik Kronach

Fabrikmarken

9	10	11
BRC		R. C. KRONACH-BAVARIA
1897–1901		1901–1933

12	13	14
Rosenthal KRONACH GERMANY	R. C. Rosenthal KRONACH-GERMANY	Rosenthal KRONACH-GERMANY
1901 bis zur Gegenwart	1933–1953	1953 bis zur Gegenwart

Landstuhl (Pfalz)

Rosenthal-Porzellan AG. (1879 bis zur Gegenwart)

Zweigfabrik Krister Porzellan-Manufaktur in Landstuhl

siehe auch **Waldenburg** (Schlesien) (1831 bis zur Gegenwart)

15 KPM	16 KPM	17 Royal Ivory KPM A.D. 1831 GERMANY	18 R KPM Krister Germany
Vor 1927	Nach 1927	Gegenwärtige Marken	

Marktredwitz (Bayern)

Rosenthal-Porzellan AG. (1879 bis zur Gegenwart) (1904 bis

Zweigfabrik F. Thomas in Marktredwitz zur Gegenwart)

19 Th u. E MR.	20 Thomas	21 Thomas Thomas Bavaria	22 Thomas Thomas Germany
1904	1906	1922	1940
23 Thomas Thomas Germany US zone	24 Thomas Thomas Germany	25 Thomas R Germany	25 a Thomas GERMANY
1947	1949	1953	1964

Sophienthal bei Bayreuth

Rosenthal-Porzellan AG. (1879 bis zur Gegenwart)

Zweigfabrik Thomas & Co. in Sophienthal

26	27	28	29
SOPHIENTHAL B/BAYREUTH BAVARIA	Fein Bayreuth BAVARIA	FEIN BAYREUTH Sophienthal Bavaria	Sophienthal FEIN BAYREUTH GERMANY
1928–1931	1931–1934	1935–1948	Seit 1948

Waldenburg (Schlesien)

Rosenthal-Porzellan AG. (1879 bis zur Gegenwart)

Zweigfabrik Krister Porzellan-Manufaktur (1831 bis zur Gegenwart)

unter Verlegung nach Landstuhl/Pfalz

jetzt: Thomas Porzellan, Am Kulm

30	31	32	33
K. P. M.	KPM W	K WPM	CKW
	34 KPF	35 KPF	

Waldershof (Oberfranken)

Rosenthal-Porzellan AG. (1879 bis zur Gegenwart)

Zweigfabrik vormals Johann Haviland, Waldershof

1907 bis zur Gegenwart

jetzt: Thomas Porzellan, Am Kulm

36	37	38	39	40	41

1909–1923			1924–1938		

42	43	44	45

1939–1945		1946–1948	Ab 1949

Handmalereimarken

46	47	48
	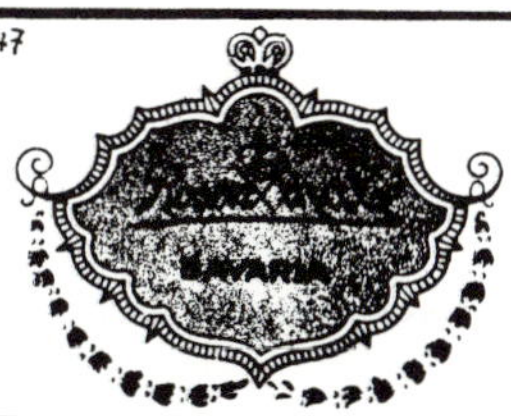	

Marken der Handmalerei München.

Die Marken der Rosenthal-Porzellan AG. nebst ihren Zweigfabriken sind gestempelt und bis zum Ende des ersten Weltkrieges in Blau unter Glasur, von 1918 bis 1924 in Rot über Glasur und seit 1924 überwiegend in Grün unter Glasur ausgeführt. Die Marke Nr. 10 ist in Gold angebracht.

Sitzendorf (Thüringen)

Sitzendorfer Porzellanmanufaktur

1	2	3

1850 bis zur Gegenwart

Sophienthal bei Bayreuth, siehe Selb, Rosenthal AG.

Tettau (Bayern) 2

Neue Porzellanfabrik Tettau, Gerold & Co.

1	2	3	4

1904 bis zur Gegenwart

Tettau (1794 bis zur Gegenwart) I

Fabrikmarken

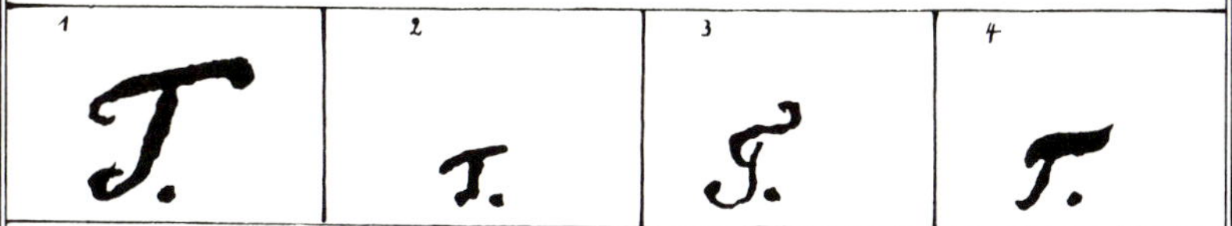

1794–1885

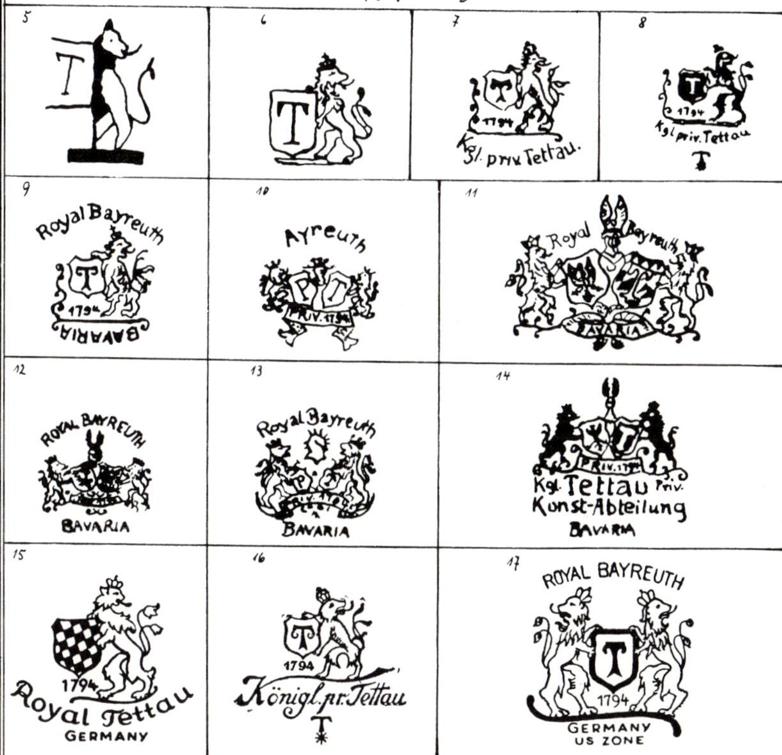

1885 bis zur Gegenwart

Die Fabrikmarken der Porzellanmanufaktur Tettau Nr. 1 bis 4 sind in Unterglasurblau, Nr. 5 in Gold angebracht. Die Marken Nr. 6 bis 17 sind gestempelt.

Tiefenfurt (Schlesien)

Schlesische Porzellanfabrik P. Donath G.m.b.H.

1	2	3	4	5

1883 bis 1. Hälfte des 20. Jahrhunderts

Tirschenreuth siehe Selb, Lorenz Hutschenreuther

Ulm (1827–1833)

Fabrikmarken

	1	2	
	ULM	Ulm	
	1827–1833		

Fabrikmarken mit Inhabermarken

3	4	5	6	7	8
ULM S	S ULM	S ULM	Ulm S	Ulm S	Ulm S

1827–1833

Ritzmarken

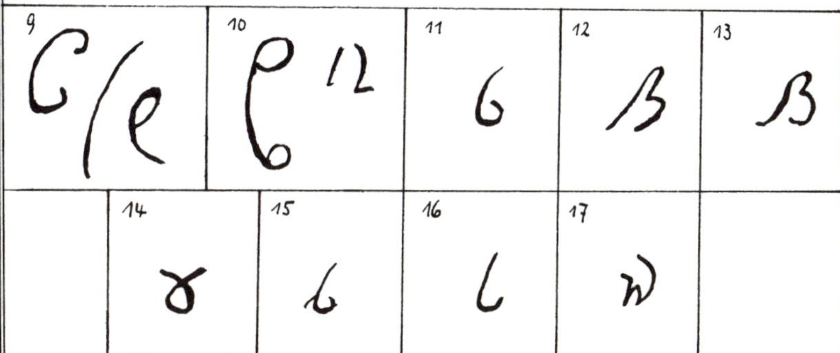

Die Fabrikmarken der Porzellanmanufaktur Ulm sind entweder mit Stempel eingedrückt oder eingeritzt. Die Marken Nr. 1 und 3 bis 5 sind eingepreßt, Nr. 2 und 6 bis 8 sind eingeritzt. Neben der Fabrikmarke finden sich noch Ritzmarken. In einzelnen Fällen ist die Marke Nr. 2 nicht geritzt, sondern in Schwarz ausgeführt.

Volkstedt (Thüringen) (1760 bis zur Gegenwart)

Fabrikmarken

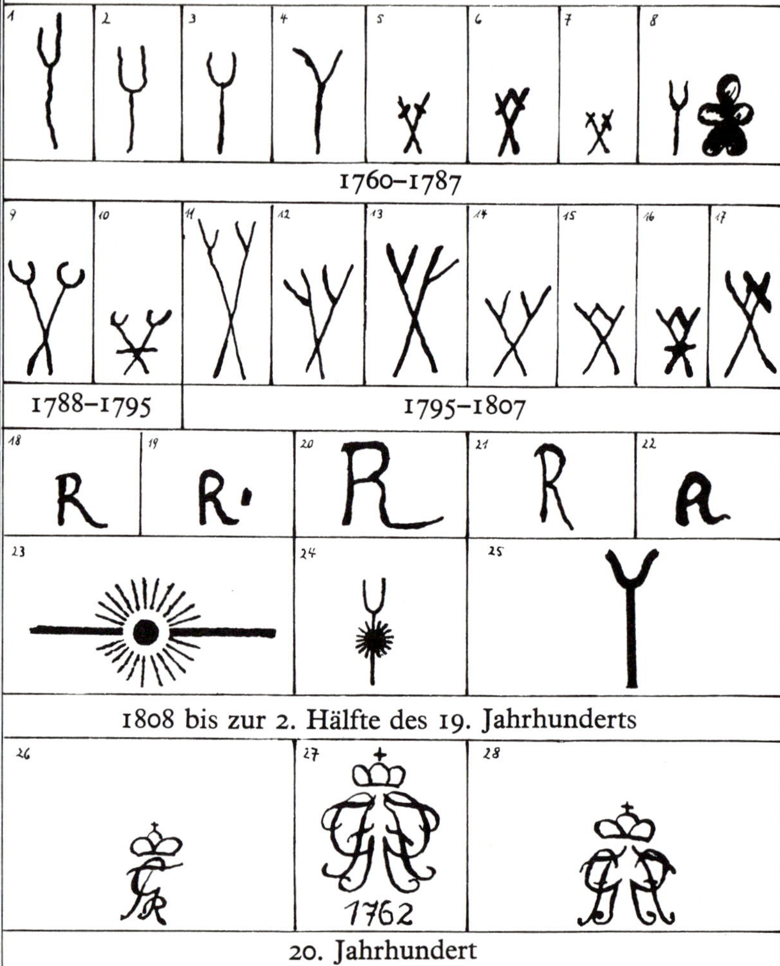

Die Fabrikmarken der Porzellanmanufaktur Volkstedt Nr. 1 bis 10 werden in Blau unter Glasur ausgeführt, wobei die gekreuzten Gabeln überwiegen. Dabei hat die Fabrik immer wieder versucht, an Stelle der Gabeln die Meißner Schwertermarke anzubringen (Marken Nr. 5 bis 7 und Nr. 8), der eine Stiefmütterchenblüte in Dunkelviolett hinzugefügt ist, durch deren Blütenblätter die Schwertermarke noch durchschimmert.

Die Marken Nr. 11 bis 17 erscheinen in Blau über Glasur oder anderen Überglasurfarben. Nr. 18 bis 22 sind in Blau unter Glasur ausgeführt.

Die weiter aufgeführten Marken sind gestempelt.

Volkstedt-Rudolstadt (Thüringen) 1 (1908 bis zur Gegenwart)

Porzellanfabrik Ackermann & Fritze

Volkstedt-Rudolstadt (Thüringen) 2

Porzellanfabrik Eckert & Co. (1895 bis nach 1900)

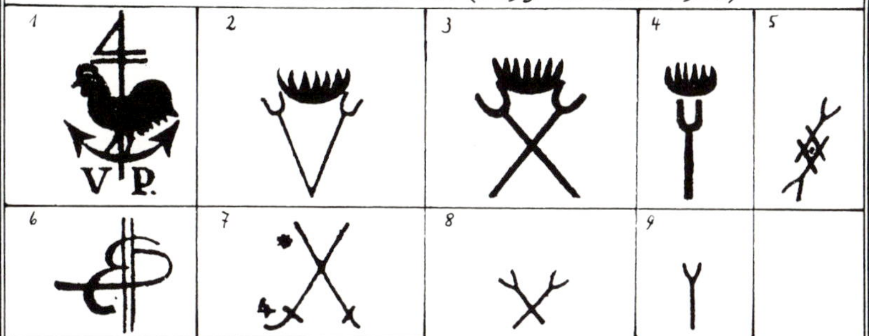

Volkstedt-Rudolstadt (Thüringen) 3

Porzellanfabrik Karl Enz (1898 bis zur Gegenwart)

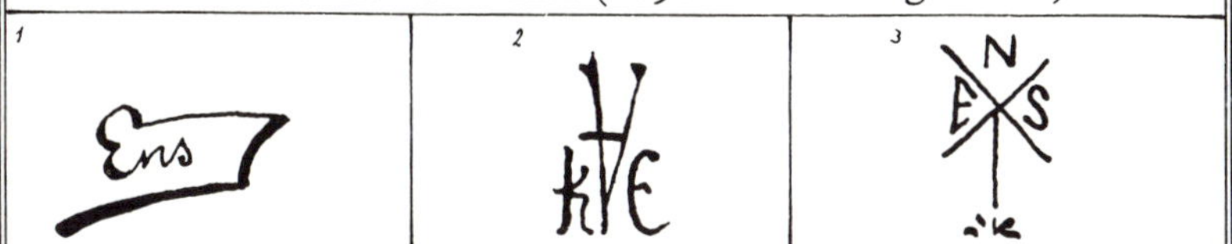

Volkstedt-Rudolstadt siehe Seedorf (Baden-Württemberg)

Waldenburg (Schlesien) siehe Selb, Rosenthal AG.

Waldershof (Oberfranken) siehe Selb, Rosenthal AG.

Wallendorf (Thüringen) 1763 bis zur Gegenwart

Fabrikmarken

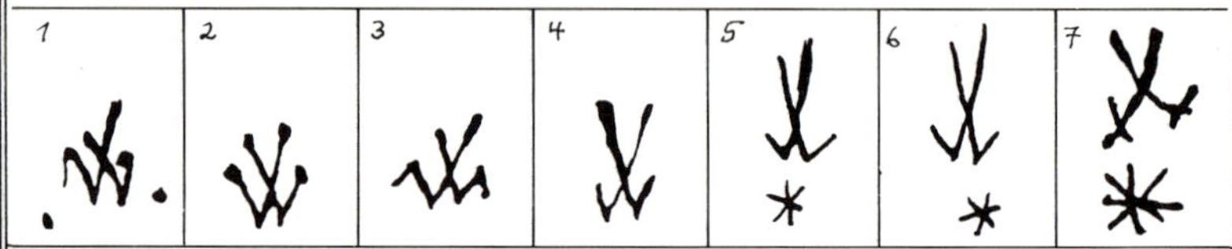

1763–1787

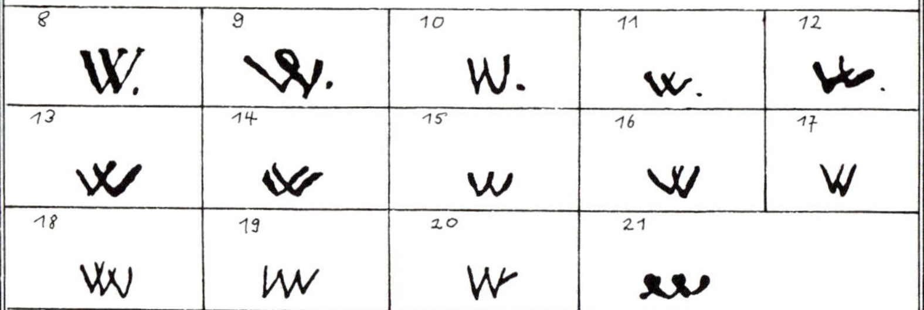

Nach 1787 | 19. Jahrhundert

Die Marken der Manufaktur Wallendorf sind in Unterglasurblau angebracht. Nach 1787 kommen gelegentlich Marken in Rot über Glasur vor, meist auf Geschirren und nur dann, wenn diese Farbe auch im Dekor zu finden ist.

In der Zeit des 7jährigen Krieges (1756–63) findet man auf Porzellan aus Wallendorf die Markolinimarke. Man setzte diese Marke als Reklamezeichen zum besseren Verkauf (Ducret) Marken Nr. 5, 6 und 7.

Bock-Wallendorf (Thüringen)

Porzellanfabrik Fasold & Stauch (1903 bis zur Gegenwart)

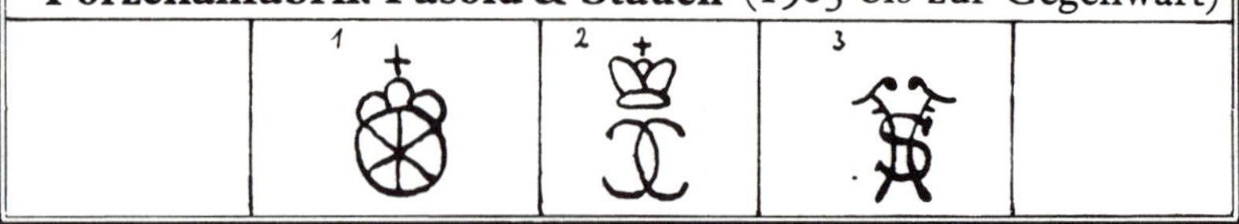

Weiden (Bayern)		(1911 bis zur
Porzellanfabrik Christian Seltmann G.m.b.H. Gegenwart)		
1 Seltmann Weiden Bavaria	2 Seltmann Weiden	3 CS WEIDEN

Zweigbetriebe Erbendorf und Krummennaab	
4 Seltmann Weiden E Bavaria	5 Seltmann Weiden K Bavaria

Windischeschenbach (Oberpfalz) (1913 bis zur Gegenwart)			
Winterling Porzellan-Vertriebsgesellschaft m.b.H.			
1 Eschenbach	2 Eschenbach GERMANY US-ZONE	3 Eschenbach	4 Eschenbach BAVARIA

Würzburg (1775–1780)

Fabrikmarken

1

2

3

4

5

6

7

1775–1780

Bossierermarke

8

1775–1780

Die Marken von Würzburg sind eingepreßt oder eingeschnitten. Es gibt keine Porzellane, die in Unterglasurblau bemalt oder gemarkt sind.

Die Marken Nr. 1 (Schildmarke u. W.)
bis Nr. 4 wurden auf Geschirren,
Nr. 3 und 4 auch auf Figuren angebracht.
Die Marken Nr. 1 und 3 sind vergrößert.

Die Bossierermarke Nr. 8 bedeutet CH oder HD.

Zusammenstellung von Fabrikmarken, die zu Verwechslungen mit Marken anderer europäischer Porzellan-Manufakturen führen können.

Nachahmung der Marken der Manufaktur Meißen

In Deutschland

1 	2 	3 	4 
Volkstedt 18. Jahrhundert			
5 	6 	7 	8 
Volkstedt 18. Jahrhundert			
9 	10 	11 	12 
Volkstedt 18. Jahrhundert			

13 	14 	15 	16 	17 
Rudolstadt-Volkstedt 19. Jahrhundert				

18 	19 
Closter Veilsdorf 18. Jahrhundert	Ilmenau 18. Jahrhundert

Zusammenstellung von Fabrikmarken, die zu Verwechslungen mit Marken anderer europäischer Porzellan-Manufakturen führen können.

Nachahmungen der Marken der Manufaktur Meißen

In Deutschland

20 21 22 23 24 25 26

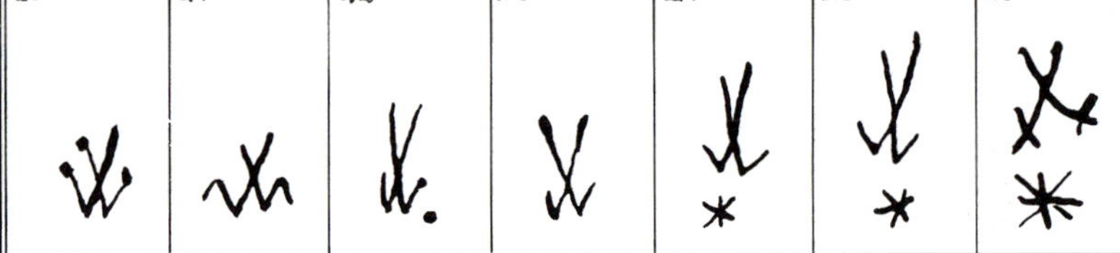

Wallendorf 18. Jahrhundert

25a 26a 27 28 29 30

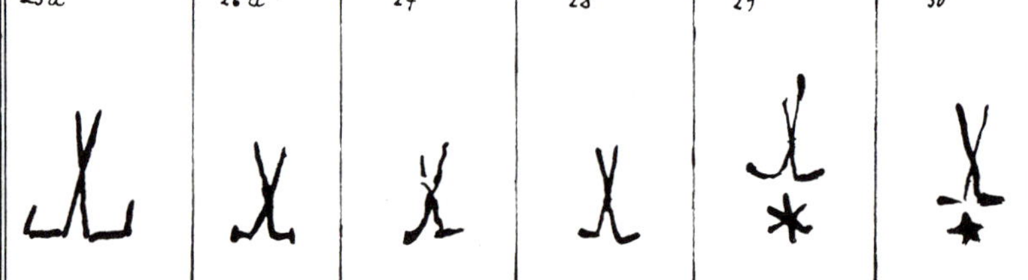

Limbach 18. Jahrhundert

31 32 33 34

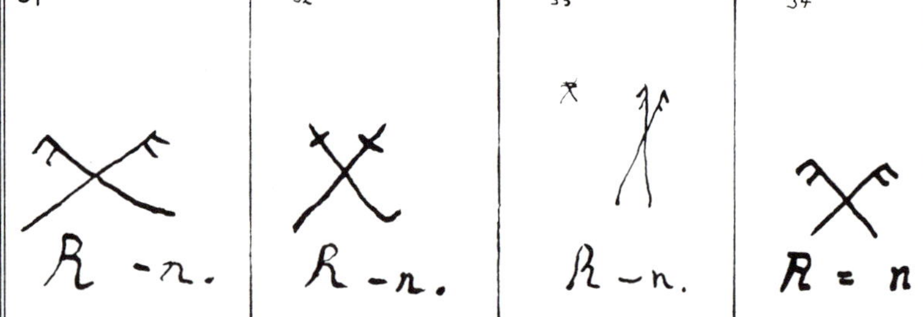

Rauenstein 18.–19. Jahrhundert

Zusammenstellung von Fabrikmarken, die zu Verwechslungen mit Marken anderer europäischer Porzellan-Manufakturen führen können.

Nachahmung der Marken der Manufaktur Meißen

In Deutschland

35	36	37	38	39	40	41

Nymphenburg (Türkenkoppchen) 18. Jahrhundert						

42	43	44	45

Schney 19. Jahrh.		Gräfenroda 19. Jahrh.	Hüttensteinach 19. Jahrh.

46	47	48	49
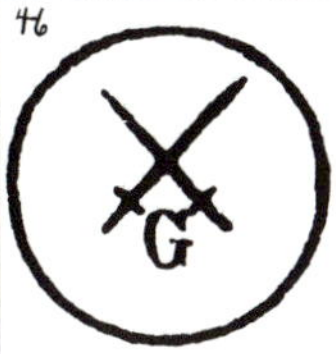	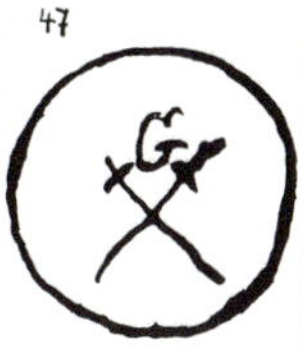		
Gehren 19. Jahrh.		Ohrdruf 19. Jahrh.	Stadt-Meißen 19. Jahrh.

50	51	52	53

Potschappel 19. Jahrh.	Zwickau 19. Jahrh.	Schwarzenbach 19. Jahrh.	Waldsassen 19. Jahrh.

54	55	56	57

Kronach 19. Jahrh.	Tiefenfurt 19. Jahrh.		Eisenberg 19. Jahrh.

Zusammenstellung von Fabrikmarken, die zu Verwechslungen mit Marken anderer europäischer Porzellan-Manufakturen führen können.

Nachahmungen der Marken der Manufaktur Meißen

Ausländische Nachahmungen

In England

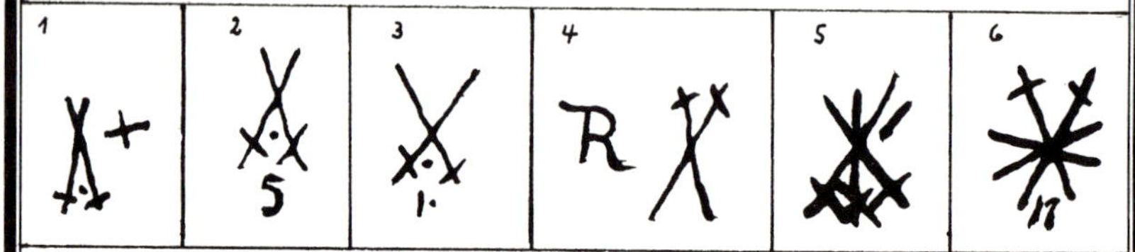

Bristol 2. Hälfte des 18. Jahrhunderts

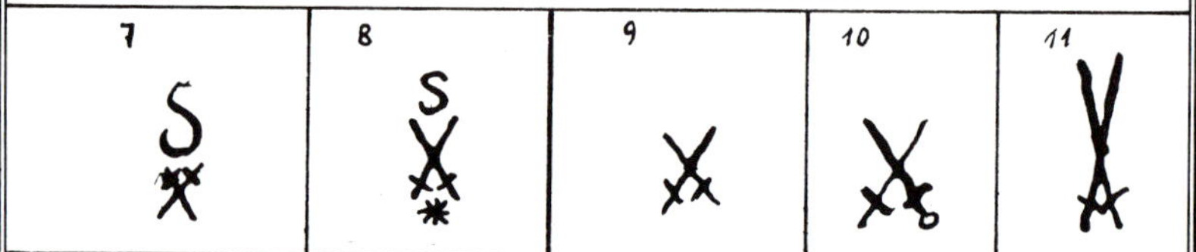

Caughley 18. Jahrhundert | Chelsea 2. Hälfte 18. Jahrhundert

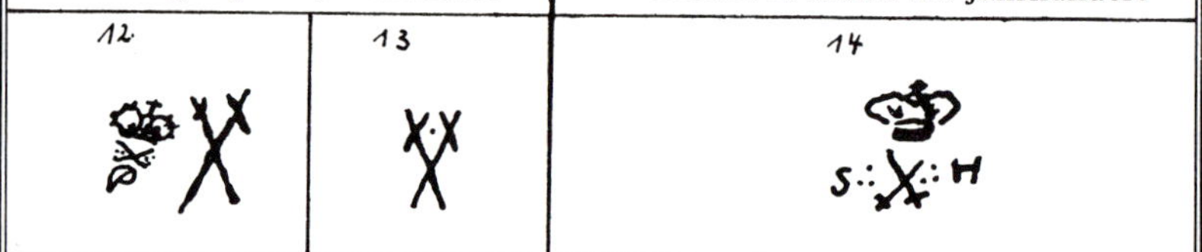

Derby 18. Jahrhundert | Derby 19. Jahrhundert

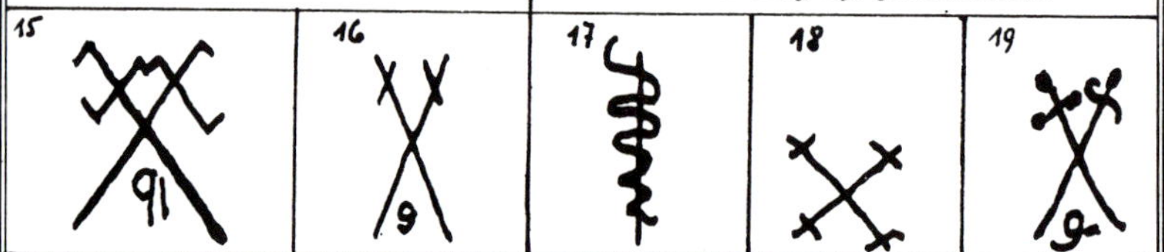

Worcester 18. Jahrhundert

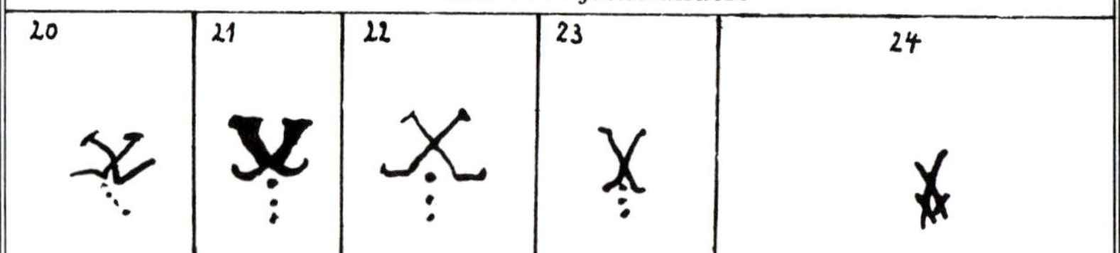

Longton Hall 18. Jahrhundert | Lowestoft 18. Jahrhundert

Zusammenstellung von Fabrikmarken, die zu Verwechslungen mit Marken anderer europäischer Porzellan-Manufakturen führen können.

Nachahmungen der Marken der Manufaktur Meißen

Ausländische Nachahmungen

In Holland

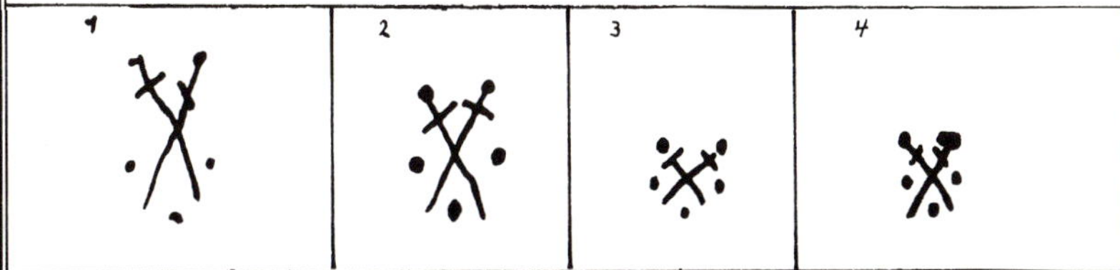

Weesp 18. Jahrhundert

In Belgien

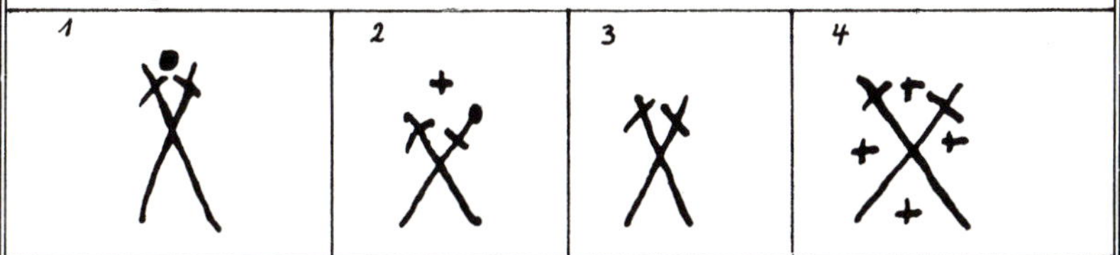

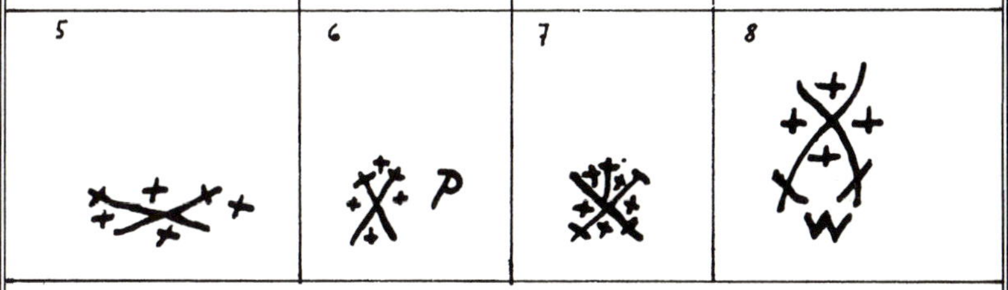

Tournay 18. Jahrhundert

Zusammenstellung von Fabrikmarken, die zu Verwechslungen mit Marken anderer europäischer Porzellan-Manufakturen führen können.

Nachahmungen der Marken der Manufaktur Meißen

Ausländische Nachahmungen

In Frankreich

1
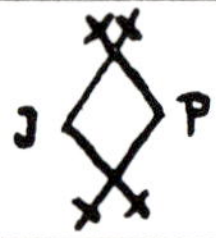

2

3

Fontainebleau 19. Jahrh.

Montreuil sous Bois 19. Jahrh.

4

5

Paris, Faubourg St. Denis 18. Jahrh.

6

7

8

9

Paris, Rue de la Roquette 18.–19. Jahrh.

10

11

12

13

Paris, Rue Fontaine-au-Roy 18.–19. Jahrh.

14

15

16

Paris, Rue de Béranger, Edmé Samson

17

Paris, Achille Bloch 18.–19. Jahrh.

Zusammenstellung von Fabrikmarken, die zu Verwechslungen mit Marken anderer europäischer Porzellan-Manufakturen führen können.

Nachahmungen der Marken der Manufaktur Meißen

Ausländische Nachahmungen

Im Gebiet von Böhmen

1

2

Elbogen 19. Jahrhundert

3

4

Freiwaldau 19. Jh. | Schlaggenwald 19. Jh.

In Rußland

1

2

Vermutlich Staatl. Porzellanmanufaktur St. Petersburg

3

4

Fabrik Gardner, Moskau 18. Jahrhundert

Zusammenstellung von Fabrikmarken, die zu Verwechslungen mit Marken anderer europäischer Porzellan-Manufakturen führen können.

Nachahmungen der Marken der Manufaktur Höchst

In Deutschland

1	2	3

Damm 19. Jahrhundert

4	5

Passau 19. Jahrh.	Bock-Wallendorf 20. Jh.

Zusammenstellung von Fabrikmarken, die zu Verwechslungen mit Marken anderer europäischer Porzellan-Manufakturen führen können.

Nachahmungen der Marken der Manufaktur Ludwigsburg

In Deutschland

1

2
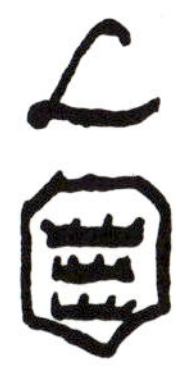

Passau 19. Jahrh.

3

Lettin 19.–20. Jahrh.

4

Bock-Wallendorf 20. Jahrh.

5

6

7

8

9

Schorndorf 20. Jahrh.

Zusammenstellung von Fabrikmarken, die zu Verwechslungen mit Marken anderer europäischer Porzellan-Manufakturen führen können.

Nachahmungen der Marken Berlin und Berlin Moabit

In Deutschland

Alt-Haldenleben 1826	Altwasser 1845	Lettin 1858

Eisenberg 1796	Stanowitz 1873	Tiefenfurt 1883

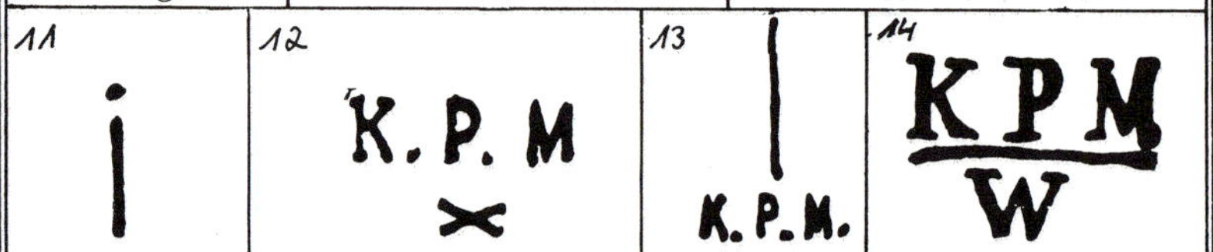

Ilmenau 1777	Scheibe-Alsbach 1836	Waldenburg 1802–67

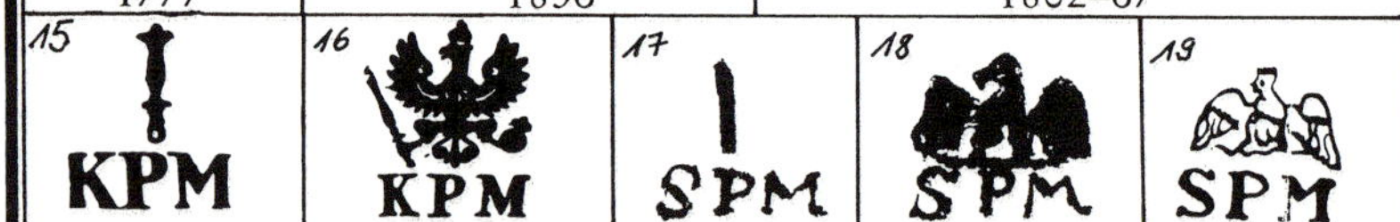

Berlin 1837–44	Berlin 1844–47	Moabit, Schumann & Sohn ca. 1840–45

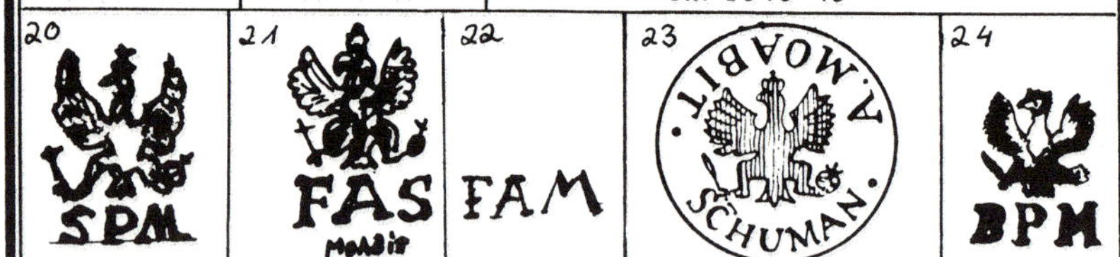

Moabit 1850	Moabit Friedr. Adolf Schumann & Sohn	Zur gleichen Zeit haben in Moabit Schomburg und Sohn gearbeitet	Braunschweig

Zusammenstellung von Fabrikmarken, die zu Verwechslungen mit Marken anderer europäischer Porzellan-Manufakturen führen können.

Nachahmungen der Marken der Manufaktur Wien

In Österreich und Böhmen

1	2

Wien 20. Jahrh.	
3 	4 
Eichwald 19. Jahrh.	
5 	6 
Elbogen 19. Jahrh.	Turn 19. Jahrh.

In Deutschland

1	2

Potschappel 19. Jahrh.	Suhl 19. Jahrh.
3  4 	5 
Volkstedt 19. Jahrh.	Hutschenreuther 19. Jahrh.

Zusammenstellung von Fabrikmarken, die zu Verwechslungen mit Marken anderer europäischer Porzellan-Manufakturen führen können.

Nachahmungen der Marken der Manufaktur Vincennes-Sèvres

In Frankreich

1

Valenciennes um 1800

2

3

Paris, Rue Clignancourt 18. Jh.

4

Paris, Rue de la Paix 19. Jahrh.

5

Foecy, 19. Jahrh.

6

Limoges 18. Jahrh.

7

St. Amand-les-Eaux 19. Jh.

In England

1

2

Derby 18. und 19. Jahrh.

3

4

Stoke-upon-Trent 19. u. 20. Jh.

5

Worcester 18. und 19. Jahrh.

Zusammenstellung von Fabrikmarken, die zu Verwechslungen mit Marken anderer europäischer Porzellan-Manufakturen führen können.

Nachahmungen der Marken der Manufaktur Vincennes-Sèvres

In Deutschland

1

Limbach 18. Jahrh.

2

Potschappel 19. Jahrh.

3

Lichte 19. und 20. Jahrh.

Nachahmungen der Marken der Manufaktur Neapel

In Italien

1

2

3

Ginori-Doccia 19. und 20. Jahrh.

In Deutschland

1

2

Volkstedt 19. und 20. Jahrh.

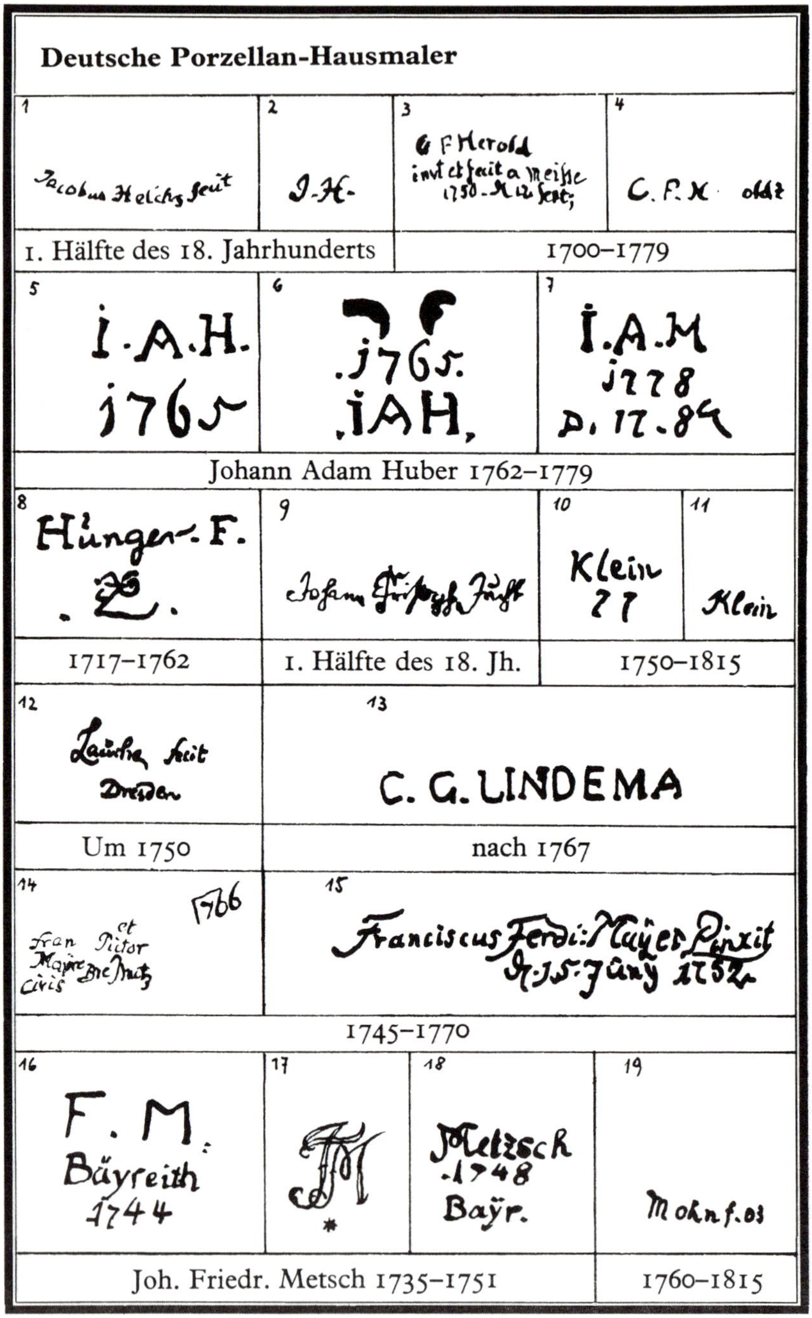
Deutsche Porzellan-Hausmaler
1. Hälfte des 18. Jahrhunderts
1700–1779
Johann Adam Huber 1762–1779
1717–1762
1. Hälfte des 18. Jh.
1750–1815
Um 1750
nach 1767
C. G. LINDEMA
1745–1770
Joh. Friedr. Metsch 1735–1751
1760–1815

Deutsche Porzellan-Hausmaler

Bartholomäus Seuter 1678–1754

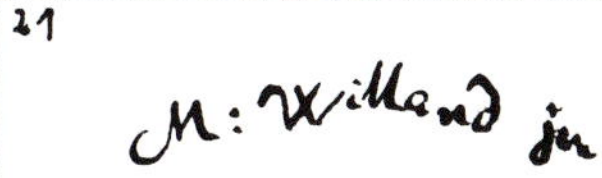

2. Hälfte des 18. Jahrh.

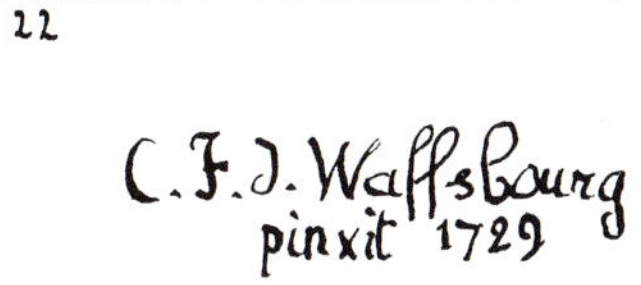

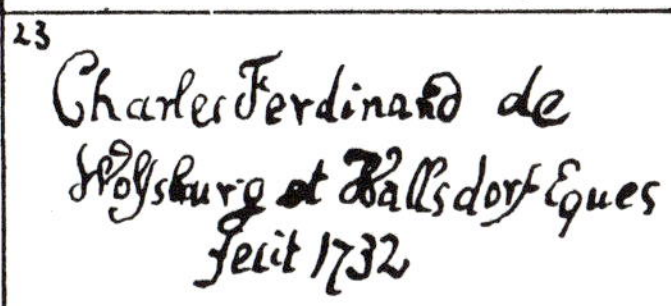

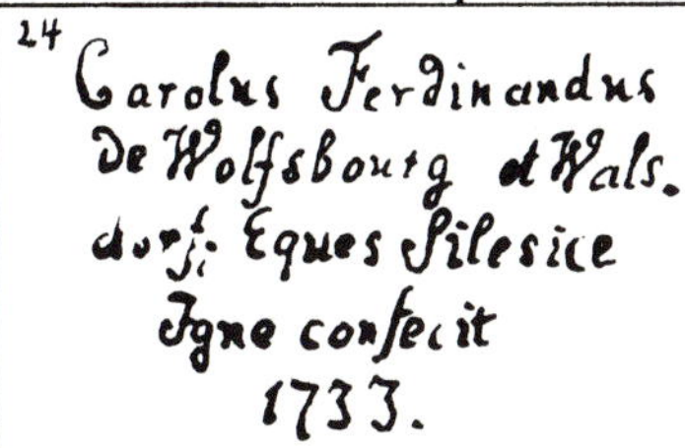

1692–1764

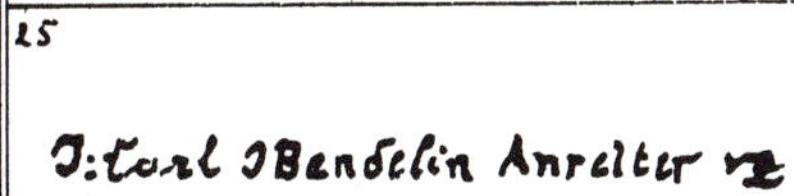

1702–1747

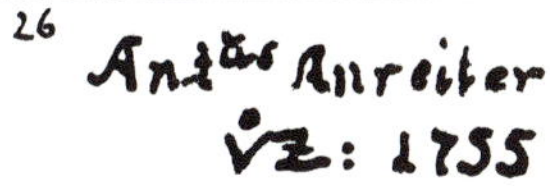

2. Hälfte des 18. Jahrh.

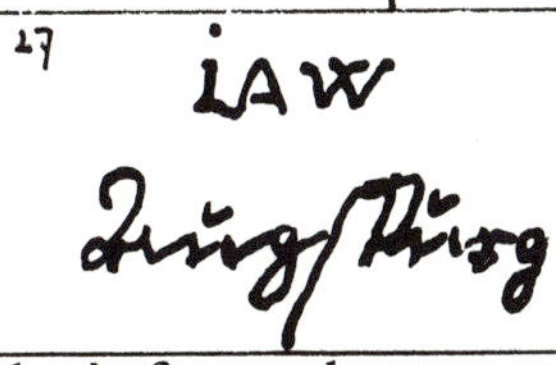

Joh. Aufenwerth 1715–1728

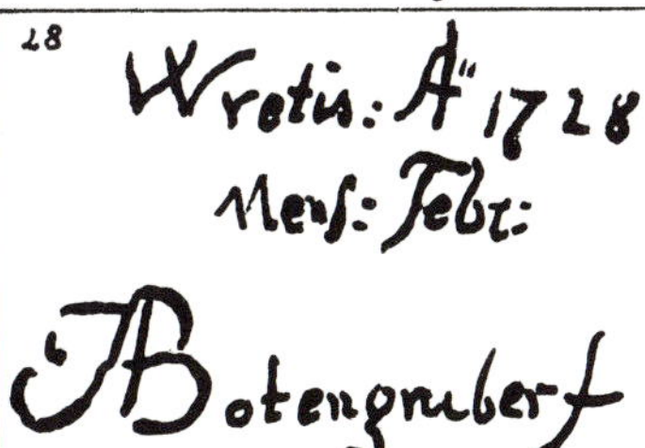

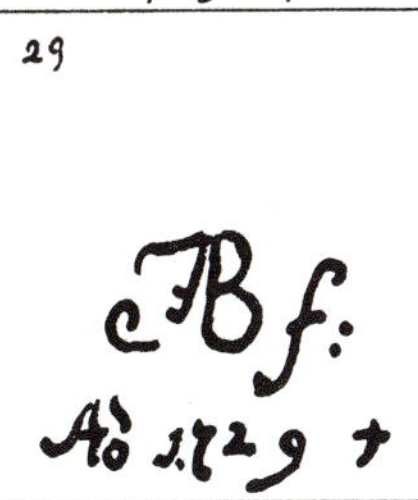

1720–1736

Deutsche Porzellan-Hausmaler

31 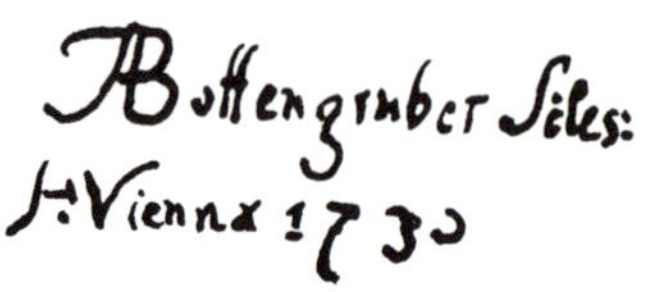

32 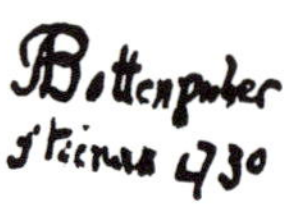

33 

1720–1736

34 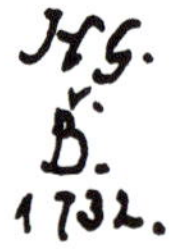

35 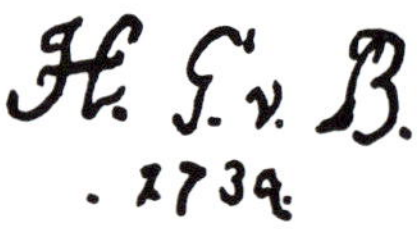

Hans Gottl. von Breßler 1732–1777

36 

Um 1750

37 

Um 1750

38 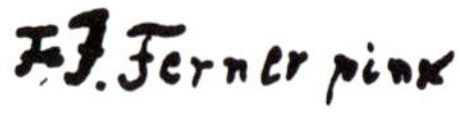

1745–1765

39 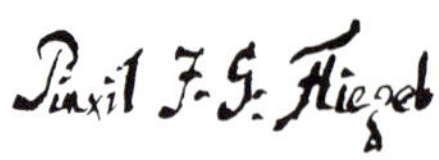

40 

Um 1770

41 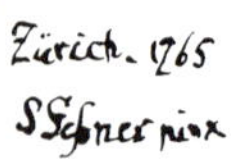

1730–1788

42 

43 

44 

45 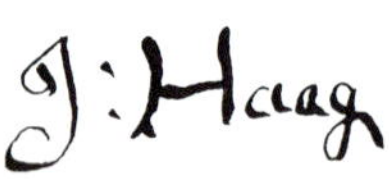

2. Hälfte des 18. Jahrhunderts

Deutsche Porzellan-Hausmaler

Porzellan-Radierer

1 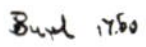	2 
A. O. E von dem Busch 1704–1779	J. G. Cratzberg
3 	4 
Kanonikus in Hildesheim 2. Hälfte des 18. Jahrhunderts	

Die angegebenen Jahreszahlen geben überwiegend nur die Dauer der Tätigkeit als Hausmaler an. Infolge des vielfachen Ortswechsels sind die Lebensdaten der Hausmaler recht häufig nicht bekannt. Mit dem Ende des 18. Jahrhunderts verliert die Porzellan-Hausmalerei im übrigen ihre künstlerische Bedeutung. Aus kleinen Anfängen entstehen im 19. Jahrhundert überall technisch-fabrikmäßige Porzellanmalereibetriebe.

Die Porzellanradierung ist lediglich in der zweiten Hälfte des 18. Jahrhunderts ausgeübt. Die Radierer ritzten mit dem Diamanten die Porzellanglasur und verrieben diese Zeichnung mit Schwarz ohne nochmaligen Glasurüberzug.

Bemerkt sei, daß manche Hausmaler zeitweise auch in Porzellanmanufakturen tätig waren, wie auch manche Fabrikmaler in ihrer Freizeit den Beruf eines Hausmalers ausübten.

Bow (1748–1776)

Fabrikmarken

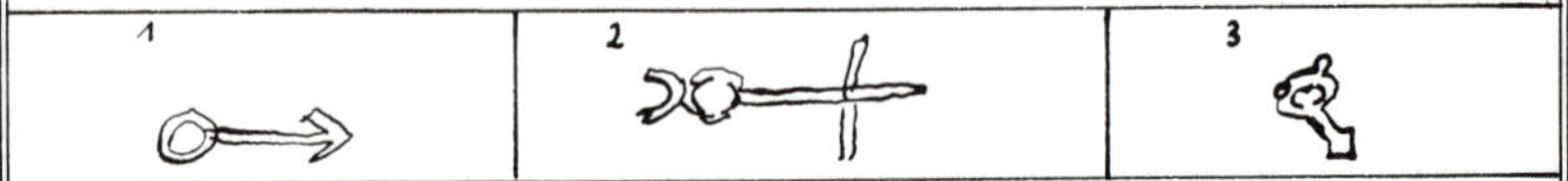

Vor 1750

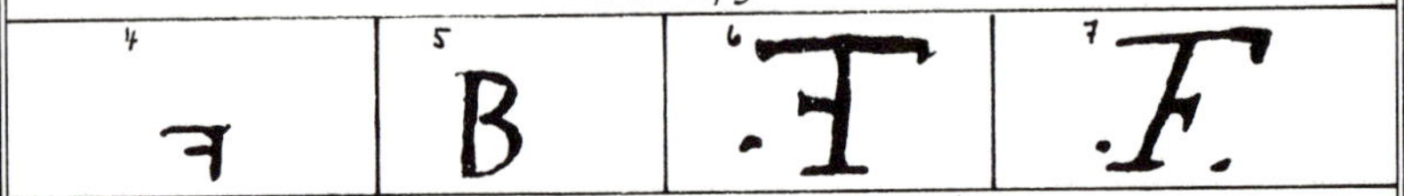

1750–1770

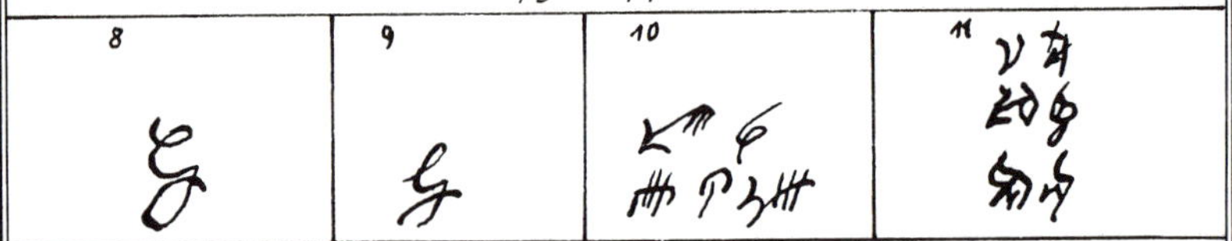

1750–1770

1770–1776

1770–1776

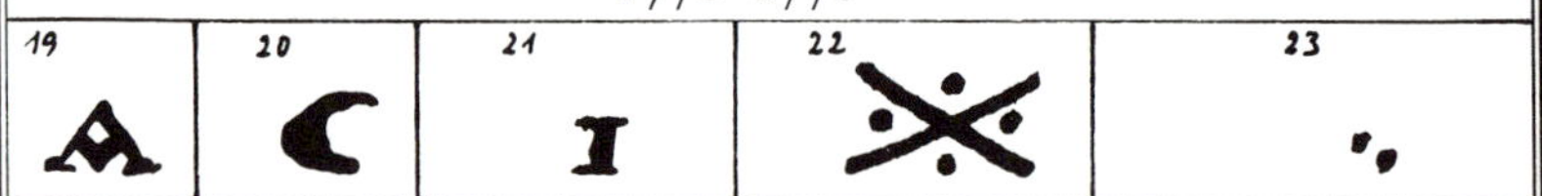

1770–1776

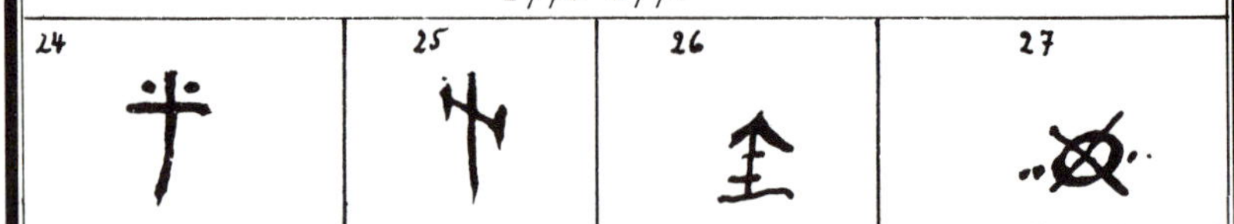

1770–1776

Bow (1748–1776)			
Bossierermarken			
28 	29 	30 	31 
1750–1760			
32 	33 	34 	
1750–1760			

Die Marken Nr. 1 bis 3 sind eingeritzt,
Nr. 4 bis 11 sind in Blau,
Nr. 12 in Rot, Nr. 13 in Blau-Rot,
Nr. 14 in Blau,
Nr. 15 bis 17 in Blau-Rot,
Nr. 18 in Rot,
Nr. 19 bis 27 in Blau ausgeführt,
Nr. 28 bis 34 sind eingeritzt oder eingeprägt.

Bristol (1770–1781)

Fabrikmarken

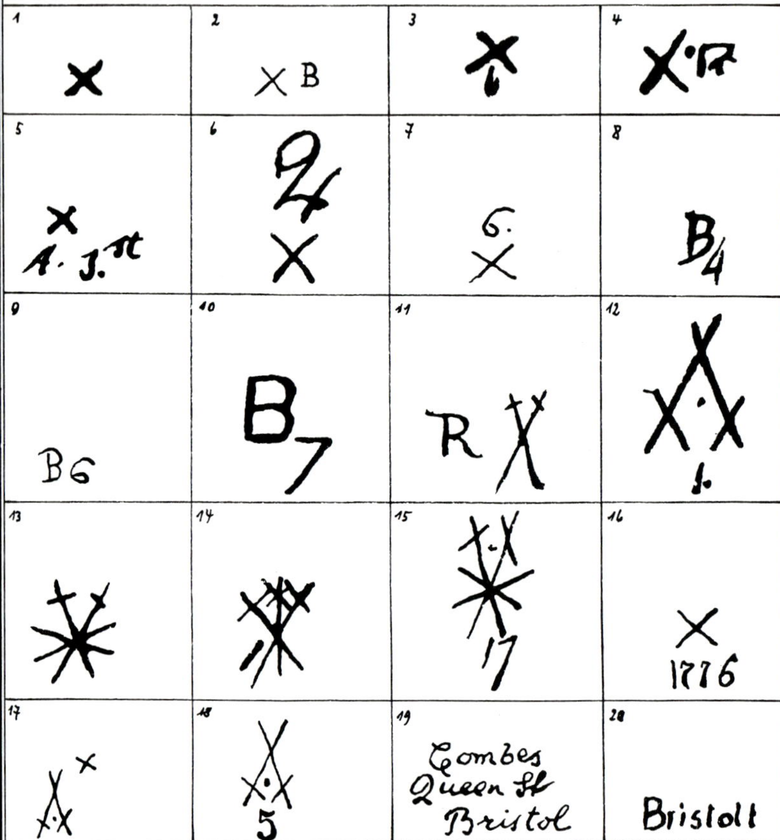

1770–1781

Die Marken erscheinen in Blau, die Zahlen dabei oftmals in Gold, der ausgeschriebene Ortsname „Bristoll" in Rot.

Caughley (1772–1799)

Fabrikmarken

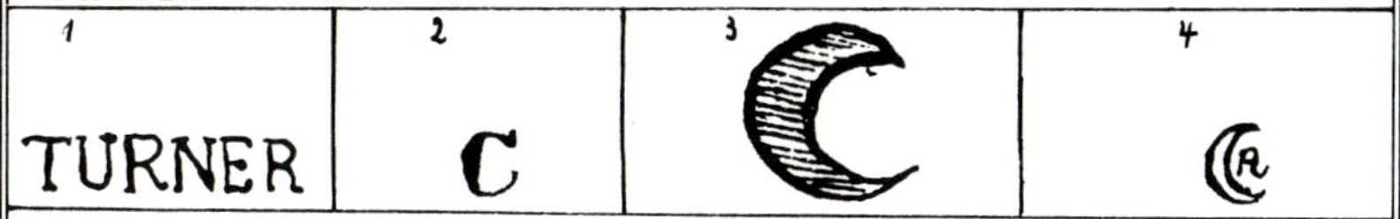

1772–1783

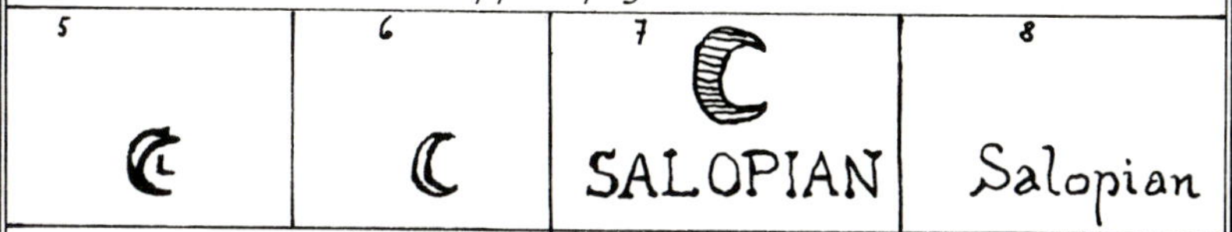

1772–1783	1783–1799

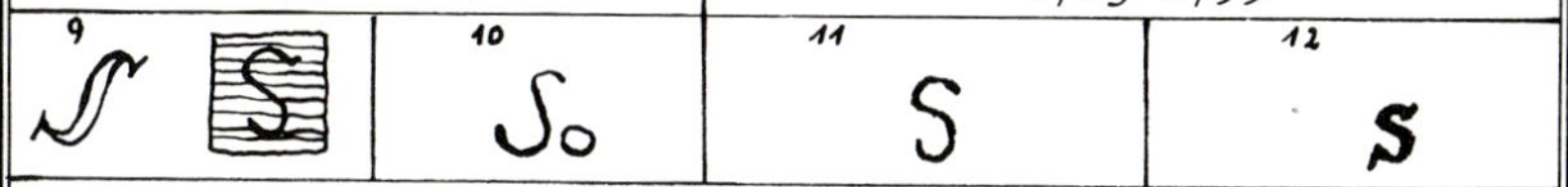

1783–1799

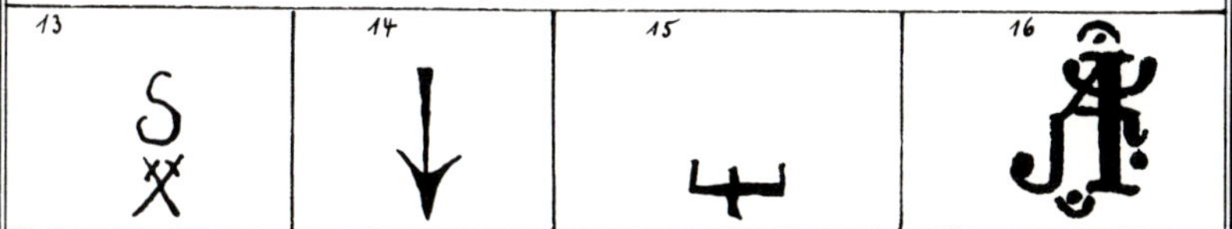

1783–1799	Verkleidete Zahlen

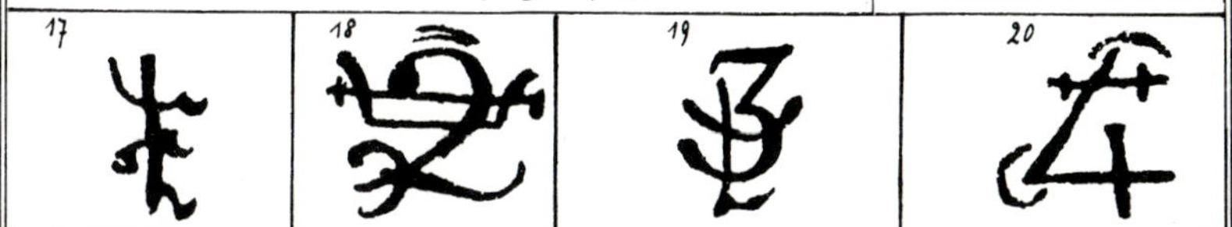

Verkleidete Zahlen

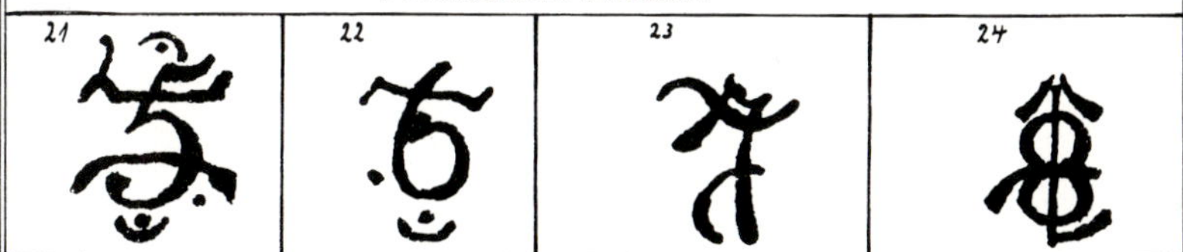

Verkleidete Zahlen

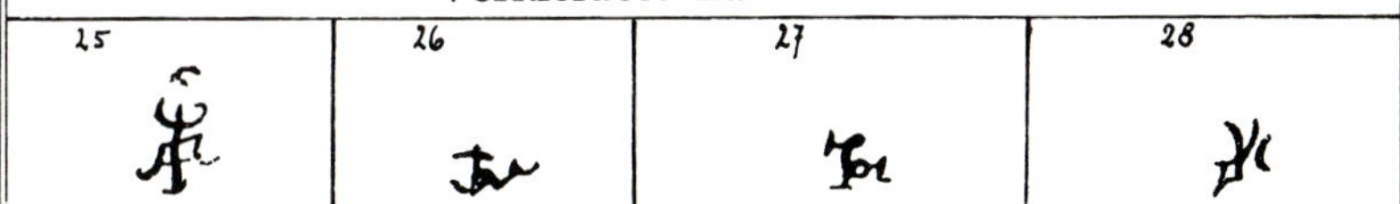

Verkleidete Zahlen

Caughley (1772–1799)

Die Marken Nr. 1 erscheinen eingeprägt,
Nr. 2 in Blau oder Gold,
Nr. 3 bis 6 in Blau,
Nr. 7 in Blau, Name eingeprägt,
Nr. 8 eingeprägt,
Nr. 9 bis 28 in Blau unter Glasur.

Das Unternehmen wurde 1799 von der Porzellanfabrik Coalport aufgekauft, war zwar noch bis 1814 in Betrieb, stellte aber nur Biskuitware her, die in Coalport glasiert und verkaufsfertig gemacht wurde.

Chelsea (1745–1784)

Fabrikmarken

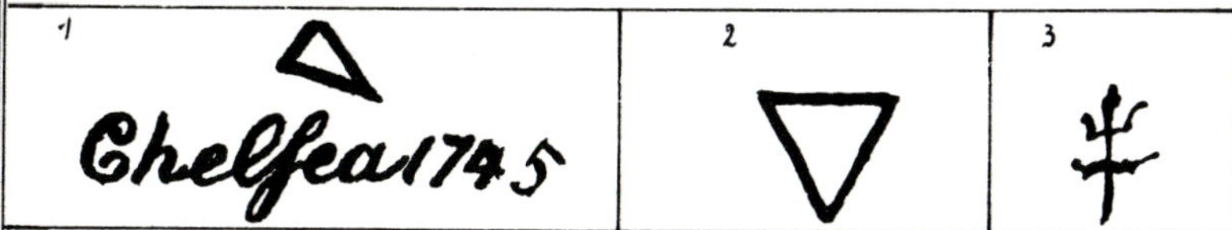

1745–1752

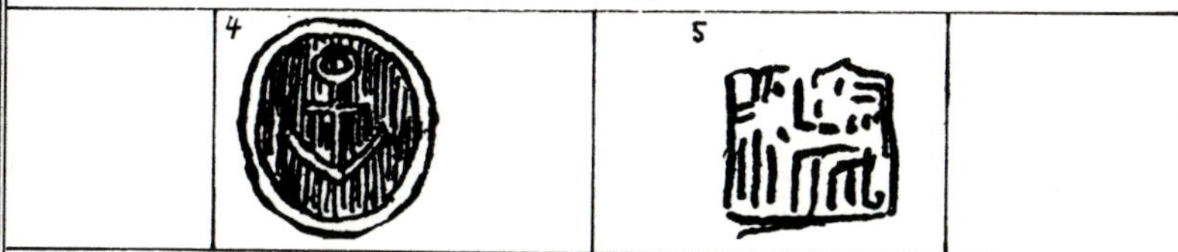

1745–1752

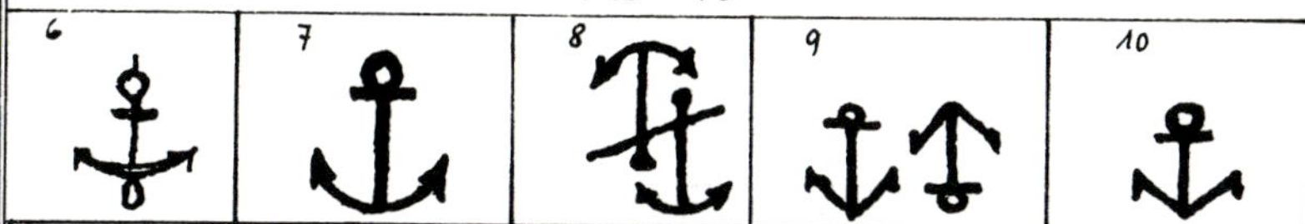

1752–1769

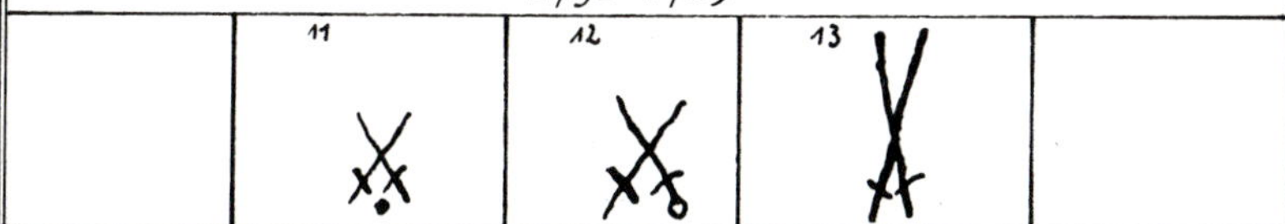

1750–1769

1769–1784

Die Marken Nr. 1 und 2 sind eingeritzt, Nr. 3 in Blau,
Nr. 4 in reliefierter Form ausgeführt,
Nr. 5 eingeprägt, Nr. 6 in Blau,
Nr. 7 bis 10 in Rot oder Gold,
Nr. 11 bis 18 in Blau, Rot, Gold oder Purpur angebracht.

Die Manufaktur Chelsea wurde 1769 von der Fabrik Derby aufgekauft, noch bis 1784 weiterbetrieben und dann stillgelegt. Die Marken aus dieser Zeit gelten als Derby-Marken.

Coalport (1796 bis zur Gegenwart)

Fabrikmarken

1

2

3

4

1. Hälfte des 19. Jahrhunderts

5

6

7

8

1. Hälfte des 19. Jahrhunderts

9
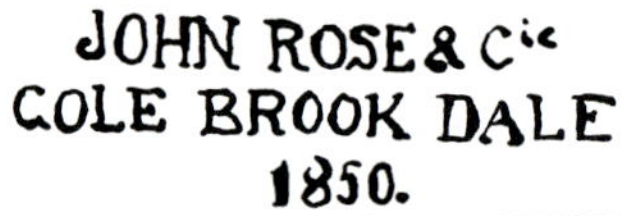

10

11

2. Hälfte des 19. Jahrhunderts

12

13
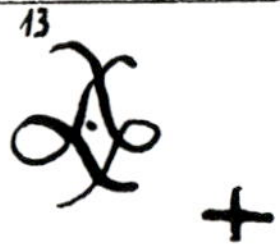

2. Hälfte des 19. Jahrhunderts

14

15

16

20. Jahrhundert

17

18

20. Jahrhundert

Coalport (1796 bis zur Gegenwart)

Fabrikmarke mit **Malermarke**

19

Um 1900

Die Marken Nr. 1 bis 8 sind in Blau, gelegentlich auch in Gold,
Nr. 9 und 10 in Purpur,
Nr. 11 in Gold,
Nr. 12 und 13 in Blau angebracht,
Nr. 14 bis 19 in verschiedenen Farben gedruckt.

Die Manufaktur übernimmt 1799 die Fabrik Caughley und 1822 die Formen der Manufakturen Swansea und Nantgarw.

Derby (1750 bis zur Gegenwart)

Fabrikmarken

1 	2 	3 	4 
1770–1784			
5 	6 	7 	8 
1784–1810			
9 	10 	11 	12 
1784–1810			
13 	14 	15 	16 
1811–1848			
17 	18 	19 	20 
1811–1848		1850–1870	

Derby (1750 bis zur Gegenwart)

Fabrikmarken

21

22

23

1850–1870

24

25

1876 bis zur Gegenwart

26

27
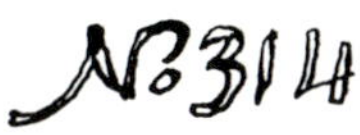

28
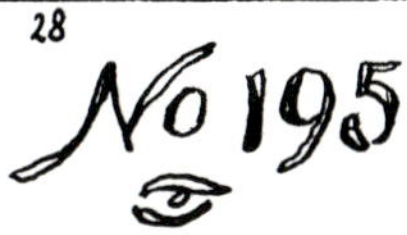

29
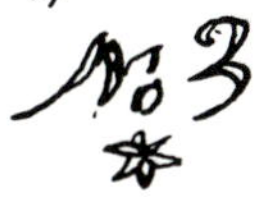

1770–1800

30

31
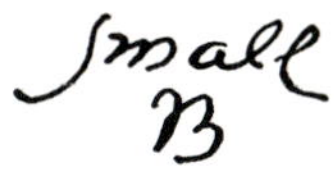

32

1770–1800

33

34

35

36

Nachahmung von Chinesischen Marken

Derby (1750 bis zur Gegenwart)

Fabrikmarken

	37 	38 	

Nachahmung von Meißner Marken

Die Marken Nr. 1 bis 4 erscheinen in Blau,
Nr. 5 bis 12 in Blau, Rot oder Purpur,
Nr. 13 bis 22 in Rotdruck,
Nr. 23 in Rot,
Nr. 24 und 25 in Druckform.
Die Marken Nr. 26 bis 32 finden sich nur auf figürlichen Erzeugnissen und sind eingeritzt,
Nr. 33 bis 38 sind in Blau ausgeführt.

Die Chelsea-Marken Nr. 13 bis 17 sind als Derby-Marken anzusehen, da Derby 1769 bis 1784 Chelsea als Zweigbetrieb besaß.

Etruria (1795–1815, 1878 bis

Manufaktur Josiah Wedgwood zur Gegenwart)

1

1795–1815, 1878 bis heute

Die Marke ist eingepreßt.

Longport

Manufaktur John Davenport (1793–1882)

1

2

3

4

1793 bis um 1850

5

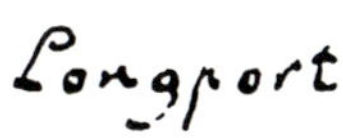

1850–1882

Die Marken Nr. 1 bis 3 sind eingeprägt, Nr. 4 gedruckt, Nr. 5 in Rot oder Braun ausgeführt.

Longton Hall (1751–1760)

Fabrikmarken

1 	2 	3 	4 	5 
1751–1760				
	6 	7 	8 	
1751–1760				

Alle Marken sind in Blau gehalten.

Lowestoft (1757–1802)

Fabrikmarken

Die Manufaktur ahmte die Marken von Worcester in Blau nach, darunter auch die Meißner Schwertermarke

Malermarke

Ab 1757

Nantgarw (1813–1822)

Fabrikmarken

1

2

1813–1822

3

1813–1822

Die Fabrik stand im engen Zusammenhang mit Swansea und war ein oder zwei Jahre mit ihr vereinigt.
Die Marken Nr. 1 und 2 sind eingeprägt, Nr. 3 erscheint in Blau.
Die Buchstaben C.W. in Marke Nr. 1 sind die Abkürzung von „China Works“.

Pinxton (1796–1813)

Fabrikmarken

1

2

3

4

5

1796–1813

6

7

1796–1813

Die Marken sind im allgemeinen in Rot oder Purpur, selten in Gold ausgeführt.

Plymouth (1768–1770)

Fabrikmarken

1 

2 

3 

4 

5 

1768–1770

6 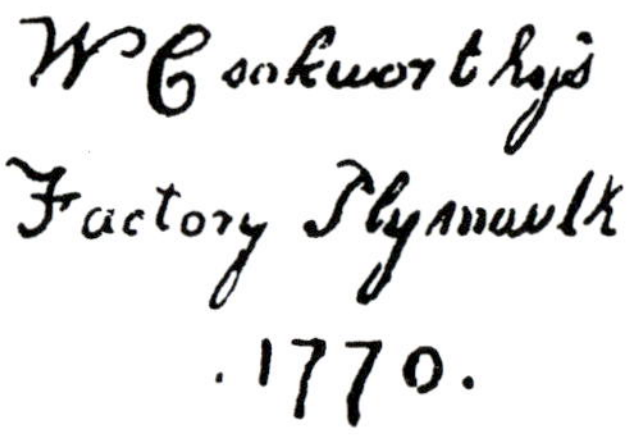

1768–1770

Die Marken sind in verschiedenen Farben, auch in Gold, gehalten. 1770 wird das Unternehmen nach Bristol verlegt.

Shelton

Manufaktur New Hall (1781–1825)

Fabrikmarken

1781–1825

Die Marke ist in Rotdruck hergestellt.

Stoke-on-Trent

Thomas Minton (1798–1811, 1821–1825, 1941 bis zur Gegenwart)

Fabrikmarken

1	2	3	4	5

1798–1825			1941	Seit 1951

Die Marken Nr. 1 bis 3 sind in verschiedenen Farben oder in Gold ausgeführt, Nr. 4 ist eine Druckmarke.
Das Unternehmen führte verschiedene Firmennamen und nennt sich heute Mintons Ltd, China Works. Seit 1941 stellt es ausschließlich Porzellan her.

Manufaktur Spode & Copeland (1800 bis zur Gegenwart)

1	2	3	4	5
SPODE	Spode	SPODE	Spode	SPODE
Seit 1700		Um 1790		

6	7	8

Um 1800		

9	10	
SPODE	SPODES NEW STONE	
Um 1800		

11	12	13
	Spode Felspar Porcelain	Spode's Imperial
1800–1833		

Stoke-on-Trent			
Manufaktur Spode & Copeland (1800 bis zur Gegenwart)			
14 	15 	16 	17 
1833–1846			
18 	19 	20 	21 
Nach 1870	20. Jahrhundert		
22 SPODE COPELAND'S CHINA ENGLAND		23 	24 
20. Jahrhundert			

Die Marken Nr. 1 und 2 sind eingepreßt,
Nr. 3 bis 5 rot,
Nr. 6 bis 9 blau,
Nr. 10 eingepreßt,
Nr. 11 bis 18 blau,
Nr. 19 grün,
Nr. 19 bis 24 Druckmarken.

Die Fabrik, die ihre Firma im Laufe der Zeit wiederholt wechselte, führt heute die Bezeichnung Copeland, W. T. & Sons Ltd.

Swansea (1814–1822)

Fabrikmarken

1 SWANSEA	2 	3 
1814–1822		
4 	5 Swansea	6 SWANSEA
1814–1822		

Die Manufaktur, die Töpferwaren von 1765–1870 herstellte, fertigte kurze Zeit auch Porzellan an, das den Erzeugnissen von Nantgarw sehr ähnelte.

Die Marken Nr. 1 bis 4 sind eingepreßt, erstere gelegentlich auch in Rot aufgedruckt, Nr. 5 bis 6 erscheinen in Rot.

Worcester (1751 bis zur Gegenwart)

Fabrikmarken

1755–1790

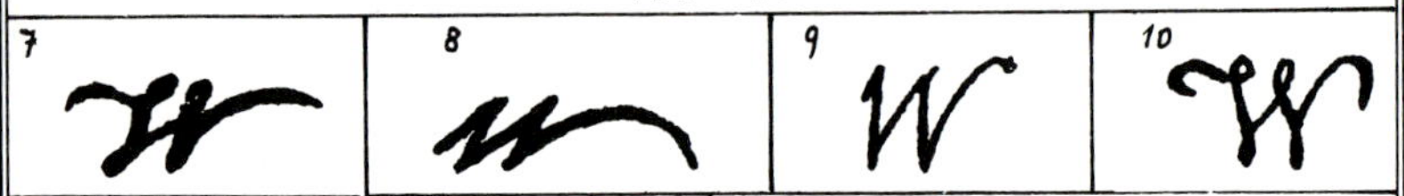

1755–1790

1755–1790

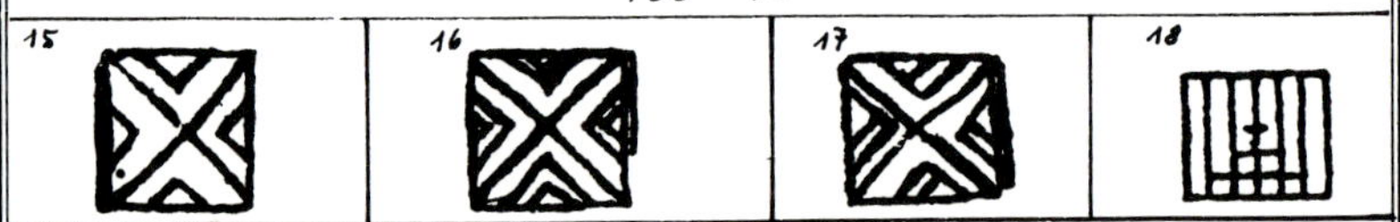

1755–1790

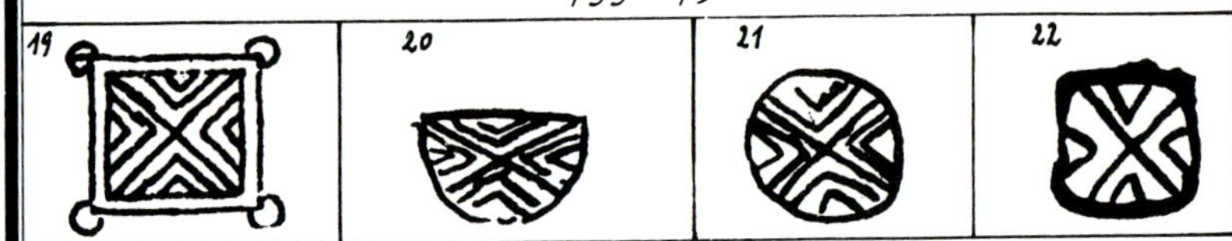

1755–1790

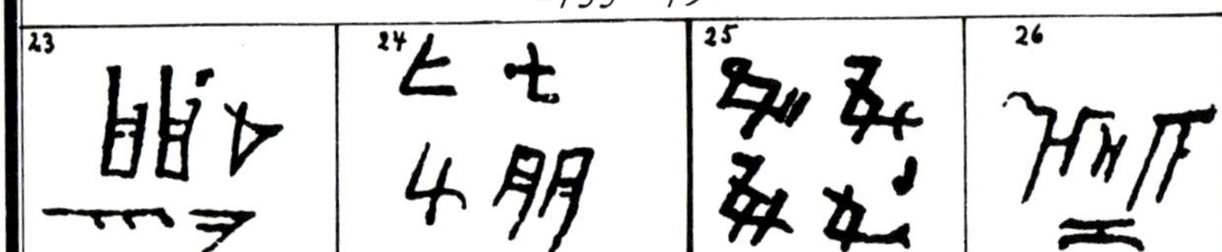

1760–1775

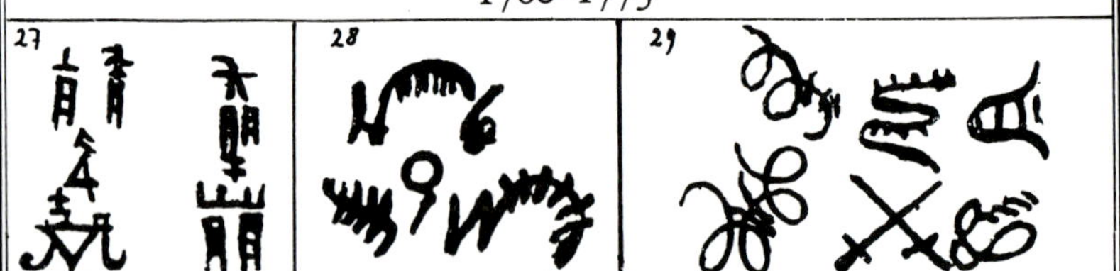

1760–1775

Worcester (1750 bis zur Gegenwart)

Fabrikmarken

30 31 32 33 34 35

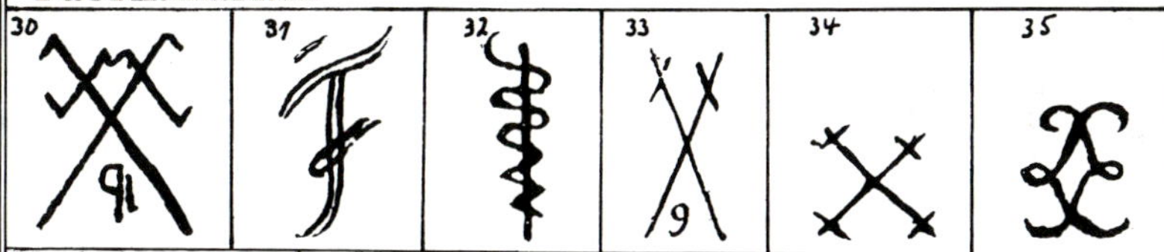

Nachahmungen der Marken von Meißen, Sèvres, Tournay und Fürstenberg.

36 37 38 39

1783–1792

40 41 42 43

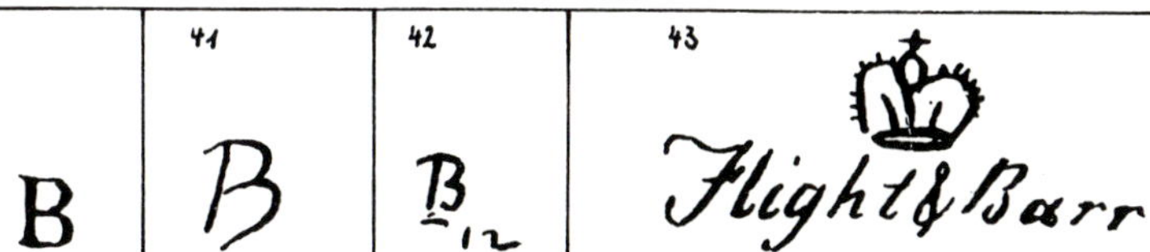

1792–1807

44 45 46 47

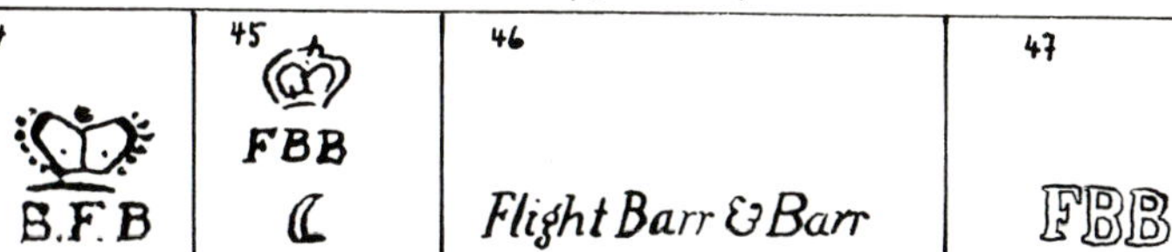

1807–1813 | 1813–1840

48 49 50 51

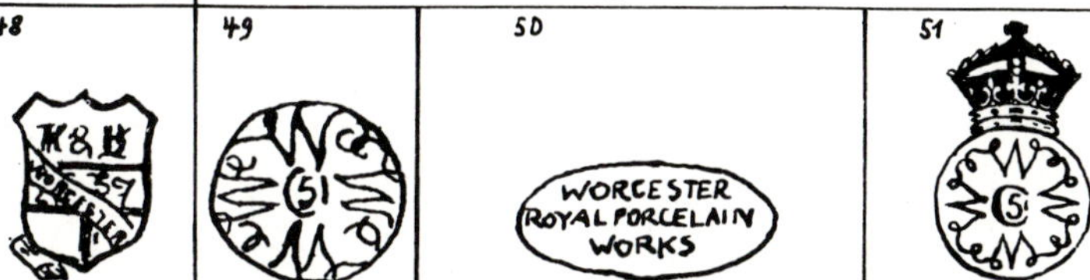

1852–1862 | 1862 bis heute

Stecher des Überdruckverfahrens

52 53

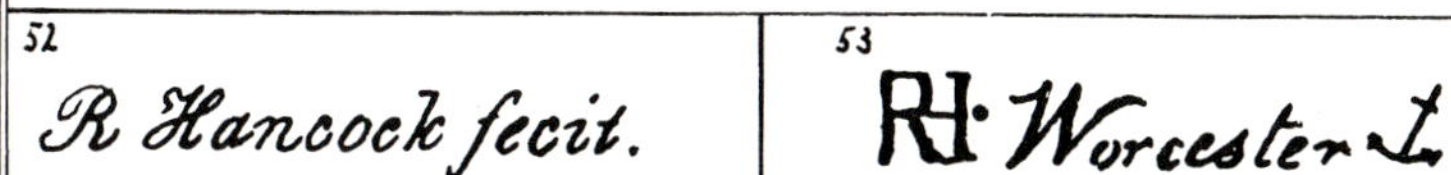

1756–1783

Worcester (1750 bis zur Gegenwart)

Stecher des Überdruckverfahrens

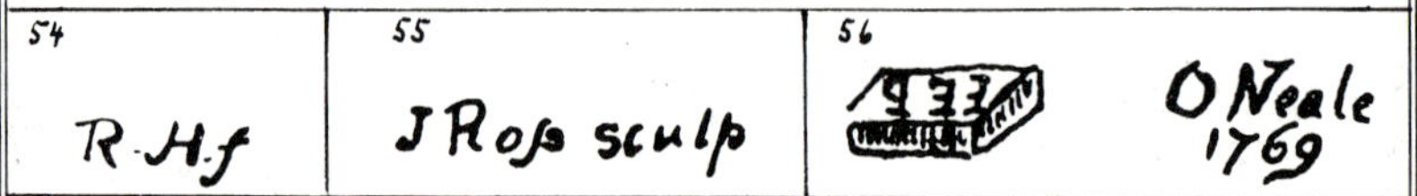

1756–1783

Arbeitermarken

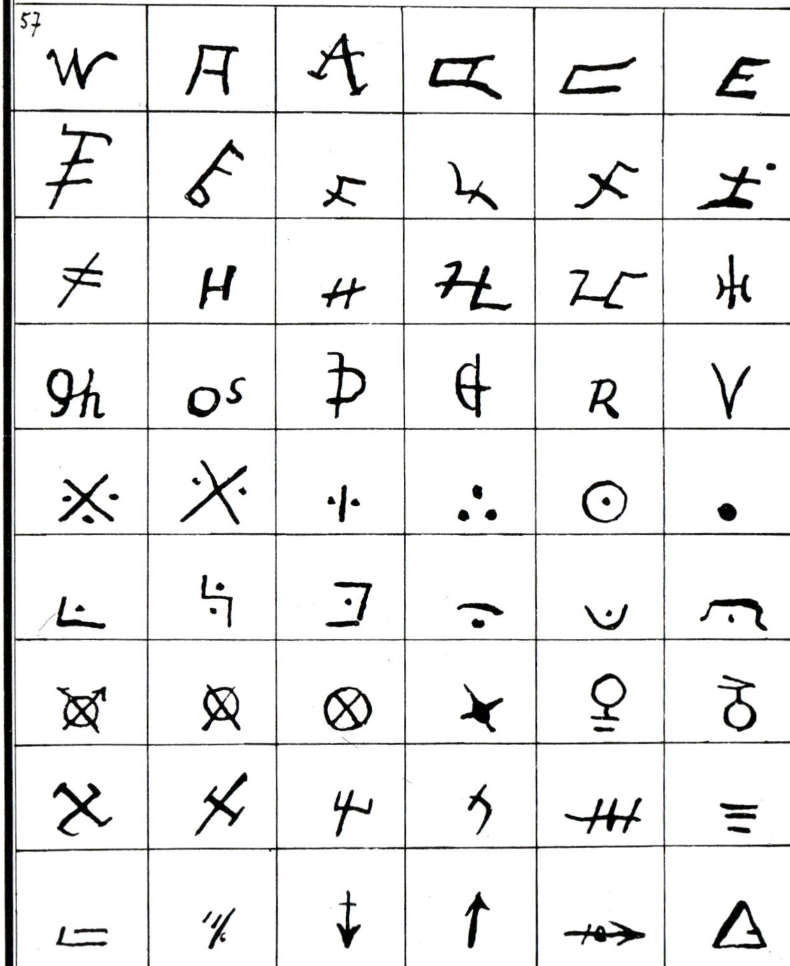

Worcester (1751 bis zur Gegenwart)

Arbeitermarken

57

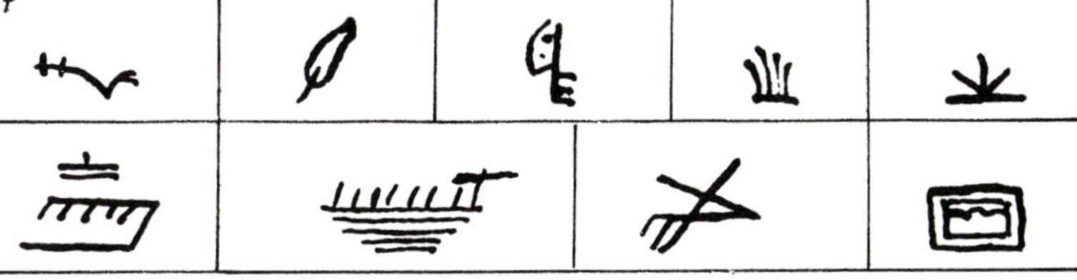

Die Marken Nr. 1 bis 38 sind fast ausschließlich in Blau, nur in vereinzelten Fällen in Rot ausgeführt,
Nr. 39 ist eingepreßt,
Nr. 40 bis 43 eingeritzt oder in Rot angebracht,
Nr. 44 bis 51 eingepreßt oder gedruckt,
Nr. 52 bis 57 erscheinen in Blau.

Im Jahre 1840 erwarb Robert Chamberlain die obige Porzellanfabrik. Er war Eigentümer einer 1783 gegründeten Porzellanmalerei, in der später auch Porzellan hergestellt wurde, das folgende Markierung trug:

58 Chamberlain's	59 Chamberlains Worcr. No 276
1783–1810	
60 Chamberlains Worcester	61 Chamberlain Worcester.
1810–1820	
62 CHAMBERLAIN & CO. WORCESTER 155. NEW BOND STREET & NO. 1. COVENTRY ST LONDON	63 
1840–1845	Um 1850

Die Marken Nr. 58 bis 63 sind in Rot oder Gold angebracht. 1889 wurde weiter das 1801 gegründete Unternehmen von Tho-

Worcester (1751 bis zur Gegenwart)

mas Grainger erworben, 1905 die 1896 gegründeten Hadley-Werke. Das erstgenannte Werk führte die Marken Nr. 64 und 65,

64

65

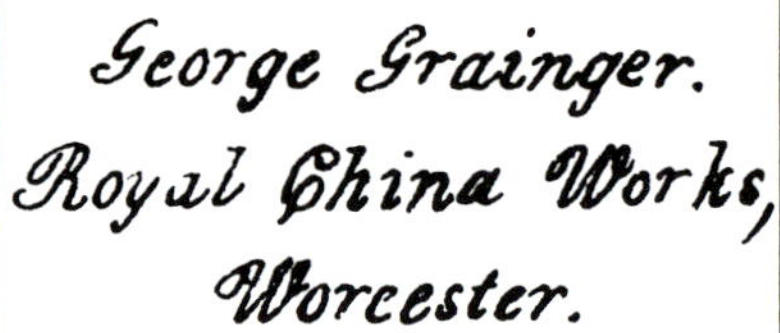

das letztere das Signum Nr. 66.

66

Arras (1770–1790)

Fabrikmarken

1	2	3	4

1770–1790

	5	
	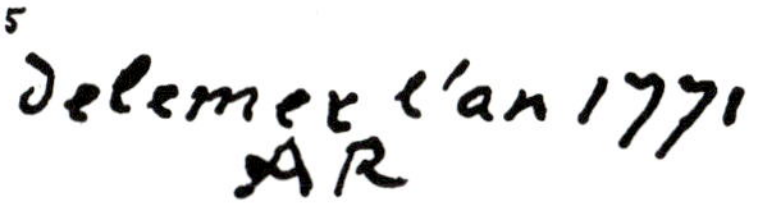	

1770–1790

Die Farben der Marken sind in Blau, Purpur und Karmoisinrot gehalten. Gelegentlich sind auch Malermarken hinzugefügt.

Boisette (1778–1790)

Fabrikmarken

1	2	3	4

1778–1790

5	6	7

1778–1790

Die Marken sind in Blau unter Glasur angebracht.

Bordeaux (1781–1790)

Fabrikmarken

1

2

3

1781–1787

4

5

1787–1790

Die Marken 1 bis 3 erscheinen in Gold oder Unterglasurblau, die Marken Nr. 4 und 5 sind mit dem Stempel eingedrückt.

Brancas-Lauraguais (1752–1768)

Fabrikmarken

1

2

3

4
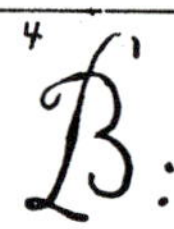

1752–1768

5
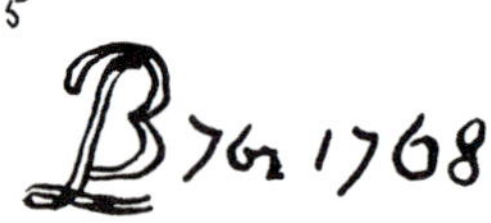

1752–1768

Die Marken sind im allgemeinen eingeritzt.

Caen (1793-1806)		
Fabrikmarken		
1 CAEN.	2 caen	3 Le françois à Caen.
1793–1806		

Die Fabrikmarken sind in Rot aufschabloniert.

Chantilly

1. Fabrik (1725–1800)

Fabrikmarken

1725–1800

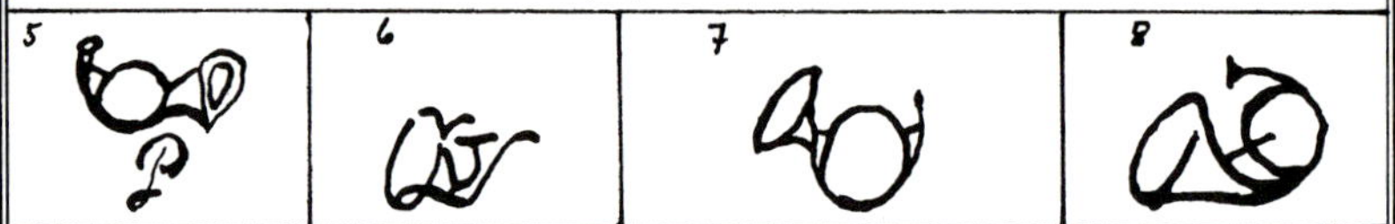

1725–1800

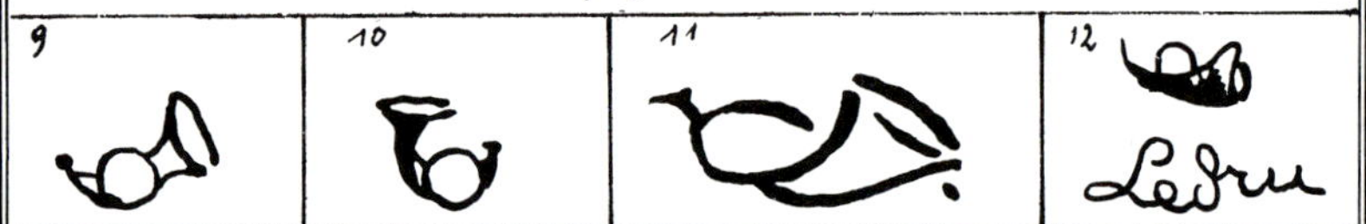

1725–1800

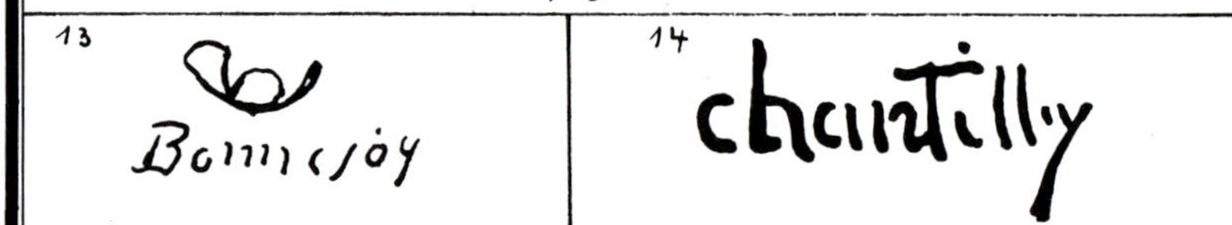

1725–1800

Bossierermarken

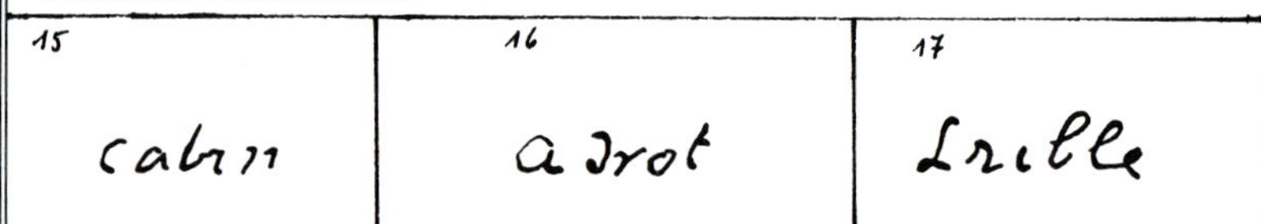

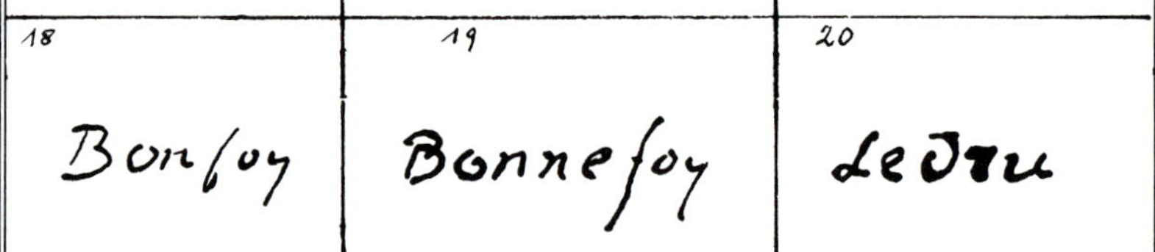

Chantilly

1. Fabrik (1725–1800)

Eigentumsmarken

21	22
	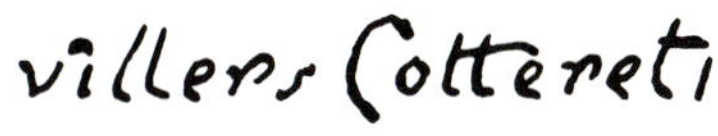

Die Marken der ersten Manufaktur Nr. 1 bis 14 sind bis gegen 1760 in Rot, in einzelnen Fällen in Schwarz und Gold angebracht. Nach 1760 wird die Markierung fast ausschließlich in Blau, in einzelnen Fällen in Karmoisinrot, vorgenommen. Gemeinhin befinden sich neben den Fabrikmarken eingeritzte Buchstaben von Bossierern und sonstigen Handwerkern.

Die Marken Nr. 15 bis 20 sind eingeritzt.

Eigentumsmarken sind eingeritzt oder in Blau ausgeführt.

Chantilly

2. Fabrik (1803 bis Ende des 19. Jahrhunderts)

Fabrikmarken

1 	2 	3 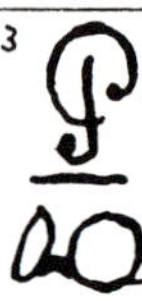	4 
1803–1817			
5 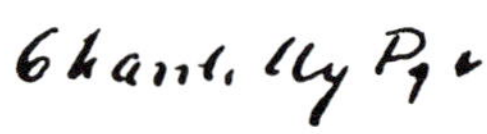	6 	7 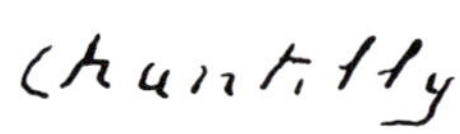	
1803–1817			
8 	9 	10 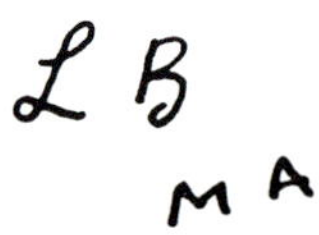	11 
1817–1845	1845 bis Ende des 19. Jh.		

Die Marken der Manufaktur Nr. 1 bis 9 und Nr. 11 sind in Unterglasurblau ausgeführt.

Die Marke Nr. 10 ist teils eingeritzt (LB), teils in Blau angebracht (MA).

Noch heute besteht in Chantilly die Manufacture de Porcelaines de Chantilly, die aber nur Porzellanmalerei betreibt.

Choisy-le-Roy (1786 bis Ende des 18. Jahrhunderts)

Fabrikmarke

1786 bis Ende des 18. Jahrhunderts

Das Bestehen einer Porzellanfabrik in Choisy-le-Roy ist nicht sicher nachgewiesen und bedarf noch weiterer wissenschaftlicher Klärung.

Crepy en Valois (1762–1767)

Fabrikmarken

1

2

1762–1767

Die Marken sind eingeritzt. Die für die Manufaktur noch in Anspruch genommenen Marken 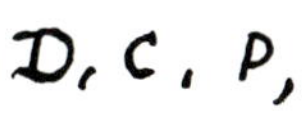 und 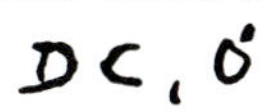 sind sehr umstritten.

Etiolles (1768–1780)

Fabrikmarken

1

2
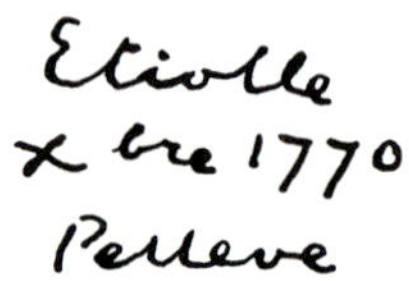

3
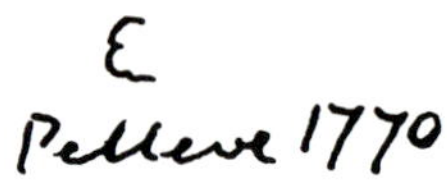

1768–1780

4

5

6

1768–1780

Die Marken der Manufaktur sind teils eingeritzt, teils erscheinen sie farbig.

Fontainebleau (1795 bis zum Ende des 19. Jahrhunderts)

Fabrikmarken

1

2

3

4
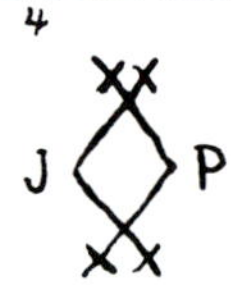

5
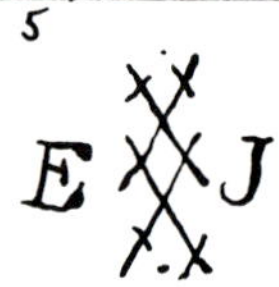

1795 bis zum Ende des 19. Jahrhunderts.

Die Marken sind in Blau ausgeführt oder eingeritzt.

La Seynie (1774–1856)				
Fabrikmarken				
1 	2 	3 	4 	5 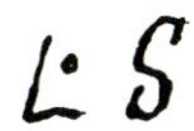
1774–1789				
		6 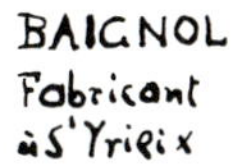		
1789–1794				

Die Fabrikmarken sind in Rot ausgeführt.

Lille (1711–1730 und 1784–1817)

Dorez-Pélissier

Fabrikmarken

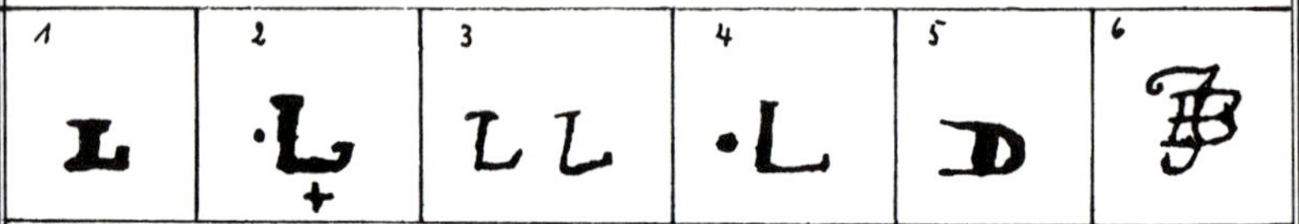

1711–1730

Leperre-Durot

1784–1817

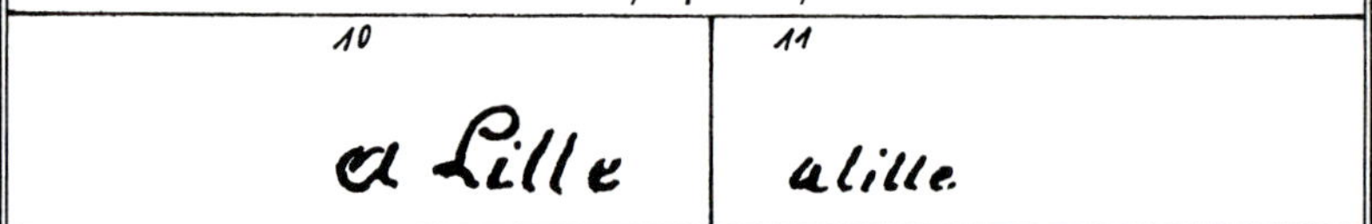

1784–1817

Die Marken der ersten Manufaktur sind in Blau ausgeführt, die der zweiten Fabrik, soweit die Marke einen gekrönten Delphin darstellt, in Rot schabloniert, soweit der Stadtname gebraucht wird, in Blau angebracht.

Limoges (1771–1796)

Fabrikmarken

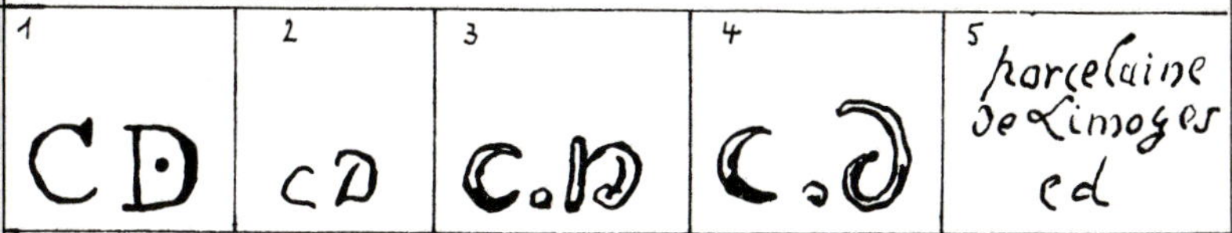

1771–1784

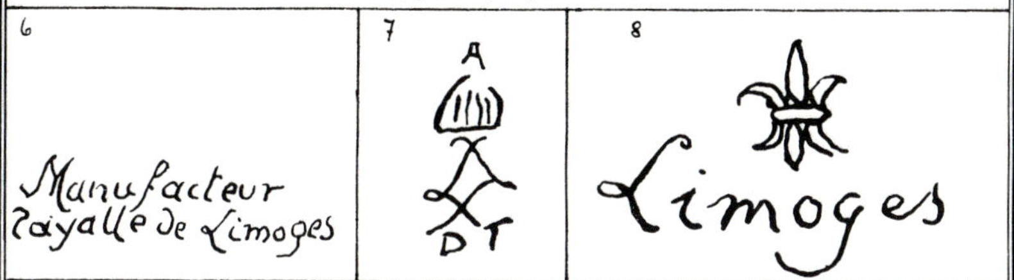

1784–1796

Die Marken Nr. 1 bis 6 sind eingeritzt oder in Rot oder Gold oder in Rot und Gold gehalten, Nr. 7 und 8 sind eingeritzt und in Blau oder Rot ausgeführt.

Lunéville (1769–1780)

Fabrikmarken

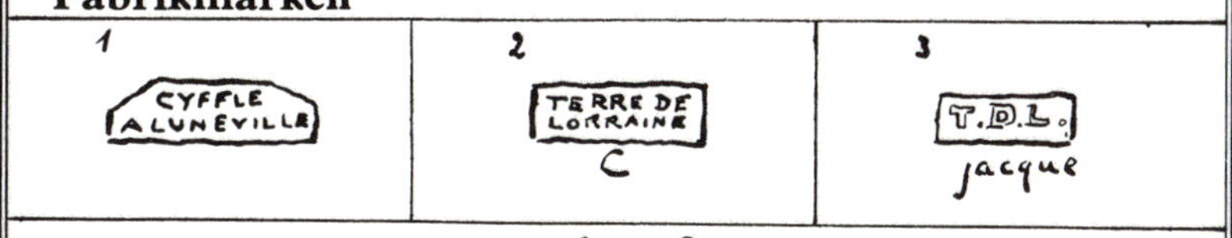

1769–1780

Die Fabrikmarken sind eingedrückt. Es besteht in den Erzeugnissen ein enger Zusammenhang mit Niderviller, das die Formen und Modelle aufkaufte. Bei wenigen Stücken findet sich eingeritzt der Name „Cyfflé" oder „Cyfflé sculpsit" ohne eingedrückte Fabrikmarke.

Marseille (1773–1793)

Fabrikmarken

1	2	3	4

1773–1793

5	6	7

1773–1793

Die Marken sind eingeritzt, sehr oft aber auch in Blau ausgeführt.

Mennecy-Villeroy, Bourg-la-Reine (1738–1806)

Fabrikmarken

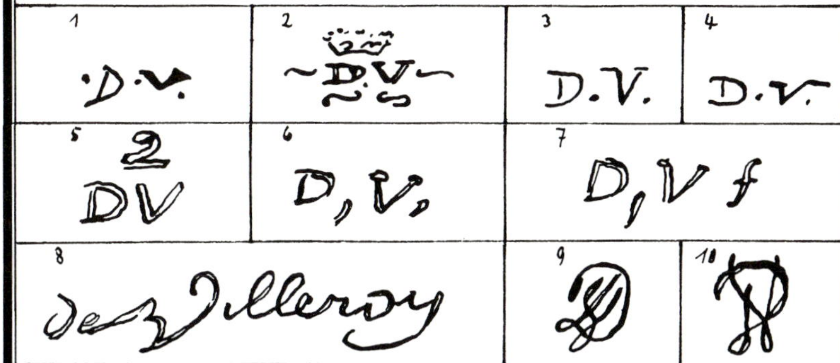

1738–1773

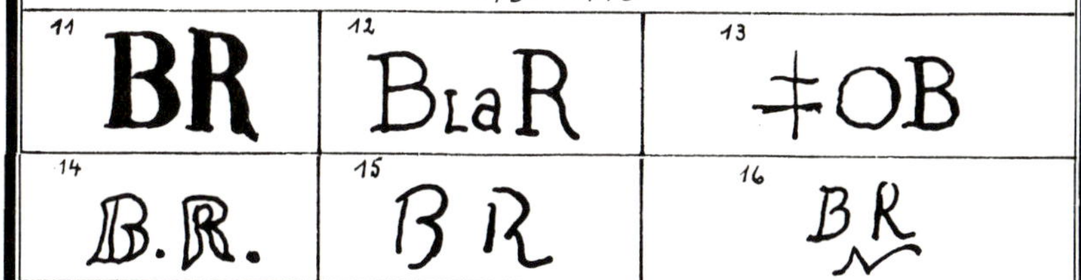

1773–1806

Fabrikmarken mit Modelleursignaturen.

1738–1773

Die Manufaktur wurde in Paris, Rue de Charonne, gegründet, 1748 nach Mennecy-Villeroy und 1773 nach Bourg-la-Reine verlegt. Trotz Wechsels in der Fabrikationsstätte stellt sie immer ein und dasselbe Unternehmen dar.
Die Marken Nr. 1 und 2 sind in Rot, Nr. 3 in Schwarz, Nr. 4 in Blau ausgeführt. Die Marken Nr. 5 bis 19 sind eingeritzt oder eingestempelt. Den Fabrikmarken werden häufig noch die Buchstaben P, D, F und S beigegeben. Weitere Buchstabenmarken, die auf Stücken im Mennecy-Stil gefunden werden, wie

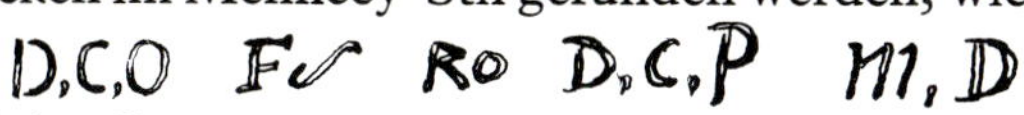

dürften nicht dieser Manufaktur zuzuschreiben sein.

Niderviller (1765–1827)

Fabrikmarken

Baron von Beyerle

1	2

1765–1770

Graf von Custine

3	4	5	6	7

1770–1793

8	9	10	11	

1770–1793

Lanfrey

12	13	14	15	16
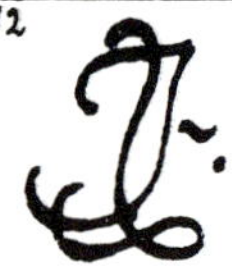		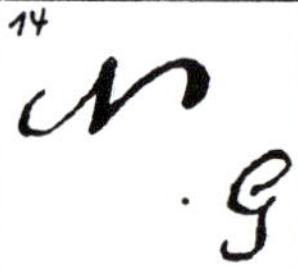		

1793 bis nach 1800

17	18

1793 bis nach 1800

19	20

1793 bis nach 1800

Niderviller (1765–1827)

Fabrikmarken

Lanfrey

21	22
	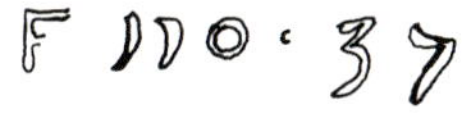

1793 bis nach 1800

23

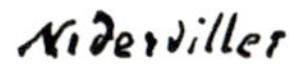

1793 bis nach 1800

Modelleurmarke

24

Die Marken Nr. 1 bis 7 sind in Unterglasurblau oder in Braun,
Nr. 8 in Schwarz,
Nr. 9 bis 11 in Blau, Braun oder Schwarz,
Nr. 12 in Blau,
Nr. 13 eingepreßt,
Nr. 14 bis 16 in Schwarz,
Nr. 17 bis 19 eingepreßt,
Nr. 20 in Schwarz,
Nr. 21 und 22 eingeritzt,
Nr. 23 in Schwarz und
Nr. 24 eingeritzt angebracht.

Im Jahre 1827 ging die Manufaktur an einen neuen Unternehmer über, in dessen Familie sie bis 1886 verblieb. Dann wurde das Unternehmen in eine Aktiengesellschaft umgewandelt und besteht als Steingutfabrik bis zur Gegenwart.

Orléans

Fabrikmarken

Gérault d'Areaubert (1753–1783)

1

2

3

4

1753–1783

5
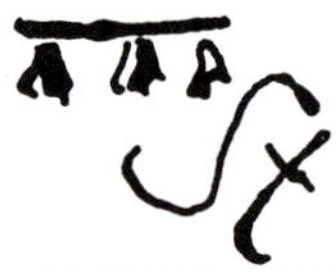
6

1753–1783

Bourdon (1783–1788)

7

8

9

1783–1788

Orléans

Fabrikmarken

Barlois und Dabot (1803–1806)

10

11

12
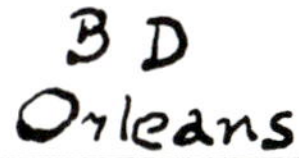

1803–1806

Benoît Lebrun (1806–1812)

13

14

15

1806–1812

16
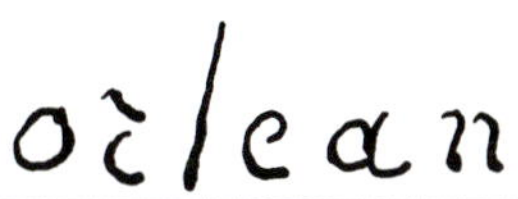

17

1806–1812

Mollière-Bardin (1793 bis Ende des 18. Jahrhunderts)

18

19

20

1793 bis Ende des 18. Jahrhunderts.

Orléans

Fabrikmarken

Dubois (Ende des 18. Jahrhunderts)

21

Ende des 18. Jahrhunderts

Modelleurmarken der Manufaktur Gérault

22
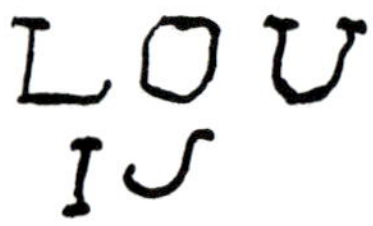

23
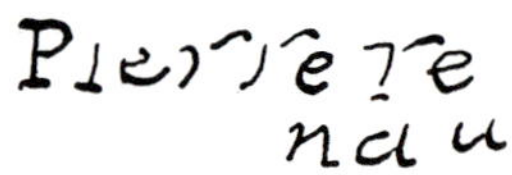

Die Marken der Porzellanmanufakturen sind zahlreich und sehr verschieden.

Die Fabrikmarken Nr. 1 bis 6 sind in Blau, Nr. 5 und 6 gelegentlich in Rot ausgeführt, wobei die Bourbonenlilie (Marke Nr. 6) in Blau, Gold oder Braun erscheint. Die Marken
Nr. 7 bis 9 sind gestempelt,
Nr. 10 bis 12 in Violett oder in Braun,
Nr. 13 bis 17 in Gold, in Rot und Blau oder Gold und Blau angebracht. Ein Punkt bei den letztgenannten Marken zeigt öfter eine abweichende Farbe.
Nr. 18 bis 20 sind in Rosa-bläulich oder Rotbraun,
Nr. 21 Rotbraun und Nr. 22 und 23 eingeritzt.

Die Zuweisung der Markenart Nr. 5 nach Orléans ist zweifelhaft. Sie wird nach anderer Auffassung Chantilly zugeschrieben oder als Marke für den Herzog von Orléans bezeichnet. Die Marken der Manufaktur von Denis Piedor-Dumay, die von 1797 bis 1803 fabrizierte, sind nicht nachgewiesen.

Paris 1

Porzellanmalerwerkstätten

Rue de la Paix (19. Jahrhundert)

1 	2 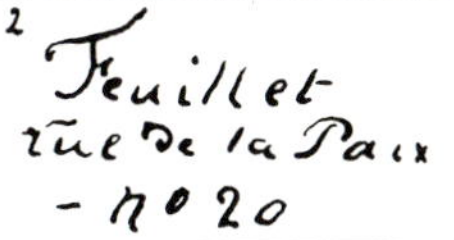	3 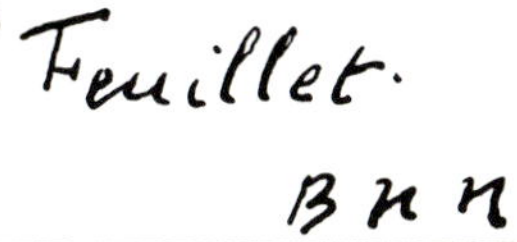
19. Jahrhundert		
4 	5 	6 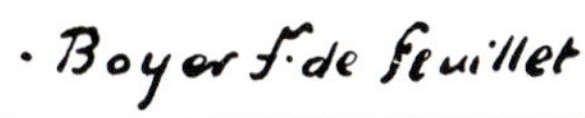
19. Jahrhundert		

Die Malermarken sind in Grün, Gold oder Rot gehalten.

Rue de Montmartre (19. Jahrhundert) **2**

7 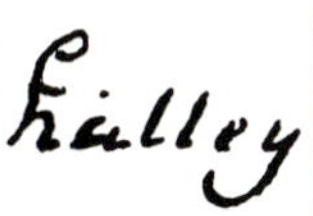	8 	9 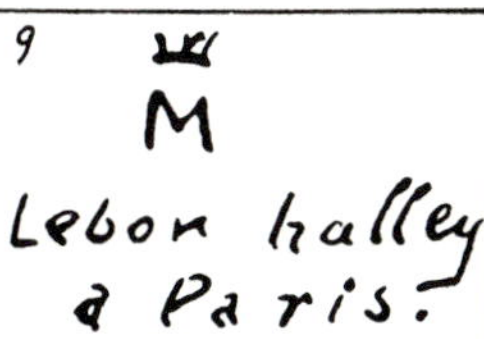
19. Jahrhundert		

Die Malermarken sind in Gold ausgeführt.

Rue du Petit Carrousel (1775–1800) **3**

10 	11 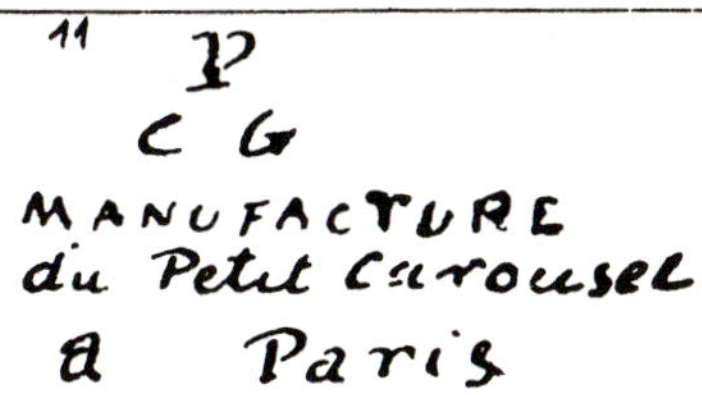	12 
1775–1800		

Paris 3

Porzellanmalerwerkstätten

Rue du Petit Carrousel (1775–1800)

13 	14 

1775–1800

Die Malermarken sind in Rot, Schwarz und Gold angebracht.

Paris 4, Rue Taranne (19. Jahrhundert)

15 	16 

19. Jahrhundert

17 	18 

19. Jahrhundert

Die Malermarken erscheinen in Rot und Gold.

Paris 5, Belleville (1790 bis 2. Hälfte des 19. Jh.)

Fabrikmarke

1790 bis 2. Hälfte des 19. Jahrhunderts

Die Marke ist in Unterglasurblau angebracht. Bei Porzellanen in Meißner Art werden auch die Kurschwerter verwendet. 1834 wurde die Porzellanmanufaktur Fontainebleau mit der Fabrik von Belleville vereinigt.

Paris 6, Faubourg St. Honoré, Rue de la Ville l'Evêque

(1742 bis 2. Hälfte des 18. Jahrhunderts)

Fabrikmarke

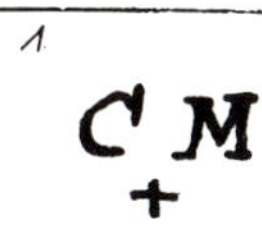

1742 bis 2. Hälfte des 18. Jahrhunderts

Die Marke ist in Blau angebracht. Die Fabrik ist ein Zweigunternehmen von St. Cloud.

Paris 7, Rue de Crussol (1800 bis zur Mitte des 19. Jh.)

Fabrikmarken

1 	2 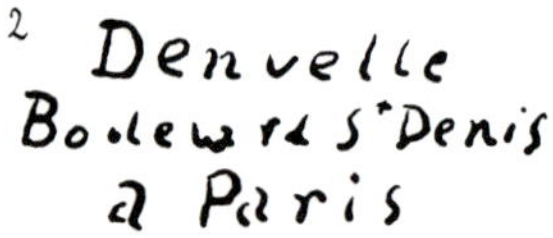
1800 bis zur Mitte des 19. Jahrhunderts	
3 	4 
1800 bis zur Mitte des 19. Jahrhunderts	

Die Marken sind in Rot oder Rotbraun ausgeführt.

Paris 8, Rue de Crussol (1789–1856)

Fabrikmarken

1 	2 	3 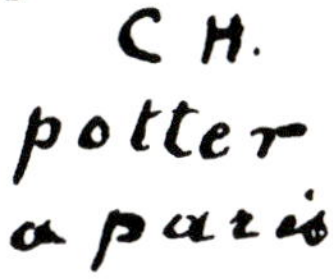
1789–1792		1792–1807
4 	5 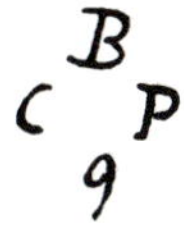	6 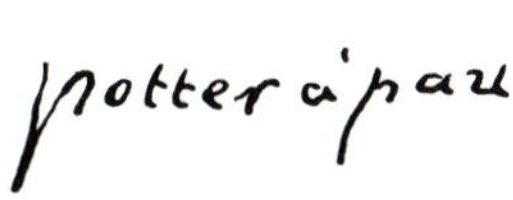
	1792–1807	
7 	8 	9 
	Nach 1807	

Die Fabrikmarken sind in Unterglasurblau, Rot und Gold angebracht.

Die Marke Nr. 9 ist in Reliefprägung ausgeführt.

1840 bestand die Manufaktur unter der Bezeichnung „Manufacture de la Reine" am Boulevard St. Denis.

Paris 9, Rue des Récollets, Rue des Morts (1793–1825)

Fabrikmarken

1	2	3

1793–1825

Die Marken sind in Rot und Blau angebracht.

Paris 10, Rue de Charonne, Rue de la Roquette,

Rue de Popincourt 1795 bis Mitte des 19. Jahrhunderts

Fabrikmarken

1	2	3

1795 bis Mitte des 19. Jahrhunderts

4	5
	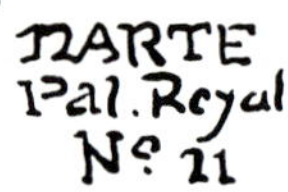

1795 bis Mitte des 19. Jahrhunderts

Die Fabrikmarken sind in Unterglasurblau und Rot gehalten oder eingeritzt.

Paris 11, Boulevard Poissonnière (Ausgang 18. Jh. bis 1810)

Fabrikmarken

1

2

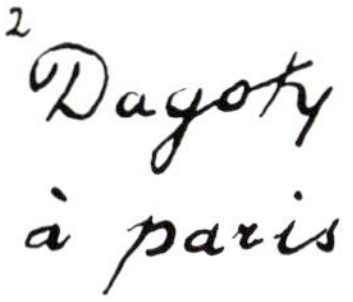

3

Ausgang des 18. Jahrhunderts bis 1810

Die Marken sind in Rot oder Gold ausgeführt.

Paris 12, Rue de la Roquette (1774 bis 1. Hälfte des 19. Jh.)

Fabrikmarken

1

2

3

4

5

1774 bis 1. Hälfte des 19. Jahrhunderts

Die Fabrikmarken sind sämtlich in Blau ausgeführt.

Paris 13, Rue de Reuilly, Faubourg St. Antoine (1774–1784)

Fabrikmarken

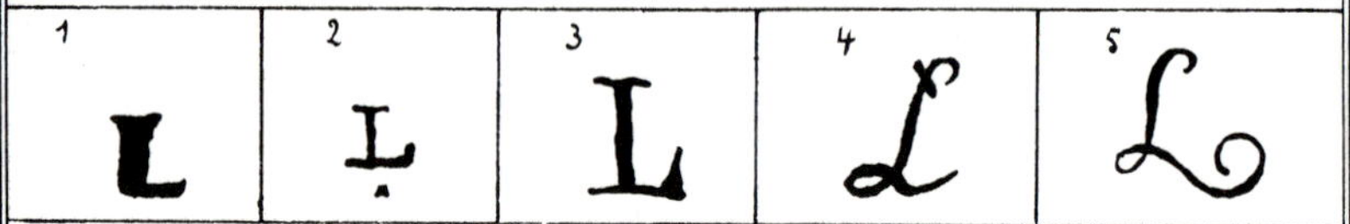

1774–1784

Die Fabrikmarken sind in Rot, Gold und Schwarz ausgeführt.

Paris 14, Rue Popincourt (1782–1835)

Fabrikmarken

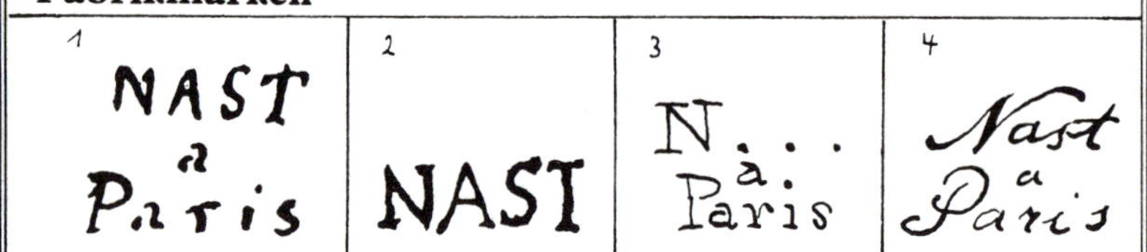

1782–1835

1782–1835

Die Fabrikmarken sind in Rot oder Gold gehalten, eingeprägt oder eingeritzt.

Paris 15, Rue de Thiroux (1775 bis 2. Hälfte des 19. Jh.)

Fabrikmarken

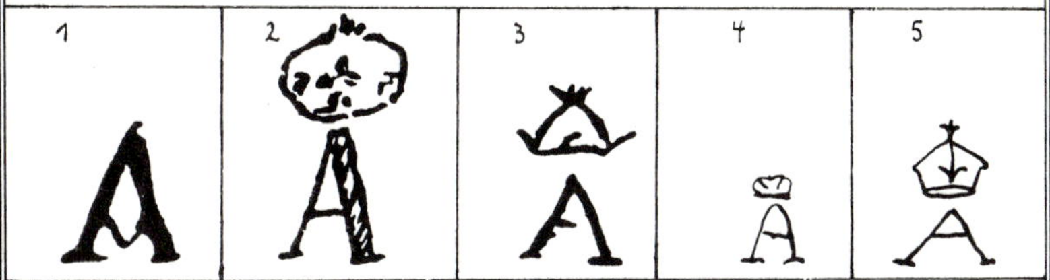

1776–1794

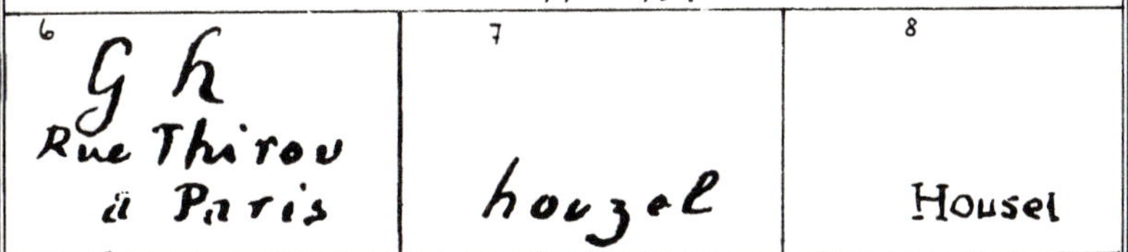

1794–1815

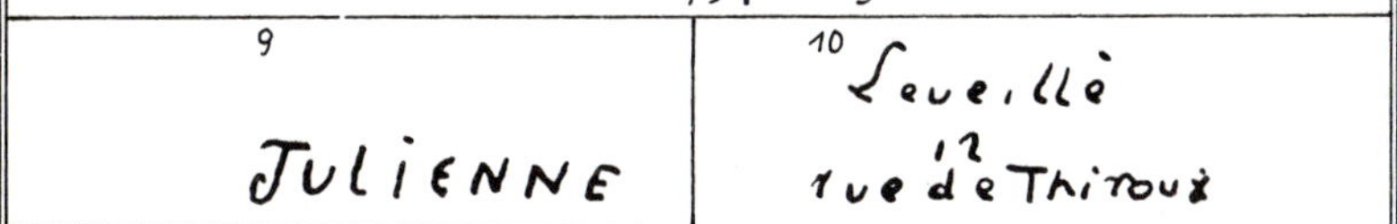

1816 | 1832

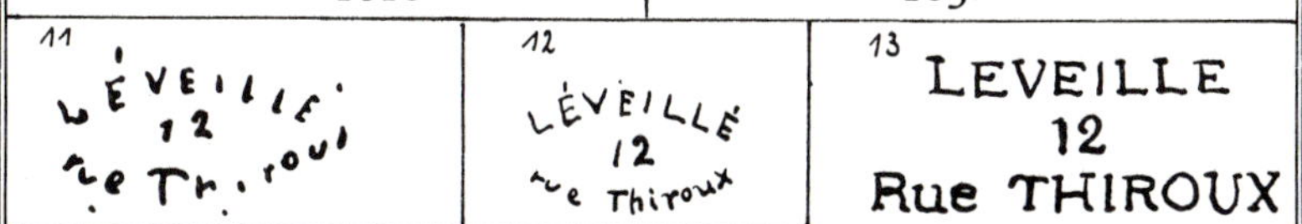

1832 bzw. 1869 bis Ende des 19. Jahrhunderts

Die Fabrikmarken erscheinen in Unterglasurblau, Rot und Gold. Eine Porzellanmalerei besaß der Mitinhaber der Manufaktur Barthélémy Guy von 1775 bis 1800 in der Rue du Petit Carrousel.

Paris 16, Rue Amelot, Pont-aux-Choux, Rue St. Pierre

Fabrikmarken (1784–1825)

1

2

3

4

1784–1786 (1) · 1786–1793 (2–4)

5

6

7

8

1786–1793

9
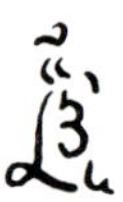
10

11

12

1786–1793

13

Nach 1800–1825

14
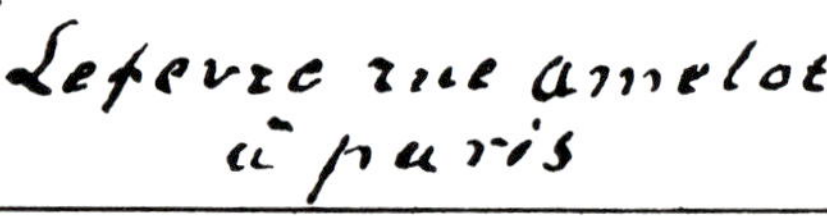

Nach 1800–1825

Die Fabrikmarken sind handschriftlich oder schabloniert in Unterglasurblau, in Rot oder Gold ausgeführt.

Paris 17, Rue Fontaine au Roy (1771–1841) (1. Reihe)

La Courtille, Basse Courtille (2. Reihe)

Fabrikmarken

1

2

3

1774–1800

4

5

6
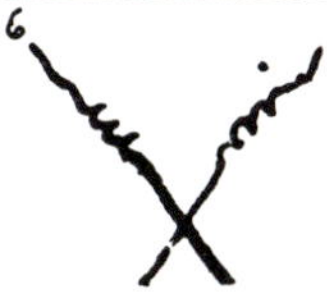

1774–1800

7

8
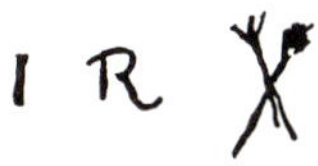

9

1774–1800

10

11
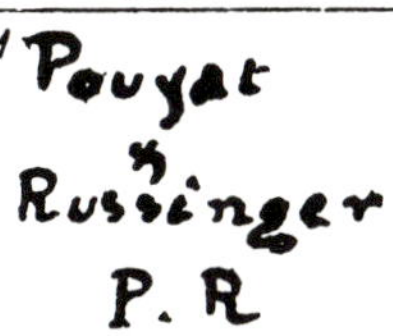

12

1800–1841

Die Marken erscheinen in Unterglasurblau, Violett, Gold, Blau-Gold und Rot oder sind eingeritzt.

Paris 18, Gros Caillou II (1773 bis Ausgang des 18. Jh.)

Fabrikmarken

1773 bis Ausgang des 18. Jahrhunderts

Die Fabrikmarken sind in Unterglasurblau angebracht oder geritzt. Von der 1762 gegründeten Manufaktur Gros Caillou I sind keine Erzeugnisse bekannt.

Paris 19, St. Denis oder Faubourg St. Lazare (1771–1828)

Fabrikmarken

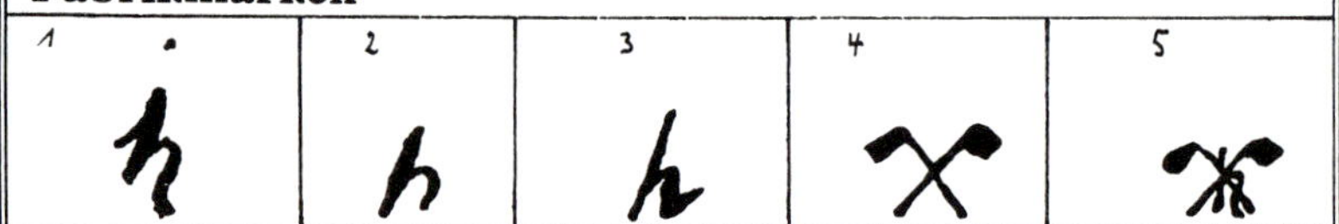

1771–1776

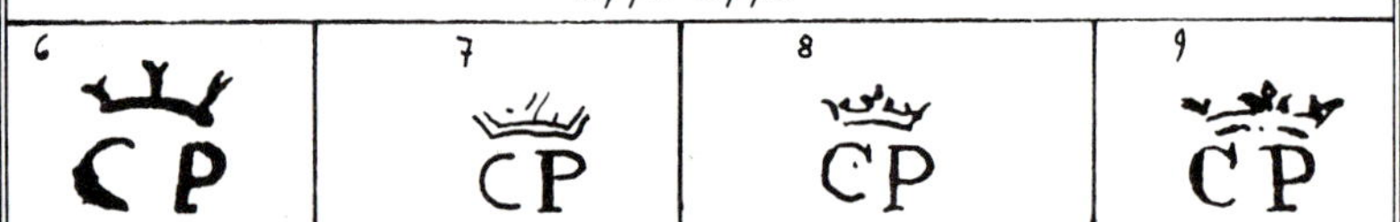

1779–1793

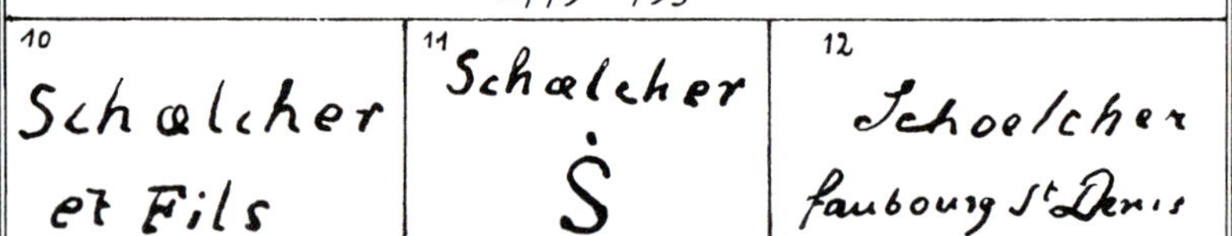

19. Jahrhundert

Die Marken Nr. 1 bis 5 erscheinen in Unterglasurblau, Nr. 6 bis 9 handschriftlich oder schabloniert in Rot, Blau oder Gold, Nr. 10 bis 12 in Gold, Violett oder Blau.

Paris 20, Clignancourt (1771–1798)

Fabrikmarken

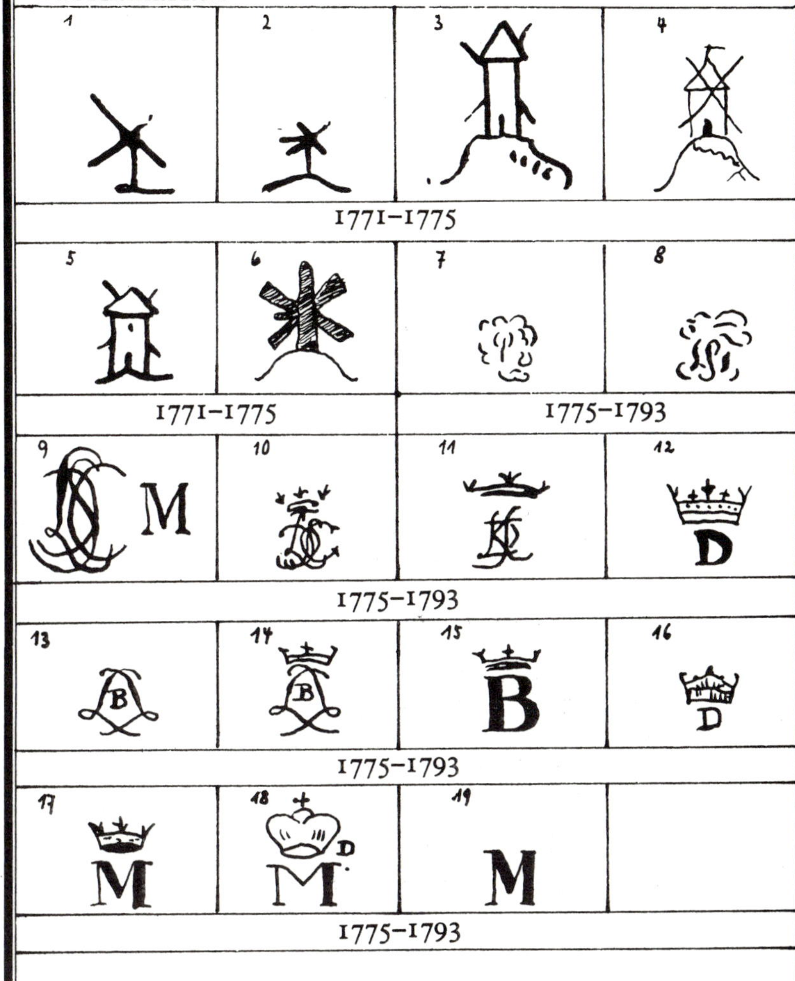

Die Marken der Manufaktur sind vielfach schabloniert oder auch handschriftlich in Rot, Blau, Unterglasurblau und in Gold gehalten.

Paris 21, Barrière de Reuilly (1779–1785)

Fabrikmarken

1	2	3	4
C H	C·H	C.H	

1779–1785

Die Fabrikmarken sind in Rot ausgeführt.

Paris 22, Petite rue St. Gilles, Boulevard St. Antoine, Boulevard Poissonnière (1785–1867)

Fabrikmarken

1

F. M. HONORÉ.

Seit 1785

2	3
R. F. DAGOTY.	Mture de MADAME Duchesse d' Angoulême Dagoty E. Honoré PARIS.

1810–1822

4	5
F. D. HONORÉ à Paris.	ED. HONORE Boulevard Poissonnière n A. PARIS

1822–1867

Die Fabrikmarken sind handschriftlich gesetzt oder schabloniert und in Schwarz, Rot oder anderen Farben gehalten.
Die Manufaktur von P. L. Dagoty, Boulevard de Poissonnière ist 1810 mit der Fabrik von F. M. Honoré vereinigt. Dagoty schied 1822 aus der Firma aus und übernahm eine Porzellanfabrik in La Seynie.

Paris 23, Rue de Bondy, Rue de Temple,

Boulevard St. Martin (1780–1829)

Fabrikmarken

1	2	3

1780–1793		

4	5	6

1780–1793		

7	8	9	10
		MANUF^Rt^ MGR Le DUC Angouleme Paris / D	MANUFRE de MGR le Duc d'angouleme a Paris
1780–1793			

11	12	13
Mre de Dihl et Guerard Paris.	Dihl.	DIHL
Um 1800	1817–1829	

Die Marken der Manufaktur sind in Rot, Unterglasurblau und Gold handschriftlich ausgeführt oder schabloniert oder eingeritzt.

Paris 24, Montreuil-sur-Bois

Manufaktur	**Edmé Samson (1845).**
	Söhne Emile, Pierre und Léon, C. Richardier, Nachf., bis zur Gegenwart.
	Samson, S. A., Rue de Béranger, bis zur Gegenwart.

Fabrikmarken

1	2	3

Auf Nachbildungen deutscher Porzellane.

4	5	6	7
	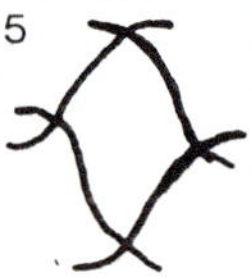		
Auf Nachbildungen von Sèvres Porzellan.			Auf Nachbildungen englischer, deutscher, französischer, italienischer, spanischer Porzellane, ebenso auf Delfter Fayence und Alcora.

8	9	10

Auf Nachbildungen franz. u. ital. Fayence.	Auf Nachbildungen von chines. u. jap. Porzellan.	Auf Nachbildungen von spanischen u. maurischen Fayencen.

1845 bis zur Gegenwart

Die Marken wurden über Glasur angebracht. Alle zusätzlich angebrachten Marken weisen in Variationen ein „S“ = Samson auf, einzige Ausnahme ist Nr. 1.

Bei Reproduktionen wird als Masse Hartporzellan verwandt, auch wenn das Original in Frittenporzellan ausgeführt war.

Rouen (1673–1696)

Marken von Louis Poterat

Fabrikmarken

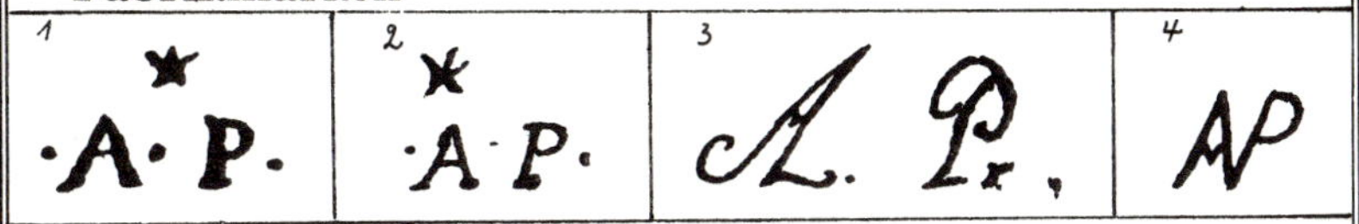

Die Marken erscheinen in Blau.

Grundsätzlich sei aber bemerkt, daß in der keramischen Literatur starke Zweifel bestehen, ob es sich bei diesen Marken überhaupt um solche von Rouen handelt oder ob man sie nicht vielmehr der Manufaktur von Saint-Cloud zuweisen müsse. Die neueste französische Literatur nimmt die Marken auch nur ver-vermutungsweise für Rouen in Anspruch. Die englische Literatur spricht sie der Fabrik von Saint-Cloud zu.

Saint-Amand-les-Eaux	(1771–1778 und 1815 bis Ende
Fabrikmarken	des 19. Jahrhunderts)

1

2

1771–1778

3

4

5

6

19. Jahrhundert

Die Fabrikmarken sind sämtlich in Unterglasurblau angebracht.

Saint-Cloud (1677–1766)

Fabrikmarken

1	2	3	4

1677–1722			
5	6	7	8
	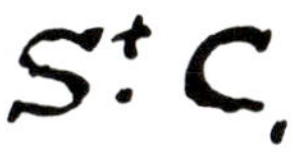	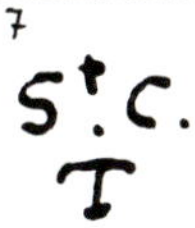	
1677–1722		1722–1766	
9	10	11	12
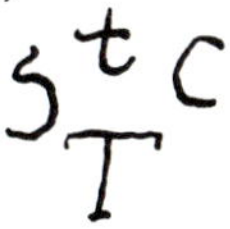	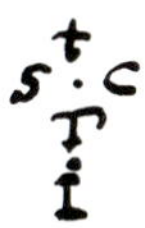		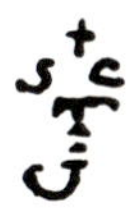
1722–1766			

Die Marke Nr. 1 ist eingeritzt, die Markierungen Nr. 2 bis 5 sind in Blau, Nr. 6 bis 12 entweder eingeritzt oder in Blau oder Rot ausgeführt.

Eine Anzahl sehr zweifelhafter Fabrikmarken, für die eine einigermaßen zuverlässige Erklärung nicht besteht, sind mit Vorbedacht fortgelassen.

Isle Saint Denis (1778 bis Ende des 18. Jahrhunderts)	
Fabrikmarken	
1 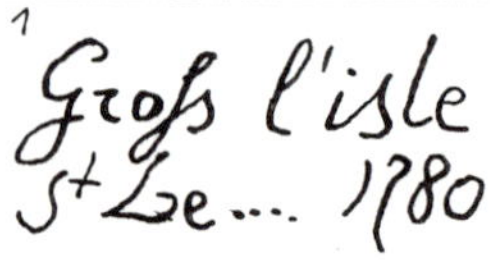	2 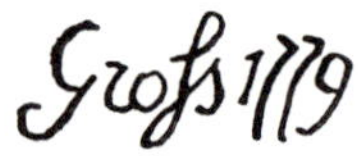
1778 bis Ende des 18. Jahrhunderts	
Die beiden Marken stellen Signaturen des Modelleurs Gross dar und sind eingeritzt. Als Fabrikmarke wurde eine Nachahmung von Sèvres gebraucht.	

Sceaux (1748–1794)			
Fabrikmarken			
1 	2 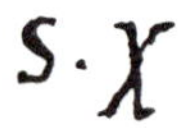	3 	4 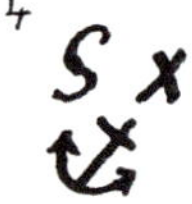
1763–1794			
	5 	6 	
1763–1794			
Die Fabrikmarken sind eingeritzt. Vor 1763 hat die Herstellung von Porzellan wohl kaum eingesetzt.			

Vincennes (1740–1756)

Marken der Malereiwerkstatt

1

2
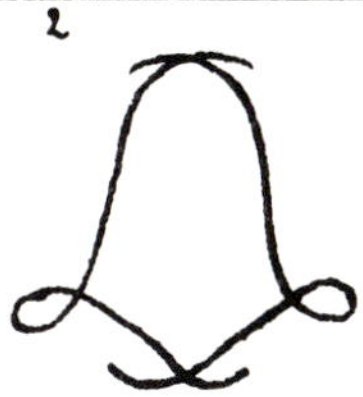

3

4

1740–1752

5

6

7

1740–1752

8

9

1740–1752

10

1753–1756

Sèvres (1756 bis zur Gegenwart)

Marken der Malereiwerkstatt

11

12

1756–1793

13

1769–1793

Sèvres (1756 bis zur Gegenwart)

Marken der Malereiwerkstatt

Die Buchstaben in den Malereimarken Nr. 10 bis 13 zeigen laufend das Jahr der Dekorierung an.
Der Buchstabe A bedeutet das Jahr 1753,
der Buchstabe D das Jahr 1756,
der Buchstabe Z das Jahr 1777,
die Buchstaben AA das Jahr 1778,
die Buchstaben PP das Jahr 1793 bis zum 17. Juli.
Der Buchstabe J wird mitgezählt.

14

15

16

1793–1800

17

1800–1802

18

1803–1804

19

20

1804–1805

Von 1801 bis 1815 geben zusätzliche Zeichen, Buchstaben und Zahlen wiederum das Jahr der Dekorierung an, und zwar:

T9	das Jahr 1801
X	das Jahr 1802
II	das Jahr 1803
÷	das Jahr 1804
-||-	das Jahr 1805
	das Jahr 1806
7	das Jahr 1807
8 oder ↑	das Jahr 1808
9	das Jahr 1809
10	das Jahr 1810
oz	das Jahr 1811
dz	das Jahr 1812
tz	das Jahr 1813
qz	das Jahr 1814
qn	das Jahr 1815
sz	das Jahr 1816
ds	das Jahr 1817

Sèvres (1756 bis zur Gegenwart)

Marken der Malereiwerkstatt

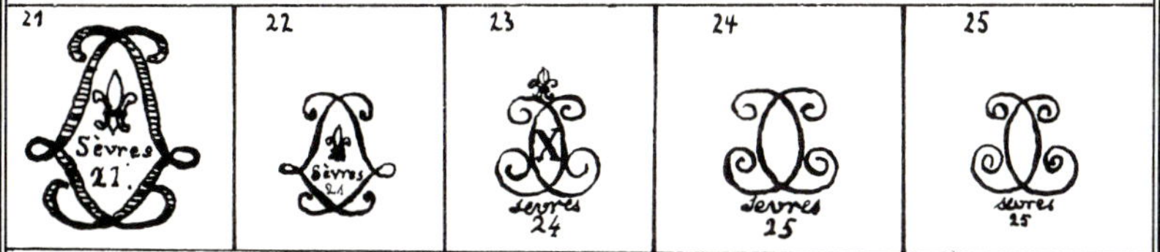

1815–1824	1824–1830

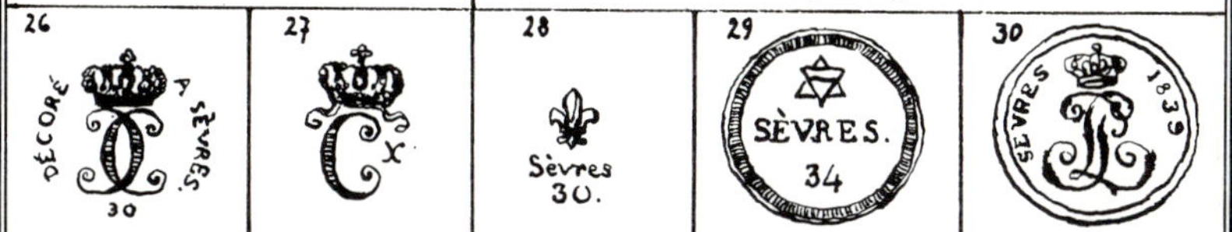

1829–1830	1830	1831–1834	1834–1845

Fabrikmarken seit 1845

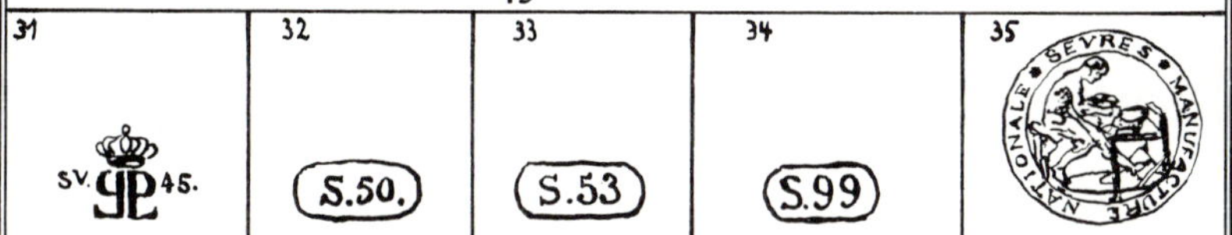

1845–1848	1848–1852	1852–1870	1871–1899	1888–1891

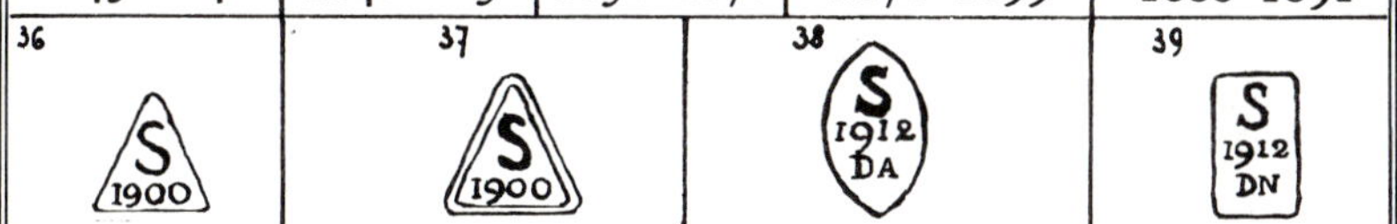

1900–1911	1912–1917

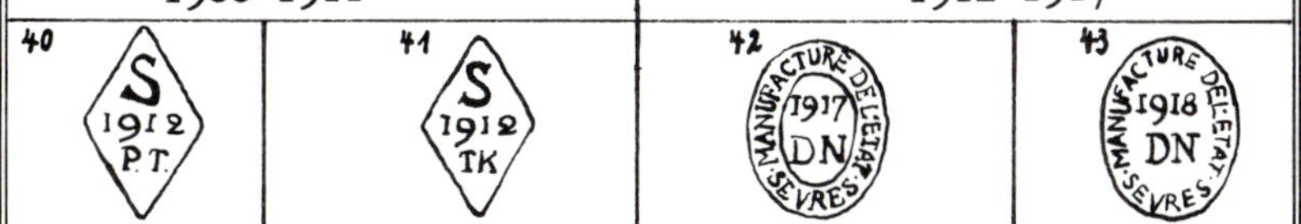

1912–1917	1917	1918–1920

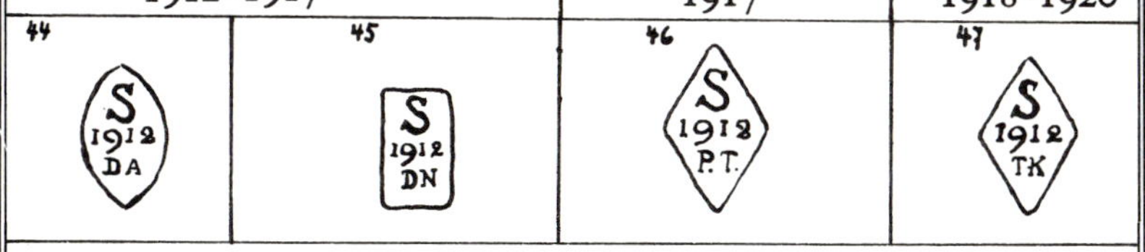

1921–1927

Sèvres (1756 bis zur Gegenwart)

Fabrikmarken

48	49	50	51

1923–1927		1928–1940	Seit 1941

Von 1928 bis 1940 geben Buchstaben das Jahr der Herstellung des Porzellanstückes an, und zwar:

A das Jahr 1928	G das Jahr 1934
B das Jahr 1929	H das Jahr 1935
C das Jahr 1930	I das Jahr 1936
D das Jahr 1931	J das Jahr 1937
E das Jahr 1932	K das Jahr 1938
F das Jahr 1933	L das Jahr 1939
	M das Jahr 1940

Marken der Malerei- und Vergoldungswerkstatt

52	53	54	55

1845–1848		1848–1852	

56	57	58	59	60

1852–1853	1854		1855–1870	

Marken der Malereiwerkstatt

61	62	63	64

1871	1872–1899	1900–1902	1902–1941

Sèvres (1756 bis zur Gegenwart)

Marken der Vergoldungswerkstatt

65 	66 	67 	68 
1871	1872–1899	1900–1902	1902–1941

Marken der **Malereiwerkstatt**		Marken der **Vergoldungswerkstatt**	
	69 	70 	
	Seit 1941	Seit 1941	

Die in den Marken Nr. 69 und 70 am unteren Rande befindlichen Buchstaben geben das Jahr der Dekorierung oder Vergoldung an, und zwar:

A das Jahr 1941	G das Jahr 1947
B das Jahr 1942	H das Jahr 1948
C das Jahr 1943	I das Jahr 1949
D das Jahr 1944	J das Jahr 1950
E das Jahr 1945	K das Jahr 1951
F das Jahr 1946	L das Jahr 1952
	M das Jahr 1953 usw.

Sondermarken

71 	72 	73 	74 
1845–1848		1848–1852	1855–1870

Sèvres (1756 bis zur Gegenwart)

Sondermarken

75	76	77

Seit 1890	Seit 1890	1900

Marken auf Biskuitporzellan

78	79

1. Hälfte des 19. Jahrhunderts	2. Hälfte des 19. Jahrhunderts

80	81	82

20. Jahrhundert		

Markierung von Ausschußware

83	84
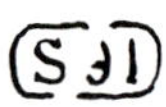	
Vor 1914. Die Marken sind mit einem Strich durchgeschliffen.	

85	86

Ungefähr seit 1914. Die Marken sind teilweise entfernt.	

Vincennes-Sèvres (1740 bis zur Gegenwart)

Maler und Modelleure, die mit vollständigem Namen zeichneten

Maler

André, J., 1840–1869 Landschaften	
Asselin, 1765–1804 Genre	
Baldisseroni, 1860–1879 Figuren	
Barriat, C., 1848–1883 Figuren	
Béranger, A., 1807–1846 Figuren	
Bergeret, 1804–1818 Figuren	
Berlin, A., seit 1920 Dekorateur	
Berthault, 1943–1950 Dekorateur	
Bieuville, H., 1879–1925 Dekorateur	 
Bisson, 1948–1950 Dekorateur	
Bonnet, Frl., 1834–1854 Blumen	

Vincennes-Sèvres (1740 bis zur Gegenwart)

Maler und Modelleure, die mit vollständigem Namen zeichneten

Maler

Boquet, 1809–1810
Landschaften

Boquet, Frl., 1865–1869
Figuren

Bouché-Leclercq, 1902–1919
Dekorateur

Boulmé, C., seit 1953
Dekorateur

Boutaleb, M., seit 1948
Dekorateur

Brunel-Rocques, 1852–1883
Figuren

Caron, 1792–1815
Genre

Carrié, 1752–1757
Blumen

Castel, 1772–1797
Vögel

Célos, J. F., 1865–1895
Dekorateur

Cool, Frau, 1860–1870
Figuren

Vincennes-Sèvres (1740 bis zur Gegenwart)

Maler und Modelleure, die mit vollständigem Namen zeichneten

Maler

Courcy, A. F., 1865–1886
Figuren 

Dammouse, P. A., 1852–1880
Dekorateur 

Degault, 1808–1817
Figuren

Demarne, 1809–1813
Landschaften

Denois, Frl., 1817–1828
Figuren

Des Isnards, Frau, 1835–1848
Blumen

Develly, J. C., 1813–1848
Genre, Tiere 

Didier, Sohn, C. A., 1819–1848
Ornamente 

Doat, T., 1879–1905
Dekorateur 

Drolling, 1802–1813
Figuren

Drouet, E., 1878–1920
Dekorateur  

Vincennes-Sèvres (1740 bis zur Gegenwart)

Maler und Modelleure, die mit vollständigem Namen zeichneten

Maler

Ducluzeau, Frau, M. A., 1818–1848
Figuren

Eaubonne, L., 1902–1914
Dekorateur

Fontaine, J., 1825–1857
Blumen

Fontaine, Frl., A. M., 1928–1938
Dekorateur

Fournier, A., 1878–1926
Dekorateur

Fragonard, Th., 1839–1869
Blumen

Freyssinges, C., 1922–1949
Dekorateur

Froment, E., 1855–1885
Figuren

Garneray, 1839–1848
Marine

Gaucher, P., seit 1933
Dekorateur

Gébleux, L., 1883–1920
Dekorateur

Vincennes-Sèvres (1740 bis zur Gegenwart)

Maler und Modelleure, die mit vollständigem Namen zeichneten

Maler

Gély, L. J. J., 1851–1889
Dekorateur

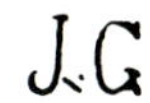

Georget, J., 1801–1823
Figuren

Giboy, 1806
Dekorateur

Gobert, A., 1849–1891
Figuren

Goddé, 1856–1883
Vergolder

Hamon, 1849–1857
Figuren

Isabey, 1808–1817
Figuren

Jacob-Ber, M., 1814–1848
Blumen, Früchte

Jacob-Ber, Frl., 1835–1839
Blumen

Jacques, 1812–1814
Figuren

Jadelot, Frau, 1852–1870
Figuren

Vincennes-Sèvres (1740 bis zur Gegenwart)

Maler und Modelleure, die mit vollständigem Namen zeichneten

Maler

Jaqoutot, (Jacqutot), Frau, 1801–1842 Figuren	
Kiefer, Frau, A., seit 1950 Dekorateur	
Labbé, 1847–1853 Blumen	
Lamarre, Frl., 1821–1824 Landschaften	
Lambert, H. L., 1859–1899 Blumen	
Lamprecht, 1784–1787 Figuren, Tiere	
Langlacé, J. B. G., 1807–1844 Landschaften	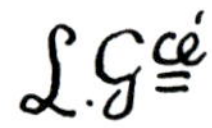
Langle, P. J., 1837–1845 Blumen	
Langlois, Polyclès, 1847–1872 Landschaften	
Langlois, Paul, 1891–1897 Landschaften	
Lasserre, H., 1886–1931 Dekorateur	 

Vincennes-Sèvres (1740 bis zur Gegenwart)

Maler und Modelleure, die mit vollständigem Namen zeichneten

Maler

Laurent, Frau, 1838–1860 Figuren	
Le Bel, N. A., 1804–1845 Landschaften	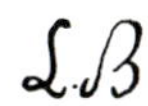
Lessore, 1853–1855 Figuren	
Levé, 1754–1805 Blumen	
Lévy, Frl., 1930–1940 Dekorateur	
Lyngbye, 1841–1842 Landschaften	
Maussion, Frl., 1862–1870 Figuren	
Mérigot, M. F., 1845–1892 Blumen	
Métayer, Frau, E., seit 1947 Dekorateur	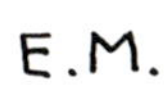
Meyer-Heine, 1840–1873 Ornamente	
Moriot, N., 1828–1848 Figuren	

Vincennes-Sèvres (1740 bis zur Gegenwart)

Maler und Modelleure, die mit vollständigem Namen zeichneten

Maler

Moriot, Frl., E., 1881–1886
Figuren

Parant, 1806–1841
Figuren

Perlet, Frl., 1825–1830
Portraits

Philippine d. J., F., 1783–1839
Blumen, Tiere
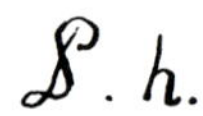

Piédagnel, Frl., 1861–1870
Figuren

Plantard, A., seit 1928
Dekorateur
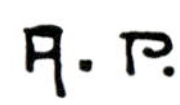

Poupart, A., 1815–1848
Landschaften

Prunier, M., seit 1920
Dekorateur

Régnier, J. F., 1826–1870
Figuren

Richard, E., 1859–1900
Blumen

Robert, J. F., 1806–1843
Landschaften

Vincennes-Sèvres (1740 bis zur Gegenwart)

Maler und Modelleure, die mit vollständigem Namen zeichneten

Maler

Roden, Frl., L., seit 1947
Dekorateur 

Rodin, 1879–1888
Dekorateur

Rogeard, Frl., 1817–1819
Dekorateur

Roussel, P. M., 1850–1871
Figuren 

Schilt, Louis-Pierre, 1818–1855
Blumen 

Schilt, Abel, 1847–1880
Figuren

Schilt, Léonard, 1877–1893
Figuren

Sère, G., seit 1949
Dekorateur 

Sivault, R., seit 1924
Dekorateur 

Solon, Frl., 1861–1869
Figuren

Swebach, 1802–1813
militärische Szenen 

Vincennes-Sèvres (1740 bis zur Gegenwart)

Maler und Modelleure, die mit vollständigem Namen zeichneten

Maler

Trager, J., 1847–1873
Blumen

Tréverret, Frl., 1820–1842
Figuren

Turgan, Frau, 1830–1852
Figuren

Van Marcke, J. B., 1825–1832
Landschaften

Van Marcke, E., 1853–1870
Landschaften, Tiere

Van Os, 1811–1822
Blumen

Van Spaendonck, 1795–1809
Blumen

Vincennes-Sèvres (1740 bis zur Gegenwart)

Maler und Modelleure, die mit vollständigem Namen zeichneten

Modelleure

Brecy, 1881–1928	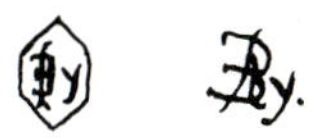
Derny, M., seit 1938	
Devicq, J., 1881–1928	
Forgeot, 1856–1887	
Gauvenet, J. B., seit 1908	
Gauvenet, A. J., seit 1950	
Hébert-Coéffin, J., 1938–1947	
Huss, A., seit 1929	

Straßburg und Hagenau (1751–1755, 1766–1782, 1783–1784)		
Fabrikmarke		
Paul Hannong		
1 	2 	3 
1751–1755		
Joseph Hannong		
4 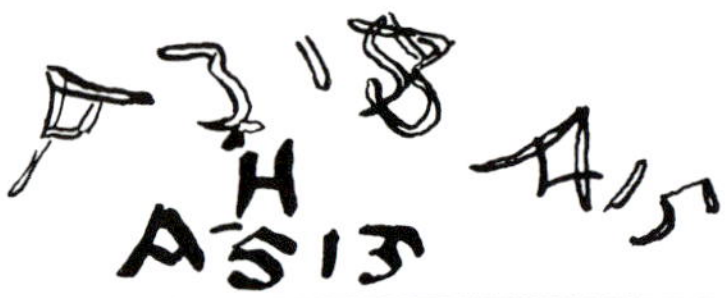	5 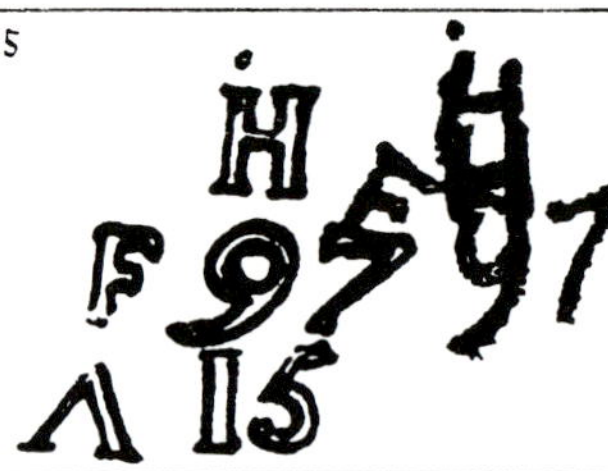	
1766–1782		
6 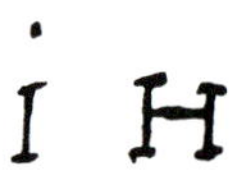	7 	8 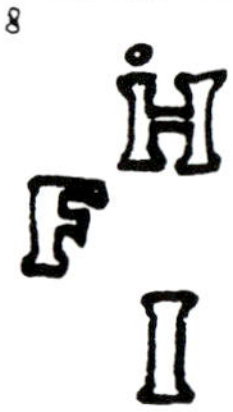
1766–1782		
9 	10 	11 
1766–1782		

Straßburg und Hagenau (1751–1755, 1766–1782, 1783–1784)

Fabrikmarken

Joseph Hannong

12
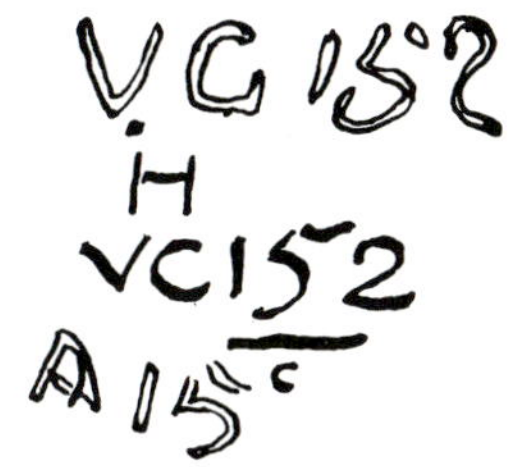

13

1766–1782

14
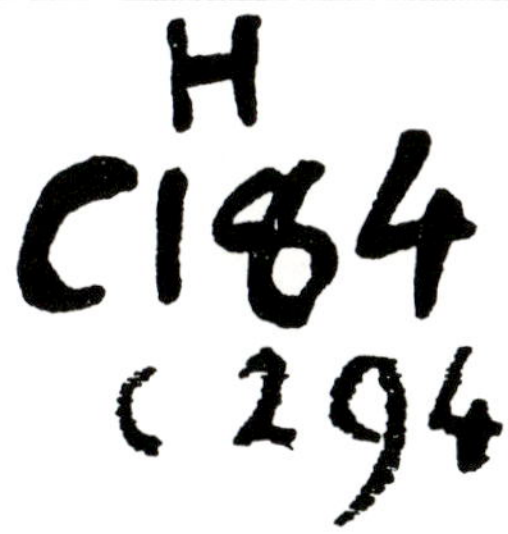

15
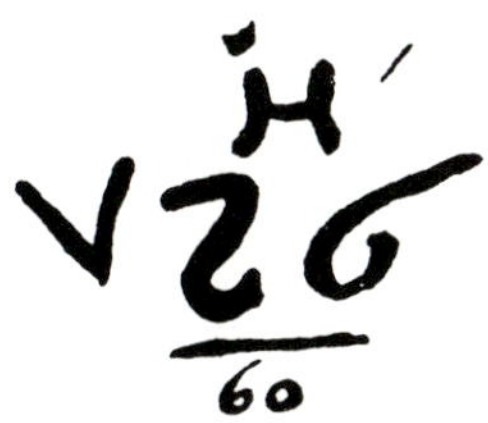

1766–1782

16
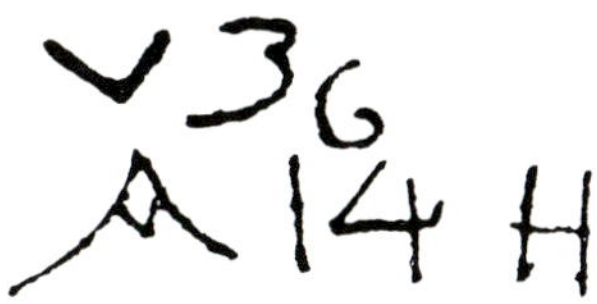

17

1766–1782

18
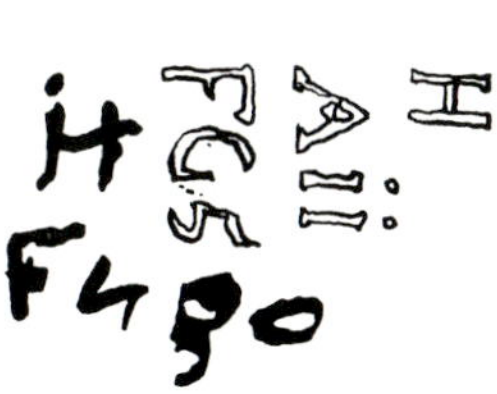

19

1766–1782

Straßburg und Hagenau (1751–1755, 1766–1782, 1783–1784)

Fabrikmarken

Joseph Hannong

20 	21 

1766–1782

22 	23 

1766–1782

Peter Anton Hannong

24 	25 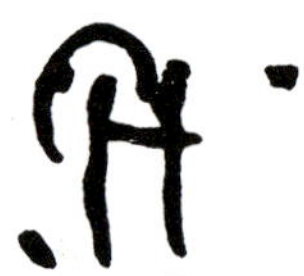	26 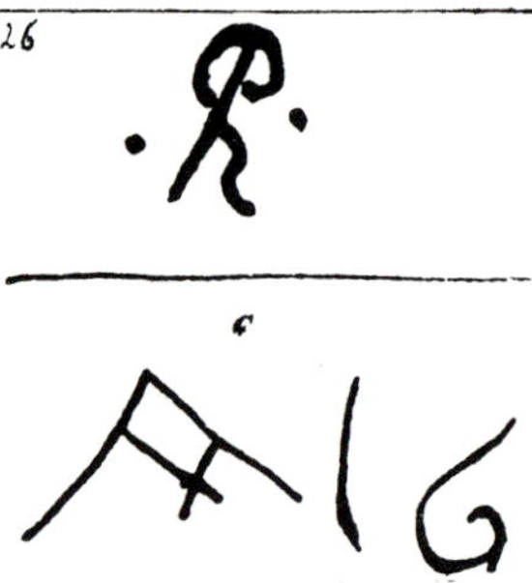

1783–1784

27 	28 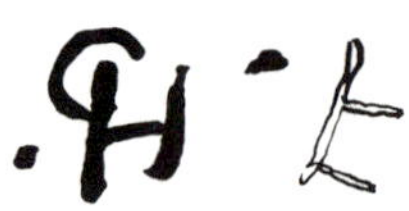	29 

1783–1784

Straßburg und Hagenau (1751–1755, 1766–1768, 1783–1784)

Die Marken der Manufaktur Nr. 1 bis 3 sind eingepreßt, die Marken Nr. 4 bis 22 sind teils eingepreßt, teils eingeritzt, teils bestehen sie aus Zusammensetzungen von eingepreßten, eingeritzten und farbigen Markierungen in Blau, in Grau, in Blau und Grau sowie in Blau und Braun. Jeder einzelne Teil einer so zusammengesetzten Markierung hat seine Bedeutung. Die eingeritzten Buchstaben A oder B, verbunden mit zwischen 1 und 16 schwankenden Zahlen, geben die Massebezeichnung an.

Die eingeritzten oder eingepreßten Buchstaben A oder C weisen auf Kaffeegeschirre,

GR auf Reliefs, V auf Vasen, W oder VG

auf sonstige Erzeugnisse hin und sind mit Nummern von 1 bis 2500 versehen.

Bei derartigen Bezeichnungen findet sich manchmal das eingepreßte Monogramm IH (Joseph Hannong). Alle diese Buchstaben und Zahlen kommen auch in Unterglasurblau vor.

Die oben erwähnten Buchstaben in Braun-Rot oder Grau auf Glasur mit einer der oben genannten Zahlen in Blau deuten auf eine nachfolgende Änderung im Formenkatalog hin. Seltener findet man kleine Buchstaben oder Zahlen als Qualitätsangabe (Marke Nr. 9).

Schließlich gibt es unter Joseph Hannong noch zwei reliefierte Marken in Form von Siegeln, eine mit dem Wappen der Hannongs, die andere mit dem Stadtwappen von Hagenau (Marke Nr. 23).

Die Marken Nr. 24 bis 29 sind in Blau unter Glasur ausgeführt, neben welchen sich noch eingepreßte oder eingeritzte Buchstaben oder Zahlen aus der Zeit Joseph Hannongs finden.

Valenciennes (1785–1795 und 1800–1810)

Fabrikmarken

1

2

3

4

1785–1810

5

6

1785–1810

Die Marken sind in Unterglasurblau ausgeführt.

Valognes-Bayeux-Isigny (1793 bis zur Gegenwart)

Fabrikmarken

1

2

3

1810 bis zum 20. Jahrhundert

4

5

1810 bis zum 20. Jahrhundert

Die Marken sind überwiegend in Chromgrün ausgeführt.

Oude Amstel (1784–1820)

Fabrikmarken

19

20

21
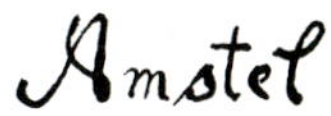

1784–1820

22

23

1784–1820

Die Marken sind in Unterglasurblau oder Schwarz ausgeführt.

Haag (1776–1790)

Fabrikmarken

1776–1790			

1776–1790			
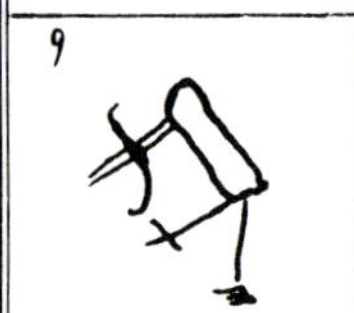			
1776–1790			

Die Marken sind in Blau, teils unter Glasur, teils über Glasur ausgeführt. Die Manufaktur bemalte vielfach auch das von der Porzellanfabrik in Tournay weiß bezogene Frittenporzellan, das naturgemäß eine Markierung über Glasur tragen mußte.

Die Marke Nr. 12 zeigt in Unterglasurblau die Fabrikmarke von Ansbach und darüber in Überglasur gemalt die Storchmarke.

Namenszug des Fabrikgründers

Linker

mit Storchmarke in Blau über Glasur auf Frittenporzellan.

Oude Loosdrecht (1771–1784)

Fabrikmarken

1 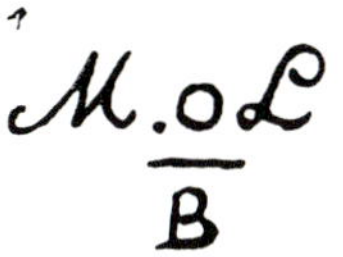	2 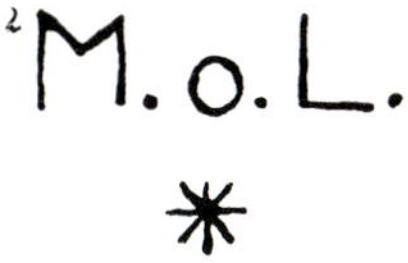	3 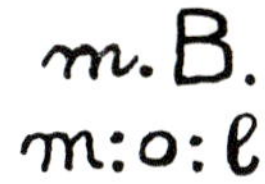
1771–1784		
4 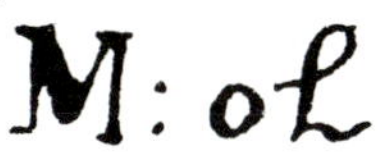	5 	6 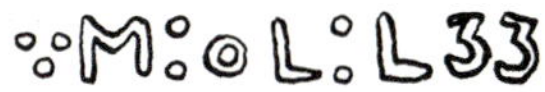
1771–1784		
7 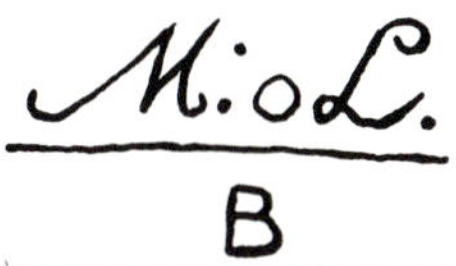	8 	9 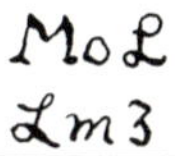
1771–1784		
10 	11 	12 
1771–1784		

Die Marken Nr. 7 bis 11 erscheinen in Unterglasurblau,
Nr. 12 ist eingeritzt,
Nr. 13 Blau unter Glasur,
Nr. 14 eingeritzt,
Nr. 15 Violett,
Nr. 16 Blau,
Nr. 17 Schwarz,
Nr. 18 eingeritzt.

Weesp (1759–1771)

Fabrikmarken

1	2	3	4	5
				W
1759–1771				

Die Marken sind in Blau unter Glasur ausgeführt. Als Maler- oder Formermarken wurden außerdem die Buchstaben I und J, ebenso ML mit einer Ziffer eingeritzt, verwendet. Die Marke Nr. 5 wurde in Blau unter Glasur oder eingeritzt ausgeführt, wobei nicht mehr festgestellt werden kann, ob das W der Anfangsbuchstabe von Weesp oder als Malermarke anzusehen ist.

Capo di Monte (1743–1759)

Fabrikmarken

1	2	3	4	5

1743–1759				
6 	7 	8 	9 	10 
1743–1759				

Die Marken sind sämtlich in Unterglasurblau ausgeführt.

Doccia (1737 bis zur Gegenwart)

Fabrikmarken

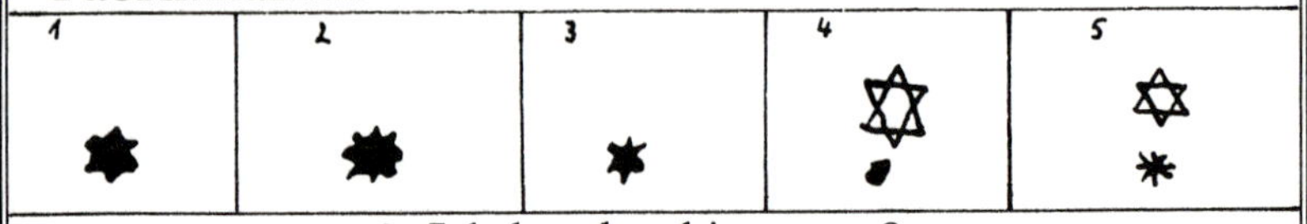

18. Jahrhundert bis etwa 1850

18. Jahrhundert bis etwa 1850

2. Hälfte des 19. Jahrhunderts

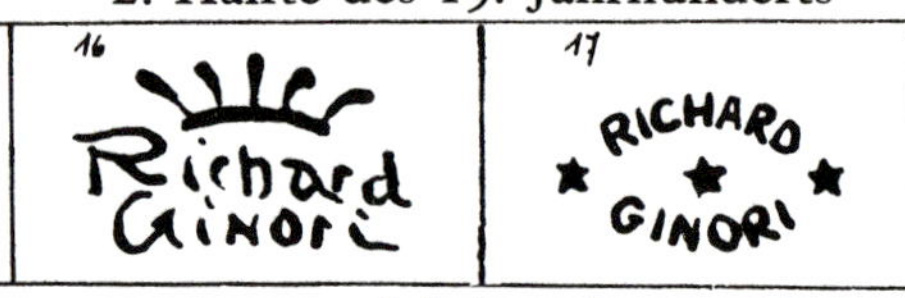

20. Jahrhundert

Malereimarken

20. Jahrhundert

Die Marken Nr. 1 bis 3 sind in Rot oder Gold oder Blau angebracht, Nr. 4 bis 6 sind eingepreßt.
Nr. 8 bis 10 sind in Blau oder Rot oder Gold,
Nr. 11 bis 20 in verschiedenen Farben im Druckverfahren hergestellt.

Die Marken Nr. 14 und 15 finden sich auf Nachahmungen von Capo di Monte und Neapel.

Florenz (1576–1620)

Fabrikmarken

1

2

1576–1620

3

4

1576–1620

Florenz (1576–1620)

Fabrikmarken

5

6

1576–1620

7

8

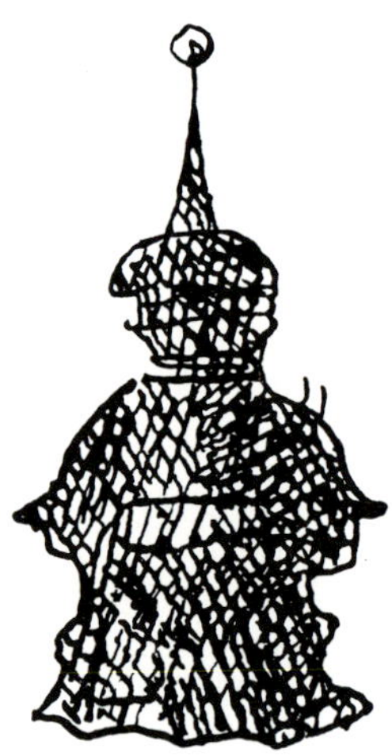

9

1576–1620

Florenz (1576–1620)

Fabrikmarken

10

11

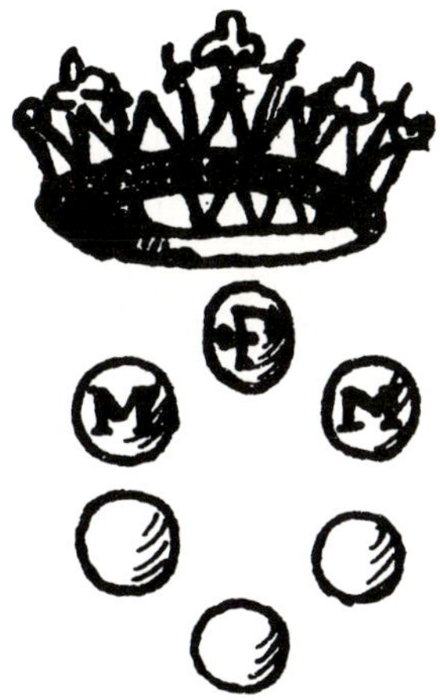

1576–1620

12

13

1576–1620

Die Marken sind sämtlich in Blau ausgeführt.

Neapel (1771–1834)

Fabrikmarken

1771–1834

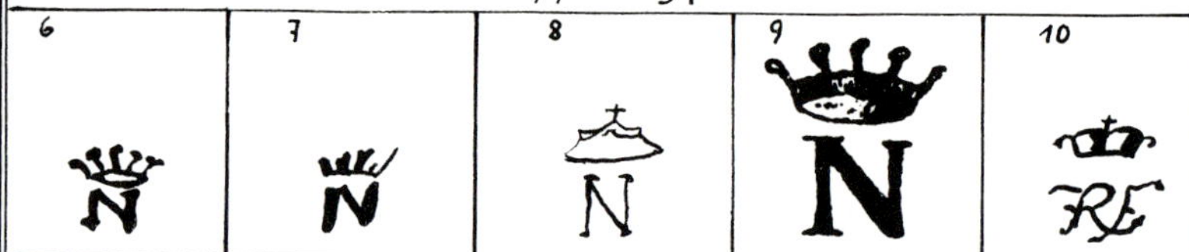

1771–1834

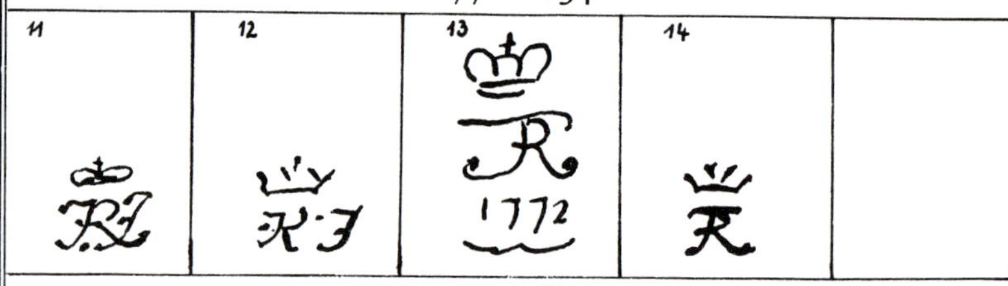

1771–1834

Die Marken Nr. 1 bis 5 sind eingepreßt,
Nr. 6 und 7 sind in Blau,
Nr. 8 in Rot,
Nr. 9 in Blau,
Nr. 10 in Rot,
Nr. 11 in Purpur,
Nr. 12 in Blau,
Nr. 13 in Karmesin,
Nr. 14 in Schwarz ausgeführt.

Die Formen von Capo di Monte und Neapel wurden nach Schließung der Fabrik im größeren Umfang von Doccia (Florenz) aufgekauft und neu ausgeformt, auch mit Neapeler Markierungen gezeichnet.

Nove (1752–1832)

Fabrikmarken

1	2	3
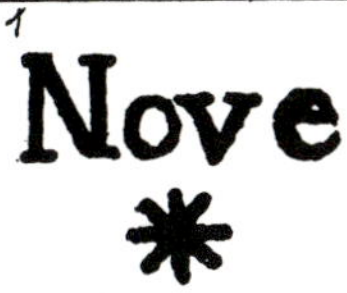		

1752–1832

4	5	6	7	8

1752–1832

Die Marken sind in Rot oder anderen Farben und in Gold ausgeführt.

Treviso (Ende des 18. Jahrhunderts bis in das 19. Jahrhundert)

Fabrikmarken

1	2	3

Ende des 18. Jahrhunderts bis in das 19. Jahrhundert

Die Marken sind in verschiedenen Farben ausgeführt.

Venedig

Porzellanmanufaktur Vezzi (1719–1740)

Fabrikmarken

1

2

3

1719–1740

4

5

6

1719–1740

7

8

9

1719–1740

Porzellanmanufaktur Hewelke (1757–1763)

10

11

12

13

14

1757–1763

Porzellanmanufaktur Cozzi (1765–1812)

15

16

17
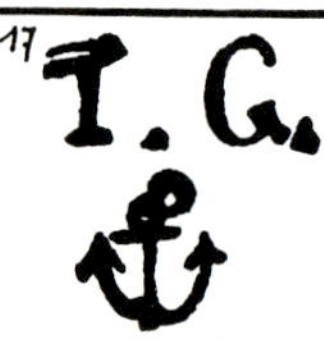

18

1765–1812

19

20

21

22

1765–1812

Venedig

Porzellanmanufaktur Cozzi (1765–1812)

Fabrikmarken

23

24

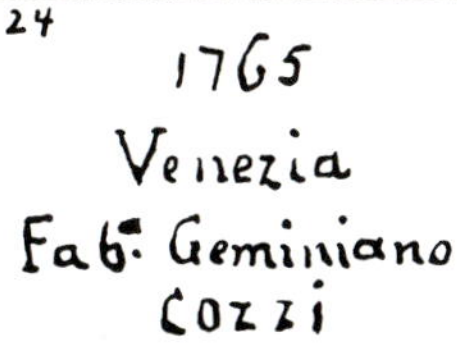

25

1765–1812

Die Marken Nr. 1 bis 3 und 5 bis 9 sind in Blau, Rot und Violett angebracht,
Nr. 4 ist eingeritzt,
Nr. 10 bis 14 sind in Rot ausgeführt, gelegentlich eingeritzt,
Nr. 15 bis 25 weisen die Farben Rot, Gold und Schwarz auf, wobei auch zweifarbige Markierungen vorkommen.

Vinovo (1776–1820)

Fabrikmarken

1	2	3	4

1776–1780

	5	6	7	

	Nach 1780		Nach 1815	

Fabrikmarken mit Malermarken

	8	9	10	
			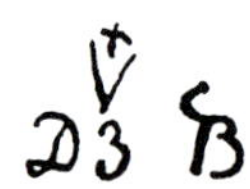	

Die Marken sind im allgemeinen in Blau unter Glasur oder eingeritzt angebracht, selten erscheinen sie in anderen Farben oder in Gold. Die Marke Nr. 10 ist in Rot und Grün gesetzt.

Wien-Augarten (1922 bis zur Gegenwart)

Fabrikmarken

	1 	2 	
	Seit 1922		

Die Marken sind in Blau unter Glasur ausgeführt.

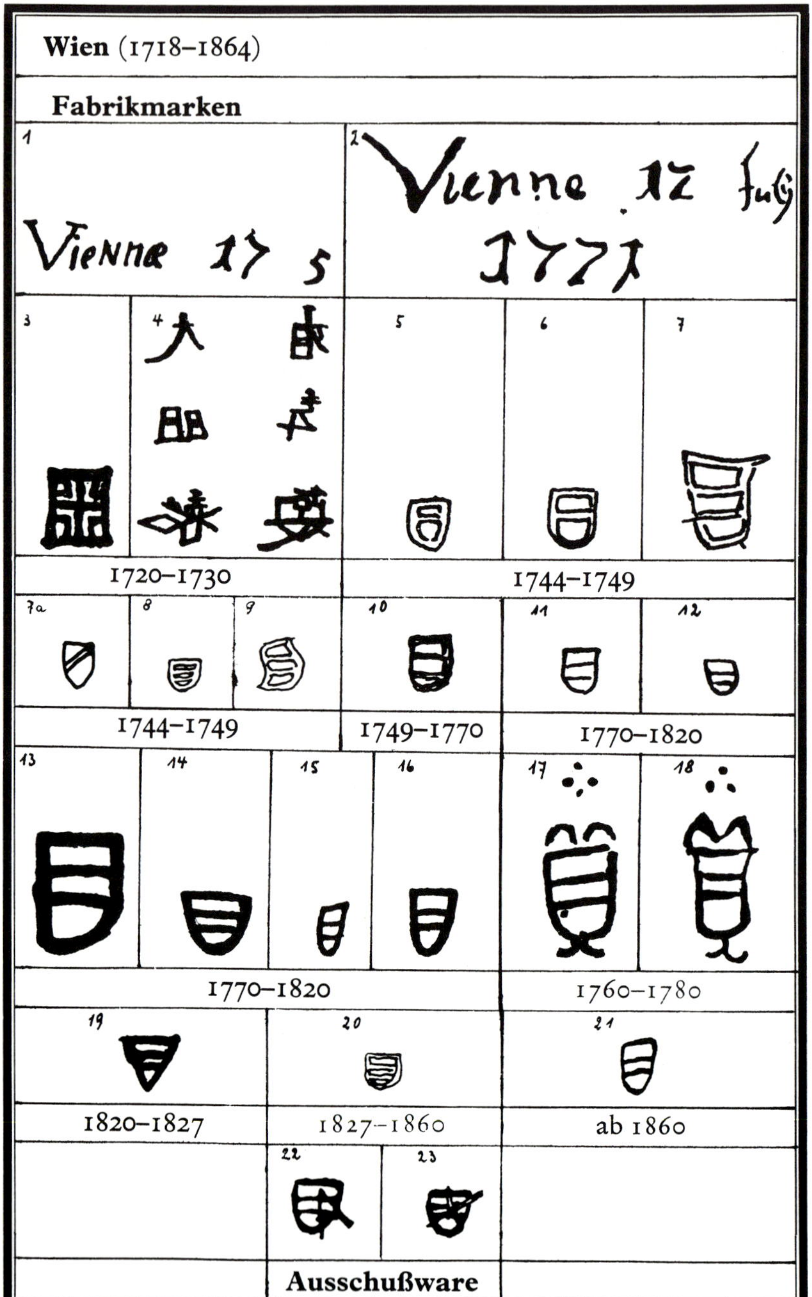

Wien (1718–1864)
Fabrikmarken
1720–1730
1744–1749
1744–1749
1749–1770
1770–1820
1770–1820
1760–1780
1820–1827
1827–1860
ab 1860
Ausschußware

Wien (1718–1864)

Fabrikmarke mit Malermarke

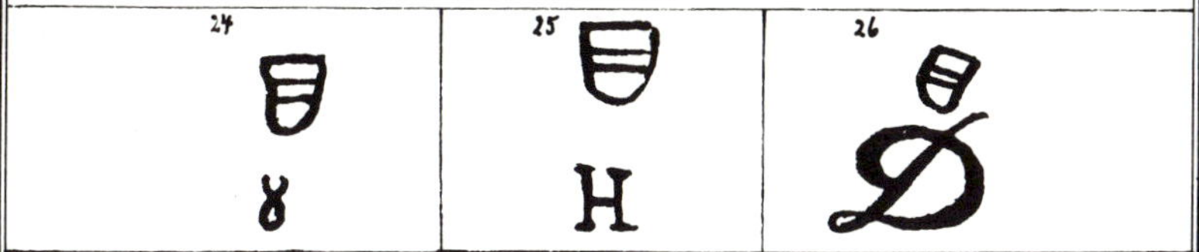

Malermarken

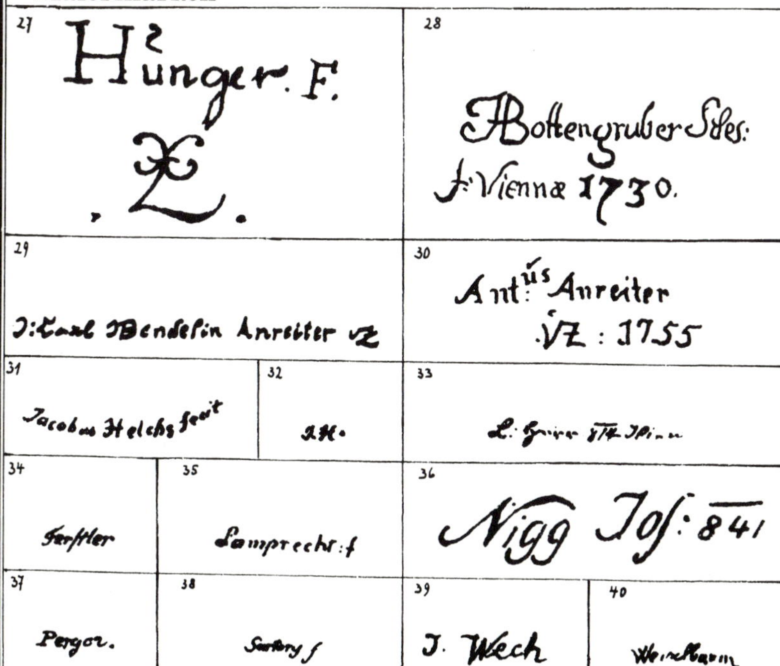

Modelleur- und Bossierermarken

Wien (1718–1864)

Modelleur-Signaturen

42	43	44
L v Lück	Joh: Jos: Nidermeÿ	Schaller.

Jahresstempel, Weißdrehernummer, Bossiererbuchstaben

45	46	47	48	49
86	88	19	802	806

50	51	52	53	54
E	i	M		

Die Marken

Nr. 1 bis 4	über der Glasur in Eisenrot,
Nr. 2	vermutlich auch Überglasur,
Nr. 5 bis 9	Marken eingepreßt bzw. farbig über der Glasur (Eisenrot, Purpur und Gold), wobei die Querbalken entweder erhaben sind und die Felder tief liegen oder die Prägung das umgekehrte Bild zeigt, ebenso weisen die Prägemarken bald einen, bald zwei Querbalken auf.
bei Nr. 10	eingepreßte Marke nicht vorhanden, nur Unterglasurblau,
Nr. 11 bis 18	sind alle Unterglasurblau,
Nr. 19	ist in Unterglasurblau,
Nr. 20	ist wiederum eingepreßt,
Nr. 21 bis 26	sind Unterglasurblau,
bei Nr. 22	wurde das A in Rot oder Grün angebracht.

Im 18. Jahrhundert wurden in Wien Porzellane mit Fehlern oder Ausschußware mit einem bzw. zwei eingeschliffenen Strichen versehen (Nr. 23)

Wien (1718–1864)

Die Malermarken sind in verschiedenen Farben oder in Gold gehalten (blau unter der Glasur, Farben und Gold über der Glasur).
Die Modelleur-Signaturen Nr. 41–44, die Jahresstempel, Weißdrehernummern und Bossiererbuchstaben sind eingeprägt oder eingeritzt.
Nr. 45, 46, 48 und 49 sind Jahresstempel.
Nr. 47 ist eine Weißdrehernummer.
Nr. 50 und 52 sind eingepreßte Bossiererbuchstaben.

Zollpassiermarken

55	56	57

Die Bedeutung der sogenannten Zollpassiermarken, Nr. 55 bis 57, ist sehr umstritten. Sie finden sich um 1763/64 in Bräunlich-Gelb über Glasur in Tusche ausgeführt nur in wenigen Fällen auf der Manufakturmarke.
Seit 1783 werden neben der Fabrikmarke meistenteils das Herstellungsjahr des Stückes, und zwar die letzten zwei, im 19. Jahrhundert die letzten drei Zahlen des Jahres hinzugefügt.

gefälschte Wiener Bindenschildmarken mit goldenen Monogrammen der Fa. C. Thieme, Potschappel.

Gorodnica (1856 –1880)

Fabrikmarken

1

2

3

4

5

1856–1880

6

7

1856–1880

8

9

1856–1880

10
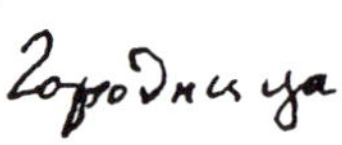

11
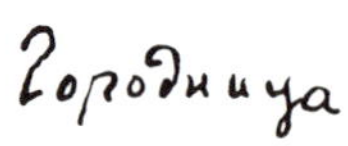

1856–1880

Die Marken Nr. 1 sind in Schwarz,
Nr. 2 in Schwarz, Schrift in Rot,
Nr. 3 bis 5 in Rot,
Nr. 6 bis 9 Adler in Schwarz, Schrift in Rot,
Nr. 10 in Rot, Nr. 11 in Braun angebracht.

Korzec (1790–1797, 1801–1832)

Fabrikmarken

1790–1796

1790–1796

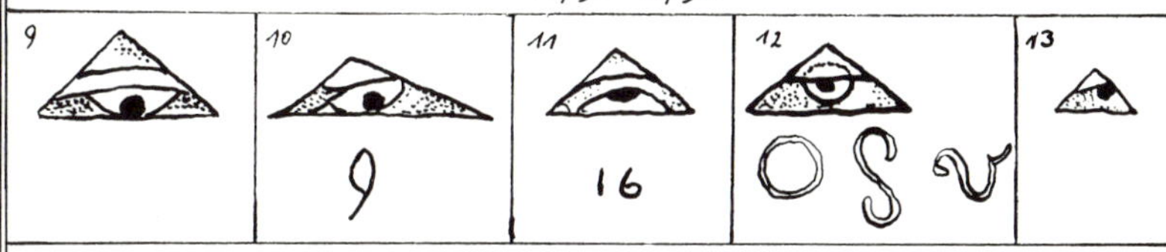

1790–1796

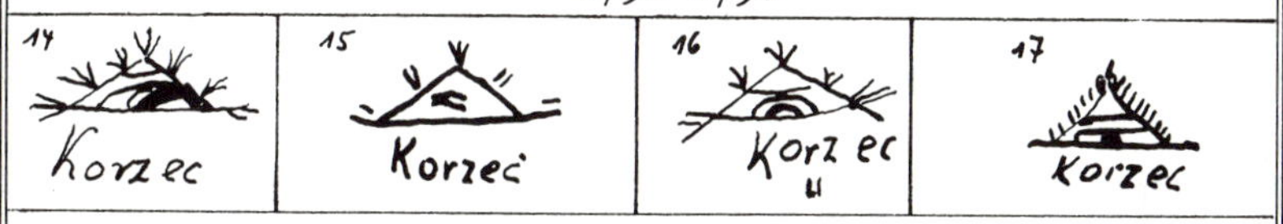

1793–1817

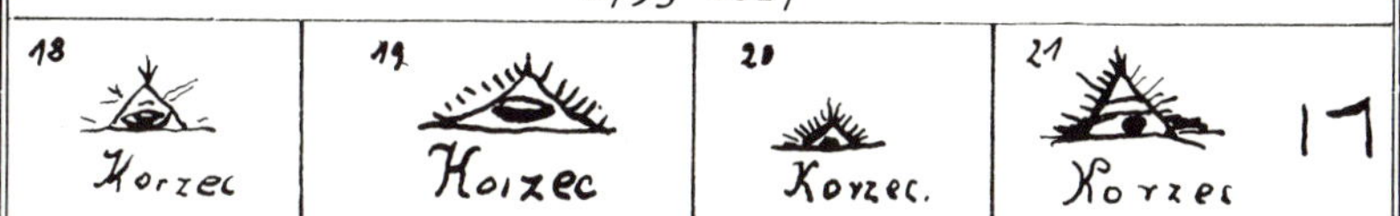

1793–1817

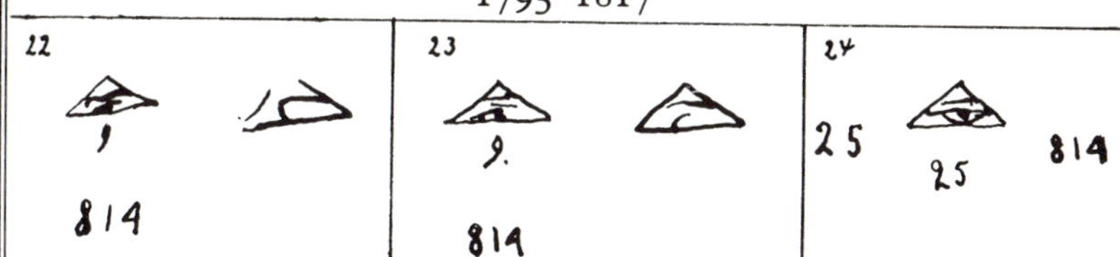

1814–1817

Korzec (1790–1797, 1801–1832)

Fabrikmarken

25 26

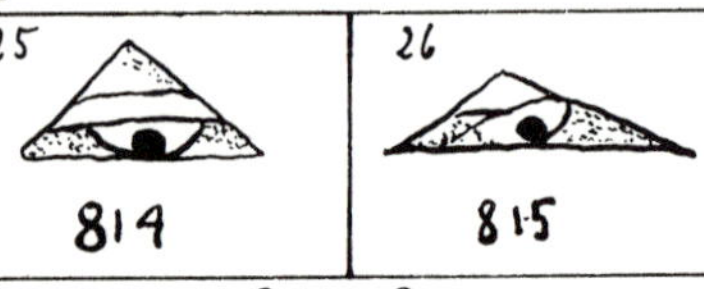

1814–1817

27 28 29 30

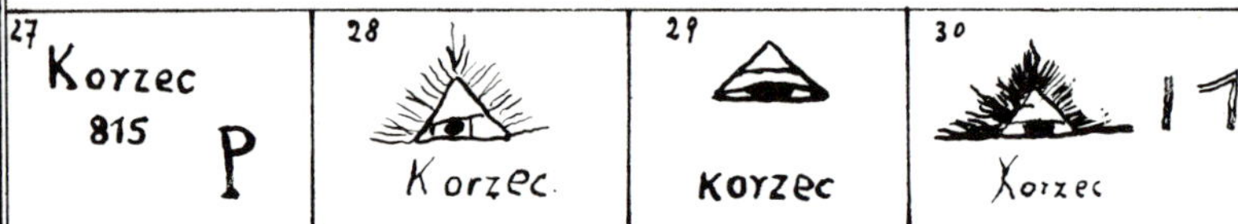

1815–1829 | 1817–1831

31 32 33 34 35

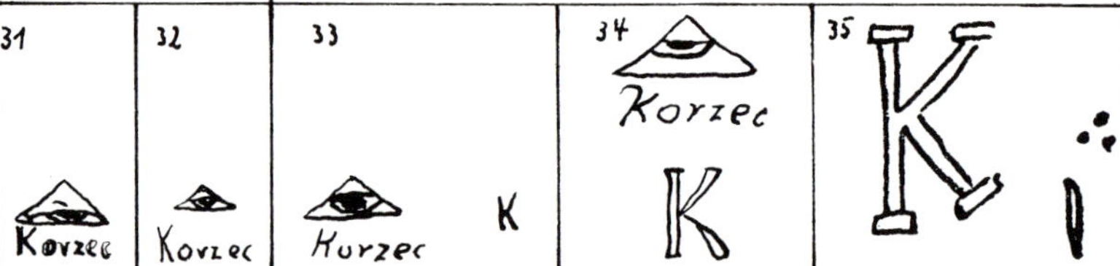

1817–1831

36 37 38 39

1817–1831

40 41

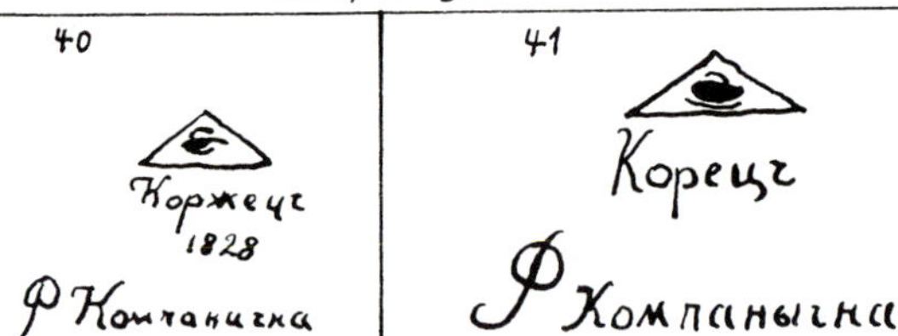

1817–1831

Korzec (1790–1797, 1801–1832)

Fabrikmarken

42	43	44

1817–1831

Die Marken Nr. 1 bis 5 sind in Ziegelrot, vielfach mit eingepreßten oder eingeritzten Buchstaben und Zahlen,

Nr. 6 bis 8 in Gold,

Nr. 9 bis 13 „Auge der Vorsehung“ sind in Schwarz, Violett, Lila, Grün, Karminrot, die Buchstaben und Zahlen eingepreßt,

Nr. 14 bis 21 in Schwarz, mit eingepreßten Zahlen,

Nr. 22 bis 26 in Schwarz oder Braun und eingepreßten Zahlen, die das Herstellungsjahr bedeuten. Oft wurden nur die letzten drei Zahlen des Jahres der Fabrikmarke hinzugefügt.

Nr. 27 ist eingepreßt, der Buchstabe „P“ (Petions) ist in Rot, Schwarz, Lila oder eingepreßt angebracht.

Nr. 28 bis 34 sind in Rot und eingepreßter Inschrift,

Nr. 35 Buchstabe K eingeritzt, mit drei Punkten in Unterglasurblau,

Nr. 36 bis 41 in Rot Unterglasur oder Lila mit polnischer oder russischer Beschriftung,

Nr. 42 bis 44 sind Inschrift in Gold gehalten, die Zahlen sind eingeritzt.

Vista Alegre (1824 bis zur Gegenwart)

Fabrikmarken

1	2	3	4
VA	V. A. △	VA 9	.VA
1824–1840	Seit 1840		

5	6	7
Porcelana de 1850 Vista Alegre em Portugal	Vista Alegre Est. 1824	VA Portugal
1850	19. und 20. Jahrhundert	

Baranowka (Wolhynien)

Porzellanmanufaktur Mezer (1801–1895)

Fabrikmarken

1 	2 	3 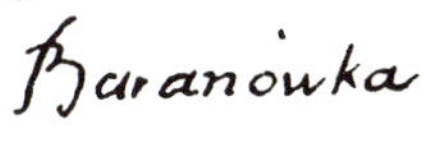
1801–1895		
4 	5 	6 
1801–1895		
7 	8 	9 
1801–1895		
	10 	
1801–1895		

Die Marken Nr. 1 bis 9 sind in verschiedenen Farben, hauptsächlich in Blau, Schwarz und Braun, ausgeführt, Nr. 10 ist eingepreßt. Den Marken ist vielfach die Jahreszahl der Herstellung entweder ganz oder die drei letzten Zahlen des Jahres hinzugefügt.

Kiew

Porzellanmanufaktur Miklaschewski (1851–1862)

Fabrikmarken

1	2	3	4

1851–1862

Die Marken sind in verschiedenen Farben mit der Hand oder gestempelt angebracht.

Moskau-Elisawetino

Porzellanmanufaktur Wsewolojsky-Poliwanoff-Ikonnikoff

Fabrikmarken (1813–1855)

1 В.СИПЯТИНА	2 	3 F.W.
1813–1820		
4 ВI	5 Fabrique de Wsevolojskoy"	6 В.,
1813–1820		
7 	8 S	9 
Seit 1820		
10 	11 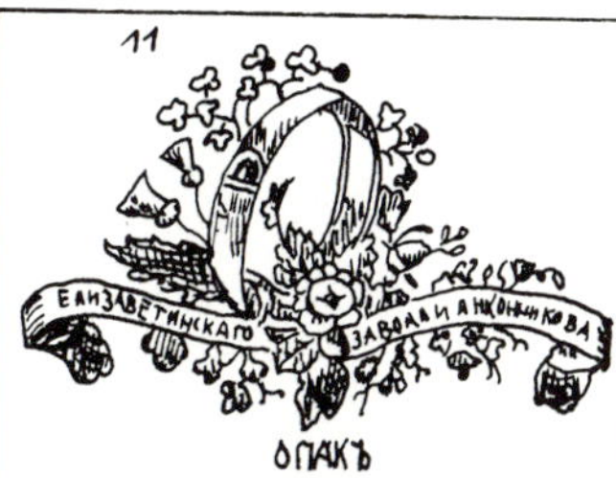	12 
1850–1855		
	13 	14 
1850–1855		

Die Marken sind in verschiedenen Farben gestempelt oder eingepreßt.

Moskau-Gorbunowo

Porzellanmanufaktur Popoff (1800–1872)

Fabrikmarken

1	2	3	4	5
			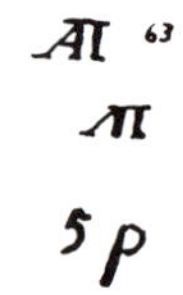	

1800–1872

Moskau-Kusnezowo

Porzellanmanufaktur Formin (1800–1883)

Fabrikmarken

1	2	3

1800–1883		
4	5	6
ф		
1800–1883		

Die Marken sind verschiedenfarbig gestempelt oder eingepreßt.

Moskau-Narotkaja

Porzellanmanufaktur Safronoff (1830–1840)

Fabrikmarken

1 	2 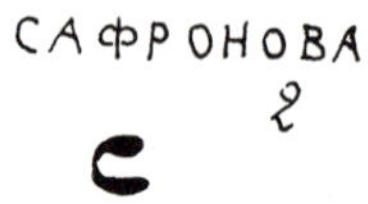	3 	4

1830–1840

Die Marken sind in verschiedenen Farben angebracht.

Moskau-Werbilky

Porzellanmanufaktur Gardner (1765 bis zum 20. Jh.)

Fabrikmarken

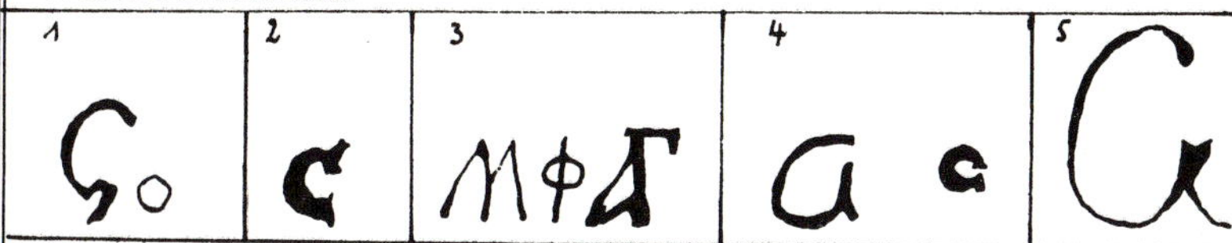

1765–1800

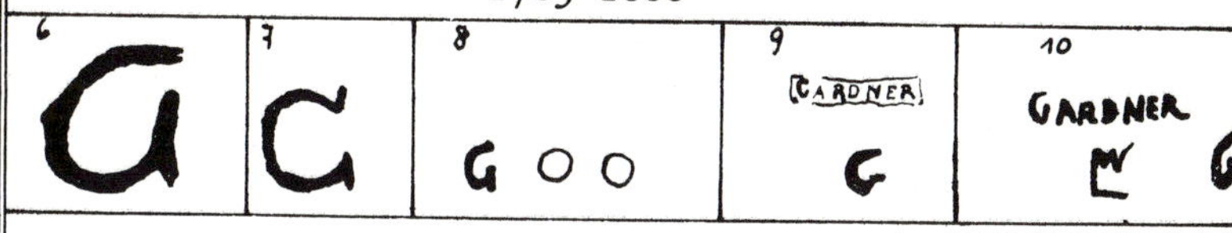

1765–1800

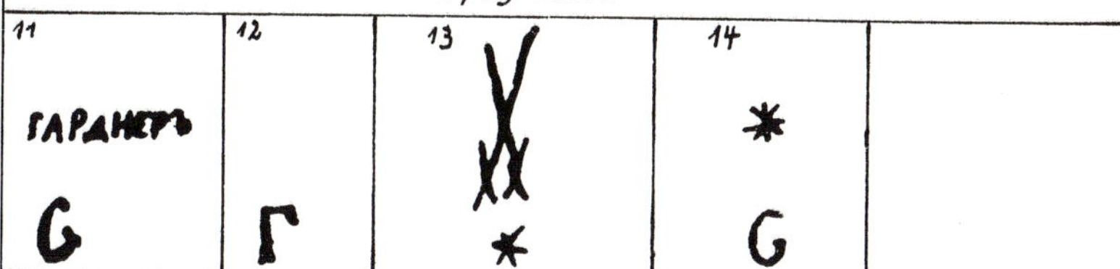

1765–1800

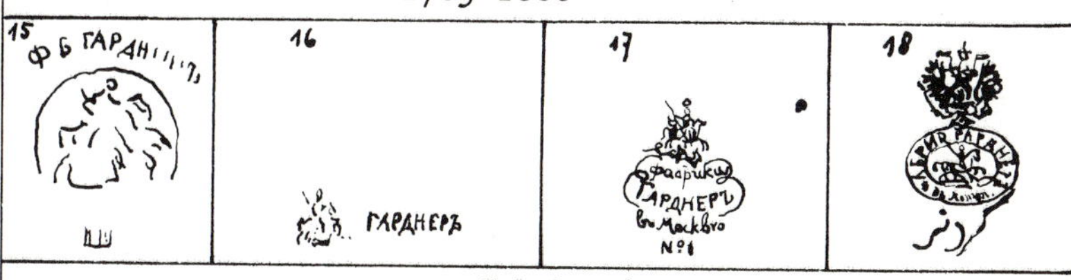

19.–20. Jahrhundert

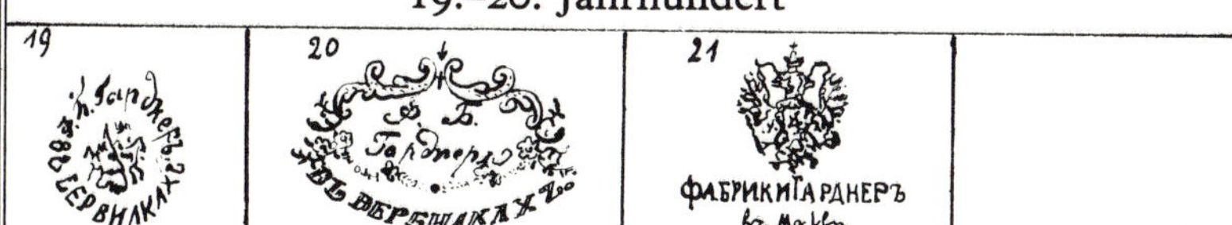

19.–20. Jahrhundert

Die Marken Nr. 1 bis 14 sind überwiegend in Blau oder zusammen in Blau nebst Einprägung oder nur eingeprägt ausgeführt, Nr. 15 bis 21 sind in farbigem Druck, vielfach in Rot, angebracht.

St. Petersburg-Leningrad

Porzellanfabrik Korniloff (1835–1917)

Fabrikmarken

1 	2 	3 
1835–1917		
4 	5 	6 
1835–1917		
7 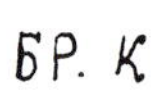	8 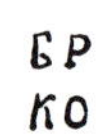	9 
1835–1917		

Die Marken sind in verschiedenen Farben gestempelt oder eingepreßt.

St. Petersburg-Leningrad

Staatliche Porzellanmanufaktur (1744 bis zur Gegenwart)

Fabrikmarken

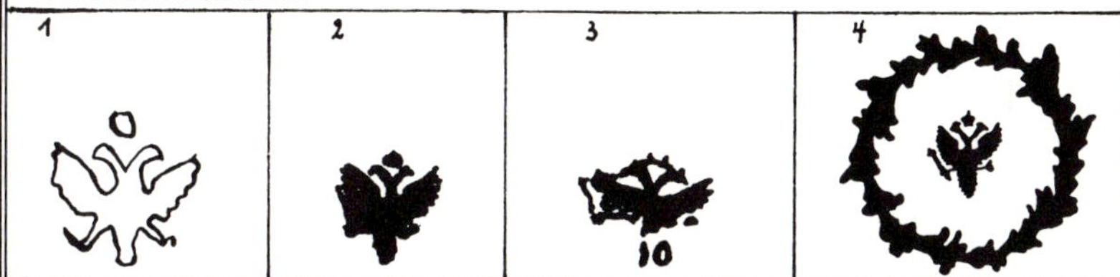

1744–1762

1762–1796

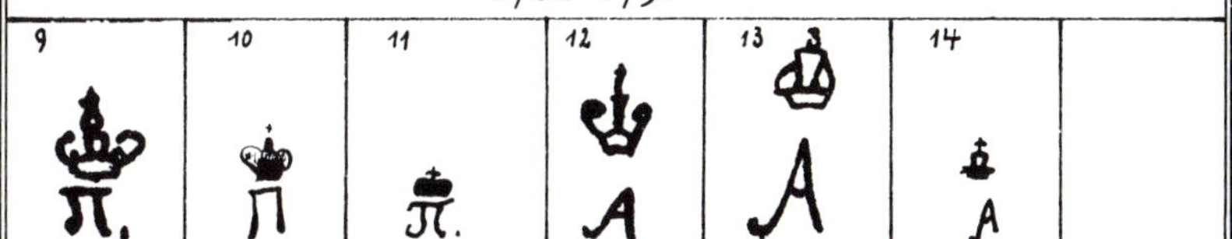

1796–1801 | 1801–1825

1825–1855

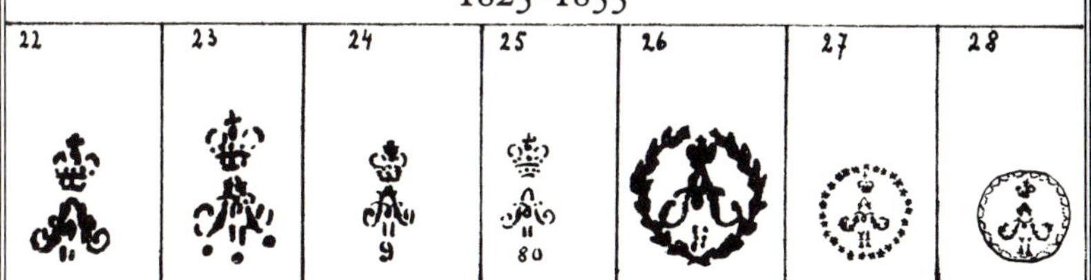

1855–1881

St. Petersburg-Leningrad

Staatliche Porzellanmanufaktur (1744 bis zur Gegenwart)

Fabrikmarken

	29	30	31	

1881–1894

32	33	34	35	36

1894–1917

37	38	39	40	41

Seit 1917

42	43	44

Marke für das Porzellan des Hofes

St. Petersburg-Leningrad

Staatliche Porzellanmanufaktur (1744 bis zur Gegenwart)

Fabrikmarken

45	46	47	48
	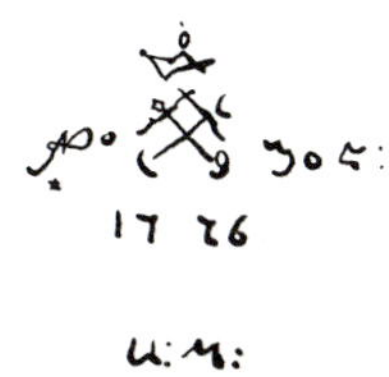	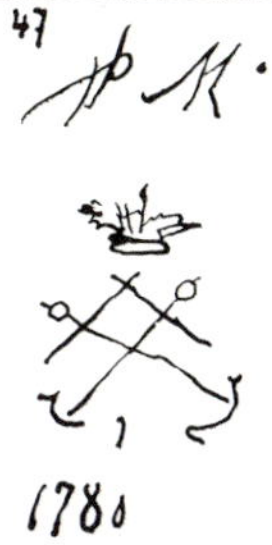	

Ankermarken zwischen 1766–1782

Die Marken Nr. 1 bis 4 sind eingepreßt oder in Blau, Schwarz oder Gold angebracht,
Nr. 5 bis 21 sind in Blau unter Glasur, gelegentlich in Blau über Glasur oder in Gold,
Nr. 22 bis 31 in Olivgrün unter Glasur,
Nr. 32 bis 41 in Blau,
Nr. 42 bis 44 die Fabrikmarke in Blau und die Eigentumsmarke des Hofes in Rot,
Nr. 45 bis 48 in Blau unter Glasur ausgeführt.

Seit dem Regierungsbeginn der Kaiserin Katharina II (1762) bestehen die Marken aus dem Monogramm des jeweiligen Inhabers der Krone. Die der Fabrikmarke hinzugefügte Eigentumsmarke ПК = Pridvornaia Kontora bedeutet, daß das Porzellan zum Hofinventar gehört. Die Bedeutung der sogenannten Ankermarken ist bisher nicht geklärt. Während der Regierungszeit von Nikolaus II (1894–1917) wurde der Fabrikmarke auch das Herstellungsjahr hinzugefügt.

In das Porzellan eingepreßte Zahlen, Buchstaben oder Zeichen bezeichnen die Porzellanmasse.

Tomaszów

Porzellanmanufaktur Mezer (1805–1810)

1
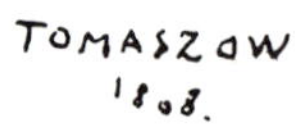

2
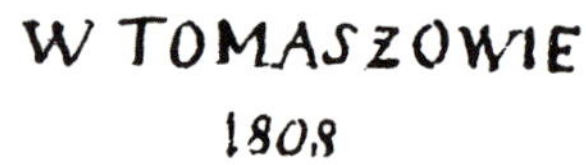

1805–1810

3
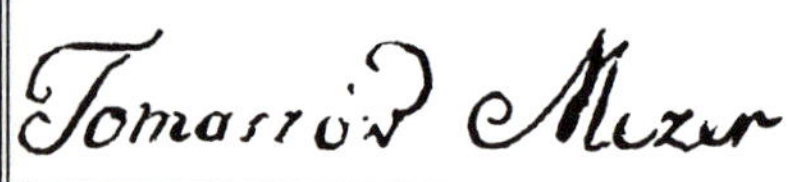

4

1805–1810

5
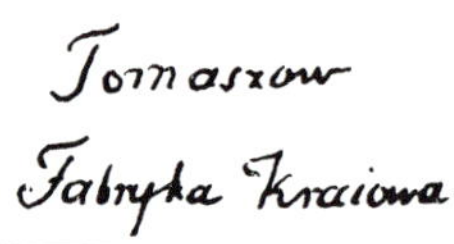

6
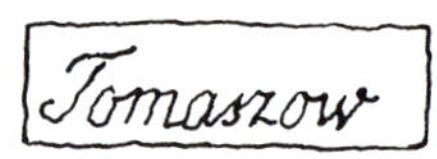

1805–1810

7

8

1805–1810

9

10

1805–1810

Die Marken sind in verschiedenen Farben ausgeführt oder eingeritzt.

Gustavsberg bei Stockholm (1822 bis zur Gegenwart)

Fabrikmarken

1

1830–1839

2

etwa ab 1839–1866

3

1840

4

1845–1880

5

1866

6

1890–1910

7

8

9

etwa um 1900

10

ab 1920

Gustavsberg bei Stockholm (1822 bis zur Gegenwart)

Fabrikmarken

11

12

13

1924

14

15

16

1930 (14, 15) — 1936 (16)

17

18

1940 (17) — 1943 (18)

Die Marken sind im allgemeinen in Unterglasurfarben gestempelt. Die Marken Nr. 7 und 8 sind gemalt.

Marieberg (1766–1769, 1777–1778)

Fabrikmarken

1 	2 	3 	4 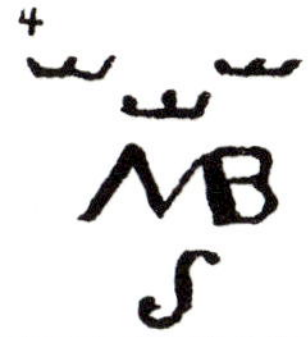
1766–1769		1777–1778	
5 	6 	7 	8 
1777–1778			
9 	10 	11 	12 
1777–1778			

Die Marken Nr. 1 und 2 (Berthevin) sind fast immer eingeritzt.

1772 wurde Hartporzellan in schlechter Qualität, von 1777 bis 1778 Hartporzellan in guter Qualität hergestellt. Das Porzellan wurde nicht immer mit einer Marke versehen, zuweilen kommen Marken in Blau, seltener in Schwarz, eine französische Lilie unter 3 Kronen in Rosa vor. Die 3 Punkte (Marke Nr. 12) wurden stets in Blau angebracht. Zur gleichen Zeit wurden Fayencen und Steingut hergestellt.

Rörstrand-Lidköping (2. Hälfte des 19. Jh. bis zur Gegenwart)		
Fabrikmarken		
1 	2 	3 
Seit 1870	Seit 1884	
4 	5 	6 
20. Jahrhundert		

Die Marken sind in verschiedenen Farben gedruckt.

Nyon (1780–1813)

Fabrikmarken

1 	2 
1780–1813	
3 	4 
1780–1813	
5 	6 
1780–1813	
7 	8 
1780–1813	

Die Marken sind in Unterglasurblau ausgeführt.

Zürich (1763–1790)

Fabrikmarken

1 	2 	3 
4 	5 	6 
7 	8 	9 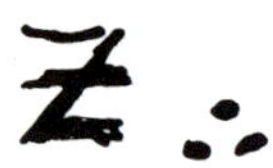
1765–1790		

Formermarke

10 	
1763–1765	

Die Marken Nr. 1 bis 3 wurden an Weichporzellan und Hartporzellan, Nr. 4 bis 9 nur an Hartporzellan in Blau angebracht.

Buen-Retiro (1759–1808)

Fabrikmarken

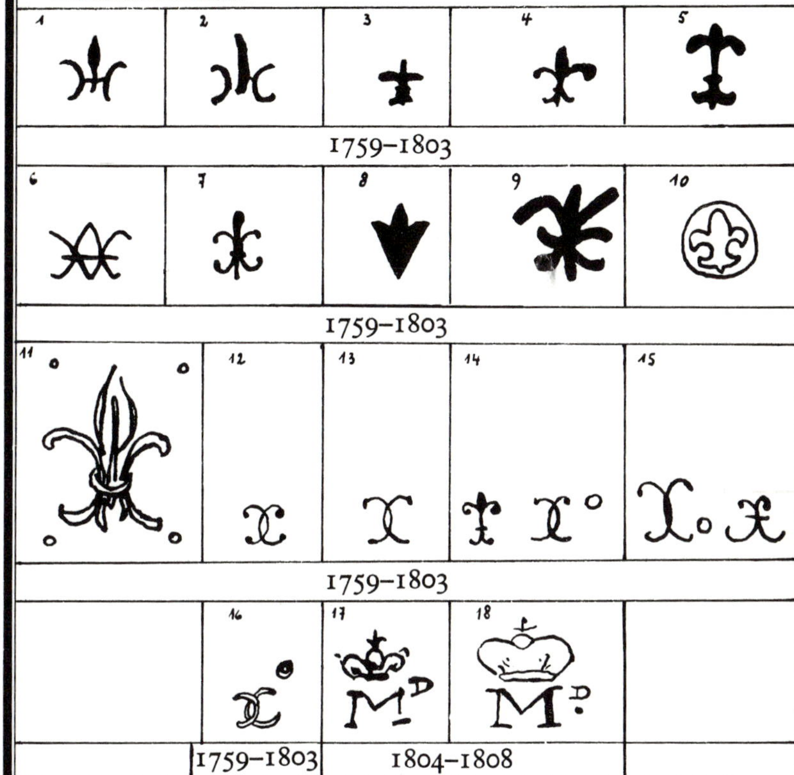

Maler- und Bossierermarken

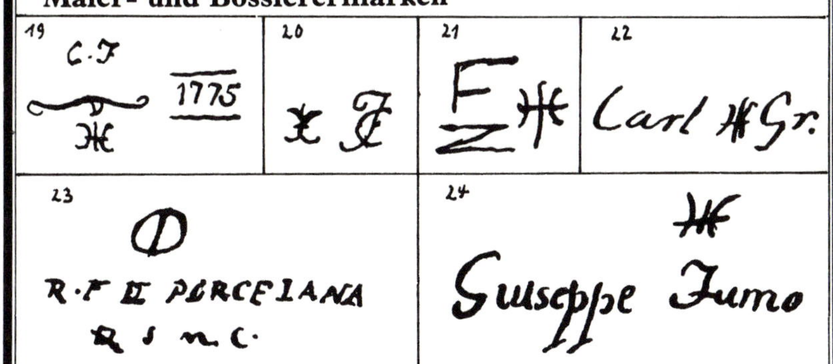

Buen-Retiro (1759–1808)

Maler- und Bossierermarken

25

26

27

28

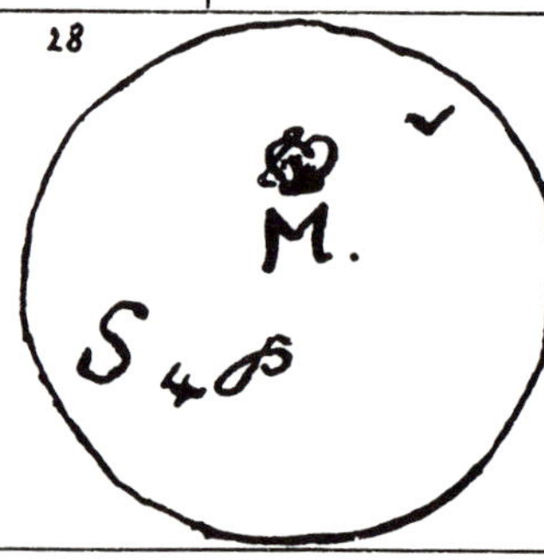

Die Marken Nr. 1 bis 9 sind in Blau,
Nr. 10 bis 12 eingepreßt bzw. eingeritzt,
Nr. 13 in Schwarz,
Nr. 14 und 15 in Blau,
Nr. 16 eingeritzt,
Nr. 17 und 18 in Rot ausgeführt.

Gerona (19. Jahrhundert)

Fabrikmarken

1	2	3	4

19. Jahrhundert

Die Marken sind in Rot oder Blau ausgeführt. Es bestehen Zweifel, ob es sich bei Gerona um eine Porzellanfabrik oder um eine Porzellanmalerei handelt.

La Moncloa (1817–1850)

Fabrikmarken

1	2	3

1817–1850

Die Marken Nr. 1 und 2 sind in Rot, Nr. 3 eingepreßt angebracht. Die Manufaktur hat in gewissem Sinne die Nachfolge von Buen Retiro angetreten, deren Formen sie vielfach benutzte und deren Leiter bis 1829 der letzte Direktor der Hofmanufaktur war.

Herend (1839 bis zur Gegenwart)

Fabrikmarken

1

2

1842

3

1843

4
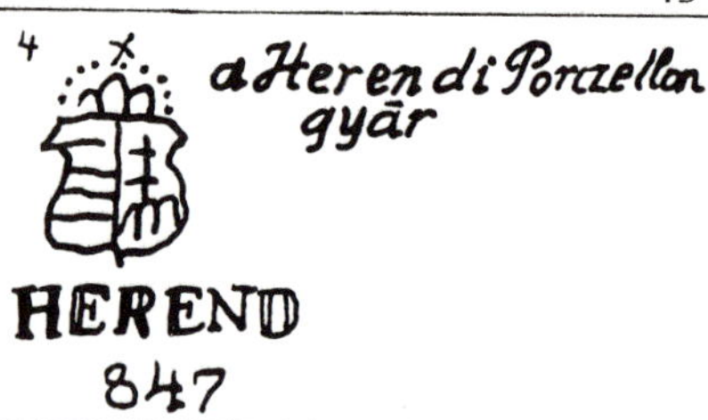

5

1847

6

7

8

1855–1898

9

10

11

1855–1898

1897

Herend (1839 bis zur Gegenwart)

Fabrikmarken

12

13

1897–1938

14

15

1897–1938

16

17

18

1939

19

1939

20

1941

21

1945

Bei den Marken ist der Ortsname eingepreßt, das ungarische Wappen in Blau über Glasur ausgeführt. Den Manufakturmarken ist sehr häufig die Jahreszahl, meistens unter Fortlassung der 1, beigefügt.

Gmundner Keramik ab 1903

Die Marken der Gmundner Keramik wurden nachträglich ergänzt.

Aus technischen Gründen mußten diese auf den Seiten 719-727 untergebracht werden.

III.

CHINESISCHE UND JAPANISCHE MARKEN

CHINESE AND JAPANESE MARKS

MARQUES CHINOISES ET JAPONAISES

Erzeugnisse von I-hsing

Products from I-hsing–Produits de I-hsing

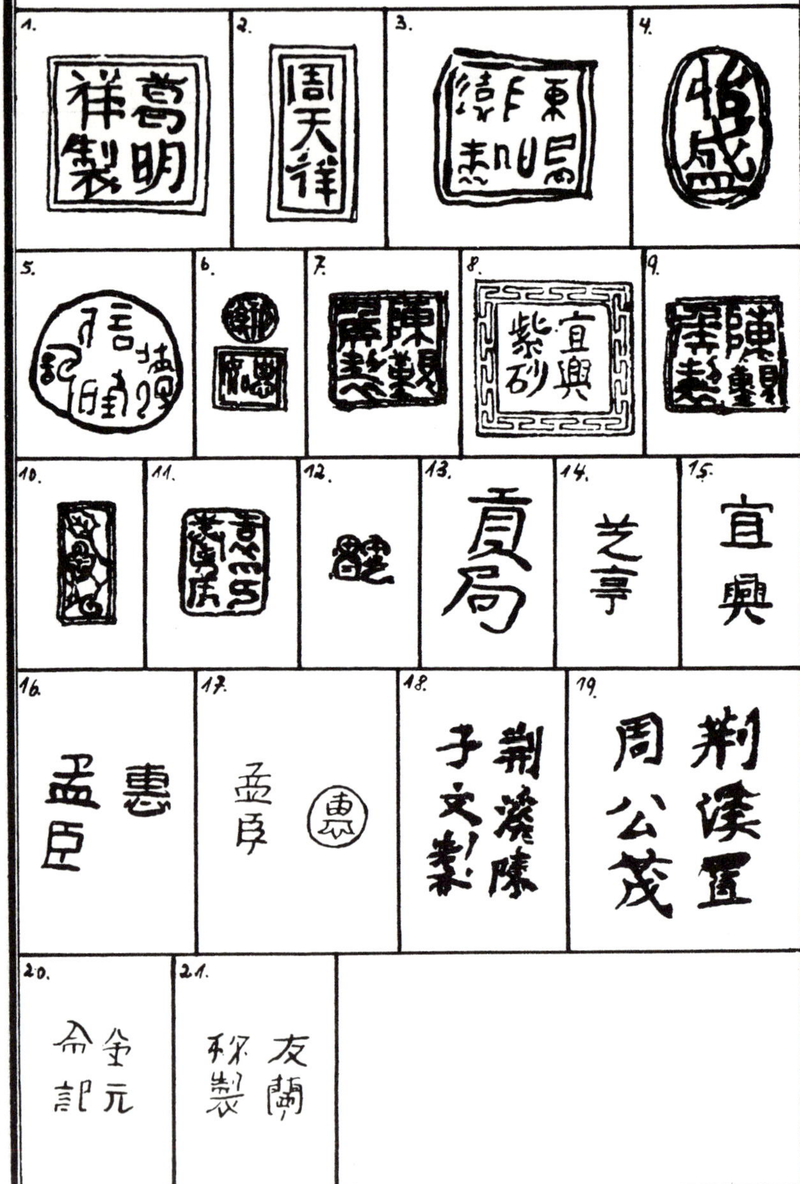

Erzeugnisse der Provinz Kuangtung

Products of province Kuangtung **Produits de la province Kuangtung**

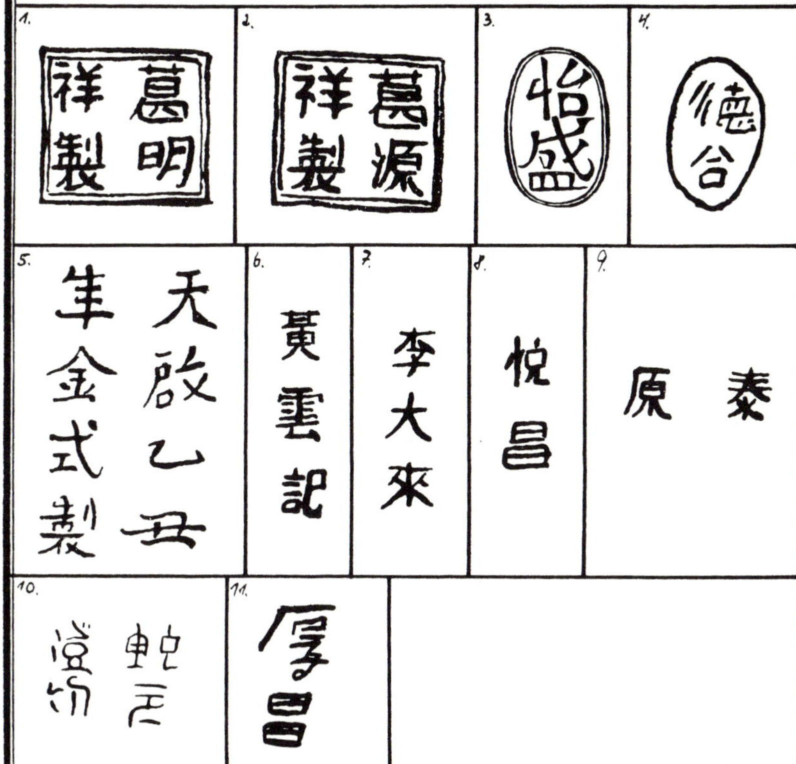

Regierungsmarken–Governmental marks Marques du gouvernement

Chronologische Tafel Chronological tables–Tableau chronologique

Nien-haos der Ming-Dynastie–Nien-haos of the Ming-Dynastie
Nien-haos de la dynastie-Ming

Hung-wu (1368—1398)

洪武年製

Yung-lo (1403—1424)

永樂年製

Hsüan-tê (1426—1435)

大明宣德年製

Ch'êng-hua (1465—1487)

大明成化年製

成化年製

Hung-chih (1488—1505)

大明弘治年製

Chêng-tê (1506—1521)

大明正德年製

Chia-ching (1522—1566)

大明嘉靖年製

Lung-ch'ing (1567—1572)

大明隆慶年製

Regierungsmarken – Governmental marks Marques du gouvernement

Chronologische Tafel Chronological tables – Tableau chronologique

Nien-haos der Ming-Dynastie – Nien-haos of the Ming-Dynastie
Nien-haos de la dynastie-Ming

Wan-li (1573—1619)	**T'ien-ch'i** (1621—1627)	**Ch'ung-chêng** (1628-1643)
大明萬曆年製	大明天啟年製	崇禎年製

Nien-haos der Ch'ing-Dynastie Nien-haos of the Ch'ing-Dynastie
Nien-haos de la dynastie-Ch'ing

Shun-chih (1644—1661)	**K'ang-hsi** (1662—1722)
大清順治年製 大清順治年製	大清康熙年製 大清康熙年製
Yung-chêng (1723—1735)	**Ch'ien-lung** (1736—1795)
大清雍正年製 大清雍正年製	大清乾隆年製 大清乾隆年製
Chia-ch'ing (1796—1820)	**Tao-kuang** (1821—1850)
嘉慶年製 大清嘉慶年製	大清道光年製 大清道光年製

Regierungsmarken – Governmental marks Marques du gouvernement

Chronologische Tafel – Chronological tables Tableau chronologique

Nien-haos der Ch'ing-Dynastie Nien-haos of the Ch'ing-Dynastie Nien-haos de la dynastie-Ch'ing

Hsien-fêng (1851—1861)	**T'ung-chih** (1862—1874)
大清咸豐年製 	大清同治年製 
Kuang-hsü (1875—1908)	**Hsüan T'ung** (1909—1912)
大清光緒年製 	宣統年製

Zeichen des 60-Jahr-Zyklus

Signs of the 60 year's cycle – Signes du cycle de 60 ans

Zyklische Zeichen Cyclic signs Signes cycliques	Jahreszahl nach Christi Geburt Date after Christ Date après Jésus Christ	Zyklische Zeichen Cyclic signs Signes cycliques	Jahreszahl nach Christi Geburt Date after Christ Date après Jésus Christ
甲子	604, 664, 724 . ., 1684, 1744 usw.	甲午	634, 694, 754 . ., 1714, 1774 usw.
乙丑	605, 665, 725 . ., 1685, 1745 usw.	乙未	635, 695, 755 . ., 1715, 1775 usw.
丙寅	606, 666, 726 . ., 1686, 1746 usw.	丙申	636, 696, 756 . ., 1716, 1776 usw.
丁卯	607, 667, 727 . ., 1687, 1747 usw.	丁酉	637, 697, 757 . ., 1717, 1777 usw.
戊辰	608, 668, 728 . ., 1688, 1748 usw.	戊戌	638, 698, 758 . ., 1718, 1778 usw.
己巳	609, 669, 729 . ., 1689, 1749 usw.	己亥	639, 699, 759 . ., 1719, 1779 usw.
庚午	610, 670, 730 . ., 1690, 1750 usw.	庚子	640, 700, 760 . ., 1720, 1780 usw.
辛未	611, 671, 731 . ., 1691, 1751 usw.	辛丑	641, 701, 761 . ., 1721, 1781 usw.
壬申	612, 672, 732 . ., 1692, 1752 usw.	壬寅	642, 702, 762 . ., 1722, 1782 usw.
癸酉	613, 673, 733 . ., 1693, 1753 usw.	癸卯	643, 703, 763 . ., 1723, 1783 usw.
甲戌	614, 674, 734 . ., 1694, 1754 usw.	甲辰	644, 704, 764 . ., 1724, 1784 usw.
乙亥	615, 675, 735 . ., 1695, 1755 usw.	乙巳	645, 705, 765 . ., 1725, 1785 usw.
丙子	616, 676, 736 . ., 1696, 1756 usw.	丙午	646, 706, 766 . ., 1726, 1786 usw.
丁丑	617, 677, 737 . ., 1697, 1757 usw.	丁未	647, 707, 767 . ., 1727, 1787 usw.
戊寅	618, 678, 738 . ., 1698, 1758 usw.	戊申	648, 708, 768 . ., 1728, 1788 usw.
己卯	619, 679, 739 . ., 1699, 1759 usw.	己酉	649, 709, 769 . ., 1729, 1789 usw.
庚辰	620, 680, 740 . ., 1700, 1760 usw.	庚戌	650, 710, 770 . ., 1730, 1790 usw.
辛巳	621, 681, 741 . ., 1701, 1761 usw.	辛亥	651, 711, 771 . ., 1731, 1791 usw.
壬午	622, 682, 742 . ., 1702, 1762 usw.	壬子	652, 712, 772 . ., 1732, 1792 usw.
癸未	623, 683, 743 . ., 1703, 1763 usw.	癸丑	653, 713, 773 . ., 1733, 1793 usw.
甲申	624, 684, 744 . ., 1704, 1764 usw.	甲寅	654, 714, 774 . ., 1734, 1794 usw.
乙酉	625, 685, 745 . ., 1705, 1765 usw.	乙卯	655, 715, 775 . ., 1735, 1795 usw.
丙戌	626, 686, 746 . ., 1706, 1766 usw.	丙辰	656, 716, 776 . ., 1736, 1796 usw.
丁亥	627, 687, 747 . ., 1707, 1767 usw.	丁巳	657, 717, 777 . ., 1737, 1797 usw.
戊子	628, 688, 748 . ., 1708, 1768 usw.	戊午	658, 718, 778 . ., 1738, 1798 usw.
己丑	629, 689, 749 . ., 1709, 1769 usw.	己未	659, 719, 779 . ., 1739, 1799 usw.
庚寅	630, 690, 750 . ., 1710, 1770 usw.	庚申	660, 720, 780 . ., 1740, 1800 usw.
辛卯	631, 691, 751 . ., 1711, 1771 usw.	辛酉	661, 721, 781 . ., 1741, 1801 usw.
壬辰	632, 692, 752 . ., 1712, 1772 usw.	壬戌	662, 722, 782 . ., 1742, 1802 usw.
癸巳	633, 693, 753 . ., 1713, 1773 usw.	癸亥	663, 723, 783 . ., 1743, 1803 usw.

Beispiele von Periodenmarken Examples of periodical marks Exemples de marques périodiques		
1. 丙戌年製	2. 大明成化元年乙酉	

Chinesische Zahlen–Chinese numbers–Nombres Chinois			
1	一	7	七
2	二	8	八
3	三	9	九
4	四	10	十
5	五	11	十一
6	六	20	二十
	74	七十四	

Hallenmarken–Hall marks–Marques des portiques

No.	Mark
1.	仁和館
2.	樞府
3.	玉堂佳器
4.	德馨堂製
5.	[illegible]
6.	慎德堂製
7.	芝蘭堂製
8.	聚順美玉堂製
9.	林玉堂製
10.	玉海堂製
11.	友寸堂製
12.	奇玉堂製
13.	玉海堂製
14.	養和堂製
15.	澹寧齋製
16.	敬畏堂製
17.	彩潤堂製
18.	彩秀堂製
19.	大樹堂製
20.	慎德堂博古製
21.	菉漪堂
22.	大雅齋

Glückwunsch- und Empfehlungsmarken

Marques de félicitation et de recommendation
Felicitation and commendation marks

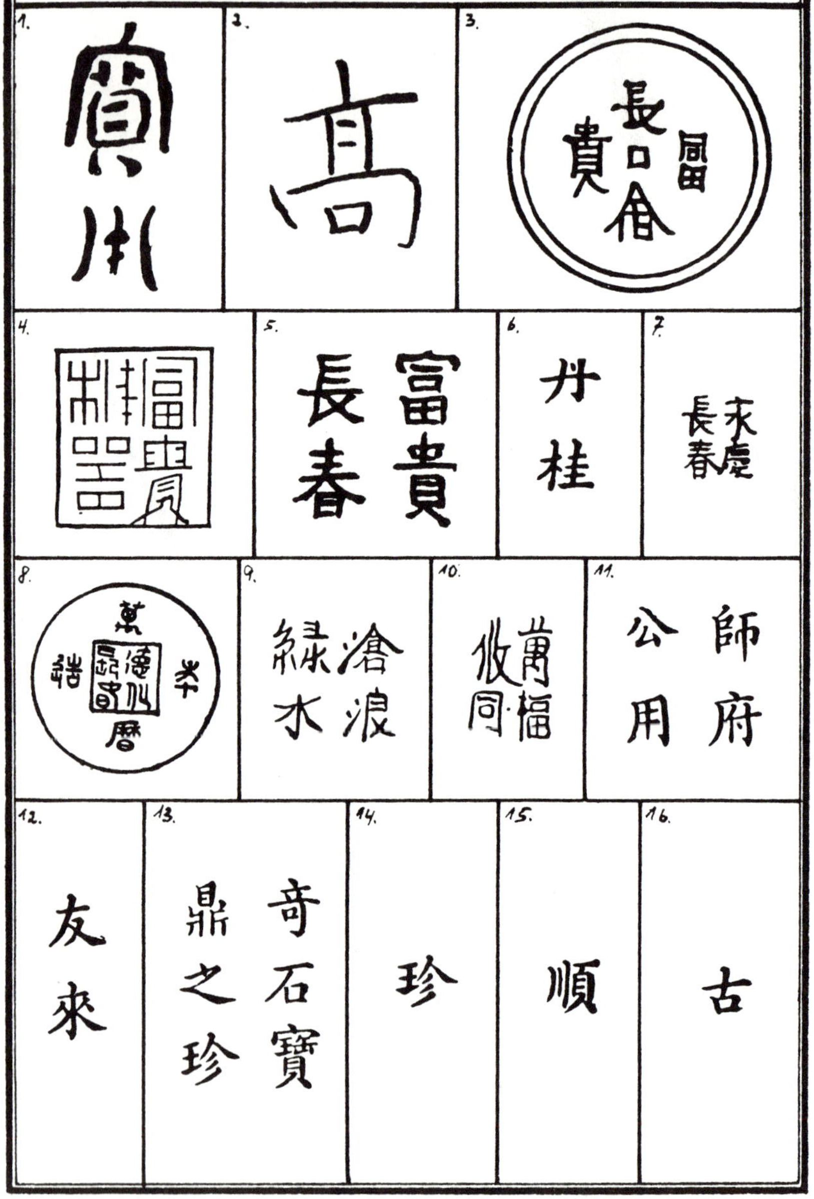

Glückwunsch- und Empfehlungsmarken

Felicitation and commendation marks
Marques de félicitation et de recommendation

17. 奇玉宝鼎之珍

18. 奇珍如玉

19. 聖友雅集

20. 天

21.

22. 宝勝

23. 西玉

24. 玩玉

25. 真玉

26. 玉

27. 愛蓮珍賞

28.

29. 全

30. 珍玩

31. 雅玩

32. 大吉

33. 囍

34.

35.

Künstlerbezeichnungen

Marks of artists–Marques des artistes

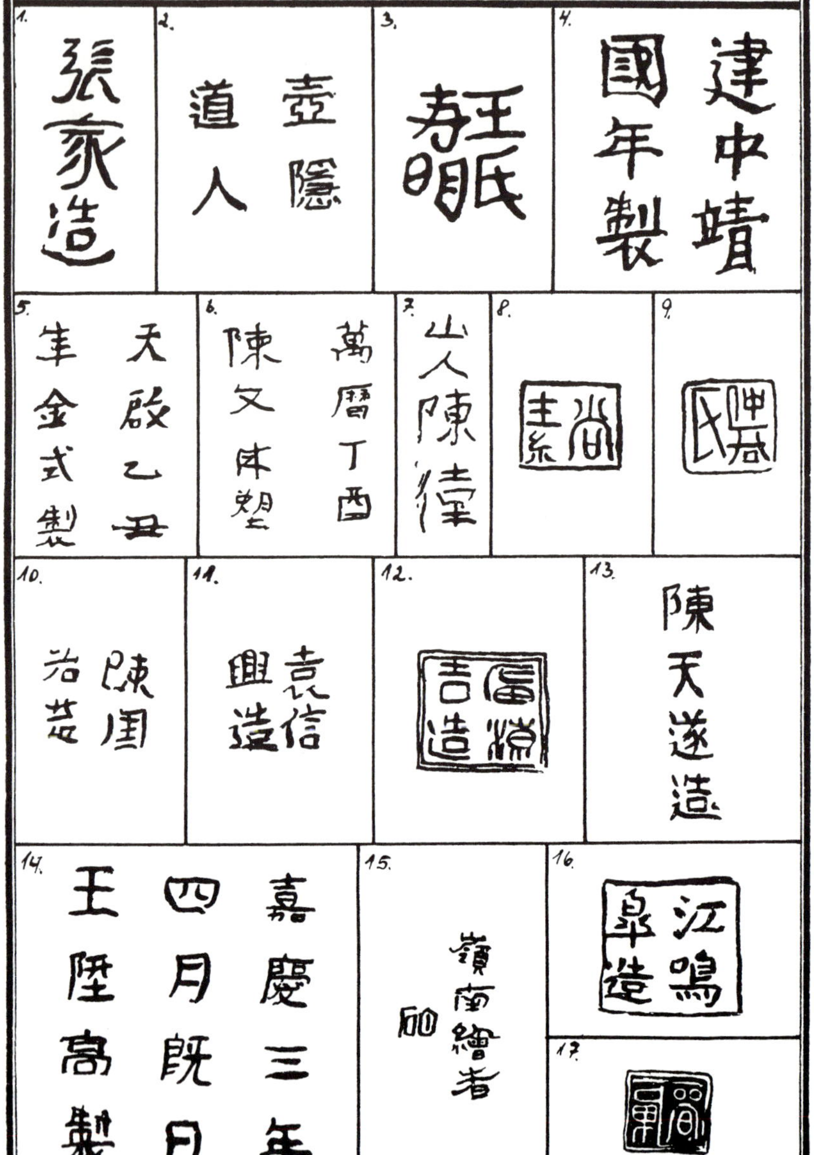

Künstlerbezeichnungen				
Marks of artists–Marques des artistes				
18. 	19. 	20. 	21. 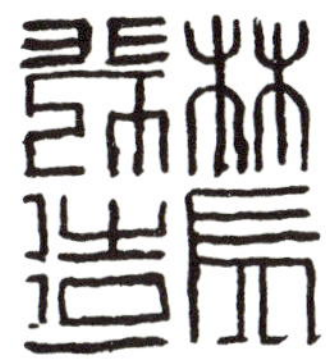	
22. 	23. 	24. 	25. 	26. 

Symbol- und Verzierungsmarken Symbol and decoration marks Marques de symbole et décoration

Die acht buddhistischen Zeichen The eight Buddhist marks – Les huit symboles boudhistes

Glocke oder Gesetzesrad Bell or wheel of law – Cloche ou roue de loi

1.

Muschel – Shell – Coquille

2.

Schirm – Umbrella – Parapluie

3.

Baldachin – Baldaquin – Baldaquin

4.

Blumen – Flowers – Fleurs

5.

Symbol- und Verzierungsmarken Symbol and decoration marks Marques de symbole et décoration

Die acht buddhistischen Zeichen The eight Buddhist marks - Les huit symboles boudhistes

Vasen - Vases - Vases

6.

Fische - Fish - Poissons

7.

Knoten - Knots - Noeuds

8.

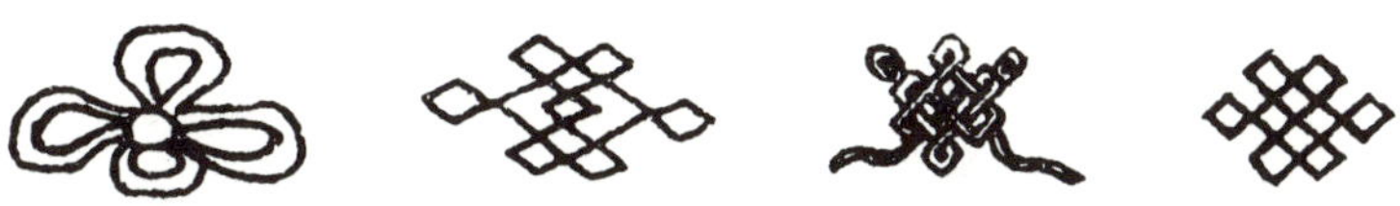

Die acht kostbarsten Dinge The eight precious things - Les huit bijoux

Perle - Pearl Perle	Münze - Coin Monnaie	Raute - Rhombe Rhombe	Gemälde - Painting Tableau
1. 	2. 	3. 	4. 

Klangstein Musical stone Pierre Sonnante	Bücher - Books Livres	Rhinozeroshornbecher A pair of rhinoceros horn cups Coupe de corne de Rhinocéros	Artemisia Blatt An Artemisia leaf Feuille d'Artemise
5. 	6. 	7 	8. 

Weitere Symbolformen Further symbol forms - D'autres formes symboliques

Blatt - Leave - Feuille

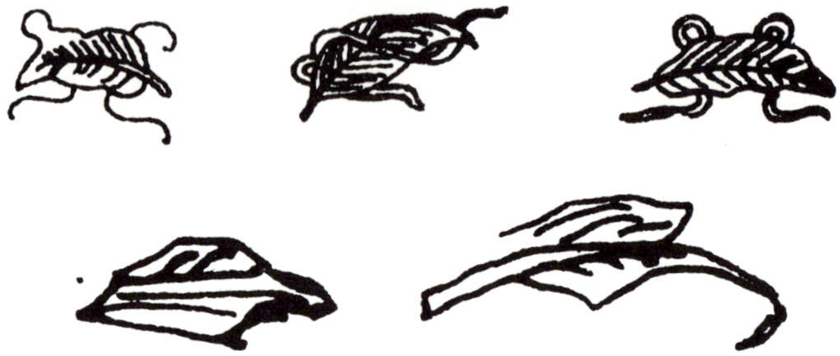

Pilz - Mushroom - Champignon

Pfirsiche - Peaches Pêches

Blume - Flower - Fleur

Knoten - Knot - Noeud

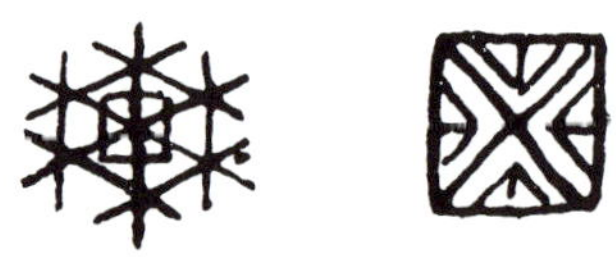

Räuchergefäß - Incense burner - Encensoir

Pinsel - Brush - Pinceau

Weitere Symbolformen Further symbol forms–D'autres formes symboliques

Hase–Hare–Lièvre

1.

2.

3.

Liste der Nengō vom Jahre 1394 angefangen		
Ōei	應永	1394—1428
Shōchō	正長	1428—1429
Eikyō	永享	1429—1441
Kakitsu	嘉吉	1441—1444
Bunan	文安	1444—1449
Hōtoku	寶德	1449—1452
Kyōtoku	享德	1452—1455
Kōshō	康正	1455—1457
Chōroku	長祿	1457—1460
Kwanshō	寛正	1460—1466
Bunshō	文正	1466—1467
Ōnin	應仁	1467—1469
Bummei	文明	1469—1487
Chōkō	長享	1487—1489
Entoku	延德	1489—1492
Meiō	明應	1492—1501

Liste der Nengō		
Bunki	文龜	1501—1504
Eishō	永正	1504—1521
Daiei	大永	1521—1528
Kyoroku	享祿	1528—1532
Tembun	天文	1532—1555
Kōji	弘治	1555—1558
Eiroku	永祿	1558—1570
Genki	元龜	1570—1573
Tenshō	天正	1573—1592
Bunroku	文祿	1592—1596
Keichō	慶長	1596—1615
Genwa	元和	1615—1624
Kwanei	寛永	1624—1644
Shōhō	正保	1644—1648
Keian	慶安	1648—1652
Shōō	承應	1652—1655

Liste der Nengō		
Meireki	明暦	1655—1658
Manji	萬治	1658—1661
Kwambun	寬文	1661—1673
Empō	延寳	1673—1681
Tenwa	天和	1681—1684
Iōkyō	貞享	1684—1688
Genroku	元祿	1688—1704
Hōei	寳永	1704—1711
Shōtoku	正德	1711—1716
Kyōhō	享保	1716—1736
Gembun	元文	1736—1741
Kwampō	寬保	1741—1744
Enkyō	延享	1744—1748
Kwanen	寬延	1748—1751
Hōreki	寳暦	1751—1764
Meiwa	明和	1764—1772

Liste der Nengō		
Anei	安永	1772—1781
Temmei	天明	1781—1789
Kwansei	寛政	1789—1801
Kyōwa	享和	1801—1804
Bunkwa	文化	1804—1818
Bunsei	文政	1818—1830
Tempō	天保	1830—1844
Kōkwa	弘化	1844—1848
Kaei	嘉永	1848—1854
Ansei	安政	1854—1860
Manen	萬延	1860—1861
Bunkyu	文久	1861—1864
Genji	元治	1864—1865
Keiō	慶應	1865—1868
Meiji	明治	1868—1912
Taishō	大正	1912—1926

Liste der Nengō		
Shōwa	昭和	ab 1926

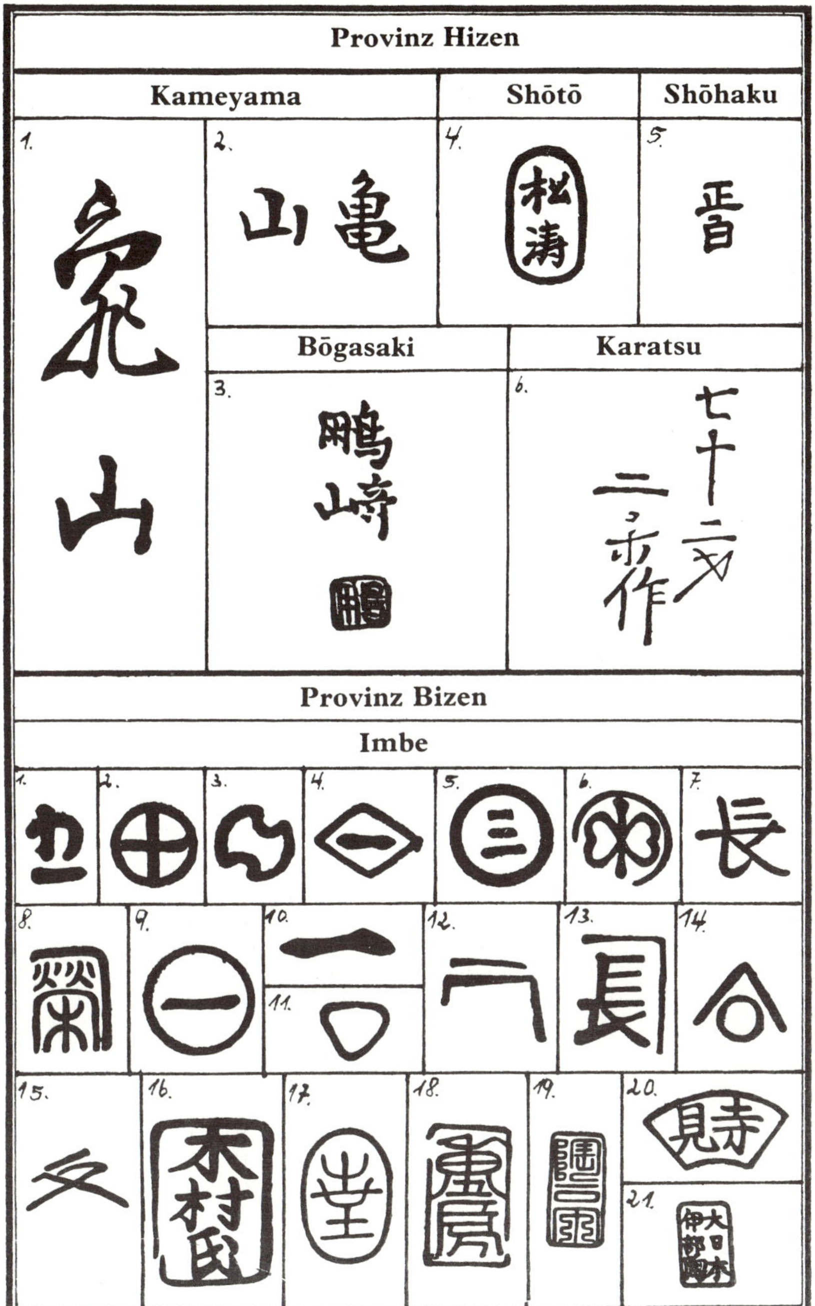
Provinz Hizen
Kameyama
Shōtō
Shōhaku
1.
2.
4.
5.
Bōgasaki
Karatsu
3.
6.
Provinz Bizen
Imbe
1.
2.
3.
4.
5.
6.
7.
8.
9.
10.
11.
12.
13.
14.
15.
16.
17.
18.
19.
20.
21.

Provinz Bizen

Naoyoshi

22.

Okayama

23.

Mushiage

24.

25.

Provinz Tsushima

Shiga

1.

2.

Provinz Tosa

Odo

1.

2.

Sōkan

3.

Provinz Yamato

Akahada

1.

2.

3.

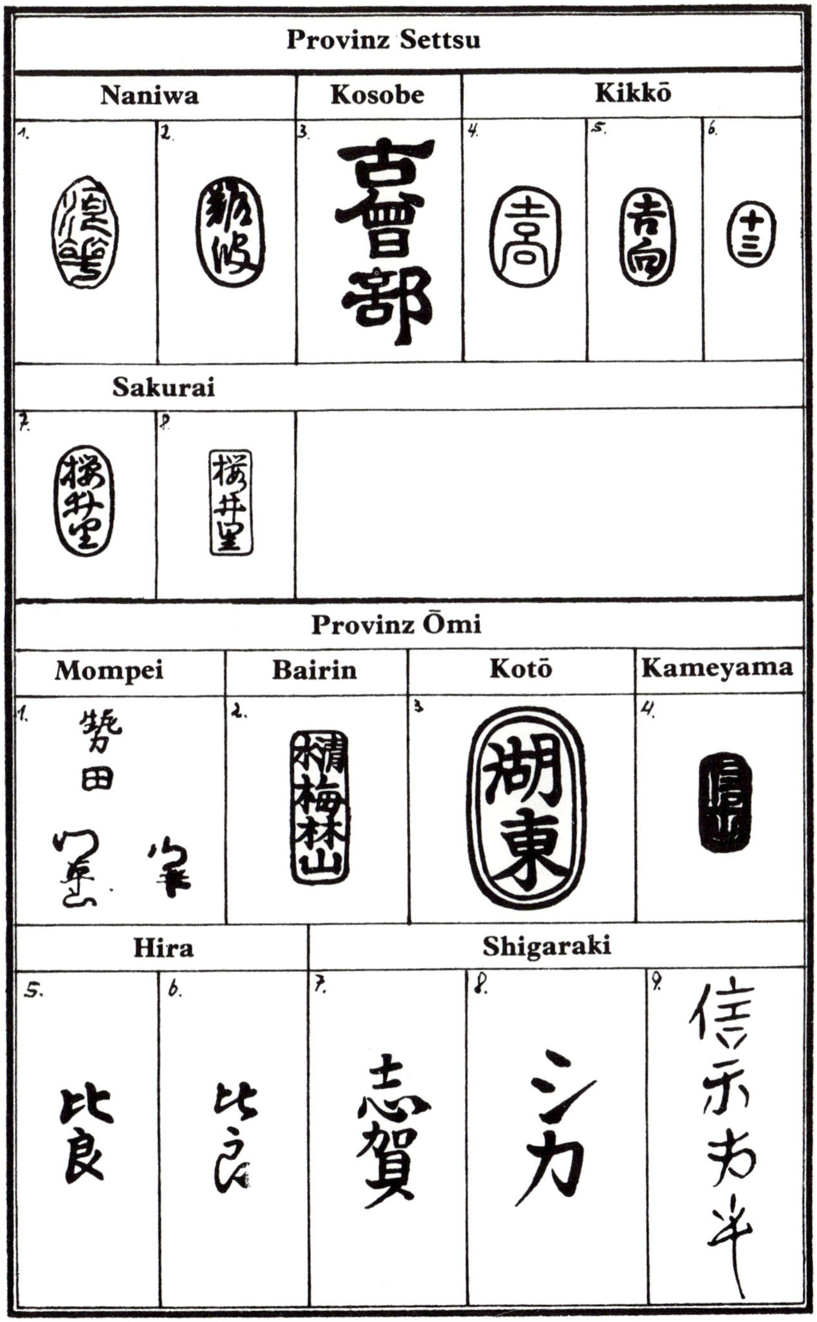
Provinz Settsu
Naniwa
Kosobe
Kikkō
Sakurai
Provinz Ōmi
Mompei
Bairin
Kotō
Kameyama
Hira
Shigaraki

Provinz Higo

Kōda		Amidayama	Shōdai	Yatsushiro
1. 	2. 	3. 	4. 	6. 
			Shōfu	
			5. 	

Provinz Nagato

Hagi	Toyo-ura-yama	
1. 	2. 	

Provinz Kaga

Yamamoto	Ōhi	Chōju	Masakichi
1. 	2. 	3. 	4. 

Provinz Kaga

Mokubei

5. 

Rinzan

6. 

Provinz Ise

Antō

1. 

2. 

Akogi

3. 

4. 

Sahei

5. 

Banko

6. 

7. 

8. 

Yusetsu

9. 

10. 

Yusetsu

11. 

Banko Fueki

12. 

Isawa

13. 

Tamagaki

14. 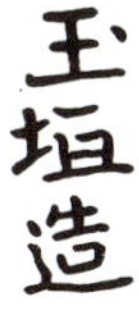

Bokusai

15. 

Provinz Echizen

Fukui

1.

Mikuni

2.

Provinz Chikugo

Yanagiwara

Provinz Iyo

Matsuyama

Provinz Suo

Tada

1.

Kikkō

2.

3.

Provinz Sado

Kintaro

1.

Iōzan

2.

Provinz Awaji

Mimpei

1.

2.

Sampei

3.

Provinz Buzen

Hoshō

1\.

Denkō

2\.

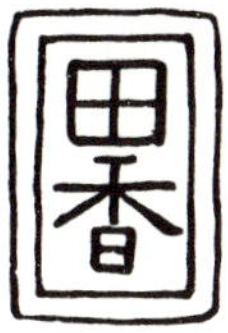

Provinz Izumi

Minato

1\.

2\.

Provinz Shinano

Kikkō

Provinz Iwami

Nagami

Provinz Suruga

Shizuhata

Provinz Kii

Kairakuen

1\.

2\.

Meppotani

3\.

4\.

Otokoyama

5\.

6\.

Provinz Iga

Marubashira		Tokusai	Shinjiro
1.	2.	3.	4.

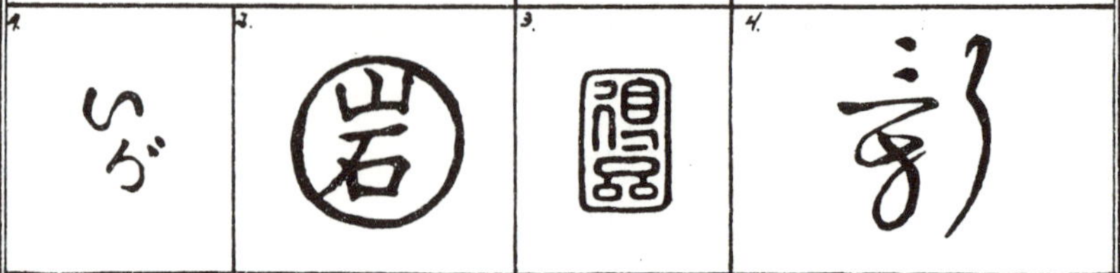

Provinz Tōtōmi		Provinz Harima				
Shidoro		Akashi			Ryushi	Asagiri
1.	2.	1.	2.	3.	4.	5.

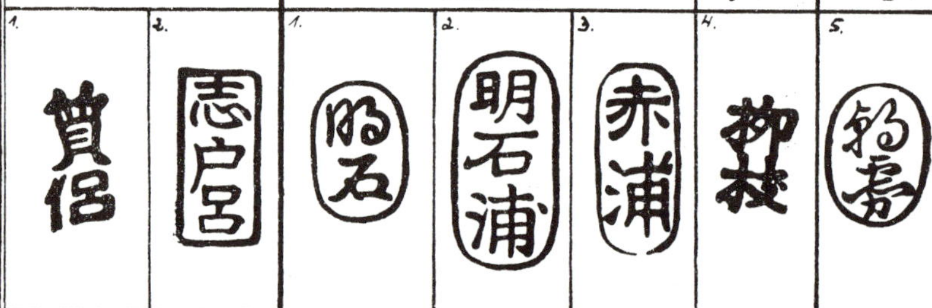

Wafuken	Hōen	Maiko	Sōhei	Suma		Tōzan
6.	7.	8.	9.	10.	11.	12.

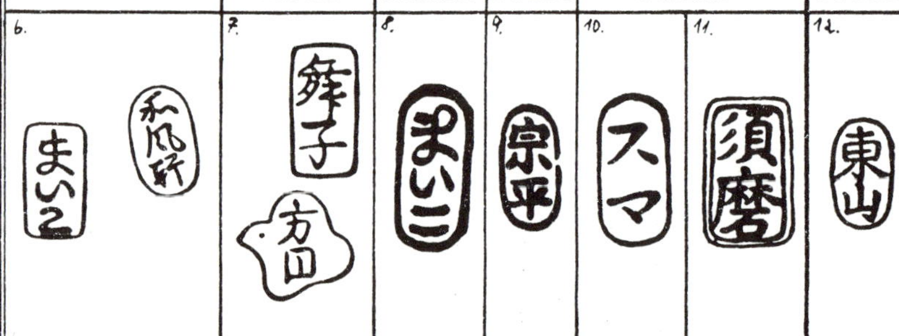

Provinz Izumo

Zenshiro		Rakuzan		
1.	2.	3.	4.	

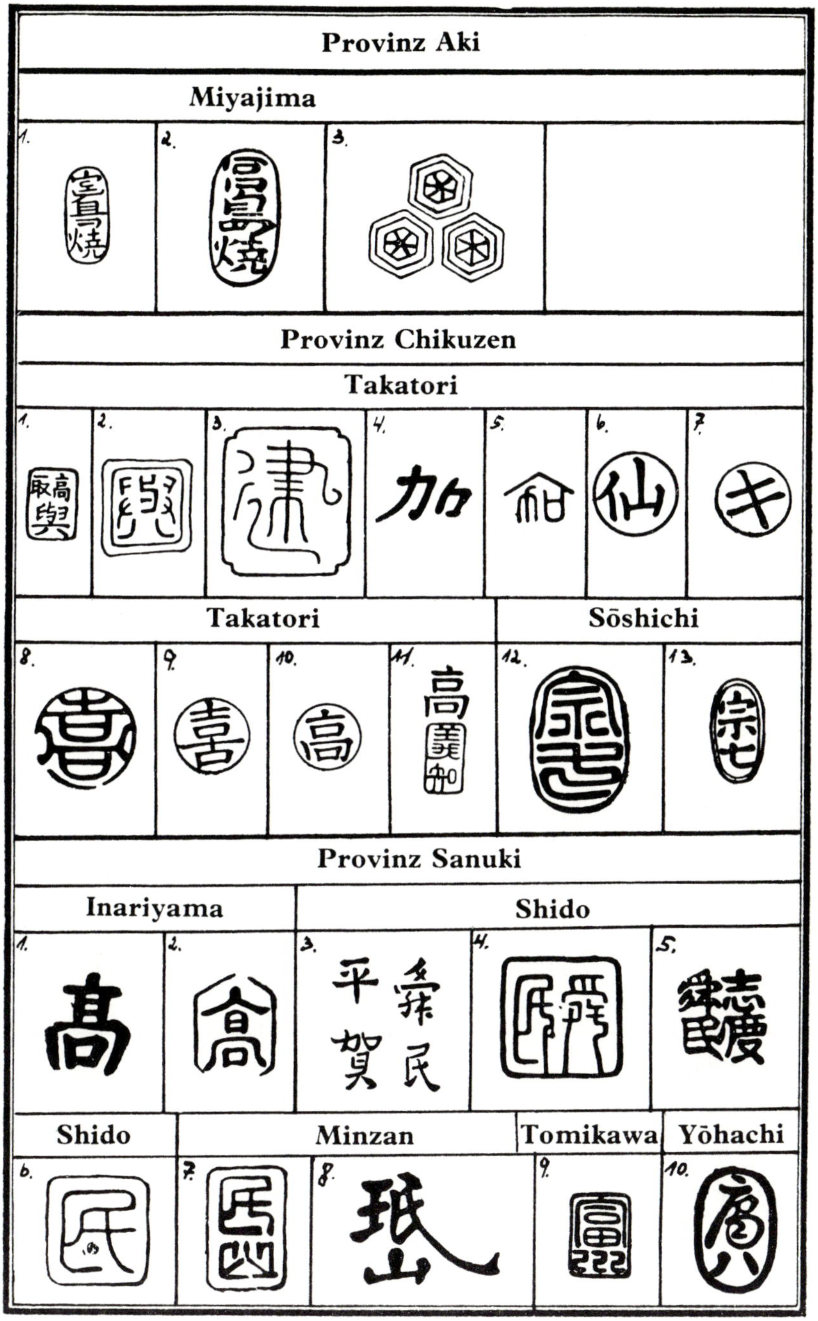
Provinz Aki
Miyajima
1.
2.
3.
Provinz Chikuzen
Takatori
1.
2.
3.
4.
5.
6.
7.
Takatori
Sōshichi
8.
9.
10.
11.
12.
13.
Provinz Sanuki
Inariyama
Shido
1.
2.
3.
4.
5.
Shido
Minzan
Tomikawa
Yōhachi
6.
7.
8.
9.
10.

Provinz Tamba

Naosaku

Provinz Owari

Seto

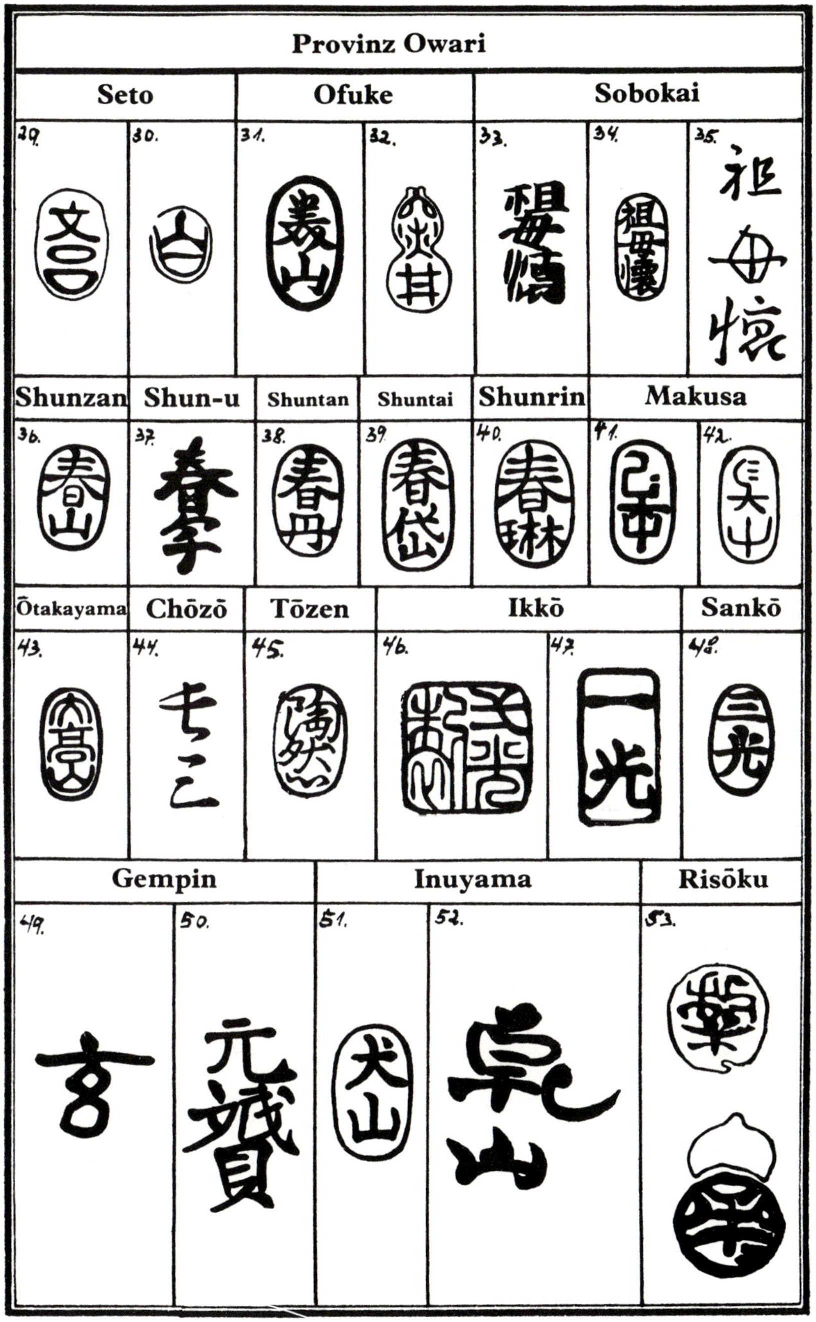
Provinz Owari
Seto
Ofuke
Sobokai
29.
30.
31.
32.
33.
34.
35.
Shunzan
Shun-u
Shuntan
Shuntai
Shunrin
Makusa
36.
37.
38.
39.
40.
41.
42.
Ōtakayama
Chōzō
Tōzen
Ikkō
Sankō
43.
44.
45.
46.
47.
48.
Gempin
Inuyama
Risōku
49.
50.
51.
52.
53.

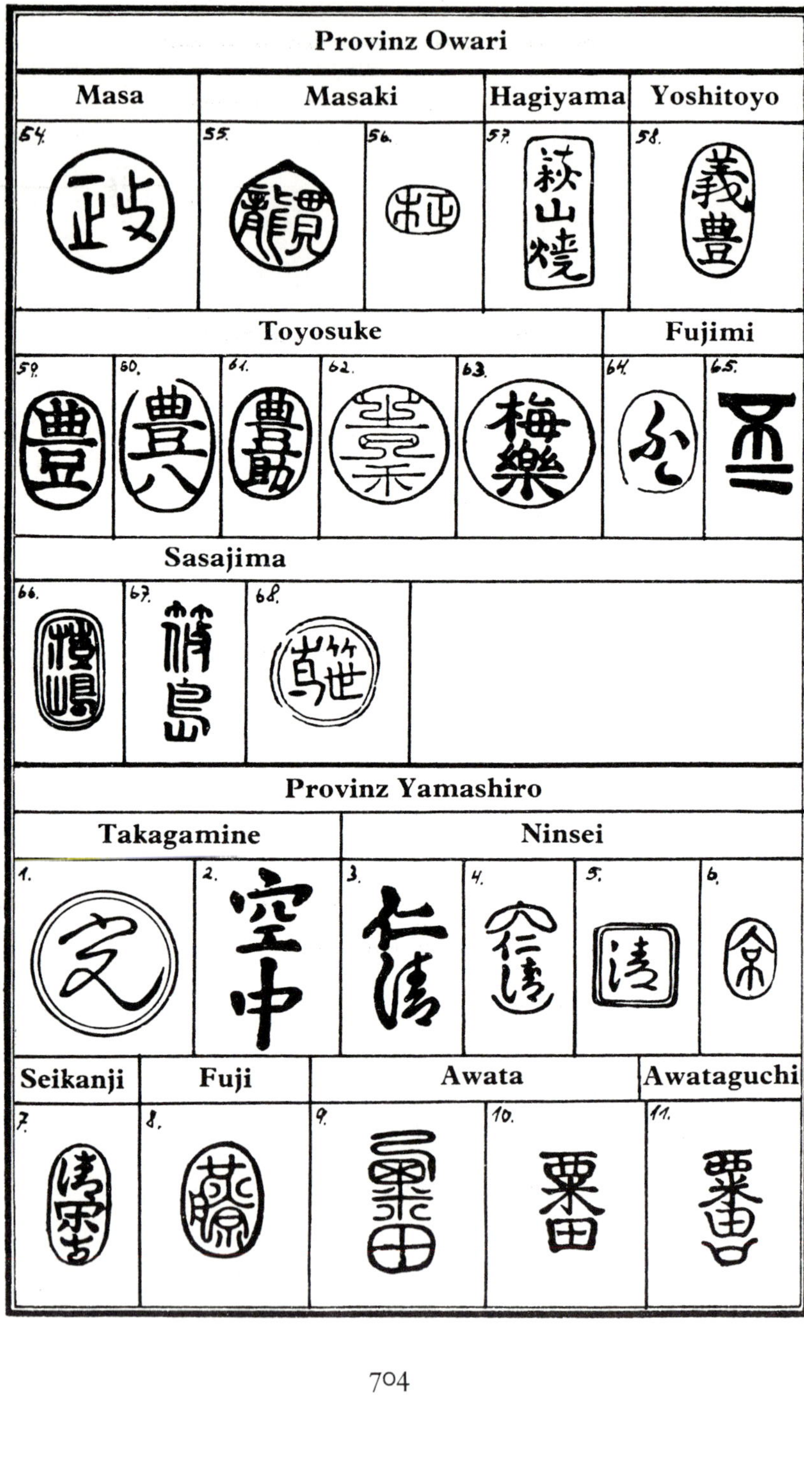
Provinz Owari
Masa
Masaki
Hagiyama
Yoshitoyo
54.
55.
56.
57.
58.
Toyosuke
Fujimi
59.
60.
61.
62.
63.
64.
65.
Sasajima
66.
67.
68.
Provinz Yamashiro
Takagamine
Ninsei
1.
2.
3.
4.
5.
6.
Seikanji
Fuji
Awata
Awataguchi
7.
8.
9.
10.
11.

Provinz Yamashiro

Iwakurayama		**Hōzan**		
12. 	13. 	14. 	15. 	16. 

Gobosatsu	**Taizan**		**Kinkōzan**	
17. 	18. 	19. 	20. 	

Provinz Yamashiro
Giōzan
Bizan
Rakutōzan
Kiyomizu
21.
22.
23.
24.
25.
Eisen
Kasuke
Rokubei
26.
27.
28.
29.
30.
Shichibei
Dōhachi
31.
32.
33.
34.
35.
Dōhachi
36.
37.
38.
39.
Dōhachi
Shuhei
Yosōbei
40.
41.
42.
43.

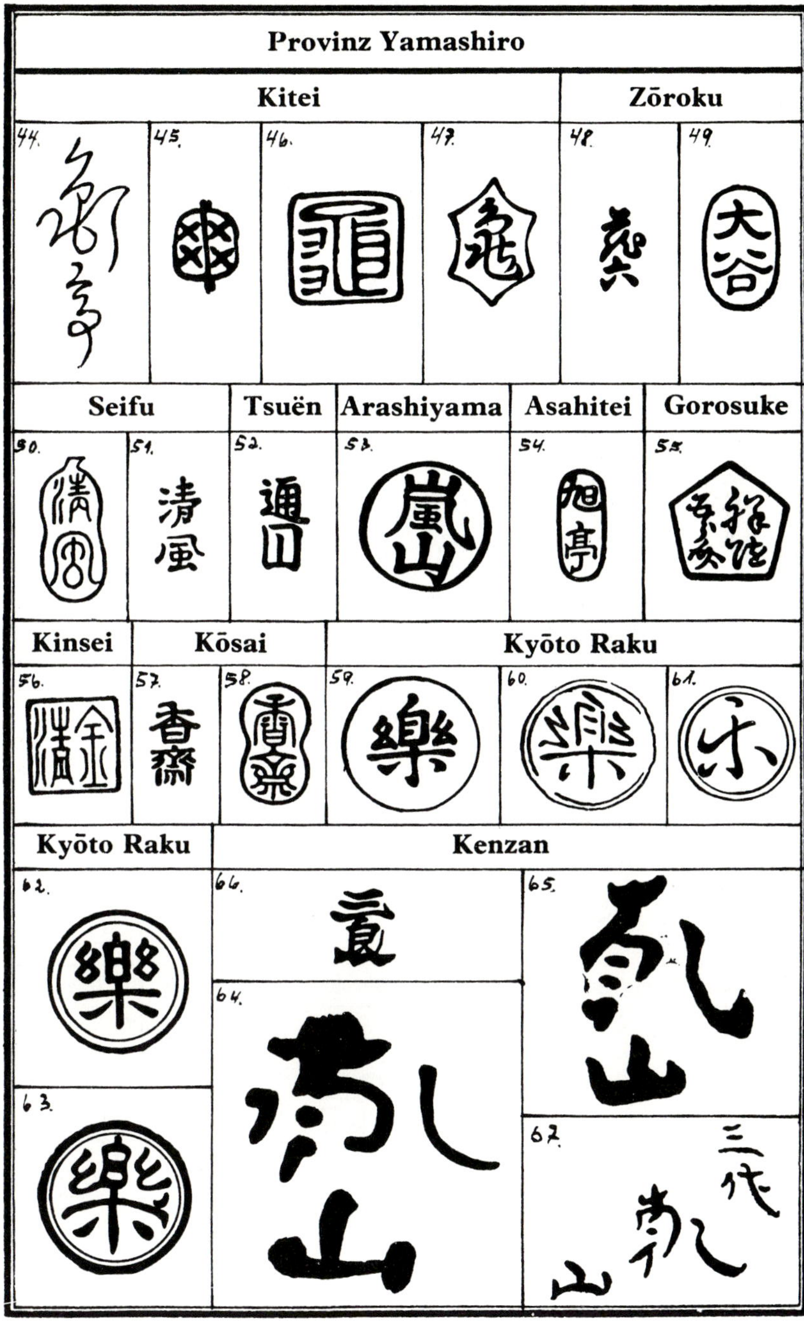
Provinz Yamashiro
Kitei
Zōroku
44.
45.
46.
47.
48.
49.
Seifu
Tsuën
Arashiyama
Asahitei
Gorosuke
50.
51.
52.
53.
54.
55.
Kinsei
Kōsai
Kyōto Raku
56.
57.
58.
59.
60.
61.
Kyōto Raku
Kenzan
62.
66.
65.
64.
63.
67.

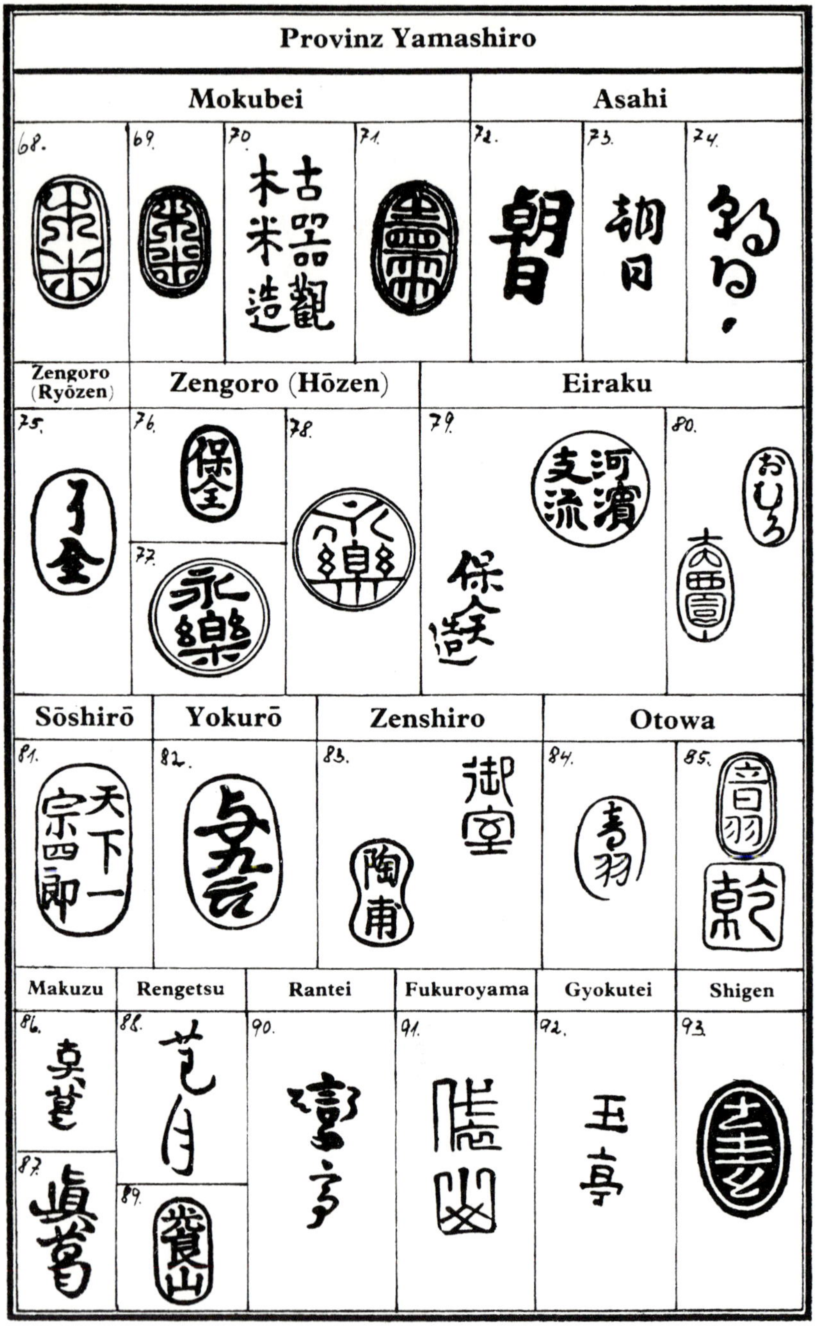
Provinz Yamashiro
Mokubei
Asahi
68.
69.
70.
71.
72.
73.
74.
Zengoro (Ryōzen)
Zengoro (Hōzen)
Eiraku
75.
76.
77.
78.
79.
80.
Sōshirō
Yokurō
Zenshiro
Otowa
81.
82.
83.
84.
85.
Makuzu
Rengetsu
Rantei
Fukuroyama
Gyokutei
Shigen
86.
87.
88.
89.
90.
91.
92.
93.

Provinz Iwaki

Seijiëmon

1.

Sōma

2.

3.
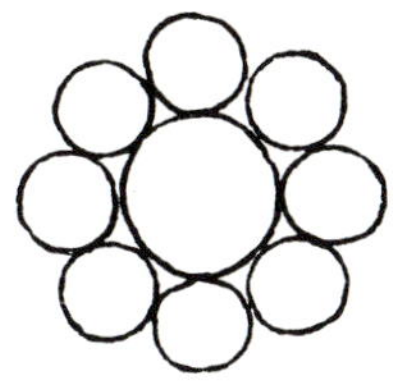

4.

Komaru

5.

6.

Provinz Musashi

Kenzan

1.

2.

Kenya

3.

Kaseizan

4.

Rakurakuen

5.

Rakurakuen

6.

7.

Kōrakuen

8.

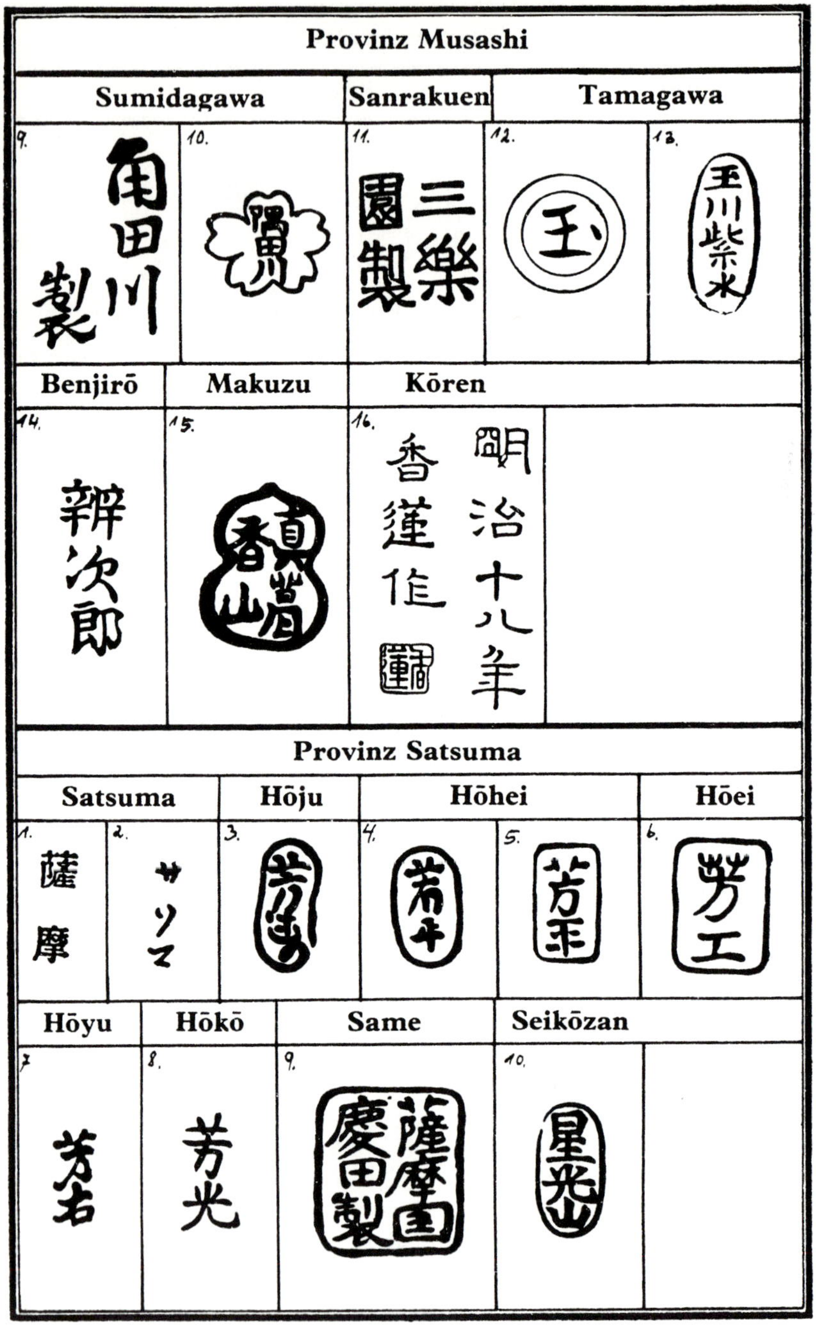
Provinz Musashi
Sumidagawa
Sanrakuen
Tamagawa
Benjirō
Makuzu
Kōren
Provinz Satsuma
Satsuma
Hōju
Hōhei
Hōei
Hōyu
Hōkō
Same
Seikōzan

Provinz Satsuma

Betsukafu (Bekkō)		Nishikide	Tachino
11. 	12. 	13. 	14. 

Provinz Mikawa

Kakitsubata

Provinz Echigo

Shibata

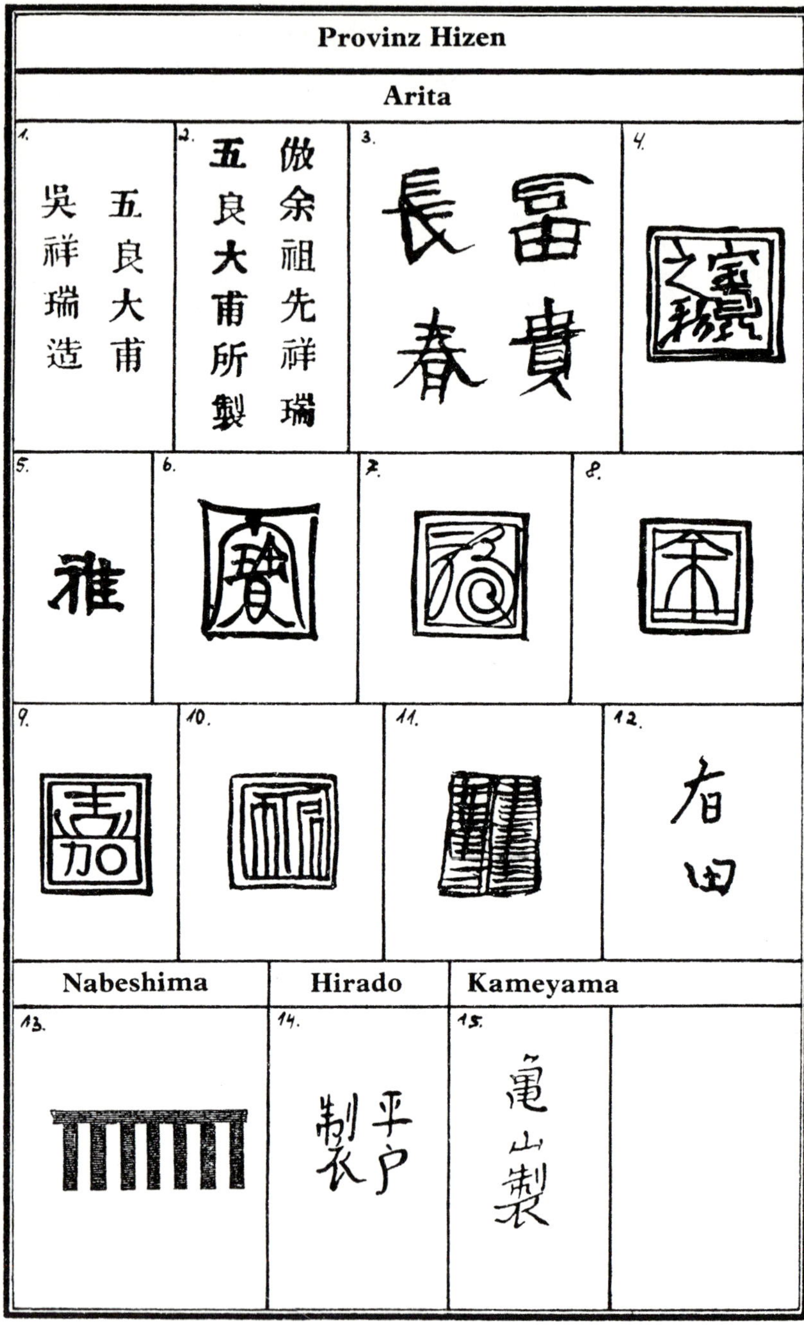
Provinz Hizen
Arita
1.
五良大甫
呉祥瑞造
2.
倣余祖先祥瑞
五良大甫所製
3.
富貴
長春
4.
5.
6.
7.
8.
9.
10.
11.
12.
有田
Nabeshima
Hirado
Kameyama
13.
14.
平戸
製
15.
亀山製

Provinz Kaga

Kutani

1.	2.	3.	4.	5.
	九谷			

6.	7.	8.

9.	10.	
大日本九谷造		

Provinz Harima

Himeji

1.	2.	
姫路製	播陽東山	

Provinz Settsu

Sakurai

Provinz Yamashiro

Kyōto

1.

Eiraku

2.

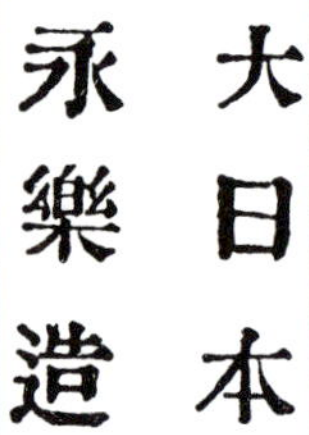

Rokubei

3.

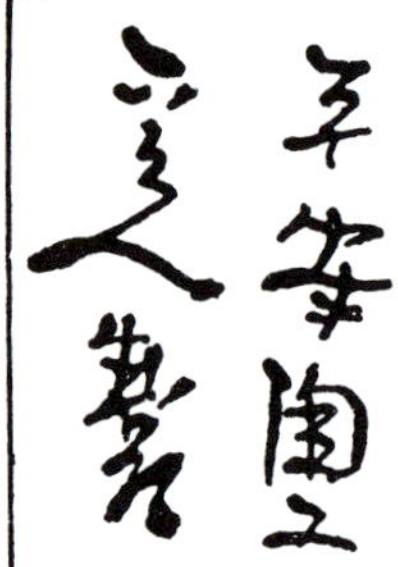

Rantei

4.

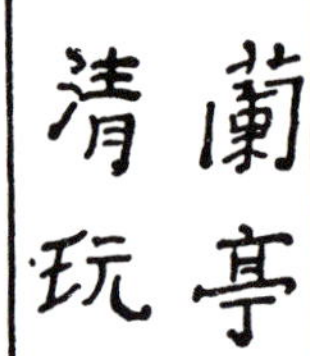

5.

Kisui

6.

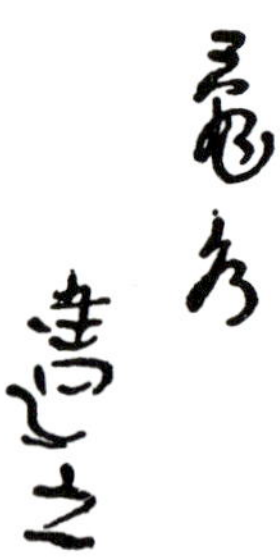

Kiyen

7.

Kōsai

8.

9.

Provinz Yamashiro

Seifu		Shuhei	Zōroku
10. 大日本清風造	11. 	12. 	13. 

Kanzan	Makuzu	Gyokusei
14. 幹山清製	15. 眞葛窯香山造	16. 復春軒玉清製

Provinz Kii

Otokoyama
嘉永元年南紀男山製

Provinz Omi

Kotō

1.	2.
湖東	鳴鳳

Provinz Owari

Owari	Seto		
1. 尾張	2. 瀬戸	3. 大日本瀬戸製	4. 加藤勘四郎

Seto

5.	6.	7.
川本枡吉	大日本半助製	

Provinz Owari

Nagoya

8. 七寶會社

9. 名古屋

Provinz Mino

Tōgyokuen

1. 陶玉園製

Katō Gosuke

2. 日本美濃國 加藤五輔製

Provinz Awaji

Sampei

日本淡路 賀集三平

Gmundner Keramik ab 1903

Schleiß, Franz de Paula ⋆ 1813 Gmunden

begründete 1843 die Hafner-Dynastie Schleiß.

Schleiß, Leopold ⋆ 1853 Gmunden

1903 gründete die „Gmundner Tonwarenfabrik Schleiß" in Traunleiten, die heutige Fabrik der „Gmundner Keramik".

Als Inhaber erschien sein Sohn

Schleiß, Franz ⋆ 1884 Gmunden

1909 Gründung der „Gmundner Keramik", bis 1922 deren Leiter.

1917 Gründung der „Keramischen Schule Schleiß".

1928 Leiter der „Keramischen Werkstätte". Er schuf Modelle für die „Gmundner Keramik" und für die „Vereinigte Wiener Keramik" und andere keramische Werkstätten.

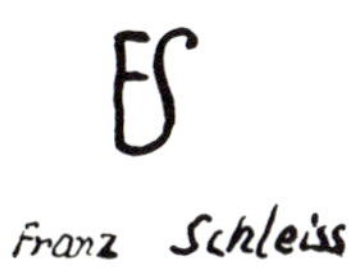

Verheiratet mit

Schleiß, Emilie, geb. Simandt ⋆ 1880

1909 Entwürfe für die „Gmundner Keramik", zahlreiche Modelle und Unikate.

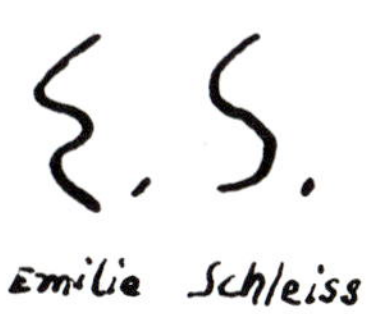

Gmundner Keramik ab 1903

Schleiß, Franz und Emilie

1911	Firmenbezeichnung: „Gmundner Tonwarenfabrik und keramische Werkstätte F. u. E. Schleiß."
1912–1913	Fusion mit der Wiener Keramik zur „Vereinigten Wiener und Gmundner Keramik und Gmundner Tonwarenfabrik Schleiß, Ges. m. b. H."
ca. 1916	Firmenname gekürzt auf: Gmundner Ges. m.b. H. als Wirtschaftstitel.
1917	Gründung der „Keramischen Schule Schleiß" durch Franz Schleiß.
1923	Gründung der Gmundner Keramischen Werkstätten.
1931	entstanden 2 keramische Betriebe: die Töpferei Födinger und die Keramik Pesendörfer.

Schleiß, Getrude * 1911 Gmunden

Ausbildung: Keramische Schule Franz Schleiß. Führung des künstlerischen Keramikbetriebes Schleiß.

Schleiß, Peter * 1929 in Wien

Töpfer und Hafnermeister in Gmunden, diverse Gefäß- und plastische Entwürfe.

Gmundner Keramik ab 1903

Zwischen 1860 und 1890 als Siegeldruck in unglasiertem Ton

2

3

4

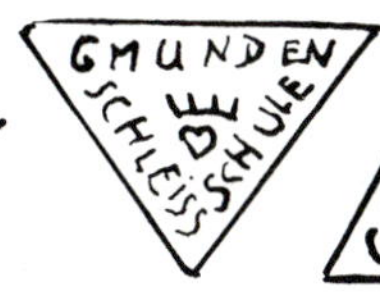

5

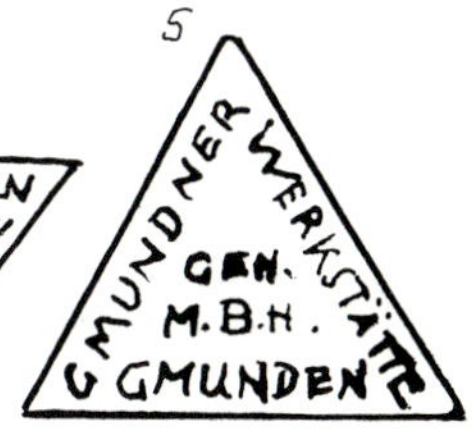

2	3	4	5
ab ca. 1909	ca. 1925	ca. 1917–20	ca. 1923

Die Marken 2–5 wurden vielfach mit dem Pinsel in schwarzer Farbe aufgetragen.

6

7

8

„Vereinigte Wiener und Gmundner Keramik" ab 1913

Gmunden Keramik ab 1903

1964–69	Internationales Keramiksymposion unter K. Ohnsorg in Gmunden.
1969	„Atelier H" in der „Gmundner Keramik Hohenberg".

Biografisches Register

Altenburg, Franz Josef * 1941 Bad Ischl

seit 1969	im Atelier „H" der Gmundner Keramik und freiberuflich tätig.
1969	Teilnahme am Internationalen Keramik Symposion in Gmunden.
1969	Viele Ausstellungen im In- und Ausland Auszeichnungen und Preise in Italien und Frankreich.

Bucher, Hertha * 1898 Leverkusen

seit 1920	eigene Keramikwerkstätte in Wien. Ofenentwürfe für die „Gmundner Keramischen Werkstätten".

Feldtmann, Julius (keine Daten vorh.)

Machte Entwürfe für die „Gmundner Keramik", für die „Vereinigte Gmundner Keramik" sowie für die Porzellan Manufaktur Berlin.

Födinger, Karl * 1906 Gmunden

Gründer der Töpferei Födinger Ges. m. b. H.

Absolvent der Gmundner Keramischen Schule Franz Schleiß von 1920–23, anschließend Eintritt in die keramische Lehrwerkstätte Schleiß.

Von 1931 bis ca. 1940 verwendete Födinger ein Schwanenzeichen, später das alte Gmundner Stadtwappen.

Gmunden Keramik ab 1903

Galasek, Ludwig * 1897 Grusbach/Mähren

	Ofenentwürfe für die „Gmundner keramischen Werkstätten".

Hoffmann, Josef * 1870 Pirnitz

1903	Mitbegründer der Wiener Werkstätten, bis 1931 deren Leiter.
1912	Gründer des östl. Werkbundes. Zahlreiche Entwürfe für verschiedene Wiener Porzellan Manufakturen, für die Wiener Werkstätten und Entwürfe für die „Vereinigten Wiener und Gmundner Keramik" sowie für Schleiß, Gmunden.

Lischka, Herta * 1925 in Gmunden

	Mitarbeit in der Werkstätte Schleiß und Gmundner Keramik.

Löffler, Berthold * 1874 Rosental bei Reichenberg

	Lehrer an diversen Wiener kunstgewerblichen Schulen.
1905	Gründung der „Wiener Keramik" zusammen mit Michael Powolny und Bildhauer Lang. Er schuf zahlreiche Modelle, hauptsächlich Figuren und Gefäße.

Ohnesorg, Kurt * 1927 in Sigmundsherberg

1955	eigene Werkstätte in Wien.
1964	künstlerischer Leiter verschiedener Keramiksymposien in Gmunden und im Ausland.

Gmunden Keramik ab 1903

Peche, Dagobert ⋆ 1887 in St. Michael bei Salzburg

	1906–1910	Studien an der Akademie der Bildenden Künste in Wien. Zahlreiche Auszeichnungen.
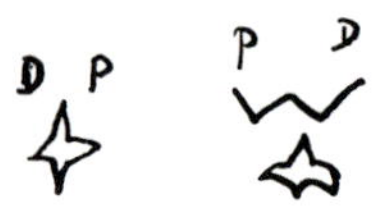 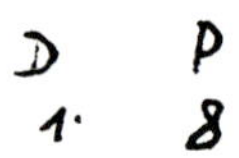		Modelle und Musterstücke für die Wiener Porzellan Manufakturen, für die Vereinigte Wiener und Gmundner Keramik, und Wiener Werkstätten, deren führender Mitarbeiter er von 1915 bis 1923 war.

Powolny, Michael ⋆ 1871 in Judenburg

	1891–94	Absolvent der Fachschule für Tonindustrie in Znaim.
	1894–1901	Studien an der Wiener Kunstgewerbeschule.
	1897	Mitbegründer der Wiener Sezession.
	1905–12	zusammen mit Berthold Löffler: Führung der von beiden Künstlern gegründeten „Wiener Keramik".
	1912	Zusammenschluß mit Schleiß als „Vereinigte Wiener und Gmundner Keramik"; zahlreiche Modelle stammen von ihm, zahlreiche Ausstellungen und Ehrungen.
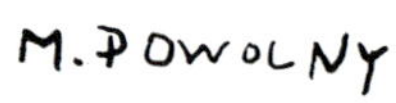		

Raidel, Anton ⋆ 1943 Wiener Neustadt

Studium an der Kunstgewerbeschule Graz und an der Akademie für Angewandte Kunst in Wien. Teilnahme an verschiedenen Internationalen Keramiksymposien im In- und Ausland, freier Mitarbeiter der Ateliergruppe „H" der Gmundner

Gmunden Keramik ab 1903

	Keramik von 1969–1973.
1973	Gründung einer eigenen Werkstätte.
	Kollektiv- und Einzelausstellungen im In- und Ausland, Auszeichnungen in Frankreich, England, Polen und in der Schweiz.

Setz, Waltraud * 1946 in Klagenfurt

	Keramische Ausbildung als Lehrling in der Firma Franz Schleiß.
1969	Teilnahme am Internationalen Keramiksymposion in Gmunden (unter Ohnesorg);
1971	Meisterprüfung für das Hafnergewerbe. Mitarbeit in verschiedenen keramischen Betrieben.
ab 1975	im Atelier „H" der Gmundner Keramik tätig.

Schwetz-Lehmann, Ida * 1883 in Wien

Viele keramische Entwürfe, auch Ofenentwürfe für die „Gmundner Keramischen Werkstätten".

Wersin, Wolfgang von * 1882 in Prag

1926	Verleihung des „Professorentitels der Bildenden Künste",
ab 1948	Präsident des o. ö. Werkbundes.
	Verschiedene Gefäßentwürfe für Werkstätten Schleiß und Mitarbeit bei der Ateliergruppe „H" in der Gmundner-Keramik-Fabrik Hohenberg.

Gmunden Keramik ab 1903

Witte-Baudisch, Gudrun ⋆ 1907 in Pöls

	1926–30	Mitarbeit an den Wiener Werkstätten.
	ab 1930	Eigene Werkstätte in Wien.
	1946	Gründung der Keramik Hallstatt. Mitarbeit der Ateliergruppe „H“ in der Gmundner Keramik-Fabrik Hohenberg. Zahlreiche Auszeichnungen und Preise.

Wieselthier, Valerie ⋆ 1895 in Wien

		Studium an der Wiener Kunstgewerbeschule unter Rothansl, Moser, Hoffmann, Powolny und Müller-Hoffmann.
	ab 1917	Mitarbeiterin an den Wiener Werkstätten.
	1929	Übersiedlung nach New York. Ofenentwürfe für die Gmundner Keramischen Werkstätten.

Gmunden Keramik ab 1903

Maler in der Werkstätte Schleiß

Huber, Ernst (1895-1960)

lebte in Wien, Wagrain und Gmunden.

Zahlreiche Dekorentwürfe für bemalte keramische Gefäße und Schalen der Werkstätte Schleiß.

Mandelsloh, Ernst August von * 1886 in Wels

ab 1920	künstlerische Betätigung. Mitglied der Wiener Sezession und Leiter der Meisterschule für Kunsterziehung in Wien. Diverse Staatspreise und Auszeichnungen. Dekorentwürfe für keramische Schalen und Gefäße der Werkstätte Schleiß.

Zülow, Franz von

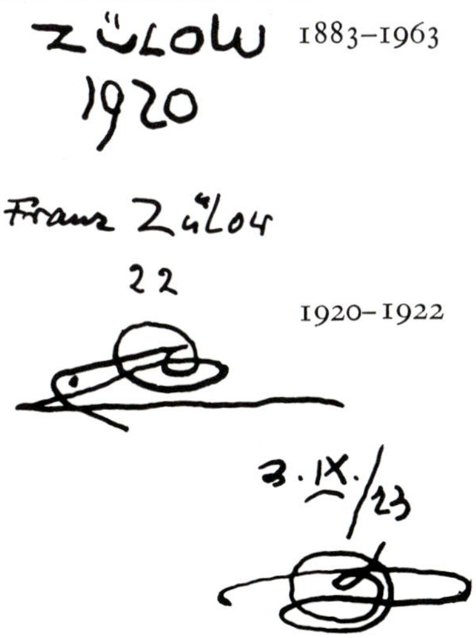

1883–1963	Ehrenmitglied der Wiener Sezession, Mitglied des Klimt-Kreises, seit 1955 Ehrenmitglied und Präsident der Mühlviertler Künstlergilde, Mitglied des Maerz.
1920–1922	Lehrer an den Keramischen Werkstätten Schleiß in Gmunden.
	Zahlreiche malerische Entwürfe für die Werkstätte Schleiß.

Belege und Erläuterungen

I. Verzeichnis der Abkürzungen

Mus. = Museum
O. = Ort
P. S. = Porzellansammlung
T. = Töpfer

Italienische Majolika

282. Faenza

1: London, Vict. u. Alb. Mus.
2: Um 1490; Pesaro, Mus.
3: Bologna, Museo Civico.
4: Limoges, Mus.
5: Fortnum; Leningrad, Eremitage.
6: Fortnum; Coll. Basilewsky.

283. 8: Berlin, Kgw.-Mus. (Maler der Bergantini-Schüssel, 1527 auch mit F.B.B.F. signiert; London, Vict. u. Alb. Mus.).
9: London, Brit. Mus.
10: London, Brit. Mus. (auch in Forli).
11: London, Brit. Mus.
12: Fortnum.
13: Fortnum; ehem. Slg. Beit.
14: Genolini.
17: Malagola.
18: Fortnum.
19: Chaffers.
20: Genolini.
22: Chaffers.

Nach Mallet (1967 und 1970) können die meisten der sog. Casa-Pirota-Marken nicht auf die Werkstatt der Familie Pirotti bezogen werden. Die Bedeutung des sog. Feuerrades, das in der Mehrzahl der Fälle ein „pallone" zu sein scheint, ist vorläufig noch unklar.

284. 26: London, Vict. u. Alb. Mus.
27: Um 1500; London, Vict. u. Alb. Mus.
28: Fortnum; Eremitage Leningrad.
29: Argnani; London, Vict. u. Alb. Mus.
30: Fortnum; London, Vict. u. Alb. Mus.
31: Paris, Louvre.
32: Chaffers; Coll. Falcke (auch in Deruta).
33: London, Vict. u. Alb. Mus.
34. London, Vict. u. Alb. Mus.
35: Genolini.

285. 36: London, Vict. u. Alb. Mus.
37: Berlin, Kgw.-Mus.
38: London, Brit. Mus.
39: Fortnum (Delange).
41: London, Vict. u. Alb. Mus.
42: Um 1510; Fortnum; Coll. Marryat.
43: Um 1510; Chaffers; Coll. Marryat.
44: Genolini; Paris, Louvre.
45: Berlin, Kgw.-Mus.
46, 47: Paris, Louvre.

286. 48: Oxford.
49: Um 1510—1520; Fortnum.
50: Um 1510—1520; London, Brit. Mus.
51: Um 1510—1520; London, Brit. Mus.
52: Um 1510—1520; Chaffers.
53: Um 1510—1520; London, Vict. u. Alb. Mus.
54: London, Cict. u. Alb. Mus.
55: Um 1480—1490.
56: Fortnum.

57: Fortnum; ehem. Slg. Pringsheim.
58: London, Vict. u. Alb. Mus.
59: Fortnum.
60: London, Vict. u. Alb. Mus.
61: Fortnum.
62: Genolini.
63: Berlin, Kgw.-Mus.
64: Ehem. Sigmaringen, Museum (wahrscheinlich der Name des Bestellers bzw. Händlers).

287. 65: London, Vict. u. Alb. Mus.
66: 1510; Venedig, S. Sebastiano (vielleicht in Castel Durante entstanden).
67: Fortnum.
68: Chaffers.
69: Chaffers; Paris, Louvre.
70. Turin, Museo Civico.
71: Fortnum (Delange).
72: Malagola.
73: London, Vict. u. Alb. Mus.
74: Chaffers (Venedig).
75: London, Vict. u. Alb. Mus.
76: „Virgiliotto Calamelli".

288. 78: London, Vict. u. Alb. Mus.
82: Fortnum, Coll. Nesbitt.
83: Genolini.
84: Genolini.
87: Malagola.
88: Jaennicke.
90: Genolini.

289. 91—93: Fortnum (Coll. Barker).
94: Fortnum.
95: Louvre.
96: Chaffers (Coll. Uzielli).
97: Um 1525; Chaffers; London, Vict. u. Alb. Mus.
99: London, Vict. u. Alb. Mus.
100: Chaffers (Coll. Barker).
103: Ragazzini e Benini; Fortnum (Urbani).
105: Ab 1693; Faenza; Mus. d. Fabriche Ferniani.
106: „Antonio Maria Regoli"; Berlin, Kgw.-Mus.
107: Fortnum.
108: Fortnum (vielleicht Imola).

290. 109: Genolini; Limoges, Mus.
110: London, Vict. u. Alb. Mus.
112: Um 1480; Köln, Kunstgewerbemuseum.
113: Faenza (oder Deruta) um 1490 (wahrscheinlich Signatur des Besitzers).
114: Um 1500; London, Vict. u. Alb. Mus.
115: Um 1510 (vielleicht Signatur des Besitzers); London, Brit. Mus.
116: Um 1510 (wahrscheinlich Signatur des Besitzers) Köln, Kunstgewerbemuseum).
117: Um 1510 (wahrscheinlich Signatur des Besitzers) Hamburg, Mus. f. Kunst u. Gewerbe.
118: Um 1510; Paris, Musée de Cluny.

291. 119: Um 1510; Ravenna, Museo Nazionale.
120: Um 1520; ehem. Slg. Damiron.
121: Um 1510; Meister C. I. (vielleicht Signatur des Besitzers) London, Vict. u. Alb. Mus.
122: Um 1515; Meister der Auferstehungstafel (Piero Rocca?).
123: Um 1510; Bottego des Maestro Jeromino da Forli; London, Vict. u. Alb. Mus.

124: 1513 (bzw. 1523), London, Vict. u. Alb. Mus.
125: Um 1520, ehem. Slg. Beckerath.
292. 126: Um 1520, ehem. Paris, Slg. Heugel.
127: Um 1520, Sèvres.
128: Um 1520, Sèvres.
129: Um 1520—1530, ehem. Slg. Adda.
130: Meister der Bergantini-Schüssel, 1529; ehem. Paris, Slg. Heugel.
131: „Casa Pirota", um 1530; ehem. Slg. Beckerath.
132: Um 1520—1530 („Casa Pirota"); London, Vict. u. Alb. Mus.
133: Um 1525, Meister F. R. (bzw. F. L. R.) (Francesco Xanto Avelli?) London, Vict. u. Alb. Mus.
293. 134: Um 1530, Meister F. R. (bzw. F. L. R.) (Francesco Xanto?)
135: Um 1530, ehem. Slg. Zschille.
136: 1533; London, Brit. Mus.
137: Baldassare Manara, 1534; ehem. Slg. Pringsheim.
138: Um 1530—1535, Baldassare Manara.
139: Um 1530, Sèvres.
140: Casa Pirota, 1537; New York, Metropolitan Museum.
294. 141: 1534.
142: 1547 (Castel Durante?); ehem. Slg. Beckerath.
143: Mitte 16. Jh.
144: Antonio Romanino in der Bottega des Francesco Mezzarisa (Risino), 1556.
145: 1569, Sèvres.
146: Virgiliotto Calamelli; Faenza, Museo Intern. d. Ceram.
147: Leonardo di Ascanio Bettisi, „Don Pino"; ca. 1570 bis ca. 1589.
148: Leonardo di Ascanio Bettisi, „Don Pino"; ca. 1570 bis ca. 1589.
295. 149: Leonardo di Ascanio Bettisi, „Don Pino"; ca. 1570 bis ca. 1589.
150: Battista Mazzanti, 1602; Faenza, Museo Intern. d. Ceram.
151: Battista Mazzanti, 1606; Faenza, Museo Intern. d. Ceram.
152: Stefano Galamini, 1634; Medicina (Bologna), Chiesa Arcipretale.
153: Bottega des Francesco Vicchi, 1643; Faenza, Museo Intern. d. Ceram.
296. 154: Francesco Cacina in der Bottega des Francesco Vicchi, 1635; Imola, Privatslg.
155: Francesco Cacina in der Bottega des Francesco Vicchi, 1643; Faenza, Museo Intern. d. Ceram.
156: Paolo Tosetti, 1649, Voltana (Ravenna), Privatslg.
297. 157: Faenza (?), 1726; Faenza, Museo Intern. d. Ceram.
158, 159: Fabbrica Ferniani.
160: Jaennicke (Coll. Davillier).
161: Venedig, Mus. Correr.
162: Bologna, Universitätsmuseum (Meister der Auferstehung?).
163: London, Vict. u. Alb. Mus.
164: Chaffers, Coll. Narford.
165: Um 1520—1530.
166: (?) London, Vict. u. Alb. Mus.
167: London, Coll. Salting.
Folgende Marken und Beschriftungen sind nicht abgebildet:

„In Favencia heraclius" (ehem. Faenza, Museo Intern. d. Ceram.), um 1480. — B. P. (London, Vict. u. Alb. Mus.), um 1520. — BMI Facieba (London, Vict. u. Alb. Mus.), Baldassare Manara. — Daneso fato BO, 1545 (ehem. Slg. Pringsheim). — 1548 ndi lo marco d man d Mo miholr di puy drs (ehem. Slg. Chompret). — fatto in la bottega di Maestro Vergilio da Faenza 1556. Nicola da Fano — S. Simora pinxit, um 1600.

298. Toskana (Florenz, Montelupo, Caffaggiolo)

299. 1—30: Bode, Die Anfänge der Majolikakunst in Toskana. Berlin 1911.
31—34: Bode, Die Anfänge der Majolikakunst in Toskana. Berlin 1911.

35: (Florenz?), 1. H. 15. Jh. ehem. Slg. Beckerath.
35: (Florenz?), um 1460, ehem. Slg. Beckerath.

Gubbio

1: Fortnum.
3: London, Vict. u. Alb. Mus.
4: Chaffers; London, Vict. u. Alb. Mus.
5: London, Vict. u. Alb. Mus.
300. 6: Chaffers; London, Vict. u. Alb. Mus.
9: Fortnum; Coll. Barker.
11: Genolini.
12: Fortnum (Passeri).
13: Chaffers; Paris, Coll. Leroy-Ladurie.
14, 15: London, Vict. u. Alb. Mus.
301. 17: Chaffers; Coll. Barker.
18: Genolini.
19: Chaffers; Coll. Amhurst.
20: London, Vict. u. Alb. Mus.
21: London, Coll. Wallace.
304. 34: Fortnum; Coll. Barker.
35: Bologna.
36: Genolini.
38: Fortnum; London, Vict. u. Alb. Mus.
40, 41: Fortnum.
305. 42: Fortnum; Coll. Cajani.
43: Paris, Louvre.
44: London, Vict. u. Alb. Mus.
45: Sèvres.
46: Garnier.
48: Mely; Coll. A. de Rothschild.
49: Fortnum.
50: Genolini.
51: London, Vict. u. Alb. Mus.
52: Chaffers; London, Vict. u. Alb. Mus.
53: London, Vict. u. Alb. Mus.
54: Oxford.
55, 56: Chaffers.
57: Delange (?).
306. 59: Mely.
60: Chaffers; Coll. Berney.
61, 62: Chaffers.
63: Chaffers; Paris, Louvre (Deruta?).
64: Paris, Louvre.
65: Fortnum; Coll. Spitzer.
66, 67: Fortnum; London, Vict. u. Alb. Mus.
68: Chaffers (Passeri).
69, 70: Paris, Louvre.
307. 71: Genolini.
73: Chaffers; Coll. Berney.
74: Fortnum; Coll. Falcke.
75: Paris, Louvre.
77: Kopenhagen; Coll. Jacobsen.
78, 79: London, Brit. Museum.
80: Fortnum.
81: Pesaro, Mus.
82: Mely.
83: Mely; Col. A. de Rothschild; nach Dr. K. Fr. Leonhard in Hannover: Deruta.

84: London, Brit. Museum.
85: London, Vict. u. Alb. Mus.
308. 89: London, Vict. u. Alb. Mus.
90: Chaffers; Coll. Narford.
92: London, Vict. u. Alb. Mus.
94: Genolini.
95: Paris, Louvre.
96: Chaffers.
97: London, Vict. u. Alb. Mus.
98, 99: Paris, Louvre.
101: Chaffers; Coll. Farrer.
102: 1517 (fraglich, ob Künstlersignatur); London, Vict. u. Alb. Mus.
103: Um 1535; Baltimore, Walters Art Gallery.

309. Caffaggiolo

1: Um 1510; London, Vict. u. Alb. Mus.
2: London, Vict. u. Alb. Mus.
3: Fortnum; Coll. Lockwood.
4, 5: Chaffers (Jacquemart).
6: Chaffers.
7: Auch in Faenza.
8: Paris, Louvre (auch in Faenza).
9: 1544; Fortnum (auch in Faenza).
11: Fortnum; London, Vict. u. Alb. Mus.
12: Mely (Bologna).
13: Chaffers (Jacquemart): Deruta?
14: Chaffers; Coll. Barker.
15: Jaennicke; Coll. Fountaine.
310. 16: London, Vict. u. Alb. Mus.
17—19: Fortnum; Coll. Rothschild.
21: Paris. Louvre.
22: Delange; Coll. Fau; eher Deruta.
23: Mela; Coll. A. de Rothschild.
24: Delange; Turin, Museo Civico.
25: Fortnum; Leningrad, Eremitage.
26: Fortnum (eher Deruta).
27. London, Vict. u. Alb. Mus.
28: Paris. Louvre.
30: Oxford.
311. 31—34: Stefano Fattorini aus Montelupo (?), seit 1506; die SP-Marke steht aber vielleicht auch für die Medici-Devise „Semper".
32: Mely; Pesaro, Mus. (?).
33: Delange.
34, 35: London, Vict. u. Alb. Mus.
36: Chaffers.
37: Chaffers; Coll. Henderson.
40: Um 1545—1550; Alessandro Fattorini (?) oder Andrea Feltrini (?), London, Vict. u. Alb. Mus.
41: Gagliano bei Caffagiolo; Oxford.
42: Chaffers; Coll. Hastings.
312. 43: London, Vict. u. Alb. Mus.
44: Fortnum (Delange).
45: 1506; ehem. Slg. Pringsheim.
46: Um 1510, Maestro Jacopo; ehem. Slg. Damiron.
47: Um 1520; London, Vict. u. Alb. Mus.
48: 1570; Faenza, Museo Intern. d. Ceram.

Pesaro

1: Delange (Demin).
313. 2: Pesaro, Mus.
3: London, Vict. u. Alb. Mus.
5: Giacoma Lanfranco in der Bottega des Gironimo Lanfranco; Bologna, Museo Civico.
6: Brit. Mus.: ähnlich, Dresden, Porzellanslg.
7: Chaffers; Turin, Museo Civico. Nach Dr. K. Fr. Leonhard in Hannover: immer mit den Jahreszahlen 1566 oder 1567.
8. Turin, Museo Civico.
9. Chaffers; London, Brit. Mus.
10. 1542.
11: Pesaro, Mus.
12: Chaffers (Passeri).
13: Limoges, Mus.
14: Pesaro, Mus.
15: Mely; Coll. A. de Rothschild: nach Dr. K. Fr. Leonhard in Hannover: Deruta.
16: Pesaro, Mus.
314. 18: Neapel: Mus. di S. Martino.
21: Pesaro, Mus.
22: Fortnum; Coll. de Mely.
24: Limoges, Mus.
25. Pesaro, Mus.
26: Chaffers (Jacquemart): Pesaro (?).
27: Schaffers; Coll. M. Bruge; Giuseppe Bertolucci?
29—31: Filipo Antonio Callegari und Antonio Casali, ab 1763.
29: Pietro Lei aus Sassuolo, Fortnum.
30: Mely; Coll. A. de Rothschild.
31: Jacquemart.
32: Fortnum; London, Vict. u. Alb. Mus.
33. Haag, Mus. (Fortnum: Gubbio?).
34: Oxford: nach Dr. K. Fr. Leonhard in Hannover: Deruta.
35: Fortnum; London, Vict. u. Alb. Mus.
315. 36: London, Vict. u. Alb. Mus.
37: Fortnum; London, Vict. u. Alb. Mus.
39: Anf. 16 Jh. („Pesaro Gabbice"?), London, Vict. u. Alb. Mus.

Nicht abgebildet: die von Passeri erwähnte, heute nicht mehr nachweisbare Inschrift: Questo piatto fu fatto in la bottega di Mastro Baldassar Vasaro da Pesaro e fato per mano di Terenzio fiolo di Mastro Matteo Boccolàro, Terencio fecit.

Montelupo

1: Paris, Mus. Cluny.
2: Genolini.
3: 1639; London, Vict. u. Alb. Mus.
4: Chaffers (Jacquemart).
5: London, Vict. u. Alb. Mus.
6: De 'Monti Lanciletti (?); London, Vict. u. Alb. Mus.
7: Um 1530—1540.
8, 9: Ende 16. Jh.
10: 1627; London, Vict. u. Alb. Mus.

Nicht abgebildet die Beschriftung: Dipinta giovinale Tereni da Montelupo.

Urbino

1: Fortnum (Coll. Narford).
317. 2: Genolini.
3: Paris, Louvre.
4, 5: Chaffers.
6: London, Brit. Mus.
7: Garnier; ehem. Slg. Bak.
318. 8: Genolini.
9: Fortnum (Passeri).
11, 12: Genolini (nach Dr. K. Fr. Leonhard, Hannover: 1—12, nicht. 6: Fortnum).
13, 14: Fortnum (Coll. Narford): nach Dr. K. Fr. Leonhard, Hannover: Francesco Durantino?
15: Paris, Louvre.
16. Chaffers (Coll. Burn).
17: Fortnum; London, Brit. Mus.
18: London, Brit. Mus.
20: London, Brit. Mus. (wahrscheinlich ein Nachahmer gleichen Namens).
21: Paris, Louvre.
22: Fortnum; Leningrad, Eremitage.
319. 23: Jaennicke; Limoges, Mus.
24: Mely.
25: Jaennicke.
26: Genolini.
27: Chaffers.
28: Coll. Amhurst.
29: Mely.
30: Genolini.
32, 33, 34: London, Vict. u. Alb. Mus.
35: Paris, Louvre.
36: Genolini.
37: Chaffers.
38: Genolini; London, Vict. u. Alb. Mus.
39: Fortnum (Coll. Narford).
40: London, Vict. u. Alb. Mus.
320. 41: Genolini.
42, 43: Mely.
44. Jaennicke.
46: Rom (Coll. Barberini).
47: London, Vict. u. Alb. Mus.
48, 49: Genolini.
50: Fortnum.
51, 52: Genolini.
53: London, Vict. u. Alb. Mus.
321. 54: London, Brit. Mus.
55: London, Vict. u. Alb. Mus.
56: Fortnum (Coll. Narford).
57: London, Brit. Mus.
58: Paris, Louvre.
60: Chaffers (Coll. Evans Lombe).
61: (gehört zu Nr. 68).
62: London, Brit. Mus.
322. 63: Fortnum (Coll. J. de Rothschild, Paris).
66: Chaffers.
67: Paris, Louvre (auch in Venedig).
68: Mely.
69: Gironimo da Merlingo; London, Vict. u. Alb. Mus.
70: 1531; Fortnum; Coll. Northwith.
323. 71: Mely (Coll. Narford): Francesco Durantino.

72: Garnier (Coll. Spitzer).
73: Fortnum (Coll. Foresi).
74: Pesaro, Mus.
75: London, Vict. u. Alb. Mus. (kommt auch mit dem Zusatz vor: „in botega di Jos. Battista Boccione 1607“).
77: London, Vict. u Alb. Mus.
78: Fortnum (Coll. Cajani).
79: Chaffers.
80: London, Vict. u. Alb. Mus.
81: Genolini.
324. 83: London, Vict. u. Alb. Mus.
84: Chaffers (Coll. Delsette).
85: Genolini.
86: Fortnum (Coll. Narford).
87: Genolini.
88: Pavia.
89: Mely.
90: Urbino, Mus.
92: Chaffers; Turin, Museo Civico.
93: London, Brit. Mus.
95: Fortnum; Turin, Museo Civico.
96: Urbino, Mus.
97: Genolini.
98: Fortnum.
325. 100: Chaffers; Turin, Museo Civico.
101: London, Brit. Mus.
102, 104: London, Vict. u. Alb. Mus.
105: Chaffers (Coll. Falcke).
106: Chaffers; Paris, Louvre.
107: Pesaro, Mus.
109: Delange (Coll. Nieuwerkerke).
110: Fortnum (Coll. Cajani): Castel Durante?
111: Jaennicke (Coll. Berney).
112: Genolini.
114: Fortnum.
115: London, Brit. Mus.
116: Genolini.
117: Um 1580; London, Vict. u. Alb. Mus.
326. 118: London, Brit. Mus. (Fortnum: Urbino?).
119: Paris, Louvre.
120: 1773; London, Vict. u. Alb. Mus. (1771 ist Monsieur Rolet auch in Borgo San Sepolcro tätig gewesen).
121: Fortnum (Coll. Narford).
122, 123: Paris, Louvre.
124: Genolini.
125: Mus. Pesaro.
126: Neapel (Coll. Rey).
127: Mely.
128, 129: Urbino, Mus.
131: Paris, Louvre.
132: Mely.
133: Nicolò da Urbino, 1528; Florenz, Bargello.
327. 134: Francesco Xanto Avelli.
135: Orazio Fontana.
136: Orazio Fontana; ehem. Slg. Rothschild.
137: Francesco Durantino in der Bottega des Guido da Merlino, 1543; Wien, Österreichisches Museum für Kunst und Industrie.
138: Um 1550; Venedig, Museo Correr.
139: Francesco d'Urbino (?), um 1580.
328. 140: Bottega der Patanazzi.

141: Dottore Francesco Antonio Saverio Grue aus Castelli, 1705—1706; Bologna, Privatslg.
142: Monsieur Rolet, 1772; Hamburg, Museum für Kunst und Gewerbe.

Nicht abgebildet: fatto in Urbino Gironimo de Tomaso fecit (Berlin, Kunstgewerbemuseum), 1575, Girronimo da Merlino?

Castel Durante

1: Paris, Mus. Cluny.
2: Fortnum; London, Brit. Mus.; Sebastiano Marforio 1519.
3: Mely; Pesaro, Mus. (?).
4: Chaffers (Coll. d'Azeglio), „Pseudo-Pellipario" oder der „In Castel Durante-Maler".
5· Genolini (Coll. Genolini), „Pseudo-Pellipario" oder der „In Castel Durante-Maler".
329. 7: Fortnum.
8: Pesaro, Mus.
9: Paris, Louvre.
10: Fortnum (Galerie Barberini).
11: Paris, Louvre: Pesaro?
12: Jaennicke (Coll. Neck).
13: Paris, Louvre.
14: London, Brit. Mus.
15. Mely (Pesaro, Mus.).
16: Genolini.
17: Pesaro, Mus.
18. 1532; Pesaro, Museo Civico.
19: Fortnum: Castel Durante.
20: London, Brit. Mus.
21: London, Brit. Mus.
330. 22: 1562; Jaennicke; Rom, Coll. Cajani.
23: Fortnum (Coll. Devidis).
24: Chaffers.
25: 1555.
26: Paris, Louvre.
27: Mely (Rom, S. Maria dgli Angeli).
28: Giovanni Maria Vasaro, 1508; New York, Metropolitan Museum.
29: Um 1520—1530; Faenza, Museo Intern. d. Ceram.
30. Um 1530—1540; Sèvres.
31: Francesco Durantino (?), 1543.
331. 32: Um 1570 (fraglich, ob Künstlersignatur) (?).
33: (Urbania), Francesco Maria Doiz, um 1720—1730; Urbino, Galleria Nazionale delle Marche.
34: Chaffers; Delange (?).
35: Genolini; Berlin, Kunstgewerbemuseum.

Nicht abgebildet: Mariotto da Gubio fecit (Louvre), M. Sho Marotto fecit 1541 (Sèvres).

Rimini

1: Genolini.
2: Fortnum; Paris, Musée de Cluny.
3: London, Brit. Mus.
4: Mely (?).
5: Bologna, Mus.
6: Mely (?).

Nicht abgebildet: 1535 in botega de Mastro Alisandro in arimino.

332. Ravenna

1: Um 1530—1540; Sèvres; Paris, Louvre.

Treviso

1: Um 1750; Hamburg, Museum für Kunst und Gewerbe.
2: Um 1750; Hamburg, Museum für Kunst und Gewerbe.

Fabriano

1: Garnier; Leningrad, Eremitage (gemalt von Nicolò da Urbino).
2: 1527; gemalt wahrscheinlich von Nicolò da Urbino; London, Vict. u. Alb. Mus.

333. Padua

1: London, Brit. Mus.
2: Paris, Louvre.
3: Um 1500; Padua, Mus.
4: London, Mus. of Geology.
5: London, Vict. u. Alb. Mus.
6, 7: „Candiana", Genolini.
8: „Candiana", Genolini (Davillier).
9: „Candiana", Sèvres, Mus.
10: 1555.
11: Maestro Giacomo, 1603.
334. 12: „Candiana", 1627, London, Vict. u. Alb. Mus.
13: „Candiana", 1629; Wien, Österreichisches Museum für Kunst und Industrie.
14: „Candiana", 1633; Sèvres.
15: „Candiana", um 1630—1640.
16: „Candiana", 1638; London, Vict. u. Alb. Mus.

Nicht abgebildet: Antonio Maria Antonelli (Köln, Kunstgewerbemuseum), um 1700.

Ferrara

1: 18. Jh. London, Vict. u. Alb. Mus. (nicht sicher, ob in Ferrara entstanden).

Este

1: 18. Jh. Genolini (Coll. Reynold).

Città di Castello

1: Genolini (?).
2: London, Vict. u. Alb. Mus. (?)

335. Deruta

1: Jaennicke; Col. de Cambio.
2: Deruta, Giacomo Mancini „El Frate"; London, Vict. u. Alb. Mus.

3: Giacomo (di Tommaso?) Mancini, gen. El. Frate; Paris, Louvre.
4, 5: London, Vict. u. Alb. Mus.
6: Jaennicke; Leningrad, Eremitage.
7: Genolini.
8: Fortnum; London, Vict. u. Alb. Mus.
336. 9: London, Vict. u. Alb. Mus.
10: Paris, Louvre.
11: London, Vict. u. Alb. Mus.
12: Paris, Louvre.
13: Gubbio, Mus.
15: Chaffers.
16: Chaffers (Perugia, Col. Baglionia)
17: Chaffers (Coll. Nieuwerkerke).
18: Genolini.
19: London, Vict. u. Alb. Mus.; nach Ballardini: Faenza?
20: Paris, Mus. Cluny.
21, 23: Fortnum (Coll. Mely).
337. 24: Fortnum.
26: Fortnum (Coll. S. de Rothschild).
27: Limoges, Mus.
28: Jaennicke (Coll. Addington).
29: Giacomo Mancini (El Frate), 1545; London, Vict. u. Alb. Mus.
30: Um 1500; ehem. Slg. Bak.
31: Um 1500; ehem. Slg. Beckerath.
338. 32: Um 1500—1510; ehem. Slg. Beckerath.
33: Um 1510; Cambridge, Fitzwilliam Mus.
34: Um 1510; (Signatur des Besitzers?); ehem. Slg. Pringsheim.
35: Um 1510; Paris, Louvre.
36: Um 1515; Paris, Louvre.
37: Um 1515; Paris, Musée de Cluny.
38: Um 1520; Paris, Musée de Cluny.
39: Um 1520.
40: Um 1520; Krakau, Museum Czartoryski.
339. 41: Um 1520; ehem. Slg. Zschille.
42: Um 1520—1530; London, Vict. u. Alb. Mus.
43: 1537; ehem. Slg. Beit.
44: (?), Francesco Urbini (?), 1535; Oxford, Ashmolean Museum.
45: Francesco Urbini (?), um 1530—1540 (vielleicht auch Castel Durante); ehem. Slg. Bak.

Nicht abgebildet: Petrus Paulus Mancinus de Diruta 1630 (fraglich, ob in Deruta entstanden).

Venedig

Fabbrica Angarono bei Bassano (?), Manardi Caffo (1—8).
1: London, Vict. u. Alb. Mus.
340. 2: London, Brit. Mus.
3: Mely.
4: Mely: Porzellan!
5: Fortnum (Genolini).
6: London, Brit. Mus.
7: Sèvres, Mus.
8. Chaffers (Genolini).
9: Maestro Lodovico, um 1545; London, Vict. u. Alb. Mus.
10: London, Vict. u. Alb. Mus.
11: (?)
12: Genolini.
341. 13: Bonpencier (?) (Frankreich?), Stefano Barcella aus Venedig, E. 17. Jh.; London, Vict. u. Alb. Mus.

14: Chaffers (Coll. Uzielli).
15: Chaffers (Coll. Roger de Beauvoir).
16: Berlin, Kgw. Mus.
17: (?) Chaffers (Coll. Chaffers).
18: Limoges, Mus. (Fornum: Porzellan?).
19: Sigmaringen, Museum.
342. 20: London, Vict. u. Alb. Mus.
21: Paris, Louvre; Fortnum.
22, 23: London, Vict. u. Alb. Mus.; Genolini.
24: Oxford, Mus.
25, 26: Mely.
343. 29: (?) Fortnum (Genolini).
30: (?) Limoges, Mus.
31: (?) Fortnum (Genolini).
32: (?) Genolini.
33: (?) Stuttgart, Landesmuseum.
34: Giambattista dalle Palle, um 1560; Braunschweig, Herzog-Anton-Ulrich-Museum.
344. 35: Um 1590; Venedig, Museo Correr.
36: 2. H. 17. Jh.
37: Berlin, Kunstgewerbemuseum.
38: Braunschweig, Herzog-Anton-Ulrich-Museum.
40: Chaffers; Braunschweig, Mus.
41: Fortnum (Coll. Castellani).
42: London, Brit. Mus.

Nicht abgebildet: Fata in bogeta di Guido da Merlingo vasaro da Urbino in San Polo di 30 di Marzio 1542 (vielleicht auch Urbino) — In Venetia a Sâ Thoma in bottega di M° Francesco da Castel Durante 1545 — Fatta in botega di pontesolo del taiapiera a preso san Polo (Florenz, Slg. Cora) — Angaron 1779.

345. Forli

1: Paris, Louvre.
3: Bologna, Museo Civico.
4: Paris, Louvre.
5: Ravenna, Museo Civico.
6: Um 1525—1530; Forli, Museo Civico.
346. 7: Um 1530; London, Vict. u. Alb. Mus.
8: Leocadio Solombrino, 1555; ehem. Paris, Slg. Adda.

347. Siena

1: Seit 1509 in Siena; London, Vict. u. Alb. Mus.
2: London, Brit. Mus. (Signatur des Besitzers?).
3: Paris, Louvre.
4: London, Vict. u. Alb. Mus. (Signatur des Besitzers?).
5: Fortnum (Coll. a. de Rothschild).
7: (?), um 1505; ehem. Slg. Schiff.
8: Um 1510; Paris, Louvre.
9: Um 1510; Baltimore, Walters Art Gallery.
10: (oder Deruta), um 1520.

In Siena ist auch Bartolommeo Terchi (s. Bassano und San Quirico) tätig gewesen.

348. San Quirici d'Orcia (bei Siena)
ab 1714 (Fabbrica Chigi)

1, 2: London, Vict. u. Alb. Mus.
3: Fortnum: Paris, Louvre (vollständige Beschriftung: Bar: Terchi Romano in S. Quirico).
4: Fabbrica Chigi; Pisa, Privatslg.

Perugia

1: Chaffers.

Wahrscheinlich Bagnara zwischen Perugia und Città di Castello.

Bagnorea

1: Fortnum; London, Vict. u. Alb. Mus.

Bagnorea liegt zwischen Orvieto und Viterbo.

349. Rom

1, 2: Fortnum; Oxford.
3: 1623; Jaennicke; London, Vict. u. Alb. Mus.
4: Um 1620; Sèvres.

Nicht abgebildet: ROMA ANNO IVBILEI 1600. ROMA FECIT 1620.

Passano

1: London, Vict. u. Alb. Mus.
2: Um 1725; Limoges, Mus.
3: Um 1725; Paris, Louvre.
4: Um 1725; Chaffers (Coll. Le Blanc).
5: Um 1725; Chaffers.
6: Fortnum; Somone Marinoni (?) zwischen 1555 und 1595 (s. auch unter Venedig: Fabbrica Angarono).

350. Turin

1: Chaffers; Turin, 1577; Turin, Museo Civico.
2: Genolini.
3: Chaffers; Turin, Museo Civico.
4: (?) Chaffers.
5: Chaffers (Jacquemart); Fabbrica Parco des Giovanni Giacomo Bianchi (?), seit 1646.
6: (?) Chaffers (Hull, Coll. Jackson).
7: Sèvres; Fabbrica des Giorgio Rosetti.
8: Fabbrica Parco des Giovanni Giacomo Bianchi (?), seit 1646.
9: Chaffers; Turin, Museo Civico; Giacinto Rossetti.
10: (?)
11: Fortnum.
351. 12: Chaffers; Turin, Museo Civico.
13: Gratapaglia?
14: Fortnum.

16: Genolini.
17, 18: Chaffers (Paris, Coll. Dr. Belliol).
19, 20: Genolini.
21: G. A. Ardizzone, um 1765.

Pisa

1: (?) Mely (Coll. Castellani)?
2: Garnier; Niccolo Sisti (?), um 1580—1590; ehem. Slg. Bak.

352. ## Nove

1: London, Vict. u. Alb. Mus.
2: Genolini (meistens 19. Jh.).
3, 4: Genolini.
5: (?) Fortnum (Genolini).
6—9: (?) Genolini
10: Fortnum (Genolini).
11: (?) Limoges, Mus.
12: (?) Genolini.
13: Genolini; Giov. Baroni und Paolo ... 1802—1824; ehem. Slg. Reynolds.
14: Um 1725—1730; London, Vict. u. Alb. Mus.
15: Giovanni Battista Antonibon (?).
16: Giovanni Maria Baccin, um 1780; London, Vict. u. Alb. Mus.

353. ## Borgo San Sepolcro

1: Jaennicke; London, Vict. u. Alb. Mus.

In Borgo San Sepolcro war auch Monsieur Rolet tätig (s. Urbino), eine Lampe in Sèvres trägt die Inschrift „Citta Borgo S. Sepolcro a 6 Febraio 1771 Mart. Roletus fece".

Lodi

1: Chaffers (Coll. Reynolds).
2, 3: Antonio Maria Coppellotti, 1. H. 18. Jh.; Chaffers (Coll. Reynolds).
4: Antonio Maria Coppellotti, 1. H. 18. Jh.; Sèvres.
5: Antonio Maria Coppellotti, 1. H. 18. Jh.; Jacquemart.
6: Genolini.
7: (?) Genolini.
8: Simpliciano Ferritti, um 1720—1730; London, Vict. u. Alb. Mus.
9: Fabbrica Rossetti, Giovanni Battista Rossetti, um 1730; Mailand, Privatslg.
10: Giorgio Giacinto Rossetti (auch in Turin).
354. 11: Fabbrica Giorgio Giacinto Rossetti, 1735; Mailand, Privatslg.
12: Paolo Milani, 1773; Lodi, Museo Civico.

Viterbo

1: Viterbo Diomeo, 1544; London, Vict. u. Alb. Mus.

Nicht abgebildet: „Paulus Nicolai pinsit" (Viterbo, S. Maria della Peste), Ende 15. Jh., fraglich, ob in Viterbo selbst entstanden.

Neapel

1: (?) Genolini.
2: Paolo Francesco Brandi (?), 1524 (?); Chaffers (Jacquemart).
3: Paolo Francesco Brandi (?), 1524 (?); Limoges, Mus.
355. 4: Limoges, Mus.
5: Chaffers (Demmin).
6: Fortnum.
7: (?) Chaffers (Brogniart).
8: (?) Genolini.
9: Sèvres.
10: Chaffers.
11: Chaffers (Genolini).
12, 14, 15: Genolini.
16: Chaffers (Genolini).
17, 18: (?) Genolini.
19: (?)
21: Fortnum (Jaennicke: Castelli?).

356. Sizilien (Palermo, Collesano, Caltagirone, Trapani)

1: Sèvres.
2: Hyraci bei Palermo; Fortnum (Coll. Castellani).
4: Fortnum (Coll. Corona).
5: 17. Jh.; Fortnum (Coll. Corona).
6: Squillace, 1654; Catanzaro, Museo provinciale.

Nicht abgebildet: „S. P. Q. D.“ = Senatus Populusque Drepanitanus = Trapani. „S. P. Q. S.“ = Senatus Populusque Saccensis = Sciacca.

Castelli

2: Jaennicke (London, Coll. Neck).
3: Chaffers.
4: Sèvres, Mus.
5: Chaffers (Coll. Hasting).
6: Chaffers.
7: Sèvres, Mus.
357. 10: Chaffers (Coll. Diamond).
14: London, Vict. u. Alb. Mus.
15: Chaffers (Coll. Reynolds).
16, 17: Genolini.
18: Paris, Louvre.
20: Garnier.
21—24: Genolini.
25: Chaffers.
26: Berlin, Kgw. Mus.
27: Chaffers (Passeri).
28: Jaennicke (Coll. Neck).
29: Garnier.
30: Fortnum.
358. 31: Tito Pompei, 1516; Rom, Museo Aristico Industriale.
32: Orazio Pompei, 1551; Castelli, Raccolta Civica.
33: Antonio Lolli, um 1600—1610; Neapel, Museo Nazionale di S. Martino.
34: Saverio Grue; Rom, Museo del Palazzo di Venezia.
35: Dottore Francesco Antonio Grue, 1718 (gemalt in Neapel); Neapel, Museo Nazionale di S. Martino.

36: Dottore Francesco Antonio Saverio Grue; Neapel, Museo Nazionale di S. Martino.
37: Carlo Antonio Grue; Neapel, Museo Nazionale di S. Martino.
38: Nicolo Thomaso Grue, um 1760.
39: Jaennicke.

Nicht abgebildet: „Anniballe de Pompeo" (S. Maria della Spina auf Isola del Gran Sasso), 1576.

359. Savona und Albissola

1, 2: Genolini.
3: Chaffers.
5: Chaffers (Coll. Mont Ferrand).
6: Fortnum.
7, 8: Chaffers.
9: Neapel, S. Martino.
10: Genolini.
12: Neapel, S. Martino.
13: Vignola.
14, 15: Genolini.
17: Neapel, S. Martino.
18: Fortnum.
19: Chaffers (Coll. Reynolds).
360. 20: Chaffers (Coll. Staniforth).
21, 23: Genolini.
24: Vignola.
25: Fortnum.
26: Genolini.
28: London, Vict. u. Alb. Mus.
29: Neapel, S. Martino.
30: Pavia, Coll. Reale (vielleicht nicht in Savona gemalt).
31: Chaffers (Paris, Coll. Dr. Belliol).
361. 32: Fortnum, Chaffers (Turin, Museo Civico).
33: Chaffers, Coll. d'Azeglio (teilweise in Marseille gemalt).
34—37: Genolini (teilweise in Marseille gemalt).
38: Teilweise in Marseille gemalt.
39: Genolini (Girolamo Salomini oder Siccardi).
40: Garnier.
41: Genolini (Girolamo Salomini oder Siccardi).
42, 43: Genolini.
44: Fortnum.
45, 46: Genolini.
362. 47: Chaffers.
48: Genolini.
49: Vignola.
50: Genolini.
51: Vignola.
52: Garnier: B. Salomini.
53: Genolini.
54: Vignola.
363. 56—58: Genolini (G. Barlotto, G. Bellotti?).
59: Fortnum.
60, 62, 63: Genolini.
64: Vignola.
65, 66: Genolini.
67: Genolini (Salomini oder Siccardi?).
68: Vignola (Salomini oder Siccardi?).
69: Garnier (II). Mus. Limoges (Salomini oder Siccardi?).

70: Genolini.
71: Genolini (Luigi Levantino?).
72: Luigi Levantino?
364. 73: Neapel, S. Martino.
74: Genolini (Agostino Levantino?).
77: Garnier; Levantino (Albissola) oder Genua.
78: Chaffers (?).
79: Mely; Levantino (Albissola) oder Genua.
80, 81: Genolini; Levantino (Albissola) oder Genua.
83: Sèvres.
84: Garnier (II); Limoges, Mus.
85: Genolini.
86: Fortnum.
87, 88: Garnier (II); Limoges, Mus.
89: Vignola.
365. 90: Garnier (II), Limoges, Mus.
91: Chaffers (Coll. Reynodls).
91: Chaffers (Coll. Reynolds).
93: Fortnum (vielleicht auch Turin).
94: Genolini; Chaffers (Coll. Diamond): **Genua? (Vielleicht auch Turin.)**
95: Marke Bassano 10 (ohne Erl.).
96: Chaffers (Jacquemart).
97: Genolini.
98: Um 1730; Hamburg, Museum für Kunst und Gewerbe.
99: Giordano (Levantino?).
100—102: Genolini.

Nicht abgebildet: „Johannes Jacobus Schiaharannia Pinxit 1554 a die 28 Agosti“ (Albissola, Ospedale), Gian Giacomo Sciacarama — „Fatta in Albisola del 1576 p. mano di Agostino Girnomo Urbinato la dipinse“ (Albissola, Chiesa delle Concordia) — „Agostino Ratti me servo e scolare feci in Savona anno 1720 a 10 dicembre“ (Berlin, Kunstgewerbemuseum) — „August: Rattus fecit 1721“ (London, British Museum).

366. Mailand

1: Sèvres, Mus.
2: Fortnum, Pasquale Rubati; Mailand, Privatslg.
3—6: Genolini.
7: Jacquemart (Bordeaux, Mus.).
8: Mely.
9: Genolini.
11: Fortnum (Coll. Reynolds).
12: Chaffers (Coll. Reynolds).
13: Chaffers (Turin, Museo Civico).
367. 14: Felice Clerici, um 1765; Pavia, Museo Civico.
15: Felice Clerici; Mailand, Privatslg.
16: Felice Clerici; Mailand, Privatslg.
17: Pasquale Rubati, nach 1765; Köln, Kunstgewerbemuseum.
18: Pasquale Rubati, um 1780; Mailand, Castello Sforzesco.

Pavia

1: Fortnum.
3: Genolini.
368. 4: Givanni Brizio Cuzio, 1677, ausgeführt wahrscheinlich von seinem Bruder Antonio Maria Cuzio; Pavia, Museo Civico.
5: Antonio Maria Cuzio, 1688 (im Original in Kreisform); Mailand, Castello Sforzesco.

Genua

2: Jaennicke; Turin, Coll. Devers.
3: Chaffers: Genua?

Asciano

1, 2: Fortnum.

369. ## Colle Ameno (bei Bologna)

369 Colle Ameno (bei Bologna)
1: 1768; Bologna, Privatslg.

San Christoforo (bei Mailand): 19. Jh.

3: Chaffers.

Mondovi

1—3: Fortnum.

Triest

1: Manufaktur Sinibaldi e Santini (um 1770).
2, 3: Manufaktur des Pietro Lorenzi (um 1780—1790).
370. 4: Manufaktur Sinibaldi e Santini.
5: Manufaktur Filipuzzi e Compania (um 1770—1780).

Gorizia / Görz

1: Manufaktur des Pietro Brantz (tätig von 1764 bis 1792).

China

Chinesisches Steinzeug

Seite

672. Erzeugnisse von I-hsing

1: Dresden.
2: Dresden.
3: Chaffers: Ch'ên ming yüan chih = von Ch'ên ming yüan gemacht. Frühes 18. Jh.
4: Dresden.
5: Chaffers: Hsiu lung te chi = Registriert von Hsiu lung. Frühes 18. Jh.
6: Dresden.
7: Dresden.
8: Hobson: I-hsing tsu sha = Braune Erde von I-hsing. 19. Jh.
9: Dresden.
10: Dresden.
11: Dresden.
12: Dresden.
13: Dresden.
14: Hobson: Chih ting = Sesam-Pavillion. 18. Jh.
15: Chaffers: I-hsing (Herstellungsort). 19. Jh.
16: Chaffers: Mêng-ch'ên und Hui (Töpfer). 19. Jh.
17: Hobson: Mêng-ch'ên und Hui (Töpfer). 19. Jh.
18: Dresden.
19: Dresden.
20: Hobson: Chin yüan yu chi = Registriert von Chin yüan-yu. 19. Jh.
21: Hobson: yu lan pi chih = Heimlich von Yu-lan gemacht.

673. Erzeugnisse der Provinz Kuangtung

1: Chaffers: Ko ming hsiang chih = angefertigt von Ko Ming-hsiang. 18. Jh.
2: Chaffers: Ko yüan hsiang chih = angefertigt von Ko Yüan-hsiang. 18. Jh.
3: Hobson: I sheng = Harmonie und Gedeihen.
4: Hobson: Te ho (Töpfermarke). 19. Jh.
5: Chaffers: T'ien Ch'i i ch'ou nien chin shih chi = angefertigt von Chin-shih im i ch'on-Jahre von T'ien Ch'i (1625).
6: Chaffers: Huang yün chi = registriert von Huang-yün. 19. Jh.
7: Chaffers: Li Ta-lai (Töpfermarke), um 1800.
8: Chaffers: Yüeh-ch'ang (Töpfermarke), um 1800.
9: Chaffers: T'ai-yüan (Töpfermarke), um 1800.
10: Hobson: Ch'ien yüan Kai ch'ieh = von Ch'ien Yüan-Kai geschnitten. 18. Jh.
11: Hobson: Hou ch'ang (Töpfermarke). 19. Jh.

Chinesisches Porzellan

674—676. Regierungsmarken (Nien-haos)

Zimmermann, Chinesisches Porzellan, seine Geschichte und Technik. Leipzig 1913.

Seit der Zeit der Ming-Dynastie (1368—1643) bis in die unsrige hinein wird es vielfach Sitte, die Porzellane (meist am Boden, seltener an versteckten Teilen der Wandungen) mit Marken zu versehen, die den Namen des chinesischen Kaisers enthalten, unter dem sie hergestellt worden sind. Diese Marken bestehen fast immer aus sechs, seltener aus vier chinesischen Schriftzeichen,

Seite

674—676.

die für gewöhnlich in zwei Kolonnen senkrecht, viel seltener in waagerechter Richtung angeordnet sind. Sie sind von rechts oben nach unten, dann weiter von links oben nach unten zu lesen und lauten z. B. für Marke Hsüan-tê, Tafel 651

4	1
tê	Ta
5	2
nien	Ming
6	3
chih	Hsüan

Ta Ming Hsüan-tê nien chih, d. h.: groß Ming Hsüan-tê Periode gemacht = hergestellt in der Hsüan-tê-Periode der großen Ming(dynastie).

Bewegt sich die Marke in waagerechter Linie, dann ist sie in obiger Weise von rechts nach links zu lesen, enthält sie nur vier Schriftzeichen, dann fehlen immer die beiden ersten.

Um aus diesen Marken die Zeit eines Stückes, die eine solche trägt, zu bestimmen, braucht man demnach nur die Bedeutung des 3. und 4. (resp. 1. und 2.) Schriftzeichens festzustellen.

Mit der Ch'ing Dynastie (1644—1912) kommen neben den oben angegebenen Marken noch Marken in Siegelschrift auf, die in gleicher Weise zu lesen sind wie jene.

Alle Marken dieser Art vor dieser Zeit (z. B. die die Regierungszeit des Mingskaisers Hsüan-tê enthaltende Marke auf Tafel 651 gehören nicht der Zeit, die sie vorgeben, an; sie sind, einer sehr verbreiteten chinesischen Unsitte folgend, erst auf spätere, d. h. Porzellane der Ch'ing-Dynastie gesetzt worden.

S. 651 oben rechts. Marke des Kaisers Yung-Lo (1403—1424) in altertümlicher Schrift (London, Brit. Mus.), aber nicht aus der Zeit.

Keine der Regierungsmarken gibt volle Sicherheit, daß das mit einer solchen versehene Stück Porzellan wirklich aus der Zeit, die die betreffende Kaisermarke angibt, noch auch überhaupt aus China stammt. Zu allen Zeiten sind in China ältere Kaisermarken auf spätere Stücke gesetzt worden. Daneben sind sie sehr viel in Japan, ja auch in Europa nachgemacht worden.

677. Zeichen des 60-Jahr-Zyklus

Außer den Regierungsmarken kommen auf den chinesischen keramischen Erzeugnissen auch bisweilen die Zeichen des 60-Jahr-Zyklus vor, so benannt, weil sie als Datierung ein Jahr jener Perioden von jedesmal sechzig Jahren enthalten, nach denen der Chinese seit dem Jahre 2637 v. Chr. Geburt seine Zeit zu berechnen pflegt. Diese Jahre werden immer (siehe Tafel S. 654) durch zwei Schriftzeichen angegeben, die zwischen den übrigen Schriftzeichen der betreffenden Marken (vgl. Tafel 655, Nr. 1—2) stehen. Zur Datierung können diese Marken naturgemäß nur dienen, wenn man schon aus dem Stil der sie tragenden Gegenstände die ungefähre Zeit ihrer Entstehung festzustellen vermag.

678. Beispiele von Periodenmarken

1: Chaffers: Ping hsü nien chih = im ping hsü Jahr gemacht (also 1886 oder 1826, 1766, 1706, 1646 usw.).

2: Chaffers: Ta ming ch'eng hua yüan nien i yu = Erstes Jahr der Ch'enghua (Periode) der großen Ming(dynastie).

Zahlen.

Bei den Zahlen zwischen 10 und 20 wird die zugefügte Zahl hinter die 10 gestellt; bei Zahlen, die aus Multiplikationen mit 10 entstehen, wird die kleinere Zahl vor die 10 gestellt. —

Seite

678. Die Zeichen für 1—10 erscheinen eingeritzt auf Chün-yao Schalen der Sung-Zeit.

678. Hallen-Marken

Über diese Marken herrscht im einzelnen noch keine volle Klarheit: sie bezeichnen teils Werkstätten, teils Läden von Porzellanhändlern, teils aber auch die Orte, für die die Porzellane bestimmt waren, so z. B. die Halle eines Mandarinen, den Pavillon eines Kaisers u. dgl. mehr.

Die hier gegebenen Marken können nur als einzelne charakteristische Beispiele angesehen werden:

1: Chaffers: Jen ho Kuan = Halle der edlen Harmonie. Sung-Zeit.
2: Hobson: Shu fu = Kaiserlicher Palast. Yüan-Zeit.
3: Hobson: Yü t'ang chia ch'i = Schönes Gefäß für die Jade-Halle. Späte Ming- und frühe Ch'ing-Zeit.
4: Hobson: Tê hsing t'ang chih = Für die Halle duftiger Tugend gemacht. 1573—1620.
5: Chaffers: Fu fan chih tsao = an der Grenze von Fukien (Provinz) gemacht. Ming-Zeit.
6: Chaffers: Tê hsing t'ang chih = Für die Halle duftiger Tugend gemacht. 1573—1620.
7: Hobson: Chih lan chai chih = Im Epidendrum Studio gemacht. 17. Jh.
8: Hobson: Chü shun mei Yü t'ang chih = In der Chü shun Halle der herrlichen Yade gemacht. Spätes 17. Jh.
9: Chaffers: Sin yü t'ang chih = Für die Halle von Überfluß und Yade gemacht. 1662—1722.
10: Chaffers: Yü hai t'ang chih = In der Halle des Jade-Ozeans gemacht. Frühes 18. Jh.
11: Hobson: Yu tsu t'ang chih = Für die Halle von Freunden und Gelehrten gemacht.
12: Hobson: Ch'i yü t'ang chih = In der Halle des seltenen Jade gemacht. 1662—1722.
13: Hobson: Yü hai t'ang chih = In der Halle des Jade-Ozeans gemacht. 1662—1722.
14: Hobson: Yang ho t'ang chih = In der Halle zur Pflege der Harmonie gemacht. 1723—1735.
15: Hobson: Tan ning chai chih = Im Pavillon der Ruhe und des Friedens gemacht. 1736—1795.
16: Hobson: Ching wei t'ang chih = Für die Halle scheuer Ehrfurcht gemacht. 1736—1795.
17: Hobson: Ts'ai jun t'ang chih = In der Halle der glänzenden Farben gemacht. Frühes 19. Jh.
18: Hobson: Ts'ai hsin t'ang chih = In der glänzenden Schmuck-Halle gemacht. 1821—1850.
19: Hobson: Ta shu t'ang chih = In der Halle der großen Bäume gemacht. 1821—1850.
20: Hobson: Shin tê t'ang po ku chih = In der Shên-tê Halle alt gemacht. 1820—1850.
21: Chaffers: Su yi t'ang = Halle der wehenden Bambusse. Ch'ing-Dynastie.
22: Bushell: Ta ya chai = Pavillon großer Kultur (das Motto der Kaiserin-Witwe) um 1900.

680, 681. Glückwunsch- und Empfehlungsmarken

1: Chaffers: Pao yung = Wertvoll zum Gebrauch. Sung-Zeit.
2: Chaffers: Kao = Hoch (im Wert). Sung-Zeit.
3: Chaffers: Chang ming fu kuei = Langes Leben, Reichtum, Ehre. 16. Jh.
4: Hobson: Fu kuei chia ch'i = Schönes Gefäß für Reiche und Ehrenträger. 16. Jh.

680, 681. 5: Chaffers: Fu kuei ch'ang ch'un = Reichtum, Ehre und andauernden Frühling. 16. Jh.
6: Chaffers: Tan kuei = Rote Olive. Ming-Zeit.
7: Chaffers: Yung ch'ing ch'ang ch'un = Ewiges Gedeihen und dauernder Frühling. Späte Ming-Zeit.
8: Hobson: Tê hua ch'ang chun = Tugend, Kultur und bleibender Frühling (umgeben von der Wanli-Marke). 1573—1619.
9: Hobson: Ts'ang lang lü shui = Grünes Wasser des unendlichen Ozeans. 16. Jh.
10: Hobson: Wan fu yu t'ung = Möge endloses Glück all Deine Geschäfte begleiten! 16. Jh.
11: Hobson: Shuai fu kung yung = Zum öffentlichen Gebrauch in der Generals-Halle. 17. Jh.
12: Chaffers: Yu lai = Freunde kommen. 17. Jh.
13: Chaffers: Ch'i shih pao ting chih chên = Ein Juwel unter den kostbaren Gefäßen von seltenem Stein. 17. Jh.
14: Hobson: Chên = Perle. 1662—1722.
15: Hobson: Shun = Harmonie. 1662—1722.
16: Hobson: Ku = alt. 1662—1722.
17: Hobson: Chi yü pao chih chen = Ein Edelstein unter den kostbaren Jadegefäßen. 1662—1722.
18: Chaffers: Ch'i chen ju yü = Ein Edelstein selten wie Jade. 1662—1722.
19: Hobson: Sheng yu ya chi = Elegante Sammlung heiliger Freunde. 1662—1722.
20: Hobson: T'ien = Himmel. Frühes 18. Jh.
21: Hobson: Shi fu = Offenbares Glück. 1662—1722.
22: Chambers: Pao shêng = Unaussprechlich wertvoll. Frühes 18. Jh.
23: Hobson: Hsi yü = Westliche Jade. Frühes 18. Jh.
24: Hobson: Wan yü = Trinket Jade.
25: Hobson: Chên yü = Wirkliche Jade.
26: Hobson: Yü = Jade.
27: Hobson: Ai lien chên shang = Wertvoller Lohn des Lotosliebhabers. 1820—1850.
28: Hobson: Wan shou wu chiang = Myriaden von Jahren, niemals endend.
29: Chaffers: Ch' üan = Vollkommen.
30: Chaffers: Chên wan = Wertvoller Schmuck.
31: Chaffers: Ya wan = Vornehmer Schmuck.
32: Hobson: Ta chi = Großes Glück.
33: Hobson: Shuang hsi = Doppeltes Glück.
34: Hobson: Fu = Glück. In verschiedenen Formen.
35: Hobson: Shou = Langes Leben. In verschiedenen Formen.

682, 683. Künstlerbezeichnungen

1: Chaffers: Chang chia tsao = Von Chang-chia gemacht. Späte Ming-Zeit.
2: Chaffers: Hu yin tao jen = Der im Topf versteckte Tao ist Beiname des Töpfers Hao Shih-chiu. Um 1600.
3: Chaffers: Wang shih ch'ih ming = Herr Wang ch'ih ming. Späte Ming-Zeit.
4: im Kunsthandel: Chen Tsung Tsin Kuo nien Chi = Im Cheng-Tsung-Jahr von Tsin Kuo gemacht (1573).
5: Hobson: T'ien ch'i i ch'ou nien chin shih chih = Von Chin-shih im i-ch'ou-Jahr von T'ien Chi gemacht (1625).
6: Hobson: Wan li ting yu ch'ên wên Ch'êng su = Ch'ên wen-Ch'eng formte es im ting tu-Jahr von Wan Li (1597).
7: Hobson: Shan jên ch'ên wei = Der Eremit Ch'en-wei. 17. Jh.
8: Hobson: Shang su. (Name) 1736—1795.
9: Hobson: Chung t'un shih = Chung t'un-Familie. 13. Jh.
10: Hobson: Ch'ên-Kuo chih tsao = Von Ch'ên kuo chih gemacht. 1662 bis 1722.

682, 683. 11: Hobson: Yüan Hsin-hsing tsao = Von Yüan Hsin-hsing gemacht. 19. Jh.

12: Hobson: Kung liang chi tsao = Von Kung Liang-chi gemacht. Um 1700.

13: Hobson: Ch'ên t'ien sui tsao = Von Ch'en T'ien-sui gemacht. 1662—1722.

14: Chaffers: Chia ch'ing san nien ssu ming chi jih wang shêng kao chih = Gemacht von Wang Shêng-kao am Ende des 4. Monats im dritten Jahre des Kaisers Chia Ch'ing (d. i. 1798).

15: Hobson: Sing nau hui chê; Pai shih = Ein Singnau (d. i. Canton) Gemälde; Weißer Fels (Beiname eines Malers). Um 1724.

16: Hobson: Chang Ming kao tsao = hergestellt von Chang Ming-kao (1662—1772).

17: Hobson: Chao-chin (Name). Anfang des 18. Jh.

18: Hobson: Lai (Name) (1662—1722).

19: Chaffers: Wu shen nien liang chi shu = Gemälde von Liang-chi im wu shen-Jahr (d. i. 1808).

20: Chaffers: Chiang ming kao tsao = angefertigt von Chiang ming-kao. Frühes 19. Jh.

21: Chaffers: Lin ch'ang fa tsao = angefertigt von Lin Ch'ang-fa, Anfang des 19. Jh.

22: Chaffers: Wang pu t'ing tso = angefertigt von Wan Pu-t'ing. Um 1800.

23: Hobson: Lai Kuan (Name). 17. Jh.

24: Hobson: Yu-chai (Name). Um 1725.

25: Hobson: Li-chih (Name). 18. Jh.

26: Chaffers: Wang ping jung tso = von Wang Ping-jung gemacht. Frühes 19. Jh.

684, 685. Symbol- und Verzierungsmarken

Die auf diesen Tafeln wiedergegebenen Marken finden sich sehr häufig in dieser oder ähnlicher Gestalt auf dem Boden der Porzellane. Eine Zeitbestimmung ist mit ihnen nicht gegeben:

Die acht buddhistischen Zeichen.

Die acht kostbaren Dinge.

686. Weitere Symbol-Formen:

687. 1: Verschiedene Formen des Hasen finden sich vor allem an Porzellanen der späteren Ming- und K'ang-hsi-Zeit.

2: Nichtentzifferte Marke auf Porzellanen des 18. Jh., die für den Siamesischen Markt bestimmt waren.

3: Vermutlich eine Imitation des lateinischen Buchstabens G. 1662—1722.

Japan

Einleitung

Sehr viele keramische Erzeugnisse Japans tragen eingeritzte, eingestempelte oder auch aufgemalte Bezeichnungen des Herstellungsortes, der Werkstatt oder des Meisters. Wären dieselben bei der großen Menge der Töpferwerkstätten und der selbständigen Künstlerpersönlichkeiten an sich schon zahlreich genug, so läßt sie die Neigung der japanischen Meister, einen Künstlernamen anzunehmen und denselben dann vielleicht auch noch gelegentlich gegen einen neuen zu vertauschen, vollends zu kaum übersehbarer Fülle anwachsen. Daher kann hier nur eine Auswahl gegeben werden. Geschrieben sind die Bezeichnungen zur Hauptsache mit den Zeichen der chinesischen Schrift, von denen bekanntlich jedes, ähnlich wie unsere mathematischen Zeichen, einen bestimmten Begriff darstellt, der in jeder Sprache anders ausgedrückt werden kann. Der Japaner hat für diese chinesischen Ideogramme sowohl rein japanische als auch sino-japanische Wörter, d. h. aus älteren chinesischen Dialekten stammende Lehnwörter, deren Aussprache sich im Laufe der Zeit verändert hat und von der des heutigen Chinesischen erheblich abweicht. In vielen Fällen ist es fraglich, ob ein mit chinesischen Zeichen geschriebener japanischer Name besser rein japanisch oder sino-japanisch gelesen wird.

Was die Schreibweise der Ideogramme betrifft, so findet man neben Formen, die von der gewöhnlichen Druckschrift wenig abweichen, auch die schwierige „Grasschrift", sowie die Stempelschrift in ihren verschiedenen Unterarten.

Außer der chinesischen Schrift werden noch die aus dieser abgeleiteten japanischen Silbenalphabete Katakana und Hiragana verwendet, Hilfsschriften, die bisweilen allein auftreten, meistens aber mit der chinesischen Schrift kombiniert sind.

Neben den Bezeichnungen kommen Marken im eigentlichen Sinne des Wortes nur selten vor, doch sind den Künstlernamen bisweilen schnörkelartig geschriebene Siegel (japan. Kakihan) hinzugefügt.

Manche der signierten Stücke tragen auch ein Datum. Von den in Japan üblichen Arten der Zeitbezeichnung kommen dabei die beiden folgenden in Betracht:

1. Die Zeitbezeichnung durch „Nengō". — Im Jahre 645 n. Chr. begann man chinesischem Vorbild folgend nach Perioden von unbestimmter Länge zu rechnen, die als Nengō (chinesisch Nien-hao) bezeichnet werden. Jedem Nengō ist ein eigener, meistens aus zwei chinesischen Schriftzeichen zusammengesetzter Name von günstiger Bedeutung gegeben. Eine Liste der Nengō seit 1394 mit den entsprechenden Jahren der christlichen Zeitrechnung gibt Tafel 665—669. Innerhalb eines Nengō werden die Jahre numeriert. Ist also außer dem Nengō auch das betreffende Jahr angegeben, so läßt sich die Umrechnung leicht durchführen. Zum Beispiel ist „Meiwa 6", da die Meiwa-Periode mit dem Jahre 1764 beginnt, gleich 1769. Dabei muß man jedoch berücksichtigen, daß in Japan bis zum Jahre 1873, d. h. bis zur Einführung des gregorianischen Kalenders, der wie in China nach dem Mondkalender berechnete und daher wechselnde Jahresanfang in den Zeitraum vom 20. Januar bis zum 19. Februar fiel. So entspricht Meiwa 6 genau genommen nicht dem Jahre 1769, sondern dem Zeitraum vom 7. Februar 1769 bis zum 26. Januar 1770. Wäre der Jahreszahl etwa noch hinzugefügt: 12. Monat, 10. Tag, so würde die Umrechnung den 6. Januar 1770 ergeben, da der 12. Monat des Jahres Meiwa 6 mit dem 28. Dezember 1769 unseres Kalenders anfing. — Genaue Angaben aller Jahres- und Monatsanfänge enthalten die Japanese Chronological Tables von William Bramsen, Tōkyō 1880.

2. Die Datierung nach den chinesischen sechzigjährigen Zyklen (vgl. Tafel 654). Als 1. Jahr des 1. Zyklus gilt das Jahr 2637 v. Chr. Dann folgen die Jahre 2577, 2517 usw. Die Anfangsjahre der Zyklen für den Zeitraum, dessen Nengō unsere Tafel 296—300 gibt, sind: 1384, 1444, 1504, 1564, 1624, 1684, 1744, 1804, 1864 und 1924. Ein zyklisches Datum allein gibt nur eine unzureichende Zeitbestimmung, da nie angegeben ist, der wievielte Zyklus gemeint ist. So kann z. B. mit den Zeichen 己巳, die das 6. Jahr des Zyklus bezeichnen, jedes 6. Jahr der ganzen Reihe gemeint sein, also für den hier gegebenen Zeitraum die Jahre 1389, 1449, 1509 usw. Anders, wenn die zyklische Datierung mit der Nengō-Zählung kombiniert ist, wie in folgendem Beispiel: 享保丙午. Die beiden ersten Zeichen von links geben das Nengō Kyōhō (1716—1736). Durch das 3. und 4. Zeichen (chinesisch Ping-wu, japanisch hi no e, uma) wird das 43. Jahr des sechzigjährigen Zyklus bezeichnet. Da die Periode Kyōhō gegeben ist, kommt hier nur der mit dem Jahre 1684 beginnende Zyklus in Betracht; sein 43. Jahr entspricht dem Jahre 1726 unserer Zeitrechnung, oder genauer dem Zeitraum vom 2. Februar 1726 bis zum 21. Januar 1727.

Zur leichteren Auffindung der Bezeichnungen ist die Einteilung der bezeichneten Gegenstände in „Töpferarbeiten" und Porzellan auch in dieser Auflage beibehalten worden. Unter „Töpferarbeiten" sind dabei in Ermangelung einer besseren zusammenfassenden Bezeichnung alle Erzeugnisse verstanden, deren Scherben ein Steinzeug oder eine Art Steingut ist oder auch der Irdenware nahekommt. Sie sind dem Porzellan vorangestellt, das in Japan erst spät aufkommt und dort auch nicht die künstlerische Bedeutung erlangt hat wie in China und Europa. Übrigens sind verschiedene Meister der neueren Zeit in beiden technischen Gruppen vertreten.

Hinsichtlich des Wertes der Bezeichnungen für die Beurteilung der Echtheit eines Gegenstandes gilt die allgemeine Regel, daß nicht die Signatur sondern der künstlerische Charakter dafür entscheidend ist, für die Keramik wie für das gesamte Kunstgewerbe Japans in besonderem Maße. Nachkommen und Schüler anerkannter Meister führen oft deren Künstlernamen weiter, auf Kopien oder freie Nachbildungen werden unbefangen entsprechende Signaturen gesetzt, und selbstverständlich sind auf absichtlichen Fälschungen fast immer begehrte Namen und Siegel zu finden.

Wohl die umfangreichste Zusammenstellung japanischer Töpfermarken enthält E. S. Morse, Catalogue of the Morse Collection of Japanese Pottery, Cambridge 1901: Soweit die Marken auf unseren Tafeln nicht dieser Veröffentlichung des Museum of Fine Arts, Boston, entnommen sind, ist die Quelle jedesmal angegeben (wegen der Abkürzungen vgl. die Literaturübersicht).

Seite

Töpferarbeiten

670. **Provinz Hizen**

1 u. 2: Kameyama (O. b. Nagasaki); 19. Jahrh. 3: Bōgasaki (O. b. Nagasaki), darunter Stempel „Bō"; 1830—1843. 4: Shōtō; um 1800. 5: Shōhaku; auf Arbeiten des Dorfes Shinomine; um 1880. 6: Shichi ju ni sai Niraku saku = gemacht von Niraku im Alter von 72 Jahren; um 1800. London, Victoria and Albert Museum; Hobson.

Provinz Bizen

1—21 auf Arbeiten aus Imbe.

1: Ka-ichi. 2: Maruji. 4: Kaku-ichi. 5: Maru-san. 7: Chō. 8: Ei. 9: Maru-ichi. 10: Ichi. 13: Chō. 14: Yama-maru. — 1—15 kommen schon im 17. bzw. 18. Jahrh. vor.

16: Kimura-uji. 17: Riku. 18: Tō-i. — 16—18 auf Arbeiten des späten 18.—19. Jahrh.

19: Totei. 20: Terami. 21: Dai Nihon Imbe tō = Imbe-Ware Groß-Japans. — 19—21 auf Arbeiten des 19. Jahrh.

671. 22: Naoyoshi; 18. Jahrh. — Hobson. 23: Okayama (O.); 19. Jahrh. — 24, rechts: Mushiage (O.), links: Mak uzu (T., vgl. 316); um 1830. 25: Mushiage.

Provinz Tsushima

1 u. 2: Shiga (O.); um 1820.

Provinz Tosa

1: Asa; 18. Jahrh. 2: Odo; 19. Jahrh. 3: Sōkan tsukuru = gemacht von Sōkan, darunter ein Kakihan; um 1680.

Provinz Yamato

1: Akahada (O.); Ende des 18. Jahrh. — 2: Akahada; um 1820. — 3: Akahadayama u. Bokuhaku (oder Mokuhaku?). Bez. des T. Kashiwaya Buhei; 1850—1870.

672. **Provinz Settsu**

1: Naniwa, alter Name für Osaka; um 1680. Hobson. 2: Naniwa. 3: Kosobe (O.); um 1800 u. später. 4. u. 5: Kikkō, Bez. eines in Osaka tätigen T., der später nach Edo ging; 1820 u. später. 6. Jūsan (O.); 19. Jahrh. 7 u. 8: Sakurai no sato (O.); um 1830.

Seite

672. Provinz Omi

1: Seta (O.); darunter Mompeizan. Bez. der Familie Mompei; um 1830. Hobson. 2: Kiyomizu Bairinzan, auf Töpferarbeiten von Bebbo bei Zeze; um 1800. 3: Kotō = östlich vom See (Biwa), auf Arbeiten von Hikone (O.); 1818—1850. — 4: Kameyama, auf Shigaraki-Arbeiten; um 1830. 5 u. 6: Hira (O.); um 1830. — 7 u. 8: Shiga = Shigaraki (O.). Brinkley. 9: Shigaraki? Uichu (T.). 17. Jahrh. — Hobson.

673. Provinz Higo

1: Chubei, seit dem 17. Jahrh. tätige Töpferfamilie; seltene Bezeichnung. 2: Higo, 1850 u. später. 3: Higo Amidayama (O.); Ende des 18. Jahrh. — Hobson. 4: Shōdai = Shōdaiyama (O.); 18.—19. Jahrh. — 5: Shōfu; 19. Jahrh. — 6: Yatsushiro (O.).

Provinz Nagato

1: Sai; 19. Jahrh. — 2: Toyo-ura-yama (O.); Mitte des 19. Jahrh. — Der Ofen existierte seit 1716. Franks.

Provinz Kaga

1: Yamamoto (T.); Anfang des 19. Jahrh. — 2: Ohi, O. u. danach genannte Töpferfamlie. 3: Chōju, auf dem Ohi-yaki ähnlichen Arbeiten. 4: Masakichi
674. (T.); um 1850. 5: Kimpu, Bez. des Mokubei in Kaga, um 1807. 6: Rinzan; um 1800. Hobson.

Provinz Ise

1 u. 2: Antō, auf Arbeiten aus Isawa; 18. u. 19. Jahrh. 3: Banko; 18. Jahrh. u. später. 4: Akogi (O.); seit etwa 1850. 5: Sahei (T.); um 1640. 6—8: drei verschiedene Formen des seit dem 18. Jahrh. gebrauchten Stempels „Banko". Franks u. Hobson. — Begründer des „Banko-yaki" ist der seit der Mitte des 18. Jahrh. in Kuwana, Prov. Ise, später auch in Edo tätige Amateur-Töpfer Numanami Gozaëmon. 9: Yūsetsu, T., der um 1835 den Stempel „Banko" erwarb. 10: Nihon Yusetsu. 11: Banko u. Yusetsu. 12: Banko Fueki, Bez. eines Bruders des Yusetsu. 13: Isawa (O.); um 1810. 14: Tamagaki tsukuru = gemacht in Tamagaki; um 1820. 15: Bokusai. 19. Jahrh. — Hobson.

675. Provinz Echizen

1: Fukui (O.); um 1840. 2: Mikuni (O.). Hobson.

Provinz Chikugo

Yanagiwara (O.), bessere Lesart als „Yanagawa"; um 1840.

Provinz Iyo

Yoshū Matsuyama, Bez. des Ofens in Matsuyama; Ende des 18. Jahrh.

Provinz Suo

1: Iwakuni Tada; 18. Jahrh. — 2: Jūsan-ken, um 1835. 3: Tsuru = Kranich; um 1835.

Provinz Sado

1: Sakin saku; um 1800. 2: Sado. Jōzan (T.), um 1875.

Provinz Awaji

1 u. 2: Mimpei, Töpferfamilie, tätig seit etwa 1835. 3: Nihon Awaji Sampei = Sampei (T.) in Awaji, Japan; um 1880.

676. Provinz Buzen

1: Ho und Spiralmarke des Töpfers Hoshō in Agano, auf einem Stück, als dessen Verfertiger sich der dreiundachtzigjährige Totoki Hoshō bezeichnet; Anfang des 19. Jahrh. 2: Denkō. Auf Arbeiten von Kaharu im Distrikt Takawa; um 1855.

Provinz Izumi

1: Minato (O.); um 1800. 2: Minato yaki = Töpferarbeit von Minato; um 1830.

Provinz Shinano

Kikkō (T.); 1837 u. später.

Provinz Iwami

Nagami (T.). Bez. auf figürlichen Arbeiten in Raku-Art; um 1840.

Provinz Suruga

Shizuhata (O.); um 1800.

Provinz Kii

1: Kairakuen sei = gemacht im Kairaku-Garten; um 1830. 2: ebenso; um 1840. 3, 4: Zuishi; um 1790. 5: Nanki Otokoyama = Otokoyama in Süd-Kii, um 1830. 6: ebenso; um 1850.

677. Provinz Iga

1: Iga; um 1800. 2: Iwa; um 1800. 3: Tokusai (Bez. eines T.); 17. Jahrh 4: Shin (für Shinjiro, T.); 17. Jahrh.

Provinz Tōtōmi

1: Shidoro (O.); um 1780. 2: Shidoro; 18. u. 19. Jahrh.

Provinz Harima

1: Akashi (O.); 18. u. 19. Jahrh. 2: Akashi-ura, Strand von Akashi. 3: Akaura. 4: Ryushi; 18. Jahrh. 5: Asagiri, Werkstatt tätig von 1700—1830. 6: r. Wafuken, l. Maiko (O.); um 1800. 7: oben Maiko, unten Hōen, Bez. der Arbeiten eines buddhistischen Priesters. 8: Maiko. 9: Sōhei (T.); 19. Jahrh. 10 u. 11: Suma (O.); 1. Hälfte des 19. Jahrh. 12: Tōzan, Name eines Tonlagers; seit 1826.

Provinz Izumo

1: Unzen. Bez. des in der 2. Hälfte des 18. Jahrh. in Fujina tätigen Tsuchiya Zenshiro u. seiner Nachfolger. 2: Zen, ebenso. 3: Rakuzan, Name eines Teehauses in Matsuë. 4: Raku, für Rakuzan.

678. Provinz Aki

1: Miyajima yaki = Töpferarbeit von Miyajima, einer Insel im Norden des japanischen Binnenmeeres; Mitte des 19. Jahrh. — 2: ebenso. 3: Wappen des Tempels von Miyajima.

Provinz Chikuzen

1: Takatori (O.), Yo (Ofenmarke). 2—9: Ofenmarken; 18.—19. Jahrh. — 2: Yo. 3: Ken. 4: Ka. 5: Yama Ka. 6: Sen. 7—9: Ki. 10: Taka[tori]. 11: Taka[tori]. Yoshiwa (andere Lesarten: Yoshitomo und Yoshikazu). 12: Sōshichi, Pseudonym des Masaki Yukihiro in Hakata. Eine Arbeit des Sōshichi in der Morse Collection ist datiert Bunsei 10 = 1827. 13: Sōshichi; um 1827.

Seite

678. Provinz Sanuki

1 u. 2: Taka, für Takamatsu (O.); 18. Jahrh. 3: Shummin Hiraga (T.); Ende des 18. Jahrh. 4: Shummin. 5: Shido (O.) Shummin; Ende des 18. Jahrh. 6: Min. 7 u. 8: Minzan (T.); spätes 18.—19. Jahrh. 9: Tomikawa; um 1800? 10: Yōhachi (T.); 1. Hälfte des 19. Jahrh.

679. Provinz Tamba

Naosaku (T.); Mitte des 19. Jahrh.

Provinz Owari

1—10: Marken von Töpfern des Chajin Oribe (um 1585). Kümmel. 1: Hachirōji; 2: Hanshichi; 3: Motozō; 4: Rokubei; 5: Sakai; 6: Tomoju; 7: Jihei; 8: Jōhachi; 9: Kichiëmon; 10: Kinkurō. — 11—16: Marken von Töpfer des Nobunaga (Ende des 16. Jahrh.). Kümmel. 11: Chōjū; 12: Ichiëmon; 13: Moëmon; 14: Shimbei; 15: Shumpaku; 16: Sōbei. — 17: Dōmi (T. in Seto). Ende des 16. Jahrh. Kümmel. 18: Dōyu; wie vorher. Kümmel. — 19—30: Bezeichnungen auf Seto-Arbeiten des 18.—19. Jahrh. 19: Shigenori; 20: Sei; 21: Rikishin; 22: Densho; 23: Sakusuke sei; 24: Hanji; 25: Bunshi; 26: Bakesuke;
680. 27: Akebono; 28: Shinzan; 29: Bunro; 30: Yamaguchi. — 31: Bizan; um 1800. 32: Fuke; um 1830. 33: Sobokai; Ende des 18. Jahrh. 34 u. 35: Sobokai; um 1800. 36: Shunzan (T.); um 1770. 37: Shun-u (T.); Ende des 18. Jahrh. 38: Shuntan (T.); Anfang des 19. Jahrh. 39: Shuntai (T.); um 1830. 40: Shunrin (T.); um 1830. 41 u. 42: Makusa; Ende des 18. Jahrh.? 43: Ōtakayama, auf Arbeiten aus Ōtaka?; um 1820. 44: Chōza, für Ina Chōzō oder Chōzaburo, T. in Tokoname; um 1830. 45: Tōzen (T.); um 1840. 46: Ikkō sei = gemacht von Ikkō; um 1850. 47: Ikkō; ebenso. 48: Sankō (T.); um 1850 u. später. 49: Gen, für Chin Gempin, einem 1659 nach Japan gekommenen chinesischen Maler und Töpfer. 50: Gempin, auf einer Gempin-Nachahmung. 51: Inuyama (O.); um 1730 und später. 52: Kenzan, auf Inuyama-Arbeiten im Kenzan-Stil;
681. um 1800. 53: Ri und Sō, für Risōku (T.); um 1800. 54: Masa (T.); um 1830. 55: Kanriu, Signatur des T. Bunkiō Masaki; um 1820. 56: Masaki (T.); um 1850. 57: Hagiyama-yaki, auf rakuartigen Arbeiten aus Nagoya; 1. Hälfte des 19. Jahrh. — 58: Yoshitoyo, auf Seto-Arbeiten, spätes 18. Jahrh.? 59: Toyo, auf Erzeugnissen des Toyosuke-Ofens in Nagoya; um 1800. 60: Toyohachi, ebenso; um 1820. 61: Toyosuke, ebenso; um 1850. — 62: Toyoraku (oder Hōraku), ebenso; um 1820. Hobson. 63: Bairaku, ebenso; um 1820. 64 u. 65: Fuji, für Fujimi (T.); um 1800 und später. 66—68: Sasashima. O. bei Nagoya. 18.—19. Jahrh.

Provinz Yamashiro

1: Kō, für Kōho (Honami), Maler u. Liebhabertöpfer, 1603—1684. — 2: Kuchu, Künstlername des Kōho. 3 u. 4: Ninsei (Nonomura, 17. Jahrh.; Geburts- u. Todesdatum nicht feststehend), Maler und Liebhabertöpfer, Gründer verschiedener Werkstätten in der Umgebung Kyōtos. Originale Arbeiten des Ninsei außerhalb Japans wohl nicht zu finden, um so öfter aber Nachahmungen. — Um 1695 arbeitet ein Ninsei II, um 1830 ein Ninsei VII. 5: Sei, für Ninsei.
682. 6: Kyō[to]. 7: Seikanji (O.). 8: Fuji = Glyzinie, auf Kiyomizu-Arbeiten. 9 u. 10: Awata, Vorort von Kyōto. 11: Awataguchi, dasselbe. 12 u. 13: Iwakura, O. bei Kyōto. 14 u. 15: Hōzan, Töpferfamilie in Awata. 16: Hō[zan]. 17: Gobosatzu, auf Awata-Arbeiten; 17. Jahrh. und später. 18 u. 19: Taizan, Künstlername der Familie Takahashi in Awata. 20: Kinkōzan, Künstlername der seit dem 17. Jahrh. in Awataguchi tätigen Familie Kobayashi, von dem um 1750
683. tätigen Meister Kihei angenommen, dann weiter von der Familie geführt; auf Stücken des späteren 19. Jahrh. in Rot. 21: Giōzan, 1. Hälfte des 19. Jahrh. 22: Bizan, T. in Kyōto, gest. 1862. 23: Rakutōzan, östlicher Teil Kyōtos. 24 u. 25: Kiyomizu, Vorstadt von Kyōto. 26: Eisen, rote Marke des Liebhabertöpfers Okuda Eisen in Awata (1753—1811). 27: Kasuke, T. in Kyōto, Ende des 18. Jahrh.

683. 28: Roku, für Rokubei I, T. in Kiyomizu (1738—1799). 29: Sei; in einfachem Sechseck Rokubei I u. III (1820—1885), in doppeltem Sechseck Rokubei II (1797—1860?). 31: Sei in Siebeneck für Shichibei, Mitte des 19. Jahrh. 32—38: Dōhachi, verschiedene Formen des Künstlernamens der Familie Takahashi. Wichtig: Dōhachi I (1736—1809?), tätig in Awata und mehr noch: Dōhachi II (1783—1855), seit 1811 in Gojōzaka, seit 1842 auch in Momoyama. 39 u. 40: Nina bzw. Ninami, eine Bez. des Dōhachi II. 41: Shūhei, T. in Kiyomizu, um 1810. 42: Kiyomizu u. Yosō, für Yosōbei I, T. in Gojōzaka, frühes 19. Jahrh.
684. 43: Yosō tsukuru = gemacht von Yosō[bei]. 44: Kitei. Wake Kitei, um 1790, Begründer einer in 4 Generationen tätigen Töpferfamilie in Gojōzaka. 45: Schildkröte; Kitei = Schildkrötenhaus. 46 u. 47: Ki[tei]. 48: Zōroku, T., gest. 1878. 49: Ōtani, auf Arbeiten des Zōroku. 50 u. 51: Seifū, Töpferfamilie, seit der Mitte des 19. Jahrh. in Kiyomizu. 52: Tsuēn, auf Kyōto-Arbeiten, um 1800. 53: Arashiyama, O. b. Kyōto; um 1830. 54: Asahitei, auf Kyōto-Arbeiten; um 1840. 55: Shonzui Gorosuke, auf Kiyomizu-Ware; Mitte des 19. Jahrh. 56: Kinsei, auf Kyōto-Arbeiten; um 1800. 57 u. 58: Kōsai, auf Kiyomizu-Arbeiten; um 1845. 59—63: Raku = Glück, dem Chōjirō (gest. 1592), dem Sohn(?) des Koreaners Ameya, von Hideyoshi verliehener Stempel, mit kleinen Abweichungen bis zur heutigen 13. Generation der Familie verwendet. 64 u. 65: Kenzan = Berg im Nordwesten (von Kyōto), nach der Lage seiner Werkstatt gewählter Künstlername des in Kyōto und später in Edo tätigen Malers u. Töpfers Ogata Koremoto oder Korehisa (1663—1743). Der Name „Kenzan" später außer von den direkten Nachfolgern dieses berühmten K. I auch von anderen Töpfern geführt. 66: Saburo, frühe Marke des Kenzan.
685. 67: Sandai Kenzan = Kenzan III. Hobson. 68 u. 69: Mokubei, Maler u. T. (1767—1833), tätig in Kaga, Kanazawa u. Kasugayama, seit 1818 in Awata. 70: Kokikwan Mokubei tsukuru = gemacht von Mokubei (genannt) Kokikwan (um 1809 hatte der Fürst Maëda dem Mokubei das Ehrensiegel Kokikwan verliehen). 71: Ao-Mokubei. 72—74: Asahi = Morgenlicht, auf Töpferarbeiten von Uji. 75: Ryōzen, 10. Generation der Zengorō-Familie. 76: Hōzen, 11. Generation der Zengorō-Familie, tätig seit 1800?, gest. nach 1854. 77 u. 78: Eiraku (chinesisch Yung-lo), Bez. des Zengorō Hōzen und seiner Nachkommen. Dem Hōzen war für Nachahmungen von chinesischen Porzellanen der Yung-lo-Zeit, die er, vielleicht auch schon Ryōsen ausgeführt hatte, vom Fürsten von Kii ein Silberstempel mit der Bezeichnung „Eiraku" verliehen worden. 79: Kahin Shiryū, dem Hōzen vom Fürsten von Kii verliehener Goldstempel, u. Hōzen tsukuru = gemacht von Hōzen. 80: Omuro (O.) u. Ouchi-yama sei en, Bez. des Zengorō Wazen, 12. Generation der Familie. 81: Tenka-ichi Sōshirō = Sōshirō, der Erste in der Welt, Bez. des Matsuke Sōshirō; um 1640? 82: Yokurō, Marke eines Kyōto-Töpfers; um 1580. — 83: Omuro u. Tōhō, auf Arbeiten des Zenshiro, eines Bruders des Wazen; um 1860. — 84: Otowa, O.; 17. Jahrh. — 85: Otowa und Ken, auf Arbeiten des Kentei; um 1850. — 86 u. 87: Makuzu, nach dem Bezirk Makuzugahara, Kyōto, angenommene Bez. des T. Miyawa Kōzan; um 1840. — 88: Rengetsu, Dichterin u. Liebhabertöpferin, Kyōto; 1800—1885 (nach Dai Nihon Jimmei Jisho). 89: Kōryōzan, von der Rengetsu gebrauchte Bez. 90: Rantei, T. in Kyōto; um 1865. — 91: Fukuroyama; um 1800? 92: Gyokutei, Kyōto, 18. Jahrh.; Hobson. 93: Shigen, spätes 18. Jahrh.; Hobson.

686. Provinz Iwaki

1: Sei[jiëmon], T. in Nakamura. 2: Sōma (fürstliche Familie) in Nakamura (O.); auf einer Enkyo san = 1746 datierten Platte des Töpfers Kanaya in der Morse Collection. 3: Neungestirn, Hauptwappen der Sōma (s. o.). Lange. 4: Angebundenes Pferd. Nebenwappen der Sōma u. Neungestirn. Brinkley. 5: Komaru (Utanojo), T. in Ohorimura; 19. Jahrh. 6: Rakuzan, eine Bez. des Komaru.

Provinz Musashi

1: Kenzan, um 1800 (vgl. S. 315). 2: Kenzan shō = Kenzan schrieb dies; frühes 19. Jahrh.? 3: Kenya, T. in Asakusa; um 1830. 4: Kaseizan, auf Töpfer-

686. arbeiten aus der Gegend von Yotsuya, Edo, um 1780. 5: Rakurakuën sei = gemacht im Rakurakuën, dem Garten des Daimyō von Owari in seinem Yashiki zu Edo. Dort war ein Ofen, an dem eine Zeitlang Masaki (s. u.) aus Nagaya arbeitete; frühes 19. Jahrh. 6: Sobokai u. Rakurakuën. Der Ton für den Ofen im R. u. T. aus der Umgebung von Seto geholt, die daraus gefertigten Stücke mit Sobokai bez. 7: Rakurakuën u. Masaki (T., vgl. 5). 8: Kōrakuën sei = gemacht im Kōrakuën, dem Garten des Fürsten von Mito in Edo, darunter ein
687. Kakihan; um 1830. 9: Sumidagawa sei = gemacht in Sumidagawa (Edo), auf Arbeiten des Kikkutei, frühes 19. Jahrh. 10: Sumidagawa. 11: Sanrakuën sei = gemacht im Sanrakuën, dem Garten des Fürsten von Tosa in Edo; um 1850 und später. 12 u. 13: Tama u. Tamagawa shisui; Edo?; um 1850? 14: Benjirō, T. in Imado; um 1845. 15: Makuzu Kōzan, T., zog 1870 von Kyōto nach Yokohama. 16: Meiji ju-hachi nen Kōren saku = gemacht von Kōren (Töpferin in Tōkyō) im Jahre Meiji 18 (1885); Stempel, Kōren.

Provinz Satsuma

1 u. 2: Satsuma. Hobson. 3: Hōjū, auf Satsuma-Arbeiten vom Ende des 18. Jahrh. 4 u. 5: Hōhei, um 1820. 6: Hōei, etwa 1820—1840. 7: Hōyū, um 1840. 8: Hōkō oder Yoshimitsu, um 1860. 9: Satsuma no kuni Keiden sei, auf Töpferware mit Haifisch (same)-haut-Glasur; um 1888. 10: Seikōzan, um 1830.
688. 11: Satsuma u. Kawauchi, auf Ware mit Schildpatt (bekkō)-Glasur; um 1840. 12: Gengō, ebenso; um 1840. 13: Gyoku Hō sei = Arbeit des Gyoku Hō[zan]; um 1840. 14: Satsu sei = gemacht in Satsuma.

Provinz Mikawa

Okunisan (ehrenwerte Provinz) u. Kakitsubata (Irisart); auf Kusumura-Ware, um 1840.

Provinz Echigo

Hoshina u. Beikoku, auf Arbeiten in Banko-Art aus Shibata.

Porzellan.

689. Provinz Hizen

1: Gorodayū Go Shonzui tsukuru = „gemacht von Gorodayu Go Shonzui". Hobson. — Gorodayū Go Shonzui ging um 1510 nach China, um die Porzellanbereitung kennenzulernen. 2: Waga sosen Shonzui Gorodayu no tsukuru tokoro ni narau = „Nachahmung der Arbeit meines Vorfahren Shonzui Gorodayū". Hobson. 3: Fu ki chō shun (chinesisch: Fu kuei ch'ang ch'un) = „Reichtum, Ehre u. dauernder Frühling", vom chinesischen Porzellan übernommene Glückwunschmarke. Dresden, P. S. — 4: Hō tei no takara (chinesisch: pao ting chih chên) = „ein Edelstein unter kostbaren Gefäßen". Hobson. 5: Ya = elegant. Dresden, P. S. 6: Hō = kostbar. Hobson. 7: Fuku = Glück, Dresden, P. S.; auch häufig auf Kutani-Porzellan, Hobson. 8: Kin = Gold, Dresden, P. S. Hobson. 9: Ka = Glück, Dresden, P. S. Hobson. — 10: Marke unbestimmter Bedeutung, 18. Jahrh.? Dresden, P. S. Hobson. — 11: Mißverstandene Nachbildung einer chinesischen Marke. Dresden, P. S. — 12: Arita. Hobson. 13: Kammähnliches Muster am Fuß des Nabeshima-Porzellans, Franks. 14: Hirado sei = gemacht in Hirado. Hobson. 15: Kameyama sei = gemacht in Kameyama, 1. Hälfte des 19. Jahrh. Hobson.

690. Provinz Kaga

1: Dōsuke chin gan = kostbares Spielzeug von Dōsuke. Hobson. 2: Kutami (O. im Kreise Enuma). Kümmel. Es scheint, daß die Bez. „Kutani" nicht vor dem 19. Jahrh. auftritt. 3, 4: Fuku = Glück. Hobson. 5: Sei = gemacht (auf Befehl). Hobson. 6: Kutani. Dresden, P. S. 7: Fuku = Glück. 8: ebenso. Dresden, P. S. 9: Dai Nihon Kutani tsukuru = gemacht in Kutani, Großjapan. Hobson. 10: Tozan no in = Siegel des Tozan. 19. Jahrh. Hobson.

690. Provinz Harima

1: Himeji sei = gemacht in Himeji, um 1826. Hobson. 2: Banyo Tōzan, Tōzan ist Fundort für den in Himeji verarbeiteten Porzellanton; 19. Jahrh. Hobson.

691. Provinz Settsu

Sakurai no Sato = Dorf Sakurai. 19. Jahrh. — Hobson.

Provinz Yamashiro

1: Kyōto. Hobson. 2: Dai Nihon Eiraku tsukuru = gemacht von Eiraku in Großjapan, Bez. des Eiraku I (Hōzen, vgl. S. 685), frühes 19. Jahrh., u. des Eiraku II, spätes 19. Jahrh. Hobson. 3: Heian tōko Rokubei sei = gemacht von Rokubei, dem Heian [Kyōto]-Töpfer. Frühes 19. Jahrh. — Hobson. 4: Rantei sei gan = reiner Schmuck von Rantei. 19. Jahrh. — Hobson. 5: Ran (für Rantei). Brinkley. 6: Kisui seizo = gemacht von Kisui. Spätes 19. Jahrh. — Hobson. 7: Kiën tsukuru = gemacht von Kiën. Kyōto, 19. Jahrh. Hobson. 8: Dai Nihon Kōsai sei = gemacht von Kōsai. Großjapan, Kyōtō; um 1850. Hobson.
692. 9: Kōsai. Hobson. 10: Dai Nihon Seifū sei = gemacht von Seifū in Großjapan. Kyōto, 19. Jahrh. — Hobson. 11: Seifū tsukuru. Hobson. 12: Ogata Shuhei, Kyōto, um 1800. Hobson. — 13: Sahei kore wo tsukuru = Sahei machte es (Bez. des Zōroku). Kyōto, 19. Jahrh. Hobson. 14: Kanzan sei sei = sorgfältig gemacht von Kanzan. Kyōto, 19. Jahrh. Hobson. 15: Makuzu gama Kōzan tsukuru = gemacht von Makuzu Kōzan. Kyōto. 2. Hälfte des 19. Jahrh. Hobson. 16: Fukushun ken Gyokusei sei = gemacht von Gyokusei im Fukushun-Hause. Kyōto, spätes 19. Jahrh. — Hobson.

Provinz Kii

Kaei gan nen Nanki Otokoyama sei = gemacht in Otokoyama, in Süd-Kii im ersten Jahr Kaei (1848). Hobson.

693. Provinz Omi

1: Kotō = östlich vom See (Biwa). 1830—1860. Hobson. 2: Meihō, Signatur auf Kotō-Porzellan Hobson.

Provinz Owari

1: Owari. Hobson. 2: Seto (O.). Hannover-Rackham. 3: Dai Nihon Seto sei = gemacht in Seto, Großjapan. 19. Jahrh. Hobson. 4: Katō Kanshirō (Töpferfamilie). Spätes 19. Jahrh. Hobson. 5: Kawamoto Masakichi (T. in Seto). Spätes 19. Jahrh. Hobson. 6: Dai Nihon Hansuke sei = gemacht von Hansuke, Großjapan. Spätes 19. Jahrh. Hobson. 7: Schildkröte, auf Seto-
694. Porzellan. 19. Jahrh. 8: Shippō (Email cloisonné) Kaisha (Gesellschaft). Auf Arbeiten der Gesellschaft für Porzellan mit Email cloisonné. Nagoya. 2. Hälfte des 19. Jahrh. Hobson. 9: Nagoya (O.). Hobson.

Provinz Mino

1: Tōgyokuën sei = gemacht im Tōgyoku (Jade-Töpferei)-Garten. 19. Jahrh. Hobson. 2: Nihon Mino no kuni Katō Gosuke sei = gemacht von Katō Gosuke in der Provinz Mino, Japan. — Hobson.

Provinz Awaji

Nihon Awaji Kashū Sampei = Kashū Sampei (T.) in Awaji, Japan. Spätes 19. Jahrh. — Hobson.

Literatur

Adreßbuch der Keram-Industrie. Coburg 1949 und 1955.

Balet, Leo, Ludwigsburger Porzellan. Stuttgart-Leipzig 1911.

Bayer, Adolf, Die Ansbacher Fayence-Fabrik. Ansbach 1928.

Bayer, Adolf, J. P. Melchiors Höchster Calvarienberg. In: Gesellschaft der Keramikfreunde, September 1953, Heft 1/2 führte von 1953 bis 1957 diesen Namen, ab Juli 1958 „Keramos".

Bayer, Adolf, Öttinger Fayencen 1735–1751. In Keramos, Januar 1963, Heft 19.

Behse, Arthur, Deutsche Fayencemarken-Brevier. Braunschweig 1955.

Behse, Arthur, Deutsche Porzellanmarken-Brevier. Braunschweig 1954.

Berling, Karl, Fayence und Steingutfabrik Hubertusburg. Dresden 1891.

Berling, Karl, Das Meißner Porzellan und seine Geschichte. Leipzig 1900.

Berling, Karl, Die Meißner Porzellangruppen in Oranienbaum. Dresden 1914.

Bloch, Olga, Geschichte der Kasseler Fayencemanufaktur. Coburg 1931.

Boyken, Martin, Fliesen und gekachelte Räume des 17. und 18. Jahrhunderts. Darmstadt o. J.

Brandt, Grete, Magdeburger Fayence und Magdeburger Steingut. In: Museumsheft 39 des Kaiser-Friedrich-Museums der Stadt Magdeburg o. J.

Braun, E. W., Altwiener Porzellan von 1718 bis 1744 und die Altwiener Porzellanfabrik auf der Ausstellung im K. K. Österreichischen Museum. In: Kunst und Kunsthandwerk 1904, S. 202.

Braun, E. W., Über die Ansbacher Fayencen aus den dreißiger Jahren des 18. Jahrhunderts. In: Zeitschrift des Nordböhmischen Gewerbe-Museums. N. F. 1908/09, S. 18.

Braun, E. W., Zur Fayencefabrik von Öttingen-Wallerstein. Cicerone, Jahrgang 1909, S. 54.

Braun, E. W., Joseph Philipp Dannhöfer. Cicerone, Jahrgang 1915, S. 10.

Braun, E. W., Über eine Gruppe süddeutscher Fayencen mit Blaumalerei. In: Kunst und Kunsthandwerk, Jahrgang 1909, S. 549.

Braun, E. W., Die beiden Höchster Fayencenmaler Friedrich Hess und Ignatz Hess. Cicerone, Jahrgang 1913. S. 284.

Braun, E. W., Kleine Beiträge zur Geschichte der deutschen Fayencefabriken im 18. Jahrhundert. Cicerone, Jahrgang 1915, S. 1.

Braun, E. W., Alte deutsche Fayencen aus dem Germanischen Nationalmuseum Nürnberg. In: Weltkunst 1949, Heft 15, S. 5.

Brinkmann, Justus, Beschreibung der europäischen Fayencen mit geschichtlichen Einleitungen. Hamburg 1894.

Brinkmann, Justus, Beschreibung des europäischen Porzellans und Steingutes. Hamburg 1904.

Brinkmann, Justus, Mündener Fayencen. In: Kunstgewerbeblatt, Jahrgang 1885, S. 92.

Brunet, Marcelle, Les Marques de Sèvres. Paris 1953.

Brüning, Adolf, Europäisches Porzellan des XVIII. Jahrhunderts. Berlin 1904.

Brüning, Adolf, Porzellan-Handbücher der Königlichen Museen in Berlin. Berlin 1907.

Brüning, Adolf, Schau-Essen und Porzellanplastik. In: Kunst und Kunsthandwerk. Jahrgang 1904.

Bülow, Catharina, Das Kachelbuch. Hamburg 1956.
Christ, Hans, Ludwigsburger Porzellanfiguren. Stuttgart und Berlin 1921.
Church, A. H., English Porcelain. London 1904.
Csányi, Karl, Geschichte der Ungarischen Keramik, des Porzellans und ihre Marken. Budapest 1954.
Cushion, J. P., and *Honey, W. B.,* Handbook of Pottery and Porcelain Marks. London o. J.
Dankert, Ludwig, Handbuch des Europäischen Porzellans. München 1954.
Daydi, M. Olivar, La Porcelana en Europa. Barcelona 1952/53.
Deck, Théodore, La Faience. Paris 1887.
De Jonge, Dr. H. C., Oud-Nederlandsche Majolica en Delftsch Aardewerk. Amsterdam 1947.
Deubner, Ludwig, Staatliche Porzellan-Manufaktur Nymphenburg. München 1942.
Dixon, J. L., English Porcelain of the 18th Century. London 1952.
Doenges, Willy, Meißner Porzellan. Dresden 1921.
Donath, Adolph, Technik des Kunstsammelns. Berlin 1925.
Dreier, F. A., Einige Hinweise für Freunde des Porzellans. Die Fayence- und Porzellanmanufaktur Hoechst. In: „Die Brücke" Nr. 6, Farbwerke Hoechst, Frankfurt/Main 1963. S. 27.
Ducret, Siegfried, Die Landgräfliche Porzellanmanufaktur Kassel. Braunschweig 1960.
Ducret, Siegfried, Die Lenzburger Fayencen und Öfen des 18. und 19. Jahrhunderts. Aarau 1950.
Ducret, Siegfried, Fürstenberger Porzellan bis 1800. Braunschweig 1966.
Ducret, Siegfried, Keramik und Graphik des 18. Jahrhunderts. Braunschweig 1973.
Ducret, Siegfried, Meißner Porzellan, bemalt in Augsburg 1718–1750, 2 Bde. Braunschweig 1972.
Ducret, Siegfried, Meißner Porzellan. Bern 1952.
Ducret, Siegfried, Unbekannte Porzellane des 18. Jahrhunderts. Frankfurt/Main 1956.
Ducret, Siegfried, Weltberühmte Papageien. In: Weltkunst Nr. 7/1953.
Ducret, Siegfried, Würzburger Porzellan, Braunschweig 1967.
Ducret, Siegfried, Züricher Porzellan des 18. Jahrhunderts. Zürich 1944.
Erdner, Hans, Die Fayencefabrik zu Schrezheim 1752–1865. Donauwörth 1942.
Erzgruber, J., „Königlich Berlin" 1763–1913. Gedenkblatt zum 150jährigen Jubiläum der Königlichen Porzellan-Manufaktur Berlin. Berlin 1913.
Fabre, Emile, Die französischen Fayencen des Mittelmeergebietes. In: Keramos Nr. 20, 21, 22, 1963.
Fabre, Emile, Die französischen Fayencen des Mittelmeergebietes, Köln 1965.
von Falke, Jakob, Die K. K. Wiener Porzellanfabrik. Wien 1887.
von Falke, Otto, Alt-Berliner-Fayencen. Berlin 1923.
von Falke, Otto, Deutsche Porzellanfiguren. Berlin 1919.
Feulner, Adolf, Frankfurter Fayencen. Berlin 1935.
Fink, August, Aus der Glanzzeit Fürstenbergs. In: Weltkunst Nr. 7/1953.
Focke, J., Fayencenfabrikation zu Vegesack und Lesum. In: Kunstgewerbeblatt, Jahrgang 1887, S. 25.
Fuchs, Eduard, und *Heiland, Paul,* Die deutsche Fayence-Kultur. München 1925.
Garnier, Édouard, Catalogue du Musée Céramique de Sèvres. Paril 1897.
Gerhold, Dr. W., Fayence-Fabrikation im achtzehnten Jahrhundert in und bei Bremen. In: Jahrbuch der bremischen Sammlungen. IV. Jahrgang, II. Halbband 1911, S. 60.
Germanisches Nationalmuseum. In: Neunundachtzigster Jahresbericht, Neuerscheinungen. 1943, S. 32.
Gottschewski, Adolf, Die ältesten deutschen Fayencen. Cicerone, Jahrgang 1912, S. 341.

Graesse-Zimmermann, Führer für Sammler von Porzellan und Fayence, Steinzeug, Steingut usw. Berlin 1922.

Graul, Richard, und *Kurzwelly, A.,* Altthüringer Porzellan. Leipzig 1909.

Gravenkamp, Kurt, Ostasiatischer Dekor auf Fayencen Schleswig-Holsteins. Sonderdruck aus der Festschrift des Kunstgewerbemuseums Flensburg vom 19. August 1928.

Gretsch, Hermann, Die Fayencefabrik in Crailsheim. Stuttgart 1928.

Gretsch, Hermann, Technische Merkmale süddeutscher Fayencefabriken. Stuttgart 1928.

Gutmann, K. F., Die Kunsttöpferei des 18. Jahrhunderts im Großherzogtum Baden. Karlsruhe 1906.

Habicht, V. C., Der Niedersächsische Kunstkreis. Hannover 1930.

Haug, Hans, Les Faiiences et Porcelaines de Strasbourg. Strasbourg 1922.

Haug, Hans, La Faiiencerie de Strasbourg. Strasbourg et Paris 1952.

Hauger, Otto, Durlacher Fayencen. Karlsruhe 1951.

Hauger, Otto, Sulzbacher, nicht Frankenthaler Fayencen. In: Kunst- und Antiquitätenrundschau, Jahrgang 1938, S. 193.

Hayden, Arthur, Kopenhagener Porzellan. Leipzig 1924.

Helbing, Mitteilungen der Galerie Helbing. München 1912.

Heuser, Emil, Die alten Manufakturen für Fayence und für Steingut zu Flöhrsheim a. Main. Cicerone, Jahrgang 1910, S. 457.

Heuser, Emil, Frankenthaler Fayencegeschirr. In: Antiquitätenzeitung, 33. Jahrgang, Heft 13, S. 126, Heft 18, S. 177.

Heuser, Emil, Frankenthaler Fayencen mit der Marke CT. In: Antiquitätenzeitung. Stuttgart 1926, S. 3.

Heuser, Emil, Die Pfalz-Zweibrückener Porzellanmanufaktur. Neustadt a. d. Hardt 1907.

Heuser, Emil, Porzellan von Straßburg und Frankenthal im 18. Jahrhundert. Neustadt a. d. Hardt 1922.

Hintze, Erwin, Die Proskauer Fayence- und Steingutfabrik. In: Jahrbuch des Schlesischen Museums für Kunstgewerbe und Altertümer. IV. Band. Breslau 1907.

Hirsch, Rudolfo E., 4000 Marcas de Porcelana Europeas. Barcelona MCMIL.

Hock, Karl, Fayencemaßkrüge mit der Carl-Theodor-Marke. In: Antiquitätenzeitung Stuttgart, 33. Jahrgang, Heft 16, S. 160.

Hofmann, Friedrich H., Altes bayrisches Porzellan, Katalog der Ausstellung im Bayrischen Nationalmuseum vom 25. Juli bis September 1909. München 1909.

Hofmann, Friedrich H., Das europäische Porzellan des Bayrischen Nationalmuseums. München 1908, Leipzig 1923.

Hofmann, Friedrich H., Das Porzellan der europäischen Manufakturen im 18. Jahrhundert. Berlin 1932.

Hofmann, Friedrich H., Frankenthaler Porzellan. München 1911.

Hofmann, Friedrich H., Fayencen von Göppingen. Cicerone, Jahrgang 1912, S. 808.

Hofmann, Friedrich H., Johann Peter Melchior, 1742–1825. München, Berlin und Leipzig 1921.

Hofmann, Friedrich H., Geschichte der Bayrischen Porzellanmanufaktur Nymphenburg. Leipzig 1923.

Hofmann, Friedrich H., Geschichte der Bayreuther Fayencefabrik zu Georgen am See. Augsburg 1928.

Hofmann, Friedrich H., Wiesbadener Fayencen. In: Kunst- und Antiquitätenrundschau, Jahrgang 1933, S. 8.

Honey, W. B., Dresden China. London 1946.

Honey, W. B., European Ceramic Art from the end of the Middle Ages to about 1815. London 1952.

Honey, W. B., English Pottery and Porcelain. London 1947.
Honey, W. B., French Porcelain of the 18th Century. London 1950.
Honey, W. B., German Porcelain. London 1947.
Honey, W. B., Old English Porcelain. London 1928.
Hüseler, Konrad, Deutsche Fayencen, 3 Bde. Stuttgart 1956/58.
Hüseler, Konrad, Die Marken deutscher Fayencen des 17. und 18. Jahrhunderts. In: Weltkunst, Jahrgang 1951, Heft 13, S. 3.
Hüseler, Konrad, Die Hamburger Fayencen des 17. Jahrhunderts. Flensburg 1925.
Hüseler, Konrad, Holländische und deutsche Fayencen. Oud-Holland, 1954, Heft 3, S. 167.
Hüseler, Konrad, Die Kieler Fayence-Manufakturen. Flensburg 1923.
Hüseler, Konrad, Die Familie von Löwenfinck und Joseph Philipp Dannhöfer. In: Zeitschrift für Kunstwissenschaft, 1949, Band III, Heft 1, 2.
Hüseler, Konrad, Geschichte der Schleswig-Holsteinischen Fayence-Manufakturen im 18. Jahrhundert. Breslau 1929.
Hudig, F. W., Delfter Fayence. Berlin 1929.
Jacquemart, A., Les merveilles de la céramique. Paris 1879.
Jännicke, Friedrich, Grundriß der Keramik in bezug auf das Kunstgewerbe. Stuttgart 1879.
Josten, Hans H., Fayencen und Steingut. In: Der Kunstwanderer, Jahrgang 1920/21, S. 380.
Josten, Hans H., Fulder Porzellanfiguren. Berlin 1929.
Josten, Hans H., Zur Löwenfinckfrage. In: Jahrbuch für Kunstsammler, 1921, S. 33.
Katalog von Altthüringer Porzellan, Ausstellungskatalog des Städtischen Kunstgewerbemuseums zu Leipzig. Leipzig 1904.
Katalog Ansbach, Katalog der Fayence-Ausstellung Ansbach-Bayreuth-Crailsheim im Ansbacher Markgrafenschloß. Ansbach 1928.
Katalog Ansbacher Fayence und Porzellan, Gesamtkatalog der Sammlung Adolf Bayer. In: Historischer Verein für Mittelfranken. 81. Jahrbuch. Ansbach 1963.
Katalog Berliner Porzellan, Berliner Porzellan 1751–1954. Ausstellung im Kunstgewerbemuseum der Stadt Köln. Köln 1954.
Katalog Budge, Versteigerung der Sammlung Emma Budge-Hamburg. Berlin 1937.
Katalog Schloß Celle, Keramische Meisterwerke aus 4 Jahrhunderten. Ausstellung Schloß Celle 1950.
Katalog Darmstaedter, Versteigerung der Sammlung Darmstaedter. Berlin 1925.
Katalog, Durlacher Fayencen 1723 1847. Karlsruhe 1975.
Katalog, Figürliche Keramik aus zwei Jahrtausenden. Museum für Kunsthandwerk Frankfurt/Main und die Adolf und Luisa Haeuser-Stiftung. Frankfurt a. Main 1963.
Katalog Fischer, Versteigerung der Sammlung C. H. Fischer in Dresden. Köln 1906.
Katalog, Katalog des Kunstgewerbemuseums Frankfurt a. Main. Meisterwerke deutscher Fayencekunst. Frankfurt a. Main 1925.
Katalog Frankenthaler Porzellan, Ausstellung zur Erinnerung an die Gründung der Porzellanmanufaktur Frankenthal im Jahre 1755. Frankenthal 1955.
Katalog Jourdan, Versteigerung der Sammlung Jourdan. Berlin 1910.
Katalog Kelsterbach, Kelsterbacher Porzellan 1761–1768. Schloßmuseum Darmstadt. Darmstadt 1930.
Katalog Köln, Kölner Fayencesammler stellen aus zum 50jährigen Bestehen des Kunstgewerbemuseums. Köln 1938.
Katalog Lanna, Versteigerungskatalog der Sammlung des Freiherrn A. von Lanna, Prag. Rudolf Lepke, Berlin 1909.
Katalog Igo Levi, Versteigerung der Sammlung Igo Levi, Luzern. Weinmüller Auktion 81, Katalog 89. München 1962.

Katalog Leonhard, Versteigerung der Sammlung Leonhard in Mannheim. Berlin 1910.
Katalog List, Versteigerung der Sammlung List in Magdeburg. Berlin 1939.
Katalog Marieberg, Ausstellungskatalog Marieberg 1758–1788. Nationalmuseum 1945, Ausstellungskatalog Nr. 105. Stockholm 1945.
Katalog Mayer, Versteigerung der Wiener Porzellansammlung Karl Mayer. Wien 1928.
Katalog, Meißner Porzellan 1710–1810. Ausstellung im Bayerischen Nationalmuseum München. Katalog Bearbeitung von Rainer Rückert. München 1966.
Katalog Michel, Versteigerung der Sammlung Stefan Carl Michel, Mainz. Zweite Abteilung. Alte Porzellane. Berlin 1917.
Katalog Mühsam, Versteigerung der Sammlung Mühsam-Berlin. Berlin 1926.
Katalog, Katalog süddeutscher und mitteldeutscher Fayencen aus dem Vermächtnis Dr. Paul Heiland. Bayerisches Nationalmuseum. München 1934.
Katalog Niederländische Fayencen, Ausstellung Niederländischer Fayencen des 16. bis 19. Jahrhunderts im Städtischen Kunstmuseum Düsseldorf 1931.
Katalog Oslo, Katalog des Kunstgewerbemuseums in Oslo. Ausstellung von deutschen Fayencen. Oslo 1932.
Katalog Ostermann, Versteigerung der Sammlung Dr. Paul von Ostermann. II. Teil. München 1928.
Katalog Strauss, Versteigerung der Sammlung Geheimrat Ottmar Strauss. Frankfurt a. Main 1935.
Katalog Wurz, Versteigerung der Sammlung Jean Wurz-Mannheim. Berlin 1924.
Kaufmann, Walter, Die Fayencefabrik in Osnabrück 1726–1728. Osnabrück 1947.
Klar, Martin, Fayencen von Ignatz Hess. In: Pantheon, Jahrgang 1934, S. 86.
Klein, Adalbert, Deutsche Fayencen. Braunschweig 1975.
Klein, Albert, Ein Hauptwerk von Adam Fr. von Löwenfinck. In: Weltkunst, Jahrgang 1954, Heft 1, S. 2.
Köllmann, Erich, Berliner Porzellan. Braunschweig 1966.
Köllmann, Erich, Meißner Porzellan, 5. Auflage. Braunschweig 1976.
Koetschau, Karl, Rheinisches Steinzeug. München 1923.
Lane, Arthur, French Faiience. London 1948.
Lehnert, Georg, Das Porzellan. Sammlung illustrierter Monographien. Bielefeld-Leipzig 1902.
Leisching, Julius, Fayenceplastik. In: Kunst und Kunsthandwerk, Jahrgang 1914, S. 229.
Lewin, Louis Leo, Die Legende um Adam Friedrich von Löwenfinck. In: Gesellschaft der Keramikfreunde, Sept. 1955, Heft 3/4.
Loewenberg, Georg, Tabelle der wichtigsten Porzellanmarken. Berlin o. J.
Lohmeyer, Karl, Die Fürstlich Nassau-Saarbrückische Porzellanmanufaktur Ottweiler. NS. Leipzig 1924.
Lukomsky, G., Russisches Porzellan 1744–1923. Berlin 1924.
Marsson, Richard, Die Stralsunder Fayencefabrik 1757–1790. Berlin 1928.
Meyer, Hans, Böhmisches Porzellan und Steingut. Leipzig 1927.
Miedel, Dr. Hilde, Ausstellung Künersberger Fayencen. Memmingen 1962.
Miedel, J., Künersberg und seine Fayencefabrik. Memmingen 1929.
Mosel, Christel, Fürstenberger Porzellan aus drei Jahrhunderten. Ausstellungskatalog. Hannover, Bremen, Braunschweig 1956.
Mosel, Christel, Die Porzellanmanufaktur zu Fürstenberg a. d. Weser. In: „Niedersachsen“ Heft 2/1958.
Neugass, Fritz, Porzellan in den USA. In: Weltkunst 1953, Heft 7, S. 17.
Neuwirth, Waltraud, Porzellanmaler-Lexikon 1840–1914. Braunschweig 1977.
Neuwirth, Waltraud, Wiener Keramik. Braunschweig 1974.

Newman, Michael, Die deutschen Porzellanmanufakturen im 18. Jahrhundert. Braunschweig 1977.
Novotny, Ant., Prazky Porcelan.
Oppenheim, Michel, Fürstenberger Porzellan. In: Weltkunst Nr. 23, 1953.
Oppenheim, Michel, Beziehung zwischen Hoechst und Delft. In: Gesellschaft der Keramikfreunde, Sept. 1953, Heft 1/2.
Pabst, A., Fayencefabriken zu Nürnberg. In: Kunstgewerbeblatt, Jahrgang 1887, S. 172.
Pabst, A., Schweriner Fayence. In: Kunstgewerbeblatt, Jahrgang 1895, S. 11.
Pazaurek, G. E., Deutsche Fayence- und Porzellan-Hausmaler. Leipzig 1925.
Pazaurek, G. E., Meißner Porzellanmalerei des 18. Jahrhunderts. Stuttgart 1929.
von Pechmann, Günther, Die italienische Komödie in Porzellan von Franz Anton Bustelli. In: Der Kunstbrief, Heft 39. Berlin 1947.
Petrasch, Ernst, Georg Friedrich Engel. Ein unbekannter Durlacher Fayencemaler. In: Weltkunst, Jahrgang 1950, Heft 18, S. 7.
Poche, Emanuel, Böhmisches Porzellan. Prag 1956.
Polaczek, Ernst, Beiträge zur Geschichte der Straßburger Keramik. Cicerone, Jahrgang 1909, S. 385 und 447.
Polaczek, Ernst, Die Sammlung Straßburger Fayencen. In: Weltkunst, Jahrgang 1953, Heft 7, S. 9.
Raspe, Theodor, Die Anfänge der Fayencefabrik zu Künersberg. In: Kunst und Kunsthandwerk, Jahrgang 1908, S. 163.
Reidemeister, L., Die Porzellankabinette der brandenburgisch-preußischen Schlösser. In: Jahrbuch der Preußischen Kunstsammlungen. 54. und 55. Band. Berlin 1933 und 1934.
Riesebieter, Otto, Die deutschen Fayencen des 17. und 18. Jahrhunderts. Leipzig 1921.
Riesebieter, Otto, Die Fayencefabriken zu Berlin und Potsdam. Cicerone, Jahrgang 1912, S. 915.
Riesebieter, Otto, Wechselbeziehungen der Braunschweigischen Fayencefabriken. Cicerone, Jahrgang 1914, S. 369.
Riesebieter, Otto, Coburger Fayencen. Cicerone, Jahrgang 1911, S. 95.
Riesebieter, Otto, Aus deutschen Fayencefabriken. Cicerone, Jahrgang 1919, S. 369.
Riesebieter, Otto, Dresdener Fayencen. Cicerone, Jahrgang 1913, S. 584.
Riesebieter, Otto, Erfurter Fayencen. Cicerone, Jahrgang 1913, S. 491.
Riesebieter, Otto, Die Fayencefabrik zu Erfurt. Cicerone, Jahrgang 1925, S. 205.
Riesebieter, Otto, Die Fayencefabrik in Jever. Cicerone, Jahrgang 1915, S. 419.
Riesebieter, Otto, Die Fayencefabrik zu Osnabrück. Cicerone, Jahrgang 1912, S. 731.
Riesebieter, Otto, Die Fayencefabriken zu Potsdam und Berlin. Cicerone, Jahrgang 1914, S. 577.
Riesebieter, Otto, Kleine Beiträge zur Geschichte der deutschen Fayencefabriken in Süddeutschland. Cicerone, Jahrgang 1915, S. 343.
Riesebieter, Otto, Hubertusburger Fayencen aus der Periode Tännich. Cicerone, Jahrgang 1912, S. 301.
Riesebieter, Otto, Die Fayencefabrik zu Wrisbergholzen, Cicerone, Jahrgang 1911, S. 256.
Riesebieter, Otto, Zerbster Fayencen. Cicerone, Jahrgang 1910, S. 711.
Rischowski, Edith, Das Verhältnis der Porzellanplastik zur Monumentalplastik im 18. Jahrhundert. Dissertation. Breslau 1932.
Ris-Paquot, Dictionaire des marques et monogrammes. Paris 1880.
Ritter, O., Die wichtigsten Porzellanmarken. Berlin 1920.
Ritzerfeld, Heinz, Eine Fayence-Tischplatte in Muffelfarben von J. G. Fliegel. In: Keramik-Freunde der Schweiz 1951, Nr. 20, S. 11.

Röder, Kurt, Über eine Fulder Deckelvase aus Frittenporzellan und die drei Brüder Löwenfinck. In: Zeitschrift des Deutschen Vereins für Kunstwissenschaft Bd. 5/1938, S. 165.
Röder, Kurt, Das Hoechster Porzellan auf der Jahrtausend-Ausstellung in Mainz 1925. Mainz 1930.
Röder, Kurt, Das Kelsterbacher Porzellan. Darmstadt 1931.
Rust, W. J., Nederlands Porselein. Amsterdam 1952.
Sauerland, Max, Die Fayencemanufaktur von Abtsbessingen. Cicerone, Jahrgang 1911, S. 7.
Sauerland, Max, Bernburger Fayencen. Cicerone, Jahrgang 1910, S. 181.
Sauerland, Max, Deutsche Porzellanfiguren des 18. Jahrhunderts. Köln 1923.
Sauerland, Max, Die Fayencemanufaktur in Dorotheenthal bei Arnstadt. Cicerone, Jahrgang 1910, S. 639; Cicerone, Jahrgang 1912, S. 201.
Sauerland, Max, Erfurter Fayencen. Cicerone, Jahrgang 1913, S. 233.
Schaefer, Karl, Hamburger und Stockelsdorfer Fayencen. In: Jahrbuch des Museums für Kunst und Kulturgeschichte. I. Lübeck 1913, S. 119.
Schaefer, Karl, Stockelsdorfer Fayencen. Cicerone, Jahrgang 1919, S. 14.
Scherer, Christian, Braunschweiger Fayencen. Werkstücke aus Museum, Archiv und Bibliothek der Stadt Braunschweig. Braunschweig 1929.
Scherer, Christian, Die Chely'sche Fabrik zu Braunschweig. In: Quellen und Forschungen zur Braunschweigischen Geschichte, Band VI.
Scherer, Christian, Das Fürstenberger Porzellan. Berlin 1909.
Scherer, Christian, Fürstenberger Porzellan aus dem Landesmuseum zu Braunschweig. Porzellane deutscher Fabriken. Halberstadt o. J.
Scherer, Christian, In: 75. Beilage zu den Braunschweigischen Anzeigen/Braunschweigisches Magazin, Ausgabe 6 vom 15. März 1896.
Schmidt, Robert, Fayencen auf der Veste Coburg. Cicerone, Jahrgang 1910, S. 667.
Schmidt, Robert, Frühwerke europäischer Porzellanmanufakturen. Sammlung Otto Blohm. München 1953.
Schmidt, Robert, Das Porzellan als Kunstwerk und Kulturspiegel. München 1925.
Schmitz, O., Baden-Badener Porzellan. In: Oberrheinische Kunst, Jahrgang I., 1925/26, S. 53.
von Schneider, Arthur, Die Sammlung Straßburger Fayencen von Ernst Polaczek. In: Weltkunst Nr. 7, 1953.
Schnorr von Carolsfeld, Ludwig, Porzellan der europäischen Fabriken des 18. Jahrhunderts. Berlin 1922.
Schnorr von Carolsfeld, Ludwig, Porzellan der europäischen Fabriken. Braunschweig, 2 Bände 1974.
Schönberger, Arno, Alte deutsche Fayencen-Ausstellung im Bayerischen Nationalmuseum. In: Weltkunst, Jahrgang 1950, Heft 1, S. 2.
Schönberger, Arno, Deutsches Porzellan. München 1949.
Schönberger, Arno, Meißner Porzellan mit Höroldt-Malerei. Darmstadt o. J.
Schricker, A., Straßburger Fayencen und Porzellan und die Familie Hannong. In: Kunstgewerbeblatt 1891, S. 114.
Schröder, Albert, Fayencen aus Frankfurt a. O. In: Kunst- und Antiquitäten-Rundschau, Jahrgang 1934, S. 51.
Schutzmarken der Staatlichen Porzellan-Manufaktur Berlin. Berlin 1920.
Seidel, Paul, Die Beziehungen des Großen Kurfürsten und Königs Friedrich I. zur niederländischen Kunst. In: Jahrbuch der Königlichen Preußischen Sammlungen 1890, S. 119.
Spies, Gerd, Braunschweiger Fayencen. Braunschweig 1971.
Sponsel, Jean Louis, Kabinettstücke der Meißner Porzellan-Manufaktur von Johann Joachim Kändler. Leipzig 1900.

Stegmann, Heinrich, Die Fürstlich Braunschweigische Porzellanfabrik zu Fürstenberg. Braunschweig 1893.
Stengel, Walter, Der Schutt der Nürnberger Fayence-Manufaktur. In: Kunst und Kunsthandwerk, Jahrgang 1910, S. 562.
Stieda, Wilhelm, Die Anfänge der Porzellanfabrikation auf dem Thüringerwalde. Jena 1902.
Stieda, Wilhelm, Die keramische Industrie im Herzogtum Anhalt während des 18. Jahrhunderts. In: Mitteilungen des Vereins für Anhaltische Geschichte und Altertumskunde. X. Heft 2. Dessau 1905.
Stieda, Wilhelm, Die keramische Industrie in Bayern während des 18. Jahrhunderts. Leipzig 1906.
Stöhr, August, Beiträge zur Geschichte der Fayencefabrik zu Ansbach. Cicerone, Jahrgang 1909, S. 659.
Stöhr, August, Deutsche Fayencen und Deutsches Steingut. Berlin 1920.
Stöhr, August, Ein Frühwerk der Durlacher Fayencefabrik. Cicerone, Jahrgang 1910, S. 310.
Stöhr, August, Hanauer und Frankfurt Fayencen. Cicerone, Jahrgang 1912, S. 49.
Stöhr, August, Noch einmal Hanauer und Frankfurter Fayencen. Cicerone, Jahrgang 1913, S. 828.
Stöhr, August, Kleine Beiträge zur Geschichte süddeutscher Fayencefabriken. Cicerone, Jahrgang 1915, S. 311.
Strohmer-Nowak, Altwiener Porzellan. Wien 1950.
Swinarski, Marian, Chrościcki, Leon, Marques de la porcelaine européenne et de la céramique polonaise. Poznań 1949.
Thorn, C. Jordan, Handbook of Old Pottery and Porcelain Marks. New York 1947.
Tilmans, Émile, Faiiences de France. Paris 1954.
Tilmans, Émile, Porcelaines des France. Paris 1953.
von Trenkwald, H., Dresdner Fayencefiguren. Cicerone. Jahrgang 1914, S. 235.
Uldall, Kai, Gammel Dansk Fajence. Kopenhagen 1961.
Verlet, Pierre, Grandjean, Serge, Brunet, Marcelle, Sèvres. Paris 1953.
Vershofen, Wilhelm, Figurine und Fadenführer. Der Werkstoff Porzellan in der 180jährigen Geschichte der Porzellanfabrik zu Kloster Veilsdorf 1760–1940. Bamberg 1940.
Vis, Eelco M., und *de Geus, Commer,* Altholländische Fliesen. Leipzig 1926–1933.
Ware, G. W., German and Austrian Porcelain. Frankfurt a. Main 1951.
Wark, Ralph, Adam Friedrich von Löwenfinck, einer der bedeutendsten deutschen Porzellan- und Fayencemaler des 18. Jahrhunderts, 1714–1754. In: Keramik-Freunde der Schweiz, Nr. 34, April 1956.
Wiese, Otto, 200 Jahre Porzellanfabrik zu Schloß Fürstenberg. Fürstenberg 1947.
Wietek, Gerhard, Altonaer Fayencen. Ergebnisse einer Ausgrabung. In: Jahrbuch des Altonaer Museums. Hamburg-Altona 1963.
Windorf, Hermann, Die Thüringische Porzellanindustrie in Vergangenheit und Gegenwart. Leipzig 1912.
Wolff Metternich, Beatrix v., Fürstenberg Porzellan. Braunschweig 1976.
Zeh, Ernst, Hanauer Fayencen. Marburg 1913.
Zimmermann, Ernst, Dresdner Fayencen. Cicerone, Jahrgang 1911, S. 205.
Zimmermann, Ernst, Meißner Porzellan. Leipzig 1926.
Zimmermann, Ernst, Die Erfindung und Frühzeit des Meißner Porzellans. Berlin 1908.

Bildregister
der in den Porzellanmarken
vorkommenden Buchstaben und Zeichen

A

Aich b. Karlsbad 408 — Ansbach 429

Ansbach 429

Ansbach 429 — Fulda 452 — Longton Hall 554

Worcester 562 — Paris 15, Rue de Thiroux 591

Paris 15, Rue de Thiroux 591 — Vincennes 603

St. Petersburg – Leningrad 657

AA

Vincennes 603 — Nymphenburg 494

St. Petersburg – Leningrad 657

AB

Wien 539 + 540 — Nymphenburg 495

Korzec 645

ADF

Oude Amstel 625 — Paris 18, Gros Caillou 594

Coalport 548 — Bow 543

AH

Kopenhagen
426

Aich b. Karlsbad
408

AM

Aich
408

Amberg
428

Oude Amstel
625

Kiew
650

AL

Rörstrand – Lidköping
664

Lille
574

Lowestoft
554

Höchst
457

Altrohlau
409

Budau
411

Kopenhagen
427

AN

Altrohlau
409

Kopenhagen
427

AP

Rouen
599

Rouen
599

AR

Arras
565

Altrohlau
409

Arzberg
432

Arzberg
432

Meißen: Augustus – Rex – Marken
484

At

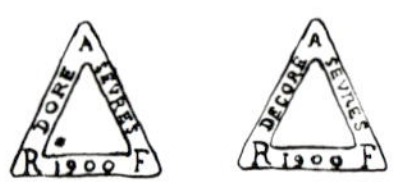

Sèvres
606

Ottweiler
498

Moskau-Gorbunowo
652

Au

Wien
639

Altrohlau
409

Schlaggenwald
419 + 420

Dallwitz
412

Ax

Aich b. Karlsbad
408

B

Boisette
565

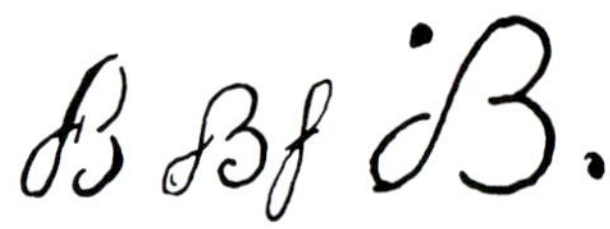

Boisette
565

Brüssel – Schaerbeck
406

Bow
542

Bristol
544

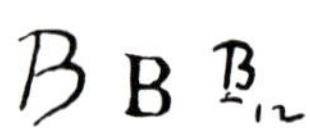

Worcester
561

Paris 20,
Clignancourt
595

Budau
411

Closter Veilsdorf
440

Fürstenberg
450

Höchst
457

Ludwigsburg
473

Meißen
477

Meißen
483

Orléans
580

Baden-Baden
433

BA

Baranowka
649

Arzberg
432

Rehau
503

Creidlitz
441

Bayeux
624

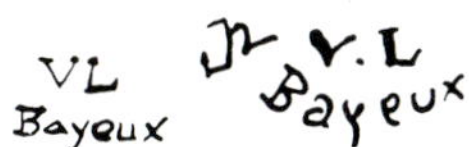

Bayeux
624

Rudolstadt
504

Schorndorf
506

BD

Orléans
581

Saint-Amand-les-Eaux
600

Derby
550

Derby
550

Derby
550

BE

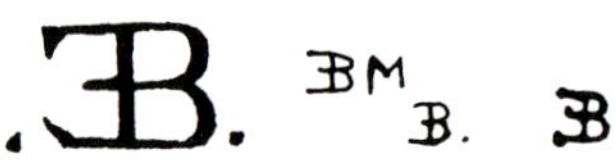

Brüssel-Etterbeck
406

Elbogen
413

BF

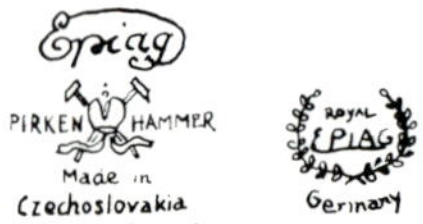

Pirkenhammer
417

Dallwitz
412

Sophienthal
514

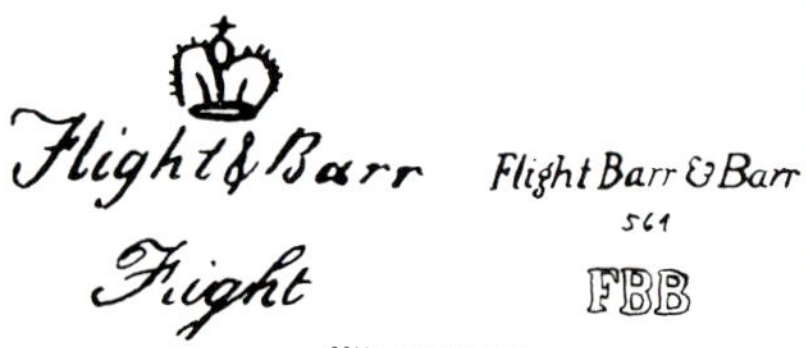

Worcester
561

Worcester
561

Paris 1, Rue de la Paix
583

Budau
411

Fürstenberg
447

BG

Kopenhagen
421

Kopenhagen
421

Giesshübel
415

Volkstedt
520

Gräfenthal
455

Berlin
434

Bow
542

Gera
453

Gotha
454

BL

Bourg-la-Reine
577

Orléans
581

Orléans
581

Fürstenberg
450

Derby
550

BO

Paris 1, Rue de la Paix
583

Chantilly
568

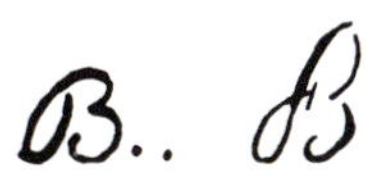

Boisette
565

BP

Bordeaux
566

Paris 8, Rue de Crussol
587

BR

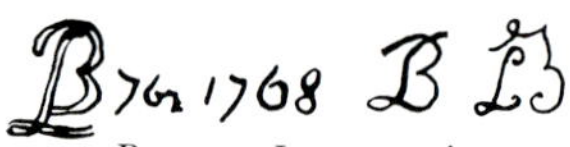

Brancas-Lauraguais
566

Bourg-la-Reine
577

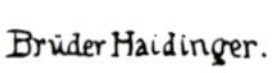

Elbogen
413

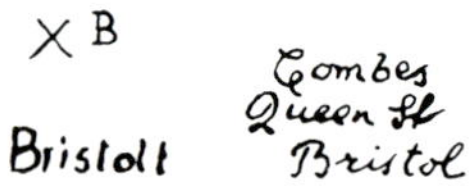

Bristol
544

Sophienthal
514

Braunschweiger
Porzellanfabrik
42

C

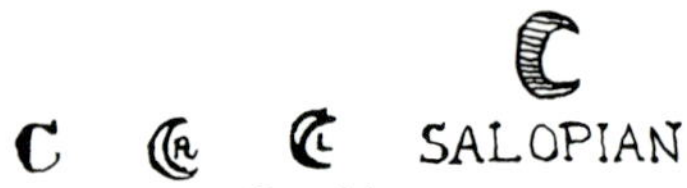

Caughley
545

Meißen
477

Höchst
457

Paris 16
592

Sèvres
605

Moskau-Narotkaja
654

Worcester
561

CA

Caen
567

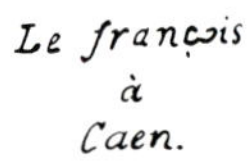

Caen
567

Vinovo
638

Fischern
414

CB

Fischern
414

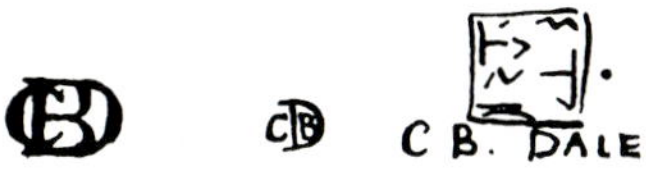

Coalport
548

Fürstenberg
449 + 450

Nymphenburg
493

Niderviller
578

Niderviller
578

Sèvres
605

Stoke-on-Trent
558

Bock-Wallendorf
522

CC

Buen-Retiro
667

Ludwigsburg
472

Passau
499

Meissen
477

CD

Coalport
548

Limoges
575

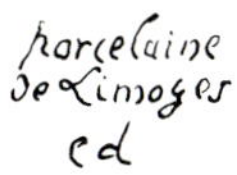

Limoges
575

Ludwigsburg
474

CF

Pirkenhammer
417

Meißen
487

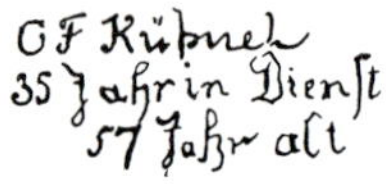

Meißen
487

CH

Würzburg
524

Paris 21, Barrière de Reuilly
596

Worcester
563

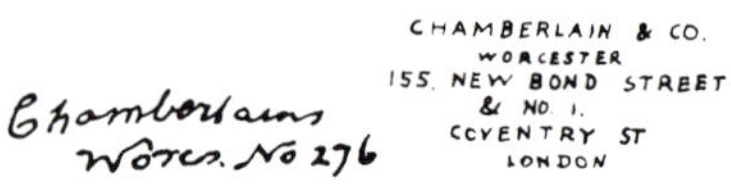

Worcester
563

Worcester
563

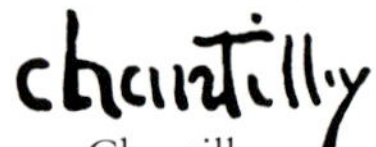

Chantilly
568

Sèvres
607

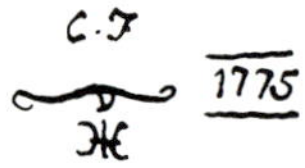

Buen-Retiro
667

Chantilly
570

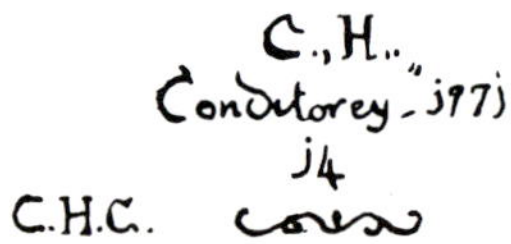

Nymphenburg
495

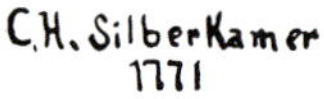

Nymphenburg
496

Chelsea
547

Choisy le Roy
571

Chodau
411

Paris, 16
Pont-aux-Choux
592

CK

Fischern
414

Fischern
414

Waldenburg
514

CL

Lunéville
575

CM

Kopenhagen
426

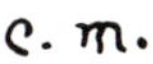

Nymphenburg
494

Baranowka
649

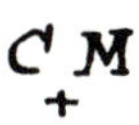

Paris 6,
Faubourg St. Honoré
585

Kopenhagen
427

Ludwigsburg
474

Hohenberg
462

CN

Kopenhagen
422

Niderviller
578

CO

Stoke-on-Trent
558

Coalport
548

Coalport
548

Stoke-on-Trent
558

CP CR

Derby
551

Paris 19, St. Denis
594

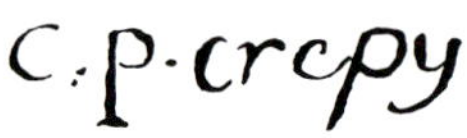

Crepy en Valois
571

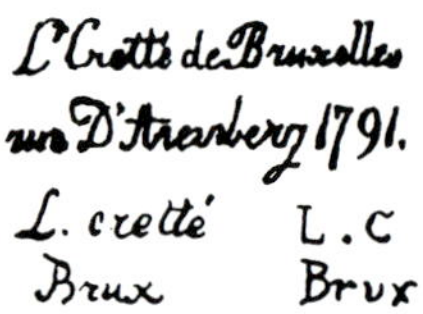

Brüssel
406

CS

Arzberg
432

Weiden
523

CT

Altwasser
428

Altwasser
428

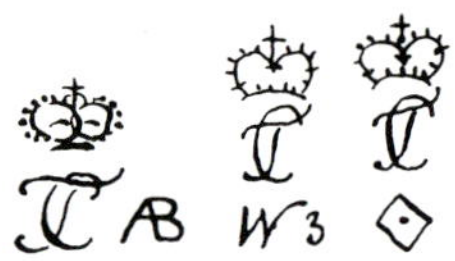

Frankenthal
443

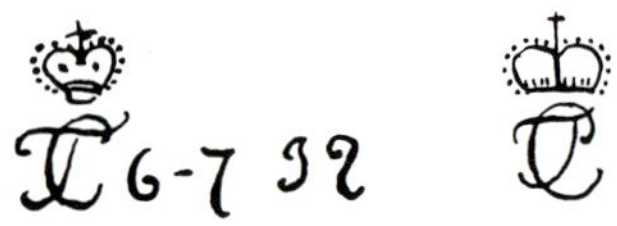

443 Frankenthal 442

Nymphenburg
493

Potschappel
501

CV

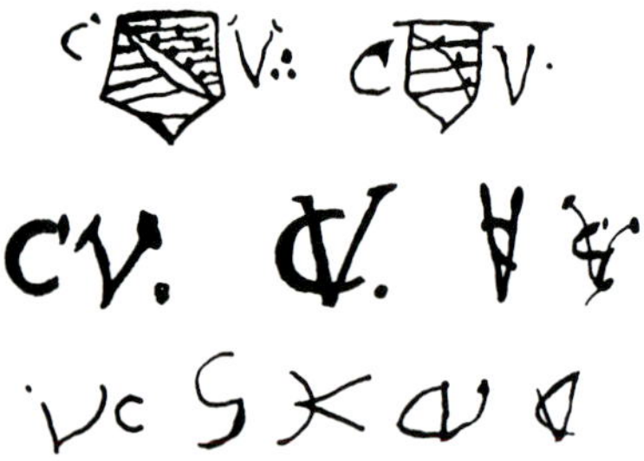

Closter Veilsdorf
439

Cw

Oeslau
497

Kopenhagen
424

Hüttensteinach
464

Paris 10, Rue de Charonne
588

D

Bow
543

Chelsea
547

Derby
550

Lille
574

Orleans
582

Paris 20, Clignancourt
595

Dem

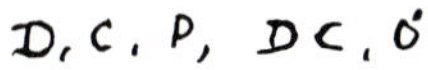

Crepy en Valois
571

Wien
641

Paris 4, Rue Taranne
584

Da

Dallwitz
412

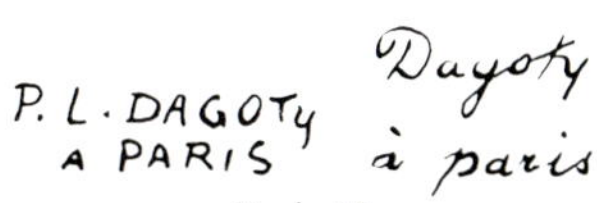

Paris 11,
Boulevard Poisonnière
589

Den

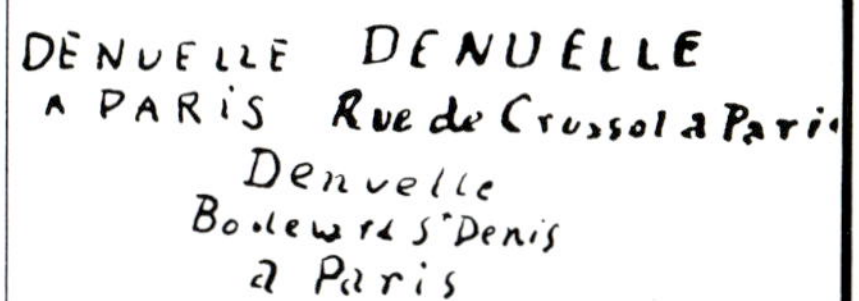

Paris 7, Rue de Crussol
586

DEP

Lichte
470

DER

Derby
550

DES

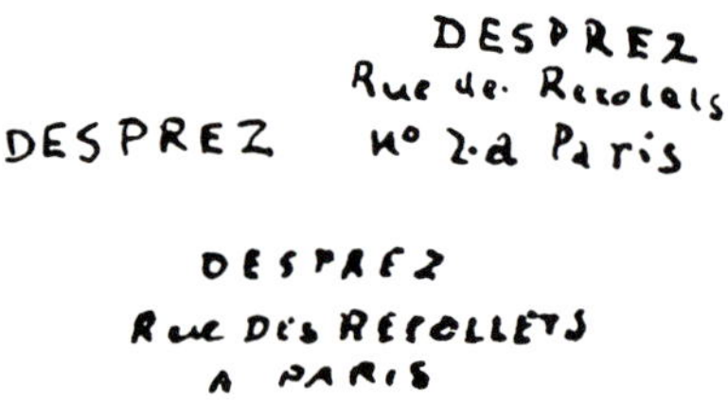

Paris 9, Rue de Récolletes
588

DI

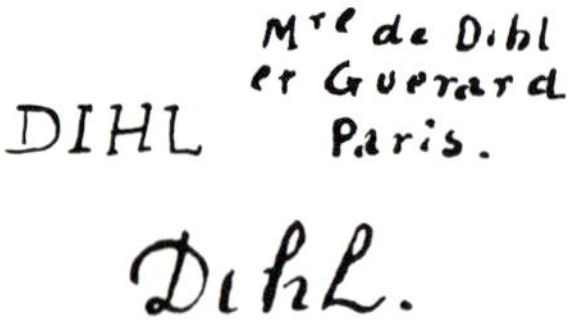

Paris 23, Rue de Bondy
597

DK

Derby
550

Derby
551

Gräfenroda
455

Passau
499

DO DP DR DV

Tiefenfurth
518

Paris 17, Rue Fontaine au Roi
593

Potschappel
501

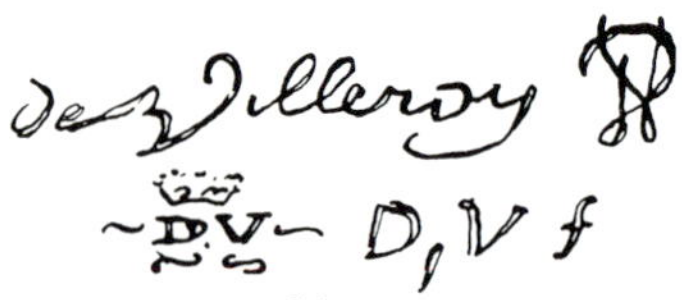

Mennecy
577

E

Eisenberg
441

Worcester
560

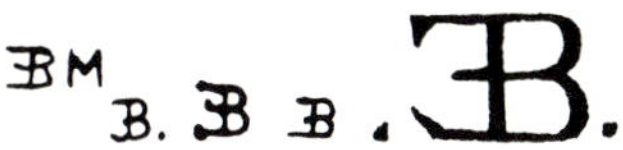
Brüssel
406

EB

Rudolfstadt
504

ED

Küps
469

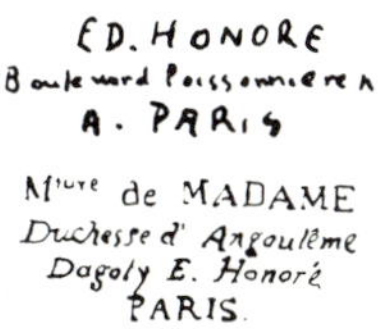

Paris 22, Boulevard St. Antoine
596

EH

St. Petersburg-Leningrad
657

EJ

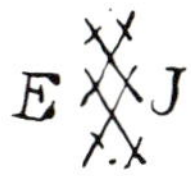

Fontainebleau
572

EN

Goalport
548

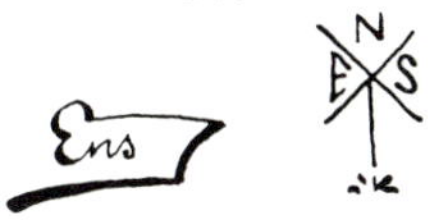

Volkstedt-Rudolstadt
521

EP

Aich
408

Pirkenhammer
417

Elbogen
413

Dallwitz
412

ES

Pirkenhammer
417

Erbendorf
523

Eschenbach
BAVARIA
Eschenbach

Windischeschenbach
523

Etiolles 1768 Pellevé
Etiolle x bre 1770 Pellevé

Etiolles
572

F

1758

447

447 447 451

a Fürstenberg.

Fürstenberg
449

Fulda
452

Kopenhagen
424

Fraureuth
446

Ludwigsburg
473

Meißen
477

Bow
542

FLIGHTS
Flight Barr & Barr

Worcester
561

FA

Meissen
484

F. COZZI 1780

1765
Venezia
Fab.ca Geminiano
Cozzi

Venedig
636

Fabrique de Wsevolojskoÿ

Moskau-Wsewolojsky
651

FB

FBB
B.F.B
FBB

Worcester
561

FF

F.F.
D.
Dallwitz
412

F. J. Ferner pinx Pinxit F. G. Fliegel
540

F. F.
Treviso. 1799
Treviso
635

FISCHER MORICZ HERENDEN
42 S
Herend
670

F M
HEREND
847

Fischer
Moricz
Herend
842

Herend
670

FL

Florenz
631

Florenz
632

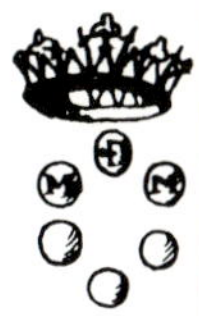
Florenz
633

F Feuillet
Feuillet
rue de la Paix
- N° 20
Paris 1, Rue de la Paix
583

FG FK

Fraureuth
446

Rudolstadt-Volkstedt
520

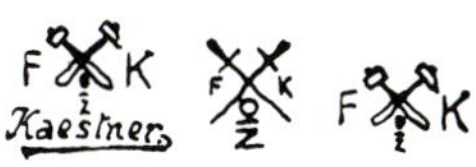

Oberhohndorf
497

FL
Budau
411

FM FR

F&M 6

F&M F&R F&R
Pirkenhammer
417

Neapel
634

473 472 473 476
Ludwigsburg

Sèvres
604

Schorndorf
506

Fs Fu

Bock-Wallendorf
438

Dallwitz
412

G

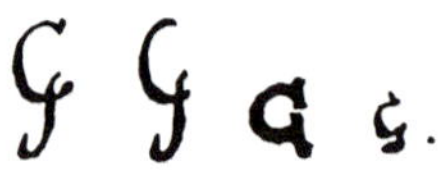

Berlin
434

Bow
542

Gera
453

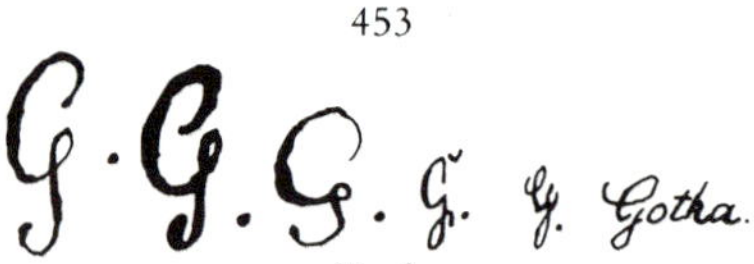

Gotha
454

Moskau-Gardner
655

Giesshübel
415

Gräfenthal
455

Doccia
630

Ga Gb

Treviso
635

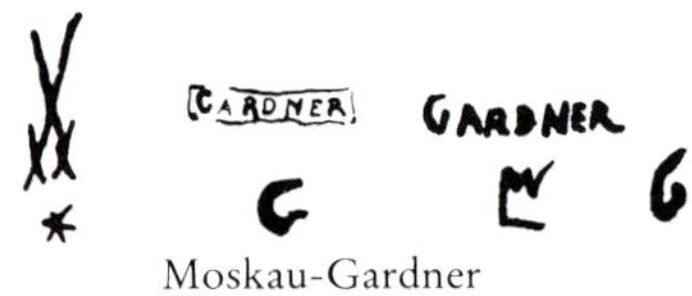

Moskau-Gardner
655

Paris 23, Rue de Bondy
597

Bayeux
624

Ge

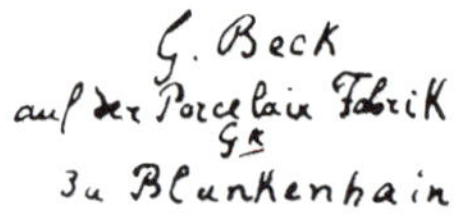

Blankenhain
438

Giesshübel
415

Plaue
501

Gerona
669

Gh

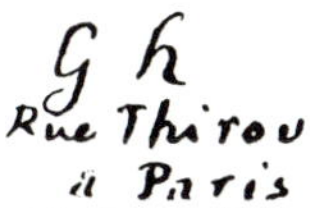

Paris 15, Rue de Thiroux
591

Lichte
470

Gi

Giesshübel
415

Doccia
630

Doccia
630

Gm

Venedig
636

Go

Oeslau
497

Bayeux
624

Gotha
454

Gr

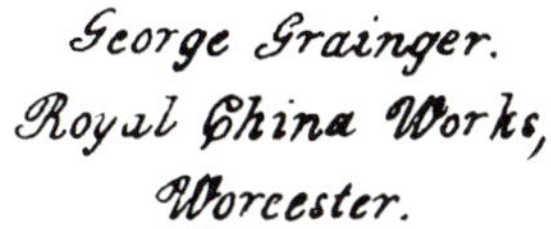

Worcester
564

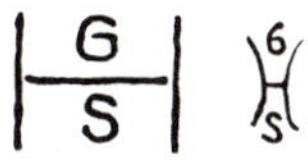

Hüttensteinach-
Köppelsdorf-Nord
464

Gu

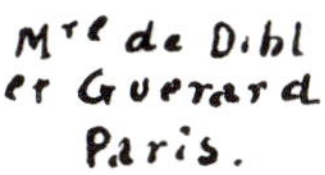

Paris 23, Rue de Bondy
597

Gustavsberg
661

Gustavsberg
662

Gw

Oeslau
497

H

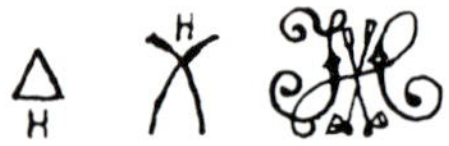

Hüttensteinach-
Köppelsdorf
464

Lichte
470

Strassburg
621

Kassel
466

Hac

Schlaggenwald
420

Worcester
564

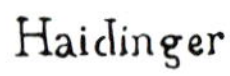

Elbogen
413

Hc

Selb
508

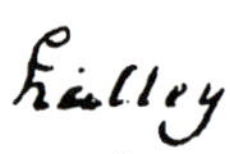

Paris 2, Rue de Montmartre
583

Hd Hl

HD

Kelsterbach
467

L
HEINR. BAENSCH LETTIN

Lettin
470

He

H: Eisenträger. jeicit
1785. HE-fec.

466

ILMENAU
Graf von Henneberg-Porzellan 1777

Ilmenau
465

Her

herend

Herend
670

HAND COLOURED 1834 1934 HEREND HUNGARY

Herend
671

1839 1939 HEREND HUNGARY
HAND PAINTED 1839 1939 HEREND HUNGARY

Herend
671

HEREND 1898

Herend
670

Heu

HERTEL-JACOB REHAU-BAVARIA German US-Zone
Kertel Jacob Porzellan Rehau
H&Co BAVARIA

Rehau
503

HEU BACH

Lichte
470

Hk

HK
Pirkenhammer
417

HK HK
Klösterle
416

HOANCHO Rörstrand
Lidköpping
664

Hong.
Gorodnitza
644

Ho

Housel housel
Paris 15, Rue de Thiroux
591

Hübel in Prag
Prag
418

Hunger F.
L.
538

Hohenberg
462

Arzberg
463

Selb
509

I

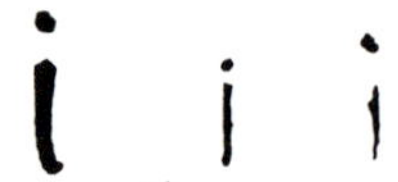

Ilmenau
465

Johann Adam Huber
538

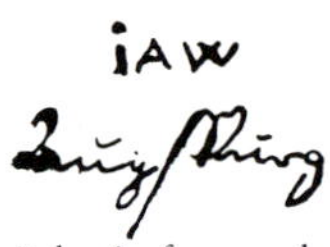

Joh. Aufenwerth
Augsburg
539

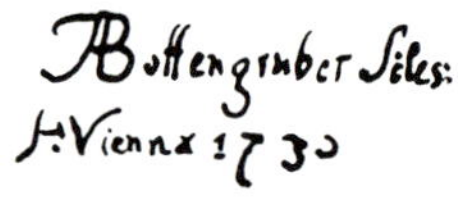

Ignaz Bottengruber
Wien
540

Venedig
636

IH IG

St. Petersburg
657

St. Petersburg
658

Frankenthal
442

IL IR

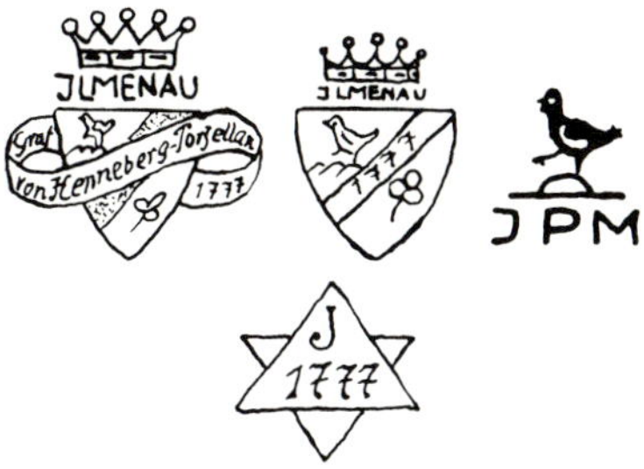

Ilmenau
465

IS

Höchst
456

Rörstrand-Lidköping
464

JH

Joh. Karl Wendelin Anreiter
v. Zirnfeldt
in Doccia tätig.
461

Joh. Jacob Heinrich Haag,
Thüringen
540

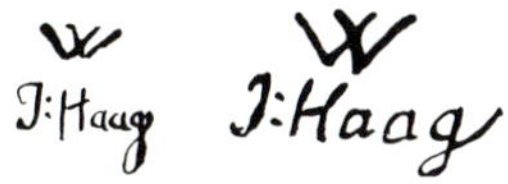

Johann Friedrich Haag,
Thüringen
540

Frankenthal
442

J JB

Lille
574

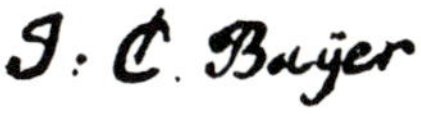

Kopenhagen
425

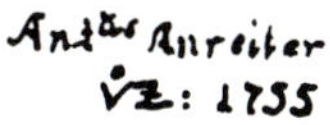

Anton Anreiter, Wien
641

JK

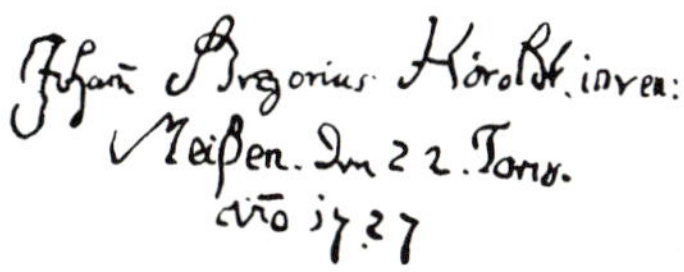

Johann Gregor Hördit
486

Johann Joachim Kaendler
487

JM

Höchst, Frankenthal
494

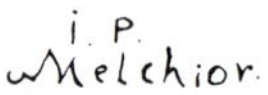

Nymphenburg
1742–1825

Waldershof
515

JN

Paris 14, Rue Popincourt
590

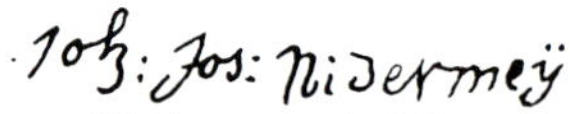

Niedermeyer in Wien
642

JP

Fontainebleau
572

Paris 5, Belleville
585

JR

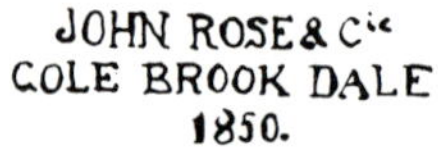

Coalport
548

Marseille
576

JU

Paris 15, Rue de Thiroux
591

K

Klösterle
416

Oberhohndorf
497

KA

Karlsbad
414

St. Petersburg
658

Ko

Chodau
411

Korzec
645

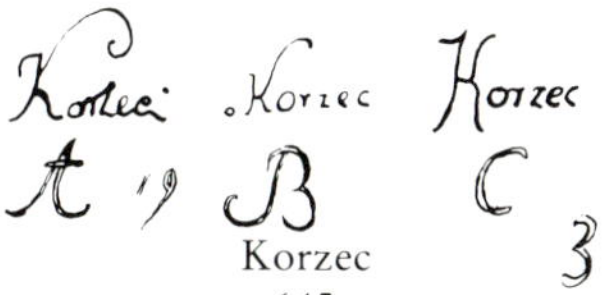

Korzec
645

Korzec
647

Korzec
646

Kp

Berlin
435

Berlin
435

Waldenburg
514

Scheibe-Alsbach
505

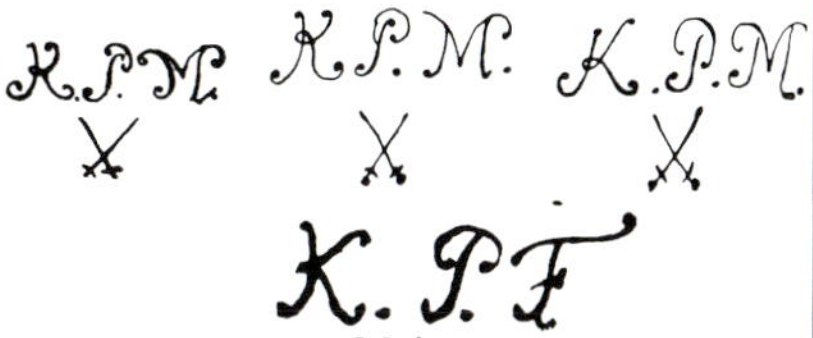

Meissen
479

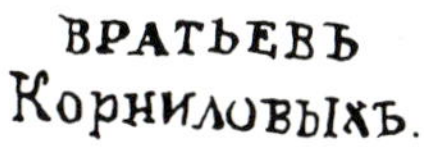

St. Petersburg
656

Kr

Selb
511

Volkstedt-
Rudolstadt
521

Künersberg
468

L

Lettin 470 | Lichte 470

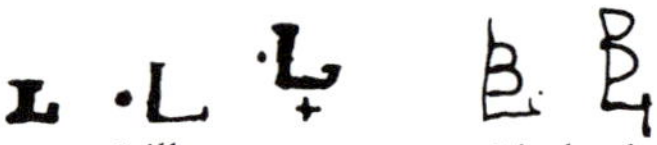

Lille 574 | Limbach 471

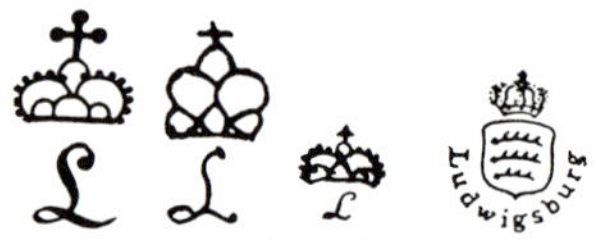

Ludwigsburg
476 | 472 | 475

Passau
499

473 Ludwigsburg 474

Paris 13
590

LB

Valenciennes
624

Brancas-Lauraguais
566

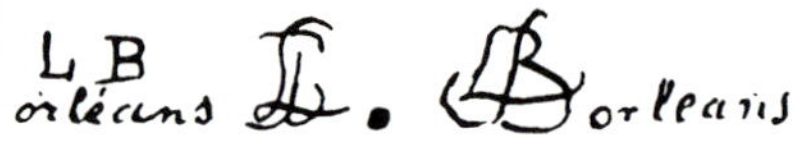

Orléans
581

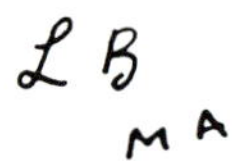

Chantilly
570

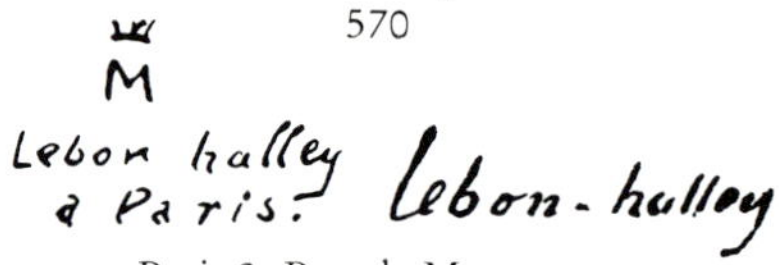

Paris 2, Rue de Montmartre
583

LC

Brüssel
406

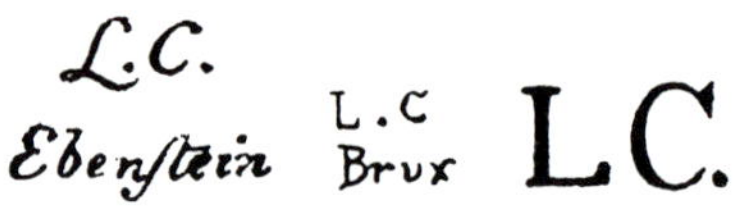

Brüssel
406

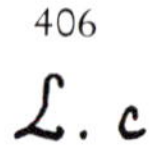

Brüssel
406

LD

DARTE
Pal. Royal
N° 21
Paris 10, Rue de Charonne
588

L. D.

L D

DARTE
Palais Royal
n° 21
Paris 10, Rue de Charonne
588

Bow
543

LE

LE MIRE PERE
Niderviller
579

Leroux rue Taranne.3
Paris 4, Rue Taranne
584

Baensch
Lettin

Lettin

Lettin
470

Leveillé
12
rue de Thiroux

LÉVEILLÉ
12
rue Thiroux

LÉVEILLÉ
12
rue Thiroux

LEVEILLE
12
Rue THIROUX
Paris 15, Rue de Thiroux
591

LF

Le françois
à
Caen.
Caen
567

LI

Hutschenreuther
L·H·S
Selb - Bavaria.

HR
GERMANY
Selb
509

1772
LIMBACH

1772
Limbach

LIMBACH
Limbach
471

Limoges
Limoges
575

Lindner
KUEPS BAVARIA

Lindner
KÜPS BAVARIA
KUNSTABTEILUNG
Küps
469

Lippert & Haas
in
Schlaggenwald

Lippert & Haas
in
Schlaggenwald
Schlaggenwald
419

Schlaggenwald
419

Lichte
470

Lille
574

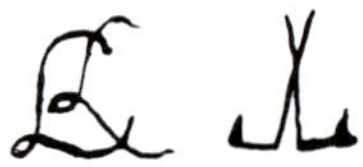

Limbach
471

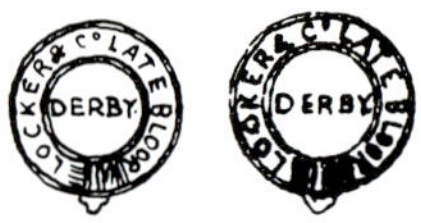

Derby
550

Ll

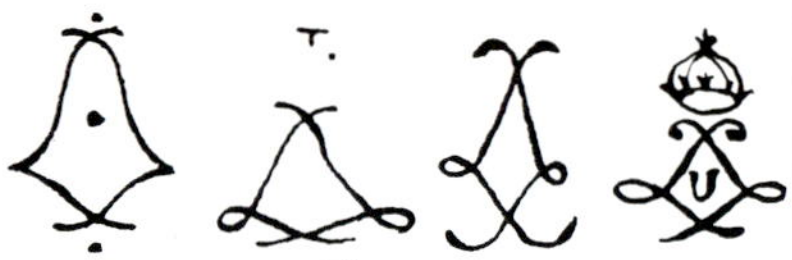

Vincennes
603

Vincennes
603

Sèvres
605

Sèvres
603

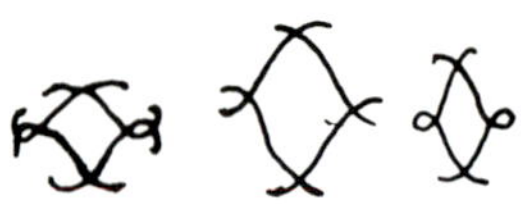

Paris 24, Montreuil-sur-Bois
598

Potschappel
501

Paris 20, Clignancourt
595

Lo

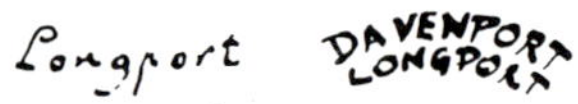

Longport
553

Lp

Paris 16, Rue Amelot
592

Paris 16, Rue Amelot
592

Lr Ls

Paris 17
593

La Seynie
573

Lu

Ludwigsburg
475

Schorndorf
506

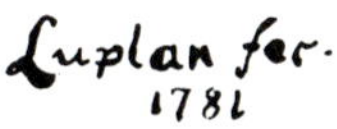

Anton Karl Luplau
in Kopenhagen
426

M

Paris 20, Clignancourt
595

Stoke on Trent
557

Chantilly
570

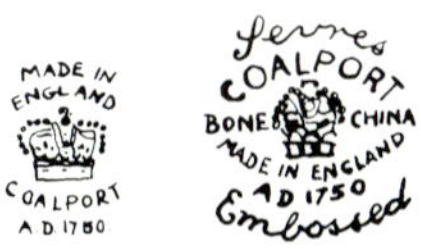

Coalport
548

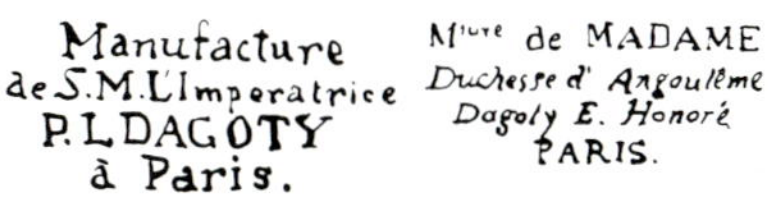

Paris 22, Boulevard St. Antoine
596

607 Sèvres 604 607

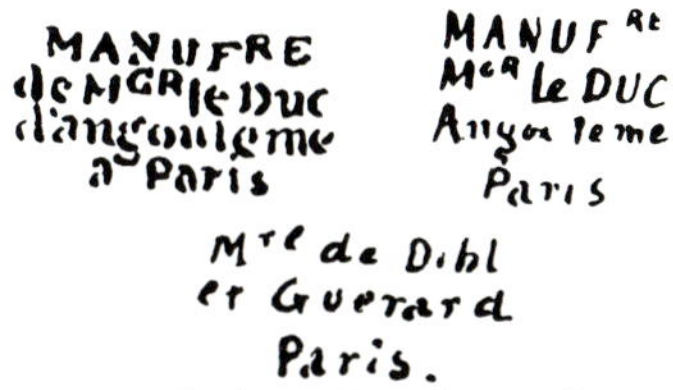

Paris 23, Rue de Bondy
597

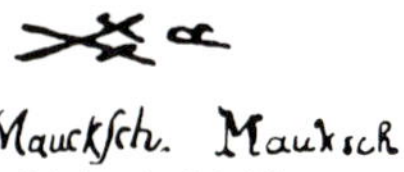

Maler in Meißen
487

Mb

Marieberg
663

Mitterteich
492

Orléans
581

Orléans
581

Buen Retiro
667

Md

La Moncloa
669

Me Mf

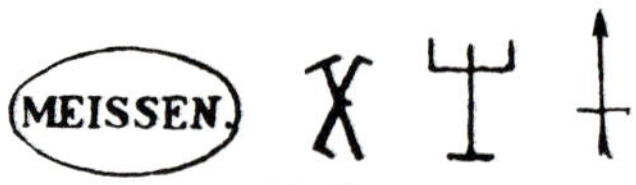

Meißen
492

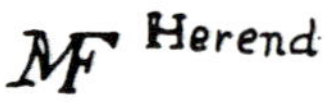

Herend
670

Gustafsberg
661

Mi

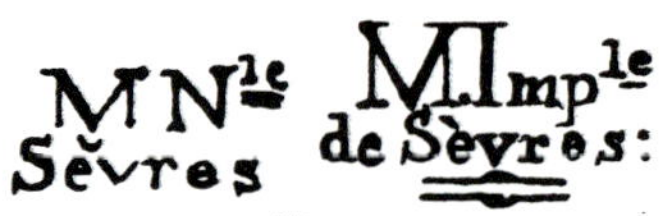

Sèvres
604

Stoke on Trent
557

Mm Mo

Florenz
633

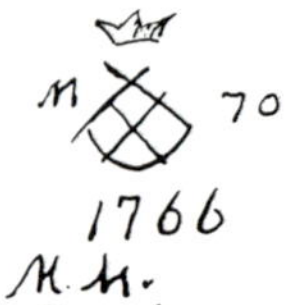

St. Petersburg
659

Paris 2, Rue de Montmartre

Paris 16, Rue Amelot
592

Ilmenau
464

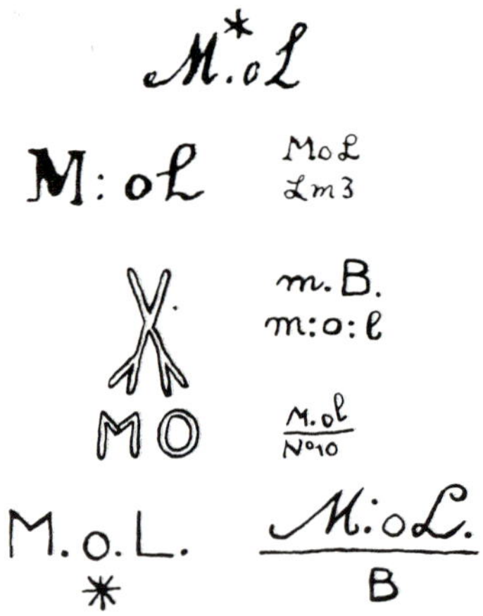

Oude Loosdrecht
627

Mp

Meißen
479

Etiolles
572

Selb
509

Doccia
630

Alt-Haldensleben
428

Rudolstadt
521

Niderviller
578

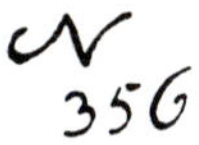

Niderviller
578

Sèvres
606

Rudolstadt
504

Mz

Altrohlau
410

Altrohlau
409

Seedorf
507

Na

Nantgarw
555

Paris 14, Rue Popincourt
590

N

Neapel
634

Neapel
634

Ne

Shelton
556

NI

NIDERVILLER NIDERVILLE

FL NIDERVILLE

Niderviller
578

NG NO

N.G.F. N.G.

Potschappel
501

Giesshübel
415

NOVE Nove Nove

Nove
635

Tettau
517

A:N:
NOWOTNY.

August Nowotny & C
ALTRÖHLAU
Karlsbad.

NOWOTNY
ALTROHLAU

NOWOTNY IN
ALTENROHLAU
BEY CARLSBAD
XXIX

Altrohlau
409

NR

N&R
Ilmenau
465

NS

n·S .N S .N S.

Ottweiler
498

NU

DENUELLE
Rue de Crussol a Paris

DENUELLE
A PARIS

Paris 7, Rue de Crussol
586

NY

Nymphenburg
493

O

Orléans
580

Tirschenreuth
518 + 510

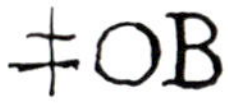

Bourg-la-Reine
577

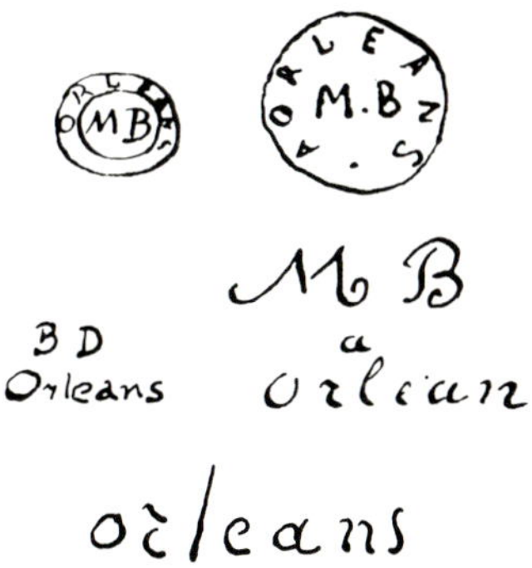

Orléans
581

P

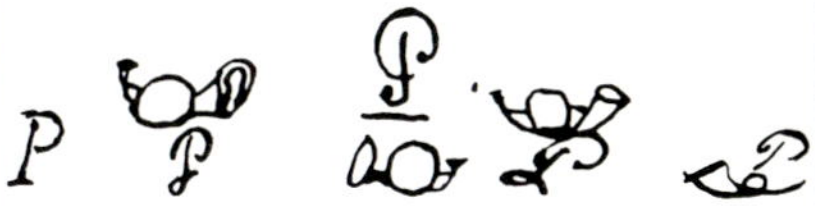

Chantilly
568

Tiefenfurt
518

Pinxton
555

Prag
418

Paris 8, Rue de Crussol
587

PA PC

Selb
509

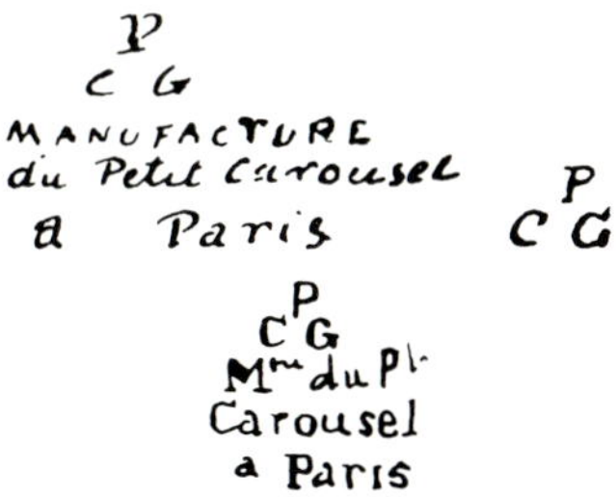

Paris 3, Rue de petit Carrousel
583

Creidlitz
441

PG PH

Florenz
633

Frankenthal
442

Fraureuth
446

670

Herend
671

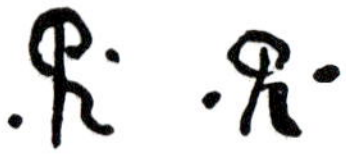
Straßburg
622

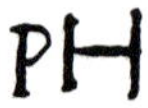

Straßburg
620

Paris 16, Rue Amelot
592

Paris 11, Boulevard Poissonnière
589

Paris 22, Boulevard St. Antoine
596

PM PP

Selb
509

Passau
499

PI PL

Pinxton
555

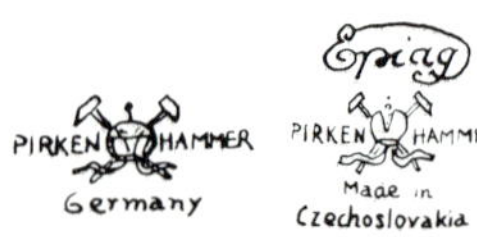

Pirkenhammer
417

PFZ PO

Pfalz-Zweibrücken
500

Arzberg
432

Vista Alegre
648

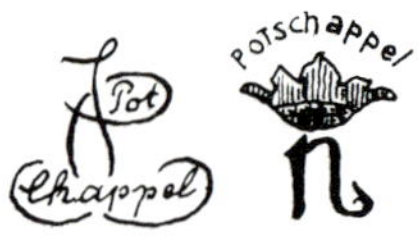

Potschappel
501

PR

Pouyat
Russinger
P. R
Paris 17,
Rue Fontaine au Roi
593

P R M E
Eisenberg
441

PRAG

Prag PRAG PRAGER
Prag
418

P. R
Paris 17,
Rue Fontaine au Roi
593

PS PT PY

P S Schirnding
Schirnding
505

P T BAVARIA TIRSCHENREUTH
BAVARIA
Tirschenreuth
518 + 510

P
C G
Mme du Pt.
Carousel
à Paris
Paris 3,
Rue de Petit Carrousel
583

P&S
Chodau
411

PY
Paris 17,
Rue Fontaine au Roi
593

R

R
Bow
543

R
Frankenthal
442

R
Gotha
454

R.R
Marseille
576

R R-n
Rauenstein
502

R R R
Gotha
454

R R R.
Volkstedt
520

RC

R
Lidköpping
664

R. C.
Selb
512

R. C.
KRONACH-BAVARIA
Kronach
468 + 512

REINECKE
GEGRÜNDET
1796
Eisenberg
441

R RF
Neapel
634

RF

F

Frankenthal
442

RF
MINIST. DE L'AGR. ET DU COMM.

R.F. S. 71

RF
DECORE A SEVRES 1902
MANUFACTURE NATIONALE

RF 50

R.F. S. 48.

Sèvres
607

Sèvres
606

R. F. DAGOTY.

Paris 22, Boulevard
St. Antoine
596

f R

Marseille
576

RG

R.-g R.-g.

Gotha
454

Richard Ginori

RICHARD ★ GINORI

RICHARD-GINORI PITTORIA DI DOCCIA 1925

RICHARD GINORI PITTORIA DOCCIA

DECORAZIONE ESEGUITA DA RICHARD GINORI 26 11

GINORI

Doccia
630

RJ RK

R
KPM
Krister
Germany

Neapel
634

Landstuhl
513

RN

R-n R-n R-n. R-n.

R-n.

Rauenstein
502

RO

Allen
Lowestoft

Lowestoft
554

Rörstrand

Lidköping
664

R

ALP
Lidköping.

Lidköpping
664

Rosenthal
KRONACH-GERMANY

Kronach
468 + 512

R. C.
KRONACH-BAVARIA

Kronach
468 + 512

Selb
512

Worcester
564

Derby
551

Kopenhagen
424

Tettau
517

Rp Ru

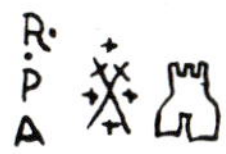

Tournay
407

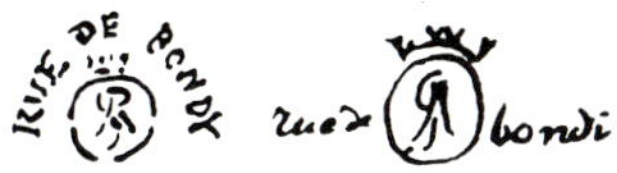

Paris 23, Rue de Bondy
597

Paris 17,
Rue Fontaine au Roi
593

Rudolstadt
504

S

Caughley
545

Hüttensteinach-Köppelsdorf
464

Moskau
Wsevologjsky
651

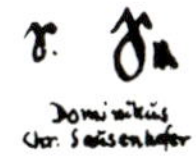

1760–1802
in Ludwigsburg
474

Ludwigsburg
474

Scheibe-Alsbach
505

Schney
505

Schlaggenwald
419

Schlaggenwald
420

Sèvres
605

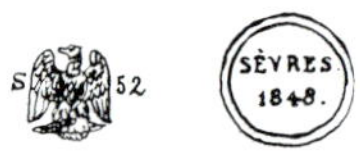

Sèvres
606

Sitzendorf
516

Tiefenfurt
518

Selb
Berlin
435

SA

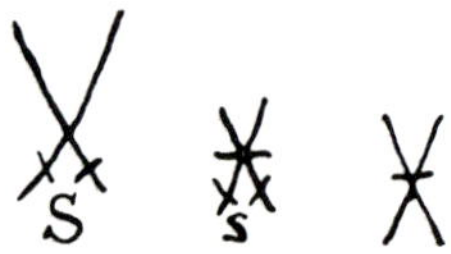

Paris 24,
Montreuil-sur-Bois
598

Saint-Amand-les-Eaux
600

Gustavsberg
662

Fraureuth
446

SALOPIAN Salopian

Caughley
545

SCH

Sceaux
602

Rehau
503

Schirnding
505

Schlaggenwald SCHLAGGENWALD
Schlaggenwald
838

Schlaggenwald
419

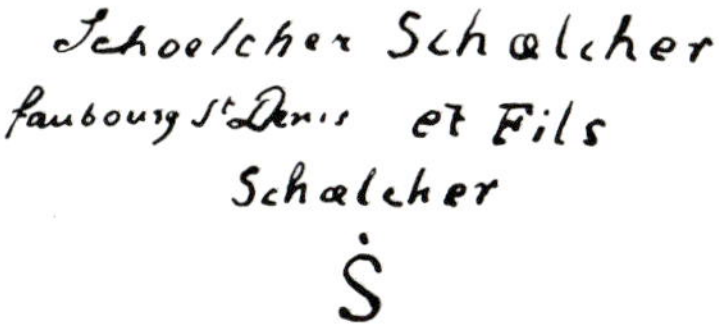

Paris 19,
Faubourg St. Denis
594

Schönwald
506

Arzberg
432

Moabit
534

Moabit
437

Schwarzenhammer
506

SC

Arzberg
432

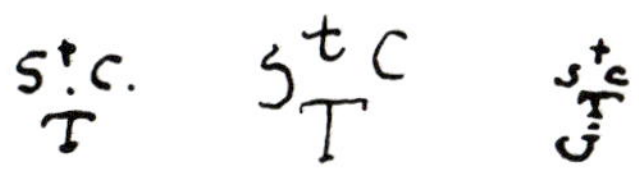

Saint-Cloud
601

SE

Weiden
523

Erbendorf
523

Sèvres
605

Sèvres
608

Coalport
548

Seit 1882 für Seeger
Porzellan
435

SCHWARZBURG
Rudolstadt
504

S H D
Derby
551

SCHUTZMARKE R Z S C°

Z. S.&.C R BAVARIA

Zeh Scherzer Bavaria

Z S & Co. BAVARIA
Rehau
503

Sn

S N 1775
Buen Retiro
668

Sp So

So
Caughley
545

S P
Sceaux
602

Fein Bayreuth Bavaria

Sophienthal FEIN BAYREUTH GERMANY

Sophienthal
516 + 514

S 4 P S P S
Buen-Retiro
668

SPM
Moabit
534

SPM
Schlesien
19. Jh.
534

St. P. M.
Stanowitz
534

SPODE Spode SPODE
Spode SPODE
Stoke-on-Trent
557

SPODE Stone-China

SPODE Stone-China

Spode Felspar Porcelain

Spode Felspar Porcelain

Spode's Imperial

SPODE

SPODE

SPODES NEW STONE

Stoke-on-Trent
557

St

St Angela G B
Gustavsberg
661

Stevenson Sharp & Co. King's Derby
Derby
551

Sw

Hüttensteinach-Köppelsdorf
464

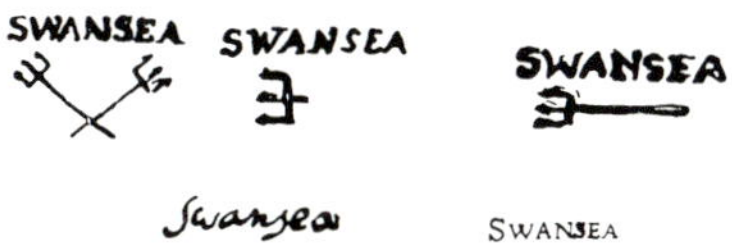

Swansea
559

Sx

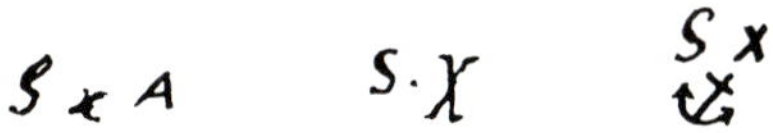

Sceaux
602

T

Bow 543 | Gräfenthal 455 | Potschappel 501

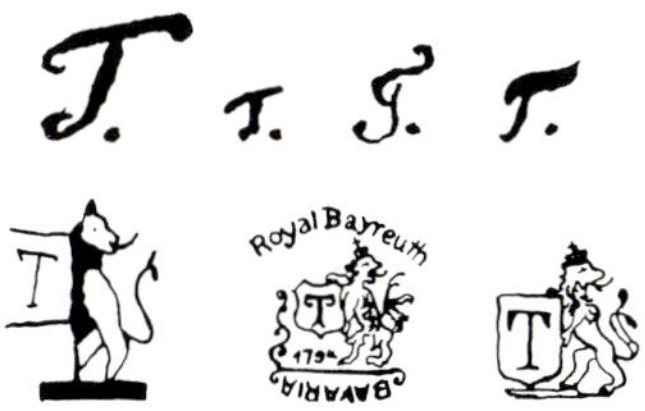

Tettau
517

Tettau
517

Td

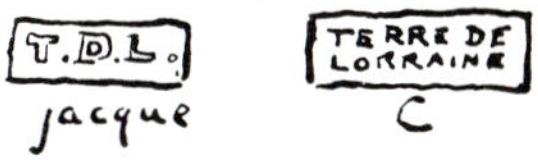

Lunéville
575

Tho Ti

Marktredwitz
476 + 513

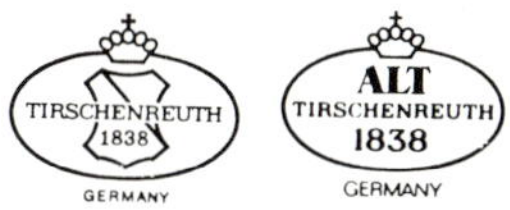

Tirschenreuth 1981, 1982
518 + 510

Tiefenfurt
518

Tk

Klösterle
416

To

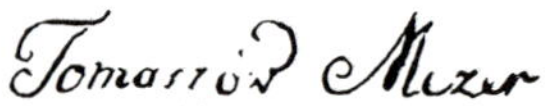

Tomaszów
660

Tomaszów
660

Tou Tu

Tournay quai des Salines
28
Tournay
407

TURNER
Caughley
545

U

U
DALWITZ
Dallwitz
412

ULM
S
S ULM
Ulm
Ulm
S
Ulm
S
Ulm S

Ulm
519

V

Vinovo
638

Venedig
636

Venedig
636

Va

Worcester
562

Frankenthal
442

Oeslau
497

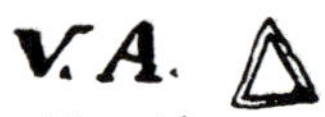

Vista Alegre
648

Vista Alegre
648

Vc

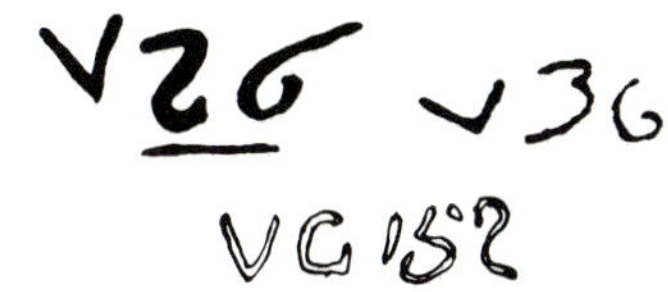

Straßburg
621

Straßburg
620

Closter Veilsdorf
439

Closter Veilsdorf
440

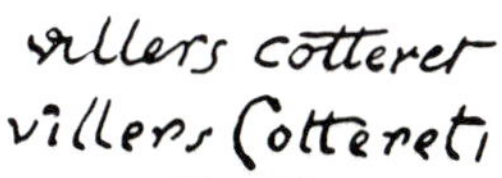

Chantilly
569

Vd

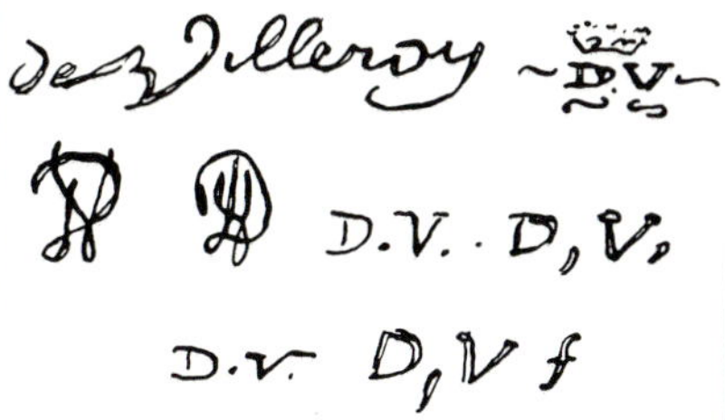

Mennecy-Villeroy
577

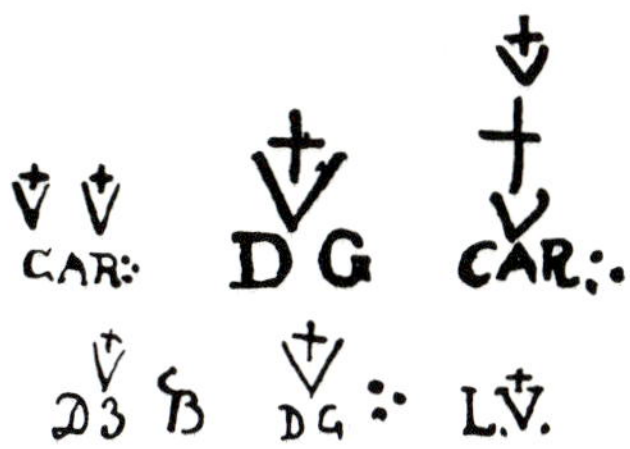

Vinovo
638

Ve

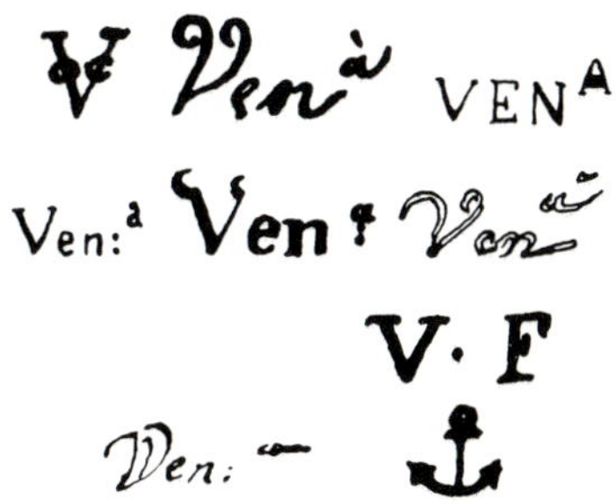

Venedig
636

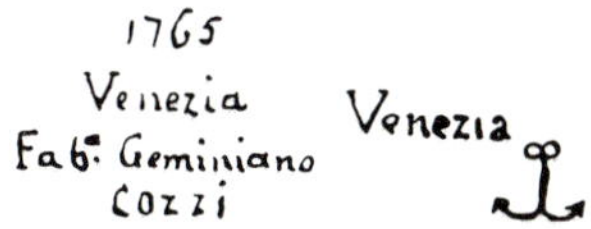

Venedig
637

Vi

Vista Alegre
648

VL

Valenciennes
624

Bayeux
624

VP

Chodau
411

Volkstedt
Rudolstadt
521

VR

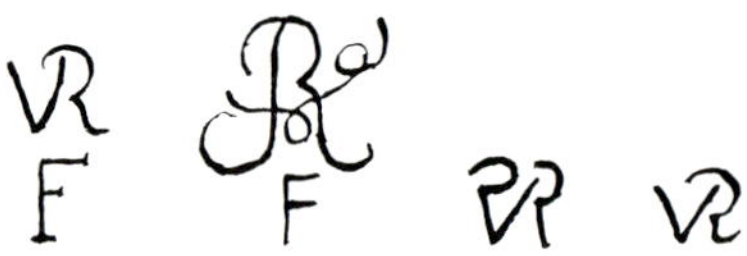

Frankenthal
442

W

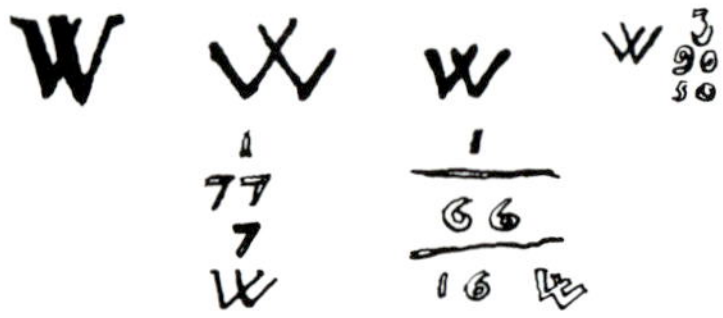

Berlin
434

Bordeaux
566

Fürstenberg
447

Paris 17,
Rue Fontaine au Roi
593

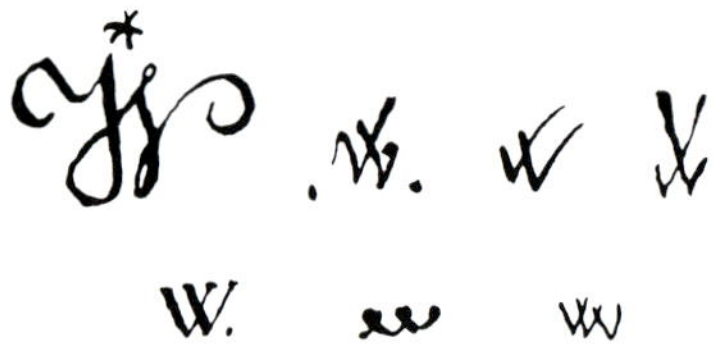

Wallendorf
522

Weesp
628

Worcester
560

Worcester
560

WA

Waldershof
515

Wallendorf
522

WC

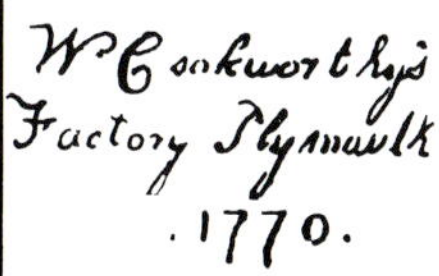

Plymouth
556

Derby
550

WD

Berlin
434

Etruria
553

Blankenhain
438

Weiden
523

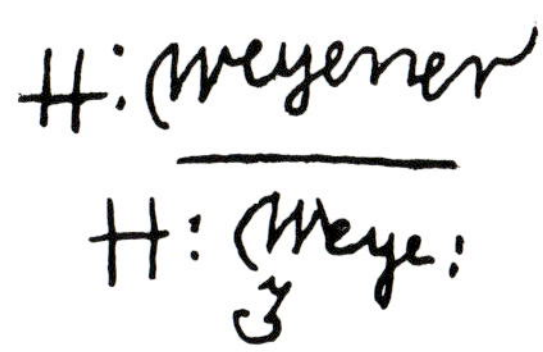

Heinr. Wegener
1758–1791
als Former tätig in
Fürstenberg
448

Fürstenberg
449

Ludwigsburg
473

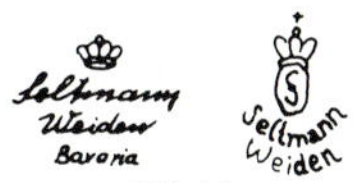

Weiden
523

Windischeschenbach
523

Ottweiler
498

WI

Oeslau
497

Wien-Augarten
639

Ludwigsburg
473

Wo

C. F. J. Waffsbourg pinxit 1729

Charles Ferdinand de Wolfsburg et Wallsdorf Eques fecit 1732

Carolus Ferdinandus De Wolfsbourg et Wals. dorf. Eques Silesiae Igne confecit 1733.

Maler in Breslau und Wien
von 1692–1764
539

Wolfart : Pinx

Maler in Höchst,
vorher in Frankenthal,
Zweibrücken und Ottweiler

Wpm

WR
WPM

Schorndorf
506

K
WPM

KPM
W

Waldenburg
514

Wr

R.W.

Rudolstadt
504

WR

Ludwigsburg
473

WR

476

Wt

W.T
ENGLISH
PORCELANY
IR&Co

Coalport
549

CHAMBERLAIN & CO.
WORCESTER
155, NEW BOND STREET
& NO. 1.
COVENTRY ST
LONDON

Chamberlains Worcester

CHAMBERLAIN & Co. WORCESTER

Worcester
563

W TOMASZOWIE
1808

Tomaszow
660

Wü

W

C G
W

W

L
M

W

Würzburg
524

Ww

W.W.L.
DALWITZ

Dallwitz
412

Ch.

Berlin
436

Z

Seedorf
507

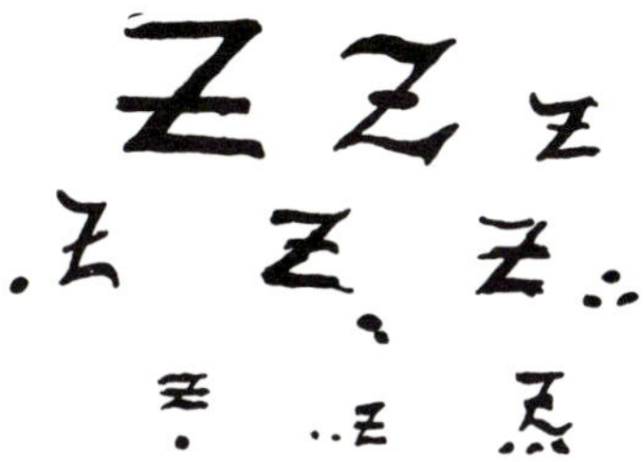

Zürich
666

ZE

Rehau
503

* 1723 in Höchst – Buntmaler, ging 1753 nach Fürstenberg und blieb dort bis zu seinem Tode.

Krone mit Buchstaben

Brüssel
406

Dallwitz
412

Klösterle
416

Schlaggenwald
419

Kopenhagen
424

Kopenhagen
424

Bock-
Wallendorf
438

Creidlitz
441

Eisenberg
441

Frankenthal
442

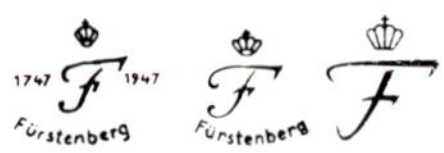

Fürstenberg
447

Fulda
452

gefälschte
Fulda-Marke
452

Ilmenau
464

Kelsterbach
467

Küps
469

Lettin
470

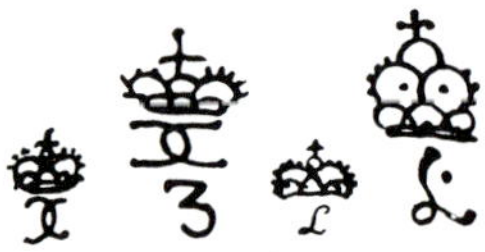

Ludwigsburg
472

Ludwigsburg
473

Ludwigsburg
476

Nymphenburg
493

Oeslau
497

Oeslau
497

Passau
499

Potschappel
501

Rehau I
503

Rudolstadt 2
504

Schorndorf
506

Seedorf
507

Selb
508

Selb
509

Selb-Müller
509

Selb
511

Selb
512

Landstuhl
513

Waldershof
515

Sitzendorf
516

Tiefenfurt
518

Volkstedt
520

Volkstedt-Rudolstadt
521

Bock-
Wallendorf
522

Weiden
523

Windischeschenbach
523

Chelsea
547

Coalport
548

Derby
550

Derby
550

Derby
551

Stoke on Trent
558

Worcester
563

Worcester
561

Mennecy-Villeroy
577

Niderviller
579

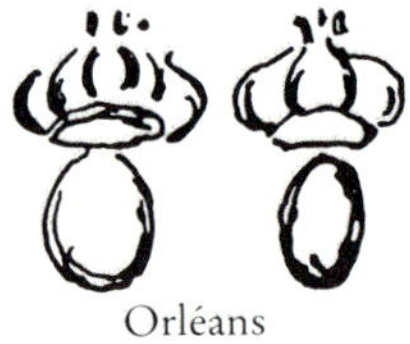

Orléans
580

Paris 15, Rue de Thiroux
591

Paris 16, Rue Amelot
592

Paris 19, Faubourg St. Denis
594

Paris 20, Clignancourt
595

Paris 20, Clignancourt
595

Paris 23, Rue de Bondy
597

Vincennes
603

Sèvres
605

Bayeux
624

Doccia
630

Neapel
634

Vista Alegre
648

St. Petersburg-Leningrad
657

Marieberg
663

Rörstrand-Lidköping
664

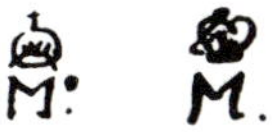

Buen-Retiro
668

Gerona
669

La Moncloa
669

Herend
670

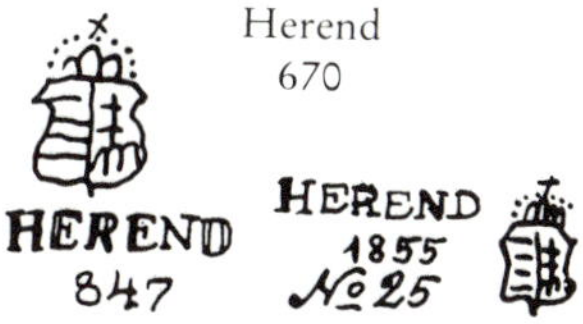

Herend
670

Krone mit pflanzlichen Motiven

Fischern
414

Schlaggenwald
420

Limbach
471

Plaue
501

Tirschenreuth
510

Selb
512

Stoke-on-Trent
558

St. Petersburg – Leningrad
657

Herend
671

Coalport
548

Krone mit Wappen

Elbogen
413

Kopenhagen
421

Arzberg
432

Baden
433

Fraureuth
446

Blankenhain
438

Hohenberg
462

Hohenberg
463

Limbach
471

Ludwigsburg
475

Nymphenburg
493

Plaue
501

Rehau
503

Rudolstadt I
504

Schirnding
505

Schönwald
506

Schwarzenhammer
506

Selb-Tirschenreuth
510

Sophienthal
514

Waldershof
515

Tettau
516

Wien-Augarten
639

Wappen ohne Krone

Altrohlau
409

Elbogen
413

Pirkenhammer
417

Arzberg
432

Blankenhain
438

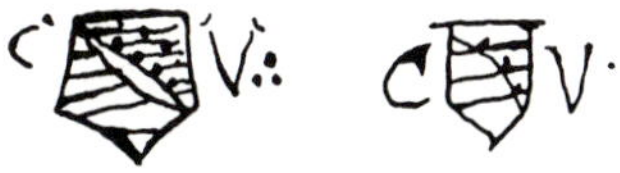

Closter Veilsdorf
439

Frankenthal
442

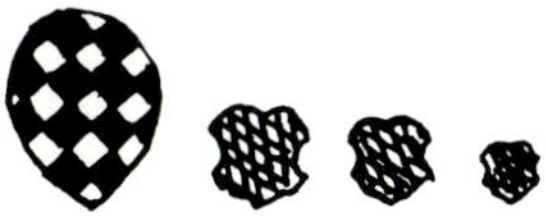

Nymphenburg
493

Passau
499

Plaue
501

Pößneck
501

Schorndorf
506

Marktredwitz
513

Worcester
564

Paris 10,
Rue de Charonne
588

Wien-
Augarten
639

Rörstrand-
Lidköping
664

Löwen mit und ohne Krone und als Schildhalter

Arzberg 2
432

Frankenthal
442

Hüttensteinach-Köppelsdorf
464

Kassel
466

Nymphenburg
493

Selb
509

Selb
509

Tettau
517

Tiefenfurt
518

Bayeux
624

Stoke-on-Trent
558

Hüttensteinach-Köppelsdorf
464

Wappen mit Schildhalter

Lichte
470

Schwarzenhammer
506

Selb
512

Tettau
517

Tettau
517

Adler und andere heraldische Vögel

Altrohlau
409

Ansbach
429

Altwasser
428

Berlin
435

Altwasser
428

Berlin
435

Ansbach
429

Moabit
534

Schlesien
534

Stanowitz
534

Krautheim
511

Tiefenfurt
518

Lettin
470

Sèvres
606

Sèvres
604

Baranowka
649

Moskau-Werbilky
655

St. Petersburg – Leningrad
657

Gotha
454

Ilmenau
465

Sophienthal
514

Tettau
516

Volkstedt
521

Haag
626

Pflanzliche Motive

Pirkenhammer
417

Schlaggenwald
420

Mitterteich
492

Passau
499

Plaue
501

Schirnding
505

Waldenburg
514

Coalport
548

Stoke-on-Trent
587/588

Moskau-Elisawetino
651

St. Petersburg – Leningrad
657

Gustavsberg
661

Schlaggenwald
419

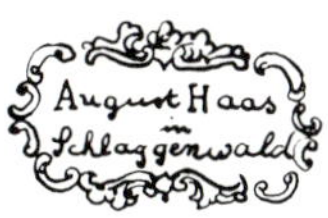

Schlaggenwald
420

Schwarzenhammer
506

Schwerter

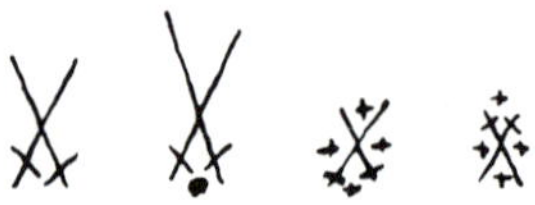

Tournay
407

Tournay
407

Ansbach
429

Gräfenroda
455

Limbach
471

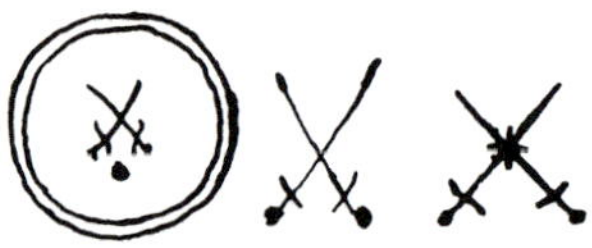

Meissen
480

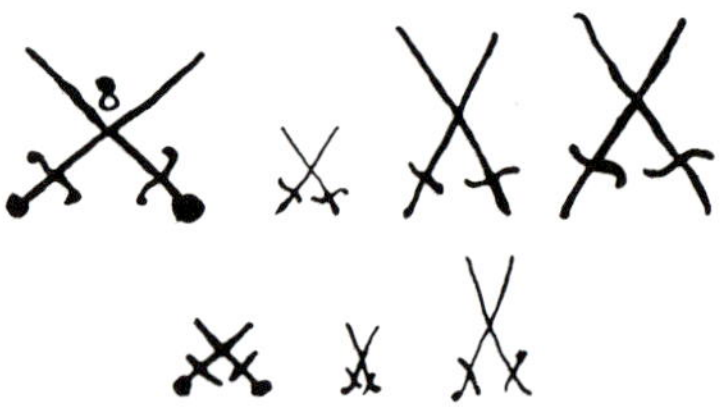

Meissen
480

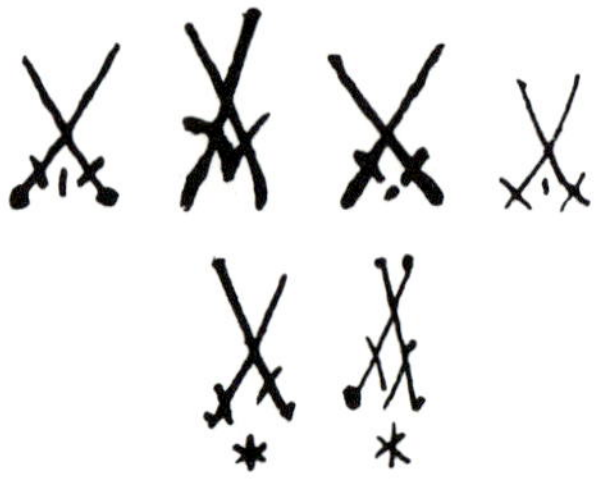

Meissen
481

Meissen
482

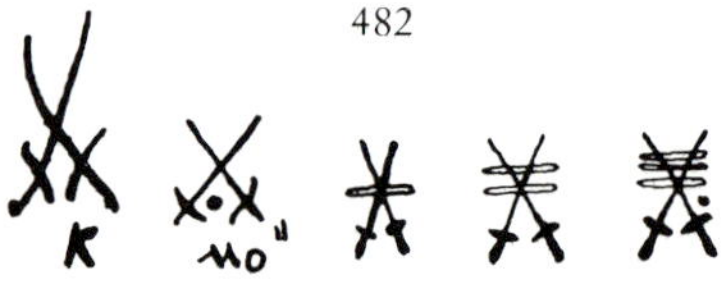

Meissen
483

Nymphenburg
493

Nymphenburg
493

Oberhohndorf
497

Selb
508

Volkstedt
520

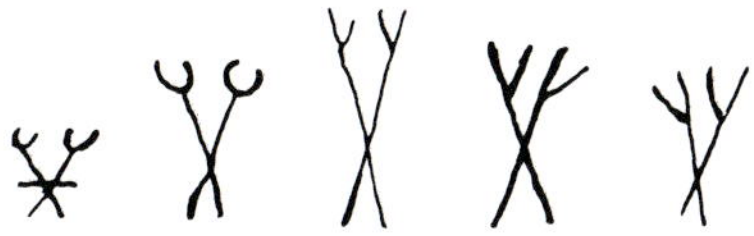

Volkstedt
520

Volkstedt
520

Volkstedt
Rudolstadt
521

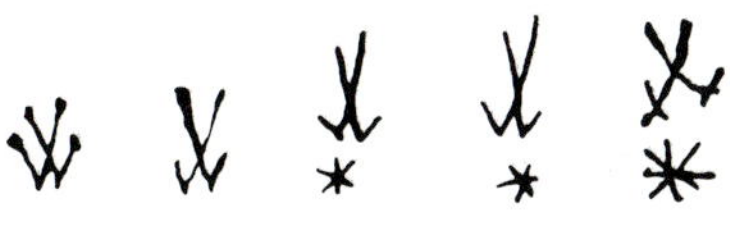

Wallendorf
522

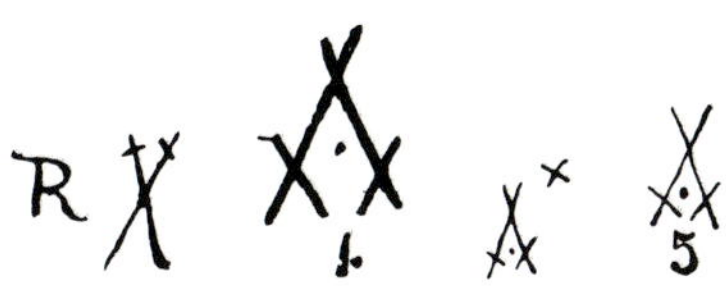

Bristol
544

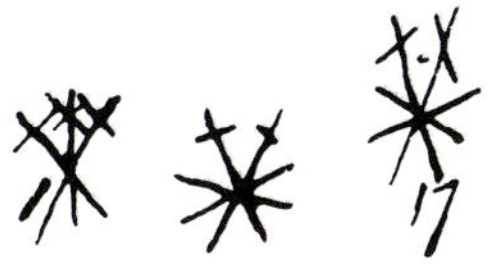

Bristol
544

Caughley
545

Chelsea
547

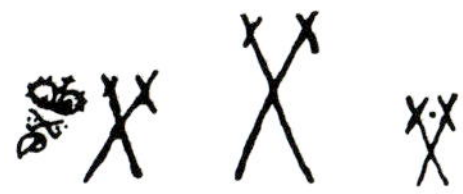

Derby
550

Derby
552

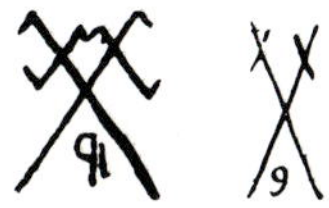

Worcester
561

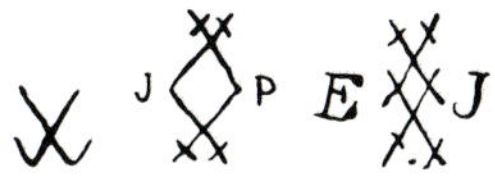

Fontainebleau
572

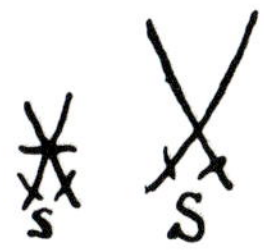

Paris 24, Montreuil-sur-Boi
598

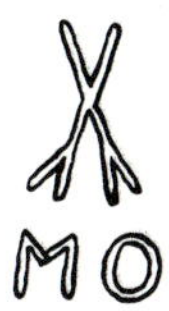

Oude
Loosdrecht
627

Moskau-
Werbilky
655

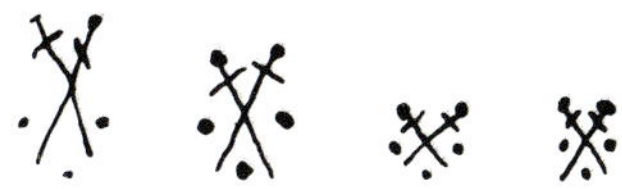

Weesp
628

Pfeile, Degen, Kreuze und Fackeln

Schlaggenwald
420

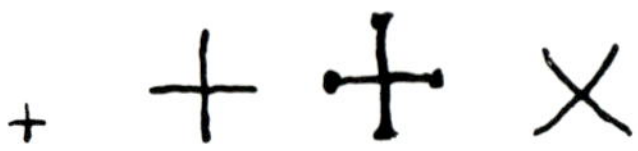

Fulda
452

Hüttensteinach –
Koppelsdorf
464

Closter Veilsdorf
439

Ludwigsburg
474

Meissen
492

Tiefenfurt
518

Pottschappel
501

Rauenstein
502

Schney
505

Volkstedt – Rudolstadt
521

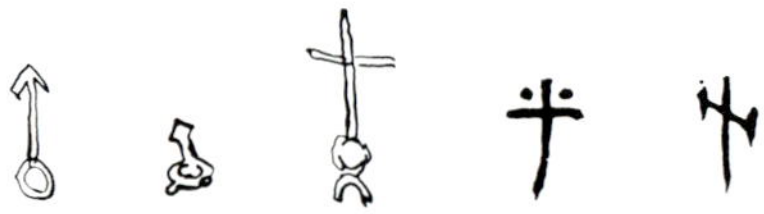

Bow
542

Bow
542

Bristol
544

Caughley
545

Longton – Hall
554

Longton – Hall
554

Pfeile

Pinxton
555

Worcester
561 + 562

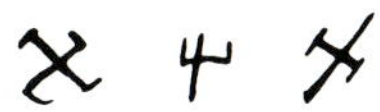

Worcester
562

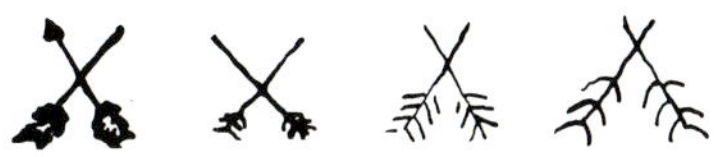

Paris 12, Rue de la Roquette
589

Fackeln

Paris 17, La Courtille
593

Paris 24, Montreuil-sur-Bois
598

Paris 17, La Courtille
593

Kreuze

Vinovo
638

Vinovo
638

Berlin
435

Kirchliche Motive

Frankenthal
445

Ellwangen
441

Passau
499

Szepter

Berlin
434

Berlin
434

Berlin
434

Berlin
434

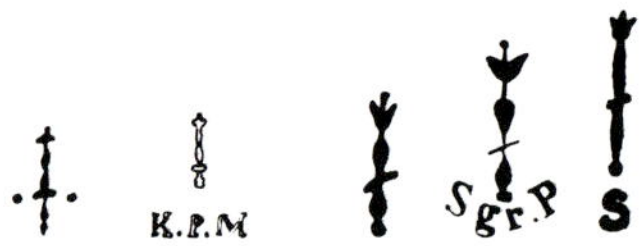

Berlin
434 + 435

Motive aus der Heraldik

Wien
640

Wien
640

Wien
640

Wien – Augarten
639

Hohenberg
462

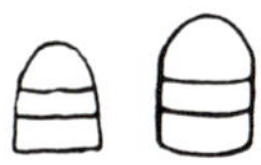

Volkstedt – Rudolstadt
521

Lilie

Coalport
548

Derby
550

Worcester
561

Limoges
575

Paris 1
583

Paris 20
595

Paris 24, Montreuil-sur-Bois
598

Vincennes
603 + 605

Vincennes
603 + 605

Buen Retiro
667

Doppel CC

Bock-Wallendorf
438

Ludwigsburg
472

Passau
499

Stoke-on-Trent
558

Sèvres
605

Capo di Monte
629

Buen Retiro
667

Niderviller
578

Drachen

Meissen
478

Meissen
478

Merkurstab

Meissen
479

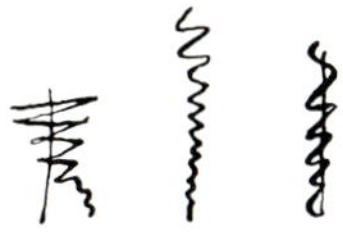

Meissen
479

Worcester
561

Chinesische Zeichen

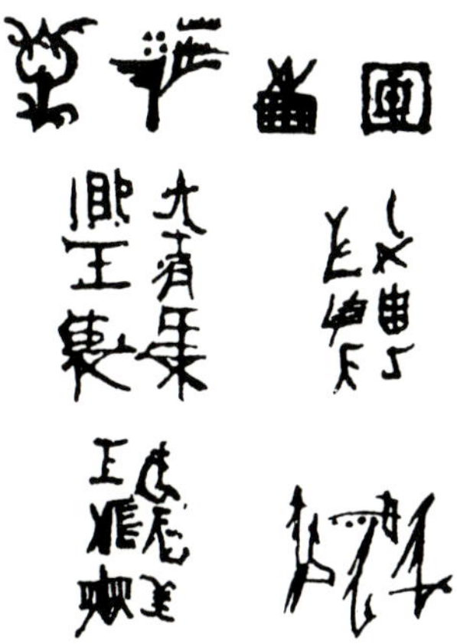

Meissen
478

Worcester
560

Worcester
560

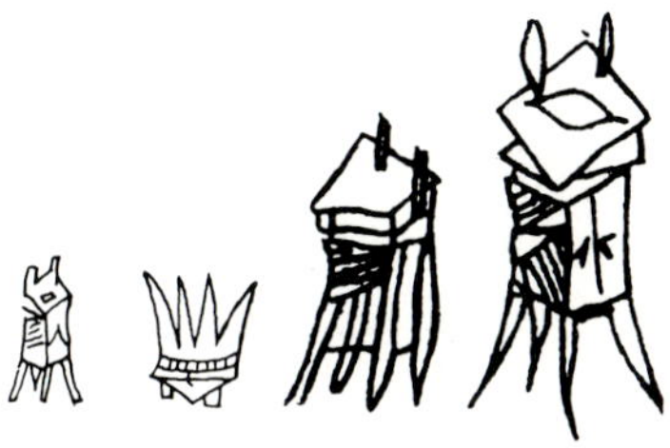

Derby
551

Rad mit Krone

Höchst
457

Bock-Wallendorf
522 + 532

Rad

Höchst
456

Höchst
457

Damm 19. Jahrhundert
532

Passau
532 + 499

Geweihe

Klösterle
416

Klösterle
416

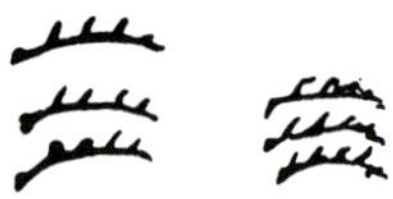

Ludwigsburg
472

Ludwigsburg
472 + 473

Schorndorf
506

Passau
499

Anker

Rehau 2
503

Rudolstadt 2
504

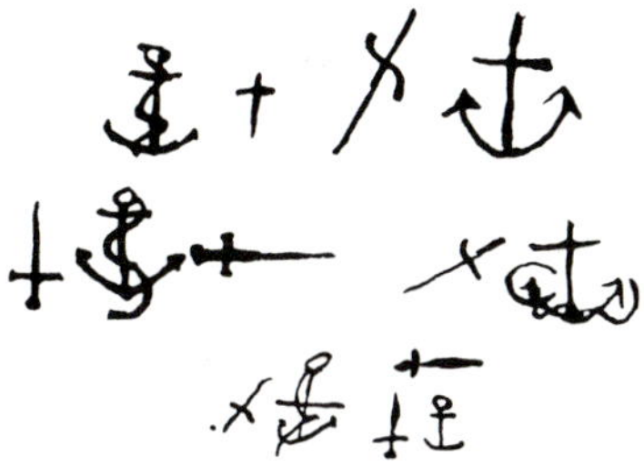

Bow
542

Chelsea
547

Longport
553

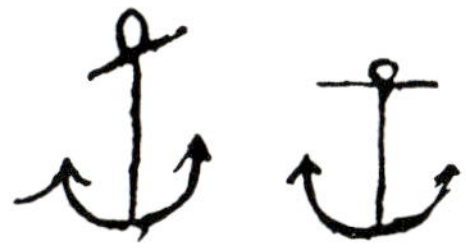

Sceaux
602

Venedig
636

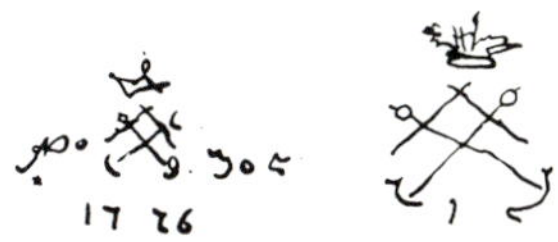

St. Petersburg – Leningrad
659

661

Gustavsberg
662

Dreizack

Swansea
559

Swansea
559

Trompeten

Chantilly
568 + 570

Chantilly
568 + 570

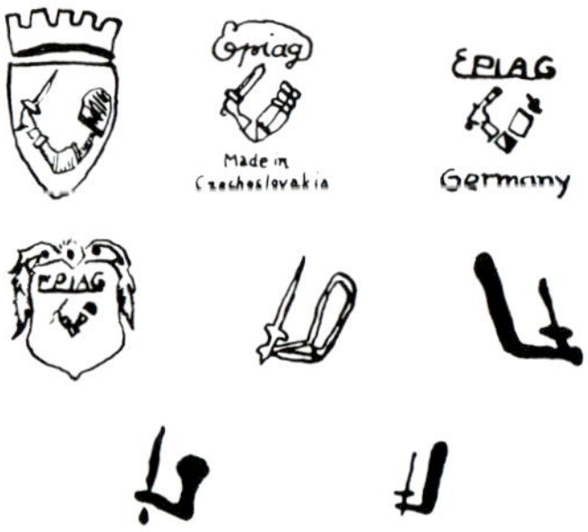

Elbogen
413

Pössneck
501

Altrohlau
409

Selb
508

Gebäude

Tournay
407

Kopenhagen
421

Denkmal-Kirchen

Kronach
512

Florenz
631

Florenz
631

Mühlen

Paris 20, Clignancourt
595

Paris 20, Clignancourt
595

Erdkugel

Stoke-on-Trent
557

Sonne

Lichte
470

Volkstedt
520

St. Cloud
601

Doccia
630

Nove
635

Mond

Caughley
545

Worcester
560

Sterne

Doccia
630

Doccia
630

Nove
635

Tomaszów
660

Hexagramm

Nymphenburg
493

Pferde

Fürstenberg
447

Hohenberg
462

Moskau – Werbilky
655

Fische

Fischern
414

Lille
574

Nyon
665

Lille
574

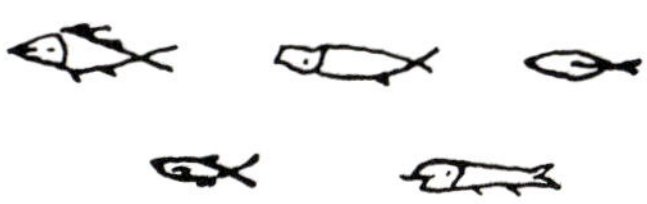

Nyon
665

Bienen

Oeslau
497

Oeslau
497

Wellenlinien

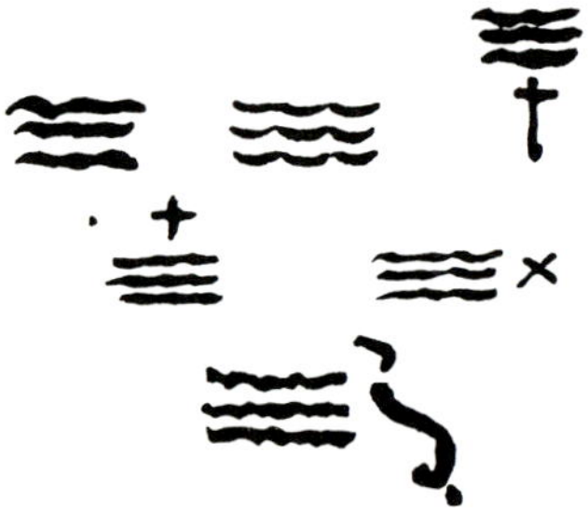

Kopenhagen
425

Kopenhagen
425

Tiefenfurt
518

Hammer

Pirkenhammer
417

Ilmenau
464

Oberhohndorf
497

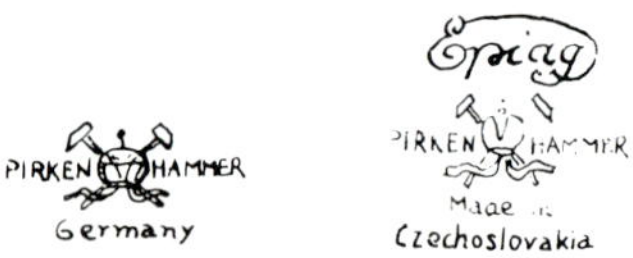

Pirkenhammer
417

Schwarzenhammer
506

Hammer und Sichel

St. Petersburg – Leningrad
658

St. Petersburg – Leningrad
658

Verkleidete Zahlen

Caughley
545

Former und Dreherzeichen

Meissen
488

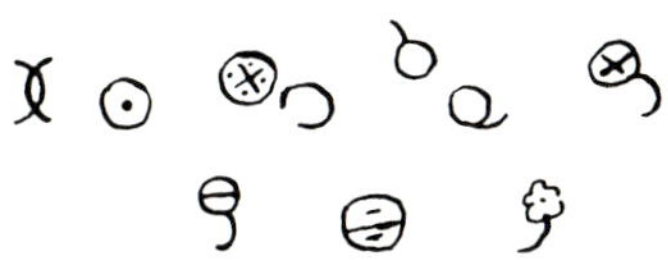

Nymphenburg
495

Alphabetisches Verzeichnis der in den Marken auf Fayence, Steingut, Steinzeug usw. vorkommenden Buchstaben

Verzeichnis der Fabrikationsorte

Verzeichnis
der Künstler, Maler, Dekorateure, Marken usw.